Manual de produção
de televisão

Dados Internacionais de Catalogação na Publicação (CIP)

Z61m Zettl, Herbert.
       Manual de produção de televisão / Herbert
      Zettl.
      - 12. ed. - São Paulo, SP : Cengage Learning,
      2017.
         480 p. : il. ; 28 cm.

         Inclui glossário.
         Tradução de: Television production handbook.
         ISBN 978-85-221-2689-7

         1. Televisão - Produção e direção. I. Título.

                                       CDU 654.197
                                       CDD 659.143

Índice para catálogo sistemático:

1. Televisão : Produção e direção   654.197
(Bibliotecária responsável: Sabrina Leal Araujo - CRB 10/1507)

Manual de produção de televisão

Tradução da 12ª edição norte-americana

Herbert Zettl

San Francisco State University

Revisão técnica
Vagner Anselmo Matrone
Radialista, diretor de programas, autor, roteirista, coordenador da Área de RTV e professor de direção de programas do curso de Rádio e Televisão da Faculdade de Comunicação e Marketing da Faculdade Armando Alvares Penteado (FAAP).
Diretor das Emissoras Corporativas da FAAP.

Tradução
Fernanda Troeira Zuchini

Austrália • Brasil • México • Cingapura • Reino Unido • Estados Unidos

Manual de produção de televisão
– Tradução da 12ª edição norte-americana

2ª edição brasileira

Herbert Zettl

Gerente editorial: Noelma Brocanelli

Editora de desenvolvimento: Viviane Akemi Uemura

Supervisora de produção gráfica: Fabiana Alencar Albuquerque

Especialista em direitos autorais: Jenis Oh

Editora de aquisições: Guacira Simonelli

Título original: Television production handbook – 12th edition

(ISBN 13: 978-1-285-05267-0; ISBN 10: 1-285-05267-6)

Tradução desta edição: Fernanda Troeira Zuchini

Tradução da 1ª edição: All Tasks

Revisão técnica: Vagner Anselmo Matrone

Revisão: Setsuko Araki e Daniela Paula Bertolino Pita

Diagramação: PC Editorial Ltda.

Capa: BuonoDisegno

Imagem da capa: Fred Mantel/Shutterstock

Imagem das aberturas de capítulos: iStockPhoto.com/AndreasG

© 2015, 2012, 2009 Cengage Learning
© 2018 Cengage Learning Edições Ltda.

Todos os direitos reservados. Nenhuma parte deste livro poderá ser reproduzida, sejam quais forem os meios empregados, sem a permissão, por escrito, da Editora. Aos infratores aplicam-se as sanções previstas nos artigos 102, 104, 106 e 107 da Lei nº 9.610, de 19 de fevereiro de 1998.

Esta editora empenhou-se em contatar os responsáveis pelos direitos autorais de todas as imagens e de outros materiais utilizados neste livro. Se porventura for constatada a omissão involuntária na identificação de algum deles, dispomo-nos a efetuar, futuramente, os possíveis acertos.

A Editora não se responsabiliza pelo funcionamento dos sites contidos neste livro que possam estar suspensos.

> Para informações sobre nossos produtos, entre em contato pelo telefone 0800 11 19 39
>
> Para permissão de uso de material desta obra, envie seu pedido para direitosautorais@cengage.com

© 2018 Cengage Learning. Todos os direitos reservados.

ISBN-13: 978-85-221-2689-7
ISBN-10: 85-221-2689-5

Cengage Learning
Condomínio E-Business Park
Rua Werner Siemens, 111 – Prédio 11 – Torre A – Conjunto 12
Lapa de Baixo – CEP 05069-900 – São Paulo – SP
Tel.: (11) 3665-9900 – Fax: (11) 3665-9901
SAC: 0800 11 19 39

Para suas soluções de curso e aprendizado, visite
www.cengage.com.br

Impresso no Brasil.
Printed in Brazil.
1ª impressão – 2017

Para Erika

Sumário

Sobre o autor   xxi

Prefácio   xxiii

CAPÍTULO 1 Processo de produção de televisão   2

SEÇÃO 1.1 O que é produção de televisão   3

Três fases da produção   3
Pré-produção   3
Produção   3
Pós-produção   3

Modelo de produção   3
Modelo de efeito para causa   3
Requisitos médios   4
Modelagem dos requisitos médios por meio do processo de mensagem   4

Equipe de produção   5
Equipe não técnica de produção   5
Equipe e pessoal técnicos   6
Equipe de produção de jornalismo   7

SEÇÃO 1.2 Sistemas de produção técnica   10

Sistema básico de televisão   10
Como um apresentador aparece no receptor de televisão   10

Sistemas de câmera única   10

Sistema de várias câmeras   12

Principais equipamentos   13
Câmera   13
Áudio   15
Iluminação   16
Mesa de corte (switcher)   17
Gravador de vídeo   18
Edição de pós-produção   18

viii   Manual de produção de televisão

CAPÍTULO 2 O produtor na pré-produção   20

SEÇÃO 2.1 O que é produção   21

Planejamento de pré-produção: da ideia ao roteiro   21
Criação de ideias para o programa   21
Avaliação de ideias   22
Elaboração de uma proposta de programa   23
Preparação de orçamento   25
Elaboração do roteiro   27

Planejamento de pré-produção: coordenação   28
Pessoas e comunicação   29
Solicitação de recursos   29
Planejamento de produção   30
Permissões e autorizações   30
Publicidade e promoção   31

Ética   31

SEÇÃO 2.2 Recursos de informação, sindicatos e aferições de audiência   32

Recursos de informação   32

Sindicatos e assuntos legais   32
Sindicatos   33
Direitos autorais e permissões   33
Outras considerações legais   34

Público e aferições de audiência   34
Público-alvo   34
Aferições de audiência e share   34

CAPÍTULO 3 Roteiro   36

SEÇÃO 3.1 Formatos básicos de roteiro   37

Roteiro dramático de única coluna   37

Roteiro A/V de duas colunas   37
Roteiro A/V na versão completa   37
Roteiro A/V parcial de duas colunas   37

Roteiro jornalístico   37

Formato do programa   40

Folha de fatos   40

SEÇÃO 3.2 Estrutura dramática, conflito e dramaturgia   44

Componentes estruturais   44

Conflito e dramaturgia clássica   44
Tipos de conflito dramático   44
Dramaturgia clássica   45
Ordem dos eventos   46

Estrutura de enredo não dramático   **46**

Programas com objetivo   46

Da ideia à mensagem do processo: artigo de fundo   46

Da ideia à mensagem do processo: programa com objetivo   47

CAPÍTULO   **4**   O diretor na pré-produção   **48**

SEÇÃO   **4.1**   Como o diretor se prepara   49

Do que trata o programa   **49**

Mensagem de processo   49

Método de produção   49

Análise do script   **50**

Ponto de locking-in e tradução   50

Visualização e continuidade   **50**

Formulação da mensagem de processo   50

Determinação dos requisitos médios   51

Preparação para o programa   **55**

Interpretação da planta baixa   55

Interpretação do esboço de locação   57

Uso do storyboard   58

Marcação do script   58

SEÇÃO   **4.2**   Comunicação e programação   65

Equipe de apoio   **65**

Assistente de estúdio   65

Assistente de produção   66

Assistente de direção ou diretor associado   66

Solicitação de instalações, planejamento e comunicação   **67**

Solicitação de recursos   67

Planejamento de produção   67

Cronograma (time line)   67

Comunicação do diretor   69

CAPÍTULO   **5**   A câmera de televisão   **70**

SEÇÃO   **5.1**   Como funcionam as câmeras de televisão   71

Partes da câmera   **71**

Da luz ao sinal de vídeo   **71**

Dispositivo de imagens   71

Divisor óptico e matriz de filtros de cor   73

Estrutura da câmera   **73**

Unidade de controle de câmera   74

Gerador de sincronização e fonte de alimentação   74

Tipos de câmeras de televisão   **74**

Câmeras de estúdio   75

x   Manual de produção de televisão

Câmeras de EFP   76
Câmeras ENG/EFP   76

Câmeras para fins especiais   78
Câmeras DSLR   78
Câmeras de cinema digital   78
Câmeras 3D estéreo   79

Recursos eletrônicos   79
Dispositivo de imagens ou sensor   79
Ganho   80
Obturador eletrônico   80
Balanceamento de branco   80
Canais de áudio   80

Recursos operacionais   80
Fonte de alimentação   81
Cabos e conectores   81
Anel de filtros   82
Visor e monitor   82
Luz de sinalização (tally) e intercomunicador   84

SEÇÃO   **5.2**   Como o vídeo digital funciona   85

Analógico e digital   85
O que é a tecnologia digital   85
Diferença entre analógico e digital   85
Vantagens do sistema digital de televisão   85

Conceitos básicos de criação de imagem   86
Raster de imagem   86
Resolução de imagem   87
Modos de varredura   88
Cor   88

CAPÍTULO   **6**   Lentes   90

SEÇÃO   **6.1**   O que são lentes   91

Tipos de lentes de zoom   91
Lentes de estúdio e de campo (externas)   91
Alcance de zoom   91
Lentes prime   93
Formato da lente   93

Características ópticas das lentes   94
Comprimento focal   94
Foco   95
Transmissão da luz: íris, diafragma e f-stop   96
Profundidade de campo   98

Controles operacionais   99
Controle de zoom   99
Controle de foco   100
Estabilização de imagem   101

Sumário xi

SEÇÃO **6.2** O que veem as lentes 103

Como as lentes veem o mundo 103
Características de desempenho das lentes 103

CAPÍTULO **7** Operação de câmera e composição de imagem 110

SEÇÃO **7.1** Trabalho com câmera 111

Movimentos padrão de câmera 111

Suportes para câmera 112
Monopé 113
Tripé e dolly tripé 113
Pedestal de estúdio 113
Cabeças de montagem (pan e panorâmica vertical) 114
Suportes de câmera com propósito especial 116

Trabalho com câmeras de estúdio e câmera EFP 120
Alguns pontos básicos do que não fazer com uma câmera 120
Antes da gravação 120
Durante as filmagens 121
Depois da gravação 123

Trabalho com a câmera em estúdio 124
Antes do programa 124
Durante o programa 124
Depois do programa 125

SEÇÃO **7.2** Composição de imagem 127

Tamanho da tela e campo de visão 127
Tamanho da tela 127
Passos do campo de visão 127

Enquadramento de plano: colocação de sujeito 128
Centro da tela 128
Regra dos terços 128

Enquadramento de planos: close-ups e close-ups extremos 129
Close-ups e close-ups extremos na proporção de tela 4×3 129
Close-ups e close-ups extremos na proporção de tela 16×9 130

Headroom (teto), noseroom e closure 130
Headroom 130
Noseroom e leadroom 130
Closure 132

Enquadramento de plano: altura e largura 133

Enquadramento de duas imagens 134

Profundidade no espaço de tela bidimensional 134
Profundidade da lente única: eixo Z 134

Profundidade em 3D estéreo 135
Duplos eixos Z 136
Ponto de convergência 136
Separação de lentes ou distância interocular 136

xii   Manual de produção de televisão

Profundidade de campo   137
Closure em espaço 3D   137

Enquadramento de filmagens em movimento   137
Movimento lateral   138
Movimento do eixo Z   138
Movimento de close-up   138
Movimento 3D   138

CAPÍTULO   **8**   Áudio: captação de som   140

SEÇÃO   **8.1**   Como os microfones "ouvem"   141

Tipos de microfone pela forma de captação   141
Elementos geradores de som   141
Padrões de captação   142
Características dos microfones   143

Tipos de microfone pela forma de utilização   144
Microfones de lapela   144
Microfones de mão   146
Microfones de vara (boom)   147
Microfones sem fio   151
Microfones de mesa   152
Microfones de pedestal   155
Microfones suspensos   155
Microfones ocultos   156
Microfones de longo alcance   157

SEÇÃO   **8.2**   Como os microfones funcionam   158

Elementos geradores de som   158
Microfones dinâmicos   158
Microfones de condensador   158
Microfones de fita   158
Qualidade de som   158

Características específicas dos microfones   158
Impedância   161
Resposta em frequência   161
Microfones e cabos balanceados e não balanceados e conectores de áudio   161

Ajuste de microfone para captação de música   162
Disposição de microfone para cantor e violão   162
Disposição de microfone para cantor e piano   162
Disposição de microfone para pequenas bandas de rock e inserção direta   163

Microfone específico em ENG/EFP   163

CAPÍTULO   **9**   Áudio: controle de som   166

SEÇÃO   **9.1**   Controles de som e gravação   167

Principais equipamentos de produção para áudio   167
Mesa de áudio   167

Sumário xiii

Mixer de áudio   170
Patchbay   171
Sistemas de gravação de áudio   172

Operação básica de áudio no estúdio   174
Cabine de controle de áudio   174

Operação básica de áudio em campo   176
Manter os sons separados   176
Uso do AGC em ENG/EFP   176
Uso de pad de XLR   177
Mixagem de ENG/EFP   177

SEÇÃO   **9.2**   Estéreo, som surround e estética de som   178

Som espacial   178
Som estéreo   178
Som surround   178
Som binaural   178

Fatores básicos da estética de som   179
Ambiente   179
Figura/fundo   180
Perspectiva   180
Continuidade   180
Energia   181

CAPÍTULO **10**   Iluminação   182

SEÇÃO   **10.1**   Instrumentos e controle de iluminação   183

Fontes de produção de luz   183
Incandescente   183
Fluorescente   183
LED   184

Instrumentos de iluminação em estúdio   184
Refletores (spotlights)   184
Floodlights   187

Instrumentos de iluminação em campo   189
Refletores portáteis   189
Floodlights portáteis   192
Refletores difusores portáteis   193
Luzes de câmera   195

Equipamentos de controle de iluminação   195
Dispositivos de instalação   195
Controles direcionais   198
Controles de intensidade: tamanho do instrumento, distância e feixe   200
Princípio básico dos reguladores eletrônicos   200

SEÇÃO   **10.2**   Intensidade de luz,
níveis de base de luz, temperatura da cor e mistura de cor   204

Intensidade de luz   204
Foot-candles e lux   204

xiv   Manual de produção de televisão

Luz incidente   204
Luz refletida   205

Cálculo da intensidade da luz   205

Operação do nível de luz: luz-base   206
Níveis de luz-base   206

Temperatura da cor e equilíbrio do branco   206
Temperatura da cor   206
Equilíbrio de brancos   207

Mídia e mistura de cor   208
Como usar mídia de cor   209
Cores do LED   209

CAPÍTULO **11**   Técnicas de iluminação para televisão   210

SEÇÃO   **11.1**   Iluminação no estúdio   211

Segurança   211
Medidas de segurança básicas para iluminação   211

Luz direcional e luz difusa   212
Sombras   212

Funções de iluminação   212
Terminologia   212
Funções específicas das principais fontes de luz   212
Princípio fotográfico ou iluminação em triângulo (ou três pontos)   214

Técnicas específicas de iluminação   216
Iluminação high-key e low-key   216
Iluminação plana   216
Iluminação para ação contínua   217
Iluminação de grandes áreas   218
Iluminação de alto contraste   218
Cameo lighting   220
Iluminação de silhueta   220
Iluminação da área chroma-key   220
Controle de sombras dos olhos e do boom   221

Contraste   222
Relação de contraste   222
Medição de contraste   223
Controle de contraste   223

Equilíbrio das intensidades de luz   224
Razão entre luz principal e contraluz   224
Relação entre luz principal e de preenchimento   224

Esquema de iluminação   225

Operação das luzes de estúdio   225
Conservação de lâmpadas e economia de energia   225
Uso de monitor de estúdio   225

SEÇÃO   **11.2**   Iluminação em campo   227

Segurança   227
Choque elétrico   227

Cabos 227
Incêndio 227

Iluminação local 227
Gravação sob luz solar intensa 227
Gravação em dia nublado 228
Gravação com luz interna 229
Gravação à noite 231

Levantamento de locação 233
Listas de verificação de pesquisa 233
Fonte de alimentação 233

CAPÍTULO 12 Sistemas de gravação e armazenamento de vídeo 236

SEÇÃO 12.1 Como a gravação de vídeo é feita 237

Preparativos para a gravação 237
Planejamento (schedule) 237
Lista de verificação de equipamentos 237

Procedimentos para gravação 238
Guia de vídeo 238
Verificações de gravação 239
Time code 240
Manutenção de registros 240

SEÇÃO 12.2 Sistemas de gravação de vídeo sem fita 242

Sistemas de gravação de vídeo 242
Cartões de memória 242
Discos ópticos leitura/gravação 242
Discos rígidos 243

Recursos eletrônicos de gravação de vídeo 245
Compactação 245
Codecs 245
Sinais compostos (composite) e de componente 246
Amostragem 248

Um epitáfio à fita de vídeo 248
Como funciona a gravação em fita de vídeo 248
A morte da fita de vídeo 248
Problema para o futuro 249

CAPÍTULO 13 Comutação ou edição instantânea 250

SEÇÃO 13.1 Como funcionam as mesas de corte 251

Funções básicas da mesa de corte (switcher) 251
Pré-visualização de fontes 251
Operador da mesa de corte 251

Layout básico da mesa de corte 251
Barramento de programa 252

xvi   Manual de produção de televisão

Barramentos de mixagem   252
Barramento de visualização (preview bus)   253
Barramentos de efeitos   253
Mesas de corte de multifunções   253
Controles adicionais de mesa de corte   257
Grandes mesas de corte de produção   259
Genlock e sincronizador de enquadramento   260

SEÇÃO   13.2   Mesas de corte para usos especiais   261

Mesas de corte de não produção   261
Mesa de corte de controle mestre   261
Mesa de corte de roteamento   261

Mesas de corte portáteis   261
Mesa de corte para produção ao vivo   261
Estúdios virtuais   262

CAPÍTULO 14   Design   264

SEÇÃO   14.1   Design e uso de gráficos na televisão   265

Proporção da tela   265
Combinando proporções de tela STV e HDTV   266
Área de título segura   266
Gráficos fora de proporção de imagem   267

Densidade e legibilidade das informações   269
Densidade das informações   269
Legibilidade   269

Fundamentos da cor   271
Atributos de cores   271
Cores primárias da luz   272
Mistura de cores   272
Estética de cores   272

Efeitos eletrônicos e imagens sintéticas   274
Efeitos de vídeo padrão   274
Efeitos de vídeo digital   276
Imagens sintéticas   279

Estilo   280
Estilo ditado pela tecnologia   280
Combinando o estilo do design com aquele do programa   280

SEÇÃO   14.2   Cenário e adereços   282

Cenário de televisão   282
Unidades de set padrão   282
Unidades suspensas   283
Plataformas (praticáveis) e carrinhos   284
Peças do set   284

Adereços e elementos do set   285
Adereços de palco   286
Elementos do set   286

Adereços de mão   286
Lista de adereços   286

Elementos de cenografia   286
Planta baixa   287
Fundo do set   288
Sets virtuais   288

CAPÍTULO **15**   Artista de televisão   290

SEÇÃO   **15.1**   Apresentadores e atores de televisão   291

Técnicas de apresentação   291
O apresentador e a câmera   291
Apresentador e áudio   292
O apresentador e o tempo (timing)   293
Deixas do assistente de estúdio (floor manager)   293
Dispositivos de prompting   294
Mantendo a continuidade   300

Técnicas de atuação   300
Ator e público   300
Ator e marcação   300
Memorização das falas   301
Ator e tempo   301
Manutenção da continuidade   301
Relacionamento entre diretor e ator   302

Testes   302

SEÇÃO   **15.2**   Como se maquiar e o que vestir   304

Maquiagem   304
Materiais   304
Aplicação   305
Requisitos técnicos   305

Roupas e figurinos   306
Roupas   306
Figurinos   307

CAPÍTULO **16**   O diretor em produção   308

SEÇÃO   **16.1**   Direção na sala de controle com múltiplas câmeras   309

Funções do diretor   309
Diretor como artista   309
Diretor como psicólogo   309
Diretor como consultor técnico   310
Diretor como coordenador   310

Terminologia do diretor   310
Variações de terminologia   310
Terminologia de direção para produções multicâmera   310

xviii Manual de produção de televisão

Procedimentos de direção com múltiplas câmeras 310
Direção a partir da sala de controle (control room) 311
Sistemas de intercomunicação da sala de controle 311

Direção de ensaios 317
Leitura do script 319
Passagem de falas ou ensaio de marcação 319
Ensaio geral 320
Ensaios com câmera e figurino 321
Combinação de ensaio geral com câmera 321

Direção do programa 322
Procedimentos de espera 322
Procedimentos no ar 322

Controle de tempo 324
Horário programado e tempo de execução 324
Back-timing e front-timing 324
Conversão de quadros em horário 325

SEÇÃO **16.2** Direção com câmera única e digital 326

Procedimentos de direção com câmera única 326
Visualização 326
Divisão do script (decupagem) 326
Ensaios 328
Gravação em vídeo 328

Direção no cinema digital multicâmera 328
Direção no estúdio 328
Direção na locação 328

CAPÍTULO **17** Produção em campo e grandes produções externas 330

SEÇÃO **17.1** Produção em campo 331

Captação eletrônica de notícias 331
Características de produção de ENG 331
Uplink de satélite 332

Produção eletrônica em campo 332
Pré-produção 333
Preparação de produção 333
Produção: checagem de equipamentos 335
Produção: instalação 336
Produção: ensaios 337
Produção: gravação em vídeo 337
Produção: desmontagem de cenários e checagem de equipamentos 337
Pós-produção 337

Grandes produções em externa 337
Pesquisa de externa 338
Instalação e operação dos equipamentos 340
Tarefas do diretor 340
Procedimentos do assistente de estúdio e dos artistas 344

Sumário xix

SEÇÃO   17.2   Cobertura de grandes eventos   347

Externas esportivas   347

Esboço de locação e instalações externas   347
Leitura de esboços de locação   347
Requisitos de produção para audiência pública (externa em interior)   356
Requisitos de produção para desfile
(externa em exterior)   358

Sistemas de comunicação   360
Sistemas de comunicação para ENG   360
Sistemas de comunicação para EFP   360
Sistemas de comunicação para grandes
produções externas   361

Transporte de sinal   361
Transmissão de micro-ondas   361
Distribuição por cabos   362
Transmissão por nuvem   362
Satélites de comunicação   362

CAPÍTULO 18   Edição de pós-produção: como funciona   366

SEÇÃO   18.1   Como funciona a edição não linear   367

Sistema de edição não linear   367
Hardware e software de computador   367
Mídia original   369
Captura e codec de áudio/vídeo   370
Exportação da edição final   371

Fase de pré-edição   371
Pense na continuidade das tomadas   371
Registros   372
Repassar e ordenar o material original   372

Fase de preparação para a edição   373
Time code   373
Logging   374
Captura   376
Transcrição de áudio   376

Fase de edição   376
Edição com papel e lápis   376
Edição real   376

SEÇÃO   18.2   Conexão áudio/vídeo   378

Edição não linear de áudio   378
Condensação   378
Correção   379
Mixagem   379
Controle de qualidade   379

Edição de vídeo para áudio   379
Edição dividida   379
Edição de rolo AB   380

xx   Manual de produção de televisão

Edição de áudio para vídeo   380
Voz em off   381
Substituição automática de diálogo   381

CAPÍTULO **19**   Funções e princípios de edição   **382**

SEÇÃO   **19.1**   Montagem contínua   383

Funções de edição   383
Combinar   383
Reduzir   383
Corrigir   383
Criar   383

Edição para continuidade   384
Continuidade da história   384
Continuidade do assunto   386

Vetores e mapa mental   386
Vetores   386
Mapa mental   386
Linha vetorial   388
Continuidade do movimento   390
Continuidade de luz e cor   391
Continuidade de som   391

SEÇÃO   **19.2**   Montagem complexa   393

Transições na montagem complexa   393
Corte   393
Dissolvência   393
Fade   393
Wipe   394
Transições animadas   394

Cruzamento da linha vetorial   394
Mudança de fundo   394
Mudança de posição   395
Inversão do vetor de movimento   395

Efeitos especiais de complexidade   395
Flashback e flashforward   395
Replays instantâneos   395
Telas múltiplas   395

Montagem   395
Taquigrafia filmográfica   396
Complexidade   396
Significado   396
Estrutura   396

Ética   396

Epílogo   398

Glossário   399

Apêndice – Caderno colorido   419

Sobre o autor

Herbert Zettl, PhD, foi professor por 40 anos no departamento de Artes, Comunicação Eletrônica e Transmissão da Universidade Estadual de São Francisco. O mote de suas pesquisas era, e ainda é, estética midiática e produção de vídeo. Enquanto estava na Universidade Estadual de São Francisco, ele presidiu o Instituto Internacional de Comunicação Midiática. Zettl é um dos fundadores da Conferência Anual de Comunicação Visual. Ele recebeu o prêmio de Ensino Diferenciado do Estado da Califórnia, em 1996, e, em 2004, recebeu o prêmio de Trabalho em Educação Diferenciada da Associação Educacional de Transmissão.

Antes de trabalhar na Universidade Estadual da Califórnia, Zettl trabalhou no KOVR Channel 13 Stockton-Sacramento e na KPIX, afiliada da CBS em São Francisco, onde ele era produtor e diretor. Ele participou de várias produções da CBS e NBC e de eventos especiais. Ele é um membro dos prestigiados Círculos Prata e Ouro da NATAS (Academia Nacional de Televisão, Artes e Ciências), por sua contribuição excepcional ao profissionalismo televisivo. Ele também é um membro das Lendas das Transmissões da NATAS.

Zettl é professor visitante em várias universidades internacionais e instituições de transmissões televisivas nas Américas do Norte e do Sul, América Central, Oriente Médio, África, Ásia, Sul da Ásia e Europa, frequentemente sobre os auspícios do Departamento de Programas de Informações Internacionais dos Estados Unidos da América.

Seus livros sobre produção de televisão e estética – todos publicados pela Cengage – incluem *Video Basics 7* (2013), *Video Basics 7 Workbook* (2013) e *Sight Sound Motion*, 7ª edição (2014), não publicados no Brasil. Esses livros foram traduzidos para vários idiomas – incluindo espanhol, português, grego, chinês e coreano – e todos são usados em centros de produção televisiva e universidades pelo mundo.

Seu DVD interativo, *Zettl's VideoLab 4.0*, publicado pela Cengage em 2011, apresenta informações básicas sobre produção de vídeo e exercícios de produção simulada e interativa com câmeras, luz, áudio, módulos de edição. As edições anteriores receberam vários prêmios.

Prefácio

PARA O ESTUDANTE

Aprendendo sobre produção de televisão

O objetivo básico do *Manual de produção de televisão* é ajudá-lo a entender quais são as principais ferramentas da televisão e como usá-las com eficiência e responsabilidade. Desde a edição anterior, esse objetivo não mudou, mas foi reforçado pelo rápido avanço das ferramentas de vídeo e técnicas de produção.

Ao examinar esta 12ª edição do *Manual de produção de televisão*, você pode se perguntar por que você deve se preocupar em aprender sobre câmeras de estúdio, alternância entre várias câmeras ou pessoal de produção quando você pode gravar um evento em alta definição com um dispositivo que cabe em seu bolso, usar seu *notebook* para estabilizar o vídeo tremido, editar sua história e mandá-la por e-mail a um amigo – tudo isso fazendo você mesmo. Isso é algo para se pensar – se você quiser ser um amador talentoso que, ocasionalmente, grava eventos familiares ou suas aventuras de férias para mostrar aos seus amigos ou colocar no YouTube. Mas se você quer se tornar um sério profissional da mídia, você precisa aprender mais sobre a arte da produção de televisão e adquirir pelo menos as cinco qualidades fundamentais a seguir:

Conhecimento de produção Você precisa saber como sair da ideia básica e chegar na produção finalizada – e como fazer isso de forma efetiva e eficiente. Isso requer um conhecimento profundo das atividades de pré-produção, produção e pós-produção, do equipamento necessário e das pessoas envolvidas.

Consistência Televisão requer seu comprometimento total dia e noite. Seu valor como um profissional da mídia não é medido pelas suas sacadas brilhantes ocasionais, mas sim pela sua capacidade de entregar os produtos no prazo e de acordo com o orçamento previsto.

Criatividade Quando trabalhamos em televisão, o relógio diz quando precisamos ser criativos. Você não tem o luxo de esperar por uma inspiração divina.

Eficiência Você deve iniciar cada tarefa totalmente preparado. Se a produção é ao vivo ou gravada ao vivo, você não tem segunda chance; sua produção deve ser livre de erros logo na primeira vez. Mesmo se o evento é gravado para edição posterior, o tempo normal e o orçamento não tolerarão indecisão durante seu momento de decisão ou pior, decisões em cima da hora.

Responsabilidade Mesmo que você pense que a maioria do seu público possa não reconhecer ou importar-se com os pontos mais detalhados da produção, você tem a responsabilidade de ajudar o público a alcançar um nível mais alto de estética e alfabetização emocional. Isso significa que suas tomadas precisam estar corretamente feitas, sua iluminação e áudio em sincronia com o sentimento da cena e sua edição bem-feita e ritmicamente estruturada, mesmo que você consiga fazer isso sem ser tão artístico. Com tal abordagem profissional, seu público pode não ajudar, mas aprender, mesmo que subconscientemente, como é uma produção de qualidade.

Nenhum livro-texto – nem mesmo este – pode substituir a experiência prática. Mas lendo e aprendendo sobre o complexo processo de produção televisiva, você estará à frente de qualquer um quando se envolver com uma produção real. Você terá o conhecimento de como se portar desde a ideia inicial até as várias etapas de produção e o que você pode e deve fazer com um específico tipo de equipamento; isso lhe dará segurança para fazer escolhas corretas e mesmo ir além do que é feito atualmente.

Chegar a esse ponto por tentativa e erro demorará muito e será pouco produtivo para seus objetivos de se tornar um profissional do vídeo. A 12ª edição do *Manual de produção de televisão* foi feita para ajudá-lo nessa tarefa.

Auxiliares da aprendizagem

Toda aprendizagem é facilitada pela redundância. Se você ouvir a mesma coisa sempre, você não pode evitar de lembrá-la. Com isso em mente, cada capítulo começa com as palavras-chave que serão usadas novamente no texto. É esperado que tal introdução o ajude a acelerar sua leitura; esses termos estarão disponíveis com suas definições no glossário. Como um bônus, você terá a repetição necessária para uma boa retenção de aprendizagem.

Se estiver com pressa ou com muita coisa para fazer, você pode ficar tentado a ler somente o final de seção chamado de "Pontos principais" – mas isso é tão ineficiente como substituir um trailer pelo filme de verdade. Os resumos são meros checklists que você precisa saber após ler os capítulos. Como você pode suspeitar, eles também estão no princípio da redundância. Obviamente, se você não leu o texto, os resumos não funcionarão nem para recordar nem como apoio para a memória.

Você deveria usar este livro não como um ponto final, mas como uma parte do aprendizado do que uma produção televisiva é na realidade. Ele dará a você uma vantagem em relação a alguém que aprendeu sobre isso com tentativa e erro.

Por fim, espero que você goste de ler este livro e de aprender esta disciplina excitante.

PARA O PROFESSOR

Organização da 12ª edição

Embora este texto tenha sofrido mudanças substanciais em relação à edição anterior, seus capítulos progridem em uma sequência lógica que corresponde à produção televisiva real. Ele começa com uma visão geral do processo de produção e do sistema de televisão e, então, a partir da ideia inicial, passa pelos vários estágios de produção – pré-produção, produção e pós-produção.

Capítulo 1: Processo e sistema

Uma dificuldade relacionada a aprender e ensinar produção de televisão é que, para realmente entender um único elemento da produção ou um equipamento, os alunos devem idealmente conhecer a função de todos os outros. Para prevenir que os alunos se percam nos inúmeros detalhes relacionados a equipamentos e à produção e para ajudá-los a entender a produção televisiva como um sistema, o Capítulo 1 fornece uma visão geral sobre fases de pré-produção, produção e pós-produção; sobre o pessoal de produção técnica e não técnica e sobre os principais equipamentos relacionados à televisão.

Capítulos 2 a 4: Pré-produção

Esses capítulos enfatizam a importância da pré-produção. A maioria dos alunos de produção iniciantes, com suas câmeras digitais e seus *notebooks* que processam efeitos especiais, estão ansiosos para sair da primeira aula já filmando um documentário potencial ganhador de um prêmio Emmy. Eles são, compreensivamente, relutantes em dispender muito tempo pensando no que deve ser dito e em qual é a melhor maneira de dizer. Mas, mesmo os alunos mais impacientes, irão logo descobrir que o sucesso ou o fracasso de uma produção é largamente determinado pela fase de pré-produção. Portanto, esses três capítulos enfatizam como proceder durante todo o processo de pré-produção: começando pela geração de ideias valiosas, desenvolvimento de proposta de programa, elaboração de script e como o diretor e o restante da equipe de produção se preparam e colaboram uns com os outros.

Capítulos 5 a 17: Produção

A maioria dos capítulos envolve o processo de produção. Isso inclui uma explicação detalhada das principais ferramentas de produção e seu uso eficiente e o que o artista, o diretor e o assistente de palco fazem durante a produção real. Esses capítulos também incluem dicas e sugestões para a direção de produções de câmera única e multicâmera para televisão e cinema digital tanto em estúdio quanto em campo. A seção de produção em campo mostra arranjos detalhados de câmera e de microfones para grandes eventos esportivos e aborda pesquisas de campo e distribuição de sinal para grandes transmissões remotas.

Capítulos 18 e 19: Pós-produção

Os muitos programas de edição não linear se tornaram tão intrincados que até mesmo os mais simples requerem um manual do tamanho de um livro para descobrir todos os truques que eles oferecem. Mesmo com prática, todos os programas de edição têm uma curva de aprendizagem bastante íngreme, então seria inútil ir além de uma explicação dos princípios gerais de edição não linear. No entanto, a estética da edição não mudou com a nova tecnologia. Alunos de produção ainda têm que aprender como fazer um corte perfeito e como intensificar uma cena ou mostrar sua complexidade, independentemente do *software* de edição em particular que você possa estar usando em sua operação.

Principais alterações

A seguir consta um resumo de algumas das principais alterações à 12ª edição do *Manual de produção de televisão*.

- **Um capítulo obsoleto removido.** Desde a edição anterior, a tecnologia digital se estabeleceu tão firmemente em todas as facetas dos equipamentos de produção de televisão que a diferença entre sinais analógico e digital não justifica mais um capítulo inteiro. As informações restantes sobre processos digitais estão incorporadas em outros capítulos.

- **Eliminação das fitas de vídeo.** Embora as fitas de vídeo ainda sejam usadas em um lugar ou outro (usualmente mais por necessidade do que por escolha), ela não mais justifica sua inclusão em um texto sobre produção. Eu espero que os alunos aprendam, em um curso de história da transmissão de televisão, a apreciar o papel extremamente importante que as fitas de vídeo exerceram como mídia de gravação, especialmente ao estabelecer uma disciplina de pós-produção que deixou sua marca até mesmo na indústria cinematográfica.

- ■ **Conteúdo deslocado.** Partes de vários capítulos foram movidas para trazerem melhor compreensão para certos tópicos. Por exemplo, a principal discussão sobre cores foi deslocada do capítulo sobre câmera para o capítulo sobre design.

- ■ **Texto aprimorado.** O deslocamento de conteúdo permitiu unidades de aprendizagem mais coerentes. Repetições desnecessárias foram suprimidas, e algumas ambiguidades foram resolvidas.

- ■ **Adição de 3D.** As características básicas dos equipamentos e os princípios de percepção e produção de 3D estéreo estão agora incorporados em vários contextos, incluindo novas ilustrações de conceitos de 3D estéreo.

- ■ **Atualização de produtos.** Embora seria inútil e desnecessário tentar se manter atualizado com os novos equipamentos e dispositivos de produção desenvolvidos a cada dia, todos os novos equipamentos importantes – como câmeras 3D, câmeras DSLR, câmeras de cinema digital 4K e 8K, mesas de corte portáteis, instrumentos de iluminação por LED e sistemas digitais de controle de iluminação – são discutidos nesta edição.

Características pedagógicas

Para garantir um aprendizado ideal, esta edição do *Manual de produção de televisão* incorpora novamente princípios pedagógicos importantes.

Seções curtas Cada capítulo é subdividido em seções relativamente curtas, identificadas por cabeçalhos distintos. A intenção dessa forma de layout é capturar a atenção do leitor sem entediá-lo e sem fragmentar o conteúdo do capítulo.

Abordagem dupla O *Manual* foi criado para atender os alunos principiantes e também aqueles já experientes na produção de televisão. Para que os alunos menos avançados não se vejam perdidos em um emaranhado de detalhes técnicos, cada capítulo é dividido em duas seções: a seção 1 contém informações básicas sobre um tema específico, e a seção 2 apresenta material mais detalhado. As duas seções podem ser indicadas e lidas em conjunto ou separadamente. Alguns capítulos usam a seção 2 para material importante que, de outra forma, faria com que a seção 1 fosse muito longa e densa.

Ordem dos capítulos A ordem dos capítulos nesta edição é determinada pelos três passos principais de como normalmente nos movemos da ideia inicial para a produção finalizada: pré-produção, produção e pós-produção. Eu entendo, no entanto, que essa organização pode não se ajustar à maneira específica que um professor queira ou tenha ensinado essa disciplina. Embora no sistema de produção televisiva cada parte seja necessária para o funcionamento apropriado de todas as outras, os capítulos individuais são suficientemente autônomos para serem ensinados em qualquer ordem. Na verdade, pretende-se que o primeiro capítulo seja um guia de referência para todo o processo de produção, independentemente da ordem na qual as partes do sistema (os capítulos seguintes) são ensinados.

Reforço Como a propaganda e *Vila Sésamo* nos ensinam, certa quantidade de repetição é essencial para aprender e reter um conhecimento. O mesmo princípio de redundância é válido para o aprendizado da linguagem e dos conceitos de produção de televisão. As palavras-chave de cada capítulo são inicialmente listadas após a introdução do capítulo propriamente dito. Elas são apresentadas em *itálico* no texto e devidamente explicadas no Glossário ao final do livro. Para tirar melhor proveito desse recurso de aprendizado, o aluno deve ler as palavras-chave *antes* de aventurar-se pelo capítulo e utilizar os "Pontos principais" como uma lista de verificação do que deverá ser aprendido.

Ilustrações O objetivo das inúmeras figuras e diagramas é preencher a lacuna entre descrição e aplicação real. Todas as ilustrações utilizadas para simular imagens de TV estão na relação de aspecto 16 × 9 da televisão de alta definição (HDTV). Com isso, o aluno vai poder visualizar os planos de imagens na relação de aspecto *widescreen*. Na maioria dos casos, as figuras de equipamentos representam um tipo genérico e não específico do modelo de preferência.

Recursos da edição

O "Manual do professor" encontra-se disponível na página do livro, no site da Cengage, em inglês. Ele é voltado para o instrutor que é razoavelmente experiente em produção televisiva, mas novo em ensinar. Até instrutores experientes, contudo, podem encontrar informações que podem fazer com que ensinar a *produção televisiva seja mais fácil*. Também estão disponíveis slides em Power Point® para professores, em português.

Agradecimentos

Um livro-texto, assim como um programa de televisão, necessita de um time de especialistas dedicados para produzi-lo. Novamente eu tive a sorte de ter a ajuda do time de publicação altamente experiente da Cengage com a 12ª edição do *Manual de produção de televisão*. Meus sinceros agradecimentos a Erin Bosco, desenvolvedora de conteúdo associada, e a Rebecca Donahue, coordenadora de conteúdo, pela sua ajuda contínua com essa edição do *Manual* e também com meus outros livros. Como gestora de desenvolvimento na Cengage, Megan Garvey ainda conseguiu ficar atenta em como a 12ª edição do *Manual* estava saindo. Minha gratidão também se estende a esses especialistas de publicação da Cengage: Kelli Strieby, gestora de produção; Katie Walsh, assistente de produção; Michael

Lepera, gestor sênior de conteúdos de projetos; Marissa Falco, diretora sênior de arte; Doug Bertke, planejador de fabricação, e Dean Dauphinais, especialista sênior em aquisição de direitos autorais. Agradeço também a Priya Subbrayal e Christina Ciaramella, pesquisadoras de fotografia da PreMedia Global.

Embora eu já deveria estar acostumado à qualidade superior dos livros feitos por Gary Palmatier e sua equipe da Ideas to Images, novamente eu estou surpreso e grandemente impressionado pela criatividade e atenção aos detalhes que eles têm a cada aspecto desta 12ª edição do *Manual*. Meus sinceros agradecimentos vão para Gary Palmatier, diretor de arte e gestor de projetos; Elizabeth von Radics, copidesque; Mike Mollett, leitor de provas, e Ed Aiona, fotógrafo. Mais do que agradecimentos, aqui vai um grande "toca aqui" virtual pelo seu trabalho superior!

Eu novamente me beneficiei grandemente da ajuda dos revisores da 11ª edição do *Manual* para a 12ª edição: Richard Boyd, Houston Community College – Northwest; Carin Chapin, Pepperdine University – Malibu; Charles D. Derry, Madonna University; Cheryl Settoon, Southeastern Louisiana University, e Josh Taylor, Meridian Community College. Eles podem facilmente perceber como seus comentários astutos ajudaram a dar forma a esta edição. Obrigado a todos pelas valiosas sugestões.

Eu também estou em grande débito com meus colegas da universidade e com pessoas que trabalham na indústria da televisão por suas respostas generosas e informativas aos meus vários questionamentos. Uma lista de seus nomes parece de certa forma impessoal, mas eu espero que cada um dos seguintes indivíduos considere esta listagem como um aperto de mãos.

Meus colegas do Departamento de Transmissão de Televisão e de Comunicação e Artes Eletrônicas da San Fran-cisco State University: Professores Marty Gonzales, Hamid Khani e Vinay Shrivastava; membros da equipe técnica: Michel French, engenheiro chefe; Winston Tharp, engenheiro chefe aposentado, e Steve Lahey, coordenador do prédio.

Meus colegas e amigos de várias instituições acadêmicas, estações de televisão e companhias de produção de vídeo: Rudolf Benzler, UEFA, especialista em operações em partidas televisionadas, Suíça; John Beritzhoff, presidente, Snader and Associates; Ed Dudkowski, diretor/roteirista/produtor de redes e transmissões de televisão; Michael Eisenmenger, diretor executivo, Community Media Center de Marin; Elan Frank, CEO da E'lan Productions, Los Angeles; Fred Inglis, âncora esportivo, KTVU Channel 2, Oakland/San Francisco; David McKenna, assistente de pós-produção, University of California, Los Angeles; professor emérito Manfred Muckenhaupt, Universidade de Tuebingen, Alemanha. Um sincero agradecimento a todos.

Minha gratidão também se estende a pessoas que aparecem nas muitas fotos: Talia Aiona, Karen Austin, Ken Baird, Jerome Bakum, Rudolf Benzler, Tiemo Biemueller, Monica Caizada, William Carpenter, Andrew Child, Laura Child, Rebecca Child, Renee Child, Skye Christensen, Ed Cosci, Carla Currie, Sabrina Dorsey, Tammy Feng, Jedediah Gildersleeve, Cassandra Hein, Poleng Hong, Sangyong Hong, Akiko Kajiwara, Hamid Khani, Philip Kipper, Christine Lojo, Orcun Malkoclar, Michael Mona, Johnny Moreno, Anita Morgan, Jacqueline Murray, Tuan Nguyen, Richard Piscitello, Matthew Prisk, Marlon Quintero, Kerstin Riediger, Suzanne Saputo, Alisa Shahonian, Steve Shlisky, Talisha Teague, Takako Thorstadt e Yanlan Wu.

Embora mencionada por último, minha esposa, Erika, merece as maiores honras por me apoiar por toda a pesquisa e criação desta edição.

Herbert Zettl

Manual de produção
de televisão

capítulo 1

Processo de produção de televisão

Ao assistir à TV, a vídeos de férias de um amigo, a videopodcasts de algum blogueiro na internet ou até mesmo a filmes, você provavelmente já se imaginou capaz de criar algo tão bom ou superior ao que vê na tela. Isso é bem verdade, porém o mais surpreendente talvez seja descobrir quão difícil é alcançar os altos valores de produção exigidos por um programa de televisão comum, mesmo se a qualidade de seu conteúdo necessitar de melhorias. Os recursos automáticos da maioria dos equipamentos criam, muitas vezes, a falsa impressão de que produzir para TV é relativamente simples – bem, até a magia do pote se acabar. Mesmo aquele seu vídeo de férias que você considera uma obra-prima pode exigir muito esforço e competência em termos de produção para causar a mesma impressão em outras pessoas. Uma conversa de 55 segundos aparentemente simples entre o âncora de um telejornal em São Paulo e um astro de futebol em Madri durante o intervalo de uma partida representa um formidável desafio, mesmo para os profissionais mais experientes. Este livro vai ajudá-lo a enfrentar esses desafios.

A era digital introduziu uma convergência comum entre o vídeo digital e os processos necessários à produção, e isso é válido para quem trabalha como profissional de televisão, cinema digital ou em pequenos projetos de vídeo independentes. Felizmente, essa convergência tem um fundamento comum: a produção de televisão utilizando várias ou uma única câmera. O aprendizado dos segredos e das técnicas da produção de televisão permitirá a rápida adaptação a outras formas de produção de vídeo ou cinema digital. Na verdade, você vai perceber que mesmo diretores de cinema consagrados aprenderam da televisão as vantagens das produções com várias câmeras, mas também descobriram que é muito mais difícil alternar de uma produção com uma única câmera para uma com várias câmeras do que o contrário.

O principal problema desse aprendizado é que, para compreender a função de determinada peça de equipamento ou etapa da produção, todas as demais funções já devem ser de seu domínio. O objetivo do Capítulo 1 é ajudá-lo a solucionar esse intrincado dilema. Nele, você terá uma visão geral do processo inicial de produção, saberá quem são as pessoas envolvidas em pequenas e grandes produções e conhecerá as ferramentas necessárias para gerar o áudio e as imagens na tela – o equipamento padrão de televisão. Os próximos capítulos fornecerão descrições e explicações mais detalhadas sobre os equipamentos, os processos de produção e o fluxo de trabalho.

Na seção 1.1, "O que é produção de televisão", abordaremos as três fases da produção, apresentaremos um modelo prático de produção e indicaremos alguns aspectos sobre as principais equipes técnicas e não técnicas.[1]

A seção 1.2, "Sistemas de produção técnica", apresenta os sistemas básicos de única câmera, os sistemas expandidos de várias câmeras e os principais equipamentos de televisão.

PALAVRAS-CHAVE

Clipe; modelo de efeito para causa; EFP (electronic field production); ENG (electronic news gathering); Requisitos médios; Sistema de várias câmeras; Equipe de produção de jornalismo; Equipe não técnica de produção; Pós-produção; Edição de pós-produção; Pré-produção; Processo de mensagem; Produção; Sistema de única câmera; Equipe técnica; Sistema de televisão.

---

[1] No Brasil, dividimos as equipes em produção e técnica ou operações. (NRT)

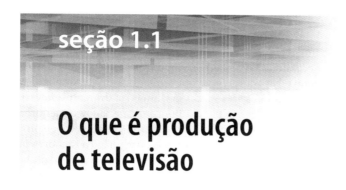

seção 1.1
O que é produção de televisão

Um pintor praticamente não encontra dificuldades em transferir suas ideias para a tela. Essencialmente, ele precisará de tintas, de pincel e, naturalmente, de um pouco de técnica. É um trabalho solitário, com apenas o pintor envolvido no processo de traduzir ideias em imagens. Entretanto, tal processo, quando aplicado a uma simples produção de televisão, é consideravelmente mais complexo. Nele, raramente estamos sozinhos e os prazos são sempre apertadíssimos. Além disso, há a constante obrigação de trabalhar com uma variedade de equipamentos complexos. Esta seção oferece um breve apanhado geral das três fases da produção – pré-produção, produção e pós-produção – e sugere um modelo de produção para simplificar o uso de pessoas e equipamentos, além de relacionar as principais equipes técnicas e não técnicas.

▶ **Três fases da produção**
Pré-produção, produção e pós-produção.

▶ **Modelo de produção**
Modelo de efeito para causa, requisitos médios e modelagem dos requisitos médios por meio do processo de mensagem.

▶ **Equipe de produção**
Equipe não técnica de modulação, equipe técnica e equipe de produção jornalística.

Três fases da produção

Não importa se você é parte do pessoal técnico ou não técnico ou se trabalha em uma grande equipe de produção ou sozinho, seu trabalho inevitavelmente o conduzirá a uma das três fases da produção ou a todas elas: pré-produção, produção e pós-produção.

Pré-produção

A *pré-produção* inclui todas as preparações e atividades realizadas antes do trabalho efetivo em estúdio ou em campo no primeiro dia de produção. Normalmente, ela acontece em dois estágios. O estágio 1 consiste em todas as atividades necessárias à transformação da ideia básica em conceito ou roteiro prático. No estágio 2, são abordados na íntegra os detalhes necessários à produção, como locação, equipes e equipamentos para produção com uma ou várias câmeras.

Produção

Basta abrir as portas do estúdio para um ensaio ou uma sessão de gravação de vídeo ou colocar a câmera na van e partir rumo a uma tomada externa, e você vai estar em *produção*. Com exceção de ensaios, a produção requer normalmente equipamentos e uma equipe – pessoas para operar os equipamentos. Inclui todas as atividades necessárias à gravação em vídeo ou transmissão de um evento.

Pós-produção

A *pós-produção* consiste em duas atividades principais: edição de vídeo e de áudio. Pode incluir também a correção de cores dos vários clipes de vídeo (de modo que o vermelho da camisa do ator não sofra alterações de uma tomada para outra), a seleção da trilha sonora adequada e a criação de efeitos especiais de áudio. Quando se adota o estilo cinematográfico de filmagem com uma única câmera, em que as cenas são montadas gravando-se plano por plano com apenas uma câmera, o tempo gasto nas atividades de pós-produção pode ser maior se comparado à produção de fato.

Modelo de produção

À semelhança de qualquer modelo, o objetivo do modelo de produção é ajudá-lo a transformar a ideia original em produto acabado com a maior eficiência possível. Ele foi criado para ajudar na decisão sobre a abordagem mais eficaz logo no início das filmagens, avaliar cada etapa relevante da produção e finalizar o trabalho no prazo. Sua função é semelhante à de um mapa: não é preciso segui-lo à risca para ir de um lugar a outro, mas ele será fundamental para que você encontre o caminho com maior facilidade. De qualquer forma, não dispense tal auxílio à produção simplesmente porque você não o ouviu ser mencionado no "mundo real". Ele é apresentado aqui para lhe dar uma vantagem sobre as pessoas do "mundo real" que podem não ter ouvido falar dele ou dispensaram-no antes mesmo de tentar usá-lo. No entanto, se o modelo restringe ou reprime sua criatividade, não o utilize.

Modelo de efeito para causa

A maioria dos modelos de produção tem algo em comum com o *modelo de efeito para causa*: ele parte de uma ideia básica, mas, em vez de transformá-la diretamente em processo de produção, avança até o efeito de comunicação desejado sobre o público-alvo – o objetivo geral do programa. Tal objetivo pode ser alcançado por meio de uma mensagem específica que, de preferência, será recebida e internalizada pelo espectador e produzirá nele uma reação. Essa mensagem de importância geral é gerada pelo processo de o espectador apreciar o conteúdo visual e sonoro do programa de TV por você produzido e associar a ele significado. Esse processo é denominado "mensagem do processo". Um processo assim requer que você, o produtor, tenha uma ideia extremamente clara de seus objetivos em relação à reação, atitude e impressões do público-alvo antes de decidir sobre os requisitos técnicos necessários. O modelo em questão sugere que você parta da ideia geral diretamente para o efeito desejado. Após esse processo, retorne ao ponto de partida e elabore os meios de criar – gerar – esse efeito.

Quanto mais a mensagem real do processo (efeito sobre o espectador) corresponder à mensagem definida, mais bem-sucedida será a comunicação. **Figura 1.1**

Mensagem do processo definida O processo de produção, antes orientado pela ideia inicial, é agora orientado pela mensagem definida do processo – o efeito desejado sobre o público-alvo. Dessa forma, ela é mais inclusiva do que um mero objetivo do programa. Antes de prosseguir com sua produção, você precisa ter certeza de que irá atrair a atenção da audiência. Isso é normalmente feito com o ângulo do programa – um elemento do programa que fisga quem está assistindo, algo como quando se usa uma isca para pescar.

Ângulo Como você certamente já sabe, o ângulo é um foco específico da narrativa, um ponto de vista no qual se pode basear observações e descrever um evento. O ângulo pode nos conduzir a uma perspectiva óbvia sobre quem de fato é a primeira pessoa da narrativa ou ser sutil e tornar o processo de acompanhamento da narrativa muito mais interessante. Ao apresentar notícias, você deve ser cuidadoso com ângulos que introduzem pontos de vista específicos.

Do ponto de vista do proprietário de um cachorro que ataca o carteiro, o ângulo da história poderá apontar para o aumento do crime na vizinhança e a tentativa do cão em proteger seu dono. O carteiro, por sua vez, terá uma visão totalmente oposta do mesmo evento. Ele, muito provavelmente, destacará a violência dos cães na vizinhança e a necessidade de leis mais rígidas para o controle desses animais. No contexto de um noticiário, ambos os ângulos apresentam um viés inaceitável, mas na dramaturgia esse ângulo pode ter um papel importante para que o cachorro seja considerado um herói (o carteiro era, na verdade, um fugitivo condenado disfarçado) ou um vilão (o cachorro já havia mordido uma criança que estava indo para a escola).

Entretanto, poderíamos adotar um ângulo que conferisse à narrativa uma abordagem específica sem recorrer a esse tipo de perspectiva. Você poderia, por exemplo, misturar-se à multidão de milhares de fãs e assistir ao show de uma cantora para produzir um documentário sobre sua carreira ou simplesmente observá-la durante uma sessão de gravação em estúdio. A primeira versão representaria um ponto de vista do "público", e a segunda, um ponto de vista mais particular e "intimista". Para cada abordagem, seriam necessários diferentes tipos de equipamento (uma montagem utilizando várias câmeras com cortes de imagem ao vivo ou pós-produção exaustiva na primeira versão), além de seu estilo de gravar (muito mais *closes* na versão 2 que na 1).

Requisitos médios

A vantagem desse modelo reside na definição precisa da mensagem do processo e do ângulo específico, o que contribuirá para tornar o trabalho da equipe de conteúdo e produção uma tarefa coesa, além de facilitar a seleção dos elementos de conteúdo, dos elementos de produção e dos profissionais – os **requisitos médios**. Inicialmente, defina de forma cuidadosa o efeito desejado sobre o público. Com isso, será bem mais fácil escolher as pessoas específicas para a realização do trabalho (especialista em conteúdo, roteirista, diretor e equipe), a locação mais adequada para a produção (estúdio ou campo) e os equipamentos necessários (única ou várias câmeras, câmeras de estúdio ou de externas, tipos de microfone e assim por diante).

Modelagem dos requisitos médios por meio do processo de mensagem

Suponhamos que você vá produzir um segmento de 15 minutos ao vivo de um programa matinal. A ordem do produtor executivo é trazer para a frente das câmeras uma advogada disposta a falar sobre certo julgamento em andamento que envolva um homicídio de grande repercussão.

A forma costumeira e intuitiva de levar a cabo essa tarefa seria entrar em contato com uma criminalista bastante conhecida e requisitar do diretor de arte a montagem de um set com todas as características de um escritório de advocacia: mesa de trabalho bem arrumada, cadeiras com revestimento de couro e grande quantidade de livros de direito ao fundo. O próximo passo seria marcar a data da gravação, organizar o horário de estúdio, providenciar o transporte da convidada, o cachê dos artistas e outros detalhes semelhantes.

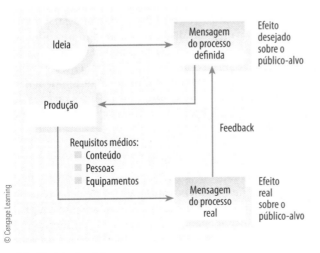

1.1 Modelo de efeito para causa
O modelo de "efeito para causa" avança diretamente da ideia inicial e do ponto de vista do enredo ao efeito desejado – a mensagem do processo. A partir daí, ele se volta para os requisitos médios que sugerem os elementos de produção a serem utilizados e os processos necessários à produção da mensagem do processo definida.

Quando o modelo de efeito para causa entra em cena, dois ângulos distintos são possíveis: o primeiro focaliza o brilhantismo de uma advogada de defesa e sua habilidade em incutir boa dose de dúvida nos jurados, e o outro revela a condição emocional e o conflito interno de uma profissional contratada para defender um suspeito, apesar das incontestáveis evidências que apontam para sua culpa.

Veja, então, como dois ângulos distintos podem influenciar as mensagens do processo resultantes e, por sua vez, impor diferentes abordagens à produção:

Mensagem do processo 1: *Esclarecer o telespectador sobre algumas das principais estratégias de defesa utilizadas pela convidada.*

Aqui, a entrevista deve girar em torno de casos passados da advogada e os motivos que contribuíram para o seu sucesso ou insucesso. O entrevistador deve entender de direito? Sim. Ele poderá traduzir a linguagem jurídica para o público ou contestar abertamente a ética da advogada com base na estrutura da lei. Para isso, o set de estúdio semelhante a um escritório de advocacia seria igualmente apropriado. Avalie até mesmo a possibilidade de utilizar o próprio escritório da advogada como locação para a entrevista.

Mensagem do processo 2: *Levar o telespectador a conhecer mais profundamente o assunto a ser abordado e as impressões da advogada ao lidar com um caso particularmente complexo, bem como a forma como ela administra a ética pessoal na aplicação de estratégias de defesa específicas.*

O apresentador deve ser um especialista em direito? De forma alguma. Na verdade, um psicólogo seria mais adequado para conduzir a entrevista. Se preferir, faça closes da advogada durante a maior parte do programa. Você poderia, até mesmo, manter a convidada em close enquanto o apresentador faz as perguntas. Tomadas de reação (a advogada ouvindo as perguntas) são geralmente mais expressivas que tomadas de ação (a advogada respondendo às perguntas). Para essa entrevista, é necessário um set bem elaborado? Não. Uma vez que o foco principal da entrevista é a advogada como pessoa, e não a pessoa como advogada, qualquer tipo de ambiente será adequado. No set de entrevistas, você precisará basicamente de duas cadeiras confortáveis.

Nesse caso, a definição do ângulo não seguiu um processo individual; pelo contrário, ela foi embutida na mensagem do processo definida. Porém, se estivéssemos escrevendo uma peça teatral, seria necessária uma mensagem de processo? Claro que não. Mesmo uma mensagem de processo bem elaborada de nada o ajudaria a produzir uma obra dramática com resultados mais eficazes. Qualquer apresentação dramática possui uma estrutura interna própria, e, por essa razão, não há vantagem alguma em determinar seu efeito desejado sobre o público. Nesse caso, o mais importante é elaborar o desenvolvimento dos personagens e do conflito sem se preocupar se o público deve chorar ou rir. No entanto, programas com formatos dire-

cionados a objetivos, como programas educativos, entrevistas, documentários e, sem dúvida alguma, propagandas, poderão se beneficiar muito de uma mensagem de processo definida com precisão.

Uma dica: a produção televisiva oferece bastante resistência a programas que utilizam as chamadas *talking heads* (cabeças falantes) – pessoas conversando em closes sem nenhum material visual de suporte, efeitos especiais ou incidência constante de música de fundo. Não aceite cegamente esse preconceito. Desde que as pessoas se expressem bem, não há necessidade de intervenção visual ou sonora adicional.

Equipe de produção

Mesmo os mais sofisticados equipamentos para produção de televisão e interfaces de computador não poderão substituí-lo no processo de produção de televisão. Você e sua equipe de trabalho ainda reinam absolutos – pelo menos até o momento. Os equipamentos não são capazes de tomar decisões éticas e estéticas por você nem lhe dizer exatamente quais partes do evento selecionar e como apresentá-las para estabelecer uma comunicação ideal. Essas decisões são suas e baseiam-se no contexto do propósito geral da comunicação e na interação com outros membros da equipe de produção – o pessoal de produção, as equipes técnicas, os engenheiros e os funcionários administrativos. Cedo ou tarde, você descobrirá que a principal tarefa em produção de televisão envolve menos trabalho com equipamentos e mais com pessoas. De modo geral, podemos dividir a equipe de produção em equipe não técnica e técnica. Abordaremos os departamentos jornalísticos separadamente, pois seu trabalho é realizado à parte da equipe de produção comum.

Equipe não técnica de produção

O trabalho da *equipe não técnica de produção* envolve, de modo geral, a tradução do roteiro ou evento em imagens para televisão. É também conhecida como pessoal de alto escalão por enquadrar-se em uma categoria de orçamento distinta da equipe técnica, chamada pessoal de baixo escalão. Não há nenhuma distinção uniforme ou até mesmo absoluta entre as equipes de produção e operacional.[2] Entretanto, essa classificação pode mudar, o que dependerá das funções dos membros da equipe como participantes de sindicatos e nas práticas orçamentárias da produtora. Por essa razão, adotaremos aqui a divisão mais óbvia para a equipe não técnica. **Figura 1.2**

Observe, entretanto, que, em operações de televisão de menor porte, uma única pessoa poderá exercer diversas funções diferentes. Por exemplo, o produtor pode escrever e dirigir o programa, e o assistente de direção acumular

---

[2] No Brasil, não dividimos equipes em "above-the-line personnel" e "below-the-line personnel". Chamamos de equipe de produção e equipe operacional. (NRT)

6   Manual de produção de televisão

EQUIPE	FUNÇÃO
EQUIPE NÃO TÉCNICA DE PRODUÇÃO	
Produtor executivo	Responsável por uma ou várias produções ou séries de programas de grande porte. Administra orçamentos e realiza o trabalho de coordenação com clientes, direção das estações, agências de publicidade, patrocinadores financeiros e agentes de artistas e roteiristas.
Produtor	Responsável por produções individuais, por todos os profissionais envolvidos no trabalho de produção e pela coordenação dos elementos de produção técnica e não técnica. Em geral, atua como roteirista e, em algumas ocasiões, como diretor.
Produtor associado (PA)[3]	Auxilia o produtor em todos os assuntos relacionados à produção. Geralmente, realiza as tarefas efetivas de coordenação, como contato telefônico com os artistas e confirmação de agendas.
Produtor de linha[4]	Supervisiona as atividades diárias de produção no set de gravações.
Produtor em campo[5]	Auxilia o produtor assumindo a responsabilidade pelas operações em externa (fora do estúdio). Em estações pequenas, essa função pode ser parte das responsabilidades do produtor.
Gerente de produção	Elabora escalas de equipamentos e de equipes para todas as produções em estúdio e em campo. Também chamado *diretor de operações de transmissão*.
Assistente de produção (AP)	Auxilia o produtor e o diretor durante a produção efetiva. Nos ensaios, anota as sugestões do produtor e/ou do diretor para melhorias no programa.
Diretor	Dirige os artistas e as operações técnicas. É o grande responsável por transformar o roteiro em mensagens de áudio e vídeo. Em estações pequenas, pode, muitas vezes, atuar também como produtor.
Diretor associado (DA)	Assiste o diretor durante a produção efetiva. Nas produções em estúdio, faz as marcações de tempo para o diretor. Nas produções complexas, ajuda a "preparar" diversas operações (como predefinir tomadas de câmera específicas ou comandar o acionamento de um gravador de vídeo). Também chamado *diretor assistente*.
Assistente de direção[6]	Responsável por todas as atividades no set do estúdio. Coordena os artistas, transmite as "deixas" do diretor para eles e supervisiona o pessoal no set de gravações. Exceto em grandes operações, é responsável por montar o cenário e decorar o set. Também chamado *gerente* ou *diretor de palco*.
Equipe de palco[7]	Monta e decora os sets. Opera os cartazes de *prompt* e outros dispositivos de exibição de mensagens e elementos gráficos na câmera. Por vezes, ajuda a montar e operar os instrumentos de iluminação em campo e as lanças de microfones. Auxilia os operadores de câmera movendo os *dollies* ou segurando os cabos das câmeras. Em pequenas estações, atua ainda como camareiro ou maquiador. Essa equipe recebe também outras denominações: *auxiliares de palco* e *equipe de serviços de utilidade*.

© Cengage Learning

1.2 Equipe não técnica de produção

as responsabilidades do produtor de linha[8] ou, ocasionalmente, até mesmo dirigir o programa. O diretor associado pode trabalhar na produção de séries ou cinema digital, mas raramente estará presente na maioria dos programas de televisão rotineiros. O diretor de arte pode acumular também a função de artista gráfico, e grande parte das produtoras de médio ou pequeno portes pouco utiliza figurinista, camareiro, gerente de cenografia ou engenheiro de som permanentes. Os artistas de televisão – os apresentadores e atores

atuando em frente da câmera – são geralmente considerados parte do pessoal não técnico de produção (este será assunto abordado no Capítulo 15).

Equipe e pessoal técnicos

A *equipe técnica* é composta pelas pessoas envolvidas basicamente na operação de equipamentos. De modo geral, fazem parte da equipe de produção. A equipe técnica inclui operadores de câmera, operadores de áudio e iluminação, operadores de gravação de vídeo, editores de vídeo, geradores de caracteres (operação) e técnicos de montagem de equipamentos de comunicação e transmissão de sinais. O termo *técnico* não se refere à especialização eletrônica, mas à operação segura e hábil dos equipamentos. Os engenheiros de fato, isto é, os especialistas em eletrônica capacitados a identificar onde exatamente um equipamento apresenta defeitos, geralmente não operam esses equipamentos. A

---

[3] No Brasil, as funções de produtor associado são exercidas pelo assistente de produção. (NRT)
[4] Entre nós, a função recebe o nome de assistente de direção. (NRT)
[5] Também chamado produtor de externas. (NRT)
[6] Conhecido como assistente de estúdio. (NRT)
[7] No Brasil, esse profissional é chamado contrarregra. (NRT)
[8] Aqui, não existe a função de produtor de linha. No exemplo, o assistente de direção poderia acumular as responsabilidades do produtor executivo. (NRT)

EQUIPE	FUNÇÃO
EQUIPE ADICIONAL DE PRODUÇÃO	
Em pequenas estações e emissoras de TV corporativas, os roteiros são geralmente escritos pelo diretor ou pelo produtor. Normalmente contratado em regime freelance.	
Roteirista	Em pequenas estações e emissoras de TV corporativas, os roteiros são geralmente escritos pelo diretor ou pelo produtor. Normalmente contratado em regime freelance.
Diretor de arte	Responsável pelos aspectos de design criativos do programa (design do set, locação e/ou elementos gráficos).
Artista gráfico	Prepara elementos gráficos em computador, legendas, tabelas e fundos eletrônicos.
Maquiador(a)	Prepara a maquiagem de todo o elenco de artistas. Normalmente contratado em regime freelance.
Figurinista	Cria e, algumas vezes, até mesmo confecciona os vários trajes para peças teatrais, números de dança e programas de todos os gêneros. Normalmente contratado em regime freelance.
Camareiro(a)	Cuida de todos os problemas relacionados ao guarda-roupa durante a produção.
Gerente de cenografia	Cuida da manutenção dos vários itens cenográficos de mão e do set de gravações, e gerencia o uso deles. Atua apenas em grandes operações. Nas demais situações, o gerenciamento dos itens cenográficos fica a cargo do gerente de departamento.
Projetista de áudio[9]	Monta toda a trilha de som (diálogo e efeitos de som) na pós-produção. Normalmente contratado em regime freelance nas produções de grande porte.

1.2 Equipe não técnica de produção (continuação)

função deles é garantir a operação ininterrupta do sistema e supervisionar a instalação e a manutenção. Em operações profissionais de maior porte, o pessoal técnico de produção ainda é chamado de engenheiro, principalmente para satisfazer às tradicionais classificações trabalhistas estabelecidas por sindicatos de trabalhadores.[10]

Em algumas situações, o diretor de fotografia (DF) é relacionado como parte da equipe não técnica e, em outras, como parte da equipe técnica. O termo, tirado da produção de filmes, foi incorporado à linguagem televisiva. Em produções cinematográficas padrão, o diretor de fotografia é basicamente responsável pela iluminação e exposição adequada do filme, mas não opera a câmera. Em produções cinematográficas digitais de menor porte e produções eletrônicas em campo (EFP), o diretor de fotografia opera a câmera e também cuida da iluminação. Portanto, quando se ouve que um produtor/diretor independente de televisão está à procura de um diretor de fotografia criativo, ele está basicamente se referindo a um operador de câmera experiente para produções eletrônicas em campo. **Figura 1.3**

Como já visto, muitas funções do pessoal de produção técnico e não técnico se confundem ou até mesmo se alteram, dependendo do tamanho, da locação e da complexidade relativa da produção. Você, por exemplo, pode ter inicialmente atuado como produtor na montagem da gravação em vídeo de um presidente fazendo o pronunciamento semestral à empresa. Porém, no dia da gravação, você se vê envolvido em questões técnicas como iluminação e operação de câmera. Em produções de maior porte, como séries dramáticas e/ou de talentos, sua responsabilidade profissional é bem mais limitada. A função de produtor não tem nenhuma relação com a operação de equipamentos ou iluminação. Para preparar a câmera, talvez seja necessário aguardar pacientemente a equipe de iluminação concluir as montagens, mesmo se a produção estiver atrasada e você sem mais nada a fazer nesse momento.

Equipe de produção de jornalismo

Quase todas as estações de televisão produzem pelo menos um telejornal diário. Na verdade, os telejornais são, muitas vezes, a principal atividade de produção de muitas dessas estações. Os departamentos de jornalismo têm de ser ágeis e entrar em ação rapidamente para realizar uma variedade de tarefas, como a cobertura de um incêndio no centro da cidade ou de um protesto na prefeitura. Por essa razão, normalmente dispõem de pouco tempo para se preparar para tais eventos. Dessa forma, os departamentos jornalísticos têm sua própria *equipe de produção*. São pessoas dedicadas exclusivamente à produção de reportagens, documentários e eventos especiais, executando funções altamente específicas. **Figura 1.4**

Não fique confuso se você ouvir o editor de atribuições de um departamento de jornalismo enviando vários VJs

---

[9] No Brasil, esta função também recebe o nome de finalizador de áudio. (NRT)

[10] O exemplo se refere às classificações trabalhistas norte-americanas. (NRT)

8 Manual de produção de televisão

EQUIPE	FUNÇÃO
EQUIPE DE ENGENHARIA	
Refere-se aos engenheiros de fato, isto é, às pessoas responsáveis por aquisição, instalação, funcionamento adequado e manutenção dos equipamentos técnicos.	
Engenheiro-chefe	Responsável por todo o pessoal técnico, orçamentos e equipamentos. Projeta sistemas, incluindo instalações de transmissão, e supervisiona instalações e operações diárias.
Engenheiro-chefe assistente	Auxilia o engenheiro-chefe em todas as questões e operações técnicas. Também chamado *supervisor de engenharia*.
Engenheiro responsável por operações em externas ou em estúdio	Supervisiona todas as operações técnicas. Normalmente chamado *EIC* (engineer-in-charge).[11]
Engenheiro de manutenção	Mantém todos os equipamentos técnicos e soluciona problemas durante as produções.[12]
EQUIPE TÉCNICA NÃO ESPECIALIZADA EM ENGENHARIA	
Embora capacitada nos aspectos técnicos, a equipe técnica relacionada a seguir não precisa ser necessariamente formada por engenheiros, mas, em geral, é composta pelo pessoal da produção com treinamento técnico.	
Diretor técnico (DT)[13]	Cuida do corte (mudança de planos) e geralmente atua como chefe técnico de equipe.
Operadores de câmera	Operam as câmeras e geralmente cuidam da iluminação em programas simples.[14] Quando trabalham exclusivamente em produções em campo, os operadores de câmera são, às vezes, chamados *cinegrafistas de câmeras*.[15]
Diretor de fotografia (DF)	Em produções cinematográficas, cuida da iluminação. Em operações eletrônicas em campo, opera a câmera de EFP.[16]
Diretor de iluminação (DI)	É responsável pela iluminação e atua, na maioria das vezes, em grandes produções.
Operador de vídeo (OV)	Ajusta os controles da câmera para obter as melhores imagens (sombreamento). Algumas vezes, assume obrigações técnicas adicionais, principalmente durante produções em campo e externas. Também chamado *shader* (controlador de brilho).
Técnico de áudio	É responsável por todas as operações de áudio e trabalha na mesa de som durante o programa. Também chamado *engenheiro de áudio.*[17]
Operador de gravador de vídeo	Opera o gravador de videoteipe e/ou os aparelhos de gravação baseados em disco.
Operador do gerador de caracteres (GC)	Digita e/ou recupera nomes e outros materiais gráficos do computador para integrá-los às imagens de vídeo.
Editor de vídeo	Opera os equipamentos de edição na pós-produção. Geralmente, participa das decisões criativas sobre edição.
Artista gráfico digital	Processa elementos gráficos para utilização no ar. Pode ser considerado parte da equipe não técnica.[18]

© Cengage Learning

1.3 Equipe técnica

para cobrir acontecimentos de última hora. VJ é a sigla para videojornalista, um profissional que combina as funções de repórter, câmera, roteirista e editor. Essa multiplicidade de funções um tanto exigente não foi obviamente instituída para melhorar a cobertura jornalística, mas para economi-

---

[11] No Brasil, raramente temos engenheiros como responsáveis de operações em externa ou estúdios. Os engenheiros realizam uma função mais gestora, cabendo aos supervisores de operações o controle técnico das gravações e transmissões ao vivo em estúdio e externa. (NRT)

[12] Esse trabalho é mais comumente realizado por técnicos de manutenção e supervisores.

[13] Aqui, a função possui o nome de diretor de imagens ou diretor de TV. Raramente ele atua como chefe técnico da equipe. Essa função é do supervisor de operações ou do gerente de operações. (NRT)

[14] No Brasil, recebe o nome de iluminador e atua em todos os programas. (NRT)

[15] A regulamentação da profissão de radialista no Brasil não permite que operadores de câmera de estúdio façam iluminação. Apenas os cinegrafistas, em externa, fazem iluminação, mesmo assim, em casos mais complexos, exige-se a presença de um iluminador. (NRT)

[16] Responsável pelo desenho de iluminação. No cinema e nos documentários para TV, muitas vezes opera a câmera. (NRT)

[17] No Brasil, a função é exercida pelo operador de áudio. (NRT)

[18] Também conhecido como editor videográfico ou videografista. (NRT)

Processo de produção de televisão 9

EQUIPE	FUNÇÃO
Diretor de jornalismo	Responsável por todas as operações jornalísticas. É o principal responsável por todos os telejornais.
Produtor	Responsável direto pela seleção e colocação de notícias em um telejornal para que formem um todo uniforme e equilibrado.
Editor de atribuições[19]	Designa repórteres e câmeras para a cobertura de eventos específicos.
Repórter	Colhe as notícias. Geralmente, transmite as notícias diante da câmera, direto do campo.
Videojornalista[20]	Repórter que filma e edita seu próprio material.
Câmera[21]	Operador de câmera. Na falta de um repórter, decide qual parte do evento será coberta. Também chamado *repórter* cinematográfico ou *câmera*.
Redator	Escreve o texto a ser colocado no ar para os âncoras. O texto é baseado nas anotações do repórter e no vídeo disponível.
Editor de vídeo	Edita o vídeo de acordo com as anotações do repórter, o texto do roteirista ou as instruções do produtor.
Âncora	Principal apresentador do telejornal que atua no estúdio.
Repórter de tempo	Apresentador responsável pelas informações sobre a meteorologia.
Repórter de trânsito	Apresentador responsável pelas informações sobre as condições do trânsito.
Repórter esportivo[22]	Apresentador responsável por notícias e comentários sobre os esportes.

© Cengage Learning

1.4 Equipe de produção jornalística

zar dinheiro. Entretanto, podemos observar que não é mais possível sustentar um treinamento com foco limitado, mas é fundamental expandir nossa fluência em todos os aspectos da produção de televisão.

À semelhança de qualquer outra empresa, a televisão e o vídeo corporativo envolvem muito mais pessoas que as relacionadas nesta seção, como pessoal administrativo e telefonistas, programadores de eventos, vendedores de horário comercial, negociadores de contratos, carpinteiros e pintores dos sets de gravação e pessoal de limpeza. Tais equipes de suporte trabalham fora do sistema básico de produção, portanto suas funções não serão abordadas aqui.

PONTOS PRINCIPAIS

- ▶ As três fases da produção são: pré-produção, produção e pós-produção.
- ▶ A pré-produção inclui a preparação do programa antes da realização efetiva das atividades de produção. Normalmente, acontece em duas etapas: a primeira é a transformação da ideia básica em roteiro; a segunda, a escolha dos equipamentos necessários (câmeras, microfo-

nes e assim por diante), das instalações (produção em estúdio ou em campo) e dos profissionais para transformar o roteiro em programa de televisão.

- ▶ Na produção, todas as atividades são geradas pelos equipamentos e pela equipe de operação destes que criam o programa de fato ou segmentos dele. O programa pode ser gravado ou colocado no ar. Os segmentos são normalmente gravados para pós-produção.
- ▶ A pós-produção envolve principalmente a edição de áudio e vídeo. As diversas partes do programa gravadas na fase de produção são organizadas na sequência correta. Essa fase pode incluir também o aprimoramento das imagens e do áudio.
- ▶ O modelo de efeito para causa facilita a abordagem à produção. Ele parte da ideia básica para a mensagem do processo (o efeito desejado sobre o espectador) e daí para os requisitos médios (conteúdo, pessoas e equipamentos) necessários à criação efetiva da mensagem do processo. Quanto mais a mensagem real do processo corresponder à mensagem definida, mais bem-sucedido será o programa.
- ▶ A equipe não técnica de produção inclui uma série de pessoas que criam (roteiristas, diretor de arte, projetista de áudio e assim por diante) e executam (produtor, diretor, assistente de direção e demais assistentes) o programa.
- ▶ A equipe técnica é composta por técnicos, que instalam e realizam a manutenção dos equipamentos, e pela equipe operacional não especializada em engenharia, que opera os equipamentos.
- ▶ O departamento jornalístico trabalha com sua própria equipe de produção, formada por uma série de produtores, redatores, chefes de reportagens, artistas gráficos, repórteres e câmeras, além de videorrepórteres, que transmitem as notícias, operam a câmera e escrevem e editam as notícias.

---

[19] Conhecido entre nós como chefe de reportagem. (NRT)
[20] Também conhecido como videorrepórter. (NRT)
[21] A função recebe o nome de cinegrafista. (NRT)
[22] Esse profissional também pode atuar em coberturas ao vivo ou gravadas de eventos esportivos. (NRT)

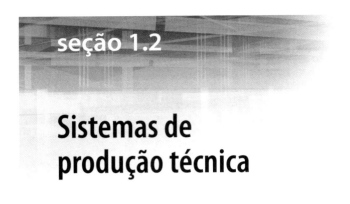

seção 1.2

Sistemas de produção técnica

Para compreender as diversas unidades de equipamento de televisão e como interagem em uma produção com uma ou várias câmeras, devemos considerá-las parte de um sistema. Apesar de esta seção abordar cada unidade, é possível estabelecer uma relação de seu funcionamento como um todo. Esta seção apresenta uma visão geral dos sistemas de produção em estúdio e em campo, bem como uma introdução aos principais equipamentos.

▶ **Sistema básico de televisão**
Como um apresentador aparece no receptor de televisão.

▶ **Sistemas de câmera única**
Gravação e transmissão com uma única câmera.

▶ **Sistemas de várias câmeras**
Sistema de estúdio com várias câmeras e sistema de replay instantâneo.

▶ **Principais equipamentos**
Câmera, iluminação, áudio, mesa de corte, gravador de vídeo e edição de pós-produção.

Sistema básico de televisão

Sistema é uma coleção de elementos que trabalham em conjunto para alcançar um objetivo específico. Cada elemento depende do funcionamento correto dos demais, e nenhum dos elementos individuais pode realizar o trabalho sozinho. O *sistema de televisão* é composto por equipamentos e pelo pessoal que opera esses equipamentos para a produção de programas específicos.

Como um apresentador aparece no receptor de televisão

Seja em produções simples ou elaboradas, produzidas no estúdio ou em campo – isto é, em locação – o sistema de televisão funciona no mesmo princípio básico: a câmera de televisão converte tudo o que "vê" (imagens ópticas) em sinais elétricos que podem ser temporariamente armazenados ou diretamente reconvertidos pelo aparelho de TV em imagens visíveis na tela. O microfone converte tudo que "escuta" (sons reais) em sinais elétricos que podem ser temporariamente armazenados ou diretamente reconvertidos em sons pelos alto-falantes. De modo geral, o sistema básico de televisão transforma (converte) um estado de energia (imagem óptica, som real) em outro (energia elétrica). **Figura 1.5** Os sinais de imagens são chamados sinais de vídeo, e os sinais sonoros, sinais de áudio. Qualquer pequena câmera pessoal, ou mesmo a câmera de vídeo do seu telefone celular, opera dessa maneira. O sistema básico pode ser usado de várias formas para produções de câmera única ou de várias câmeras.

Sistemas de câmera única

Independentemente de quanto simples ou complexa possa ser sua produção, os três sistemas básicos de *sistemas de câmera única* são os mesmos:

- As saídas de vídeo e áudio da câmera são gravadas para edição pós-produção. **Figura 1.6**
- A saída da câmera é transmitida para um destino específico. **Figura 1.7**
- A saída da câmera é simultaneamente gravada e transmitida. **Figura 1.8**

Você provavelmente está mais familiarizado com o primeiro sistema, no qual você usa sua câmera para gravar uma festa de aniversário ou um documentário de sucesso.

A maior parte da cobertura jornalística é feita com uma única câmera que grava o evento em seu sistema interno para posterior edição. *PEC* (produção eletrônica em campo, EFP – eletronic field production, na sigla em inglês) normalmente usa uma única câmera ou uma câmera de vídeo de alta qualidade com um gravador externo de vídeo para capturar os vários trechos do evento. Esses trechos, chamados de *clipes*, são então editados em uma história na fase pós-produção. Até mesmo as produções cinematográficas digitais mais elaboradas usam frequentemente esse sistema básico de câmera única, exceto pelo fato de que a câmera é uma câmera de vídeo de qualidade muito alta com um gravador de vídeo igualmente especializado.

Na *CEJ* (captação eletrônica jornalística, ENG – electronic news gathering, na sigla em inglês), você eventualmente pode ser chamado para transmitir sua história ao vivo para a estação, diretamente para o transmissor da estação ou via satélite. Esse processo sempre requer que a câmera esteja ligada a um dispositivo de transmissão.

O terceiro sistema de câmera única é usado quando você transmite seu sinal enquanto o grava simultaneamente para pós-produção. Se você usar uma câmera para a transmissão ao vivo de um evento CEJ, você provavelmente também gravará o sinal de saída.

A produção cinematográfica digital comum é feita com uma única câmera de alta resolução, que alimenta um

Processo de produção de televisão 11

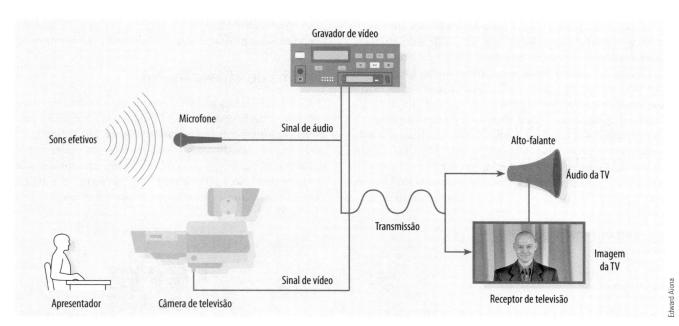

1.5 Sistema básico de televisão
O sistema básico de televisão converte luz e sons em sinais elétricos de áudio e vídeo que são transmitidos (por cabo ou dispositivos sem fio) e reconvertidos pelos alto-falantes e pelo receptor de televisão em som e imagens de TV.

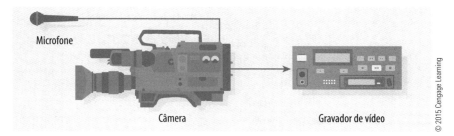

1.6 Gravação da saída de uma única câmera
Nesse sistema uma única câmera é usada para gravar os sinais eletrônicos de vídeo e áudio.

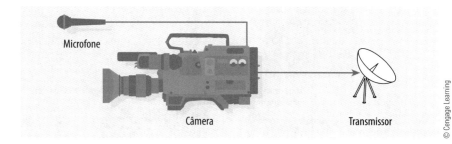

1.7 Transmissão da saída de uma única câmera
Nesse sistema as saídas de vídeo e áudio da câmera, como de uma filmagem jornalística, são transmitidas para um destino específico.

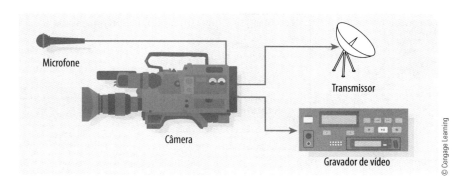

1.8 Transmissão e gravação da saída de uma única câmera
Nesse sistema as saídas de vídeo e áudio da câmera são transmitidas e gravadas simultaneamente.

gravador externo de vídeo. Algumas produções cinematográficas digitais usam câmeras gravadoras de alta qualidade para capturar vários trechos para edição pós-produção. O sistema de câmera única para cinema digital é expandido por diversos equipamentos adicionais como vários filtros externos, microfones e acessórios de controle de áudio de alta qualidade e uma grande variedade de equipamentos de iluminação. Mas, como você sabe, filmes também têm sido rodados com pequenas câmeras reflex monobjetivas digitais de mão (DSLR, na sigla em inglês) ou até mesmo com câmeras de telefones celulares. Como o cinema digital passou a ser produzido a partir da captação e manipulação de imagens eletrônicas, não é surpreendente ver que ele também pegou emprestado da televisão o sistema de várias câmeras.

Sistema de várias câmeras

O *sistema de várias câmeras* expandido consiste em duas ou mais câmeras envolvidas em uma única produção e inúmeros equipamentos associados. **Figura 1.9** Como você pode ver, um estúdio com várias câmeras em sua configuração normal emprega duas ou mais câmeras, unidades de controle de câmera (UCCs ou CCUs, do termo em inglês, camera control unit), monitores de pré-visualização, uma

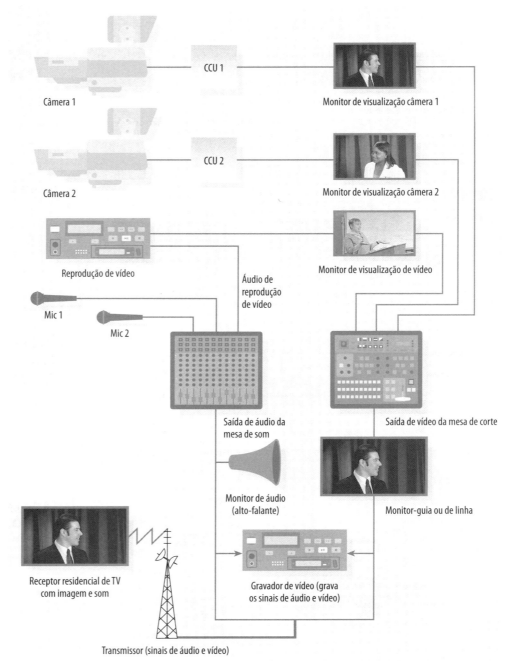

1.9 Sistema de estúdio com várias câmeras
O sistema de estúdio com várias câmeras contém controles de qualidade (CCU e mesa de som), controles de seleção (*switcher* e mesa de som) e monitores para fazer prévias de imagem e som.

mesa de corte (*switcher*), um monitor de linha, um ou mais servidores ou gravadores de vídeo e uma saída que transporta o sinal de vídeo ao gravador de vídeo e/ou equipamento de transmissão.

Usualmente integrados ao sistema de várias câmeras expandido estão os servidores ou gravadores de vídeo, geradores gráficos ou de caracteres que produzem várias formas de letras ou artes gráficas e um sistema de pós-produção.

A parte do áudio de um sistema expandido consiste de um ou mais microfones, um *mixer* ou mesa de som e um monitor de áudio (auto-falante) e uma saída que transporta o sinal de som ao gravador de vídeo e/ou ao transmissor.

Esse sistema de várias câmeras é usado não apenas no estúdio, mas também em campo para transmissões ao ar livre. Por exemplo, não é incomum envolver 20 ou mais câmeras na cobertura ao vivo de um importante evento esportivo. Muitas dessas câmeras são usadas para a cobertura geral da transmissão ao vivo, outras para gravar os principais lances para *replays* instantâneos. Cada câmera de *replay* instantâneo envia seu sinal a um gravador dedicado ou a grande servidor de vídeo, mas ele sempre está disponível para a cobertura geral. Essas câmeras são apropriadamente chamadas de "iso câmeras," o que significa que elas estão geralmente isoladas da cobertura principal e reservadas para filmagens em *close* de várias ações. Para grandes eventos esportivos, os *replays* instantâneos constituem uma segunda unidade operacional com suas próprias câmeras, gravadores e mesas de corte (*switches*). **Figura 1.10**

Tal sistema de várias câmeras é cada vez mais usado por diretores de cinema, que configuram os controles para tal sistema em um estúdio ou mesmo em campo. Dessa forma eles podem obter cenas de muitos ângulos diferentes sem ter que repetir a ação. (Para mais informações sobre transmissões remotas, veja o Capítulo 17.)

Principais equipamentos

Ainda em relação ao sistema expandido de televisão, vamos explorar rapidamente seis elementos básicos da produção: câmera, iluminação, áudio, mesa de corte, gravador de vídeo e edição de pós-produção. Ao estudar os equipamentos de produção de televisão, procure sempre relacionar cada parte individual e sua operação ao contexto mais amplo do sistema de televisão, ou seja, a todas as demais unidades de equipamentos. A partir daí, associe os equipamentos aos seus operadores – a equipe técnica. Afinal de contas, mais que uma interação uniforme entre as máquinas, é a utilização cuidadosa e prudente dos equipamentos de televisão por toda a equipe de produção que confere ao sistema seu valor.

Câmera

O elemento mais evidente da produção – a câmera – pode ser encontrado em todos os tamanhos e configurações. Algumas câmeras são tão pequenas que cabem facilmente no bolso do casaco; outras são tão pesadas que exigem tremendo esforço para montá-las em um tripé (suporte). O suporte para câmera permite ao operador movimentar um pesado conjunto de câmera/lente/teleprompter pelo estúdio com relativa facilidade. **Figura 1.11**

As câmeras de ENG/EFP são câmeras portáteis que utilizam uma série de cartões de memória (unidade de armazenamento de estado sólido). Mas você ainda pode encontrar câmeras excelentes que usam pequenos discos rígidos ou discos ópticos. A operação das câmeras profissionais ENG/EFG maiores é bastante semelhante à dos modelos comerciais, exceto pelas lentes (intercambiáveis) e dispositivos de captura de imagens (que convertem a luz emitida pelas lentes em sinais de vídeo) de melhor qualidade e maior número de controles para ajudar a produzir imagens com o máximo de qualidade, mesmo sob condições abaixo do ideal. **Figura 1.12**

As mais recentes câmeras ENG/EFP de alta qualidade usam algum tipo de cartão de memória. Algumas têm duas entradas para dois cartões, o que aumenta o tempo de gravação sem ter que trocar de cartão no meio do processo. Ainda existem no mercado algumas câmeras grandes e pesadas, mas elas estão sendo gradualmente substituídas por

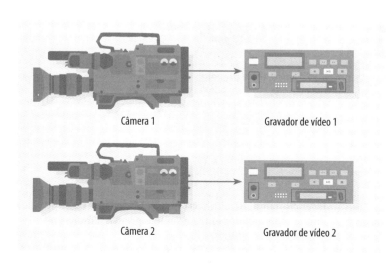

1.10 Sistema de *replay* instantâneo
A saída de cada uma das múltiplas câmeras, chamadas de iso câmeras, é gravada separadamente e tornada disponível para *replays* instantâneos. Esse sistema de várias câmeras opera de forma independente da cobertura geral de várias câmeras.

1.11 Câmera de estúdio com pedestal
Câmera de estúdio de alta qualidade montadas em pedestal de estúdio para uma perfeita e fácil manuseabilidade.

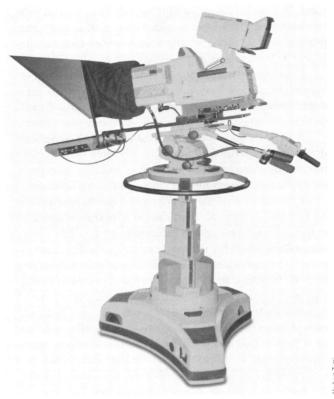

1.12 Câmera profissional HDTV de alta qualidade
A câmera de alta qualidade tem três sensores CMOS e grava em um cartão de memória de alta capacidade.

1.13 Câmera HDTV pequena
Essa pequena câmera produz imagens HDTV de alta qualidade que podem ser gravadas em cada um dos dois cartões de memória. Ela tem várias características de modelos mais caros, como um visor de alta resolução, um monitor dobrável e um visor de assistência de foco.

câmeras menores e mesma ou até melhor qualidade. **Figura 1.13** Câmeras digitais produzem filmes de resolução excepcionalmente alta com uma grande faixa de exposição (muitas tonalidades entre branco e preto). **Figura 1.14**

1.14 Câmera digital de cinema
Essa câmera cinematográfica eletrônica de alta definição contém um grande sensor 2K+ (2.000+) e grava vídeo e áudio em cartões de memória de alta capacidade. Ela oferece proporções de tela de 4 × 3 ou 16 × 9 e várias taxas de quadros, incluindo a mais usada em filmes digitais, 24 qps.

Áudio

Embora o termo *televisão* não inclua áudio, a parte sonora de um programa televisivo é um de seus elementos mais importantes. O áudio de televisão não apenas transmite informações precisas, mas também contribui significativamente para proporcionar a adequada atmosfera de uma cena. Desligue o áudio durante a apresentação de um telejornal e perceba que mesmo os melhores âncoras terão dificuldade em transmitir suas notícias utilizando apenas expressões faciais, elementos gráficos e imagens de vídeo.

A função estética do som (permitir que apreciemos um evento ou uma sensação de forma peculiar) se torna óbvia quando ouvimos os sons de fundo em um programa policial. O cantar de pneus durante uma perseguição em alta velocidade é extremamente realista, porém a música de fundo emocionante e rápida que acompanha a cena é definitivamente artificial. No entanto, crescemos tão acostumados a esses truques que muito provavelmente as cenas nos pareceriam menos emocionantes se não houvesse música. Na verdade, alguns programas policiais e comerciais de TV são acompanhados por uma trilha sonora constante com ritmo forte, mesmo durante o diálogo. Frequentemente, a capacidade de o som transmitir a energia de um evento supera a das imagens.

Mesmo sem ter a intenção de tornar-se um projetista de áudio, é preciso conhecer o máximo possível sobre os principais elementos da produção sonora: microfones, equipamentos de controle de áudio e aparelhos de gravação e reprodução de áudio.

Microfones Todos os microfones convertem ondas sonoras em energia elétrica – os sinais de áudio, os quais são amplificados e enviados aos alto-falantes, que, por sua vez, os reconvertem em som audível. A infinidade de microfones disponível hoje em dia foi criada para executar diferentes tarefas. Captar a voz de um apresentador de notícias ou os sons de uma partida de tênis e gravar um concerto de rock – tudo isso pode requerer diferentes microfones ou conjuntos de microfones.

Alguns microfones, conhecidos como microfones de lapela, são extremamente pequenos e presos à roupa do apresentador. Os microfones portáteis são maiores e segurados na mão pelo apresentador ou presos em um pedestal. Os microfones boom ou longa distância são suspensos por uma pequena lança (chamada vara e segurada pelo operador) ou uma lança grande cujo operador fica sentado em uma plataforma móvel. **Figura 1.15**

1.15 Microfone de vara (boom)
Este é um microfone altamente unidirecional, suspenso em uma vara segurada pelo operador do boom.

Equipamentos de controle de áudio Em produções em estúdio, a peça mais importante dos equipamentos de controle de áudio é a mesa de som. Nela, podemos selecionar um microfone específico ou outra entrada de som, amplificar um sinal fraco enviado por um microfone ou outra fonte de áudio para processamento adicional, controlar o volume e a qualidade do som e mixar (combinar) duas ou mais fontes de entrada de áudio. Em produções relativamente simples, como telejornais ou entrevistas, a preocupação principal é manter o volume de áudio em determinado nível. Se for muito baixo, o espectador/ouvinte não poderá ouvir o som muito bem; se for muito alto, o som chegará aos ouvidos, mas provocará tanta distorção que talvez seja impossível corrigi-la na pós-produção. **Figura 1.16**

Na ENG nas produções em campo, o áudio é normalmente controlado pelo operador de câmera. Ele utiliza um pequeno fone de ouvido que transmite o áudio recebido. Como o operador de câmera está sempre ocupado trabalhando com seu equipamento, os controles de som na filmadora são geralmente ajustados para a configuração automática. Nas produções eletrônicas em campo mais complexas, o volume dos sons recebidos é geralmente controlado por um mixer portátil. **Figura 1.17**

Dispositivos de gravação e reprodução de áudio Finalizada a gravação de um evento para pós-produção, grande parte do diálogo e dos sons ambientais é gravada simultaneamente com a imagem.

Em produções de estúdio grandes e complexas, em que uma única câmera filma cena por cena reproduzindo o processo utilizado na realização de filmes, a trilha de áudio passa por exaustiva manipulação na fase de pós-produção. Os sons de explosão, sirenes e batidas de carro, por exemplo, são normalmente adicionados nas sessões de pós-produção. Mesmo partes do diálogo original são, vez por outra, recriadas no estúdio, principalmente quando gravadas em externas. Com certeza você sabe, e talvez já tenha passado por essa situação, que o vento é um empecilho constante à clareza do áudio captado.

Iluminação

À semelhança do olho humano, a câmera não pode "enxergar" sem a quantidade suficiente de luz. Na verdade, não vemos os objetos, mas sim a luz que eles refletem. A manipulação da luz incidente influencia a forma como os vemos na tela. O controle intencional da luz e da sombra é chamado *lighting*.

Tipos de iluminação Toda iluminação de televisão envolve dois tipos ou categorias: direcional e difusa. A luz direcional tem um campo mais fechado e produz sombras acentuadas. Lanternas e faróis de automóvel produzem luz direcional. É possível apontar o foco de luz e iluminar uma área bem-definida. Na televisão e no cinema, essas luzes são chamadas refletores. A luz difusa possui um campo amplo

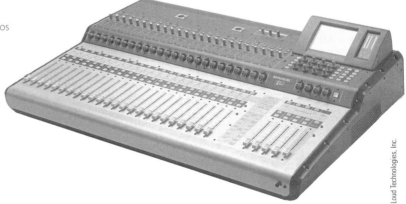

1.16 Mesa de som
Mesmo as mesas de som relativamente simples possuem inúmeros controles para ajustar o volume e a qualidade dos sinais de áudio recebidos e mixá-los de várias formas.

1.17 Mixer de áudio
O mixer portátil possui um número limitado de entradas e controles de volume.

e indistinto capaz de iluminar uma área relativamente grande, produzindo sombras suaves e translúcidas. As lâmpadas fluorescentes em lojas de departamentos produzem iluminação difusa. A televisão e o cinema utilizam refletores flood para produzir esse tipo de iluminação geral e não direcional e para controlar a densidade das sombras.

Instrumentos de iluminação No estúdio de televisão, os diversos tipos de refletores são geralmente suspensos em "grids", que podem ser erguidos rente ao teto e baixados rente ao chão. Com isso, o pessoal de iluminação tem a possibilidade de instalar os vários instrumentos nas posições desejadas nos "grids". Com os "grids" erguidos, as câmeras e a equipe de produção podem se movimentar livremente pelo estúdio sem interferir na iluminação. **Figura 1.18**

Os sistemas ENG e EFP utilizam instrumentos portáteis bem menores. Eles podem ser rapidamente montados e conectados a tomadas elétricas residenciais comuns.

Técnicas de iluminação Como vimos anteriormente, iluminação é a manipulação da luz e das sombras que influencia a forma como visualizamos o aspecto e a aparência dos elementos na tela. Toda iluminação de televisão se baseia em um princípio simples: iluminar áreas específicas, moldar sombras e transferir luz geral para uma cena em um nível de intensidade com o qual as câmeras podem produzir as melhores imagens possíveis e criar certo estado emocional. *Imagens ideais* são aquelas com cores fielmente reproduzidas mesmo em áreas escuras, com certo grau de intensidade de brilho entre a área de iluminação mais clara e a mais escura na cena, e que ainda permitem visualizar algum detalhe nas áreas mais claras e mais escuras.

Em alguns programas, a iluminação é propositadamente plana, ou seja, há pouco contraste entre luz e sombras. Esse tipo de iluminação é frequentemente utilizado em jornalismo, sets de reportagens e entrevistas, game shows e sitcoms, e em um bom número de produções em campo. Programas policiais e de mistérios geralmente utilizam iluminação de alto contraste. Isso cria sombras densas e intensifica a tensão dramática.

Mesa de corte (switcher)

A mesa de corte trabalha em um princípio semelhante ao dos botões de apertar no rádio de um automóvel; estes permitem selecionar diferentes estações de rádio. Com a mesa de corte, é possível selecionar diversas entradas de vídeo, como câmeras, gravadores de vídeo, legendas e demais efeitos especiais, para agrupá-los por meio de ampla variedade de transições no transcorrer do evento. Na verdade, a mesa de corte possibilita uma edição instantânea.

Todas as mesas de corte, simples ou complexas, executam três funções básicas: selecionam a fonte de vídeo adequada a partir de várias entradas, executam transições básicas entre as fontes de vídeo e criam ou reproduzem efeitos especiais, como cenas divididas. **Figura 1.19**

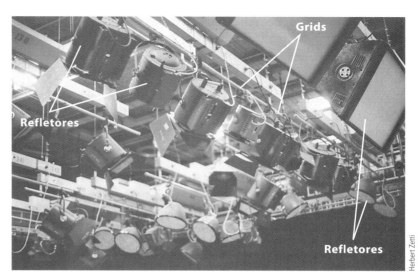

1.18 Luzes de estúdio suspensas em grids móveis*
A iluminação típica de estúdio utiliza refletores. Todos os instrumentos são suspensos em grids, que podem ser baixados rente ao piso do estúdio e erguidos bem acima do cenário.

As figuras assinaladas com asterisco (*) encontram-se repetidas em cores ao final do livro no Apêndice – Caderno colorido.

1.19 Mesa de corte (switch) para produção de vídeo
A mesa de corte de produção possui fileiras de botões e outros controles para a seleção e combinação de várias entradas de vídeo e a criação de transições e efeitos especiais. Ela envia o vídeo selecionado à saída de vídeo.

18   Manual de produção de televisão

Veja novamente a Figura 1.9 e observe que as três entradas de vídeo – câmera 1, câmera 2 e gravador de vídeo – são redirecionadas à mesa de corte. Dessas três entradas, a câmera 1 foi selecionada para ir ao ar.

Gravador de vídeo

Uma das características exclusivas da televisão é sua capacidade de colocar no ar uma transmissão ao vivo, isto é, capturar as imagens e os sons de um evento em andamento e distribuí-los instantaneamente ao público em todo o mundo. A maioria dos programas de televisão, no entanto, se origina da reprodução de material já gravado. Há dois sistemas básicos de gravação: gravadores de fita de vídeo e sem fita.

Mídia de gravação   Quase toda a gravação de vídeo é feita em algum tipo de disco rígido de alta capacidade semelhante aos dos computadores ou em unidade de armazenamento de estado. Um arranjo de discos rígidos com uma capacidade muito grande na faixa dos terabytes (um terabyte equivale a 1.000 gigabytes) é chamado de servidor. Alguns servidores não usam discos rígidos tradicionais (como o que você tem no seu computador) e sim unidades de armazenamento de estado sólido (SSD, na sigla em inglês), que são basicamente grandes cartões de memória. Para arquivamento, os programas também são gravados em discos digitais (DVDs).

A grande vantagem de um servidor sobre outros meios de armazenamento é que ele pode ser multitarefa. Por exemplo, ele pode gravar um programa que está entrando enquanto provê de novos clipes um noticiário que está ocorrendo e, ao mesmo tempo, fornece algumas tomadas jornalísticas à sala de edição para o jornal a seguir.

Você verá que as fitas de vídeo não deixaram totalmente o planeta; elas são ocasionalmente ainda usadas como uma mídia de armazenamento relativamente barata para arquivamento. O problema, logicamente, é encontrar um gravador de fitas de vídeo de alta qualidade operando e mantê-lo pelos anos.

Edição de pós-produção

Em princípio, a edição de pós-produção é relativamente simples: selecione as melhores tomadas do material produzido pela fonte original e faça a sua montagem acrescentando transições em uma sequência específica. Na prática, contudo, a edição de pós-produção pode ser um tanto complicada e demorada, principalmente se envolver extensa manipulação de áudio.

Nos primórdios da edição de vídeo, a fita de vídeo era literalmente cortada e emendada novamente, semelhantemente aos filmes ópticos. Mais tarde as emendas eram processadas eletronicamente. Toda edição de vídeo era linear, o que significa que você tinha que passar pelas tomadas 1, 2 e 3 antes que pudesse chegar à 4. Com o advento da edição por computador, todos os clipes – na verdade, todos os quadros – são colocados em arquivos digitais, que você pode acessar aleatoriamente. Isso significa que se você quisesse trabalhar com o clipe 4 diretamente, você poderia fazê-lo mesmo sem ter passado pelos três clipes anteriores. Uma vez que todos os clipes de vídeo e áudio são transferidos para o disco rígido de seu sistema de edição (seu *laptop* ou sistema dedicado), você pode manipulá-los da mesma forma como você edita um texto em um processador de texto. Você pode processar, mover, cortar, colar e juntar vários clipes de vídeo e áudio como palavras, frases e parágrafos quando edita um documento. Esse método ainda é chamado de "edição não linear" por que você pode processar um clipe ou quadro independentemente da sequência na qual ele foi capturado ou inserido no sistema de edição. Com o fim das fitas de vídeo, no entanto, a divisão da edição de vídeo em linear e não linear não faz mais sentido. Vamos simplesmente nos referir ao processo de selecionar e sequenciar clipes como edição de pós-produção. **Figura 1.20**

Seja qual for o sistema de edição utilizado, ele não poderá tomar decisões criativas por você. A elaboração da pós-produção logo no início da fase de gravação facilitará consideravelmente as tarefas de edição. Pense sempre na pós-produção como uma extensão do processo criativo, e não como uma operação de salvamento.

PONTOS PRINCIPAIS

▶ O sistema básico de televisão consiste nos equipamentos e nas pessoas que os operam para produzir programas específicos. Em sua forma mais simples, o sistema compreende uma câmera de televisão que converte as imagens captadas em sinal de vídeo, um microfone que converte os sons captados em sinal de áudio e um aparelho de televisão e um sistema de alto-falantes que reconvertem ambos os sinais em imagens e áudio.

▶ Sistemas de uma única câmera usam câmera para captação eletrônica de notícias (ENG, na sigla em inglês), produção eletrônica em campo (EFP, na sigla em inglês) e cinema digital.

▶ Os sistemas de várias câmeras expandidos usam duas ou mais câmeras para a captura simultânea de eventos ou detalhes do evento ou para *replays* instantâneos.

▶ Os principais elementos da produção são: a câmera, a iluminação, o áudio, a mesa de corte (switcher), o gravador de fita de vídeo e a edição de pós-produção.

▶ Há diversos tipos de câmeras de vídeo: câmeras de estúdio grandes que necessitam de suporte especial para movimentação pelo estúdio, câmeras de EFP pequenas o suficiente para serem carregadas pelo operador e câmeras cujo dispositivo de gravação pode ser do tipo embutido ou acoplado à câmera.

▶ A parte sonora do programa de televisão, o áudio, é necessária para fornecer informações específicas sobre o que é dito, bem como para estabelecer a atmosfera adequada de uma cena.

▶ Os elementos da produção de áudio incluem microfones, equipamentos de controle de áudio e dispositivos de gravação e reprodução de áudio.

▶ Iluminação é a manipulação da luz e das sombras que influencia a forma como vemos os objetos e reagimos a um evento na tela.

▶ Os dois tipos de iluminação são: luz direcional, produzida por refletores, e difusa, produzida por conjuntos ou refletores flood.

Processo de produção de televisão 19

1.20 Interface de computador para edição não linear*
A interface da maioria dos sistemas de edição não linear exibe uma lista dos clipes disponíveis, um monitor de preview da próxima tomada a ser editada e que aparecerá no monitor de programa, uma trilha de vídeo (trilha azul com imagens em miniatura), duas ou mais trilhas de áudio e outras informações, como transições disponíveis.

▶ A mesa de cortes (switcher) permite editar e selecionar instantaneamente uma imagem específica a partir de várias entradas e executar transições básicas entre duas fontes de vídeo.

▶ Praticamente toda gravação de vídeo usa discos rígidos de alta capacidade e cartões de memória de alta capacidade, chamados de elementos de estado sólido (SSD, na sigla em inglês).

▶ A edição de pós-produção consiste na seleção das diversas tomadas a partir do material original e na organização deste em uma sequência específica. O material de vídeo e áudio digital é gravado no disco rígido de edição como arquivos e manipulados durante a edição usando um software.

capítulo 2

O produtor na pré-produção

Você acorda pela manhã com uma nova ideia para um documentário que, sem dúvida alguma, arrasará o exibido pela TV na noite passada. Empunhando a câmera, parte para as gravações. Após uma semana gravando material bruto, você faz o "ingest" das imagens no computador e, como um amigo sugeriu, também no dispositivo de *backup* até que tenha tempo de editá-lo. Quando finalmente o revê, o material gravado já não lhe parece mais tão bom, e a ideia como um todo perde o ímpeto inicial. Por fim, você abandona o projeto completamente.

Naturalmente, esta é uma situação fictícia, mas temos aqui um exemplo prático de quão importante é planejar e preparar cuidadosamente todo o processo de produção antes de iniciar a produção propriamente dita. Esta é a fase crucial conhecida como pré-produção.

Ao estudar este capítulo, você perceberá que é impossível percorrer o texto e deter-se como mero leitor passivo. Você terá de simular várias situações e desempenhar uma série de funções relacionadas à produção. Em algumas páginas, você atuará como produtor e, após avançar os capítulos seguintes, fará o papel de diretor ou membro específico da equipe técnica.

Neste capítulo, você é o produtor – uma pessoa não apenas cheia de boas ideias, mas, diferentemente do exemplo introdutório, alguém capaz de colocar essas ideias em prática e iniciar a fase de produção. Na seção 2.1, O que é produção, você será o responsável pela primeira etapa do planejamento de pré-produção – a transformação de ideias em roteiro – e pela viabilização dos meios para avançar da ideia à fase de produção. Na seção 2.2, Recursos de informação, sindicatos e aferições de audiência, abordaremos questões como recursos de informação, sindicatos e assuntos legais, público e medições de audiência – caso seu objetivo seja tornar-se um produtor de fato.

PALAVRAS-CHAVE

Fatores demográficos; Planejamento de produção; Proposta do programa; Elementos psicográficos; Medição de audiência; *Share*; Público-alvo; Time line; Tratamento.

seção 2.1

O que é produção

Produzir é encontrar meios de transformar boas ideias em bons programas de TV. Como produtor, é sua responsabilidade principal executar todas as atividades e tarefas relacionadas à pré-produção no prazo e dentro do orçamento. Você também é responsável pelo conceito, recursos financeiros, contratação e coordenação geral das atividades de produção – um trabalho nada fácil! Entretanto, mesmo assumindo a criação do programa, você ainda terá de atuar como seu próprio produtor.

Por vezes, o produtor se vê obrigado a agir como psicólogo e empresário e persuadir a diretoria a comprar sua ideia, ou discursar como um especialista técnico para concretizar a aquisição de determinado equipamento, ou ainda realizar pesquisas próprias de um sociólogo e identificar as necessidades e preferências de certo grupo social em particular. Após algumas idas e vindas refinando planos e ideias, o produtor passa a se concentrar nos detalhes, que ele verifica duas, até três vezes, como se há café suficiente para os convidados do programa.

Ao refletir sobre o trabalho minucioso exigido antes mesmo do início da fase de produção, você provavelmente abandonará a ideia de se tornar um produtor. Entretanto, como profissional em produção de televisão e cinema digital, não há como ignorar os detalhes indispensáveis ao planejamento da fase de produção. Mesmo sendo um profissional de telejornalismo, você terá de tomar decisões sobre pré-produção no transcorrer de seu trabalho.

▶ **Planejamento de pré-produção: da ideia ao roteiro**
Criação e avaliação de ideias para o programa, definição de uma proposta de programa, preparação de orçamento e elaboração do roteiro.

▶ **Planejamento de pré-produção: coordenação**
Pessoas e comunicação, solicitação de recursos, planejamento de produção, permissões e autorizações, publicidade e promoção.

▶ **Ética**
Atentar para os princípios éticos em vigor da sociedade.

Planejamento de pré-produção: da ideia ao roteiro

Embora cada produção implique seus próprios requisitos criativos e organizacionais, há, contudo, técnicas, ou pelo menos abordagens, que podem ser aplicadas à produção de televisão e cinema digital em geral. Após inteirar-se sobre as atividades básicas de pré-produção realizadas pelo produtor, você poderá transferir esses atributos a qualquer função que mantenha sobre a equipe de produção. Para ajudá-lo a realizar suas atividades de pré-produção com o máximo de eficiência e eficácia, esta seção se concentrará nos seguintes pontos: ideias para o programa, proposta do programa, orçamento e roteiro.

Criação de ideias para o programa

Tudo o que vemos ou ouvimos em televisão ou cinema é fruto de uma ideia. Trata-se de um conceito aparentemente simples, porém criar, todas as semanas, boas ideias para um programa de TV, particularmente as viáveis, não é tarefa fácil. O produtor profissional de televisão não pode esperar pela eventual inspiração divina, mas criar boas ideias de acordo com a necessidade.

Apesar da infinidade de estudos escritos sobre o processo criativo, a forma como as ideias surgem permanece um mistério. Há ocasiões em que boas ideias parecem jorrar aqui e ali; em outros momentos, porém, o esforço diligente se revela inútil, e a mente não consegue produzir nada de extraordinário. A saída para essa escassez é reunir um bom número de pessoas e promover um debate ou um brainstorming.

Com certeza, você sabe o que é um processo criativo: todos são livres para propor ideias absurdas na esperança de que alguém rompa as barreiras conceituais e decrete um fim à escassez criativa. O segredo para um debate bem-sucedido é evitar a crítica a qualquer comentário feito, por mais improvável que pareça. Tudo é válido. Ao reproduzirmos as opiniões gravadas em áudio, perceberemos que os comentários totalmente desconexos parecem simplesmente sugerir uma nova abordagem.

Outra forma mais personalizada e estruturada de gerar ideias é o encadeamento. Essa técnica é um tipo de discussão em que as ideias, em vez de expostas verbalmente, são anotadas em papel. Para começar, alguém escreve uma palavra como *celular*, por exemplo, e faz um círculo em volta. Em seguida, são desenvolvidas sequências de ideias de alguma forma relacionadas à palavra-chave inicial. **Figura 2.1**

Como podemos observar, o encadeamento é uma forma de debate de ideias (brainstorming), porém mais organizada e também mais restringente. Por apresentar melhores padrões que o brainstorming, o encadeamento é excelente como técnica de estruturação. Embora realizado individualmente, você poderá facilmente organizar um grupo de pessoas e envolvê-las no processo de encadeamento para, em seguida, reunir os resultados e realizar uma apuração minuciosa.

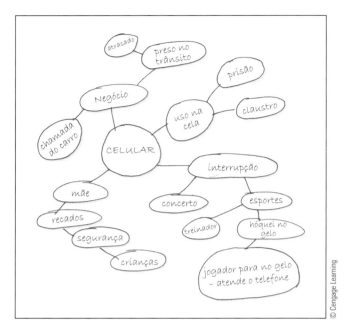

2.1 Sequência parcial de ideias
Encadeamento é uma forma de debate de ideias em papel. Partindo de uma ideia central, o processo se expande para qualquer associação que surja à mente.

Avaliação de ideias

A avaliação de ideias é provavelmente a etapa mais importante do processo de pré-produção. Ela propõe duas perguntas relevantes:

- Vale a pena colocar a ideia em prática?
- A ideia é viável?

2.2 Avaliação de ideias
Após traduzir a ideia em mensagem do processo e definir um ângulo prático, duas perguntas críticas cruciais devem ser respondidas: *Vale a pena colocar a ideia em prática? E a ideia é viável?*

Se sua resposta a ambas as perguntas for um honesto *sim*, prossiga com a formulação da mensagem do processo.

Se a resposta para uma ou ambas as perguntas for *talvez* ou *não*, pare imediatamente e tente encontrar uma ideia melhor. **Figura 2.2**

Vale a pena colocar a ideia em prática? Tudo o que você fizer deve causar diferença. Em outras palavras, seja qual for seu trabalho – uma breve reportagem, um longa-metragem ou uma grande produção cinematográfica – ele deve influenciar positivamente a vida de alguém (de preferência, todos os que assistirem ao programa).[1]

Felizmente, sua ideia foi aprovada no teste de avaliação, ou seja, você pode avançar para a formulação da mensagem do processo e o ângulo. Conforme vimos no Capítulo 1, a mensagem do processo definida é o objetivo básico do programa – as percepções, reações e impressões extraídas do público-alvo ao assistir ao programa e que representam sua intenção em relação ao espectador. Ângulo é o foco ou direcionamento específico dado ao enredo para atrair e manter a atenção do espectador e trazer a mensagem do processo efetiva – a que o espectador verdadeiramente percebe – o mais próximo possível da mensagem definida. Seu nível de clareza ao expor a natureza e a intenção do programa

---

[1] Stuart W. Hyde realizou palestras e escreveu sobre visão significativa por mais de meio século (cf. *Idea to script*: storytelling for today's media. Boston: Allyn and Bacon, 2003, p. 58-64). Nancy Graham Holm, repórter premiada com um Emmy e chefe do Departamento de Telejornalismo da Faculdade Dinamarquesa de Jornalismo, afirma: "Toda notícia digna de divulgação possui uma *visão significativa*" (itálicos dela). Ela define visão significativa como um problema a ser resolvido, um desafio a ser enfrentado, um obstáculo a ser transposto, uma ameaça a ser controlada, uma decisão ou escolha a ser tomada, uma pressão a ser aliviada, uma tensão a ser amenizada, uma vitória a ser celebrada e uma gentileza a ser reconhecida" (cf. *Fascination*: viewer friendly TV journalism. Århus, Denmark: Ajour Danish Media Books, 2007. p. 51).

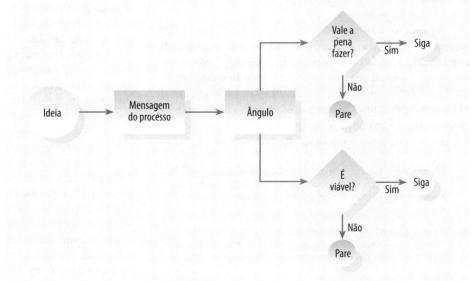

tornará ainda mais fácil elaborar uma proposta, preparar o orçamento, desenvolver o roteiro e definir as demais etapas de pré-produção, entretanto ainda resta uma pergunta.

A ideia é viável? Para responder a essa pergunta, é preciso verificar se você dispõe do orçamento necessário, tempo e recursos disponíveis para concluir a produção. Sua ideia principal pode incluir uma visão significativa, porém, sem o dinheiro para financiar a equipe de produção, os equipamentos, os recursos, as instalações e, especialmente, o tempo necessário, é melhor abandonar o projeto aqui mesmo. Com apenas duas semanas para produzir um documentário, é definitivamente impossível falar da vida sofrida dos Xerpas no Himalaia. Três câmeras pequenas de reportagem não serão suficientes para transmitir ao vivo uma partida de basquetebol da liga juvenil, é preciso também uma mesa de corte, os equipamentos relacionados e as instalações de transmissão. A viabilidade de um projeto pode depender também de deficiências menos óbvias, como mau tempo, equipe inexperiente ou falta de autorização para uso da locação ou filiação do artista a sindicatos de classe.

Elaboração de uma proposta de programa

Uma vez atendidos os dois critérios de viabilidade e claramente definida a mensagem do processo e a forma como ela deverá ser transmitida, estamos agora prontos para elaborar a proposta do programa. Considere essa proposta com seriedade; o fator preponderante é colocar o programa no ar, e não simplesmente voltar para casa com uma "boa ideia" abandonada em algum arquivo de computador.

A *proposta do programa* é um documento escrito estipulando o que se pretende fazer. Ele explica resumidamente os objetivos do programa e os principais aspectos da apresentação. Embora não exista um padrão de proposta para programas ou séries, ela deve incluir, no mínimo, as seguintes informações:

- Título do programa ou da série
- Objetivo do programa (mensagem do processo)
- Público-alvo
- Formato do programa (programa ou série de TV comum ou filme digital)
- Tratamento do programa (geralmente inclui o ângulo)
- Método de produção
- Proposta de orçamento

Se a proposta é de uma série, anexe uma amostra do roteiro de um dos programas e uma lista dos títulos dos demais programas na série.

Título do programa ou da série Elabore um título curto, mas fácil de gravar. Talvez seja a falta de espaço na tela o fator que obrigue os produtores de televisão a trabalhar com títulos mais curtos que os cineastas. Em vez de dar ao seu programa o título *As aflições e tribulações de um estudante universitário*, opte por uma versão mais sucinta: *Tensões de um universitário*.

Objetivo do programa Comparada à mensagem do processo definida, esta é uma descrição menos acadêmica do que se pretende fazer. Por exemplo, em vez de dizer "A mensagem do processo definida é expor alunos do ensino médio a pelo menos cinco graves consequências causadas por atravessar o sinal vermelho", poderíamos simplificar afirmando que o objetivo do programa é "alertar motoristas adolescentes a não atravessar em sinais vermelhos".

Público-alvo Refere-se às pessoas a quem você gostaria inicialmente de direcionar o programa – idosos, crianças em idade pré-escolar, adolescentes, donas de casa ou pessoas interessadas em turismo. Uma mensagem de processo adequadamente definida oferece uma pista excelente de quem é o público-alvo. Mesmo quando você quer alcançar uma audiência tão grande quanto possível, e ela ainda não está definida, seja específico na descrição do público potencial.

Ao entrar de fato na fase de produção, você poderá definir o público-alvo mais detalhadamente em termos *demográficos* – como sexo, etnia, educação, nível de renda, tamanho do domicílio, preferência religiosa ou localização geográfica (urbana ou rural) – ou *psicográficos*, como hábitos de consumo, valores e estilos de vida dos consumidores. Apesar de anunciantes e demais comunicadores do vídeo utilizarem amplamente esses descritores demográficos e psicográficos, não é necessário empregar o mesmo rigor de especificidade em sua proposta inicial de programa.

Formato do programa O que você propõe: um programa exclusivo, uma nova série ou parte de uma série já existente? Qual é a duração do programa pretendido? Poderíamos citar como exemplo um programa com duração de uma hora apresentado em duas partes abordando os vários usos de helicópteros em todo o mundo. Essa informação é vital para o planejamento do orçamento ou, em se tratando de estação ou rede de TV, para avaliar se o programa se encaixa na grade da emissora.

Tratamento do programa A exposição resumida descrevendo o programa é chamada *tratamento*. Alguns exemplos de tratamentos mais elaborados incluem ilustrações no formato de *storyboards*. O tratamento não deve apenas descrever a natureza do programa proposto, mas também explicar o ângulo e refletir, em seu texto, o estilo. O estilo de tratamento aplicado a uma série educativa sobre elementos gráficos gerados por computador, por exemplo, deve ser consideravelmente diferente daquele aplicado a uma peça teatral ou comédia de situação. Não inclua particularidades da produção, como tipos de iluminação ou ângulos de câmeras; guarde essas informações para o diretor. Elabore um tratamento breve e conciso, mas não omita aspectos importantes da trama. O tratamento deve oferecer ao executivo atarefado uma ideia razoavelmente boa do que se pretende fazer. **Figura 2.3**

24   Manual de produção de televisão

TRATAMENTO PARA UM ESPECIAL DE UMA HORA SOBRE PESSOAS DESABRIGADAS

Título: DESABRIGADO

Duração proposta do programa: 45 min.

O objetivo deste programa é levar o público não apenas a assistir, mas sentir o drama de quem ficou desabrigado. Não serão exibidas as costumeiras cenas da condição de vida degradante do sem-teto, como uma indigente empurrando um carrinho de compras próximo às suntuosas janelas de um shopping ou à busca de abrigo em uma caixa abandonada ao lado da lata de lixo. Na verdade, não veremos cena alguma de pessoas desabrigadas. Em vez disso, o programa acompanhará um jovem professor universitário em sua infortunada viagem de Boston a uma convenção na Costa Oeste.

Ao desembarcar em São Francisco, sua mala não surge na esteira de bagagens. Apenas uma mala vai e volta, mas não é a dele. Ao chegar à seção de reclamações, o lugar está simplesmente abarrotado de gente. Ele fica nervoso, pois todas as informações sobre a conferência e seu material de apresentação estão na mala. Finalmente, ele chega ao balcão e o funcionário estressado questiona sobre as etiquetas de identificação e o hotel. Sim, suas malas serão enviadas ao hotel. Sim, ele tem as etiquetas de identificação. Estão na carteira. Qual é o hotel? Ele não consegue se lembrar do nome exato. Está no panfleto, e o panfleto está na mala. Um homem impaciente e não muito amistoso atrás dele começa a destratá-lo tentando tirá-lo da fila.

O ônibus do aeroporto ao centro da cidade não vai até esse hotel. Ele pega um táxi. O taxista dá a volta no quarteirão, tira o mapa e finalmente deixa o professor em um bairro não muito apropriado para uma convenção. Será que foi ludibriado? Quando se prepara para pagar a exorbitante

© Cengage Learning

2.3 Tratamento
O tratamento revela ao leitor, em forma de narrativa, a natureza do programa.

Método de produção   Uma mensagem do processo bem-definida indica onde a produção deve ocorrer e como realizá-la com mais eficiência. Que opção adotar: uma produção em estúdio ou um registro em externa? É um estúdio com uma ou várias câmeras ou uma produção em campo com uma única câmera? O programa teria melhores resultados se gravado em segmentos maiores com três ou quatro câmeras conectadas e posicionadas ou em estilo cinematográfico com uma única câmera para pós-produção? Se você estiver comprometido com a produção de um filme, você pode concluí-la com uma única câmera ou seria mais eficiente usar ocasionalmente uma instalação com múltiplas câmeras? Que tipos de artistas ou atores serão necessários? Que materiais adicionais (figurinos, cenografia e cenário) deverão ser usados?

Proposta de orçamento   Antes de elaborar uma proposta de orçamento, é necessário ter em mãos os valores atualizados de todos os serviços de produção, custos de aluguel e salários na sua região. Produtoras independentes e finalizadoras publicam periodicamente tabelas de preços relacionando os custos de serviços e aluguel dos principais itens

corrida, a carteira simplesmente sumiu: dinheiro, carteira de motorista e cartões de crédito sumiram. O taxista entra em contato com seu chefe pelo rádio: chama os tiras ou libera o passageiro? Libera o passageiro.

O saguão cheira mal. O celular não funciona. Isso, ele pode usar o telefone. Mas terá um custo. Sem dinheiro, sem telefone. Ele interrompe novamente a senhora atrás do balcão para contar sua história. "Sim, com certeza! Pode imaginar outra melhor? Há um telefone lá fora." Na cabine cinza-grafite, sobraram apenas fios pendurados onde deveria estar um telefone. A lista telefônica foi trocada por uma garrafa vazia de bebida. Cheiro de urina. Escurece e começa a chover. Depois de muito andar, ele finalmente encontra um telefone funcionando. Mas está sem dinheiro. As poucas pessoas de quem ele se aproxima na rua andam apressadas ou lhe pedem dinheiro. Por fim, uma mulher simpática com uma saia apertadíssima e extremamente curta ouve sua história e lhe dá uma nota de um dólar. Rindo: "Geralmente pagam para mim". Ele troca a nota em um bar, é autorizado a utilizar o telefone público e liga para seu amigo na Costa Leste. A ligação cai na secretária eletrônica.

Mais uma vez ele sai à rua, na chuva, em um lugar desconhecido. Com fome. Cansado. Desabrigado.

Finalmente, o professor acena para um carro de polícia e é levado à delegacia. Não, eles não têm informação alguma sobre a convenção. Por fim, um policial pesquisa no computador e encontra o nome do hotel onde será realizada a convenção. O policial, já na sua folga, leva-o até lá. Obrigado! Muito obrigado! Ao entrar no hotel, ele depara com um homem pedindo dinheiro para um café. "Não tenho um tostão." "Ah, é?" Ele entra no saguão e encontra um de seus colegas com uma bebida nas mãos e um broche levemente entortado na jaqueta. Em casa! Seguro!

2.3 Tratamento (continuação)

de produção; esse tipo de informação também está disponível em seus sites. Evite os serviços de alta tecnologia a não ser que a qualidade do vídeo seja sua grande preocupação.

Preparação de orçamento

Nas produções para o cliente, é necessário preparar um orçamento de todos os custos de pré-produção, produção e pós-produção, não importa se o custo será, pelo menos parcialmente, absorvido pelos salários do pessoal contratado regularmente ou pelo orçamento operacional normal. Os custos devem ser avaliados não apenas em relação aos itens óbvios – roteiro, artistas, equipe de produção, aluguel de estúdio e equipamentos e edição e pós-produção –, mas também em relação aos itens aparentemente não tão óbvios, como mídias de gravação (cartões de memória provavelmente são muito caros), itens cenográficos, alimentação, hospedagem, entretenimento, transporte dos artistas e da equipe de produção, estacionamento, seguro e autorizações ou taxas relacionadas à liberação da gravação em locação.

São várias as formas de apresentação de um orçamento, porém a mais comum é dividi-lo em pré-produção (por exemplo, roteiro, viagens até as locações ou reuniões, reco-

2.4 Orçamento de produção detalhado

Essas categorias de orçamento detalhado são estruturadas de acordo com os custos de pré-produção, produção e pós-produção. Ignore as categorias não aplicáveis.

```
ORÇAMENTO DE PRODUÇÃO

CLIENTE:
TÍTULO DO PROJETO:
DATA DESTE ORÇAMENTO:
ESPECIFICAÇÕES:

OBSERVAÇÃO: Esta estimativa está sujeita à revisão pelo produtor
do roteiro final.
```

RESUMO DOS CUSTOS	ESTIMATIVA	EFETIVO
PRÉ-PRODUÇÃO		
Equipe	_____	_____
Equipamentos e instalações	_____	_____
Roteiro	_____	_____
PRODUÇÃO		
Equipe	_____	_____
Equipamentos e instalações	_____	_____
Artistas	_____	_____
Arte (set e computação gráfica)	_____	_____
Maquiagem	_____	_____
Música	_____	_____
Diversos (transporte, honorários)	_____	_____
PÓS-PRODUÇÃO		
Equipe	_____	_____
Instalações	_____	_____
Mídia de gravação	_____	_____
SEGURO E DIVERSOS	_____	_____
CONTINGÊNCIAS (20%)	_____	_____
IMPOSTOS	_____	_____
TOTAL GERAL	_____	_____

© Cengage Learning

nhecimento da locação e storyboard), produção (artistas, equipe de produção e aluguel de estúdio ou de equipamentos) e pós-produção (edição e projeto de som). A maioria das produtoras utiliza essa tripla divisão para exibir as despesas gerais; dessa forma, o cliente poderá comparar mais facilmente suas despesas e as de outros concorrentes.

Ao apresentar uma proposta pela primeira vez, o cliente provavelmente não estará tão interessado na forma como as despesas foram distribuídas, mas muito mais na linha de lucros e prejuízos. Portanto, é crucial considerar todas as despesas prováveis, independentemente de incorridas na pré-produção, produção ou pós-produção. Programas de computador são uma ferramenta extremamente útil; com

eles, é possível detalhar os vários custos ou recalculá-los caso haja necessidade de cortes nas despesas ou alterações nos requisitos de produção.

A Figura 2.4 apresenta um exemplo de orçamento detalhado preparado por uma produtora independente. Sua estrutura se baseia nos custos de pré-produção, produção e pós-produção. **Figura 2.4**

Ao preparar orçamentos, seja sempre realista. Não subestime os custos simplesmente para vencer a concorrência – com certeza, você se lamentará no futuro. Do ponto de vista psicológico e também financeiro, é bem mais fácil concordar em promover cortes no orçamento do que solicitar a liberação de mais dinheiro no futuro. No entanto,

2.4 Orçamento de produção detalhado (continuação)

ORÇAMENTO DETALHADO	ESTIMATIVA	EFETIVO
PRÉ-PRODUÇÃO		
Equipe		
Roteirista (roteiro)	_____	_____
Diretor (diária)	_____	_____
Diretor de arte (diária)	_____	_____
AP (diária)	_____	_____
SUBTOTAL	_____	_____
PRODUÇÃO		
Equipe		
Diretor	_____	_____
Assistente de direção	_____	_____
AP	_____	_____
Assistente de estúdio (unidade)	_____	_____
Câmera (DF)	_____	_____
Som	_____	_____
Iluminação	_____	_____
Gravação de vídeo	_____	_____
GC	_____	_____
Assistentes de câmera	_____	_____
Supervisor técnico	_____	_____
Operador de teleprompter	_____	_____
Maquiagem e guarda-roupa	_____	_____
Artistas	_____	_____
Equipamentos e instalações		
Estúdio/Locação	_____	_____
Câmera	_____	_____
Som	_____	_____
Iluminação	_____	_____
Sets	_____	_____
GC/gráficos	_____	_____
Gravação de vídeo	_____	_____
Operação de teleprompter	_____	_____
Unidade móvel	_____	_____
Intercom	_____	_____
Transporte, refeições, hospedagem	_____	_____
Direitos autorais	_____	_____
SUBTOTAL	_____	_____

© Cengage Learning

não inflacione o orçamento tentando garantir um pouco a mais mesmo após cortes drásticos. Seja sensível quanto às despesas, mas não se esqueça de incluir uma provisão para contingências de pelo menos 15% a 20% do orçamento.

Elaboração do roteiro

A não ser que você escreva seu próprio roteiro, será necessário contratar os serviços de um roteirista. Diferentemente dos livros e artigos de revistas, o roteiro de cinema ou TV não tem o objetivo de ser uma obra literária. Mesmo o roteiro mais sofisticado e elaborado é apenas um passo intermediário no processo de produção. A análise de roteiros do ponto de vista literário pode ser um exercício acadêmico interessante, mas pouco tem a revelar sobre o programa de TV ou filme; é como tentar conhecer uma cidade olhando-a apenas no mapa. Apesar disso, o roteiro representa um elemento essencial da produção de qualquer filme e de praticamente a maioria das apresentações regulares de TV. Além de ditar as falas do artista, o roteiro indica como e onde uma cena deve ser representada; além disso, contém

2.4 Orçamento de produção
detalhado (continuação)

PÓS-PRODUÇÃO	ESTIMATIVA	EFETIVO
Equipe		
Diretor	_____	_____
Editor	_____	_____
Editor de som	_____	_____
Instalações		
Duplicação	_____	_____
Window dub (cópia com time code)	_____	_____
Sala de edição	_____	_____
DVE	_____	_____
Finalização de áudio	_____	_____
ADR/Sonoplastia (Efeitos)	_____	_____
Mídia de gravação	_____	_____
SUBTOTAL	_____	_____
DIVERSOS		
Seguro	_____	_____
Transporte público	_____	_____
Estacionamento	_____	_____
Serviços de entrega/correio	_____	_____
Despesas com embalagens	_____	_____
Segurança	_____	_____
Serviços de bufê	_____	_____
SUBTOTAL	_____	_____
TOTAL GERAL	_____	_____

© Cengage Learning

informações importantes sobre pré-produção, produção e pós-produção. O roteiro é um componente tão fundamental da produção que, caso um programa não necessite de um, um aviso em formato de roteiro é distribuído indicando o nome do programa, o diretor e a observação "Sem roteiro" (os ingredientes estruturais básicos do roteiro de TV ou de cinema e os diversos tipos de roteiros existentes são abordados no Capítulo 3).

Ao contratar um roteirista, certifique-se de que ele compreende os objetivos do programa e, mais especificamente, a mensagem do processo. Caso o roteirista discorde de sua abordagem e não apresente uma sugestão melhor, contrate outro. Defina os honorários antecipadamente – os preços de alguns roteiristas são salgados o suficiente para consumir todo o orçamento!

Planejamento de pré-produção: coordenação

Antes de iniciar a coordenação dos elementos da produção – reunir a equipe de produção, contratar os estúdios ou definir os equipamentos e pontos de locação –, verifique mais uma vez se a produção planejada é viável no prazo e orçamento disponíveis; se viável, o método escolhido (tradução intermediária da mensagem do processo definida) é de fato o mais eficiente?

Por exemplo, se estiver produzindo um documentário sobre as condições dos hotéis em sua cidade, com certeza é bem mais prático e econômico ir até um deles e gravar um quarto de hotel verdadeiro do que reproduzi-lo no estúdio. Entretanto, se você estiver fazendo uma série de entrevis-

O produtor na pré-produção 29

tas sobre o que faz um professor ser eficiente, o estúdio – mesmo que seja pequeno – funcionará melhor. O estúdio, é bem verdade, proporciona um controle ideal, porém a produção em campo ou um registro em externa (cinema digital) oferece uma variedade ilimitada de cenários e locações sem encarecer os custos.

Após estabelecer com precisão qual a abordagem mais eficiente em termos de produção, você terá de cumprir exatamente o que definiu na proposta. Inicie essa fase de coordenação estabelecendo canais de comunicação claros entre todas as pessoas envolvidas na produção e cuide pessoalmente das solicitações de recursos, do planejamento da produção, das permissões e autorizações e da publicidade e promoção. Lembre-se, não são lampejos ocasionais de inspiração que o tornam um bom produtor, mas a atenção minuciosa aos detalhes. A fase de pré-produção não é a parte mais emocionante da criação de um programa, no entanto, do ponto de vista do produtor, é a mais importante.

Pessoas e comunicação

A decisão sobre quem deverá participar das etapas pós-roteiro depende, novamente, de seu objetivo básico e da mensagem definida do processo;[2] da mesma forma, ela depende do fato de você ser um produtor independente, com a necessidade de contratar pessoal adicional, ou um produtor a serviço de uma estação ou grande produtora, que dispõe de todo o pessoal criativo e técnico necessário em sua folha de pagamento e disponível a qualquer momento.

Como produtor, você é o principal coordenador da equipe de produção. Seu contato com cada membro

[2] Este termo se refere à mensagem final recebida pelo telespectador. (NRT)

da equipe deve ser rápido e confiável. Sua tarefa mais importante é criar um banco de dados com informações essenciais como nomes, cargos, e-mails, endereços residenciais e comerciais, e os vários números de telefone e fax. **Figura 2.5**

Não se esqueça de dizer à equipe como é possível contatá-lo. Não confie em boatos. A comunicação não será perfeita até que se faça um contato direto com a pessoa com quem se deseja comunicar. O bom produtor checa tudo três vezes.

Solicitação de recursos

Na solicitação de recursos, são relacionados todos os equipamentos de produção e, geralmente, todos os itens cenográficos e o figurino necessários para a produção. A responsabilidade pelo preenchimento das solicitações varia. Nas operações em estações menores e em produtoras independentes, as solicitações são geralmente feitas pelo produtor ou diretor; em operações maiores, a responsabilidade é do gerente de produção ou do diretor de operações.

Normalmente, a solicitação contém informações relativas à data e ao horário de ensaios, sessões de gravação e transmissão; nomes do produtor e do diretor (e de alguns artistas); e todos os elementos técnicos, como câmeras, microfones, luzes, sets, elementos gráficos, figurino, maquiagem, gravadores de vídeo, recursos para pós-produção de áudio e vídeo e outros requisitos específicos da produção. Ela inclui também o estúdio e a sala de controle mestre ou a locação. Nas produções em campo ou nos registros em externa, é necessário incluir o modo de transporte de sua preferência e da equipe e o endereço exato da locação. Se a produção envolver pernoites, informe o nome e o endereço do local das acomodações, incluindo os detalhes habituais,

```
Informações de contato da equipe de modulação
Vídeo Internacional Sight Sound Motion
Programa 4
```

Nome E-mail	Cargo	End. residencial End. comercial	Tel residencial Tel comercial	Fax residencial Fax comercial	Celular
Herbert Zettl hzettl@best.com	Produtor	873 Carmenita, Forest Knolls SFSU, 1600 Holloway, SF	(415) 555-3874 (415) 555-8837	(415) 555-8743 (415) 555-1199	(415) 555-1141
Gary Palmatier bigcheese@ideas-to-images.com	Diretor	5343 Sunnybrook, Windsor 5256 Aero #3, Santa Rosa	(707) 555-4242 (707) 555-8743	(707) 555-2341 (707) 555-7777	(707) 555-9873
Robaire Ream robaire@mac.com	DA	783 Ginny, Healdsburg Lightsaber, 44 Tesconi, Novato	(707) 555-8372 (415) 555-8000	(415) 555-8080	(800) 555-8888
Eliz von Radics eliz66@gmail.com	Editor	88 Seacrest, Marin EvR Assoc, 505 Min, Sausalito	(415) 555-9211 (415) 555-0932	(415) 555-9873 (415) 555-8383	(415) 555-0033
Renee Wong rn_wong22@outlook.com	DT	9992 Treeview, San Rafael P.O. Box 3764, San Rafael	(415) 555-6...	...555-9273	(415) 555-3498
	Talent	253 Roberts...			

© Cengage Learning

2.5 Banco de dados: equipe de produção
Para entrar rapidamente em contato com cada membro da equipe de produção, o produtor precisa de informações de contato confiáveis.

como números de telefone, quando e onde se encontrar na manhã seguinte, e assim por diante.

À semelhança do roteiro, a solicitação de recursos é um artifício de comunicação indispensável; ao prepará-la, seja o mais exato possível. Mudanças de última hora são uma porta aberta para erros dispendiosos. Se houver uma planta baixa ou uma planta de iluminação suficientemente detalhada, anexe uma cópia à solicitação de recursos. Anexos como esses oferecem à equipe uma ideia razoável de potenciais problemas de produção que terão de enfrentar. Normalmente, as solicitações de recursos são distribuídas em "cópia eletrônica", por meio do sistema de computador interno e também em papel. **Figura 2.6**

Seja qual for o tipo de produção em que você esteja trabalhando, tente obter aprovação para realizá-la utilizando o mínimo de equipamento possível. Quanto mais equipamentos, mais pessoas serão necessárias para operá-los e maiores as chances de que algo saia errado. Não utilize um equipamento simplesmente porque ele existe. Reveja sua mensagem definida do processo e verifique se os equipamentos escolhidos são de fato os mais eficientes e se os equipamentos necessários estão realmente disponíveis e dentro das possibilidades do orçamento. Sobre o uso de equipamentos específicos e itens de produção técnica similar, consulte o diretor de seu show ou alguém da equipe técnica, que pode incluir o diretor de fotografia ou o diretor de imagens de sua preferência.

Planejamento de produção

O *planejamento de produção* deve oferecer orientações ao pessoal envolvido na realização do programa sobre quem faz o quê, quando e onde em todas as três fases da produção. É diferente do *time line*, que representa um detalhamento dos blocos de tempo por um dia de produção específico. Crie um planejamento de produção coerente e siga-o à risca. A atribuição de prazos extremamente curtos não resultará em um nível maior de atividade, mas, geralmente, em um nível maior de ansiedade e frustração. Na maioria das vezes é antiprodutiva. No entanto, disponibilizar tempo demasiado para uma atividade de produção não vai necessariamente acelerar a produção. Além de dispendioso, o desperdício de tempo pode causar apatia nas pessoas e, sem espanto algum, perda de prazos.

Uma das responsabilidades mais importantes do produtor é monitorar a evolução de cada atividade e estar a par do progresso de cada membro da equipe em relação aos prazos estipulados. Se não houver preocupação quanto ao cumprimento dos prazos, é melhor esquecê-los. Se as programações não são seguidas, descubra o motivo. Novamente, não confie em boatos. Chame a pessoa que está atrasada e descubra o problema. É seu trabalho ajudar a solucionar o problema e colocar a equipe em dia com a programação ou alterá-la, se necessário. Mantenha a equipe de produção constantemente informada sobre qualquer mudança ocorrida – mesmo que pareça irrelevante ou insignificante.

Permissões e autorizações

A maioria das produções envolve pessoas e recursos que normalmente não têm nenhum vínculo com a estação ou produtora. Esses elementos da produção necessitam de atenção extra. Obtenha as permissões necessárias para que sua equipe tenha acesso a uma convenção ou evento esportivo ou a uma área de estacionamento próximo ao evento.

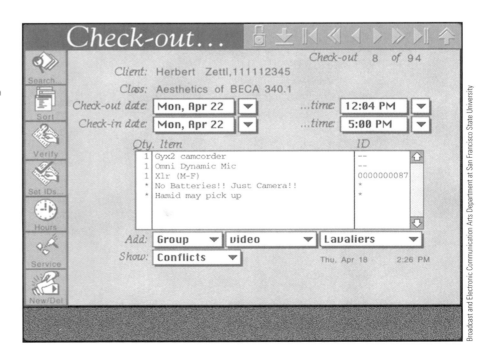

2.6 Solicitação de recursos baseada em computador
Esta solicitação de recursos lista todos os equipamentos necessários à produção. Em geral, equipamentos instalados permanentemente no estúdio não precisam ser listados de novo, mas devem ser reservados.

Talvez seja necessário obter permissões na prefeitura (assessoria de imprensa da prefeitura e o departamento de polícia) ou uma apólice de seguro para gravar no centro da cidade. Não ignore essas exigências! O ditado "O seguro morreu de velho" se aplica a todas as produções em campo – não apenas às atividades de produção efetivas, mas também como forma de protegê-lo contra processos legais caso um assistente de produção tropece em um fio ou um transeunte escorregue em uma casca de banana enquanto observa as filmagens (as questões de direitos autorais e autorizações de sindicatos são discutidas na Seção 2.2).

Publicidade e promoção

O melhor dos programas não terá valor algum se ninguém souber nada sobre ele. Organize uma reunião com os departamentos de promoções e publicidade (geralmente concentrados em único departamento ou pessoa) e informe-os sobre a futura produção. Não importa se o público-alvo seja altamente específico, sua meta deve ser alcançar o maior número de espectadores possível. O trabalho da equipe de publicidade é estreitar a distância entre o público em potencial e o público de fato.

Independentemente do seu trabalho de produção específico – gerenciamento de ideias e planejamentos de produção ou coordenação das equipes e recursos de produção técnicos e não técnicos –, não confie na sorte.

Por fim, oriente suas ações pelo breve sermão a seguir e não se esqueça dele.

Ética

Tudo o que você fizer como produtor se reflete em suas decisões. Por mais triviais que aparentam ser à primeira vista, tais decisões afetam um grande número de pessoas: seu público.

Demonstre sempre respeito e simpatia pelo público. Não acredite nas opiniões de críticos ou cínicos quando argumentarem que todo público de TV possui a inteligência mediana de alguém com 5 anos de idade. Na verdade, você e eu somos parte do público televisivo, e nenhum de nós gostaria de ter nossa inteligência menosprezada dessa forma por algum produtor mal-humorado.

Jamais infrinja os padrões éticos da sociedade nem quebre a confiança do público depositada – hoje ou inevitavelmente no futuro – em você. Isso não significa fazer o papel da censura e punir o roteirista que vez ou outra rompe os padrões com ideias sinceras e uma visão ousada. Significa que você e sua equipe de produção jamais devem mentir para o público. Não forje uma reportagem para criar sensacionalismo em dia sem muitas novidades; não edite um discurso para favorecer seu candidato político.

Jamais se esqueça que produção e compromisso estão sempre de braços dados; por isso, questione se o seu programa contribuirá, e até que ponto, com a qualidade de vida do público. Mesmo que você faça uma produção relativamente simples que planeje mostrar no *YouTube*, você deve considerar que tem potencial de audiência ao redor do mundo. Esteja atento e respeite ao máximo seus diferentes costumes e valores.

Você provavelmente notou que esse código de conduta não se aplica apenas ao produtor, mas a todos os que trabalham em televisão.

PONTOS PRINCIPAIS

▶ Produzir é encontrar meios de transformar boas ideias em bons programas de TV. O produtor gerencia um grande número de pessoas e coordena um número ainda maior de atividades e detalhes da produção.

▶ A criação de ideias para o programa nos prazos estipulados é facilitada por discussões e encadeamentos criativos.

▶ A pré-produção inclui o planejamento de como transformar a ideia em roteiro.

▶ Os itens importantes da pré-produção são a proposta do programa, o tratamento, o orçamento e o roteiro.

▶ As tarefas de coordenação na pré-produção são estabelecer a comunicação entre toda a equipe envolvida, preencher a solicitação de recursos, criar um planejamento de produção realista, obter permissões e autorizações, e cuidar da publicidade e da promoção.

▶ Um bom produtor checa tudo três vezes.

▶ Todas as suas ações devem se orientar pelos padrões éticos praticados. Sempre que possível, o bom produtor respeita os diferentes costumes e valores de seu público ao redor do mundo.[3]

---

[3] Referência ao código de ética e costumes que deve ser seguido pela equipe de produção. (NRT)

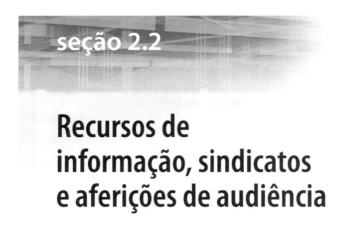

seção 2.2

Recursos de informação, sindicatos e aferições de audiência

Como produtor, é necessário ter acesso rápido a uma variedade de recursos de informação precisos, uma compreensão das associações e sindicatos de radiodifusão e algum conhecimento básico sobre direitos autorais e outros assuntos legais. Finalmente – agrade isto ou não – é preciso estar familiarizado com os princípios básicos das aferições de audiência, mesmo que você não tenha nada a ver com as vendas.

▶ **Recursos de informação**
 Internet, listas telefônicas e outros recursos.

▶ **Sindicatos e assuntos legais**
 Sindicatos, direitos autorais e autorizações, e outras considerações legais.

▶ **Público e aferições de audiência**
 Público-alvo, aferições de audiência e share.

Recursos de informação

O produtor deve ser um pesquisador e, de alguma forma, um explorador. Às vezes, o produtor dispõe de apenas meia hora para obter informações precisas sobre, por exemplo, uma ex-prefeita comemorando seus 90 anos de vida. Em outras ocasiões, talvez tenha de encontrar um esqueleto para um programa médico, um modelo de satélite de comunicações para um documentário sobre telecomunicações ou um vestido de casamento do século XVIII para uma série de época.

Internet Felizmente, a vastidão de recursos na internet coloca as informações do mundo ao seu alcance. Embora o Google seja um dos mecanismos de pesquisa mais conhecidos e eficientes, outros recursos semelhantes poderão colocá-lo ao alcance de informações mais especializadas incluindo: Ask.com, AltaVista, Lycos, Netscape Search, Excite, Mamma Metasearch, MetaCrawler, Yahoo! e Bing. Alguns ainda possuem informações especializadas, porém geralmente dependem dos mecanismos maiores. Todos os fabricantes de equipamentos possuem sites completos na web com as informações mais atualizadas sobre seus produtos. O Amazon.com é geralmente mais eficiente do que uma biblioteca.

Observe, porém, que o volume puro de informações on-line dificulta a rápida localização de um item específico. Muitas vezes, é mais rápido e cômodo recorrer aos recursos impressos disponíveis ou ligar para a biblioteca local. Talvez seja mais fácil conseguir um esqueleto ligando para o hospital local ou o departamento de ciências da escola mais próxima do que iniciar uma pesquisa na web. Uma opção seria solicitar ao departamento de ciências da faculdade local ou até mesmo à empresa a cabo o modelo do satélite e entrar em contato com a sociedade histórica ou o departamento de artes dramáticas da faculdade para conseguir o vestido.

Além dos recursos da internet, as referências e os serviços a seguir representam algumas opções adicionais que você deve sempre ter à mão.

Listas telefônicas Há muita informação em uma lista telefônica. Obtenha as listas telefônicas de sua cidade e de áreas adjacentes. Tente também obter as listas de instituições maiores com as quais mantém contato frequente, como a prefeitura, os departamentos de polícia e bombeiros, outros órgãos municipais e regionais, repartições federais, secretarias de distritos escolares, estações de rádio e jornais, faculdades e universidades, e museus. Na internet, é possível obter em segundos o número de telefone de praticamente qualquer usuário no mundo.

Outros recursos A câmara do comércio local geralmente mantém uma lista de empresas e organizações da comunidade. Seria conveniente obter também uma lista das principais fundações e seus critérios de concessão. Ao trabalhar em uma emissora de televisão, você sempre pode ligar para o departamento para acesso rápido a uma variedade de informações locais, nacionais e internacionais.

Sindicatos e assuntos legais

A maioria dos diretores, roteiristas e artistas pertencem a uma associação ou a um sindicato, assim como todo o pessoal técnico. O produtor deve estar alerta aos regulamentos dos sindicatos no seu campo de produção. A maioria dos sindicatos estipula não apenas salários e honorários mínimos, mas também condições específicas de trabalho, como horas extras, tempo de descanso (horas de descanso estipuladas entre os dias úteis), períodos de folga, quem está apto ou não a operar uma câmera de estúdio e assim por diante. Caso utilize profissionais não sindicalizados em uma estação vinculada a sindicatos ou se planeja colocar no ar um programa preparado fora da estação com artistas não sindicalizados, como uma peça produzida com seus próprios alunos, verifique nos respectivos sindicatos se é necessário obter autorizações.[4]

---

[4] No Brasil, a profissão de radialista é regulamentada. Qualquer componente da equipe de realização deve ter o seu registro no Ministério do Tra-

SAG-AFTRA	Um sindicato combinado da **Associação de Atores de Tela** e **A Federação Americana de Artistas de Rádio e Televisão**. Ela inclui atores de televisão e cinema, todos os outros artistas de televisão e rádio e, até mesmo, diretores de TV, especialmente quando eles dublam atores ou artistas de TV. O sindicato determina taxas mínimas básicas, que diferem por região.[5]
DGA	**Associação de Diretores da América**. Sindicato de diretores de cinema e televisão e diretores associados. Em muitas situações, os gerentes de departamento e assistentes de produção de grandes estações e redes de TV pertencem à "Associação".
WGA	**Associação de Roteiristas da América**. Sindicato de roteiristas da televisão e do cinema.
SEG	**Associação de Figurantes em Filmagens**. Sindicato de figurantes que participam de grandes produções do cinema ou da TV.
AFM	**Federação Americana de Músicos dos Estados Unidos**. Relevante apenas quando as apresentações musicais ao vivo forem programadas na produção.

2.7 Sindicatos e associações não técnicos[6]

Sindicatos

Há dois tipos básicos de sindicatos: de equipes não técnicas e de técnicas. Os sindicatos de profissionais não técnicos referem-se principalmente a artistas, roteiristas e diretores. **Figura 2.7** Os sindicatos dos técnicos incluem todos os técnicos, engenheiros e alguns profissionais da equipe de produção de televisão, como operadores do boom de microfones, operadores de câmeras de ENG/EFP e assistentes de palco.[7] **Figura 2.8**

Durante uma entrevista, tenha o cuidado especial de pedir aos convidados no estúdio para que não façam nada além de responder às perguntas. Se oferecerem uma curta demonstração de seus talentos, talvez se enquadrem na classificação de artistas e, portanto, automaticamente sujeitos aos honorários da SAG-AFTRA (ver Figura 2.7). Da mesma forma, não peça à equipe de palco para fazer algo que esteja fora do escopo de suas obrigações normais, ou seu pessoal também poderá cobrar cachê. Os operadores de câmera geralmente possuem uma cláusula em contrato que lhes assegura somas consideráveis em dinheiro por multas aplicadas quando exibidos propositadamente na tela de TV por outra câmera. As taxas fixadas pela SAG-AFTRA

---

balho. Existem também os Sindicatos Estaduais que fiscalizam as funções e o trabalho da categoria. (NRT)

[5] Referência a associações de classes que representam os interesses dos trabalhadores na indústria de radiodifusão. (NRT)

[6] Associações de classe que representam os trabalhadores de radiodifusão dos Estados Unidos. No Brasil, possuímos associações semelhantes. Muitas regulamentações norte-americanas têm similaridade com as regulamentações brasileiras.

[7] No Brasil, ambas as categorias pertencem ao mesmo sindicato. (NRT)

IBEW	**Fraternidade Internacional de Trabalhadores em Eletricidade**. Sindicato de técnicos e engenheiros de estúdio, controle mestre e manutenção. Pode incluir também operadores de câmera de ENG/EFP e equipe de palco.
NABET	**Associação Nacional de Empregados e Técnicos da Radiodifusão**. Sindicato de engenharia que pode incluir também pessoal da equipe de palco e da equipe de produção não especializada em engenharia, como operadores de boom e dolly.
IATSE	**Aliança Internacional de Trabalhadores no Teatro, Técnicos de Cinema e Artistas e Artífices Associados dos Estados Unidos, seus Territórios e Canadá**. Sindicato de assistentes de palco, contrarregras (técnicos de iluminação) e cenógrafos. Pode incluir também assistente de estúdio e equipe de câmeras e iluminação.

2.8 Sindicatos técnicos

podem ser aplicáveis a alunos de teatro atuando em peças de TV produzidas em escolas ou faculdades se o trabalho for levado ao ar pela estação responsável pela transmissão, a não ser que sua participação seja acertada pelo produtor com a estação de TV ou o escritório local da SAG-AFTRA.[8]

Direitos autorais e permissões

Se o programa utilizar material protegido por direitos autorais, obtenha as devidas autorizações. Normalmente, o ano de concessão do direito autoral e o nome do detentor são impressos logo após o símbolo ©. As fotografias, reproduções de pinturas famosas e impressos mais famosos são protegidos pelos direitos autorais, assim como, sem dúvida alguma, livros, periódicos, pequenos contos, peças e gravações musicais. Para obter uma permissão de direito autoral, você deve escrever para aquele que publicou o trabalho. Detentores de direitos autorais geralmente cobram uma taxa para o direito de uso do material. Shows ou música gravada fora do ar ou baixada por download da internet, bem como muitos CD-ROM e DVD, também possuem proteção dos direitos autorais.

Paradoxalmente, quando o artista tenta proteger seus direitos, acaba descobrindo que a lei dos direitos autorais é vaga; porém, quando o produtor utiliza material protegido pelos direitos autorais, fatalmente se submete a leis e regulamentos extremamente rigorosos. Quando em dúvida, consulte um advogado sobre a lei dos direitos autorais e as questões de domínio público antes de utilizar material de terceiros em suas produções.

---

[8] Na sociedade norte-americana, os acúmulos de funções resultam em processos indenizatórios. Aqui, também temos uma forte legislação trabalhista que impede que um profissional execute uma tarefa para a qual não esteja sendo remunerado e que não pertença às suas obrigações. O produtor deve conhecer a regulamentação e as convenções coletivas da profissão de radialista.

Outras considerações legais

Consulte o departamento jurídico para obter informações sobre as normas mais recentes aplicáveis a calúnia (difamação por escrito ou divulgada na mídia), difamação (calúnia verbal de menor gravidade), plágio (apresentação de ideias ou produções artísticas de outra pessoa como se fossem suas), invasão da privacidade, exposição de obscenidades e questões semelhantes. Na falta do departamento jurídico, os departamentos jornalísticos da maioria das estações de radiodifusão ou os departamentos de radiodifusão de universidades dispõem de informações legais atualizadas.[9]

Público e aferições de audiência

Em uma estação de televisão, o produtor provavelmente ouvirá mais sobre audiência e ibope na TV do que gostaria. As aferições são particularmente importantes para estações comerciais, pois o custo do horário comercial vendido é estabelecido principalmente pelo tamanho estimado do público-alvo. Mesmo em estações de TV públicas ou corporativas, as "aferições de audiência" são utilizadas para determinar o sucesso relativo de um programa e subsequentemente como um item importante na concessão de propostas.

Público-alvo

O público de rádio e TV, como em todas as mídias de massa, é geralmente classificado por características demográficas e psicográficas. Os descritores demográficos padrão incluem sexo, idade, estado civil, formação acadêmica, etnia e renda ou situação econômica. Os descritores psicográficos referem-se ao estilo de vida, como hábitos de consumo do usuário e até mesmo variáveis de personalidade e persuasão. Quando preenchemos a ficha de registro que acompanha a maioria dos produtos eletrônicos novos, você não está validando uma garantia, mas apenas fornecendo à empresa informações psicográficas altamente valiosas.

Apesar das sofisticadas técnicas para classificação do público e definição de seu estilo de vida e potencial aceitação de determinado programa ou série em particular, alguns produtores simplesmente utilizam um vizinho como modelo e avaliam a comunicação com essa pessoa e seus hábitos. Não se surpreenda se um produtor executivo recusar sua brilhante proposta para um programa com comentários do tipo "Não tenho certeza se a minha vizinha gostará desse programa". Em muitas programações de entretenimento, abordagens subjetivas como esta, utilizadas na forma de prejulgamento da viabilidade de um programa, podem ser aceitáveis. No entanto, se lhe pedirem para realizar um programa com objetivos, como a educação de motoristas ou um comercial sobre a importância da conservação da água, é necessário identificar e analisar o público-alvo mais especificamente. Quanto mais soubermos sobre o público-alvo, mais preciso será o seu objetivo (mensagem do processo definida) e, por fim, mais eficaz sua mensagem do processo real.

Aferições de audiência e share

Aferição de *audiência* é a porcentagem de domicílios com televisores sintonizados em uma estação específica em determinado público (número total de domicílios com televisor). Essa porcentagem é obtida dividindo-se o número projetado de domicílios sintonizados na sua estação pelo número total de domicílios com televisor:

$$\frac{número\ de\ domicílios\ com\ TV\ ligada}{número\ total\ de\ domicílios\ com\ TV} = valor\ de\ classificação^{10}$$

Por exemplo, se 75 dos 500 domicílios na sua amostra de medição estiverem assistindo ao programa, então teremos uma audiência de 15 pontos percentuais (omita o ponto decimal quando o valor da medição for fornecido):

$$\frac{75}{500} = 0,15 = 15\ pontos\ de\ classificação$$

O *share* é a porcentagem de domicílios com televisores sintonizados na sua estação em relação a todos os domicílios com TV (Households Using Television – HUT). O valor do *HUT* representa a participação total – ou 100%. Veja como o *share* é calculado:

$$\frac{número\ de\ domicílios\ sintonizados\ na\ sua\ estação}{todos\ os\ domicílios\ com\ TV\ ligada\ (HUT)} = share$$

Por exemplo, se apenas 200 dos domicílios na amostra realmente utilizam seus televisores (HUT = 200 = 100%), os 75 domicílios sintonizados no seu programa constituem um *share* de 38:

$$\frac{75}{200} = 0,375 = share\ de\ 38$$

Empresas de medição de audiência como a Nielsen[11] selecionam cuidadosamente amostras representativas do público e investigam essas amostras por meio de registros, chamadas telefônicas e medidores conectados aos aparelhos de TV. Algumas empresas de TV a cabo fornecem dados de visualização das caixas de conexão para serviços de aferições de audiência.

O problema com os valores das medições de audiência não diz respeito tanto ao possível erro de projeção da amostra em relação a um público maior, mas aos valores que geralmente não indicam se nos domicílios com televisores ligados há alguém assistindo ao programa e, caso haja, quantos. Os valores também não indicam o impacto do pro-

---

[9] A legislação norte-americana possui leis estaduais. O que não é permitido em um Estado pode ser permitido em outro. Percebam a dificuldade de uma estação de TV ao fazer uma transmissão nacional. No Brasil os crimes comentados são regulados por uma lei Nacional (Código Penal).

[10] Chamamos valor de classificação de índice de audiência. (NRT)

[11] Aqui, o principal instituto de aferição de audiência é o Instituto Brasileiro de Opinião Pública e Estatística (Ibope). (NRT)

grama sobre os espectadores (a mensagem do processo efetiva). Consequentemente, percebemos que um programa é, em geral, julgado não pela importância da mensagem, pelo impacto sobre o público ou pelo grau de proximidade entre o efeito real causado pela mensagem do processo e o efeito definido, mas simplesmente pelo número presumido de pessoas que assistiram ao programa em comparação a outros programas. Embora o sistema de aferição de audiência utilizado na TV como meio de comunicação se revele um tanto frustrante, lembre-se de que estamos trabalhando com uma mídia de massa; esta, por definição, baseia sua existência no grande público.

PONTOS PRINCIPAIS

▶ O produtor necessita de acesso pronto e rápido a uma grande variedade de recursos de informação. A internet é um recurso de informação quase completo e instantâneo. Listas telefônicas e recursos comunitários e de empresas locais são igualmente úteis.

▶ A maioria dos integrantes das equipes técnicas e não técnicas de produção pertence a associações ou sindicatos, como a Associação de Diretores da América (DGA) e a Associação Nacional de Empregados e Técnicos da Radiodifusão (NABET).[12]

▶ As leis de direitos autorais comuns são aplicáveis nas situações em que o material protegido por esses direitos (como roteiros, gravações em áudio e vídeo, informações impressas, CD-ROM e DVD) é utilizado em produções de televisão. Você deve obter permissão daquele que publicou o material de direito autoral antes de usá-lo no seu programa.

▶ Aferição de audiência é a porcentagem de domicílios com televisores sintonizados em uma estação específica em determinada amostra de público com aparelhos de TV próprios. O share é a porcentagem de domicílios com televisores sintonizados na sua estação em relação a todos os outros domicílios com TV pertencentes à amostra (HUT – Households Using Television).

---

[12] As associações de classe no Brasil são semelhantes às dos Estados Unidos. (NRT)

capítulo 3

Roteiro

O *roteiro* é um dos dispositivos de comunicação mais importantes em todas as três fases da produção. Mas nem todos os roteiros têm a mesma densidade. Alguns, como roteiros dramáticos, são bastante elaborados e revelam a natureza do programa, quem faz parte dele, as aparências, as falas e o que cada personagem faz, o que deverá acontecer e como o público deve ver e ouvir o evento. Outros, como o roteiro de um jornal, indicam palavra por palavra o que o apresentador deve dizer e quais segmentos são apresentados em dado instante. Ainda há outros que simplesmente listam os itens sobre os quais o apresentador deve discorrer. Deixando essas diferenças de lado, todos os roteiros são igualmente importantes para as pessoas responsáveis por traduzir a ideia do programa em imagens efetivas de vídeo ou filme. Roteiros dramáticos são essenciais para todas as três fases de produção: pré-produção, produção e pós-produção. Por outro lado, roteiros de jornais são importantes principalmente para o momento em que ele é apresentado, assim como as listas de o que deve se fazer para um *game show* ou um comercial ao vivo.

A Seção 3.1, Formatos básicos de roteiro, trata dos formatos básicos para filmes e televisão, e a Seção 3.2, Estrutura dramática, conflito e dramaturgia aborda as estruturas de enredos dramáticos e não dramáticos.

PALAVRAS-CHAVE

Formato A/V; Dramaturgia clássica; Ordem dos eventos; Folha de fatos; Informações com objetivo; Roteiro A/V parcial de duas colunas; Script ou roteiro; Formato do programa; Roteiro dramático de única coluna; Roteiro A/V de duas colunas.

seção 3.1

Formatos básicos de roteiro

Na produção de televisão ou de cinema digital, você, indubitavelmente, encontrará diferentes formatos de roteiro. Os mais comuns são: dramático de única coluna, A/V de duas colunas, A/V parcial de duas colunas, jornalístico, formato de programa e folha de fatos.

▶ **Roteiro dramático de única coluna**
  Formato padrão para a criação de peças para televisão e cinema digital.

▶ **Roteiro A/V de duas colunas**
  Roteiro A/V na versão completa e parcial de duas colunas.

▶ **Roteiro jornalístico**
  Um dos formatos de roteiro jornalístico mais utilizados.

▶ **Formato de programa**
  Guia para segmentos em programas rotineiros.

▶ **Folha de fatos**
  Lista de itens a serem mencionados e exibidos no ar.

Roteiro dramático de única coluna

O *roteiro dramático de única coluna* inclui as falas detalhadas dos atores no diálogo, quem está fazendo o quê, quando e onde, e com que frequência a ação deve ser representada. Peças teatrais, comédias de situação, sketches e novelas utilizam esse formato de roteiro. **Figura 3.1**

Roteiro A/V de duas colunas

Esse tipo popular de roteiro é também conhecido como o *formato A/V*, pois a coluna da direita contém as informações de áudio, e a da esquerda, as informações de vídeo. A maioria dos roteiristas de documentários prefere o prático *roteiro A/V de duas colunas*, denominado *formato de documentário*. Felizmente, todos os três nomes referem-se à mesma coisa: um roteiro que exibe no lado direito da página o que é ouvido e na esquerda o que é visto. O formato A/V pode ser um roteiro completo, ou seja, todas as falas são exibidas na coluna de áudio, ou parcial, isto é, exibem-se apenas partes do diálogo.

Roteiro A/V na versão completa

Grande parte dos roteiros na versão completa utiliza o formato A/V de duas colunas. Como o objetivo dos documentários é registrar um evento, e não reconstruí-lo, os roteiros são frequentemente escritos após a produção em campo. Por essa razão, os roteiros de documentários fornecem orientações para a fase de pós-produção, e não para a produção de fato. As principais deixas são listadas na coluna de vídeo, à esquerda da página, e todas as falas e efeitos de som são escritos na coluna de áudio, à direita da página. O roteiro fornece indicações ao editor sobre que trechos de áudio utilizar e qual vídeo selecionar para os segmentos de voice-over (V/O), colocação da voz sobre uma cena. Uma palavra de cautela aos futuros roteiristas de documentários: não faz sentido escrever um roteiro detalhado antes de partir para a gravação do evento. Você não estará documentando o evento, mas simplesmente buscando detalhes do evento que se ajustem aos seus conceitos preconcebidos.

Se esse formato for usado para um programa de estúdio, é importante indicar as deixas específicas de entrada e saída com as quais o diretor poderá inserir um clipe de vídeo, um título ou movimentar as câmeras para outra área do set. **Figura 3.2**

Roteiro A/V parcial de duas colunas

O *roteiro A/V parcial de duas colunas* indica apenas parte do diálogo. De modo geral, o roteiro das notas de abertura e fechamento é completo, mas a essência do que a pessoa diz é apresentada apenas em referência, como "Dr. Mello Cunha discute novas ideias educacionais. Dr. Magalhães responde". Esse tipo de roteiro é utilizado, na maioria das vezes, em entrevistas, demonstrações de produtos, séries educacionais, programas de variedades e outros tipos de programa que apresentam uma grande quantidade de comentários ou discussões livres. **Figura 3.3**

Roteiro jornalístico

Os telejornais são apresentados com roteiros completos. O roteiro do jornal deve incluir cada palavra dita pelos âncoras, bem como instruções sobre que segmentos ao vivo ou pré-gravados o diretor deverá inserir e quando. Os segmentos ao vivo normalmente consistem de um repórter descrevendo algum evento que está ocorrendo naquele instante; as apresentações de notícias (matérias jornalísticas) constituem os segmentos gravados.

O formato dos roteiros jornalísticos pode diferir consideravelmente de emissora para emissora. Embora alguns departamentos jornalísticos até mesmo inventem sua própria abreviação para as deixas de vídeo e de áudio, o formato básico A/V de duas colunas, com as informações de vídeo à esquerda e as deixas de áudio e todo o material falado à direita, é geralmente mantido intacto. Como um

CENA 6

ALGUNS DIAS DEPOIS. INTERIOR. SALA DE ESPERA NA EMERGÊNCIA DO HOSPITAL DA CIDADE. TARDE DA NOITE.

IOLANDA está ansiosa ANDANDO de um lado para o outro pelo corredor do hospital, em frente à sala de emergência. Ela veio direto do trabalho para o hospital. A cena mostra a movimentação típica em uma sala de emergência de hospital. UM MÉDICO (amigo de LAERTE) EMPURRA CARLA em uma cadeira de rodas pelo corredor até IOLANDA.

CARLA

(na cadeira de rodas, mas alegre)

Oi, mãe!

IOLANDA

(ansiosa e preocupada)

Carla, tudo bem com você? O que houve?

CARLA

Estou bem. Foi só um escorregão.

MÉDICO (ao mesmo tempo)

Ela torceu o pulso direito. Nada grave...

CARLA

Por que vocês estão fazendo tanto drama?

IOLANDA

(câmera fecha a imagem nas feições de CARLA e do MÉDICO)

Não dói? Você quebrou o braço?

3.1 Roteiro dramático de única coluna

O roteiro dramático de única coluna contém cada fala do diálogo e descrições das ações principais dos personagens. Nesse tipo de roteiro, são encontradas instruções mínimas sobre visualização e continuidade.

GRUPO 5

DATA DE EXIBIÇÃO: 15/7 16 horas

VÍDEO	ÁUDIO
MONTAGEM DE ABERTURA SERV[1] 02 CLIPE 9 SOS[2] [áudio na fonte] **00h25**[3]	PONTO DE ENTRADA: "Ao dirigir por este vale..." PONTO DE SAÍDA: "...Grupo 5, um encontro extraordinário de cinco artistas mundialmente aclamados."
JÚLIA no estúdio, em Woodacre **00h15**	**JÚLIA (em frente à câmera)** Os fundadores do Grupo 5 – uma pintora, um cantor, um oleiro, um videoartista e um poeta – não se conheciam, e certamente nenhum deles morou no vale de San Geronimo, no condado de Marin.
SERV 02 CLIPE 10 PACOTE 1 Tomadas do vale com Júlia em V/O (voice over) **3h38**	**JÚLIA (V/O)** Todos se mudaram para o vale a fim de fugir da vida urbana, trocando a agitação da cidade pela quietude de montes ondulados, antigos carvalhos e sequoias. Com toda a certeza, nenhum deles planejou uma associação de artistas.
TALIA/áudio na fonte (SOS)	PONTO DE ENTRADA: "Sem agentes, sem obrigações..." PONTO DE SAÍDA: "...até que encontrei o Sr. Vídeo no correio de Forest Knolls."
JÚLIA no estúdio, em Woodacre	**JÚLIA (em frente à câmera)** O Sr. Vídeo é Phil Arnone, um documentarista e videoartista que vê o mundo com a curiosidade de uma criança e a intensidade de um artista. Seu mundo não é feito de paisagens espetaculares, mas assemelha-se mais às pinturas de Talia, com detalhes intensos em close.
SERV 02 CLIPE 11 PACOTE 2 Phil áudio na fonte SOS sala de edição **2h47**	PONTO DE ENTRADA: "Sim, sou uma criança quando o assunto é observar as coisas, os acontecimentos..." PONTO DE SAÍDA: "...Talia e eu somos definitivamente irmãos de alma."

© Cengage Learning

3.2 Roteiro A/V de duas colunas padrão

Em um roteiro A/V de duas colunas, as instruções de vídeo ficam na parte esquerda da página, e as de áudio (incluindo o diálogo), na parte direita.

---

[1] Referência ao servidor de onde será gerada a abertura. (NRT)
[2] SOS significa "Sound on Source", ou seja, o clipe está com áudio. (NRT)
[3] No Brasil, o tempo é colocado em uma terceira coluna à direita. (NRT)

VÍDEO	ÁUDIO
Close de Katy	KATY: O debate sobre incêndios em florestas, porém, continua. Se não dominarmos o fogo, perderemos madeira de lei valiosa e mataremos inúmeros animais, sem falar no perigo às propriedades e pessoas que vivem lá. Qual é sua posição, Dr. Hough?
Corte em close do Dr. Hough	DR. HOUGH: (CONCORDA COM A VERACIDADE DESSA OBSERVAÇÃO, EXCETO PELO FATO DE QUE NORMALMENTE NADA ACONTECE AOS ANIMAIS, E A VEGETAÇÃO RASTEIRA CONSUMIDA PELO FOGO ESTIMULA NOVO CRESCIMEN-TO.)
Corte para os dois na tela (two-shot)	KATY: Isso não seria possível com o incêndio controlado? DR. HOUGH: (AFIRMA QUE SIM, MAS SERIA MUITO DIS-PENDIOSO E AINDA HAVERIA INCÊNDIOS NA FLORESTA A SEREM APAGADOS.)

© Cengage Learning

3.3 Roteiro A/V parcial de duas colunas
Esse roteiro exibe as informações de vídeo na coluna da esquerda (VÍDEO), mas apenas o diálogo parcial na coluna da direita (ÁUDIO). Geralmente, é incluído o roteiro completo com as perguntas do apresentador, mas as respostas são apresentadas apenas resumidamente.

diretor, você vai achar que é mais fácil ler os roteiros jornalísticos com as deixas de vídeo e áudio e instruções escritas com letras maiúsculas e minúsculas e todas as palavras faladas somente em letras maiúsculas. Como roteirista, você pode, obviamente, trabalhar mais rapidamente se tudo for digitado com letras maiúsculas. **Figura 3.4**

Formato do programa[4]

O *formato do programa* lista apenas a ordem de segmentos individuais do programa, como "entrevista de Brasília", "comercial 2" e "análise de livro". Lista também as áreas do set onde ocorre a ação (ou outros pontos de origem), bem como os horários de exibição dos segmentos. O formato do programa é frequentemente utilizado em produções em estúdio, com rotinas de representação estabelecidas, como

programa matutino diário, painéis ou show de perguntas. **Figura 3.5**

Folha de fatos[5]

A *folha de fatos* ou *run down* (folha detalhada) lista os itens a serem exibidos na câmera e indica resumidamente o que deve ser dito. **Figura 3.6** Às vezes, a folha de fatos é escrita no formato A/V, mas não se inclui nenhuma instrução específica sobre áudio ou vídeo. Geralmente, ela é fornecida pelo fabricante ou anunciante que prefere ter o apresentador falando sobre o produto sem seguir um roteiro.

Se a demonstração do item for complicada, o diretor poderá reescrever a folha de fatos e indicar as tomadas

---

[4] No Brasil, esse tipo de documento recebe o nome de "Espelho de Programa". (NRT)

[5] Esse tipo de roteiro, que também é um espelho, pode ser feito em forma de planilha e lista a ordem das coisas que vão acontecer, fornece instruções e indica parte do texto. Normalmente fornece o início e a deixa de saída. No Brasil raramente trabalhamos com ele, mas é comum na TV dos Estados Unidos. (NRT)

```
Noticiário do meio-dia de Hunter's Point 15/4


Estúdio: KRISTI      ((Kristi))


                     AS CASAS ALUGADAS PERTENCENTES A UM CIDADÃO DE
                     HUNTER'S POINT ESTÃO EM CHAMAS POR CAUSA DAS
                     PÉSSIMAS CONDIÇÕES DAS CONSTRUÇÕES. MORADORES
                     RECLAMAM DE IRRITAÇÕES NA PELE... DORES DE CA-
                     BEÇA E SANGRAMENTOS.
                     "Marty Gonzales entrevista vários moradores
                     que disseram que tudo isso é devido ao molde
                     teórico."


                     -------------------------------------------------


Pacote 1             ((Cue In (Ponto de entrada): "Não há confirmação
Servidor de áudio    oficial de que essas casas estejam infestadas com
e vídeo 03           molde tóxico, mas as evidências apontam para
                     isso...))


Clipe 023            PACOTE                  0:42
                     ((Cue Out (Ponto de saída): "...Espero que al-
                     guém faça alguma coisa a respeito."))


Estúdio: KRISTI      ((Kristi))


                     O PROPRIETÁRIO NEGA AS ACUSAÇÕES E AFIRMA QUE
                     O TEMPO NEBULOSO PODE SER A CAUSA DO PROBLEMA.
                     FALAREMOS COM O PROPRIETÁRIO E AS AUTORIDADES DE
                     SAÚDE LOGO APÓS OS COMERCIAIS.


                     -------------------------------------------------


Servidor 03
Clipe 112            BUMPER[6]
Clipe 005            COMERCIAL (Queijo Califórnia)
Clipe 007            COMERCIAL (Empresas Winston)
```

© Cengage Learning

3.4 Roteiro jornalístico

O roteiro jornalístico contém cada palavra falada pela âncora (Kristi), exceto bate-papos ocasionais e instruções sobre todas as fontes de vídeo utilizadas. O pacote é uma reportagem gravada e editada previamente com o repórter no local do evento e as pessoas entrevistadas.

principais da câmera para ajudar a coordenar as ações do artista e do diretor. A não ser que a demonstração seja extremamente simples, como segurar o livro de um famoso romancista, não é recomendável executar a direção utilizando unicamente a folha de fatos como roteiro. O improviso, tanto pelo diretor quanto pelo artista, raramente funciona de modo satisfatório, mesmo que a gravação em vídeo seja para edição de pós-produção.

---

[6] Bumper é o nome que se dá às vinhetas. Bumper in – Voltamos a apresentar; Bumper out – Estamos apresentando. (NRT)

42 Manual de produção de televisão

FORMATO DO PROGRAMA GENTE, LUGARES E POLÍTICA (roteiro anexo)

DATA DA PRODUÇÃO: 3/2   SOLICITAÇÃO DE RECURSOS: BECA 415
DATA DE EXIBIÇÃO: 17/2   TEMPO DE DURAÇÃO: 25:30[7]
DIRETORIA: Whitney   APRESENTADOR: Kipper

ABRIR

VÍDEO	ÁUDIO
ABERTURA PADRÃO	SOS (áudio na fonte)
SERVIDOR 1, CLIPE[8] #ST1 EFEITOS 117	ANUNCIANTE: O Centro de Televisão do Departamento de Artes, Comunicação Eletrônica e Radiodifusão da Universidade Estadual de São Francisco apresenta "Gente, Lugares e Política" – uma nova perspectiva sobre eventos globais.
GC PRINCIPAL TÍTULO DO ASSUNTO	O assunto de hoje é:

SERVIDOR 1, CLIPE #033 ASPs 1 e 2

TOMADA INICIAL DO ESTÚDIO	PHIL APRESENTA OS CONVIDADOS
GC PRINCIPAL	NOMES DOS CONVIDADOS
CLOSES NOS CONVIDADOS	CONVIDADOS DISCUTEM ASSUNTOS
CLOSE EM PHIL	FECHA O PROGRAMA

SERVIDOR 1, CLIPE #034 ASPs 3 e 4

FECHAR

GC ENDEREÇO	ANUNCIANTE: Para obter uma cópia do programa de hoje, escreva para "Gente, Lugares e Política", Dept. BECA, Universidade Estadual de São Francisco, São Francisco, CA 94132 E-mail: BECA@sfsu.edu
GC PRÓXIMA SEMANA	Sintonize na próxima semana quando apresentaremos: VOLUME DA VINHETA MUSICAL AUMENTA

© Cengage Learning

3.5 Formato do programa

O formato do programa contém apenas informações essenciais de vídeo na coluna à esquerda (VÍDEO) e os anúncios de abertura e fechamento padrão na coluna à direita (ÁUDIO).

---

[7] No Brasil, utilizamos o modelo: 25′30". (NRT)
[8] O símbolo de jogo da velha (#) significa número. (NRT)

```
COMERCIAL SOBRE O CD-ROM VIDEO PRO
PROGRAMA:
DATA:

ITENS CENOGRÁFICOS:
Computador desktop executando o Zettl's VideoLab 3.0. Página do
Triple-I na web.
Pôster do Video Pro e prêmios em multimídia no fundo.
Embalagem do Video Pro com disco aparecendo como item cenográfico.


1. Novo produto de multimídia da Image. Imagination. Incorporated.
2. Incrível sucesso. O melhor produto já criado pela Triple-I.
3. Inspirado no ZVL 2.1, vencedor de diversos prêmios por excelên-
   cia, incluindo a prestigiada Medalha de Ouro do Invision.
4. Criado para o produtor iniciante e o profissional de vídeo.
5. Totalmente interativo. Transforma a sua casa em um estúdio de
   vídeo. Fácil de usar.
6. Estude no seu próprio ritmo e teste seu desenvolvimento após cada
   exercício.
7. Funciona nas plataformas Windows ou Macintosh.
8. Oferta inicial especial. Termina em 20 de outubro. Venha depressa.
   À venda em todas as principais lojas de software.
```

© Cengage Learning

3.6 Folha de fatos

A folha de fatos lista os principais pontos a serem observados em relação ao produto demonstrado. Não é fornecida nenhuma informação sobre áudio ou vídeo. O artista faz a demonstração sem seguir um roteiro, e o diretor acompanha suas ações com a câmera.

PONTOS PRINCIPAIS

▶ O roteiro é um dispositivo de comunicação importante. O roteiro dramático é essencial em todas as três fases da produção.

▶ Os tipos comuns de roteiro são: dramático de única coluna, A/V (áudio/vídeo) de duas colunas, A/V parcial de duas colunas, jornalístico, formato do programa e folha de fatos ou resumido.[9]

---

[9] Roteiro resumido é chamado *rundown* na televisão norte-americana.

seção 3.2

Estrutura dramática, conflito e dramaturgia

Mesmo que você não seja um roteirista, é necessário ter discernimento para julgar a qualidade de um roteiro. Há uma infinidade de livros clássicos abordando a produção de roteiros dramáticos e não dramáticos, portanto fornecemos intencionalmente o mínimo de informação nesta seção.[10]

- ▶ **Componentes estruturais**
  Os quatro elementos básicos do drama.

- ▶ **Conflito e dramaturgia clássica**
  Tipos de conflito dramático, dramaturgia clássica e ordem dos eventos.

- ▶ **Estrutura de enredo não dramático**
  Programas com objetivo; da ideia à mensagem do processo: história em destaque; e da ideia à mensagem do processo: programa com objetivo.

Componentes estruturais

Todos os dramas, para o teatro ou para as telas, possuem quatro elementos básicos:

- Tema: o assunto do enredo.
- Trama (plot): a forma como o enredo avança e se desenvolve.
- Personagens: a forma como cada pessoa se diferencia das demais e como cada uma delas reage à situação vivenciada por todas.
- Ambiente: onde a ação acontece.

A trama pode se desenvolver de fora para dentro ou de dentro para fora. No enredo de fora para dentro, os personagens reagem às influências externas, como desastres naturais, vizinhos desagradáveis ou perda do emprego. No enredo de dentro para fora, o comportamento e as escolhas dos personagens determinam a forma como a trama se desenvolve. Geralmente, as grandes produções de cinema se baseiam em tramas espetaculares do tipo de fora para dentro, porém demonstram ter grande desenvoltura também nos enredos baseados no personagem. Os enredos com base na trama geralmente enfatizam ações externas (como batidas de automóveis, explosões e lutas). Os enredos baseados no personagem se valem das ações internas: a constituição psicológica dos personagens e seu comportamento subsequente. Um exemplo é um cirurgião avaliando os riscos e os benefícios de uma operação complicada no cérebro e depois procedendo à cirurgia. Vemos parte da cirurgia e, ao final, o paciente está na cama do hospital, sorrindo. A trama baseada no personagem teve um final feliz.

Embora não tão evidente na grade de programação diária, a mídia televisiva, por natureza, é praticamente montada para explicar enredos do tipo de dentro para fora com base no personagem sem muita profundidade. Normalmente, assistimos, sozinhos ou com familiares, à televisão em nossas casas e consideramos a pequena tela um parceiro de comunicação familiar – se não íntimo. É por essa razão que políticos e anunciantes gastam tanto dinheiro em televisão para enviar suas mensagens a nossas casas.

Conflito e dramaturgia clássica

Todo drama tira sua força do conflito. Sem conflito, não há drama. Na verdade, o bom enredo se baseia em alguma forma de conflito. Em uma série dramática, como novelas ou séries policiais, cada episódio soluciona uma infinidade de pequenos problemas, porém sempre termina em um novo conflito a ser resolvido no futuro episódio. Sem dúvida alguma, trata-se de um velho clichê criado para atrair o público de volta semana após semana, mas funciona.

Tipos de conflito dramático

Em abordagens baseadas na trama, o conflito nasce de circunstâncias que levam o espectador a reagir de alguma forma.

Por exemplo, a pessoa A se torna um político porque, ao encerrar sua carreira como astro de futebol, viu seu nome amplamente reconhecido e, após ingressar em uma família extremamente rica por meio do casamento, foi estimulado pelo sogro a concorrer a uma vaga no Senado. Sua esposa faz um apelo dramático: ela quer saber como ele sozinho pode mudar a maioria do Senado e restaurar os valores familiares e de honestidade do país. Ele consegue se eleger, mas fica horrorizado com os procedimentos adotados pelo Senado para tomar decisões. Quando procura colocar a casa em ordem, vê-se envolvido em uma série de conflitos, é lembrado do seu espírito de equipe, sofre um misterioso acidente de carro e perde o braço, o emprego, a esposa, os amigos e a autoconfiança – nessa exata ordem.

---

[10] Os dois livros mais valiosos sobre a arte de produzir roteiros para mídia são, na minha opinião, de Stuart W. Hyde e Nancy Graham Holm (ver Capítulo 2, nota 1). O livro de Hyde faz uma abordagem excepcionalmente lúcida sobre a conceitualização de um enredo e as várias estruturas dos roteiros dramáticos e não dramáticos. O pequeno livro de Graham Holm é uma joia jornalística. Escrito com convicção e inteligência, fornece uma quantidade surpreendente de informações consistentes, abrangendo muito mais que uma simples abordagem de "como fazer reportagens".

No exemplo da abordagem baseada no personagem, a pessoa B, uma médica bem-sucedida, cada vez mais frustrada com a forma como o Senado ignora a vontade dos eleitores, decide fazer algo a respeito. Pede demissão do hospital, inicia uma campanha eleitoral para concorrer ao Senado junto à população rural e faz discursos sobre o cuidado com a saúde universal. Ela vence por uma pequena margem e, à semelhança da pessoa A, fica horrorizada com os procedimentos adotados pelo Senado para tomar decisões. Imediatamente sofre punições por não seguir as linhas do partido, mas não abre mão de suas crenças sobre o que é melhor para o povo. Da mesma forma, sofre um misterioso acidente de carro e se vê em seu antigo hospital, agora como paciente. Seus ex-colegas a questionam de várias maneiras, suspeitando que sua motivação para mudar de profissão se baseava no poder, e não no altruísmo. Quando finalmente recuperada, decide retornar à profissão médica, mas seu leal esposo a convence de que ela é necessária no Senado, onde já fez grande diferença para as pessoas que a tinham como representante. Assim, ela retorna à política, utiliza a mídia para expor algumas das formas como os senadores agem, coloca a casa em ordem, introduz um novo sistema de saúde mundial e vive feliz para sempre.

Como essas duas histórias demonstram, os conflitos da pessoa A foram causados basicamente por circunstâncias externas (coisas que outras pessoas lhe disseram ou planejaram para fazer), enquanto os conflitos da pessoa B surgiram de suas próprias decisões e convicções.

Ao examinarmos mais cuidadosamente as peças para TV e filmes e identificarmos os conflitos e como surgiram, descobriremos que cada um deles e seu desenvolvimento são praticamente os mesmos. Talvez seja fácil preparar algumas páginas de conflito sem muito esforço, por isso considere a lista de possíveis conflitos dramáticos a seguir meramente como exemplo. **Figura 3.7**

Dramaturgia clássica

A narrativa eficaz não sofreu grandes modificações com o passar dos séculos. Ainda utilizamos todos ou a maioria dos ingredientes da *dramaturgia clássica* – as técnicas da composição dramática:

- Exposição – define o contexto no qual a ação ocorre.
- Ponto de ataque – a primeira crise.
- Ação ascendente – mais conflitos e problemas em evolução.
- Clímax – crise principal ou ponto de reversão.
- Ação descendente e resolução (o herói passa por mais problemas e pode ganhar ou perder). **Figura 3.8**

Retorne ao tratamento do enredo no Capítulo 2 (Figura 2.3) e verifique como, e se de alguma forma, ele se ajusta à estrutura dramática clássica.

ÁREAS GERAIS DE CONFLITO

- Diferenças culturais e ideológicas
- Visões de mundo ideais *versus* racionais
- Sentimento *versus* razão
- Ilusão *versus* realidade
- Sociedade *versus* indivíduo
- Honestidade *versus* corrupção
- Rico e pobre

ÁREAS ESPECÍFICAS DE CONFLITO

O conflito entre o protagonista (que poderia ser você) e:

Diversas circunstâncias	Estilo de vida
O meio ambiente	Autoridade
A natureza	Burocracia
Ele próprio/ela própria (você mesmo)	Poder
Familiares	Fé
Parentes	Princípios
Amigos	Moralidade
Vizinhos	Crenças
Pressão do grupo	Religião
Colegas de classe	Sistema social
Conformidade	Governo
	Educação

© Cengage Learning

3.7 Conflitos dramáticos

Embora não tenha a pretensão de ser abrangente, a lista de conflitos foi criada como recurso adicional no reconhecimento de possíveis fórmulas de conflito e um estímulo para futuras listas semelhantes.

Exposição e contexto: aeroporto, professor rumo a uma conferência.

Ponto de ataque (primeira crise): perda da mala.

Ação ascendente (série de conflitos menores): esquece o nome do hotel, é obrigado a pegar um táxi até um bairro ruim.

Clímax (maior crise): perde a carteira.

Ação descendente: vários outros conflitos – dificuldade em obter ajuda, dificuldade em encontrar um telefone, consegue apenas ligar para a secretária eletrônica do amigo, perdido em uma cidade estranha.

Resolução: a polícia chega para o resgate, encontra o colega no saguão do hotel onde acontecerá a conferência.

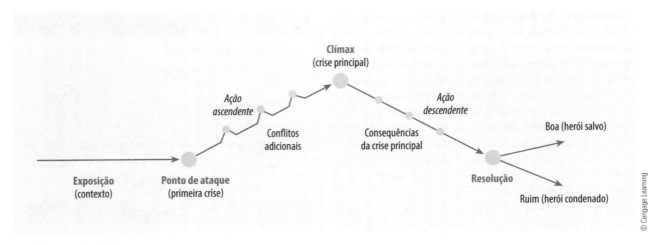

3.8 Dramaturgia clássica
A dramaturgia clássica parte da exposição (contexto) para o ponto de ataque (primeira crise) por meio da ação ascendente e do clímax (crise principal) até a resolução.

Observe que os cinco principais critérios da dramaturgia clássica estão incluídos no programa dramático proposto – com um excelente desfecho (o herói é resgatado). Se quiséssemos transformar a trama em tragédia, poderíamos envolver o personagem em um assalto em que os criminosos o espancam por não encontrarem nenhum dinheiro; o personagem perderia a conferência e, como resultado, a promoção. Para aumentar a tensão, seu novo casamento está se desgastando. O herói está condenado.

Esse exemplo de dramaturgia clássica se aplica a enredos bem escritos em qualquer mídia – incluindo cinema e televisão. Tais mídias, contudo, alteraram drasticamente a ideia tradicional de ordem dos eventos.

Ordem dos eventos

A facilidade de alterar o passado, o presente e o futuro por meio da edição eliminou o mito de que o bom enredo deve ter começo, meio e fim claros, e redefiniu o conceito de *ordem dos eventos* na narrativa.

Utilizando flashbacks, podemos rever na tela "relances" dos eventos passados e mostrar, ao mesmo tempo, o presente; com os avanços cronológicos, é possível iniciar o enredo pelo fim e acompanhar os fatos que culminaram em seu desfecho. Mesmo em uma transmissão ao vivo de um jogo de beisebol, é possível interromper o presente e rever momentos do passado com replays instantâneos. Tais replays tornaram-se um ingrediente dramatúrgico importante nas produções para TV.

Estrutura de enredo não dramático

Os enredos não dramáticos incluem desde noticiários ou documentários até propagandas comerciais ou vídeos educativos complexos sobre algum tipo de procedimento médico. Nenhum deles é ficção e todos são essencialmente informativos.

Programas com objetivo

Enquanto reportagens e documentários se baseiam nos princípios fundamentais da narrativa e em uma dramaturgia simplificada, comerciais e programas informativos compreendem intencionalmente *informações com objetivo* não vinculadas às convenções da narrativa. Esses programas são montados a partir de objetivos motivacionais e de aprendizado e projetados para causar um efeito observável, se não mensurável, sobre o espectador. Todos os programas se beneficiam da mensagem do processo, porém aqueles com objetivo dependem de uma.

Da ideia à mensagem do processo: artigo de fundo

Apresentamos a seguir dois exemplos de como as mensagens do processo podem influenciar o conceito de um artigo que não se enquadra na categoria. A ideia básica é produzir uma reportagem sobre seu time de futebol favorito. Mas exatamente como você gostaria de mostrar isso na tela? Que sentimentos e impressões você gostaria de extrair dos espectadores? Vamos elaborar duas mensagens de processo para simplificar sua abordagem ao que será exibido e como será exibido.

Mensagem do processo 1: *O programa deve fazer o espectador sentir a imensa força física de uma partida de futebol.*

Ao traduzir essa mensagem do processo em requisitos de mídia reais, será necessário fazer tomadas bem próximas dos lances em que o jogador impede o avanço do adversário. É possível fazer isso em um jogo normal? Provavelmente não. Seria mais aconselhável gravar o lance em um treino, quando há a possibilidade de utilizar câmeras portáteis e trabalhar a distâncias mais curtas. O som passa a ser extremamente importante. Ouvir o impacto nos fará sentir a força mais do que simplesmente ver os jogadores se chocando. A ordem do evento não é importante – basta mostrar os destaques.

Mensagem do processo 2: *O programa deve levar o espectador a admirar a beleza inerente de uma partida de futebol.*

Desta vez, será preciso se concentrar na agilidade de atletas bem treinados. Novamente, será mais aconselhável gravar um treino, e não uma partida real, a menos que você disponha de tempo e da chance de gravar em vídeo várias partidas de fato. As tomadas com certeza incluirão o zagueiro lançando a bola para que o seu companheiro de equipe a apanhe no ar. É possível utilizar efeitos especiais na pós-produção, como câmera lenta, exposições duplas do atleta se esticando para receber um passe decisivo ou, se preferir ousar, uma superposição de bailarinas executando saltos semelhantes.

Da ideia à mensagem do processo: programa com objetivo

Esse tipo de programa necessita de uma mensagem de processo altamente precisa, semelhante aos objetivos educativos, e deve ser apresentada de tal forma que os resultados possam ser observados e verificados.

Eis aqui uma mensagem de processo definida para um episódio fictício de *Vila Sésamo*:

Mensagem do processo: *Após assistir a este programa, as crianças em idade pré-escolar poderão contar de 1 a 5.*

O programa deve agora atingir uma meta de aprendizado específica. Podemos prosseguir com a pré-produção e pensar em um conteúdo que preencha os três credos da publicidade: atenção, redundância e variedade. É preciso ser breve e mostrar algo que atraia a atenção imediata (como um personagem dos quadrinhos) e repetir os números de várias formas – alguém riscando os números na areia, exibi-los nos quadros de um jogo de amarelinha, mostrar cinco carros aparecendo um após o outro e assim por diante.

Em um verdadeiro programa educativo na escola, a mensagem recebida pelos alunos pode ser verificada por meio de um teste e comparada à mensagem do processo definida. Quanto mais as mensagens corresponderem, mais bem-sucedido será o programa.

PONTOS PRINCIPAIS

▶ Os quatro componentes básicos do drama são: tema, trama (plot), personagens e ambiente.

▶ Todo drama tira sua força do conflito. O conflito pode ser principalmente do tipo orientado para fora ou baseado na trama, em que as circunstâncias provocam a reação do personagem; ou orientado para dentro ou baseado no personagem, em que este provoca as circunstâncias.

▶ Os cinco componentes da dramaturgia clássica são: exposição (contexto), ponto de ataque (primeira crise), ação ascendente, clímax (crise principal), ação descendente e resolução.

▶ A ordem dos eventos em um enredo – princípio, meio e fim – pode ser alterada na televisão e no cinema gravados.

▶ Os programas com objetivo não dramáticos requerem uma mensagem do processo clara para produção e avaliação.

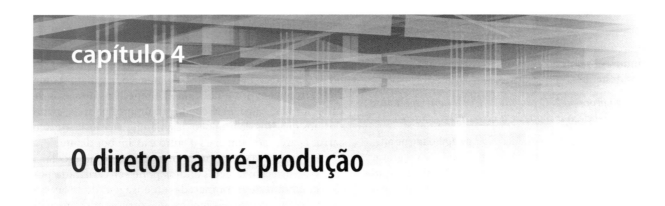

capítulo 4

O diretor na pré-produção

Agora que você tem um *script* funcional, é o momento para você, como produtor, envolver o diretor na fase de pré-produção. No nosso ambiente simulado de produção, isso significa que você deve assumir temporariamente o papel de diretor.

Como diretor, você deve dizer ao artista e à equipe o que fazer em todo o processo de produção. No entanto, antes de orientá-los sobre o papel de cada um deles durante a produção, é fundamental que tenha uma ideia muito clara daquilo que precisa executar: pense no formato que o programa deve ter e como partir da ideia para a imagem de televisão.

A não ser que você esteja dirigindo um telejornal diário, na verdade é o *script* que inicia tal processo de pré-produção. Independentemente do que o *script* determine o que vai fazer – a cobertura de um jogo de basquete, fazer um documentário sobre esporte universitário, uma entrevista ou um projeto de cinema digital –, seu trabalho como diretor começará inevitavelmente por um processo de visualização por tentativas: vários sons e imagens-chave que vêm à tona durante o pensamento sobre as atribuições ou a leitura do *script*. Os próximos passos serão definir uma mensagem do processo que fará com que a visualização seja menos arbitrária e traduzir sua visualização para os meios necessários. Tudo isso pode parecer inicialmente um desperdício de tempo, mas somente passando por uma pré-produção efetiva você estará apto a coordenar de forma consistente a grande variedade de elementos de produção com confiança, autoridade e estilo.

A seção 4.1, Como o diretor se prepara, analisa como certificar-se de que você, como diretor, sabe do que o programa trata, analisando e visualizando o *script* e algumas etapas essenciais na preparação para o programa. A seção 4.2, Comunicação e programação, aborda as funções do pessoal de apoio, a necessidade de confirmar as solicitações e programações de instalações por parte do produtor e como se comunicar com o artista e a equipe.

As atividades do diretor nas fases de produção e pós-produção são o foco do Capítulo 16.

PALAVRAS-CHAVE

Assistente de direção; Diretor de fotografia; Solicitação de recursos; Planta baixa; Esboço do local; *Locking-in*; Planejamento de produção; Continuidade; *Storyboard*; Linha do tempo; Visualização.

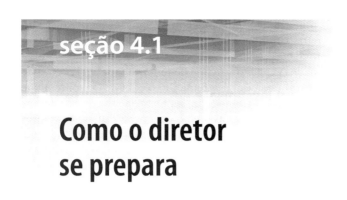

seção 4.1

Como o diretor se prepara

Embora alguns diretores achem que sua profissão exija um dom divino, a maioria dos bons diretores adquiriu e aperfeiçoou suas habilidades por meio de estudo e prática intensos. Uma das ideias mais difíceis de entrar na cabeça de um aspirante a diretor de televisão é a necessidade de uma pré-produção meticulosa. A não ser que você atue como um time de uma pessoa só, no qual você assume os papéis de produtor, diretor, equipe, assim como o de editor de pós-produção, você precisa preparar cuidadosamente sua produção antes de você botar os pés no estúdio ou dirigir para a locação. Tal pré-produção pode ser tão ou mais exigente do que a própria direção da produção. Uma pré-produção cuidadosa minimiza – e geralmente elimina – a chance de falha.

As atividades de pré-produção variam muito, dependendo do programa específico que lhe seja solicitado dirigir, mas todas incluem seu entendimento do que trata o programa, como traduzir o *script*[1] em imagens visuais e sonoras específicas, preparar-se para o programa e comunicar sua visão criativa para o resto da equipe de produção.

▶ **Do que trata o programa**
Mensagem de processo e método de produção.

▶ **Análise do script**
Ponto de locking-in e tradução.

▶ **Visualização e continuidade**
Formulação da mensagem de processo e determinação dos requisitos médios.

▶ **Preparação para o programa**
Interpretação de uma planta baixa, interpretação de um esboço da locação, uso de storyboard e marcação do script.

Do que trata o programa

Antes de poder gritar "luz, câmera, ação" ou mesmo começar a marcar o script para seu programa ao vivo ou gravado, descubra do que se trata o que vai dirigir. Por mais óbvio que isso possa parecer, você vai notar que, como diretor de pessoal (que dirige uma variedade diária de programas que acontecem em determinado período), nem sempre vai haver tempo suficiente para questionar minuciosamente cada detalhe de cada programa. Normalmente, não há muito tempo para fazer grande preparação para um programa diário de notícias, exceto marcar o script na última hora. Nem é preciso analisar de forma minuciosa o script de um segmento esportivo diário que faz parte de um programa matinal de rotina. Isso não significa, porém, que você deva improvisar no programa ou entrar despreparado na sala de controle ou no caminhão remoto.

Se tiver de dirigir um programa que não faça parte de sua rotina diária, você deve determinar a mensagem de processo e decidir qual o método de produção mais eficaz.

Mensagem de processo

Ao menos que você esteja fazendo um programa rotineiro, como um jornal do meio-dia, você deve pensar novamente na *mensagem de processo* – o objetivo do programa e o efeito pretendido sobre um público específico (ver Capítulo 1). Se não tiver certeza sobre o que o programa deve realizar, confira com o produtor. Somente então poderá fazer que o restante do pessoal entenda do que se trata o programa e os resultados esperados da produção. Um acordo prévio entre produtor e diretor sobre objetivos específicos de comunicação e o tipo e escopo da produção pode evitar muitas discussões frustrantes e erros dispendiosos. Assegure que o produtor esteja a par dos seus planos, mesmo que tenha recebido responsabilidade sobre todas as decisões criativas. Mantenha um registro de chamadas telefônicas, guarde seus e-mails e envie memorandos oficializando as principais decisões verbais.

Método de produção

Se você entender plenamente a mensagem de processo, o método de produção mais adequado torna-se evidente – isto é, se o programa sairá mais bem filmado em estúdio ou em campo, ao vivo ou gravado, com uma ou várias câmeras e em ordem de eventos sequencial ou não sequencial.

Se, por exemplo, a mensagem de processo é ajudar o telespectador a participar da emoção de assistir a um desfile do Dia de Ação de Graças,[2] é preciso fazer uma transmissão ao vivo, remota e multicâmera em campo. O segmento sobre segurança de tráfego e observação dos sinais de parada pode exigir uma abordagem de câmera única e muito tempo de pós-produção. Para ajudar o público a entender melhor o pensamento e os hábitos de trabalho de uma pintora famosa, talvez seja preciso observá-la em seu estúdio durante vários dias com uma única câmera e depois editar o material gravado em vídeo na pós-produção. Para que o telespectador possa compartilhar do entusiasmo da plateia e dos participantes de um novo show de talentos e ser incentivado a ligar enquanto o show está em andamento,

---

[1] Roteiro completo, com falas e indicação de planos e movimentos de câmera. (NRT)

[2] Nos Estados Unidos, o Dia de Ação de Graças é um acontecimento tão importante quanto o Natal, e em várias cidades acontecem desfiles comemorativos que são transmitidos pela TV. (NRT)

49

o programa deve ser, obviamente, uma produção ao vivo, multicâmera e em estúdio e o produtor deve prover grandes oportunidades de *feedback* por telefone para a audiência.[3]

Uma mensagem de processo clara também pode, no entanto, sugerir se a abordagem deve ser de "olhar para algo" ou "dentro de algo". Olhar *para* um evento significa observar um evento da melhor forma possível, como cobrir objetivamente uma reunião do conselho da cidade. Entretanto, olhar *dentro* de um evento significa que ter a câmera revela o impacto emocional por meio de uma série de close-ups e uma presença de som próxima.[4]

Se você também é redator, essas considerações devem ocorrer ao escrever o roteiro. Ao receber do produtor o script de um programa, aprenda o que procurar para fazer com que a sua direção reflita a essência do programa.

Análise do script

Visto que explicar as complexidades da análise e interpretação de scripts dramáticos e não dramáticos está além do escopo deste livro, a lista a seguir oferece algumas orientações básicas sobre a leitura de um script como diretor. Essa técnica é especialmente útil ao ler e visualizar um script dramático.

Ponto de locking-in e tradução

Locking-in significa obter uma vívida imagem visual ou auditiva quando se lê o script, o que pode ocorrer já na cena de abertura, na cena final ou em qualquer cena especialmente notável no meio. Não tente forçar esse processo de locking-in. Pode ocorrer também como áudio em vez de imagem de vídeo. Se o script for bom, o locking-in será quase inevitável. No entanto, existem algumas etapas para agilizar o processo.

- Leia o script com cuidado – não passe simplesmente os olhos nele. As informações de áudio e vídeo fornecem uma visão geral do programa e da complexidade da produção.

- Experimente isolar a ideia básica por trás do programa. Melhor ainda, tente formular uma mensagem de processo adequada se já não estiver mencionada na proposta original (usualmente como o "objetivo do programa").

- Tente fazer o locking-in em um plano principal, em uma ação principal ou em alguma manobra técnica. Isso talvez dê uma ideia de como traduzir as imagens em requisitos concretos de produção, como posições de câmera, instalações específicas de iluminação e de áudio, gravação de vídeo e atividades de pós-produção.

Analisar um roteiro dramático é, naturalmente, mais complicado do que traduzir as instruções de áudio e vídeo de um script não dramático nos requisitos de produção do diretor. Um bom script dramático opera em vários níveis conscientes e inconscientes, que devem ser interpretados e tornados explícitos. Acima de tudo, você deve ser capaz de definir o tema do programa (a ideia básica – sobre o que é a história), a trama (como a história avança e se desenvolve), os personagens (como uma pessoa difere das outras e como cada uma reage à situação existente) e o ambiente (onde a ação acontece). Em geral, o drama de televisão enfatiza o tema e os personagens em vez de o enredo, e o ambiente interno, em vez de o externo. Isole todos os pontos de conflito.[5]

Depois do locking-in, a análise adicional depende muito do método de produção escolhido: se vai gravar em sequência com várias câmeras e uma mesa de corte, ou com uma única câmera, com tomadas descontínuas, fora de sequência. Independentemente do método, você vai precisar visualizar o script antes de decidir sobre a locação e os equipamentos.

Visualização e continuidade

A direção começa com a visualização das imagens principais. *Visualização* significa ver o script em imagens e ouvir os sons que o acompanham. Não existe fórmula infalível para esse processo de tradução, que exige certa dose de imaginação e sensibilidade artística e muita prática. A melhor prática é observar atentamente os acontecimentos ao seu redor – como as pessoas se comportam em sala de aula, em um restaurante, em um ônibus ou em um avião – e anotar mentalmente o que torna um evento tão diferente dos outros. Quando ler uma descrição de um acontecimento no jornal, em uma revista ou livro, tente visualizá-lo como imagens e sons em uma tela.

Visto que o telespectador só vê o que a câmera vê, é preciso expandir a visualização inicial e traduzi-la em detalhes de direção, como onde as pessoas e as coisas devem ser colocadas em relação à câmera e onde esta deve ser posicionada em relação ao evento (pessoas e coisas). É preciso então levar em conta a *continuidade* das partes desse evento visualizado durante a edição de pós-produção ou a comutação. Ao mesmo tempo, ouça os planos individuais e a sequência.

Formulação da mensagem de processo

Apenas para ter certeza de que você não esqueceu: uma mensagem de processo cuidadosamente definida facilita o processo de visualização e, principalmente, faz que ele seja mais preciso. Depois de decidir o que o público-alvo deverá ver, ouvir, sentir ou fazer, você pode seguir o modelo de efeito para causa e determinar a exata aparência que devem ter os planos principais e como consegui-los.

Exemplo: você vai dirigir três segmentos de uma série de programas sobre segurança dos adolescentes ao volante.

---

[3] Hoje esse *feedback* pode ser feito por meio da internet e das redes sociais. (NRT)

[4] Ver: Herbert Zettl. *Sight sound motion*: applied media aesthetics. 7. ed. (Boston: Wadsworth, 2014. p. 223-26).

[5] Ver Zettl (2007, p. 272-273).

A primeira tarefa é uma entrevista, da qual farão parte uma entrevistadora que regularmente apresenta um programa de serviço comunitário de meia hora, um policial que lidera o programa municipal de segurança no trânsito e uma estudante, representante de escola de ensino médio local. A segunda tarefa é uma entrevista com um estudante que ficou confinado a uma cadeira de rodas desde um grave acidente de carro. A terceira é uma demonstração de alguns perigos potenciais de ultrapassar um sinal de pare.

Os scripts disponíveis para você nesse momento são muito vagos e parecem mais uma relação de fatos (facts sheets) do que roteiros de A/V de duas colunas. **Figuras 4.1-4.3**

Como a produtora (producer)[6] tem um prazo excepcionalmente apertado para a conclusão da série, ela pede para começar a pré-produção apesar de não haver scripts mais detalhados. Ela só pode dar uma ideia aproximada do que cada programa deverá realizar: o segmento 1 deve informar o público-alvo (estudantes do ensino médio e universitários) sobre os esforços atuais por parte do departamento de polícia para cooperar com as escolas a fim de ensinar segurança no trânsito para jovens motoristas; o segmento 2 deve chocar os espectadores, conscientizando-os das consequências de dirigir de forma negligente; e o segmento 3 deve conscientizar o público dos perigos potenciais de ultrapassar um sinal de pare.

Vamos aplicar o modelo de efeito para causa e ver como esses scripts podem ser traduzidos em programas de vídeo.

Apesar dos scripts esquemáticos e das mensagens de processo, muitas imagens, provavelmente, já surgiram na sua cabeça: o policial uniformizado sentado ao lado da estudante de ensino médio, um jovem se esforçando para mover a cadeira de rodas pela rampa na porta da frente da sua casa e uma quase colisão de carro em um cruzamento com outro carro que ultrapassou o sinal de pare. Antes de ir mais longe, seria bom definir mensagens de processo mais precisas.

Mensagem de processo 1: *A entrevista com o oficial de segurança do trânsito e a representante dos estudantes deve ter como objetivo apresentar aos alunos de ensino médio e aos universitários um programa de segurança no trânsito de 10 pontos, com orientações sobre como ser um motorista mais responsável. Também deve demonstrar como a polícia e os estudantes podem cooperar nesse esforço.*

Mensagem de processo 2: *A entrevista com o estudante na cadeira de rodas deve fazer os espectadores (o público- -alvo) entenderem melhor os sentimentos e as atitudes do jovem desde o acidente e terem empatia com ele. Em última análise, a audiência deve ficar chocada em perceber as consequências de poucos segundos de direção descuidada.*

Mensagem de processo 3: *O programa deve mostrar aos espectadores pelo menos quatro acidentes causados por motoristas que ultrapassaram o sinal de pare e demonstrar como evitá-los.*

Uma leitura cuidadosa desses objetivos deve tornar sua visualização um pouco mais precisa. Por exemplo, como você imagina que as três pessoas (anfitriã, policial e estudante) vão interagir na entrevista? Que planos e sequências de planos você acha que comunicarão melhor a entrevista para o público? Como exatamente você visualiza a entrevista com o aluno na cadeira de rodas? A demonstração de ultrapassar a placa de pare provavelmente evoca algumas imagens de áudio e vídeo estereotipadas por Hollywood (como vidro quebrando, pneus cantando e carros girando, alguns pontos de vista subjetivos do motorista e assim por diante).

Determinação dos requisitos médios

Sem querer ser muito específico, você agora pode prosseguir de algumas visualizações gerais para os *requisitos médios*: algumas visualizações e continuidades principais, método de produção (programa multicâmera em estúdio ou EFP de câmera única), equipamentos necessários e procedimentos específicos de produção.

Veja como chegar aos requisitos médios específicos para cada segmento (mensagem de processo).

Segmento 1 A entrevista é estritamente informativa. O que as pessoas dizem é mais importante que conhecê-las. A aluna talvez nem sempre concorde com a opinião do policial, de modo que os dois não apenas podem responder à entrevistadora, mas também falar um com o outro. De acordo com o script esquemático, o programa de 10 pontos sobre segurança no trânsito apresentado pelo policial e outros itens devem ser mostrados na tela por meio de gráficos do gerador de caracteres (GC),[7] exceto no caso de o policial utilizar um cavalete com pôster.

Obviamente, o melhor é fazer o programa como gravação de uma entrevista ao vivo no estúdio, onde é possível colocar os convidados em um ambiente neutro, ter bom controle sobre a iluminação e o áudio, alternar entre múltiplas câmeras e usar o GC.

A iluminação deve ser normal. Não há necessidade de sombras dramáticas. Talvez você consiga convencer o policial a tirar o quepe para evitar sombras incômodas no rosto. E as câmeras? Três ou duas? Mesmo uma animada troca de ideias entre o policial e a aluna não vai exigir cortes terrivelmente rápidos. Supondo que a entrevistadora se sente de frente para convidados, você realmente vai precisar somente de duas câmeras. Vamos guiá-lo por uma possível configuração de câmera logo que tivermos um esboço básico do set fornecido pelo diretor de arte.

---

[6] Importante percebermos aqui que na TV norte-americana o producer é a maior autoridade do programa. Ele é o responsável final pelo resultado da realização. É ele quem monta a equipe e contrata o diretor. (NRT)

[7] Computador para a inserção de legendas e créditos na imagem. (NRT)

52 Manual de produção de televisão

SÉRIE SOBRE SEGURANÇA NO TRÂNSITO

N° do programa: 2 entrevista (duração: 26:30)
Data da gravação: sábado, 16 de março, das 16 às 17 horas ESTÚDIO 2
Data em que vai ao ar: terça-feira, 19 de março

Entrevistador(a): Yvette Sharp
Convidados: John Hewitt, chefe do programa de segurança no trânsito,
                Departamento de Polícia Municipal
                Rebecca Child, representante dos estudantes,
                Central High School

VÍDEO	ÁUDIO
ABERTURA PADRÃO	
Tomada tripla da	
entrevistadora e dos convidados	
(virada para a câmera)	ENTREVISTADORA INTRODUZ O PROGRAMA
Tomada dupla dos convidados	ENTREVISTADORA APRESENTA OS CONVIDADOS
Close-up da entrevistadora	ENTREVISTADORA FAZ A PRIMEIRA PERGUNTA

ENTREVISTA: O tenente John Hewitt é o policial encarregado do programa de segurança
de trânsito. É um veterano de vinte anos de trabalho no Departamento de Polícia
Municipal. Trabalha com segurança do trânsito há oito anos.

OBSERVAÇÃO: ELE VAI MENCIONAR UM PROGRAMA DE 10 PONTOS (EXIBIR GC).

Rebecca Child é a representante dos estudantes da escola Central High. Ela é uma aluna
nota 10, participa em debates na escola e faz parte da equipe campeã de vôlei.
É totalmente a favor de um programa eficaz de segurança de trânsito, mas acredita que
a polícia da cidade é especialmente dura com estudantes do ensino médio e fica somente
de olho neles.

ENCERRAMENTO PADRÃO

Close-up da entrevistadora	ENTREVISTADORA FAZ COMENTÁRIOS FINAIS
Plano geral da entrevistadora	
e dos convidados	TEMA
Créditos no GC	

4.1 Entrevista em estúdio sobre segurança no trânsito
Esse *script* foi escrito como o formato de um programa e serve apenas para fornecer informações básicas sobre os convidados que aparecem
no programa.

O diretor na pré-produção   53

SÉRIE SOBRE SEGURANÇA NO TRÂNSITO

Nº do programa: 5 entrevista em locação (duração: 26:30)
Data do EFP: sexta-feira, 29 de março, 9 horas – o dia todo
Pós-produção a ser agendada
Data em que vai ao ar: terça-feira, 9 de abril

Entrevistador(a):   Yvette Sharp
Entrevistado: Jack Armstrong
Endereço: Estrada Baranca 49, zona sul,
                     tel.: 990 555-9990

ABERTURA E ENCERRAMENTO DEVEM SER FEITOS NA LOCAÇÃO

- -

Jack é aluno do ensino médio. Ele ficou preso a uma cadeira de rodas desde
que um carro que ultrapassou a placa de pare o atropelou. O outro motorista
era da sua escola. Jack era um excelente jogador de tênis e tem orgulho dos
vários troféus que ganhou em torneios regionais. É um bom aluno e lida muito
bem com a situação. Está ansioso para participar do programa de segurança
de trânsito.

- -

OBSERVAÇÃO: DEVE-SE DAR ÊNFASE A JACK. OBTER BONS CLOSE-UPS.

4.2 Entrevista em campo sobre segurança no trânsito
A entrevista na locação também foi esboçada em formato de programa, apresentando apenas informações sobre o convidado a ser entrevistado.

Segmento 2 Em contraste com o segmento 1, a entrevista do segmento 2 é muito mais privativa. O objetivo principal não é comunicar informações específicas, mas causar um impacto emocional sobre o público. A comunicação é íntima e pessoal; os espectadores devem ter forte empatia com Jack, o jovem na cadeira de rodas. Esses aspectos da mensagem de processo definida sugerem muito facilmente que devemos visitá-lo em seu próprio ambiente – sua casa – e que, exceto pelas primeiras tomadas, o vemos principalmente em close-ups e close-ups extremos, em vez de em planos médios e gerais, menos intensos. Mais uma vez, você vai inevitavelmente visualizar certos planos principais recuperados de seu reservatório visual pessoal.

Considerando os aspectos principais da mensagem do processo (revelar os pensamentos e sentimentos do aluno e levar o público a desenvolver empatia com ele), o tipo geral de produção e os requisitos médios específicos ficam bastante evidentes. É melhor usar uma única câmera na casa de Jack. Primeiro, a câmera única e os equipamentos associados (luzes e microfones) causam intrusão mínima no ambiente. Segundo, a entrevista em si pode acontecer sem pressa e se prolongar durante um período considerável. Terceiro, a entrevista não precisa ser contínua: pode ser desacelerada, interrompida brevemente ou interrompida e depois retomada a qualquer momento. A produção pode ser fora de sequência. Em relação ao segmento 1, essa produção precisa de bem mais tempo de edição.

Para facilitar a visualização e continuidade, verifique a possibilidade de visitar Jack na casa em que ele mora antes da EFP. Encontrar-se com Jack e conhecê-lo vai forne-

Manual de produção de televisão

```
SÉRIE SOBRE SEGURANÇA NO TRÂNSITO

Nº do programa: 6 ultrapassar placas de pare (duração: 26:30)
Data do EFP: quarta-feira, 7 de abril, 7 horas - o dia todo
Data da gravação: sábado, 1º de maio, das 16h às 16h30
Pós-produção a ser agendada
Data em que vai ao ar: sábado, 15 de maio

Locação de EFP:        Cruzamento das ruas West Spring
                       e Taraval
Contato:               John Hewitt, chefe do programa de segurança no
                       trânsito, Departamento de Polícia Municipal
                       Tel.: 990 555-8888

- - - - - - - - - - - - - - - - - - - - - - - - - - - - - - - - - - - - - - -

ABERTURA E ENCERRAMENTO (YVETTE) DEVEM SER FEITOS NA LOCAÇÃO

EFP: O programa deve mostrar carros passando pela placa de pare no
cruzamento e as consequências - quase atropelam um pedestre,
um corredor, um ciclista - atingindo outro carro etc.
Script detalhado a ser fornecido.

- - - - - - - - - - - - - - - - - - - - - - - - - - - - - - - - - - - - - - -

ESTÚDIO: O tenente Hewitt vai demonstrar brevemente alguns acidentes
típicos, utilizando carrinhos de brinquedo em um quadro magnético.

OBSERVAÇÃO: O TENENTE HEWITT VAI FORNECER TODOS OS
VEÍCULOS E MOTORISTAS, BEM COMO O ARTISTA. ELE VAI CUIDAR
DE TODO O CONTROLE DE TRÂNSITO, ESTACIONAMENTO DE
VEÍCULOS E COMUNICAÇÕES. CONFIRMAR EFP EM 5 DE ABRIL.

CONTATO ALTERNATIVO NA POLÍCIA: Sargento Fenton McKenna (mesmo telefone)
```

4.3 Cena de segurança no trânsito perto da placa de pare
Esse formato de programa dá informações básicas sobre os principais eventos a serem gravados na produção eletrônica em campo (EFP). Todos os três formatos de programa devem ser colocados em script, em um formato parcial de A/V de duas colunas, antes das produções em estúdio e campo.

cer uma ideia da atmosfera, permitir planejar os planos de forma mais específica e determinar com mais precisão os requisitos médios específicos.

Segmento 3 Essa produção é, de longe, a mais exigente para um diretor. Ela demanda a coordenação de diferentes pessoas, locações e ações. Comece com algumas vi-

sualizações principais. A melhor maneira de demonstrar a ultrapassagem em uma placa de pare é obviamente exibindo-a. Para demonstrar as consequências desse delito, pode ser necessário mostrar o carro passando pela placa de pare, quase atropelando um pedestre e um ciclista que vão estar no cruzamento ou até mesmo batendo em outro carro.

Agora é o momento de entrar em contato com o produtor novamente e fazer a ele algumas perguntas importantes: Quem vai fornecer os veículos para essa demonstração? Quem vai dirigi-los? Quem serão os dublês atuando como pedestre e ciclista? Quem irá fechar o tráfego enquanto a produção estiver em progresso? E o seguro?

Nesse momento, é melhor você abandonar o projeto e pedir ao produtor que contrate uma empresa especializada nesse tipo de produção. Seja como for, parece que isso é algo que você e sua emissora não estão preparados para fazer.

No entanto, você pode sugerir simular esses quase atropelamentos concentrando-se na reação de uma testemunha da ação, em vez de realmente mostrar os quase atropelamentos ou o acidente em si. Você pode até criar o acidente mostrando o carro atravessando a placa de pare (desde que a polícia controle o trânsito) e, em seguida, o pedestre assustado pulando para o meio-fio e o ciclista tentando sair do caminho (do carro imaginário que vem na direção dele). Um zoom-in rápido no carro enquanto ele se move em direção à câmera sem dúvida vai resultar em uma intensificação do plano e em uma sequência emocionante quando alternado com planos progressivamente mais próximos do rosto assustado do pedestre. O acidente em si fica implícito pelo close-up do rosto assustado da testemunha e por uma boa dose de sons de batida obtidos em uma coleção de efeitos sonoros.

Em todo o caso, serão necessárias várias câmeras capturando o mesmo evento de diferentes pontos de vista. Embora a maioria dos efeitos sonoros possa ser adicionada na pós-produção, mesmo assim grave os sons do ambiente com o microfone das câmeras durante a gravação externa.

Como se vê, até uma versão "simples" do acidente é bastante complicada. Talvez você devesse simplesmente ignorar essa parte e pedir ao produtor que consiga uma gravação de um acidente de carro. Se isso não for viável, você poderá intercalar as demonstrações do policial no quadro magnético com trechos da descrição de Jack do que ele sentiu durante o acidente.

Preparação para o programa

Depois de saber do que trata o programa e ter uma mensagem de processo razoavelmente bem-definida, você pode passar para a próxima etapa de produção: interpretar a planta baixa[8] ou o esboço da locação. Estudar a planta baixa ou esboço da locação vai ajudá-lo a determinar os principais movimentos do artista, posicionar as câmeras e os microfones, e marcar o script de acordo.[9]

Interpretação da planta baixa

A menos que você dirija uma produção de rotina em estúdio que ocorre no mesmo set, como um telejornal, programa de entrevistas ou game show, será preciso ter a

planta baixa – um diagrama do cenário e dos adereços desenhado em papel técnico – para visualizar os planos e traduzi-los em posições de câmera e padrões de tráfego. Ela também influencia, e às vezes dita, como fazer a marcação do artista, isto é, como você planeja cuidadosamente seus movimentos e ações.

Com alguma prática, você vai conseguir realizar quase toda a marcação do artista e o posicionamento da câmera simplesmente visualizando a planta baixa ou o esboço de locação. Você também vai ser capaz de detectar possíveis problemas de produção. A seguir, apresentamos a planta baixa simples para entrevista e o esboço de locação para o segmento na placa de pare. O objetivo desses recursos é isolar alguns problemas potenciais de produção antes que eles realmente ocorram.

Planta baixa para entrevista Vamos voltar ao primeiro segmento: a entrevista em estúdio com o policial e a estudante. O diretor de arte deu um esboço básico a você do set de entrevista e pediu para aprová-lo antes que ele peça que seu assistente prepare a versão final. **Figura 4.4**

Essa configuração de entrevista parece bastante viável. Você pode fazer a câmera 2 cuidar do plano geral das três pessoas e depois apenas movê-la para a direita para obter os close-ups da entrevistadora. A câmera 1 pode ser usada para os convidados. O monitor de linha é voltado para a entrevistadora para que os convidados não se sintam tentados a admirar-se na TV durante a gravação.

Quando o assistente do diretor de arte dá a versão final da planta baixa e a lista anexa de adereços, você detecta alguns problemas graves de produção. **Figura 4.5** Quais são?

Observe novamente a planta baixa e tente visualizar alguns dos planos principais, como a abertura e o fechamento em plano de três, planos de dois dos convidados conversando com a entrevistadora e um com o outro, e close-ups individuais das três pessoas. Visualize também o primeiro plano, bem como o fundo, porque a câmera vê os dois. Você

4.4 Entrevista sobre segurança no trânsito: esboço básico
Esse esboço básico de uma entrevista em set de estúdio mostra a localização aproximada das cadeiras e câmeras.

---

[8] Desenho do cenário para ser visto em 90 graus. Costuma-se dizer "a visão de Deus". (NRT)

[9] Para mais informações sobre plantas baixas e projeto cenográfico, veja o Capítulo 14.

4.5 Set para entrevista: planta baixa e lista de adereços
Nessa figura, a planta baixa e a lista de adereços, com base no esboço básico de um set de entrevistas, revelam graves problemas de produção.

vai poder perceber que definitivamente há alguns problemas de câmera com essa planta baixa. **Figura 4.6**

- Por causa do posicionamento das cadeiras, uma abertura em plano de três seria difícil de conseguir. Se a câmera 2 gravasse em linha reta, as cadeiras provavelmente estariam muito longe. Mesmo quando é usado um formato *wide-screen*, a entrevistadora e os convidados pareceriam colados às bordas da tela, destacando indevidamente a pintura no meio. Além disso, você provavelmente ultrapassaria o set em ambas as extremidades. Os convidados certamente bloqueariam um ao outro nesse plano.

- Se gravar da extrema esquerda (câmera 1) para conseguir um plano sobre o ombro da entrevistadora para os convidados, você vai ultrapassar o set. Em um close-up, você corre o risco de a planta da borracha parecer crescer na cabeça do convidado.

- Se mudar para a câmera 2, você novamente vai ultrapassar o set e haverá a sensação de que a segunda planta de borracha cresce da cabeça da entrevistadora (ver Figura 4.6).

- Se você empurrar as câmeras mais em direção ao centro para evitar ultrapassagens, não vai conseguir nada, a não ser perfis.

Além de problemas com os planos de câmera, há outros relacionados à produção:

- Painéis hardwall brancos raramente geram um fundo interessante. A superfície é muito despojada, e sua cor é brilhante demais para a cena em primeiro plano, o que faz que os tons de pele fiquem anormalmente escuros. Visto que a entrevistadora é uma mulher negra, o problema do contraste com o fundo branco é ainda mais extremo – não é possível corrigir o transtorno colocando mais luz sobre ela.

- Você percebeu como as cadeiras estão próximas das divisórias de fundo? Tal disposição dificultaria bastante uma iluminação apropriada. Ao ler o Capítulo 11 sobre iluminação, é possível que você queira rever esta seção e entender por que a disposição dificultaria tanto a iluminação. Seguem algumas pistas: Qualquer luz principal e de preenchimento inevitavelmente também vai incidir sobre o fundo, o que aumentaria o efeito de silhueta. As contraluzes também funcionariam como luzes de frente (principal), causando fechamento rápido (sombras densas e grudadas) do lado da câmera. Se você fosse iluminar as sombras no rosto com luz de preenchimento adicional da frente do set (mais ou menos da posição da câmera 2), ela inevitavelmente incidiria sobre as divisórias brancas, intensificando ainda mais o efeito de silhueta.

- A acústica também pode ficar prejudicada porque os microfones estão muito próximos das divisórias hardwall, que refletem o som.

- A lista de adereços indica ainda mais problemas. As grandes cadeiras estofadas definitivamente não são adequadas para uma entrevista. Elas parecem pomposas demais e praticamente "engolem" seus ocupantes.

- O quadro na parede do fundo é visto apenas brevemente na filmagem inicial e não vai contribuir para o segundo plano ser mais interessante na filmagem dos atores.

- Por fim, com as cadeiras diretamente no chão do estúdio, as câmeras terão de olhar para baixo para os pre-

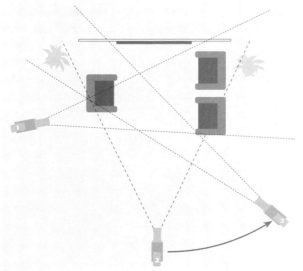

4.6 Set para entrevista: posições de câmera
As posições de câmera indicam alguns dos problemas de produção causados por essa configuração.

O diretor na pré-produção 57

4.7 Set de entrevista revisado
A planta baixa revisada para a entrevista fornece cobertura adequada para o fundo e planos interessantes.

de produção que, se não detectados até a gravação, consumiriam um tempo precioso de estúdio. Como se pode ver, mesmo uma planta baixa e lista de adereços simples revelam pistas importantes para uma variedade de problemas de produção.

A **Figura 4.7** mostra uma possível solução para os problemas mencionados anteriormente. Provavelmente você será capaz de elaborar várias outras sugestões para um set de entrevistas.

Interpretação do esboço de locação

Não comemore ainda. Depois de você corrigir o set da entrevista, a diretora associada (assistente de direção) que retorna de uma pesquisa de local para a sequência na qual o veículo ultrapassa a placa de pare mostra a você o ***esboço de locação*** – um mapa da locação da gravação em externa – que ela fez. **Figura 4.8** Ela acha que pode haver vários problemas de produção em potencial. Veja se você consegue identificar alguns deles.

- O cruzamento obviamente é no centro da cidade. Portanto, pode-se esperar um intenso trânsito, e a polícia nunca fecharia um cruzamento movimentado como esse por nenhum motivo, a não ser que tenha ocorrido um acidente real.
- Mesmo se o cruzamento não fosse no centro da cidade, a proximidade com o banco e o supermercado inviabilizaria o fechamento do cruzamento, ainda que por pouco tempo.
- O pátio da escola é muito barulhento durante o recreio. A menos que você não se importe com as risadas e os gritos das crianças durante a produção, cada recreio es-

sentes ou os operadores de câmera vão ter de fazer o movimento de pedestal até o fim e inclinar-se durante a entrevista inteira.

Mostramos todos esses detalhes para ilustrar como uma leitura atenta da planta baixa pode apontar problemas

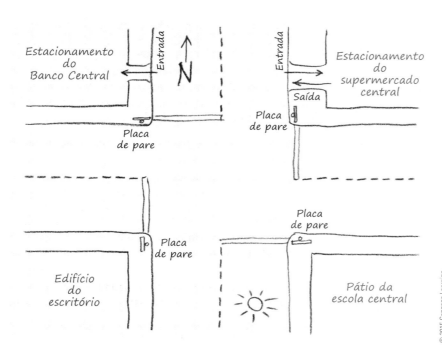

4.8 Esboço de locação para o segmento na placa de pare
Esse esboço de locação indica vários problemas importantes que tornam inviável a produção em campo.

colar vai significar um recesso forçado para a equipe de produção.

■ As quatro placas de pare tornam o cruzamento menos perigoso, mesmo que alguém ultrapasse uma delas. A demonstração é muito mais eficaz se uma das ruas tiver tráfego pesado.

A solução para esses problemas é relativamente simples: peça à produtora que entre em contato com o departamento de polícia e encontre um cruzamento em um bairro tranquilo com pouco tráfego. Deve haver rotas alternativas suficientes para que o fechamento temporário do cruzamento não cause atrasos ou impeça o trânsito de moradores da região.

Uso do storyboard

Em um trabalho complicado como o que acabamos de descrever ou em qualquer tarefa de direção que vai além de um programa de rotina, você pode contar com a ajuda de um bom storyboard. Trata-se de uma sequência de planos visualizados que contém pontos-chave de visualização e informações de áudio. **Figura 4.9**

Um storyboard geralmente é elaborado em papel pré-impresso que possui áreas que representam a tela do vídeo. Outra área, geralmente abaixo da tela, é dedicada a informações de áudio e outras. Um storyboard também pode ser desenhado em papel comum ou criado em computador. Os programas de software para storyboard oferecem um grande número de imagens (casas, ruas, carros, salas de estar e escritórios, por exemplo) em que se podem colocar figuras e movê-las para a posição no quadro de storyboard. **Figura 4.10**

A maioria dos anúncios publicitários é cuidadosamente desenhada em storyboard, plano a plano, antes mesmo de entrarem em produção. Os storyboards ajudam as pessoas que tomam decisões sobre o comercial a visualizar os planos individuais e sua sequência prevista.

Os storyboards são usados também para outros tipos de produções com uma câmera que contém um grande número de planos ou sequências de planos especialmente complicados e descontínuos. Um bom storyboard oferece pistas imediatas para certos requisitos de produção, como localização geral, posição da câmera, comprimento focal aproximado da lente, método de captação de áudio, planos de corte, quantidade e tipo de pós-produção, ações do artista, cenografia e adereços de mão.

Marcação do script

A marcação adequada do script vai ajudá-lo muito na direção multicâmera a partir da sala de controle ou na locação. Na direção a partir da sala de controle, é preciso coordenar muitas pessoas e máquinas em um período contínuo. O script marcado torna-se um roteiro que o orienta nas complexidades da produção. Embora não exista uma maneira única e correta de marcar um script, estabeleceram-se certas convenções e padrões. Obviamente, um show totalmente roteirizado exige deixas mais precisas do que uma

entrevista, que é dirigida com base em um formato de programa simples.

Produções ao vivo ou gravações ininterruptas de produções ao vivo, dirigidas a partir da sala de controle em um período contínuo, precisam de um script marcado com mais cuidado que programas gravados para edição na pós-produção. Mesmo em produções descontínuas com uma única câmera, um script bem marcado vai ajudá-lo a lembrar posições da câmera e do artista e tornar sua direção mais precisa. Ele também ajuda a encontrar os clipes[10] corretos na pós-produção.

Marcação de script para edição instantânea (comutação) Independentemente do sistema de marcação de script que você escolher ou desenvolver, ele deve ser claro, legível e, sobretudo, coerente. Depois de encontrar um sistema que funcione, permaneça com ele. Como no caso da notação musical, na qual é possível perceber passagens inteiras sem ter de ler cada nota individual, o sistema de marcação de script permite interpretar e reagir às dicas escritas, sem ter de conscientemente ler cada uma delas. As **Figuras 4.11, 4.12** e **4.13** fornecem exemplos de marcação de script.

Visualize as marcações da Figura 4.11 novamente e compare-as com as das Figuras 4.12 e 4.13. Qual script parece mais limpo e legível?

O script da Figura 4.11 mostra informações que mais confundem que ajudam. Quando terminar de ler todas as instruções de deixas, certamente terá perdido parte ou toda a ação e, talvez, metade das falas do artista. Não é preciso marcar todas as deixas de espera ou outras óbvias que estão implícitas. Por exemplo, sempre se usa o termo "prontos" antes de uma deixa, de modo que não é necessário que faça parte das marcações de seu script.

Por sua vez, as marcações nas Figuras 4.12 e 4.13 são limpas e simples. Elas são mantidas ao mínimo, e há pouca coisa escrita. É possível captar todas as dicas rapidamente, sem realmente ler cada palavra. Como se pode ver, as dicas da Figura 4.12 fornecem as mesmas informações da Figura 4.11, mas permitem acompanhar a narração, olhar em frente para as deixas programadas e, principalmente, assistir à ação pelos monitores de preview. Vamos destacar agora algumas das qualidades de um script bem marcado, do ponto de vista do diretor (ver Figura 4.12).

■ Todas as deixas de ação são colocadas *antes* da ação desejada.

■ Se os planos ou as ações da câmara são claramente descritos na coluna de vídeo (da esquerda) ou as deixas de áudio na coluna de áudio (da direita), basta sublinhar ou circular as instruções impressas. Isso mantém o script limpo e organizado. Se as instruções impressas são difíceis de ler, não hesite em repeti-las com seus próprios símbolos.

■ Se o script não indicar determinada transição de uma fonte de vídeo para outra, sempre é um corte. Um

---

[10] Sequências inseridas na pós não linear. (NRT)

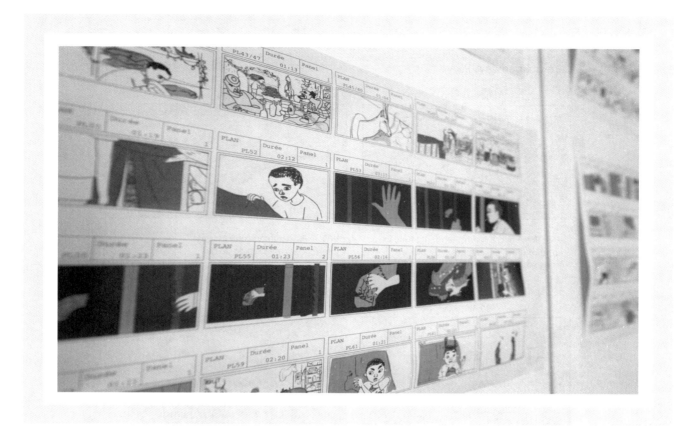

4.9 Storyboard desenhado à mão
O storyboard desenhado à mão mostra os pontos essenciais de visualização e, às vezes, enumera as principais seções de áudio ou a sequência de planos.

grande 2 manuscrito ao lado de uma linha de deixa significa que a próxima transição é um corte para a câmera 2. Implica também uma chamada de "pronta 2" antes de "tomada 2".

- Se o programa necessitar de ensaios, faça uma marcação preliminar do script, a lápis, para poder realizar mudanças rápidas sem criar um roteiro confuso ou ilegível. No entanto, quando estiver pronto para o ensaio com figurino, marque o script em negrito. Para produções complexas, peça ao assistente de direção e ao assistente de estúdio que copiem essas marcações nos scripts deles.

- Marque as câmeras com números circulados, todas elas em uma fileira. Esse procedimento permite que você identifique rapidamente qual câmera precisa ser preparada para a próxima tomada.

- Além da notação de câmera, numere cada tomada em ordem consecutiva, começando por 1, independentemente da câmera usada para a tomada. Esses números não apenas vão ajudá-lo a se preparar para as várias tomadas de cada câmera, mas também permitirão que você crie uma folha de tomadas para cada câmera. **Figura 4.14** Assim, é fácil acrescentar ou excluir tomadas para as câmeras. Basta dizer "Excluir tomada 89" e a câmera 2 vai apagar a tomada com Yolanda caminhando para lá e para cá.

- Você talvez possa definir um símbolo que signifique ação, como alguém entrando pela porta, andando sobre o mapa, sentando ou levantando. Na Figura 4.13, essa deixa é uma seta manuscrita (↗).

- Se existem vários movimentos para o artista, desenhe pequenos mapas (ver Figura 4.13). Esses esboços de marcação geralmente são mais úteis para refazer movimentos do artista, posições de câmera e o tráfego do que os esboços do storyboard de composições de tomadas.

Careful Roadways PSA

1   00:00:05:00

V/O (Voice over): A surpreendente função entre os olhos e o cérebro é chamada "senso de visão".

2   00:00:10:00

V/O: A visão humana processa as informações mais rápido do que um supercomputador Cray.

3   00:00:13:00

V/O: O olho humano supera nosso melhor vídeo.

4   00:00:20:00

V/O: A visão humana atualiza as imagens, incluindo os detalhes do movimento e da cor, em uma escala de tempo tão rápida . . .

5   00:00:23:00

V/O: . . . que uma "interrupção na ação" quase nem é percebida.

6   00:00:28:00

V/O: O supercomputador Cray pode processar mais de cem milhões de operações aritméticas por segundo.

4.10 Storyboard gerado por computador
O storyboard gerado por computador possui gráficos 3D que podem ser usados para criar uma variedade de ambientes internos e externos nos quais se podem colocar imagens de pessoas.

VÍDEO	ÁUDIO	
Efeitos		*Efeitos prontos* *inserir efeitos*
Wipe em: VTR (SOT - Sound over tape)[11] (mostrando uma série de pinturas do realismo ao expressionismo)	DEIXA DE ENTRADA DE ÁUDIO: "TODAS AS PINTURAS FORAM REALIZADAS POR UM ARTISTA… PICASSO"	*prontos para efeito de* *wipe no Server 3, clip 5* *Rolar Server 3, clip 5* *Tomar Server 3, clip 5* *Ajustar no clip 5*
	DEIXA DE SAÍDA: "… FORÇA CRIATIVA FENOMENAL"	*Pronta câmera 2* *Deixar para Bárbara e* *tomada câmera 2*
MS de Bárbara junto ao cavalete	Mas até Picasso deve ter tido alguns dias ruins e pintado alguns quadros ruins. Dê uma olhada. As mãos da mulher obviamente não estão certas. Será que Picasso deliberadamente distorceu as mãos por algum motivo? Acho que não.	

Pronta câmera 3 no cavalete – close-up
Tomada câmera 3

VÍDEO	ÁUDIO	
Pinturas em close-up. Efeitos principais	Olhe o contorno. Ele obviamente fez um esforço aqui. A linha é incerta, e ele pintou essa seção pelo menos três vezes. Visto que o restante da pintura é tão realista, as mãos distorcidas parecem deslocadas. Isso é completamente diferente do seu período posterior, quando ele distorcia as imagens para intensificar o evento.	
Serv 03, clip 9 SOS	DEIXA DE ENTRADA: "DISTORÇÃO SIGNIFICA PODER. ESTA PODERIA TER SIDO A FÓRMULA DE PICASSO…	*Pronto para* *tomar Server 3, clip 9 SOS*
Inserir tempo 4:27	DEIXA DE SAÍDA: "… CAPACIDADE EXPRESSIVA POR MEIO DA DISTORÇÃO NAS SUAS PINTURAS POSTERIORES."	*Tomar Server 3,* *clip 9 e som na fonte*
Bárbara em close-up	Mas a fórmula "distorção significa poder" nem sempre se aplica. Aqui novamente ela parece enfraquecer o evento. Dê uma olhada…	*Pronta câmera 2* *Deixa para Bárbara e* *tomada câmera 2*

© 2015 Cengage Learning

4.11 Marcação ruim do script

Esse script foi marcado com excesso de informação desnecessária que dificulta a leitura.

Marcação de script para edição de pós-produção A marcação de script para tomadas descontínuas consiste em uma divisão cuidadosa e indicação de várias cenas, sua locação (hospital, entrada principal) e visualizações principais (ponto de vista da câmera, campo de visão). Com essas informações, numere as cenas na sequência de produção proposta, finalizando com uma lista de cenas que se refere ao script original por número de página. Veja um exemplo:

---

[11] Isso significa que o VT possui áudio. (NRT)

62 Manual de produção de televisão

VÍDEO	ÁUDIO
(Efeitos) *SFX 14 VTR 4 SOT*	
Wipe em: VTR (SOT - Sound over tape) (mostrando uma série de pinturas do realismo ao expressionismo)	DEIXA DE ENTRADA DE ÁUDIO: "TODAS AS PINTURAS FORAM REALIZADAS POR UM ARTISTA ... PICASSO"
	DEIXA DE SAÍDA: "... FORÇA CRIATIVA FENOMENAL" ②
MS de Bárbara junto ao cavalete	Mas até Picasso deve ter tido alguns dias difíceis e pintado alguns quadros ruins. Dê uma olhada. As mãos da mulher obviamente não estão certas. Será que Picasso deliberadamente distorceu as mãos por algum motivo? Acho que não. ③
Pintura em close-up Key effects	Visualize o contorno. Ele obviamente fez um esforço aqui. A linha é incerta, e ele pintou essa seção pelo menos três vezes. Visto que o restante da pintura é tão realista, as mãos distorcidas parecem deslocadas. Isso é completamente diferente do seu período posterior, quando ele distorcia as imagens para intensificar o evento. *VTR 4 SOT 4:27*
VTR SOT *4:27*	DEIXA DE ENTRADA: "DISTORÇÃO SIGNIFICA PODER. ESTA PODERIA TER SIDO A FÓRMULA DE PICASSO..."
	DEIXA DE SAÍDA: "...CAPACIDADE EXPRESSIVA POR MEIO DA DISTORÇÃO NAS SUAS PINTURAS POSTERIORES." ②
Bárbara em close-up	Mas a fórmula "distorção significa poder" nem sempre se aplica. Aqui novamente ela parece enfraquecer o evento. Dê uma olhada...

© 2015 Cengage Learning

4.12 Boa marcação de script em formato de A/V
Esse script foi marcado de forma clara e pode ser lido facilmente pelo diretor.

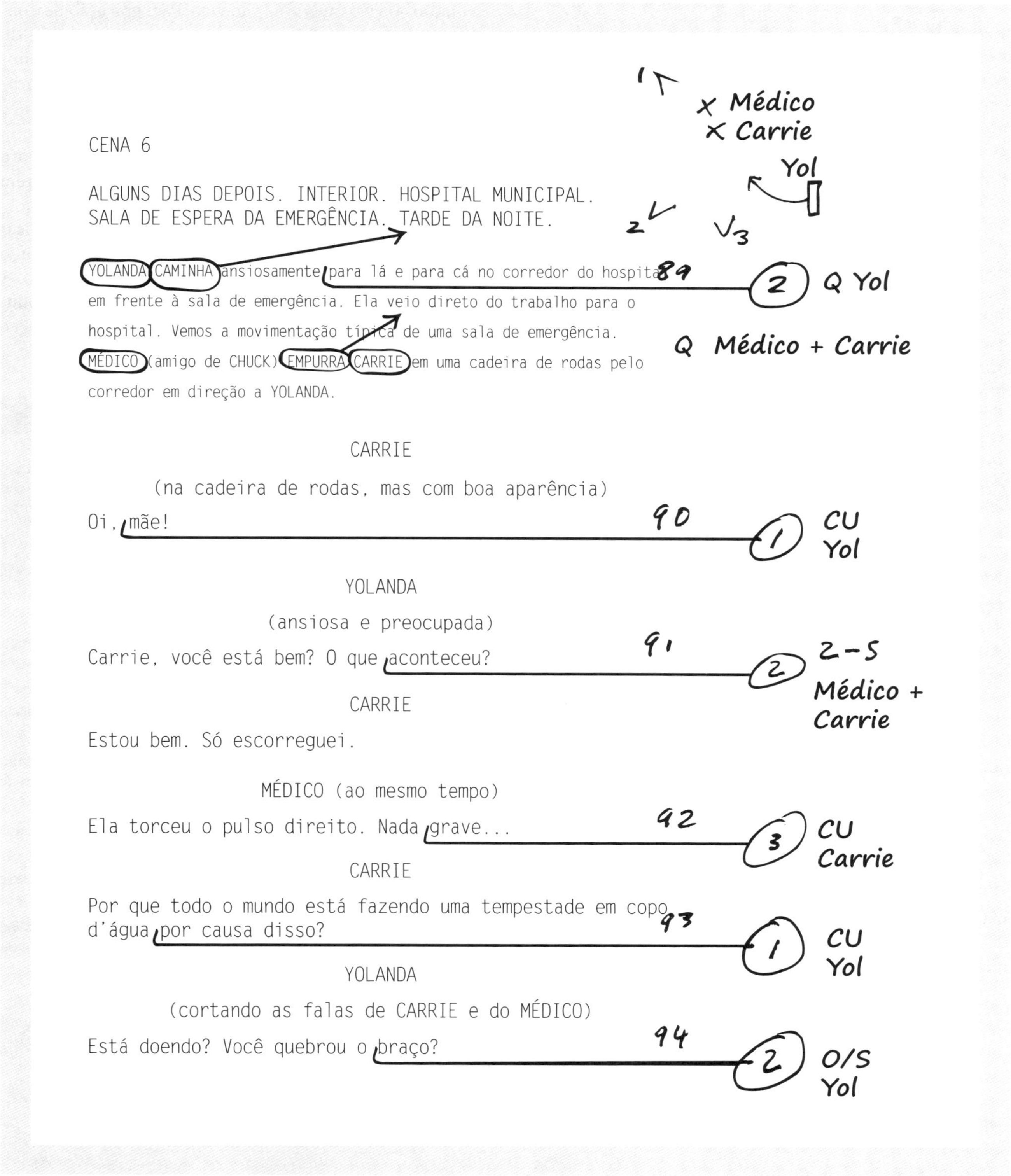

O diretor na pré-produção   63

CENA 6

ALGUNS DIAS DEPOIS. INTERIOR. HOSPITAL MUNICIPAL.
SALA DE ESPERA DA EMERGÊNCIA. TARDE DA NOITE.

(YOLANDA) *(CAMINHA)* ansiosamente para lá e para cá no corredor do hospital
em frente à sala de emergência. Ela veio direto do trabalho para o
hospital. Vemos a movimentação típica de uma sala de emergência.
(MÉDICO) (amigo de CHUCK) *(EMPURRA)* *(CARRIE)* em uma cadeira de rodas pelo
corredor em direção a YOLANDA.

(handwritten: ✗ Médico ✗ Carrie / Yol / 2 3)

(handwritten: 89 → ② Q Yol / Q Médico + Carrie)

CARRIE

(na cadeira de rodas, mas com boa aparência)

Oi, mãe!   *(handwritten: 90 → ① CU Yol)*

YOLANDA

(ansiosa e preocupada)

Carrie, você está bem? O que aconteceu?   *(handwritten: 91 → ② 2-S Médico + Carrie)*

CARRIE

Estou bem. Só escorreguei.

MÉDICO (ao mesmo tempo)

Ela torceu o pulso direito. Nada grave...   *(handwritten: 92 → ③ CU Carrie)*

CARRIE

Por que todo o mundo está fazendo uma tempestade em copo
d'água por causa disso?   *(handwritten: 93 → ① CU Yol)*

YOLANDA

(cortando as falas de CARRIE e do MÉDICO)

Está doendo? Você quebrou o braço?   *(handwritten: 94 → ② O/S Yol)*

© 2015 Cengage Learning

4.13   Boa marcação de script em formato de coluna única

A marcação nesse script dramático, multicâmera e de coluna única mostra as câmeras usadas, o número da tomada, o tipo da tomada e as ações principais. Observe o esquema de marcação no início desta cena.

4.14 Folha de tomadas para a câmera 2

Câmera 2

Tomada #	Hospital cena 6
89	MS acompanha Yolanda
91	Plano duplo (two shot) Carrie e médico
94	O/S Yolanda

© Cengage Learning

LOCAÇÃO	CENA	PÁGINAS DO SCRIPT
Hospital	6	41–47
corredor	7	48–55
Emergência	3	5–7
entrada principal	14	102–10
Cozinha de Yolanda	14	2–4

No script, você possui a liberdade de utilizar qualquer marcação de sua preferência. Ao gravar em vídeo tomadas descontínuas para pós-produção, obviamente você tem mais tempo para consultar o script que durante uma apresentação ao vivo ou gravada ao vivo. Para gravação descontínua, talvez seja útil marcar no script os movimentos do artista, bem como desenhar, ao lado do diálogo, pequenos esboços de storyboard que mostrem enquadramentos incomuns das tomadas. Esses esboços ajudam a recordar o que você tinha em mente ao preparar o script. Alguns diretores de cinema, como Steven Spielberg, produzem storyboard de quase todas as tomadas do filme todo antes de filmarem uma única cena.

Como se vê, quanto mais tempo e esforço você dedicar a esses detalhes da pré-produção, menos tempo e esforço terá de gastar durante as sessões de gravação de vídeo. A eficiência de produção não significa se apressar pela produção independentemente da qualidade, significa preparação extensa.

PONTOS PRINCIPAIS

▶ Um entendimento claro da mensagem de processo definida (do efeito desejado) vai ajudá-lo a decidir qual o tipo de produção mais adequado (câmera única ou multicâmera, em estúdio ou em campo, gravado ou ao vivo, tomadas contínuas ou descontínuas para pós--produção) e quais os requisitos médios.

▶ Uma análise cuidadosa do script deve levar a um ponto de locking-in – uma imagem visual ou auditiva especialmente vívida – que determina a posterior visualização e continuidade.

▶ A visualização (ver e ouvir mentalmente as imagens principais) é vital para a tradução bem-sucedida do script nos eventos de tela.

▶ A planta baixa ou o esboço de locação permite que o diretor planeje as posições de câmera e do artista e o tráfego.

▶ O storyboard mostra desenhos ou imagens geradas por computador de pontos-chave de visualização de um evento acompanhados de informações de áudio, além da continuidade adequada dos planos.

▶ Ao preparar o programa para o dia da produção real, interprete a planta baixa ou o esboço de locação e marque o script.

▶ Os aspectos importantes da boa marcação de script são legibilidade e consistência.

▶ Marcações de script precisas e fáceis de ler ajudam você e a equipe de produção a antecipar e executar uma grande diversidade de deixas.

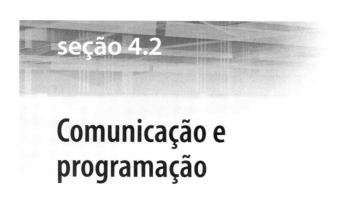

seção 4.2

Comunicação e programação

Esta seção trata das funções da equipe de apoio do diretor e da necessidade de trabalhar com o produtor quanto a solicitações de instalações, administração da programação e comunicação com o artista e a equipe de produção.

▶ **Equipe de apoio**
Assistente de estúdio, assistente de produção e assistente de direção.

▶ **Solicitação de instalações, planejamento e comunicação**
Solicitações de instalações, planejamento de produção, linha de tempo e comunicação do diretor.

Equipe de apoio

A equipe de apoio do diretor depende do tamanho da produtora. Alguns documentários são realizados por uma equipe de três pessoas: o produtor/diretor, o diretor de fotografia que opera a câmera e cuida da iluminação, e o técnico de áudio. Muitas produções de campo são executadas com uma equipe de apenas duas pessoas – o técnico de vídeo e o artista – e um deles ou ambos atuam como diretor. Em uma estação de televisão ou em uma produtora independente maior, o diretor terá o apoio de pelo menos duas ou três pessoas: o assistente de estúdio, o assistente de produção e, em produções maiores, um assistente de direção.

Assistente de estúdio

O assistente de estúdio também é chamado diretor de estúdio, gerente de palco ou gerente de unidade, embora o gerente de unidade funcione mais como gerente de produção ou produtor de linha, que cuida da produção diária e dos detalhes orçamentários. As principais funções do assistente de estúdio são coordenar todas as atividades no estúdio (o estúdio em si ou a locação) e retransmitir as deixas do diretor para o artista.

Antes da produção, o assistente de estúdio precisa supervisionar e ajudar a equipe de estúdio a preparar o cenário, colocar o set e os adereços de mão, ornamentar o set e instalar as telas. Durante os ensaios e a produção, o assistente de estúdio deve coordenar a equipe de estúdio e o artista e retransmitir as deixas do diretor para o artista. Depois da produção, ele é responsável por desmontar o set e os adereços ou restaurar o local da locação à sua condição original. Observe que, em grandes produções cinematográficas, a maioria das tarefas de um assistente de estúdio listadas aqui é atribuída a pessoal de produção específico que é especialista em um determinado campo, como mestre de adereços ou decorador de estúdios.

A seguir, apresentamos alguns pontos que o assistente de estúdio deve ter em mente.

- A menos que esteja realizando um programa de rotina que é produzido em um set permanente (que não é desmontado após cada programa), o assistente de estúdio precisa obter uma planta baixa detalhada e uma lista de adereços. Verifique com o diretor de arte e o diretor as características ou alterações específicas. Consiga com o diretor um script marcado para poder antecipar o tráfego do artista e da câmera. Peça ao diretor que verifique o set antes do ajuste fino da iluminação. Depois que a iluminação estiver concluída, até pequenas alterações do set podem necessitar de grandes ajustes de iluminação. Após o set ter sido montado e ornamentado, tire uma foto dele. Esse registro é muito mais facilmente acessível que uma gravação de vídeo.

- Você é responsável por ter todos os adereços de mão no set e em condição de funcionamento. Por exemplo, se o programa envolve uma demonstração em estúdio de um novo laptop, execute a série específica de programas de computador algumas vezes para checar se funciona. Frascos ou garrafas difíceis de abrir são um desafio constante para o apresentador. Gire um pouco a tampa do frasco ou afrouxe a tampa da garrafa para que o artista possa retirá-la sem dificuldades. Essa pequena cortesia pode evitar novas tomadas e nervosismo, e é normalmente uma maneira rápida de estabelecer confiança entre você e o artista.

- Verifique se o teleprompter funciona e se o texto correto está sendo exibido.

- Se utilizar uma placa na câmera em campo ou uma claquete, prepare-a e preencha-a com as informações essenciais. Tenha várias canetas disponíveis, bem como uma esponja para apagar a escrita.

- Em produções complexas, estude o script marcado antes do ensaio e adicione suas próprias deixas, como entradas e saídas do artista e mudanças de adereço, figurino ou set. Em caso de dúvida, peça esclarecimentos ao diretor.

- Apresente-se ao artista e aos convidados e tenha um local designado para que possam se sentar enquanto aguardam no estúdio. Como a maioria da equipe de produção é bastante ocupada (incluindo o diretor e o produtor), é você quem deve estabelecer e manter um relacionamento com o artista e os convidados durante toda a produção. Verifique se eles assinaram os formulários adequados de liberação e outros documentos necessários. Pergunte a eles regularmente se gostariam de um pouco de água ou café, se estão confortáveis e se você pode ajudá-los. Ao trabalhar com um artista de fora, repasse com ele suas principais deixas (ver Capítulo 15).

- Ao usar um teleprompter, pergunte aos apresentadores se o tamanho da fonte é grande o suficiente e se a distância da câmera é tolerável.

- Durante o ensaio de um programa totalmente roteirizado, siga o script tanto quanto possível e antecipe as deixas do diretor. Sempre anote movimentações de câmera e ações de artista especialmente difíceis. Se a produção for gravada em segmentos para edição de pós-produção, preste atenção especial à continuidade da aparência do artista, das posições e dos movimentos principais.

- Tenha sempre em mãos uma caneta ou um lápis, uma caneta grande de marcação, rolos de fita adesiva e isolante e um pedaço de giz (para marcar a posição de adereços e equipamentos, e de posições de câmera e artista). Tenha também um bloco grande para poder escrever mensagens para o artista, caso o sistema IFB quebre ou não seja utilizado.

- Durante o ensaio, forneça todas as deixas como se estivesse no ar, mesmo que o diretor esteja bem ao seu lado. Nem sempre é preciso ficar ao lado da câmera ao dar as deixas. Se possível, posicione-se de modo a poder ver os olhos do artista. Esta é uma das razões pelas quais você não deve estar ligado à saída de intercomunicação da câmera de estúdio.

- Durante o programa, não forneça deixas por conta própria, mesmo que ache que o diretor esqueceu uma deixa. Em vez disso, pergunte ao diretor pelo intercomunicador se deve dar a deixa, conforme marcado e ensaiado. Se houver interrupções na gravação de vídeo por causa de algum problema técnico que venha sendo discutido na sala de controle, informe o artista sobre o que está acontecendo. Diga a ele que realizou um bom trabalho, mas que o diretor necessita corrigir alguns detalhes técnicos. Se houver longas interrupções para solucionar problemas, convide o artista a sair de baixo das luzes e relaxar na pequena área do estúdio que você preparou – mas não deixe que ele saia do estúdio.

- Depois do programa, agradeça a participação do artista ou dos convidados e conduza-os até a saída do estúdio. Então, supervisione a desmontagem do set no estúdio ou dos itens montados na locação. Tenha cuidado para não arrastar o cenário ou carrinhos de adereços sobre cabos que talvez ainda estejam no chão do estúdio. Localize objetos que foram trazidos por algum convidado e cuide para que sejam devolvidos. Se você gravou em locação interna, arrume as coisas como as encontrou. Um pequeno esboço de locação ou foto digital será de grande ajuda ao tentar devolver as coisas do modo que estavam. Ao gravar em locação, lembre-se de que você é um convidado operando no espaço de outra pessoa.

Assistente de produção

Como assistente de produção (AP), esteja preparado para executar uma variedade de tarefas: fotocopiar e distribuir o roteiro, procurar determinado adereço, dar boas-vindas ao artista, buscar café, chamar um táxi e tomar notas para o produtor e diretor (a menos que o assistente de direção esteja tomando notas). Normalmente, tomar notas é a tarefa mais importante do AP. Basta seguir o produtor e/ou diretor com um bloco e caneta e anotar tudo o que ele resmunga para si mesmo ou pede para você escrever. Durante as interrupções das "anotações", recapitule cada item das anotações. Quando em campo, você talvez precise também manter um registro de campo com todas as tomadas da produção, o que ajuda o editor de pós-produção a localizar tomadas na mídia de gravação.

Assistente de direção ou diretor associado

Como diretor associado ou assistente de direção, você ajuda o diretor principalmente na fase de produção – os ensaios, a performance no ar e as sessões de gravação. Em complexos programas de estúdio, o diretor talvez peça a você para dar a maioria das deixas de espera (standby cues)[12] (por exemplo: "Atenção, pronta para mostrar Maria, pronta câmera 2 para close-up de João"), preparar as câmeras e orientar, pelo radiotransmissor, os operadores sobre as próximas tomadas ou movimentos de câmera. Isso libera o diretor para se concentrar mais nos monitores de visualização e no desempenho do artista. Depois de tudo preparado por você, o diretor inicia a ação por meio de diferentes deixas de ação: "Pronta 2, comutar 2" ou, em um diálogo rápido, simplesmente estalando os dedos para cortar de uma câmera para outra.

Em EFPS elaborados ou produções de estúdio complicadas, talvez você precise dirigir as passadas rápidas (ensaios) para cada tomada, o que permite ao diretor se afastar e observar a ação no monitor de campo ou de linha.

Em produções de cinema digital, o assistente de direção talvez sirva também como um facilitador do fluxo da produção e ocasionalmente como diretor da segunda unidade, que é constituída por uma equipe menor cuja função é captar inserções diversas, como planos gerais, certos close-ups, sequências de efeitos especiais ou outras cenas pequenas que não envolvem grandes diálogos.

Como assistente de direção, você também é responsável pela cronometragem dos segmentos do programa e do programa inteiro durante ensaios, bem como durante a produção real.

---

[12] Isto tem a ver com a TV norte-americana em que o diretor de programa é quem dirige as câmeras decidindo os planos e movimentos que ele quer e ordenando ao diretor de imagens que as coloque no ar.

Solicitação de instalações, planejamento e comunicação

Agora é o momento de o diretor verificar novamente com o produtor várias tarefas importantes que deveriam ter sido executadas no período de pré-produção, como solicitar as instalações necessárias e a programação.

Solicitação de recursos

Mesmo que em sua operação seja o produtor ou o supervisor de engenharia quem solicita e programa os equipamentos e as instalações, ainda assim é preciso verificar com ele se a *solicitação de recursos* realmente inclui todo o equipamento e as instalações técnicas que você talvez tenha adicionado durante os preparativos de produção. Pergunte ao diretor de imagens se a solicitação final de instalações atende a todas as exigências técnicas do programa.

Planejamento de produção

A menos que esteja dirigindo um programa de rotina, como as notícias da manhã, verifique com o produtor qual é o *planejamento de produção* – o calendário que mostra as datas de pré-produção, produção e pós-produção, e quem faz o quê, quando e onde. Provavelmente, o produtor terá cuidado do planejamento de produção, mas como diretor você terá de preparar o cronograma.

Cronograma (time line)

Em operações maiores, o *cronograma* diário é elaborado pelo assistente de direção ou pelo produtor. Em produtoras menores, o diretor ou o assistente de direção estabelece o cronograma para um dia de produção específico. Supondo que você, como diretor, seja responsável pelo cronograma, verifique com o produtor se o planejamento de produção foi realmente entregue ao artista e a todos os membros da equipe de produção. Um simples telefonema do assistente de produção vai confirmar essa distribuição e permitir que você durma tranquilo.

Como existem vários outros aspectos da produção de televisão, cada dia de produção é regido por prazos rigorosos. Os cronogramas variam consideravelmente, dependendo da complexidade do programa de estúdio ou da transmissão televisiva. Em uma locação em externa difícil, como um desfile em uma rua estreita do centro, pode ser necessário um dia inteiro para a instalação. Os exemplos seguintes são cronogramas típicos para uma entrevista e um segmento de novela de uma hora.

Linha do tempo: entrevista Esse cronograma foi preparado para uma entrevista de meia hora (duração real: 23 minutos), com dois cantores de música folk que ganharam fama mundial por causa de suas canções de conteúdo social. Os cantores, que tocam violão, têm programado um show, no dia seguinte, em uma universidade. O contrato deles não permite a presença de câmeras de televisão durante a reali-

zação do show, mas o empresário e a SAG-AFTRA (sindicato) concordaram que os cantores poderiam ir ao estúdio para uma breve entrevista e dar uma "palhinha".

A mensagem de processo definida é relativamente simples: dar aos espectadores uma oportunidade de assistir aos dois cantores, saber mais sobre eles como artistas e como pessoas conscientes, e vê-los tocar.

Para economizar tempo e dinheiro, o programa foi preparado como produção ao vivo gravada. Isso significa que o diretor vai dirigir o programa como se fosse ao ar ao vivo ou pelo menos com o mínimo possível de interrupções (nas quais a fita de vídeo é parada).

CRONOGRAMA: ENTREVISTA (15 DE JULHO)	
11 h	Chamada da equipe
11h10-11h30	Reunião técnica
11h30-13h	Instalação e iluminação
13h-13h30	Almoço
13h30-13h45	Reunião de produção: apresentador e cantores
13h45-14h15	Passada rápida e ensaio de câmera
14h15-14h25	Anotações e ajuste
14h25-14h30	Intervalo
14h30-15h15	Gravação
15h15-15h30	Spill (margem de segurança)
15h30-15h45	Desmontagem dos cenários

Como se pode ver neste cronograma, um dia de produção é dividido em blocos de tempo durante os quais ocorrem certas atividades.

11h **Chamada da equipe** É a hora em que a equipe deve chegar ao estúdio.

11h10-11h30 **Reunião técnica** O dia começa com uma reunião técnica na qual você discute com a equipe a mensagem de processo definida e os principais requisitos técnicos. Um desses requisitos é a configuração de áudio porque os cantores estão obviamente interessados em bom som estéreo. São necessários microfones diferentes para a entrevista e para a área de apresentação. Também é preciso explicar os planos de câmera que você deseja. A sinceridade dos artistas e sua habilidade ao tocar o violão são mais bem transmitidas por meio de close-ups e close-ups extremos, e você talvez queira mudar o foco de um cantor para o outro por meio de um efeito de rack focus. O técnico de áudio talvez queira conversar com você sobre a configuração específica de microfone, como pedestais para microfones durante a apresentação e microfones sem fio para o plano cruzado dos cantores. O diretor de imagens (na qualidade de chefe da equipe de estúdio) talvez pergunte sobre a iluminação desejada e a gravação simultânea do programa em DVD, que pode ser dado aos convidados logo após a gravação como um pequeno agradecimento.

11h30-13h **Instalação e iluminação** Esse tempo deve ser suficiente para preparar o set de entrevista padrão, posicionar os microfones e a luz para as áreas de entrevista e de apresentação. Embora como diretor você não esteja imediatamente envolvido nessa fase de produção, talvez queira ficar de olho na instalação para poder realizar pequenas alterações antes de a iluminação ser feita.

13h-13h30 **Almoço** Informe que todos deverão voltar do almoço às 13h30 em ponto – não às 13h32 ou 13h35 –, o que significa que poderão sair do estúdio exatamente às 13h, mesmo que ainda faltem alguns detalhes técnicos para finalizar. Pequenos problemas técnicos podem ser resolvidos durante a reunião de produção com o apresentador e os cantores.

13h30-13h45 **Reunião de produção: apresentador e cantores** Quando os cantores e seu empresário chegarem para essa reunião, eles já terão sido apresentados ao apresentador pelo produtor ou assistente de produção. No entanto, verifique se assinaram todos os documentos necessários. Nessa reunião, devem-se confirmar as músicas que serão apresentadas e o tempo de execução de cada uma delas. Discuta a abertura, o encerramento e a transição para a área de apresentação. Informe-os sobre algumas das ideias de visualização preparadas por você, como planos muito próximos durante momentos especialmente intensos das canções e em trechos mais complexos com o violão.

13h45-14h15 **Passada rápida e ensaio de câmera** Embora o posicionamento de câmera seja relativamente simples e haja pouco movimento dela durante as músicas, você precisa ensaiar as transições do set de entrevista para a área de apresentação e vice-versa. Você talvez queira ensaiar também alguns dos planos incomumente próximos ou em rack focus de um cantor para o outro. Em seguida, repasse a abertura e o encerramento com todos os recursos (música tema, créditos e GC). Informe ao assistente de produção quaisquer problemas de produção que tenha descoberto durante o ensaio. Esse ensaio é especialmente importante para o engenheiro de áudio, que está tentando obter a melhor captação de som. Não fique chateado quando o técnico de áudio reposicionar os microfones durante o ensaio de câmera. Se tudo correr bem, talvez você consiga terminar antes das 14h15.

14h15-14h25 **Anotações e ajuste** Agora reúna as pessoas principais da equipe de produção – produtor, assistente de direção, diretor de imagens, técnico de áudio, iluminador, assistente de estúdio e apresentador – para tratar de qualquer problema de produção que possa ter surgido durante o ensaio de câmera. Peça que o assistente de produção leia as notas na ordem em que foram escritas. Instrua a equipe de produção para cuidar dos diferentes problemas. Ao mesmo tempo, o restante da equipe deve colocar as câmeras nas posições de abertura, fazer o reset nas páginas do GC, pre-

parar o gravador de vídeo e o gravador de DVD, e fazer pequenos ajustes de iluminação.

14h25-14h30 **Intervalo** Esse breve intervalo dará a todos a chance de se preparar para a gravação. Não diga à equipe "cinco minutos", mas sim quando devem estar de volta ao estúdio (exatamente às 14h30).

14h30-15h15 **Gravação** Você deve estar na sala de controle (switcher) e ligar o gravador não mais tarde do que 14h35 – não às 14h40 nem às 14h45. Se tudo correr bem, o programa de meia hora deverá estar concluído às 15h15, incluindo o tempo de interrupção para a primeira transição.

15h15-15h30 **Margem de segurança** Este é um período extra porque todos nós sabemos que a televisão é uma máquina complexa e temperamental que envolve muitas pessoas. Por exemplo, pode ser necessário refazer a abertura ou o encerramento porque o GC não mostrou a página correta de créditos de abertura ou porque o anfitrião disse a hora errada para o próximo show.

15h30-15h45 **Desmontagem dos cenários** Durante esse período, agradeça aos cantores e ao empresário, ao apresentador e à equipe. Prepare uma reprodução caso eles queiram ver como ficou e sobretudo ouça a gravação de vídeo imediatamente. Reproduza as faixas de áudio pelo melhor sistema de alto-falantes de que dispuser. Durante todo o tempo, mantenha pelo menos um olho na desmontagem, mas não interfira nesse trabalho. Deixe que o assistente de direção e a equipe desmontem o set e limpem o estúdio para a próxima produção nos 15 minutos restantes.

Um dos aspectos mais importantes do cronograma é não fugir do tempo alocado para cada segmento. Você deve aprender a fazer tudo dentro do bloco de tempo programado e, mais importante, a passar para a próxima atividade no momento exato mostrado no cronograma, independentemente de ter terminado suas tarefas anteriores. Não esgote o tempo de um segmento agendado com atividades do anterior. O bom diretor termina um ensaio de marcação especialmente difícil no meio a fim de satisfazer os períodos de notas e reset. Diretores inexperientes muitas vezes gastam muito tempo na primeira parte do programa ou em um detalhe relativamente pequeno e, em seguida, põem o programa no ar sem que este tenha sido totalmente ensaiado. O cronograma é projetado para evitar o uso errado do valioso tempo de produção.

Cronograma: novela A seguir, apresentamos um exemplo de cronograma para uma novela mais complicada, de uma hora ou uma *sitcom*[13] multicâmera. Suponhamos que a instalação e a iluminação tenham sido realizadas das 3 às 6 horas e que algumas alterações do set ainda vão acontecer após as 18 horas.

---

[13] Utiliza-se esse termo para definir uma comédia de situação, por exemplo, a série "The Big Bang Theory". (NRT)

AO AMANHECER	SEGMENTO 987
6h-8h	Passagem das falas – sala de ensaio
7h30	Chamada da equipe
8h-8h30	Reunião técnica
8h30-11h	Marcação de câmera
11h-11h30	Anotações e ajuste
11h30-12h30	Almoço
12h30-14h30	Ensaio com figurino
14h30-15h	Anotações e ajuste
15h-17h30	Gravação
17h30-18h	Spill

Como podemos constatar, esse cronograma não deixa tempo para pensar no que fazer em seguida. É preciso estar bem preparado para coordenar o equipamento, o pessoal técnico e os artistas no curto prazo determinado. Não há tempo reservado para desmontar o set porque ele fica pronto para a produção do dia seguinte.

Comunicação do diretor

Embora o produtor seja responsável por manter as informações de contato do artista e do pessoal técnico e não técnico de produção, você na posição de diretor é o responsável por começar o programa na hora. Portanto, estabeleça um procedimento de rotina para se comunicar eficientemente com todo o pessoal envolvido na produção do dia. Note que essa verificação dupla (double-check) só é necessária quando você trabalhar em produções únicas de estúdio e campo. Se

trabalhar em programas de rotina, terá de confiar no produtor ou no gerente de produção para cuidar de mudanças de equipe ou substituições de artistas. Mesmo assim, você deve ter acesso imediato às mesmas informações pessoais do seu assistente de produção para poder verificar substituições de última hora na equipe ou nos artistas. Se usar e--mail para sua comunicação, solicite resposta imediata do destinatário e sempre envie cópia para o produtor.

Essa verificação de comunicação vai ser especialmente importante se for dirigir uma produção em campo que necessite de acesso a áreas restritas, como um estádio de esportes.

PONTOS PRINCIPAIS

▶ A equipe de apoio imediata do diretor inclui o assistente de estúdio, o assistente de produção e, em produções maiores, o assistente de direção.

▶ As solicitações de instalações são um dispositivo de comunicação essencial para obter instalações de produção e equipamentos necessários.

▶ O planejamento de produção é o calendário que apresenta as datas de pré-produção, produção e pós-produção, e quem fará o quê, quando e onde.

▶ O cronograma mostra a divisão dos blocos de tempo para várias atividades no dia de produção.

▶ Para facilitar a comunicação com o pessoal técnico e não técnico, o diretor deve estabelecer uma rotina específica e se apegar a ela. Os e-mails devem ser imediatamente lidos e respondidos pelo destinatário.

capítulo 5

A câmera de televisão

A câmera de televisão ainda é o mais importante dos equipamentos de produção. Quase todos os demais equipamentos e técnicas dependem da câmera ou são grandemente influenciados por suas características técnicas e de desempenho.

Para desenvolver câmera portátil, por exemplo, o gravador de vídeo teve de ser reduzido de modo a caber no interior da câmera. O advento dos dispositivos SSD[1] dos cartões de memória reduziu o tamanho não apenas do mecanismo de gravação de dentro da câmera quanto a própria câmera. Como você sabe, podemos hoje em dia capturar vídeo e áudio incrivelmente bons com uma câmera de telefone celular. Essa mobilidade das câmeras gerou o desenvolvimento de vários outros equipamentos de produção, como microfones sem fio altamente flexíveis e confiáveis, técnicas de transmissão de áudio e vídeo de curta distância e numerosos dispositivos periféricos, como fios ou estabilizadores de mão nos quais câmeras controladas remotamente podem se movimentar.

As modernas câmeras tornaram-se mais sensíveis à luz; por essa razão, as atuais produções em estúdio e em campo podem ser realizadas com poucos e mais compactos instrumentos de iluminação. O tamanho ínfimo dos microfones os torna praticamente invisíveis quando presos à roupa de quem os utiliza.

Para explorar todo o potencial da câmera, é preciso conhecer seu funcionamento. A seção 5.1, Como funcionam as câmeras de televisão, relaciona partes, tipos e recursos eletrônicos e operacionais das câmeras. A seção 5.2, Como o vídeo digital funciona, discute a diferença entre analógico e digital e conceitos básicos sobre criação de imagem.

PALAVRAS-CHAVE

Cores primárias aditivas; Analógico; Relação de aspecto; Divisor óptico; Binário; Bit; Câmera; Estrutura da câmera; Unidade de controle de câmera (camera control unit – CCU); Dispositivo de carga acoplada (charge-coupled device – CCD); CMOS; Digital; Câmera digital de cinema; Câmera de EFP; Câmera ENG/EFP; Campo; Quadro; Taxa de quadros; Ganho; Câmera HDTV; Dispositivo de captura de imagens; Pixel; Raster; Taxa de atualização; Resolução; RGB; Sensor; Televisão padrão (standard television – STV); Câmera de estúdio; Gerador de sincronização; Balanceamento de branco.

---

[1] Cartões SSD (Solid-State Drive) são utilizados como meio de armazenamento. (NRT)

seção 5.1

Como funcionam as câmeras de televisão

Se os componentes eletrônicos das câmeras de televisão tornaram-se cada vez mais complexos, a operação das câmeras, por sua vez, ficou bem mais simples. Você provavelmente já percebeu, manuseando sua própria câmera, que não é preciso ser engenheiro perito em eletrônica para produzir imagens de excelente qualidade – basta apertar os botões certos. Apesar disso, pressionar os botões certos implica conhecer o funcionamento básico da câmera de televisão. Esta seção o ajudará a explorar todo o potencial da câmera e compreender as funções específicas dos vários tipos de câmeras.

▶ **Partes da câmera**
A lente, a câmera propriamente dita e o visor.

▶ **Da luz ao sinal de vídeo**
Dispositivo de captura de imagens, divisor óptico e matriz de filtros de cor.

▶ **Estrutura da câmera**
Unidade de controle de câmera, gerador de sincronização e fonte de alimentação.

▶ **Tipos de câmeras de televisão**
Câmeras de estúdio, câmeras de EFP, câmeras de reportagem ENG/EFP.

▶ **Câmeras especiais**
Câmeras DSLR, câmeras de cinema digital e câmeras 3D estéreo.

▶ **Recursos eletrônicos**
Dispositivo ou sensor de captura de imagens, ganho, obturador eletrônico, balanceamento de branco e canais de áudio.

▶ **Recursos operacionais**
Alimentação, cabos e conectores, anel de filtros, visor e monitor, luz de sinalização e intercomunicador.

Partes da câmera

Quando registramos imagens de nossas férias em uma câmera, pouco nos importa o que faz a câmera de vídeo funcionar. Entretanto, se abríssemos a câmera (algo não recomendado) e víssemos a infinidade de circuitos e componentes eletrônicos em seu interior, com certeza ficaríamos curiosos sobre a funcionalidade de cada um deles. Apesar de sua complexidade eletrônica, todas as câmeras de televisão (incluindo as câmeras de vídeo pequenas) são compostas por três partes principais.

A primeira, a lente, seleciona um campo de visão específico e produz a partir dele uma imagem óptica. A segunda parte é a câmera propriamente dita, com seu dispositivo de imagens que converte os sinais elétricos nas imagens ópticas captadas pela lente. A terceira, o visor, exibe uma pequena reprodução em vídeo das imagens captadas pela lente. Muitas câmeras possuem visor dobrável adicional; com ele, o operador pode dispensar o uso de lentes oculares para visualizar as imagens da câmera. **Figura 5.1**

Da luz ao sinal de vídeo

Todas as câmeras de televisão, pequenas ou grandes, funcionam a partir do mesmo princípio básico: a conversão de imagens ópticas em sinais elétricos; estes são reconvertidos pelo visor ou pelo aparelho de televisão em imagens visíveis na tela. **Figura 5.2**

Especificamente, a luz refletida por um objeto é captada pela lente e focalizada no dispositivo de imagens, que é o principal componente da câmera. Esse dispositivo traduz (converte) a luz em carga elétrica, que, quando amplificada e processada, transforma-se no sinal de vídeo. O visor utiliza esse sinal para produzir a imagem de vídeo. Após abordarmos essas funções básicas da câmera, vamos examinar os principais componentes e processos envolvidos na transformação das imagens de luz em imagens de televisão em cores. Examinaremos especificamente o dispositivo de imagens, o divisor óptico e a matriz de filtros de cor.

Dispositivo de imagens

O principal componente eletrônico responsável pela conversão da luz em eletricidade é chamado *dispositivo de imagens*; ele tem sensores conectados a si. Na linguagem

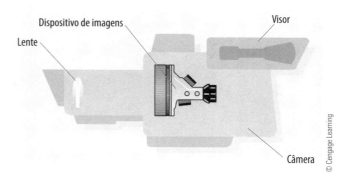

5.1 Partes da câmera
As principais partes de uma câmera de televisão (vídeo) são a lente, a câmera propriamente dita juntamente com o dispositivo de imagens e o visor.

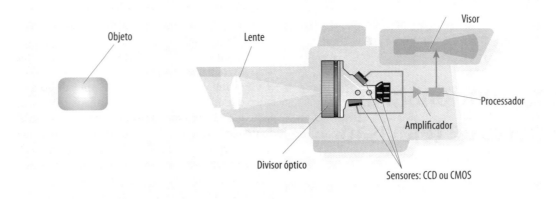

5.2 Funções básicas da câmera: da luz ao sinal de vídeo
A luz refletida por um objeto é captada pela lente e focalizada no divisor óptico, e este, por sua vez, divide a luz branca da imagem em raios vermelhos, verdes e azuis. Esses feixes são direcionados aos seus respectivos sensores (CCD ou CMOS), que transformam a luz RGB em cargas RGB elétricas; estas são amplificadas, processadas e reconvertidas pelo visor em imagens de vídeo.

técnica, é comumente conhecido como chip. Dois são os tipos de sensores utilizados atualmente: *dispositivo de carga acoplada* (*CCD*) e *CMOS* (que significa *semicondutor metal óxido complementar*). Embora tecnicamente diferentes, ambos têm a mesma aparência e executam a mesma função: convertem a imagem óptica em impulsos elétricos. **Figura 5.3**

O CCD e o CMOS contêm centenas de milhares ou, em termos de chip de alta qualidade, milhões de componentes para captação de imagens, chamados pixels (forma por extenso de *pix*, imagem, e *els*, elementos), organizados em linhas horizontais e verticais. Cada pixel é um elemento de imagem distinto que transforma suas informações sobre cor e brilho em uma carga elétrica específica. As cargas elétricas de todos os pixels geram o sinal de vídeo.

Os pixels se assemelham aos ladrilhos com os quais é formada a imagem completa de um mosaico. É necessário certo número desses elementos para produzir uma imagem reconhecível. Se houver um número relativamente pequeno de ladrilhos, talvez seja possível reconhecer o objeto, porém teremos uma imagem sem detalhes. **Figura 5.4** Quanto maior for o número de ladrilhos no mosaico e menor o tamanho deles, mais detalhes terá a imagem. Isso também é válido para o sensor: quanto mais pixels houver no sensor, maior será a resolução da imagem de vídeo. Sensores maiores contêm mais pixels e, portanto, produzem imagens com maior nitidez que os de menor tamanho.

O sensor CMOS (Complementary Metal-Oxide Semiconductor) é relativamente grande, motivo pelo qual alguns DFs (diretores de fotografia) gostam de filmar com uma câmera digital reflex de lente única (DSLR),[2] que se parece e funciona como uma câmera fixa profissional, mas também pode capturar imagens em movimento. Com acessórios, a DSLR é, na verdade, uma câmera pequena de alta qualidade com um monitor na parte posterior.

---

[2] Digital Single-Lens Reflex, câmeras que possuem um espelho central que reflete a imagem para que possamos observá-la no *view finder*. (NRT)

5.3 Dispositivo de carga acoplada
O sensor CCD possui diversas linhas de milhares de pixels, cada uma das quais transforma a luz que atravessa a janela em uma carga elétrica. O sensor CMOS é semelhante ao CCD, porém funciona a partir de um princípio eletrônico diferente.

5.4 Objetos divididos em pixels
Os pixels se assemelham aos ladrilhos com os quais é formada a imagem completa de um mosaico. A imagem formada por um número relativamente pequeno de ladrilhos – pixels – contém poucos detalhes. Quanto mais e menores os ladrilhos, mais nítida a imagem.

Divisor óptico e matriz de filtros de cor

Antes que os pixels nos sensores possam transformar a luz em eletricidade, a imagem de luz emitida através das lentes deve ser dividida nas três cores primárias aditivas da luz: o vermelho, o verde e o azul, normalmente chamados RGB. Essa separação de cores é feita pelo divisor óptico ou pela matriz de filtros de cor. (Para informações detalhadas sobre conceitos básicos de cores de vídeo, veja o Capítulo 14.)

O *divisor óptico* contém prismas, e estes dividem a luz emitida pela lente nos três feixes de luzes primárias aditivas. Os prismas conduzem os três feixes RGB aos seus sensores designados, e estes são acoplados aos prismas. As câmeras utilizam normalmente três sensores – um para cada cor primária da luz. As três cores primárias são eletronicamente "combinadas" nas inúmeras cores exibidas na tela de televisão. Como esses prismas são acomodados em um pequeno bloco, o divisor óptico é normalmente chamado bloco de prisma. **Figura 5.5**

Câmeras menores e, paradoxalmente, algumas câmeras DSLR e de cinema digital com tecnologia de ponta não possuem bloco de prisma, pois utilizam um único grande sensor como dispositivo de imagens. As cores da imagem produzida pela lente óptica são decompostas nas cores RGB por meio de uma única matriz de filtros acoplada ao sensor. **Figura 5.6**

Estrutura da câmera

Ao examinar a câmera de estúdio de alta qualidade, podemos observar que ela possui um cabo conectado a uma tomada exclusiva. Esse cabo conecta a câmera a uma estrutura de equipamentos necessários para produzir as imagens de qualidade. As principais partes da *estrutura da câmera* são a própria câmera, chamada cabeça da câmera por localizar-se no topo da estrutura; a unidade de controle da câmera, que permite uma reprodução fiel das cores e do brilho; gerador de sincronização (sync), que fornece pulsos de sincronização para manter a velocidade correta da varredura executada pelos diversos equipamentos de televisão; e a fonte de alimentação, que fornece a voltagem apropriada para que a câmera possa operar. **Figura 5.7**

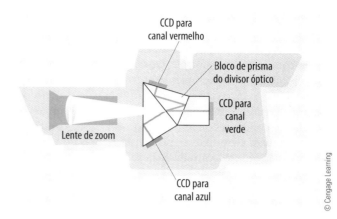

5.5 Divisor óptico*
O divisor óptico ou bloco de prisma divide a luz recebida (representando a imagem como captada pela lente) nos feixes ce luzes RGB e os direciona aos seus respectivos sensores (CCD ou CMOS).

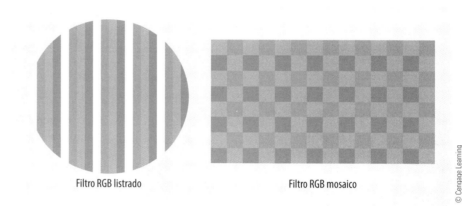

5.6 Filtros listrados e em forma de mosaico*
As câmeras equipadas com um único sensor de imagens utilizam um filtro listrado ou em forma de mosaico no lugar do bloco de prisma para dividir a luz branca em feixes de cores RGB. Cada feixe colorido é transformado pelo sensor em cargas elétricas, e estas, por fim, são convertidas nos sinais RGB.

5.7 Estrutura de câmera de estúdio padrão
A estrutura de câmera padrão é composta por cabeça da câmera (a câmera de fato), unidade de controle de câmera, gerador de sincronização e fonte de alimentação. Nas câmeras portáteis, todas essas funções são instaladas no compartimento da câmera.

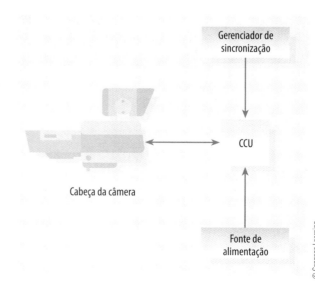

Unidade de controle de câmera

Toda câmera de estúdio possui sua própria *unidade de controle de câmera* (CCU). A CCU executa duas funções principais: configuração e controle. Durante a configuração, são feitos o ajuste do processamento correto de cores, o balanceamento de branco (manipulação dos três sinais coloridos para que reproduzam o branco corretamente em uma variedade de condições de iluminação), a faixa de contraste correta entre as áreas mais claras e mais escuras do cenário, e os graus de brilho dentro dessa faixa.

Quando a câmera de estúdio está em uso, o operador de vídeo normalmente precisa apenas controlar o "contraste de preto" ou "pedestal" (ajuste da câmera em relação à parte mais escura do cenário) e o "nível de branco" (ajuste da íris da lente para permitir que apenas a quantidade de luz desejada atinja o dispositivo de imagens). **Figura 5.8**

As CCU portáteis, também chamadas RCU (unidades de controle remoto), podem ser conectadas a câmeras em operação no campo (externa). Nas produções em campo críticas, as RCU permitem ao operador de vídeo "filtrar as imagens" (manter a qualidade ideal das imagens) de acordo não apenas com os padrões técnicos, mas também com as exigências estéticas da produção.

Gerador de sincronização e fonte de alimentação

O *gerador de sincronização* produz pulsos de sincronização eletrônicos – pulsos de sincronização – que mantêm em sincronismo a varredura dos diversos equipamentos (câmeras, monitores e gravadores de vídeo). Um genlock fornece um pulso de sincronização geral, chamado sincronização externa. Por meio do processo de genlock, a varredura dos sinais de vídeo de uma variedade de equipamentos é perfeitamente sincronizada; com isso, é possível alternar entre uma combinação interna de sinais de vídeo de várias câmeras e gravadores de vídeo (VR) sem a necessidade de equipamento digital adicional. (Nós iremos rever genlock e seu uso no Capítulo 13.)

A fonte de alimentação fornece eletricidade para a operação da câmera. Em estúdios, a fonte de alimentação converte a fonte corrente alternada (CA) em corrente contínua (CC); as câmeras recebem energia da fonte por meio de um cabo.

As câmeras de reportagem (ENG/EFP)[3] ou câmeras de externa são autônomas, isto é, a própria câmera contém todos os elementos da estrutura necessários à produção de imagens de qualidade e ao envio dessas imagens ao gravador de vídeo. O único componente da estrutura que pode ser removido da cabeça da câmera (a câmera propriamente dita) é a fonte de alimentação – a bateria. Todas as câmeras de reportagem ENG/EFP possuem equipamentos de controle internos para executar as funções da CCU automaticamente. Porém, se as câmeras ENG/EFP podem ter um controle interno para executar todas ou a maioria das funções da CCU, por que se preocupar com uma CCU externa? Porque os controles automáticos não são capazes de tomar decisões estéticas, isto é, não podem ajustar a câmera para gerar imagens que atendam não apenas às exigências técnicas de rotina, mas também às artísticas.

Tipos de câmeras de televisão

As câmeras de televisão são classificadas mais convenientemente de acordo com a forma de utilização. Alguns tipos de câmera são ideais para uso em estúdio, outras para a cobertura de incêndios ou a produção de documentários sobre poluição, por exemplo, e outras, ainda, para acompanhá-lo em suas férias e capturar cenas mais memoráveis. Quando baseadas em sua função principal, as câmeras são de três tipos: câmeras de estúdio, câmeras de EFP (produção eletrônica em campo) e câmeras de reportagem ENG/EFP. Todos os três tipos podem produzir imagens de alta definição (HDTV) com uma relação de aspecto de 16 × 9. *Relação de*

5.8 Unidade de controle de câmera
A CCU executa os ajustes ideais de cor e brilho e das diversas condições de iluminação.

---

[3] Chamamos as câmeras de externa para jornalismo de External News Gatering e Eletronic Field Production. (NRT)

aspecto refere-se a uma imagem *wide screen* de dimensões de 16 unidades de largura por 9 unidades de altura. (Discutiremos relação de aspecto em maiores detalhes no Capítulo 7.)

Há uma grande variedade de pequenas câmeras comerciais à venda no mercado. Normalmente, esse tipo de câmera não é utilizado na produção de televisão e, portanto, não será aqui abordado. Mas não seja enganado por etiquetas de câmeras amadoras ou profissionais ou pelo tamanho da câmera. Se usadas em condições ideais, algumas das chamadas câmeras amadoras podem produzir imagens de alta qualidade que são difíceis de se distinguir das obtidas com equipamento maior e mais caro. O maior custo das câmeras profissionais vem do desenvolvimento de câmeras mais flexíveis e capazes de produzir imagens e som de alta qualidade mesmo em condições não ideais. Por fim, se o evento que você está gravando for realmente significativo, qualidades relativas de imagem e de som são um problema a menos.

Câmeras de estúdio

Nós estudamos primeiramente a câmera de estúdio, não porque ela seja a que você usará mais frequentemente, mas porque suas várias partes são mais facilmente observadas do que em uma câmera pequena.

Mesmo quando relativamente pequenas, as grandes lentes de zoom e o teleprompter acoplado tornam as câmeras de estúdio tão pesadas que seria impossível manejá-las sem o auxílio de um pedestal ou outro tipo de suporte móvel para a câmera. Quando usadas em estúdio, as câmeras de estúdio são normalmente sustentadas por um pedestal, que é operado pelo *camera man* ou por controle remoto. **Figura 5.9**

As *câmeras de estúdio* são utilizadas para produções em estúdio com várias câmeras, como noticiários, entrevistas e painéis, além de comerciais, *sitcoms*, séries dramáticas diárias e programas educativos com a necessidade de vídeo de alta qualidade. Essas câmeras também são utilizadas em locações "externas", como quadras de tênis, instalações médicas, salas de concertos e convenções e estádios de futebol e beisebol.

Se é possível obter excelentes imagens com câmeras que cabem no bolso, por que se preocupar com as pesadas câmeras e todo o aparato que compõe sua estrutura? Os critérios preponderantes para a utilização de câmeras de estúdio são qualidade e controle. Normalmente, julgamos a qualidade das imagens pela quantidade de detalhes de nitidez que a câmera e o monitor podem gerar, a fidelidade das cores e o número de graus de contraste da área mais escura da imagem à área mais clara. A virtude de uma câmera de estúdio é que ela tem lentes melhores. Além disso, com um bom operador de vídeo manejando a CCU (Camera Control Unit), a câmera de estúdio pode produzir cores de alta fidelidade e nuances sutis de brilho sob uma variedade de condições de iluminação.

Conforme mencionado anteriormente, *qualidade*, no entanto, é um termo relativo. Em muitas produções, o controle e a qualidade extra obtidos com câmeras de estúdio compensam as despesas e o tempo adicional necessários à operação desses equipamentos. Na gravação, por exemplo, da aproximação de um tornado, a qualidade ideal das imagens provavelmente não será a preocupação principal. Nossa atenção estará voltada para a obtenção das imagens e uma forma de escapar do perigo o mais rápido possível. No entanto, se a qualidade das imagens é imprescindível, como na produção de comerciais, programas médicos e séries diárias, sem dúvida alguma a escolha deve ser uma câmera de estúdio de alta tecnologia. Qualidade é, obviamente, um fator preponderante na escolha da câmera de televisão para produção de cinema digital.

Outros fatores que garantem a qualidade são a lente, os controles de zoom e de foco e o visor.

Lente A lente da câmera de estúdio é normalmente maior (e, em geral, mais cara) que a utilizada em câmeras de externa ou de reportagem ENG/EFP (ver Figura 5.9). As grandes câmeras de estúdio apresentam diferentes faixas de zoom (da maior aproximação ao mais distante afastamento). Para trabalhos em estúdio, as faixas mais curtas têm preferência sobre as utilizadas na gravação ou transmissão de eventos esportivos, em que a câmera localizada no alto de arquibancadas muitas vezes tem de aplicar zoom e obter imagens em close do rosto do zagueiro. A qualidade da lente, e particularmente do alcance de zoom, é o fator de custo determinante na hora de adquirir uma câmera.

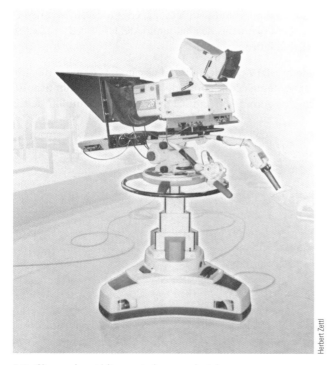

5.9 Câmera de estúdio montada em pedestal
As câmeras de estúdio possuem lentes e sensores de alta qualidade. A qualidade é controlada pela CCU. Por causa do extremo peso, a montagem das câmeras de estúdio é feita sobre um resistente tripé ou pedestal de estúdio para possibilitar a movimentação.

Em algumas situações, as câmeras de cinema utilizam lentes prime, que proporcionam imagens relativamente mais nítidas que as lentes de zoom. Não é possível aplicar zoom com lentes prime, pois o seu comprimento focal é fixo (abordaremos as lentes prime no Capítulo 6).

Controles de zoom e de foco Esses controles são acoplados às manoplas do pedestal de estúdio e acionados por um servossistema (motorizado). Normalmente, o controle oscilante de zoom fica na manopla direita, e o controle de rotação para regulagem do foco, na manopla esquerda (discutiremos os diferentes tipos de lentes e seus controles no Capítulo 6).

Visor Ao trabalhar com câmeras pequenas, provavelmente imaginamos como seria melhor se o visor fosse maior e mais preciso. Mesmo os visores dobráveis relativamente grandes perdem qualidade sob intensa luz do sol, dificultando determinar se o foco está correto ou não. Quando mudamos para o visor de lente ocular, tudo parece terrivelmente pequeno. Por essa razão, as câmeras de estúdio possuem visores grandes (de 5 a 7 polegadas) de alta resolução, com movimentos de inclinação e rotação laterais. Tais visores permitem que você habilite uma grade que ajude a compor as imagens.

Câmeras de EFP

Em geral, *câmeras de EFP* são câmeras de alta qualidade que podem ser carregadas nos ombros ou colocadas em um tripé. Uma câmera EFP tem lentes com zoom de alta qualidade e um visor relativamente grande. Alguns operadores de câmera posicionam um visor de tela plana na parte superior da câmera, especialmente quando eles não podem operar a câmera EFP do ombro. Uma câmera EFP deve ser conectada a um gravador de vídeo externo. **Figura 5.10**

As câmeras de EFP, quase nunca utilizadas na obtenção eletrônica de notícias (ENG), são ideais para produções complexas de documentários e gravações em externas em linguagem cinematográfica com uma única câmera (as imagens são gravadas para edição de pós-produção). Por sua alta qualidade, a maioria das câmeras de EFP é geralmente utilizada no estúdio em substituição às câmeras de estúdio mais caras.

Quando utilizada no estúdio, a câmera de EFP é colocada sobre uma estrutura para câmera especialmente montada e inclui uma grande luz de sinalização (tally); o pequeno visor de lente ocular é substituído por um visor maior acoplado ao compartimento da câmera. Os controles de zoom e foco são movimentados pelas manoplas e conectados à lente por meio de servocabos. A lente ENG/EFP é normalmente substituída por uma lente de zoom mais adequada ao ambiente de estúdio. Por fim, todo o conjunto da câmera é montado sobre um pedestal de estúdio. Na configuração de estúdio, a câmera de EFP é normalmente controlada pela CCU. **Figura 5.11**

Câmeras ENG/EFP

As câmeras *ENG/EFP* são câmeras portáteis de alta qualidade para produção em campo e incluem um dispositivo de gravação interno. Elas existem em uma grande variedade de configurações e diferem mais obviamente em tamanho: grandes e pequenas.

Você provavelmente se pergunta por que em um noticiário alguns carregam câmeras muito grandes em seus ombros ao correr atrás de uma história enquanto outros usam câmeras muito menores para gravar o mesmo evento. Essa é uma pergunta justificável e, com o desenvolvimento de câmera pequenas de alta qualidade, tem ficado cada vez mais difícil de responder.

Câmeras HDTV grandes Todas as câmeras grandes de ombro têm lentes com zoom de alta qualidade com grande faixa de zoom. Isso significa que você pode ampliar desde

5.10 Câmera de EFP
A câmera de EFP é um modelo HDTV de alta qualidade que pode ser carregado e manipulado pelo operador. Esse modelo permite também a conversão em câmera de estúdio.

5.11 Câmera de EFP na configuração de estúdio
A mesma câmera mostrada na Figura 5.10 aparece aqui em uma configuração de estúdio. A câmera é instalada em um compartimento e possui uma lente de estúdio, um monitor 16:9 e controles externos de zoom e foco.

uma tomada bastante ampla até muito próxima a partir da mesma posição de filmagem. Elas também são lentes rápidas, o que significa que elas podem fornecer luz suficiente para o dispositivo de captura mesmo em condições de pouca luz, sem a necessidade de iluminação adicional ou *boosting* eletrônico (veja Capítulo 6). Câmeras grandes podem usar CCD (Charge Coupled Device) ou sensores CMOS únicos como dispositivos de captura, que melhoram a qualidade do vídeo e oferecem duas entradas e saídas estéreo para áudio de alta qualidade. A mídia de gravação pode armazenar mais informação não compactada de vídeo e áudio do que é possível com câmeras menores. Você também pode conectar baterias maiores e, se necessário, pequenos transmissores de sinal. Mais importante, câmeras grandes oferecem várias opções de controles de vídeo e áudio eletrônicos, alguns deles permanecem sem uso mesmo por profissionais experientes. **Figura 5.12**

Câmeras HDTV pequenas Muitas câmeras pequenas têm atingido um padrão tão alto que estão ameaçando as grandes de extinção, especialmente quando usadas em telejornais e documentários, mas ainda existem inconvenientes. Uma das desvantagens operacionais mais óbvias é uma lente embutida. Isso é especialmente problemático quando você necessita de uma tomada mais ampla, mas não pode reduzir o zoom o suficiente. Em algumas ocasiões você pode não conseguir aumentar a imagem o bastante sem se mover fisicamente até o evento – uma grande desvantagem em ambientes hostis. As entradas de áudio são geralmente limitadas a um único microfone externo. Você também verá que a bateria menor e o cartão de memória de menor capacidade irão limitar muito o tempo de gravação contínua.

O fator isolado que mais compromete a qualidade de uma câmera pequena é a compressão do sistema. Quanto maior a compressão, mais a qualidade de imagem sofre. Você nota os efeitos negativos da compressão especialmente na renderização das cores, nos detalhes da imagem quando se filma com iluminação com grande contraste ou quando há muita movimentação da câmera ou do objeto. No entanto, você perceberá que, na maioria das situações, uma câmera HDTV pequena produzirá ótimas imagens que se aproximam e frequentemente se comparam com o vídeo das maiores e mais caras. **Figura 5.13**

Mas, se as câmeras pequenas produzem imagens HDTV tão boas, por que nos preocuparmos com as grandes? A resposta depende da intenção de uso. Por exemplo, não há a necessidade de usar uma câmera grande e pesada para gravar um incêndio no centro da cidade para o telejornal noturno ou para qualquer outro noticiário. Uma câmera pequena moderna será suficiente e as grandes câ-

5.12 Câmera ENG/EFP grande
Essa câmera HD de alta qualidade possui três CCDs de alta definição e um gravador de disco óptico interno.

5.13 Câmera pequena
As câmeras HDTV de alta tecnologia são consideravelmente menores e mais leves que as câmeras padrão, porém produzem áudio e imagens excelentes em alta definição. Gravam nos formatos 1.080i e 720p a 60, 30 e 24 quadros por segundo.

meras de alguns veteranos vão parecer como dinossauros. Entretanto, se você for incumbido de cobrir um pronunciamento do presidente da República no Palácio do Planalto, você certamente deve usar a melhor câmera que você tem, grande ou pequena. Se você topar com um acontecimento em progresso em seu caminho para casa, pegue sua câmera de mão ou seu telefone celular e comece a gravar.

Câmeras para fins especiais

As câmeras para fins especiais incluem a câmera DSLR, a câmera de cinema digital e a câmera estéreo 3D.

Câmeras DSLR

A câmera digital de lente reflex única, desenvolvida para fotografia estática, encontrou uso na produção de vídeo e, eventualmente, de cinema principalmente por que ela tem um sensor CMOS muito grande para captar imagens de alta qualidade. A alta resolução em conjunto com um cartão de memória de alta capacidade faz dela uma câmera atraente não apenas para o fotógrafo estático, mas também para quem faz filmes, que estava aguardando por uma câmera acessível que pudesse produzir vídeo de alta qualidade. O fotógrafo que virou cineasta não precisa de nenhuma lente especial ao passar da fotografia para os filmes.

Mas há sérias desvantagens que reduziram o entusiasmo inicial do cineasta sério. O maior problema era, surpreendentemente, algo que fez com que as câmeras DSLR fossem tão populares: o visor na parte de trás da câmera, que mostra o que a lente realmente vê, requer que você segure a câmera bem à frente do rosto. Isso é ideal para o fotógrafo estático, mas não para o cineasta, que tem que lidar com uma variedade de posições da câmera mesmo durante uma única tomada. Quando se tenta fazer uma filmagem, o equipamento de sustentação, como as alças para manter a câmera em posição de filmagem, ou as extensões para usar a câmera nos ombros, ajudam, mas são, na melhor das hipóteses, incômodas. E o pior, quando alternada para modo de filmagem, o visor da câmera não fornece mais uma imagem óptica, mas uma de vídeo, que é facilmente inutilizada pelo brilho da luz solar. Instalar uma capa com uma ocular ajuda a eliminar o problema, mas complica ainda mais o manuseio.

Todavia, um dos problemas mais graves é o áudio. O microfone instalado na câmera, se ela tiver um, não é adequado para uma boa captura de áudio. Quando se tenta conectar um microfone externo, a entrada de microfone aceita apenas o miniplugue, não exatamente o tipo de equipamento necessário para áudio padrão para filmes. A maioria das câmeras DSLR não tem saída para monitorar o áudio com fones de ouvido. O que você precisa de fato é um sistema de áudio separado, com microfones de alta qualidade, um mixer de campo e monitoramento de áudio. Se você está pensando seriamente em cinema digital, seria melhor você dar uma olhada nas câmeras de cinema digital atualmente em uso.

No momento em que você está lendo isso, a maioria desses problemas provavelmente terá sido resolvida e você terá uma câmera um pouco melhor, que se comparará com as câmeras de cinema digital, talvez não em flexibilidade, mas certamente em qualidade de vídeo.

Câmeras de cinema digital

No contexto das câmeras, *cinema digital* indica a utilização, para a produção de filmes, de câmeras digitais em vez de câmeras que expõem filmes ópticos. Em contraste com a câmera DSLR, que é primordialmente uma câmera para tomadas estáticas, a *câmera de cinema digital* é mais próxima de uma câmera de televisão que pode produzir imagens de altíssima definição. **Figura 5.14**

5.14 Câmera de cinema digital
Essa câmera de cinema digital tem um grande sensor CMOS de altíssima definição (4K). O sensor tem um obturador global, o que significa que ele permite que um quadro seja totalmente exposto de uma vez, sem a necessidade de varredura progressiva. Ela grava em várias velocidades (quadros por segundo) em cartões de memória e tem um gravador digital externo de alta capacidade que pode ser conectado na parte de trás da câmera.

As câmeras de cinema digital normalmente usam um sensor CMOS único de 35 mm com o dobro do número de pixels por linha de raster para câmeras 4K do que para câmeras HDTV comuns e até mesmo quatro vezes para câmeras 8K. (Raster é explicado em detalhes na seção 5.2.)

Elas são identificadas como 4*K* e 8*K* por que o número de pixels por linha de raster se aproxima de 4.000 e 8.000, respectivamente (ver Figura 5.26). O número de pixels extremamente alto deixa nítidos e bem definidos até mesmo pequenos detalhes da imagem quando projetados em uma grande tela de cinema. A imagem de alta resolução é mais realçada por cores de alta qualidade e uma grande latitude de exposição, o que significa que há muito mais tons sutis entre as áreas mais escuras e mais claras da imagem do que uma câmera HDTV comum pode produzir. Até então, tal escala de cinza era uma característica única do filme tradicional.

Câmeras de cinema digital precisam que suas lentes sejam compatíveis com seus sensores de alta resolução – elas podem ser zooms de estúdio ou uma variedade de lentes de boa qualidade, que são similares às lentes de distância focal fixa usadas com uma câmera fixa. Uma lente de distância focal fixa não permite zoom. Itens adicionais que facilitam o uso de *câmeras HDTV* para filmes são uma caixa fosca (um acessório da lente para efeitos especiais ópticos) e um visor de alta resolução relativamente grande.

Algumas câmeras digitais de cinema gravam em um gravador de vídeo externo; outras têm o gravador interno, mais semelhante a uma câmera comum. Todas as câmeras de cinema digital gravam dados de vídeo e áudio em uma *taxa de quadros* variável de 24 a 60 quadros por segundo (fps – do inglês, *frames per second*) em cartões de memória de alta capacidade.

Você pode ouvir cineastas reclamando do realismo das imagens HDTV e lamentando a perda da forma misteriosa da aparência dos filmes. A aparência dos filmes tem sido erroneamente atribuída a imagens de alta resolução, mas é mais provável o resultado da alta latitude de exposição que está faltando na câmera HDTV comum bem como as telas pretas que ocorrem na troca de quadros no filme tradicional. Essa passagem constante pela tela preta entre quadros nos faz perceber uma imagem mais agradável. Para copiar essa sensação, alguns sistemas de cinema digital inserem, ocasionalmente, quadros pretos ou usam filtros.

Mas, apesar das especificações técnicas, lembre-se sempre que não é o equipamento sozinho que faz um bom filme, mas, em última instância, sua criatividade e talento.

Câmeras 3D estéreo

O princípio básico da televisão e filme estéreo tridimensional (3D) é baseado no fato de que seus olhos veem um objeto de ângulos um pouco diferentes, que nosso cérebro interpreta como uma distância refinada. Isso significa que com dois olhos nós podemos avaliar distâncias de forma mais precisa do que com apenas um olho. Quando fotografamos um objeto de ângulos um pouco diferentes, podemos levar nosso cérebro a acreditar que estamos experimentando a profundidade de uma visão binocular. Então precisamos de duas câmeras para serem um substituto para nossos dois olhos? Sim, precisamos.

Para gravar em 3D estéreo, precisamos ou posicionar duas câmeras idênticas lado a lado ou colocar as duas em uma só estrutura com duas lentes. Como cada uma das câmeras gravam a mesma cena de ângulos um pouco diferentes, estamos aptos a simular uma visão estéreo – desde que não permitamos que o olho esquerdo veja o que o direito vê e vice-versa. Algumas câmeras possuem um mecanismo de ajuste angular que permite que as lentes variem seus graus de inclinação, semelhante aos nossos olhos direcionados para algo próximos a nós. Outras têm ambas as lentes apontadas para a frente e fazem as linhas paralelas de visão convergirem digitalmente na pós-produção. **Figura 5.15**

Recursos eletrônicos

Quando julgamos a qualidade de uma câmera HDTV, você precisa prestar atenção a esses recursos eletrônicos, que são tipicamente parte de qualquer câmera profissional: dispositivo de imagens (sensor), ganho, obturador eletrônico, balanceamento de branco e canais de áudio.

Dispositivo de imagens ou sensor

A maioria das câmeras de alta qualidade possui três sensores CCD ou CMOS como dispositivo de imagens. Como abordado anteriormente, algumas câmeras e todas as câmeras de cinema digital possuem um único sensor grande, de alta densidade. O sensor tem um grande número de linhas paralelas feitas de mais de 1.000 elementos de imagem ou

5.15 Câmera 3D estéreo
Essa câmera 3D estéreo tem duas câmeras idênticas montadas em uma única estrutura com duas lentes. Tanto a câmera do olho esquerdo quanto a do olho direito gravam sinais HDTV em cartões de memória. O mecanismo de zoom é sincronizado.

pixels. Em geral, quanto mais pixels por linha e mais linhas um sensor tem, mais perfeita a imagem será. A medida padrão para isso é a resolução do sensor.

Ganho

Quando o dispositivo de imagens se vê em apuros sem iluminação suficiente para produzir vídeos de ótima qualidade, utilizamos o controle de ganho. *Ganho* é uma carga elétrica cujo objetivo é induzir os sensores a acreditar que a luz enviada de fato pelas lentes é maior que a recebida. Entretanto, quanto maior for o ganho, menor será a qualidade da imagem. O ganho é medido em decibéis (dB). A maioria das câmeras opera nas faixas de ganho de 0 dB (nenhum ganho) a 18 dB ou mais (alto ganho). **Figura 5.16**

Obturador eletrônico

Na câmera de televisão, o funcionamento do obturador eletrônico é praticamente idêntico ao de seu correspondente mecânico nas velhas máquinas fotográficas. Quanto mais rápido o objeto se move, mais rápida deve ser a exposição. O obturador regula o tempo de exposição. Se você deixar o obturador aberto por muito tempo, a imagem ficará borrada. Entretanto, enquanto a velocidade máxima dos obturadores mecânicos é de cerca de 1/1.000 de segundo, os modelos eletrônicos são 1/8 de segundo mais rápidos, alcançando a velocidade de 1/10.000 de segundo. A velocidade mais alta do obturador se explica pelo seguinte motivo: os sensores CCD e CMOS precisam de algum tempo para carregar totalmente; por isso, as imagens de objetos movimentando-se rapidamente aparecem borradas, a não ser que a velocidade do obturador seja igualmente alta. Há, porém, um lado negativo: assim como ocorre com as máquinas fotográficas, quanto maior a velocidade do obturador, maior a necessidade de luz na câmera. Imagine, por exemplo, uma bola de tênis amarela movendo-se rapidamente da esquerda para a direita em alta velocidade: se o obturador da câmera for ajustado para uma velocidade baixa, a imagem da bola parecerá borrada, deixando rastros na tela. Se aumentarmos a velocidade do obturador para eliminar o borrão, a bola terá um aspecto bem mais escuro.

Algumas câmeras de cinema digital têm um obturador global que não ativa o dispositivo de imagens linha por linha, mas, em vez disso, ativa todas as linhas de uma vez.

Balanceamento de branco

Mesmo sob luz ligeiramente avermelhada (vela ou lâmpada comum) ou azulada (luz forte do sol ou lâmpada fluorescente), um objeto branco deve parecer branco. Para obter esse efeito, a câmera deve ser ajustada para realizar as compensações de luz avermelhada e azulada, como se trabalhasse com luz perfeitamente branca. Essa compensação realizada pela câmera é chamada *balanceamento de branco*. Quando configurada para executar o balanceamento de branco, a câmera ajusta os sinais RGB de vídeo de tal modo que o objeto branco apareça branco na tela, mesmo iluminado por luz avermelhada ou azulada (ver Capítulo 10).

Canais de áudio

Câmeras HDTV de boa qualidade oferecem dois canais de áudio de alta qualidade (16 bits/48 kHz) ou quatro canais para áudio de baixa qualidade (12 bits/32 kHz). Elas devem ter plugues XLR,[4] ou ao menos adaptadores, para cabos de áudio de livres de ruído.

Recursos operacionais

À primeira vista, câmeras com poucos botões e um menu completo de funções eletrônicas disponíveis em seu visor dobrável parecem ser os modelos mais desejáveis – isso até usá-las em ambientes externos sob intensa luz do sol. Não é tão fácil encontrar um item de menu específico escondido em dois ou três níveis de submenus; e quando a luz do sol rouba toda a nitidez do visor de vídeo, você fica em apuros. E quando você precisa ajustar alguns dos recursos principais, como balanceamento de branco, você simplesmente não tem tempo para passar pelos menus. É por essa razão que a parte externa das câmeras inclui algumas chaves, botões e indicadores. Infelizmente, nem todas as câmeras incluem esses controles instalados em lugares práticos.

Um exemplo é poder pressionar o botão de gravação com a mesma mão usada para operar o controle de zoom; e a chave de ajuste da câmera para foco manual ou automático deve ficar perto do anel de foco manual localizado na lente. Geralmente, o operador de câmera experiente prefere equipamentos com chaves e controles nos lugares certos a equipamentos com controles ocultos em camadas e mais camadas de menus, mesmo se a qualidade final do vídeo for ligeiramente superior.

5.16 Controle manual de ganho
O controle de ganho faz a compensação dos níveis baixos de luz. Quanto maior for o ganho, menor será o nível de luz. Níveis altos de ganho produzem vídeos com ruídos.

---

[4] Conexões para microfones e mesas de áudio. Também conhecidos como plugues Cannon. (NRT)

Há outros recursos operacionais das câmeras de externa e de estúdio que merecem nossa atenção: fonte de alimentação, cabos e conectores, anel de filtros, visor e monitor, luz de sinalização (tally) e intercomunicador.

Fonte de alimentação

Ao operar uma câmera de estúdio, não é preciso se preocupar com a fonte de alimentação. A eletricidade necessária para alimentar a câmera é fornecida pelo cabo de alimentação. Para produções em campo, contudo, que requerem o uso de câmeras ENG/EFP, a fonte de alimentação passa a ser uma das principais preocupações. Todas as câmeras de ENG/EFP são alimentadas por bateria. Se, de um lado, o progresso da tecnologia digital é tão amplamente decantado, existe, do outro, a tendência de omitir o aperfeiçoamento obtido com as baterias que acionam as câmeras portáteis e seus respectivos equipamentos periféricos.

A maioria das grandes câmeras portáteis é alimentada por baterias de 12 V (volts) CC; as pequenas câmeras utilizam baterias que geram cargas entre 7 V e 8 V CC. As baterias são encaixadas na parte de trás da câmera ou, em alguns casos, na parte inferior. A duração da bateria depende da extensão do material gravado e de quantos equipamentos adicionais estão sendo alimentados além da câmera e da unidade de gravação. Por exemplo, a duração da bateria pode ser maior se evitarmos utilizar sua energia para alimentar outros equipamentos, como a luz da câmera (a pequena luz na parte superior), o monitor dobrável, o recurso de congelamento de imagens, a reprodução do gravador de vídeo no visor dobrável e o teleprompter.

Não deixe a câmera ligada entre uma tomada e outra, coloque-a em modo de espera sempre que possível. Com isso, todos os equipamentos estarão prontos para funcionar com o virar de uma chave, preservando ao mesmo tempo a energia da bateria entre uma tomada e outra (curiosamente, os sensores CMOS consomem muito menos energia que os CCD comumente utilizados). Leve sempre consigo uma bateria de reserva totalmente carregada e troque-a poucos minutos antes de se descarregar, conforme recomendado pelo fabricante. O indicador mais confiável da carga restante na bateria é o que está localizado no menu ou no visor da câmera.

Como fontes de alimentação substitutas, temos as tomadas residenciais que fornecem corrente contínua e as baterias de automóveis. Utilize baterias de automóvel apenas em situações de emergência; esse tipo de bateria é perigoso para o operador e para o equipamento.

Cabos e conectores

Cabos e conectores de câmeras diferem significativamente na forma como transportam sinais eletrônicos de e para a câmera.

Cabos   Para solicitar extensões de cabos, devemos antes saber o tipo de cabo compatível com a câmera e, principalmente, quanto de cabo é necessário.

Os cabos triaxiais (triax) são finos e possuem um fio central revestido por duas blindagens concêntricas. Os cabos de fibra óptica contêm finas fibras de vidro flexíveis com capacidade para transmitir grandes quantidades de informação por distâncias relativamente longas. A distância máxima permitida pelos cabos triaxiais é cerca de 1.500 metros (aproximadamente 5.000 pés); o cabo de fibra óptica pode cobrir duas vezes mais essa distância, ou seja, até 3.000 metros (ou aproximadamente 2 milhas).[5] Essa distância é adequada para a maioria das operações em externa. Algumas câmeras utilizam um cabo de vários núcleos (multicabos), contendo grande número de fios com espessura fina. Os cabos de vários núcleos são relativamente pesados e proporcionam alcance limitado, mas são extremamente confiáveis.

Conectores   Antes de partir para a locação externa, verifique cuidadosamente se os conectores e cabos se ajustam de fato aos plugues (entradas) da câmera, bem como dos equipamentos auxiliares. É melhor se aborrecer com pequenos detalhes do que ter toda a produção suspensa por uma hora ou mais simplesmente porque um cabo não corresponde à entrada na câmera.

Conexões de vídeo curtas são feitas com cabos que usam conectores S-vídeo, RCA phono, USB 2.0 ou 3.0, FireWire (IEEE 1394), eSATA, HDMI (interface multimídia de alta definição) e Thunderbolt; conectores BNC são utilizados em cabos coaxiais mais compridos, incluindo os cabos populares *serial digital interface* (SDI) e HD-SDI. Você pode usar cabos SDI de até 950 pés (cerca de 300 metros), o que lhe dará cabo o suficiente mesmo para esportes onde as câmeras estão geralmente bastante dispersas. Com exceção dos cabos e conectores S-vídeo e Thunderbolt, todos os demais modelos podem ser utilizados também para transmitir sinais de áudio. Conectores e cabos de interface USB 3.0, eSATA e Thunderbolt são geralmente usados para transferência de dados digitais de alta velocidade, como quando se passam as informações de vídeo e áudio de uma câmera ou de um servidor para o sistema de edição ou quando se transferem dados do computador de edição para um disco rígido externo ou servidor. Em uma corrida, o Thunderbolt é claramente o vencedor, mas ele precisa de um adaptador HDMI para que possa transferir áudio.

Cabos profissionais de áudio, especialmente resistentes a interferências, utilizam conectores XLR também conhecidos como conectores Cannon. Outros cabos de áudio poderão utilizar plugues P10 de ¼ de polegada ou miniplugues. Embora haja adaptadores para todos os tipos de plugues (com os quais é possível converter um conector BNC em um plugue RCA, por exemplo), evite utilizá-los sempre

---

[5] Um metro (m) equivale a pouco mais de 3 pés. Mais precisamente, 1 metro = 3,28 pés. Para um cálculo aproximado do quanto 1.000 metros de cabo equivalem em valores em pés, multiplique 1.000 por 3, ou seja, cerca de pouco mais de 3.000 pés. Se for necessário um cálculo preciso, multiplique 1.000 por 3,28 e teremos 3.280 pés.

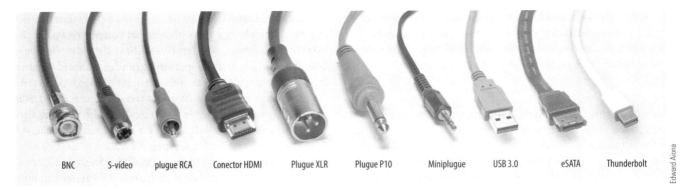

5.17 Conectores de áudio e vídeo
A figura apresenta os tipos mais comuns de conectores utilizados na produção de televisão. Todos possuem adaptadores com os quais é possível mudar os plugues para encaixe em outros tipos de entradas. Observe também que muitos equipamentos possuem cabos e conectores exclusivos.

que possível. Cada adaptador utilizado equivale a um foco de problemas potenciais. **Figura 5.17**

Normalmente, na operação em estúdio, o cabo da câmera permanece conectado à câmera e à entrada de câmera no painel de distribuição do estúdio. Ao utilizar câmeras de EFP ou de estúdio no campo, é necessário verificar cuidadosamente se os conectores dos cabos se ajustam às entradas da unidade móvel ou das RCU.

Anel de filtros

O anel de filtros fica entre as lentes e o dispositivo de imagens. Normalmente, ele aloja dois ou três filtros de densidade neutra (ND) (conhecidos como ND-1, ND-2 e ND-3) e dois ou mais filtros de correção de cores.

Os filtros ND são como bons óculos de sol: reduzem a quantidade de luz transmitida ao dispositivo de imagens sem afetar grandemente a cor do cenário. São utilizados para gravações em ambientes com forte luz solar quando o pequeno diafragma (f-stop mais alto) da lente ainda permite a incidência de muita luz ou quando o contraste é demasiadamente alto para a câmera controlar.

Os filtros de correção de cores fazem as compensações de intensidade de azul das luzes solar e fluorescente, bem como da intensidade de vermelho relativa das luzes interna e de velas (ver Capítulo 10). Esses filtros podem ser ativados por meio da chave ND ao lado da torre de lentes na câmera.

Visor e monitor

Um visor de boa qualidade é obviamente importante, pois exibe as imagens exatamente como foram capturadas pela câmera. As câmeras de estúdio possuem um visor relativamente grande (5 ou 7 polegadas) capaz de executar movimentos de rotação e inclinação; com isso, podemos visualizar o que está sendo gravado mesmo se não estivermos em pé logo atrás da câmera. **Figura 5.18**

A não ser quando convertidas para a configuração de estúdio, todas as câmeras de estúdio e externa/reportagem (EFP) possuem um visor de 1½ a 2½ polegadas em cores de alta resolução. Você pode se deparar com uma câmera com um visor preto e branco. Não se desespere. Frequentemente é mais fácil focar com um visor monocromático do que com um colorido porque os visores monocromáticos podem ter uma resolução maior do que os coloridos. Os visores são protegidos contra reflectância externa por um suporte ocular de borracha flexível ajustável ao olho do operador. Como visto anteriormente, algumas câmeras ENG/EFP e a maioria das pequenas câmeras de reportagem possuem tela plana dobrável adicional, chamada de monitor. Sim, isso pode ser um pouco confuso porque nós também chamamos de "monitores" as muitas telas em uma sala de controle de televisão. Aparentemente, a terminologia confusa ainda não impede seu uso. Apenas lembre-se que quando você olha através do tubo protegido por um suporte ocular quando está enquadrando uma tomada, você está olhando através do visor; quando você olha a tela dobrável maior, você está vendo suas tomadas em um mo-

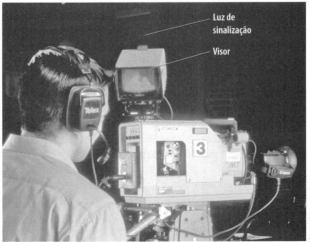

5.18 Visor da câmera de estúdio
O visor de 7 polegadas da câmera de estúdio permite movimentos de inclinação e rotação; desse modo a tela fica de frente para o operador, independentemente da posição da câmera.

Assistente de foco desligado | Assistente de foco ligado

5.19 Ajuda ao foco (focus-assist)*
O recurso de ajuda ao foco amplia o centro da imagem para facilitar a determinação do foco. Os segmentos ampliados da imagem permitem determinar mais rapidamente se toda a cena exibida no visor está dentro do foco correto.

nitor. O monitor é útil para visualizações de menus e enquadramento de tomadas nos momentos de muita pressa ou tensão. Infelizmente, sob luz do sol intensa, esses painéis perdem nitidez, dificultando ou mesmo impossibilitando a visualização adequada das imagens para determinação do foco ou enquadramento da tomada. Você realmente está com problemas quando não consegue mais ver o menu durante uma filmagem externa.

Monitor externo Apesar do visor e do monitor dobrável na câmera, em algumas situações temos a impressão de que ainda estão no lugar errado. Por essa razão, grande parte dos operadores de câmera utiliza um monitor adicional grande com tela de cristal líquido acoplada à parte superior da alça da câmera por meio de um braço flexível. Com ele, é possível visualizar claramente a imagem gravada, mesmo se a câmera estiver sobre o chão. Da mesma forma, caso montemos a câmera sobre um tripé e a ajustemos para determinada locação (como uma entrevista ou cerimônia de casamento), é possível conectá-la a um monitor externo ao lado do tripé e executar sua operação acompanhando a gravação pelo monitor, e não pelo visor.

Ajuda ao foco (focus-assist) Mesmo utilizando visores de alta resolução, estabelecer o foco não é uma tarefa fácil nas câmeras HDTV e de cinema digital: a imagem apresenta uma definição tão alta que tudo parece claro e nítido, mesmo ligeiramente fora de foco. Esse problema aparece quando ele é projetado em uma tela grande, mas aí, obviamente, será muito tarde para corrigi-lo. Para ajudá-lo a estabelecer o foco, a maioria das câmeras HDTV e de cinema digital possuem um recurso de ajuda ao foco no visor que simplesmente amplia a seção central da imagem. Uma vez que a porção aumentada esteja bem focada, toda a imagem estará. **Figura 5.19**

Centro de comunicação O visor e o monitor dobrável das câmeras de EFP funcionam como um importante centro de comunicações, que exibe o menu das diversas funções de gravação de vídeo e da câmera. Quando o menu é sobreposto à imagem do visor, é possível monitorar as funções de controle em uso. **Figura 5.20** Como os menus diferem de câmera para câmera, é imprescindível estudar os manuais e testar as opções antes de utilizar a câmera em gravações importantes.

Tente ativar as funções de configuração quando estiver em ambientes internos; o menu é exibido nitidamente no monitor dobrável. Porém, quando em locações externas sob

5.20 Exibição das funções no monitor dobrável*
A tela plana das câmeras funciona como um centro de comunicação. Ela exibe um menu com as principais funções da câmera. Durante a operação da câmera, a imagem do visor apresenta informações específicas sobrepostas.

luz do sol intensa (ou à noite), a tarefa de localizar uma função específica no menu se torna extremamente difícil; nesse caso, os botões e chaves que controlam as operações mais essenciais da câmera são bem-vindos.

Luz de sinalização (tally) e intercomunicador

Todas as câmeras de estúdio são equipadas com uma luz sinalizadora (tally), uma pequena luz vermelha localizada acima do visor (ver Figura 5.18). As luzes de sinalização são particularmente importantes nas produções com várias câmeras. Quando ligadas, permitem-nos identificar a câmera que está "ativa", isto é, no ar. É também um sinal indicando que as outras câmeras (com suas luzes sinalizadoras desligadas) estão livres para ajustar as próximas tomadas. Essa luz ajuda também o artista a se voltar para a câmera certa. Para ajudar o operador da câmera, uma pequena luz indicadora no interior do gabinete do visor também se acende. Quando duas câmeras são utilizadas simultaneamente, como nos efeitos de divisão da tela ou superposição de imagens (ver Capítulo 13), as luzes sinalizadoras de ambas as câmeras se acendem. Com uma única câmera, a luz sinalizadora é dispensável. Nesse caso, uma luz vermelha piscante no interior do visor e, algumas vezes, na parte frontal da câmera indica que a gravação do evento está em andamento.

O intercom ou sistema de intercomunicação é particularmente importante na produção com várias câmeras, pois o diretor e o diretor de imagens precisam manter a coordenação das operações das câmeras. Todas as câmeras de estúdio e inúmeras câmeras de alta definição para produções em campo possuem, pelo menos, dois canais de intercomunicação – um para a equipe de produção e outro para a equipe técnica. Algumas câmeras de estúdio possuem um terceiro canal que transmite o áudio do programa (os intercomunicadores serão explicados detalhadamente no Capítulo 16).

PONTOS PRINCIPAIS

▶ A câmera de televisão é ainda o mais importante dos equipamentos de produção. Outras técnicas e equipamentos de produção são influenciados pelo que a câmera é capaz ou não de fazer.

▶ As principais partes da câmera são: a lente, a câmera propriamente dita juntamente com o dispositivo de imagens (sensor) e o visor.

▶ O divisor óptico ou um filtro divide a luz branca recebida nas três cores primárias aditivas: o vermelho, o verde e o azul (RGB).

▶ O dispositivo de imagens converte a luz recebida pela câmera em energia elétrica; esta, quando ampliada e processada, transforma-se no sinal de vídeo. Essa conversão é processada pelo sensor um CCD (dispositivo de carga acoplada) ou um CMOS (semicondutor de metal óxido complementar –, que consiste em um chip de estado sólido contendo duas filas com uma grande quantidade de pixels sensíveis à luz.

▶ A estrutura da câmera de cinema padrão é composta por: cabeça da câmera (a câmera de fato), unidade de controle de câmera (CCU), gerador de sincronização e fonte de alimentação.

▶ Quando classificados por função, os três tipos de câmeras de televisão são: as câmeras de estúdio, as câmeras de EFP e as câmeras de reportagem de ENG/EFP. As câmeras para fins especiais são: câmeras digitais reflex de lente única (DSLR), câmeras de cinema digital e câmeras 3D estéreo. Todas as câmeras são de alta definição (HDTV).

▶ Todas as câmeras DSLR e eletrônicas de cinema têm grandes sensores de alta densidade que produzem imagens de altíssima definição. Elas também estão equipadas com vários acessórios que facilitam o atendimento aos requisitos específicos do processo de produção cinematográfica.

▶ Para gravar 3D estéreo, você precisa de duas câmeras idênticas posicionadas lado a lado para filmar e gravar a cena de ângulos um pouco diferentes.

▶ Os recursos eletrônicos de todas as câmeras profissionais incluem o dispositivo de imagens ou sensor, o ganho, o obturador eletrônico, o balanceamento de branco e os canais de áudio.

▶ Os recursos operacionais das câmeras de estúdio, câmeras de EFP e câmeras ENG/EFP incluem fonte de alimentação, cabos e conectores, anel de filtros, visor e monitor, luz de sinalização (*tally*) e intercomunicador.

▶ As câmeras de estúdio são alimentadas por meio de um cabo de alimentação. As câmeras de reportagem ENG/EFP são normalmente operadas por bateria. As grandes câmeras de EFP utilizam baterias de 12 V (volt) CC, e as pequenas utilizam baterias com capacidade de alimentação entre 7 e 8 V CC.

▶ Alguns dos recursos da câmera que consomem energia adicional da bateria incluem a luz da câmera, o monitor dobrável, o recurso de congelamento de imagens, a reprodução do gravador de vídeo na tela dobrável e o teleprompter.

▶ Os cabos triaxiais (triax) e de fibra óptica transmitem informações de áudio por distâncias relativamente longas. Verificar se os conectores dos cabos são compatíveis com os plugues (entradas) do equipamento pode economizar tempo e evitar dores de cabeça.

▶ O anel de filtros possui um ou mais filtros de densidade neutra (ND) para diminuir o excesso de luz e reduzir o contraste, além de filtros de correção de cores para facilitar o balanceamento de branco.

▶ Um visor de alta resolução é essencial para o foco HDTV. Telas dobráveis em câmeras são chamadas de monitores. O visor e o monitor dobrável podem mostrar os menus com as funções da câmera. O recurso de ajuda ao foco aumenta parte da imagem para facilitar a focalização.

▶ As luzes de sinalização (tally) indicam se a câmera está "ativa" (no ar). Esse procedimento é importante apenas nas produções com várias câmeras.

seção 5.2

Como o vídeo digital funciona

Na nossa era digital, você provavelmente já ouviu tudo o que você queria saber sobre digital isso e digital aquilo. No entanto, como um profissional do vídeo, espera-se que você vá além do básico e conheça alguns conceitos de vídeo digital. Tal entendimento o ajudará a escolher o equipamento correto para uma produção específica para a televisão e fazer não apenas a câmera operar em seu potencial máximo, mas também o equipamento associado. Esta seção irá familiarizá-lo com o que significa digital e como ele difere dos sinais analógicos, bem como com conceitos básicos de criação de imagem, incluindo raster, resolução, modos de varredura e cores de vídeo.

▶ Analógico e digital
O que é a tecnologia digital, a diferença entre analógico e digital e as vantagens do sistema digital de televisão.

▶ Conceitos básicos de criação de imagem
Raster de imagem, resolução de imagem, modos de varredura e cor.

Analógico e digital

Esta seção trata brevemente do conceito de tecnologia digital, da diferença entre analógico e digital e das vantagens dos processos digitais na criação de imagens.

O que é a tecnologia digital

Antes de louvarmos o mundo digital da televisão, vamos analisar brevemente o processo digital. Todos os computadores e vídeos *digitais* baseiam-se em um código *binário* que utiliza ambos ou um dos valores ligado/desligado de 0s e 1s para interpretar o mundo. O *dígito binário* ou *bit* atua como um interruptor: liga ou desliga. Se estiver ligado, atribuirá o algarismo 1; se estiver desligado, o algarismo 0. Toda a linguagem digital é binária e consiste apenas de uma combinação de 0s e 1s. Por exemplo, o número decimal simples e elegante 17 traduz-se no incômodo 00010001, no código binário. Em um primeiro momento, esse sistema de dígitos binários parece ser confuso, então por que o utilizamos?

A grande vantagem do sistema binário é que ele tem grande resistência a distorções e erros de dados. Um interruptor de luz comum opera no sistema binário. Ele liga ou desliga a luz. Se ele não for completamente pressionado, o interruptor binário não vai ligar a luz. Ainda assim, o sistema binário permite um número incrível de combinações e misturas – um recurso extremamente importante quando se manipulam imagens e som.

Diferença entre analógico e digital

Vamos utilizar uma metáfora simples e explicar a diferença entre processamento analógico e digital. O sinal analógico é como uma rampa sem fim que nos transporta de elevação em elevação. Nessa rampa, pouco importa se utilizamos degraus grandes ou pequenos; gradual e inevitavelmente, chegaremos à elevação desejada. **Figura 5.21**

No domínio digital você teria que usar degraus para chegar à mesma elevação. Você está ou no primeiro degrau ou no segundo, mas você não pode estar no degrau 1 e ½. Isso é muito similar à proposta binária e/ou. A rampa foi reconstruída em uma série de degraus. **Figura 5.22**

Quanto mais degraus você usa, menores eles podem ser e cada vez mais se parecerão com a rampa. **Figura 5.23** Nesse caso, a taxa de amostragem é alta.

Em uma baixa taxa de amostragem, você constrói menos degraus, mas eles tendem a diferir cada vez mais da rampa plana original. **Figura 5.24**

Quando lidamos com sinais eletrônicos, o sistema *analógico* processa e grava um sinal contínuo que oscila exatamente como o sinal original (a linha da rampa). O processamento digital, por sua vez, transforma o sinal contínuo (rampa) em valores discretos (degraus). Isso é chamado de digitalização. No processo de digitalização, são obtidas continuamente amostras do sinal analógico em intervalos fixos; as amostras são codificadas em uma combinação de 0s e 1s, que resulta no sinal digital. Assim como com os degraus, quanto maior a taxa de amostragem, mais ele se aproxima do sinal original (analógico); quanto menor a taxa de amostragem, mais informação é perdida em relação aos sinais originais. Com uma taxa de amostragem baixa, a fidelidade de um sinal tende a ser comprometida.

Vantagens do sistema digital de televisão

As duas grandes vantagens do sistema digital em relação ao analógico são: qualidade e flexibilidade.

Qualidade Comparado com o sinal analógico, os sinais digitais de vídeo e áudio são altamente robustos e resistentes à distorção. No sistema analógico, cada duplicação (cópia) resulta em uma queda progressiva na qualidade de imagem e som. Você pode demonstrar tal declínio copiando progressivamente a cópia anterior. Após relativamente poucas cópias, as letras estarão ilegíveis. No entanto, no domínio digital, a quinquagésima geração (cópia) parecerá tão perfeita quanto a original. Isso é especialmente importante na edição de pós-produção e na renderização de efeitos especiais, ambas requerem duplicação extensiva.

5.21 Sinal analógico*
O sinal analógico pode ser representado por uma rampa (subida) contínua até determinada altura.

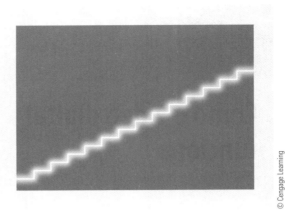

5.22 Sinal digital*
O sinal digital pode ser representado por uma escada dividida em degraus distintos até determinada altura.

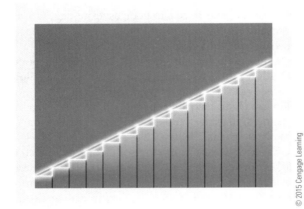

5.23 Taxa de amostragem alta*
A amostragem (sampling) seleciona pontos do sinal analógico original. Uma taxa de amostragem alta seleciona um número maior de pontos do sinal original. O sinal digital será formado por uma quantidade maior de degraus menores tornando-se cada vez mais semelhante à rampa original. Quanto maior for a taxa de amostragem, maior será a qualidade do sinal.

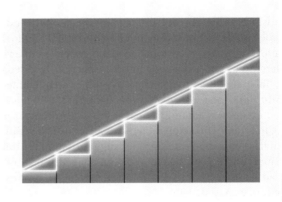

5.24 Taxa de amostragem baixa*
A taxa de amostragem baixa seleciona um número menor de pontos do sinal analógico original. O sinal digital será composto por menos degraus, porém maiores. Grande parte do sinal original se perde.

O sistema digital também pode gerar e manter cores de alta fidelidade que permanecem imutáveis através de muitas gerações. Mais ainda, com um software apropriado você pode facilmente melhorar a qualidade da imagem e do som dos arquivos originais.

Flexibilidade Mesmo uma simples previsão do tempo ou um telejornal de cinco minutos apresenta vários efeitos digitais que eram impossíveis com equipamento analógico. Como cada pixel pode ser trocado ou manipulado no sistema binário, você pode mudar prontamente a relação de aspecto (largura e altura do quadro) da imagem de vídeo; melhorar a qualidade de imagem e som; alterar a exposição, cor ou movimento de evento na tela e até mesmo adicionar ou subtrair itens ou pessoas em uma tomada. Assumindo que você tem uma fonte de imagens de alta qualidade, você pode até criar close-ups a partir de suas cenas de longa distância. Efeitos especiais e filmes de animação feitos pela Pixar são os melhores exemplos da flexibilidade do sistema binário.

Conceitos básicos de criação de imagem

Como um profissional de televisão, você deve saber não apenas como operar uma câmera e um set de televisão, mas também os conceitos mais básicos de como uma imagem de televisão é criada. Os quatro principais fatores em criação de imagem são: raster de imagem, resolução de imagem, modos de varredura e cor.

Raster de imagem

Você já sabe que o dispositivo de imagem em uma câmera de televisão ou de cinema digital consiste em um único ou três sensores que contêm muitas fileiras de linhas horizontais, cada uma delas sendo formada por um grande número de pixels. Esse arranjo é chamado de *raster* de imagem ou de rastreamento. **Figura 5.25**

Esse princípio do raster de imagem opera na superfície de um sensor bem como em uma tela plana de televisão. As linhas do raster de um dispositivo de imagem, normalmente chamadas de linhas de rastreamento, consistem de pixels que podem transduzir (converter) a luz das lentes em energia elétrica. Quando você foca a lente de uma câmera em um certo objeto, sua imagem (luz refletida) é projetada nos pixels de cada linha de varredura e transformado em valores elétricos. Esses valores passam por um rastreamento, isto é, são lidos linha por linha para formar o sinal de vídeo. Um raster de pixel reconstrói a imagem no receptor de televisão.

Da mesma forma que uma impressora colorida, cujas impressões parecem mais perfeitas quanto mais pontos de cor ela pode inserir por centímetro quadrado, a imagem de vídeo parece mais perfeita quanto mais pixels e linhas de varredura ela usa para compor um único raster. De fato, isso é o que define a resolução da imagem em um sistema HDTV.

Resolução de imagem

Embora resolução seja tecnicamente a medida da definição da imagem, ela é comumente usada com o mesmo significado de definição de imagem – quão perfeita a imagem parece. A *resolução* de uma imagem de vídeo é determinada pelo número de pixels em um raster de imagem, ou seja, quantos pixels existem em uma linha horizontal de varredura e quantas linhas estão comprimidas umas sobre as outras. Mas a resolução de imagem também depende de quantos quadros completos o sistema de vídeo exibe por segundo. A contagem de pixels e linhas é chamada de resolução espacial; a contagem de quadros por segundo é a resolução temporal.

Resolução espacial: número de pixels e linhas Quanto mais linhas de varredura o raster de imagem contenha e quanto mais pixels por linha, maior a resolução espacial (definição de imagem). Esses valores são padronizados para a televisão digital. O lado esquerdo da tabela na Figura 5.26 mostra os padrões para HDTV e cinema digital de resolução vertical (número de linhas que compõem um quadro) e de resolução horizontal (número de pixels por linha). O número de linhas de raster normalmente indica a qualidade visual da HDTV, mas o alto número de pixels por linha é o motivo de orgulho do cinema digital. **Figura 5.26**

Resolução temporal: número de quadros por segundo Ao se tratar de vídeo, a resolução temporal é medida em quadros por segundo. Ela se torna importante quando algo se move na tela, mas também na supressão do *flicker* quando ocorre a mudança de quadro. Uma taxa de quadros alta faz o movimento parecer mais natural sem borrar o objeto que se move; uma taxa de quadros baixa faz o oposto. Uma taxa de quadros de 30 qps é a mais baixa para evitar o *flicker* do vídeo e se tornou padrão para vídeo. Uma taxa de quadros de 60 qps é normalmente usada para aquisição de imagens HDTV e cinema digital.

Mas, e os 24 qps da filmagem? Esse padrão foi determinado para acomodar a taxa tradicional de 24 qps dos filmes. No que se refere à qualidade de vídeo, a baixa taxa de quadros não faz sentido a não ser que você precise limitar a grande quantidade de informação digital gerada por uma taxa maior. Na verdade, 24 qps é tão baixo que causaria *flicker* notável na imagem. Felizmente, quando se exibe uma

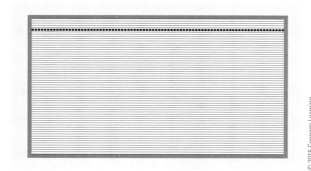

5.25 Raster de imagem
Um raster de imagem consiste de várias linhas de varredura comprimidas, cada uma compreende 1.000 ou mais pixels. Cada linha de raster é ativada por luz ou uma carga elétrica, linha por linha, normalmente do topo para a parte inferior.

TIPO	RESOLUÇÃO ESPACIAL		RESOLUÇÃO TEMPORAL		
	Vertical (número de linhas de rastreamento)	Horizontal (número de pixels por linha)	Quadros completos por segundo i = varredura entrelaçada de rastreamento (pixels por linha) p = varredura progressiva		
SDTV	480	704	24p	30p, 30i	60p
HDTV	720	1.280	24p	30p	60p
HDTV	1.080	1.920	24p	30p, 30i	60p
Ultra HD	2.160	3.840 (4K)			60p
Super	4.320	7.680 (8K)			60p

Nota: No Japão, Ultra HD é principalmente chamado de Super-Hi vision.

5.26 Tabela de resolução digital

imagem em 24 qps, sua taxa de quadros é usualmente acelerada automaticamente para evitar *flicker*.

Tudo isso significa que, se você quiser vídeo de alta qualidade, independentemente de você estar fazendo um comercial de TV ou uma produção de cinema digital, filme a uma taxa de 60 qps sempre que possível.

O lado direito da tabela na Figura 5.26 mostra os valores comuns de resolução temporal em quadros por segundo e o modo de varredura (progressiva ou entrelaçada).

Modos de varredura

Há dois tipos principais de modos de varredura: progressiva e entrelaçada. Em vídeo digital todos os padrões de varredura podem ser progressivos. Para transmissão de televisão, o padrão 1080 deve ser entrelaçado.

Varredura progressiva Nesse modo de varredura (ativação), cada linha do raster é sucessivamente exposta e lida como uma carga elétrica do topo até a parte de baixo, mais ou menos da forma como você lê uma página impressa. Quando todas as linhas tiverem sido lidas, você tem um *quadro* de vídeo completo. O mesmo processo é repetido a cada novo quadro. Por exemplo, se nas especificações de sua câmera é dito que ela opera em uma *taxa de atualização* de 60 qps em 720p, você saberá que a câmera pode ativar 60 vezes em um segundo todas as 720 linhas de raster. **Figura 5.27**

Varredura entrelaçada Esse modo de varredura lê todas as linhas de raster ímpares primeiro e na segunda varredura lê todas as linhas pares. Na realidade, o que você obtém é meio quadro durante a primeira varredura e a outra metade durante a segunda varredura. Cada uma das metades do quadro é chamada de *campo*. Os dois campos são então combinados – entrelaçados – para cada quadro. Mas por que se preocupar com tal método segmentado quando você pode fazer uma varredura progressiva? A razão pela qual a varredura entrelaçada é usada para o sistema *padrão de televisão* (STV) é que ela economiza espaço na limitada banda de transmissão. Isso é especialmente necessário quando se transmite em HDTV o padrão de mais alta qualidade de 1.080 linhas. Como a grande quantidade de informação gerada pela varredura de 1080p entupiria a tubulação relativamente estreita da banda de transmissão, ela não é usada para transmissão. **Figura 5.28**

Cor

Como você aprendeu na seção 5.1, o divisor óptico ou filtro de cor divide a luz que entra na câmera em três feixes de luz separados – vermelho, verde e azul – e os direciona para um único grande sensor ou para sensores separados. Isso cria os três sinais de cor básicos RGB, que podem ser misturados eletronicamente para gerar todas as cores da cena original. (Iremos nos aprofundar mais em misturas de cores no Capítulo 14.) **Figura 5.29**

PONTOS PRINCIPAIS

▶ O termo digital significa que todos os dados são apresentados no sistema binário liga/desliga. As vantagens do sistema binário são sua grande resistência à distorção de dados e erros e sua extrema flexibilidade na manipulação de dados.

▶ O sinal analógico é contínuo e flutua exatamente como o original. O sinal digital toma amostras do sinal original e é codificado em uma série de valores discretos, expressados como 0s e 1s.

▶ Uma alta taxa de amostragem preserva muitas partes do sinal original e é preferível sobre uma baixa taxa de amostragem, que salta maiores partes do sinal original.

▶ A imagem básica de televisão é criada convertendo a luz da imagem que a lente da câmera captura em sinal de vídeo. Essa conversão ocorre no sensor do dispositivo de imagens. Todos os sensores têm um raster que consiste de um grande número de pixels sensíveis à luz que são arranjados em uma compressão vertical de linhas horizontais de varredura. Um raster de pixels similar reconstrói a imagem no receptor da televisão.

▶ Resolução de imagem refere-se a quão perfeita uma imagem de vídeo parece. Ela depende principalmente do número de pixels por linha horizontal de varredura e do número de linhas verticais de raster comprimidas. A densidade de pixels de um raster e o número de linhas em uma compressão de raster determinam a resolução espacial da imagem de vídeo. A resolução temporal é obtida pela taxa de atualização do sistema ou por quantos quadros por segundo ele pode exibir.

▶ Com a varredura progressiva, toda linha de raster é analisada pela luz ou uma carga elétrica sequencialmente do topo para a parte de baixo. Uma varredura completa do raster gera um único quadro de vídeo.

5.27 Varredura progressiva*
Em uma varredura progressiva, cada linha de raster horizontal é lida do topo para a parte de baixo para completar um quadro de vídeo.

Um quadro completo com varredura feita do topo para a parte de baixo.

A câmera de televisão 89

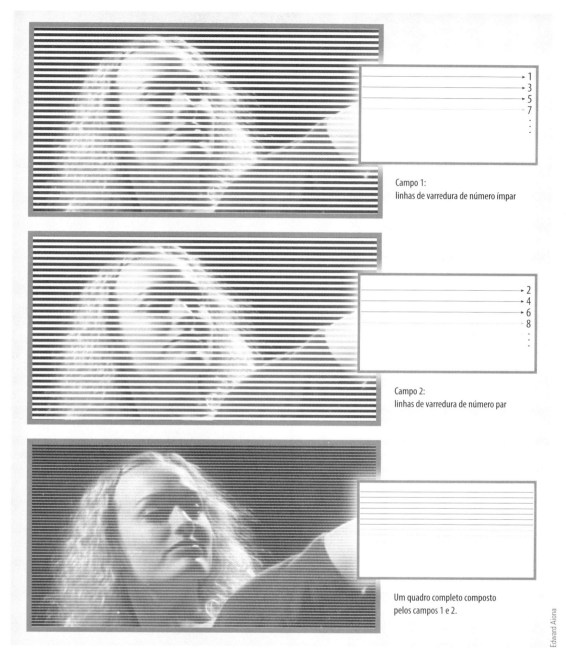

Campo 1:
linhas de varredura de número ímpar

Campo 2:
linhas de varredura de número par

Um quadro completo composto pelos campos 1 e 2.

Edward Aiona

5.28 Varredura entrelaçada*
Em uma varredura entrelaçada, as linhas de raster horizontais de número ímpar são lidas primeiramente, criando metade de um quadro, chamado de campo. A próxima varredura processa todas as linhas de número par, criando a outra metade do quadro – o segundo campo. Os dois campos formam um único quadro.

▶ A varredura entrelaçada lê todas as linhas de raster ímpares na primeira varredura e depois todas as linhas pares, na segunda. A combinação das imagens incompletas, chamadas de campos, cria um único quadro de vídeo.
▶ Todas as cores da TV são uma mistura de três cores primárias aditivas: o vermelho, o verde e o azul (RGB). Quando convertidos em sinais elétricos pelos sensores, os sinais das três cores podem ser misturados para recriar as cores da cena original.

5.29 Cores primárias da TV*
As três cores primárias aditivas da televisão, com as quais todas as outras cores são misturadas, são o vermelho, o verde e o azul, normalmente identificadas por *RGB*.

© 2015 Cengage Learning

capítulo 6

Lentes

As lentes são utilizadas em todas as áreas da arte fotográfica. Sua função básica é projetar uma imagem vívida do cenário captado em filme ou, no caso da televisão e da fotografia digital, no dispositivo eletrônico de imagens. Como visto no Capítulo 5, a lente é um dos três principais componentes da câmera. Em câmeras de estúdio, a lente é normalmente bem maior que a própria câmera. A seção 6.1, O que são lentes, apresentará as características ópticas básicas das lentes e seus principais controles operacionais. As características de desempenho das lentes, ou seja, como elas veem o mundo, serão exploradas na seção 6.2, O que veem as lentes.

PALAVRAS-CHAVE

Diafragma; Foco automático; Calibrar; Compactação; Profundidade de campo; Zoom digital; Lente rápida; Campo de visão; Comprimento focal; Foco; f-stop; Íris; Posição macro; Distância mínima de um objeto (minimun object distance – MOD); Lentes de ângulo estreito; Lentes normais; Efeito rack focus; Extensor de alcance; Foco seletivo; Controle de servo zoom; Lente lenta; Lentes de ângulo aberto; Eixo z; Lente de zoom; Alcance do zoom.

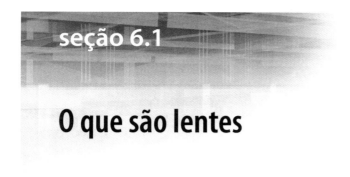

seção 6.1

O que são lentes

A lente determina o que a câmera vê (capta). Alguns tipos de lentes oferecem planos amplos, mesmo se estivermos relativamente próximos à cena; já outras proporcionam planos em close de objetos a grandes distâncias. Os diferentes tipos de lente determinam também a perspectiva visual básica, isto é, se o objeto terá uma aparência distorcida ou se a distância entre um objeto e outro parecerá maior do que de fato é. Da mesma forma, as lentes são grandemente responsáveis pela qualidade da imagem – sua definição – e pelo grau de aproximação ou afastamento (zoom-in e zoom-out) aplicado a um objeto sem mover a câmera. Nesta seção, examinaremos o que as lentes são capazes de fazer e como utilizá-las.

▶ **Tipos de lentes de zoom**
Lentes de estúdio e de campo, alcance de zoom, lentes prime e formato da lente.

▶ **Características ópticas das lentes**
Comprimento focal, foco, transmissão de luz (íris, diafragma e f-stop) e profundidade de campo.

▶ **Controles operacionais**
Controle de zoom, controle de foco e estabilização de imagem.

Tipos de lentes de zoom

Quando ouvimos o pessoal de produção discutindo sobre *lentes de zoom*, sempre há alguém se referindo a lentes de estúdio, em vez de lentes de campo; outros, talvez, mencionem as lentes 20x (20 vezes) e outros ainda as lentes de zoom compatíveis com o formato de imagens de ⅔ de polegada – e é bem provável que todos estejam falando da mesma lente. Esta seção aborda essas classificações.

Lentes de estúdio e de campo (externas)

Como o nome indica, lentes de zoom para estúdio são normalmente utilizadas em câmeras de estúdio. As lentes de campo incluem lentes grandes montadas em câmeras de alta qualidade e utilizadas em transmissões externas, como desfiles e eventos esportivos. Elas incluem também as lentes de zoom acopladas a câmeras de reportagem ENG/EFP. As lentes das câmeras camcorders[1] pequenas geralmente acompanham a câmera e não podem ser trocadas. Alguns modelos de alta definição, contudo, permitem conectar uma variedade de lentes de zoom ou incluem adaptadores para a montagem de diversas lentes. Já que temos a opção de utilizar, e com certeza utilizamos, lentes de campo no estúdio e vice-versa, a melhor forma, e também a mais precisa, de classificar as lentes de zoom é pelo alcance do zoom e pelo formato da lente, isto é, em que câmeras se encaixam. **Figuras 6.1 e 6.2**

Alcance de zoom

Se a lente de zoom, por exemplo, permite capturar o plano geral de toda uma quadra de tênis e parte das arquibancadas quando o zoom está totalmente aberto (sem aproximar a câmera da quadra) ou quando fecha totalmente em um close da expressão tensa do tenista, então a lente possui um excelente alcance de zoom. O *alcance de zoom* é o grau até o qual é possível alterar o comprimento focal da lente (e, consequentemente, o campo de visão, ou vista) durante a aplicação de zoom.

O alcance de zoom das lentes é normalmente representado por uma proporção, como 10:1 ou 40:1. A proporção 10:1 indica que é possível aumentar em 10 vezes o comprimento focal mais curto; na proporção 40:1, 40 vezes. Para facilitar a compreensão, essas proporções são normalmente listadas como 10× (10 vezes) ou 40× (40 vezes), referindo-se à ampliação máxima da imagem que a lente é capaz de produzir. **Figura 6.3**

O alcance de zoom das grandes câmeras (estúdio) instaladas no alto das arquibancadas em coberturas esportivas pode ser de 40× e até mesmo 70×. No estúdio, as câmeras são muito bem equipadas com lentes de zoom 20×. As lentes das câmeras de ENG/ EFP – menores e mais leves – raramente ultrapassam o alcance de zoom de 15×.

Alcances de zoom digital e óptico Você provavelmente já observou que o alcance de zoom óptico nas câmeras camcorders pequenas é um tanto limitado; o alcance de zoom óptico na faixa de 15× é considerado excelente, mesmo para câmeras de alta definição. Por essa razão, a maioria das pequenas câmeras camcorders oferece a opção de aumentar o alcance de zoom digitalmente. Quando se aplica zoom óptico para obter uma tomada em close, a ampliação da imagem é criada movendo-se os elementos dentro da lente. Na verdade, estamos alterando ininterruptamente o comprimento focal ao aplicar os efeitos de zoom-in ou zoom-out. Na aplicação de *zoom digital*, essa mudança no comprimento focal não ocorre.

---

[1] O termo "câmera camcorder" refere-se às câmeras que possuem o gravador de vídeo acoplado. Pode ser de fita, HD, cartão de memória ou DVD. (NRT)

6.1 Lentes de zoom para estúdio
Lentes de alta qualidade são pesadas e geralmente maiores que a própria câmera.

6.2 Lentes de zoom ENG/EFP
A lente para câmeras de ENG/EFP é consideravelmente mais leve e menor do que as lentes de zoom para estúdio. Embora as lentes ENG/EFP não apresentem uma qualidade tão boa quanto a das lentes de estúdio, estas são equipadas com muitos dos recursos de zoom utilizados em estúdio, como controles de zoom manual e servo zoom, controle de íris automática e, algumas vezes, um recurso de foco automático.

No *zoom digital*, os componentes eletrônicos da câmera simplesmente selecionam a parte central da tomada longa e aumentam a área recortada de modo a ocupar toda a tela. O problema do zoom digital é que as partes ampliadas visivelmente reduzem a resolução da imagem. Em dado momento na aplicação do zoom digital, o tamanho "dos ladrilhos do mosaico" aumenta de tal forma que o resultado se assemelha mais a um efeito especial, e não à ampliação da imagem original (lembre-se dos ladrilhos do mosaico no Capítulo 5). Em algumas câmeras, o recurso de zoom digital é excelente, embora o melhor dos melhores zooms desse tipo não proporcione a mesma qualidade de nitidez do zoom óptico.

Todas as lentes de estúdio, campo e de ENG/EFP das grandes câmeras e de algumas câmeras camcorders de alta qualidade são intercambiáveis e substituíveis por lentes com alcances de zoom variados. Muitas câmeras camcorders, contudo, são equipadas com uma lente interna fixa. Isso representa um sério problema, principalmente porque as posições de ângulo aberto dessas lentes, na maioria das vezes, não são suficientemente amplas.

Lentes de estúdio e lentes grandes para produção em campo Observe que as lentes de estúdio 20× se transformam em lentes de campo se utilizadas em produções "de campo" realizadas fora do estúdio. Geralmente, o alcance de zoom das lentes de campo é bem maior (de 40× a 70×) se comparado ao das câmeras de estúdio. Em algumas lentes de campo, o alcance de zoom é ainda maior; com isso, o operador pode fechar o zoom de uma tomada geral do estádio de futebol em um belo close do rosto do zagueiro. Apesar do grande alcance de zoom, essas lentes produzem imagens de alta qualidade mesmo sob níveis relativamente baixos de luz. Para utilização em estúdio, esse alcance de zoom seria desnecessário e até mesmo improdutivo.

Lentes ENG/EFP Essas lentes são bem menores e cabem nas câmeras portáteis. Seu alcance de zoom normal varia de 11× a 20×. A lente de zoom 15× é suficiente para a maioria dos trabalhos de ENG/EFP. No entanto, pode haver situações em que seja necessário visualizar mais de perto um evento relativamente distante. Para isso, é preciso tro-

6.3 Posições de zoom máximo das lentes 10×*
A lente 10× zoom é capaz de aumentar seu comprimento focal 10 vezes. Ela amplia parte da cena e cria a sensação de aproximá-la da câmera e, portanto, do observador.

car a lente de zoom 15× por outra com alcance de zoom mais amplo – como 20× ou até mesmo 30×. Podemos utilizar também um extensor de alcance (abordado a seguir) para ampliar o alcance de zoom normal e obter closes ainda mais detalhados.

Outro fator de importância a ser considerado é se as lentes de ENG/EFP oferecem um ângulo de visão suficientemente amplo (comprimento focal muito curto) para gravar em locais muito apertados, como dentro de um carro, de uma sala pequena ou em um avião. Da mesma forma, um ângulo de visão aberto é importante para tomadas na relação de aspecto wide-screen 16:9. (Ver seção 6.2.)

Muitas lentes são equipadas com estabilizadores digitais ou mecânicos, os quais absorvem, pelo menos, algumas das oscilações provocadas durante a operação da câmera, principalmente em posições com ângulos fechados (zoom-in). Não se esqueça, porém, de que esses estabilizadores geram um consumo extra de bateria. Utilize esse recurso apenas se não houver um tripé disponível ou outro meio de fixar a câmera. (Estabilização de imagem é discutida novamente mais à frente nesta seção.)

Extensores de alcance Se a lente de zoom não for suficientemente potente para aproximar uma cena do ponto em que a câmera se encontra, podemos, então, utilizar um acessório extra chamado *extensor de alcance* ou simplesmente extensor. Esse componente óptico, normalmente disponível para lentes em câmeras profissionais, na verdade não amplia o alcance de zoom, mas altera o fator de ampliação – a capacidade de telefoto – da lente em relação à extremidade do ângulo fechado do alcance de zoom. A maioria das lentes é equipada com extensores 2×, ou seja, duplica o alcance de zoom na posição em ângulo fechado, mas também reduz duas vezes a posição da lente em ângulo aberto. Com esse tipo de acessório, podemos fechar o zoom em um close detalhado da imagem, porém não poderemos abrir o zoom tão amplamente como faríamos se utilizássemos o extensor. Há outra desvantagem em relação aos extensores de alcance: eles reduzem consideravelmente o nível de luz recebido pela câmera, e isso pode ser um problema em condições de pouca luz.

Lentes prime

Provavelmente, algum de nós já utilizou lentes prime em câmeras fotográficas do tipo single-reflex ou reflexo único (SLR ou DSLR). As lentes prime são também chamadas lentes de comprimento focal fixo, pois não é possível alterar seu comprimento focal. São mais adequadas para uso em cinema digital do que em câmeras de televisão. Lentes prime também são usadas em câmeras DSLR (single-reflex digitais) que sejam usadas para captura de vídeo. As lentes prime não permitem a aplicação dos efeitos de zoom-in ou zoom-out; portanto, é necessário executar um movimento físico para aproximá-las ou afastá-las se quisermos obter um close ou uma tomada mais aberta do objeto.

Por que utilizar uma lente relativamente pesada quando temos à disposição lentes de zoom muito mais versáteis? Porque lentes prime proporcionam imagens mais nítidas que as lentes de zoom, principalmente em condições de pouca luz, uma vez que a luz tem que viajar através de menos vidro nessas lentes em relação a lentes de zoom (ver Figura 6.6). Essa diferença não será notada em uma tela pequena (como a tela comum do aparelho de TV), mas, provavelmente, poderemos notá-la quando se projetam as imagens em uma tela grande de cinema.

Formato da lente

Como as lentes das câmeras são planejadas para corresponder ao tamanho do dispositivo de imagens, talvez você já tenha ouvido falar em formato de lente ou formato de imagem de 35mm ou os formatos menores de ⅓ de polegada, ½ polegada ou ⅔ de polegada. Em outras palavras, é possível utilizar apenas lentes que se ajustem ao tamanho correspondente do chip do sensor. A maioria das grandes câmeras utiliza o formato de ½ polegada e câmeras menores utilizam ou formato de ⅓ de polegada. Câmeras de cinema digital e DSLR devem usar lentes que se adaptem a seus incomumente grandes sensores.

6.4 Comprimento focal
Comprimento focal é a distância do centro óptico da lente à superfície frontal do dispositivo de imagens.

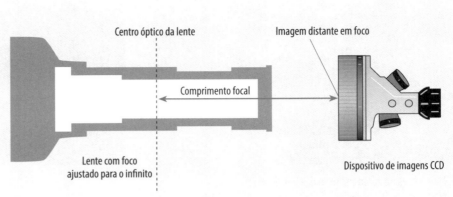

Características ópticas das lentes

O uso eficiente da câmera depende, em grande parte, de nossa compreensão das quatro características ópticas das lentes: comprimento focal, foco, transmissão de luz (íris, diafragma e f-stop) e profundidade de campo.

Comprimento focal

Tecnicamente, *comprimento focal* é a distância do centro óptico da lente ao ponto em que a imagem captada por ela está em foco. Esse ponto é o dispositivo de imagens da câmera. **Figura 6.4** Em termos operacionais, o comprimento focal determina a extensão máxima ou mínima da imagem que a câmera é capaz de exibir e o grau de ampliação dos objetos e a forma como estes são exibidos depois de ampliados.

Quando nos afastamos totalmente do objeto aplicando o efeito de zoom-out, o comprimento focal da lente é curto, ajustando-se à posição de ângulo aberto máximo; a câmera proporcionará uma vista ou campo de visão amplo. Quando nos aproximamos totalmente do objeto aplicando o efeito de zoom-in, o comprimento focal é longo, ajustando-se à posição de ângulo fechado máximo (telefoto); a câmera proporcionará uma vista curta ou, em outras palavras, uma cena em close. **Figura 6.5**

Quando congelamos o zoom em aproximadamente a metade do caminho entre essas posições extremas, a lente terá seu comprimento focal normal, o que significa que teremos uma visão "normal" próxima à visão de quem observa a cena. Por se ajustarem a qualquer comprimento focal, da posição de ângulo aberto máximo (efeito de zoom-out total) à posição de ângulo fechado máximo (efeito de zoom-in total), as lentes de zoom são chamadas lentes de comprimento focal variável.

Na tela de televisão, o efeito de zoom-in cria a sensação de que o objeto se aproxima gradualmente do observador. No zoom-out, o objeto parece se afastar do observador. Na verdade, o que de fato os componentes móveis da lente de zoom fazem é ampliar gradualmente (zoom-in) ou reduzir a ampliação (zoom-out) do objeto e mantê-lo ao mesmo tempo em foco, porém a câmera não se move durante essas duas operações. **Figura 6.6**

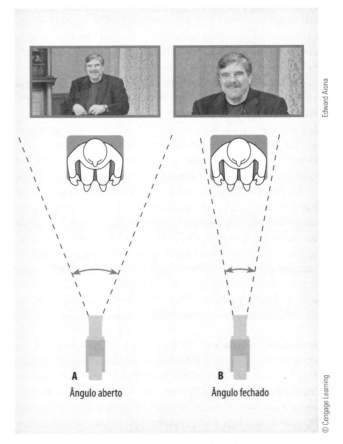

6.5 Posições de zoom de ângulos aberto e fechado
A posição **A** de zoom aberto (zoom-out) oferece uma vista mais ampla (campo de visão) que a posição **B**, isto é, a posição de zoom de ângulo fechado (zoom-in). Observe que o efeito de zoom-in amplia a imagem.

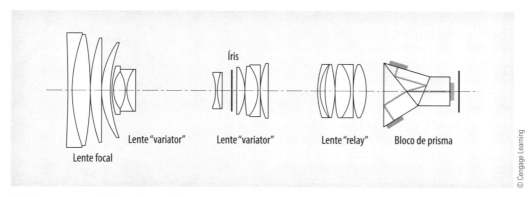

6.6 Componentes da lente de zoom*
A lente de zoom consiste em vários componentes móveis e fixos que se interagem para manter o foco durante a mudança contínua do comprimento focal. Os componentes frontais controlam o foco, e os centrais, o zoom.

Distância mínima de um objeto e posição macro Normalmente, há um limite para a distância máxima em que é possível aproximar fisicamente a câmera (e a lente) do objeto a ser fotografado e ainda manter a imagem em foco. Isso nos coloca diante de um problema, principalmente se tentarmos obter o close (chamamos também plano detalhe o plano fechado de objetos) de um objeto muito pequeno. Mesmo fechando totalmente no objeto, a tomada ainda parecerá aberta demais. Se aproximarmos a câmera do objeto, teremos um close extremo do objeto, porém não será mais possível manter a imagem em foco. Nessas situações, os extensores de alcance ajudam, mas não muito. Embora possamos utilizá-los para obter um close mais detalhado do objeto, eles nos forçam a afastar a câmera a fim de ajustar o foco do plano enquadrado.

Uma maneira de resolver esse problema é aplicar o zoom-out e abrir totalmente para uma posição de ângulo aberto. Contrariando as expectativas normais, a posição de ângulo aberto geralmente nos permite obter um close mais detalhado de objetos pequenos do que a posição estendida em zoom de ângulo fechado (zoom-in total com extensor 2×). Mesmo com a lente na posição de ângulo aberto, há, geralmente, um ponto em que a câmera perde o foco se ficar muito próxima do objeto. O ponto máximo de aproximação da câmera sem perder o foco sobre o objeto é chamado *distância mínima de um objeto* (MOD) da lente.

Muitas lentes nas câmeras de ENG/EFP apresentam uma *posição macro* que permite maior aproximação da câmera em relação ao objeto sem perder o foco. Quando ajustamos a lente para a posição macro, é como se fosse possível tocar o objeto e ainda manter o foco, contudo este é o limite máximo de zoom. A posição macro transforma a lente de zoom de lente de comprimento focal variável para lente de comprimento focal fixo ou lente prime. O comprimento focal fixo não representa uma grande desvantagem nesse caso, já que a posição macro é utilizada apenas em circunstâncias altamente específicas. Para obter, por exemplo, o close em tela total de um selo postal, teríamos de ajustar a câmera para a posição macro, porém não seria possível utilizá-la para aplicar zoom até que fosse ajustada de volta ao mecanismo de zoom normal.

Foco

Imagem "em foco" é aquela que, quando projetada, aparece clara e nítida. O *foco* depende da distância entre a lente e a parte da frente do dispositivo de imagens da câmera (divisor óptico e sensores). Se simplesmente ajustarmos a distância entre a lente e o dispositivo de imagens, a imagem entrará no foco ou sairá dele. Nas lentes de zoom para câmeras de televisão, esse ajuste é obtido movendo-se não a lente ou o bloco de prisma (divisor óptico), mas alguns de seus componentes, um em relação ao outro, por meio do controle de foco de zoom (ver Figura 6.6).

Os controles de foco podem ter várias configurações. As câmeras portáteis são equipadas com um anel de foco na lente que ao girar controla o foco; as câmeras de estúdio são equipadas com uma alavanca giratória acoplada à alça panorâmica (manopla) (ver Figura 6.18). Muitas câmeras camcorders possuem um recurso de foco automático chamado autofoco, que será abordado no contexto dos controles operacionais, mais adiante nesta seção.

Quando ajustada corretamente, a lente de zoom mantém o foco durante toda a aplicação do efeito de zoom na suposição de que nem a câmera nem o objeto se afastam ou se aproximam muito um do outro. No entanto, já que andamos ou até mesmo corremos carregando uma câmera de ENG/EFP, nem sempre é possível focar antecipadamente o zoom. Nesses casos, seria mais aconselhável abrir totalmente o zoom para uma posição de ângulo aberto, o que reduziria consideravelmente a necessidade de estabelecer o foco.

Configuração predefinida (ajuste) da lente de *zoom* Um processo padrão de configuração predefinida, ou *calibragem*, da lente de zoom permite que a câmera permaneça em foco enquanto o efeito de zoom é aplicado: feche o zoom totalmente no objeto-alvo, como em uma transmissão jornalística no set de um telejornal. Focalize o rosto do apresentador (os olhos ou a região do nariz) girando o controle de foco. Ao abrirmos o zoom para uma tomada mais ampla, observaremos que tudo permanece em foco, o que é válido quando fechamos o zoom novamente. Com isso, é possível manter o foco durante todo o tempo em que o efeito de zoom é aplicado. No entanto, se movermos a câmera ou se o artista se mover após pré-configurarmos o zoom, será necessário ajustar a lente outra vez.

Por exemplo, se predefinirmos a configuração de zoom sobre a âncora do telejornal, mas o diretor, logo em seguida, solicitar que a câmera seja afastada um pouco para a esquerda para facilitar sua leitura do teleprompter, não será possível manter o foco sem pré-configurar o zoom novamente a partir da nova posição. Se, após predefinirmos os ajustes, o diretor solicitar que fechemos o zoom no mapa atrás da âncora, teremos de ajustar o foco enquanto afastamos o zoom da apresentadora – uma tarefa não muito fácil, mesmo para operadores de câmera experientes.

Se os movimentos da câmera são predeterminados e repetidos em todos os programas, como em noticiários diários, algumas lentes de zoom, às vezes chamadas de lentes de zoom digital, têm recursos predefinidos. O chip digital na lente memorizará as várias posições de zoom e executará cada uma delas automaticamente, bastando para isso pressionarmos um botão. Isso é particularmente importante quando utilizamos câmeras-robô controladas por computador, e não por pessoas.

A não ser que haja um controle de foco automático, será necessário pré-configurar as lentes de zoom em coberturas jornalísticas externas. Você já deve ter notado que vídeos não editados de desastres (como tornados ou incêndios) geralmente contêm breves closes (planos) fora de foco seguidos de efeitos de zoom-out dentro de foco. Apesar das situações precárias, o operador estava calibrando a câmera para mantê-la em foco nos efeitos de zoom-in subsequentes.

Transmissão da luz: íris, diafragma e *f*-stop

À semelhança da pupila no olho humano ou felino, todas as lentes são equipadas com mecanismos que controlam a intensidade da luz recebida através delas. Esse mecanismo é chamado *íris* ou diafragma da lente. A íris consiste em uma série de lâminas de metal finas formando um orifício totalmente redondo – o *diafragma* ou a abertura da lente – com tamanhos variados. **Figura 6.7**

Se "abrirmos" a lente até seu limite máximo ou, tecnicamente falando, se ajustarmos a lente para sua abertura máxima, ela permitirá que entre a quantidade máxima de luz. **Figura 6.8A** Ao fecharmos a lente ligeiramente, as lâminas de metal da íris formam um orifício menor e a quantidade de luz que atravessa a lente também é menor. Quando se fecha a lente totalmente – isto é, quando é ajustada para sua abertura mínima –, pouquíssima luz entrará. **Figura 6.8B** Alguns tipos de íris podem ser fechados totalmente, ou seja, nenhuma luz atravessa as lentes.

***f*-stop**   A escala padrão para indicar a quantidade de luz que atravessa a lente, independentemente do tipo de lente, é *f*-stop. **Figura 6.9** Suponha que tivéssemos duas câmeras –

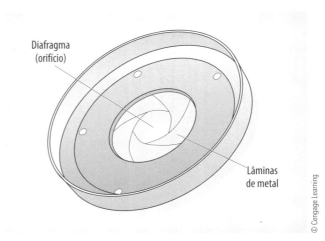

6.7 Íris da lente
A íris, ou diafragma da lente, consiste em uma série de lâminas de metal finas que forma, por sobreposição parcial, um diafragma, ou abertura da lente, de tamanhos variados.

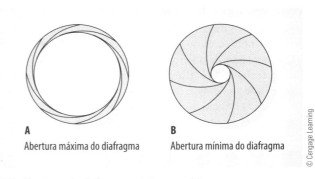

6.8 Aberturas de diafragma máximas e mínimas
A Na abertura de diafragma máxima, as lâminas da íris formam uma grande abertura, permitindo a entrada de uma grande quantidade de luz através da lente. **B** Na configuração mínima, as lâminas se sobrepõem para formar um pequeno orifício, permitindo a entrada de apenas uma pequena quantidade de luz.

6.9 Configurações de *f*-stop
O *f*-stop é a calibragem que indica o tamanho do diafragma.

uma câmera camcorder com lentes de zoom de 10× e uma câmera de campo com uma lente grande de 50×: se ajustarmos ambas as lentes em $f/5,6$, os dispositivos de imagem nas duas câmeras receberão a mesma quantidade de luz.

Independentemente do tipo de câmera, os f-stops são expressos em uma série de valores, como $f/1,7$, $f/2,8$, $f/4$, $f/5,6$, $f/8$, $f/11$ e $f/16$ (ver Figura 6.9). Os valores de f-stop mais baixos indicam uma abertura de diafragma ou da íris relativamente grande (a lente está relativamente aberta). Os valores de f-stop mais altos indicam uma abertura de diafragma relativamente pequena (a lente está consideravelmente fechada). A lente ajustada em $f/1,7$ possui uma abertura de diafragma bem maior, permitindo, dessa forma, a entrada de um volume maior de luz em relação à lente ajustada em $f/16$. (Isso explica por que os valores de f-stop baixos indicam aberturas de diafragma grandes e valores de f-stop altos indicam aberturas de diafragma relativamente pequenas, e não o contrário. Esses valores, na verdade, representam uma proporção ou relação. Dessa forma, $f/4$ é, na verdade, $f/¼$, isto é, f um sobre quatro.) A maioria das lentes produz as imagens mais nítidas nas proporções $f/5,6$ e $f/8$. Algumas lentes ampliam o foco ideal para $f/11$.

Velocidade da lente A "velocidade" da lente não tem nenhuma relação com a rapidez com que a luz é transmitida, mas com a quantidade de luz admitida. A lente que permite a entrada de uma quantidade relativamente grande de luz é chamada *lente rápida*. As lentes rápidas atingem valores f-stop baixos (como $f/1,4$). A maioria das lentes de zoom para estúdio de boa qualidade tem aberturas de até $f/1,6$, ou seja, são rápidas o bastante para permitir que a câmera trabalhe adequadamente mesmo em condições de pouca luz.

A lente que transmite relativamente pouca luz em sua abertura máxima de íris é chamada *lente lenta*. A lente de estúdio cujo valor f-stop mais baixo é $f/2,8$, sem dúvida alguma, é mais lenta que uma lente com abertura máxima de até $f/1,6$. Os extensores de alcance reduzem inevitavelmente a velocidade das lentes. Um extensor de 2× pode reduzir a velocidade da lente em até dois "stops" (maior valor de f-stops), por exemplo, de $f/1,7$ para $f/4$ (ver Figura 6.9). Essa redução na transmissão de luz não representa um grande problema, pois, normalmente, os extensores de alcance são utilizados em ambientes externos onde há muita luz. O problema mais sério é que a resolução original da imagem sofre uma pequena deterioração.

Controle remoto da íris A quantidade de luz que atinge o dispositivo de imagens da câmera é extremamente importante para a qualidade da imagem; por essa razão, o ajuste constante da íris é uma função primordial do controle de vídeo. As câmeras de estúdio são equipadas com um controle remoto da íris; em outras palavras, o diafragma pode ser ajustado constantemente pelo operador de vídeo por meio da unidade de controle de câmera (CCU). Com o set adequadamente iluminado e a câmera corretamente configurada (ajustada eletronicamente para os extremos de escuridão/claridade do cenário), tudo que o operador de vídeo tem a fazer é trabalhar com o controle remoto da íris – abrir a íris em condições de pouca luz e fechá-la levemente quando houver mais luz que o necessário.

Controle de íris automática A maioria das câmeras, principalmente as câmeras de ENG/EFP, podem alternar do modo manual para o modo de íris automática. **Figura 6.10** A câmera detecta a luz penetrando a lente e ajusta automaticamente a íris para desempenho máximo da câmera. Esse recurso de íris automática funciona adequadamente desde que o cenário não apresente muito contraste.

Há circunstâncias em que talvez seja preferível ajustar a câmera para controle manual da íris. Por exemplo, se fizermos uma tomada em close de uma mulher usando chapéu branco em plena luz do sol, a íris automática se ajustará à luz clara do chapéu branco, e não à face mais escura (sombreada) por debaixo do chapéu. Portanto, o controle de íris automática criará a imagem de um chapéu perfeitamente exposto, mas um rosto sem exposição suficiente. Nesse caso, seria aconselhável alternar para o controle manual da íris, fechar em zoom no rosto da pessoa e eliminar grande parte do chapéu branco e, por fim, ajustar a íris para a luz refletida do rosto, e não para o chapéu. Entretanto, ao alternarmos para o controle manual da íris, veremos que mesmo uma câmera de ENG/EFP relativamente boa não é capaz de lidar com níveis extremos de contraste. Nesse caso, talvez seja aconselhável experimentar um filtro de densidade neutra, o que reduziria o brilho extremo sem escurecer ainda mais as áreas densamente escuras. (Outras formas de lidar com contrastes extremos serão explicadas no Capítulo 11.)

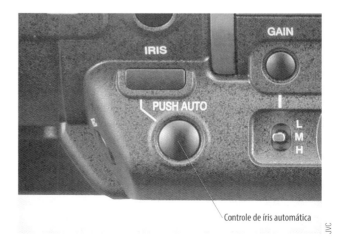

6.10 Controle de íris automática
Com o controle de íris automática, é possível alterar o controle do diafragma de manual para automático. Para retornar rapidamente para manual, basta pressionar a chave de íris automática sem interromper a gravação.

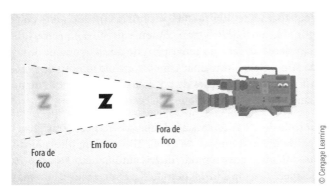

6.11 Profundidade de campo*
A profundidade de campo é a área em que todos os objetos, embora localizados em diferentes distâncias da câmera, aparecem em foco.

Profundidade de campo

Se posicionarmos objetos em diferentes distâncias da câmera, alguns estarão em foco, e outros, fora de foco. A área em que o objeto aparece em foco é chamada *profundidade de campo*. A profundidade de campo pode ser superficial ou acentuada, mas é sempre maior atrás do objeto do que na frente dele. **Figura 6.11**

Se a profundidade de campo for superficial e lançarmos o foco sobre um objeto no primeiro plano, os objetos nos planos do meio e do fundo ficarão desfocados. **Figura 6.12** Se a profundidade de campo for acentuada, todos os objetos (primeiro plano, plano médio e plano de fundo) estarão em foco, mesmo se lançarmos o foco apenas sobre o objeto no plano médio. **Figura 6.13**

A profundidade de campo acentuada cria uma "zona de nitidez" em que é possível aproximar ou afastar pessoas e objetos da câmera sem perder o foco e sem a necessidade de nenhum ajuste no foco da câmera. No entanto, supondo que os objetos se movam em uma profundidade de campo superficial, existe a possibilidade de que pareçam borrados caso o foco não seja ajustado. Algo semelhante acontece se movimentarmos a câmera. A profundidade de campo acentuada torna relativamente fácil a tarefa de aproximar a câmera do objeto, pois não é necessário ativar nenhum controle para manter a imagem em foco. Se movermos a câmera de modo semelhante em uma profundidade de campo superficial, será necessário ajustar o foco continuamente para manter o objeto-alvo claro e nítido.

Por que usar uma profundidade de campo superficial quando uma profundidade de campo acentuada faz com que seja muito mais fácil manter um objeto no foco? Porque uma profundidade de campo superficial ajuda a definir a profundidade da imagem. Ela também é uma maneira simples e altamente efetiva de chamar a atenção para pessoas ou objetos que estejam posicionados no *eixo Z* – uma linha imaginária que se estende da câmera até o horizonte. Por fim, uma profundidade de campo superficial se tornou um elemento importante do arsenal estético do diretor.

Em termos operacionais, a profundidade de campo depende da coordenação de três fatores: o comprimento focal da lente, o diafragma e a distância entre a câmera e o objeto.

Comprimento focal O comprimento focal da lente é o fator que mais influencia a profundidade de campo. De modo geral, lentes de ângulo aberto e, naturalmente, posições de zoom (zoom-out) em ângulo aberto (comprimento focal curto) possuem uma profundidade de campo acentuada. Lentes de ângulo fechado e posições de zoom (zoom-in) em ângulo fechado (comprimento focal longo) possuem uma profundidade de campo superficial. Recomendamos que você memorize este princípio básico:

- *A profundidade de campo aumenta à medida que o comprimento focal diminui.*

Quando corremos para fazer uma reportagem em que o evento se move rapidamente, é melhor fechar ou abrir totalmente o zoom? Abrir totalmente. Por quê? Porque, primeiramente, a posição de ângulo aberto da lente de zoom mostrará ao observador pelo menos o que está acontecendo. Em segundo lugar, e sem dúvida o mais importante, a profundidade de campo acentuada resultante ajudará a

6.12 Profundidade de campo superficial (rasa)*
Na profundidade de campo superficial, a área em que o objeto aparece em foco é limitada.

6.13 Profundidade de campo acentuada*
Na profundidade de campo acentuada, quase tudo no campo de visão da câmera aparece em foco.

manter a maioria dos planos de gravação em foco, independentemente de a câmera estar perto ou longe do evento, ou se você ou o evento estiverem em movimento.

Diafragma Veja, a seguir, princípios básicos sobre aberturas de diafragma e profundidade de campo:

- *Valores f-stop altos (como f/16 ou f/22) contribuem para gerar profundidades de campo acentuadas.*
- *Valores f-stop baixos (como f/1,7 ou f/2) contribuem para gerar profundidades de campo superficiais.*

Veja, a seguir, um exemplo de como cada elemento na produção de televisão parece influenciar todos os demais: sob condições de pouca luz, é necessário abrir a íris para permitir a entrada de luz suficiente na câmera. No entanto, essa grande abertura (valor f-stop baixo) reduz a profundidade de campo. Por isso, quando se trabalha na cobertura de uma reportagem quando o dia começa a escurecer e não há tempo ou meios de obter luz artificial, a maior preocupação passa ser o foco – estamos diante de uma situação de profundidade de campo superficial. O problema se agrava quando se fecha o zoom em closes extremos. Entretanto, sob luz intensa do sol, não é possível fechar o diafragma (diminuir a abertura) e criar uma profundidade de campo acentuada. Hoje podemos correr com a câmera ou gravar pessoas movendo-se em nossa direção ou se afastando sem grandes preocupações em manter o foco – desde que a lente de zoom esteja na posição de ângulo aberto.

Distância da câmera ao objeto Quanto mais próxima a câmera estiver do objeto, mais superficial será a profundidade de campo. Quanto mais afastada, mais acentuada a profundidade de campo. A distância da câmera em relação ao objeto tem influência também sobre o efeito do comprimento focal na profundidade de campo. Por exemplo, com lentes de ângulo aberto (lente de zoom na posição de ângulo aberto), a profundidade de campo é acentuada. Basta, porém, aproximar a câmera do objeto e a profundidade de campo se torna superficial. O contrário também é válido: se trabalharmos com a lente de zoom em uma posição de ângulo fechado (zoom-in), teremos uma profundidade de campo superficial. Mas, se o foco incidir sobre um objeto relativamente distante da câmera (como uma câmera de

campo instalada no alto de arquibancadas para a cobertura de uma corrida), a profundidade de campo em que estaremos trabalhando será razoavelmente acentuada e não teremos de nos preocupar em ajustar o foco, a menos que fechemos o zoom em closes extremos. **Figura 6.14**

- *Geralmente, a profundidade de campo é superficial quando trabalhamos com closes ou condições de pouca luz. A profundidade de campo é acentuada quando trabalhamos com tomadas longas e níveis altos de luz.*

Controles operacionais

São necessários dois controles básicos para operar a lente de zoom: o controle de zoom, com o qual podemos abrir o zoom para uma tomada ampla ou fechá-lo em um close, e o controle de foco, que faz os componentes localizados próximo à parte frontal da lente de zoom deslizarem para a frente e para trás até chegarem ao ajuste de nitidez ideal da imagem ou de parte específica dela. Ambos os controles podem ser operados manualmente ou por meio de um mecanismo de servocontrole motorizado.

Câmeras camcorders ENG grandes e pequenas também têm um controle de estabilização de imagem.

Controle de zoom

As lentes de zoom são equipadas com um servomecanismo cujo motor ativa o zoom, mas também incluem um controle mecânico de zoom que pode substituir o servo zoom a qualquer momento.

Controle de servo zoom Todos os tipos de câmeras profissionais (estúdio e ENG/EFP) possuem um *controle de servo zoom* em suas lentes, que, nas câmeras de estúdio, é normalmente montado na manopla direita. Para aplicar zoom-in e zoom-out, basta mover a chave manual, como em um controle liga/desliga. Pressionando o lado direito da chave, o efeito é de zoom-in; pressionando o lado esquerdo, zoom-out. Quanto mais afastada estiver a chave da posição central, mais rápido será o efeito de zoom. **Figura 6.15**

Com a automação, podemos facilmente aplicar efeitos de zoom. A maioria dos servomecanismos nas câmeras de zoom oferece a opção de pelo menos duas velocidades: normal e rápida. O ajuste de zoom rápido é utilizado quando se

PROFUNDIDADE DE CAMPO	COMPRIMENTO FOCAL	DIAFRAGMA	f-STOP	NÍVEL DE LUZ	DISTÂNCIA DO OBJETO À CÂMERA
Grande	Curto (ângulo aberto)	Pequeno	Valor de f-stop alto (f/22)	Alto (luz forte)	Distante
Superficial	Longo (ângulo fechado)	Grande	Valor de f-stop baixo (f/1,4)	Baixo (luz reduzida)	Próximo

© Cengage Learning

6.14 Fatores de profundidade de campo

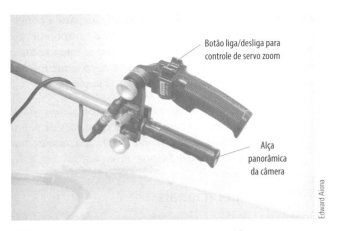

6.15 Controle de servo zoom para câmera de estúdio
Esse controle de zoom é acoplado à manopla da câmera. Ao pressionarmos com o dedo a chave liga/desliga para a direita ou esquerda, aplicamos os efeitos de zoom-in ou zoom-out, respectivamente. Quanto mais afastada estiver a chave da posição central, mais rápido será o efeito de zoom.

fecha rapidamente o zoom para criar ênfase. Por exemplo, o diretor pode pedir que o cameraman feche rapidamente o zoom em um telefone tocando ou no rosto de um competidor. As velocidades de zoom normais não são rápidas o suficiente para destacar esses eventos.

O controle de servo zoom nas câmeras de reportagem ENG/EFP é acoplado diretamente à lente; nas câmeras portáteis pequenas, é às vezes embutido no compartimento da câmera. A chave liga/desliga, que controla o zoom, normalmente é identificada pela letra *W* (para wide, aberto ou amplo) e *T* (para fechado ou telefoto). Para aplicar zoom-in, pressione o lado T da chave; para aplicar zoom-out, pressione o lado *W*. **Figura 6.16** No compartimento do servocontrole, há uma correia presa para podermos sustentar a câmera de ombro ou portátil enquanto aplicamos o controle de zoom. Dessa forma, a outra mão fica livre para operar o controle de zoom manual.

Controle manual de zoom Na captação de notícias e nas produções em campo, muitas vezes é necessário fechar o zoom rapidamente em um close instantâneo ou calibrar a lente de zoom com toda rapidez possível. Mesmo os ajustes de servo zoom rápido são normalmente lentos demais para tais manobras. Por isso, as lentes de muitas das câmeras de reportagem são equipadas com um controle de zoom manual, que é ativado pelo anel localizado no tambor da lente. **Figura 6.17** Quando giramos o anel no sentido horário (zoom-in) ou anti-horário (zoom-out), podemos criar efeitos de zoom extremamente rápidos que seriam impossíveis com o servocontrole. Alguns anéis de zoom incluem uma alavanca para facilitar a aplicação de zoom mecânico. Além das coberturas jornalísticas, essa opção de zoom é particularmente importante no esporte, em que obter closes rápidos é a regra, e não a exceção.

Quase todas as lentes de zoom de câmeras de estúdio robóticas permitem que se faça um pré-ajuste de várias posições de zoom. Esse artifício predefinido, que nos faz lembrar a calibragem do foco, é extremamente preciso, desde que a câmera e o alvo estejam exatamente nas mesmas posições durante a configuração. Esse recurso é mais prático para programas nos quais a pessoa filmada ocupa posições predeterminadas, como em telejornais de estúdio e entrevistas. Como esses pré-ajustes são controlados digitalmente, essas lentes são às vezes chamadas de "lentes digitais".

Controle de foco

Esse controle ativa o mecanismo de foco na lente de zoom. Os mecanismos de foco das câmeras de estúdio e das câmeras camcorders ou câmeras de ENG/EFP são diferentes.

Câmeras de estúdio Nesse tipo de câmera, o controle de foco consiste normalmente em uma alavanca giratória semelhante ao acelerador de motocicleta, ou um botão, montado, em geral, na manopla esquerda. Duas ou três voltas

6.16 Controle de servo zoom para câmera de ENG/EFP
Para câmeras e câmeras camcorders de ENG/EFP, o controle de servo zoom faz parte do conjunto da lente.

6.17 Controle de zoom manual na lente
O anel atrás do controle de foco nas lentes de câmeras do tipo "prossumidor" (pro) e de ENG/EFP ativa o controle de zoom manual.

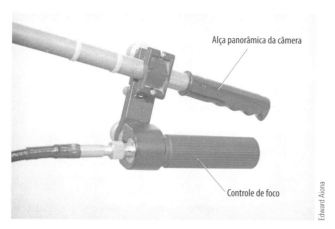

6.18 Controle de servofoco para câmera de estúdio
A alavanca giratória do controle de servofoco na lente de zoom para estúdio gira nos sentidos horário e anti-horário a fim de ajustar o foco.

são suficientes para obter um foco acima do alcance total de zoom. À semelhança do controle de servo zoom, as operações de foco são transferidas pelo cabo de transmissão da alça panorâmica à lente, porém a lente faz os ajustes de foco por meio de um motor elétrico. **Figura 6.18**

Câmeras ENG/EFP As câmeras de reportagem e todas as câmeras portáteis de EFP são equipadas com um anel de foco próximo à parte frontal da lente de zoom, bastante semelhante a uma lente prime em máquinas fotográficas normais (ver Figura 6.9). O foco da lente é obtido girando o anel no sentido horário ou anti-horário até que a imagem apareça nítida e clara no visor.

Câmeras de cinema digital Quando se utilizam lentes prime em câmeras de cinema digital, um cabo flexível é preso ao anel de foco na lente. Um botão giratório na extremidade do cabo permite que o assistente de câmera "estenda o foco", ou seja, mantenha o foco enquanto o objeto se aproxima da câmera ou se afasta na direção de alguém ou de algum evento em desenvolvimento.

Controle remoto Câmeras-robô ou fixas, como as montadas em salas de aula, são equipadas com diversos tipos de controle de foco, que podem ser operados a partir de uma estação de controle remoto.

Ajuda ao foco Como mencionado anteriormente, o ajuste do foco de imagens de televisão de alta definição (HDTV) nem sempre é uma tarefa fácil, pois a alta resolução poderá fazê-lo acreditar que a imagem está em foco quando na verdade não está. Na verdade, o problema de usar HDTV para fazer filmes é que a nitidez sempre simula uma grande profundidade de campo, para a decepção de diretores cujo estilo depende de uma profundidade superficial de campo.

Para que os operadores de câmeras de HDTV possam ajustar e manter o foco, algumas câmeras ampliam parte da imagem no visor. Uma vez ajustado o foco da seção ampliada, a imagem como um todo ficará nítida. Os sensores extragrandes das câmeras de cinema digital permitem a manipulação costumeira da profundidade do campo.

Foco automático Esse recurso tenta basicamente detectar a parte da imagem que queremos focalizar. Funciona muito bem em tomadas mais convencionais, porém pode causar problemas se o objeto principal a ser focado não for evidente. O foco automático normalmente dá preferência ao objeto localizado mais ou menos no centro do quadro e mais próximo à câmera. Se quisermos ajustar o foco sobre uma parte do cenário mais afastada ao fundo e para o lado, o foco automático não fará o serviço. A não ser quando apressado, correndo para cobrir uma notícia, mude o ajuste para o foco manual. Não se deixe influenciar por "profissionais" que desprezam totalmente o recurso do foco automático. Desde que a câmera proporcione o foco desejado, utilize o recurso automático. Em muitos casos, o foco automático é mais rápido e mais preciso que o foco manual ajustado sem o devido cuidado.

Estabilização de imagem

A melhor maneira de manter uma imagem estática é colocar a câmera em um tripé ou em um pedestal de estúdio. Há também softwares que permitem que você obtenha tomadas sem imagens tremidas na pós-produção, mas esse processo é bastante lento, mesmo se você tiver um processador muito rápido em seu computador. Se você estiver operando uma câmera apoiada em seus ombros ou carregando-a nas mãos, o estabilizador de imagem pode te ajudar.

Algumas câmeras têm um dispositivo de estabilização de imagem posicionado nas lentes e outras, dentro da câmera. A estabilização nas lentes é, na maioria das vezes, mecânica; a estabilização dentro da câmera é usualmente eletrônica. Ambos os sistemas reduzem e frequentemente eliminam movimentações sutis na imagem causadas por pequenos balanços da câmera. Mas mesmo com o melhor estabilizador de imagem, as imagens serão inutilizadas pelos balanços inevitáveis quando se movimenta a câmera com lentes na posição telefoto. Alguns sistemas de estabilização aceleram o consumo da bateria da câmera.

PONTOS PRINCIPAIS

▶ A função básica das lentes é produzir imagens ópticas nítidas na superfície frontal do dispositivo de imagens da câmera.

▶ Uma lente de zoom 15× pode estender o comprimento focal por 15 vezes.

▶ O extensor de alcance (um componente adicional das lentes) amplia a capacidade de telefoto da lente de zoom (permite closes mais detalhados), porém reduz o alcance na extremidade do ângulo aberto.

▶ Todas as câmeras de televisão são equipadas com lentes de zoom (comprimento focal variável).

- Todas as câmeras de cinema digital e DSLR (digitais single-reflex) que são usadas para vídeo podem aceitar lentes prime.

- As principais características ópticas das lentes são: comprimento focal, foco, transmissão de luz (íris, diafragma e f-stop) e profundidade de campo.

- O comprimento focal da lente determina a extensão máxima ou mínima da imagem que a câmera é capaz de exibir e o grau de ampliação dos objetos e a forma como estes são exibidos depois de ampliados do ponto de vista da câmera (observador). As lentes de zoom possuem um comprimento focal variável, cujas principais posições são: ângulo aberto, normal e fechado (telefoto).

- A lente de ângulo aberto (zoom-out) proporciona uma vista ampla. A lente de ângulo fechado (zoom-in) proporciona uma vista estreita, mas amplia o objeto de tal forma que ele parece mais perto da câmera do que de fato está. A lente normal (posição de zoom direcionada ao ponto médio do zoom) se aproxima do ângulo da visão humana.

- Imagem em foco é a imagem que, quando projetada, aparece clara e nítida.

- A configuração da lente de zoom deve ser predefinida (calibrada) para que o foco seja mantido por toda a extensão do zoom. Se o foco da lente for corretamente ajustado ao fechar o zoom, a imagem permanecerá em foco mesmo abrindo ou fechando o zoom repetidas vezes.

- A íris da lente ou diafragma controla a quantidade de luz que atravessa as lentes. A íris consiste em uma série de lâminas de metal finas que forma um orifício conhecido como diafragma ou abertura da lente.

- O f-stop é uma escala padrão para medir a quantidade de luz que atravessa as lentes. Valores f-stop baixos indicam aberturas de diafragma grandes, e valores f-stop altos, aberturas de diafragma pequenas.

- As câmeras de estúdio são equipadas com controle remoto da íris, que é acionado pelo operador de vídeo (OV) a partir da CCU (unidade de controle de câmera).

- A área em que objetos localizados a diferentes distâncias da câmera se encontram em foco é chamada profundidade de campo, a qual depende do comprimento focal da lente, do diafragma (f-stop) e da distância entre a câmera e o objeto.

- Os dois controles operacionais básicos da lente de zoom são: o controle de zoom e o de foco. Nas câmeras e câmeras de ENG/EFP, ambos os controles podem ser operados manual ou automaticamente por um servocontrole.

- Foco automático é um autorrecurso por meio do qual a câmera focaliza o que ela detecta como o objeto-alvo. As lentes para televisão de alta definição (HDTV) são equipadas com um recurso de ajuda ao foco com o qual o operador de câmera seleciona a área-alvo.

- Praticamente todas as câmeras camcorders têm um recurso de estabilização de imagem que ajuda a reduzir ou eliminar pequenos balanços da câmera.

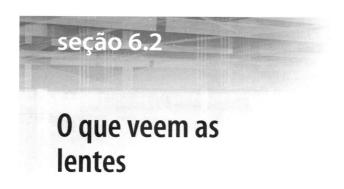

seção 6.2

O que veem as lentes

As características de desempenho da lente referem-se ao campo de visão, à capacidade e à forma como é utilizada no dia a dia da produção. Uma vez que a câmera normalmente processa apenas informações visuais perceptíveis pela lente, será de grande auxílio conhecer as suas características de desempenho – como a lente vê o mundo e influencia os elementos estéticos da imagem – na criação de tomadas efetivas e em muitas outras tarefas de produção. Esta seção explora esses conceitos.

▶ **Como as lentes veem o mundo**
Características de desempenho de lentes de ângulo aberto, normais e de ângulo fechado.

Como as lentes veem o mundo

Embora todas as câmeras de televisão utilizem lentes de zoom, que podem mudar continuamente seu comprimento focal, talvez seja mais fácil usar lentes prime ou várias posições fixas de zoom como exemplos de como as lentes veem. Lembre-se que lentes prime possuem um comprimento focal específico e inalterável. Normalmente, são classificadas em lentes de ângulo aberto ou de comprimento focal curto, lentes normais ou de comprimento focal médio, e lentes de ângulo fechado ou de comprimento focal longo, também chamadas lentes telefoto. O comprimento focal de uma lente tem características de desempenho altamente específicas, as quais nós descrevemos brevemente nesta seção.

Características de desempenho das lentes

Vamos ajustar uma lente de zoom para que corresponda a esses comprimentos focais padrão e observar suas características de desempenho, que incluem campo de visão, distorção da distância e do objeto, movimento e profundidade de campo.

O termo *campo de visão* se refere a quanto da cena você vê no visor, ou seja, qual é a aproximação do enquadramento. Os termos distorção de objeto e de distância referem-se a como lentes diferentes influenciam a perspectiva e como elas podem te enganar fazendo com que você veja coisas mais longe ou mais perto do que elas realmente estão. Movimento trata de quão rápido ou lento percebemos um objeto que se move, na direção da câmera ou para longe dela. Profundidade do campo vem à tona quando você quer isolar algo mantendo-o em foco nítido enquanto todo o resto fica borrado.

Lentes de ângulo aberto (grande angular) Como já visto anteriormente, para obter o comprimento focal mais curto possível ou ângulo aberto, é necessário abrir totalmente o zoom da lente.

Campo de visão A *lente de ângulo aberto (grande angular)* permite uma vista ampla. Podemos obter um campo de visão relativamente amplo com a câmera ligeiramente próxima do objeto. Quando for necessária uma vista ampla (tomada longa) ou, por exemplo, um enquadramento de todas as cinco pessoas em um painel, em um estúdio relativamente pequeno, a lente de ângulo aberto (posição de zoom de ângulo aberto) é indispensável. A lente de ângulo aberto é também ideal para criar imagens perfeitamente ajustadas à tela estendida horizontalmente de HDTV. **Figura 6.19**

Distorção da distância e do objeto A lente de ângulo aberto faz que objetos relativamente próximos da câmera pareçam grandes, e objetos a apenas pouca distância da câmera, pequenos. Essa distorção – objetos grandes em primeiro plano, plano médio pequeno e até mesmo objetos menores ao fundo – cria a sensação de que os objetos são divididos em pedaços e a distância real é ampliada. **Figura 6.20**

A lente de ângulo aberto influencia também nosso sentido de perspectiva. Como linhas paralelas parecem convergir mais de modo mais rápido com esse tipo de lente do que normalmente captado pelo olho humano, a ideia resultante

6.19 Tomadas longas em ângulo aberto: estúdio de telejornal
A lente de ângulo aberto (posição de zoom) proporciona uma vista ampla. Apesar de relativamente próxima ao set do telejornal, a câmera nos permite ver o recinto por inteiro.

6.20 Distorção do ângulo aberto: articulação de profundidade
Ao gravarmos através de um objeto proeminente em primeiro plano utilizando a lente de ângulo aberto, criamos uma imagem forte amplamente articulada.

6.21 Distorção do ângulo aberto: perspectiva linear
O comprimento desse corredor parece exageradamente grande.

6.22 Distorção do ângulo aberto: caminhão
A lente de ângulo aberto intensifica a potência bruta desse caminhão. Observe que a lente de ângulo aberto amplia exageradamente o tamanho aparente da grade frontal.

6.23 Distorção do ângulo aberto: ênfase no objeto em primeiro plano
A importância dessa ligação telefônica na adaptação em vídeo de um famoso romance criminal é realçada pela distorção do ângulo aberto.

é de uma perspectiva forçada, o que contribui para criar a ilusão de distância e profundidade exageradas. **Figuras 6.21**

A distorção de tamanho da lente de ângulo aberto pode acabar se transformando em um problema. A distorção do ângulo aberto da dianteira de um caminhão inevitavelmente implica força. Além disso, se você quiser enfatizar a importância de uma chamada telefônica, você pode usar uma lente de ângulo aberto para um *close-up* e fazer o telefone parecer incomumente grande comparado com a pessoa que vai atendê-lo. **Figuras 6.22 e 6.23**

No entanto, se você usar uma lente de ângulo aberto para dar um *close* em um rosto, tal distorção é menos desejável. **Figura 6.24** Como você pode ver, em um *close* de ângulo aberto desse tipo, o nariz ou qualquer outra parte que esteja mais perto da lente, vai parecer incomumente grande em comparação com outras partes do rosto. Todavia, tais distorções faciais são bastante apropriadas quando o objetivo é enfatizar estresse ou condições psicológicas

6.24 Distorção do ângulo aberto: rosto
Esse rosto sofreu uma enorme distorção porque a tomada foi feita com uma lente de ângulo aberto a pouca distância do objeto.

instáveis ou criar efeitos estilísticos em programas que abordam crimes, por exemplo.

Movimento A lente de ângulo aberto é excelente para movimentos de dolly. Seu amplo campo de visão remove as oscilações e os solavancos da câmera durante os movimentos de dolly, truck e arcos (ver Capítulo 7), porém, como a lente de zoom facilita muito a transição de uma tomada longa para um close e vice-versa, os movimentos de dolly com a lente de zoom praticamente se tornaram uma arte perdida.

Na maioria das vezes, o efeito de zoom será perfeitamente aceitável como meio de alterar o campo de visão (transição para uma tomada mais aberta ou em close). Não se esqueça, porém, de que há uma grande diferença estética entre os movimentos de zoom e dolly. Embora o efeito de zoom crie a sensação de aproximar o objeto do observador, o efeito de dolly parece aproximar o observador do objeto. Como a câmera não se move durante a aplicação de zoom, as relações espaciais entre os objetos permanecem constantes. Os objetos parecem congelados no mesmo lugar – e simplesmente aumentam (zoom-in) ou diminuem (zoom-out). No movimento de dolly, no entanto, as relações entre os objetos se alteram constantemente. A impressão que temos é de passar pelo objeto quando o movimento de dolly abre ou fecha.[2] Verifique se a lente de zoom está calibrada/ajustada ao concluir o movimento de dolly; assim, você poderá abrir ou fechar o zoom em sua nova posição sem perder o foco.

Quando pessoas ou objetos se aproximam ou se afastam da câmera, a lente de ângulo aberto parece acelerar seus movimentos. A posição de ângulo aberto é frequentemente utilizada para acelerar a velocidade de um carro ou de um dançarino movendo-se em direção da câmera ou afastando-se dela.

Na cobertura de notícias em que temos de ser rápidos ou em que há muito movimento, é aconselhável ajustar a lente de zoom para sua posição de ângulo aberto extremo, pois isso reduzirá profundamente as oscilações e tornará bem mais fácil manter a ação em andamento fixa no visor. Da mesma forma, a profundidade de campo acentuada nos ajuda a manter as imagens em foco. A desvantagem da posição de ângulo aberto extremo fica por conta da necessidade de aproximar a câmera o máximo possível da ação a ser filmada de perto.

Profundidade de campo A lente de ângulo aberto geralmente se caracteriza por uma profundidade de campo acentuada. Ao abrirmos totalmente o zoom, teremos alguns problemas de foco, exceto quando trabalhamos sob condições de pouca luz (para as quais é necessária uma grande abertura de diafragma) ou bem próximos do objeto.

Lentes normais A posição de zoom em termos de comprimento focal normal situa-se mais ou menos no ponto médio da lente de zoom, talvez bem perto da posição de ângulo aberto (ver Figura 6.25b).

Campo de visão A *lente normal* oferece um campo de visão (comprimento focal) próximo ao da visão humana (normal). A perspectiva criada entre o primeiro plano e o plano médio se assemelha ao nosso campo de visão.

Distorção da distância e do objeto As lentes de ângulo aberto criam a sensação de que distâncias e proporções parecem maiores do que de fato são; por sua vez, as lentes normais ou as posições de zoom de alcance médio exibem objetos e suas relações espaciais de uma perspectiva bem próxima à da visão humana (normal). Quando se gravam ilustrações, como gráficos apresentados em cavaletes, a lente de zoom deve ser ajustada para a posição de alcance médio.

Movimento Com lentes normais (posições de zoom de alcance médio), a dificuldade em manter a imagem em foco e evitar os solavancos da câmera é bem maior, mesmo com o equipamento montado sobre um tripé ou um pedestal de estúdio. Quando se transportam câmeras ou câmeras de ENG/EFP, a lente ajustada nessa posição dificulta o trabalho de evitar os solavancos, mesmo com a câmera parada. Se for necessário esse tipo de campo de visão, coloque a câmera sobre um tripé.

Uma vez que a distância e as proporções do objeto são bem próximas às de nossa visão normal, a velocidade do movimento de dolly e dos objetos se aproximando ou se afastando da câmera também parecem normais. Não se esqueça, porém, de que esse tipo de movimento pode causar problemas, principalmente quando os objetos chegam perto demais da câmera.

Profundidade de campo A lente normal apresenta uma profundidade de campo consideravelmente mais superficial que a lente de ângulo aberto em condições semelhantes (mesmo *f*-stop e mesma distância do objeto à câmera). Como mencionado anteriormente, nas produções eletrônicas em campo e estúdio, a profundidade de campo mediana tem preferência, pois os objetos em foco são colocados em destaque contra um fundo ligeiramente fora de foco. Os objetos aparecem em destaque, e o fundo visualmente poluído ou as manchas inevitáveis no cenário de TV recebem menos atenção. Nesse processo, a seguinte informação é muito importante: todos os planos (primeiro, médio e fundo) são exibidos com melhor definição.[3]

Naturalmente, a profundidade de campo acentuada é necessária quando a câmera e/ou os objetos se movimentam o tempo todo. Da mesma forma, quando dois objetos se localizam a diferentes distâncias da câmera, a profun-

---

[2] Ver Herbert Zettl. *Sight sound motion:* applied media aesthetics. 5. ed. Belmont, Califórnia: Thomson Wadsworth, 2007. p. 272-74.

[3] Ver Zettl (2007, p. 165-68).

6.25 Campo de visão e perspectiva: comparação das lentes de ângulo aberto, normal e de ângulo fechado

A A lente de ângulo aberto amplia o espaço expandindo a linha de colunas.

B A lente normal oferece um campo de visão próximo ao da visão humana (normal).

C A lente de ângulo fechado (telefoto) comprime o espaço.

didade de campo acentuada permite que ambos sejam mantidos em foco ao mesmo tempo. A maioria das transmissões em externas, como transmissões esportivas, requer uma profundidade de campo acentuada.

Lentes de ângulo fechado ou telefoto Quando fechamos totalmente o zoom, dizemos que a lente está em sua posição de ângulo aberto máximo, comprimento focal longo ou telefoto.[4]

---
[4] Telefoto significa que a lente zoom está na sua posição máxima de aproximação. No Brasil, muitas vezes nos referimos a ela como posição tele. (NRT)

Campo de visão A *lente de ângulo fechado* não apenas reduz a visão, mas também amplia os objetos no plano de fundo. Na verdade, quando se fecha o zoom, tudo o que a lente de zoom faz é ampliar a imagem. A impressão que temos é de uma imagem vista através de binóculos, ou seja, a lente age como se fosse uma lente de telefoto. **Figura 6.25**

Distorção da distância e do objeto Como os objetos ampliados ao fundo parecem grandes em relação aos objetos em primeiro plano, a ilusão criada é de que a distância entre o primeiro plano, o plano médio e o plano de fundo diminuiu. A lente longa parece comprimir o espaço entre os objetos, em contraste direto com o efeito criado pela lente de ângulo aberto, que exagera as proporções dos objetos e, portanto, parece aumentar a distância relativa entre eles.

A lente de ângulo fechado, ou posição de zoom de telefoto, aglutina os objetos na tela. Esse efeito de aglutinamento, denominado *compressão* estética, pode ser positivo ou negativo. Se quiser mostrar como as rodovias ficam engarrafadas nos horários de pico, por exemplo, utilize a lente de zoom na posição de telefoto. O comprimento focal longo contrai a distância compreendida entre os carros e cria a impressão de que estão colados um na traseira do outro. **Figura 6.26**

Essas distorções de profundidade criadas pela lente de ângulo fechado, entretanto, também têm suas desvantagens. Provavelmente você esteja bem a par da proximidade ilusória existente entre o lançador de beisebol e a base do batedor na tela de TV. Como as câmeras de televisão devem ficar a uma distância considerável da ação na maioria dos eventos esportivos, a lente de zoom normalmente trabalha em suas posições de telefoto extremas (zoom totalmente fechado) ou utilizando potentes extensores de alcance. O efeito de compressão resultante torna difícil para o observador calcular as distâncias reais. **Figura 6.27**

Movimento A lente de ângulo fechado cria a ilusão de que o objeto se aproxima ou se afasta da câmera lentamente. Como a lente de ângulo fechado altera o tamanho do objeto em movimento de aproximação ou afastamento da câmera de maneira bem mais gradual que a lente de ângulo aberto, o objeto parece mover-se mais lentamente do que de fato está; na verdade, a lente de ângulo fechado praticamente elimina esse movimento. O objeto parece não sofrer mudanças perceptíveis de tamanho, mesmo percorrendo uma distância considerável em relação à câmera. Essa redução na velocidade é particularmente eficaz se quisermos realçar a frustração de alguém correndo em direção à câmera sem, contudo, se aproximar. Além do efeito de compressão (Figura 6.26), a redução drástica da velocidade do trânsito observada na tela certamente contribuirá para intensificar a sensação de congestionamento.

Não é possível executar movimentos de dolly com lentes de ângulo fechado ou lentes de zoom na posição de telefoto (zoom-in); mesmo com um estabilizador de imagens, a capacidade de ampliação da lente zoom torna impossível a movimentação da câmera sem vibrações. Em produções externas, até o vento pode ser um problema. As vibrações causadas até mesmo por um vento fraco ao balançar a câmera ampliam-se de tal forma que é impossível não senti-las na tela.

No estúdio, a posição de telefoto talvez apresente outro problema. O diretor pode solicitar que a câmera faça um close em determinada parte da ação, como o solo do guitarrista em um show de rock, e, em seguida, após fechar o zoom, pedir um movimento de truck (mover a câmera lateralmente) passando por todos os outros músicos da banda. Na posição de telefoto (fechada), no entanto, é extremamente difícil movimentar a câmera sem provocar solavancos, se não impossível. Uma solução seria abrir o zoom antes de mover a câmera lateralmente para reduzir o balanço.

Profundidade de campo e foco seletivo A não ser que o objeto esteja distante da câmera, as lentes de comprimento focal longo terão uma profundidade de campo superficial. Podemos utilizar a profundidade de campo superficial de maneira eficaz para atrair a atenção sobre certas partes da ação que esteja acontecendo ao longo do eixo Z – uma linha imaginária representando uma extensão da lente partindo da câmera rumo ao horizonte (a dimensão de profundidade). Um dos efeitos de profundidade de campo superficial mais conhecidos é o foco seletivo.

6.26 Compressão estética positiva com lentes de ângulo fechado
Com lentes de ângulo fechado, o plano de fundo é exageradamente ampliado, e a distância entre os carros parece menor. A sensação de congestionamento aumenta.

6.27 Compressão estética negativa com lentes de ângulo fechado
Essa foto foi tirada com uma lente de zoom em posição de comprimento focal longo extrema. Observe como o lançador, o rebatedor, o apanhador e o árbitro parecem todos situados a uma pequena distância um do outro. A distância real entre o lançador e o batedor é de quase 19 metros.

Suponha que estejamos prontos para fazer uma tomada rápida de um repórter de campo que está na frente de um plano de fundo muito ocupado (detalhado). Você isola o repórter do plano de fundo muito facilmente pela diminuição da profundidade do campo. Você faz isso andando para trás em relação ao repórter e então dando um zoom no que se deseja dar close. Com a lente de zoom na posição telefoto, você pode focar o repórter novamente, o que inevitavelmente tira de foco o plano de fundo. Essa técnica é chamada *foco seletivo*, ou seja, podemos focalizar a imagem mesmo em primeiro plano, mantendo o plano médio e o plano de fundo fora de foco; em plano médio, com o primeiro plano e o plano de fundo fora de foco; ou no plano de fundo, com o primeiro plano e o plano médio fora de foco. **Figuras 6.28 e 6.29**

Com o foco seletivo, podemos deslocar facilmente o destaque de um objeto para outro. Podemos fechar o zoom em um objeto em primeiro plano, reduzindo, assim, a profundidade de campo, e ajustar o foco sobre o objeto em questão com a lente de zoom na posição de telefoto. Em seguida, ao ajustarmos o foco novamente sobre a pessoa atrás do objeto, podemos rapidamente alterar o destaque do objeto em primeiro plano para a pessoa (plano médio). Essa técnica é chamada efeito de rack focus ou simplesmente *rack focus*.

A vantagem da profundidade de campo superficial também se aplica a objetos em primeiro plano indesejáveis. Na gravação de uma partida de beisebol universitário, por exemplo, a câmera colocada atrás da base do batedor talvez tenha de gravar através de uma grade de arame protetora. Entretanto, como a câmera fechou o zoom quase totalmente sobre o lançador, ou sobre os demais jogadores a uma distância considerável da câmera, nossa profundidade de campo será relativamente superficial. Consequentemente, qualquer objeto extremamente próximo da câmera, como a cerca de arame protetora, estará tão fora de foco que se tornará praticamente invisível. O mesmo princípio se aplica a tomadas feitas através de gaiolas, grades de prisões ou objetos em primeiro plano semelhantes.

PONTOS PRINCIPAIS

▶ As características de desempenho das lentes de ângulos aberto, normal e fechado (lentes de zoom ajustadas a esses comprimentos focais) incluem campo de visão, distorção da distância e do objeto, movimento e profundidade de campo.

▶ A lente de ângulo aberto (lente de zoom na posição de ângulo aberto, zoom totalmente aberto) oferece uma vista ampla. Essa lente proporciona um campo de visão aberto com a câmera relativamente próxima da cena. Ela também distorce os objetos próximos da lente e exagera as proporções. Ela é ideal para movimentos de câmera, pois ela reduz os solavancos na câmera e facilita a tarefa de manter a imagem em foco durante os movimentos da câmera.

▶ A lente normal oferece um campo de visão próximo ao da visão humana (normal). A lente normal (lente de zoom na posição de alcance médio) não distorce os objetos ou a perspectiva de distância.

▶ Ao movermos a câmera com a lente na posição de zoom de alcance médio, os balanços na câmera se tornam mais evidentes do que quando utilizamos lentes de ângulo aberto. Nas profundidades de campo mais superficiais, é bem mais difícil manter a imagem em foco.

▶ A lente de ângulo fechado (lente de zoom na posição de telefoto, zoom totalmente fechado) apresenta um campo de visão fechado e amplia os objetos no plano de fundo. Exatamente oposta à lente de ângulo aberto, que aumenta a distância compreendida entre os objetos, a lente de ângulo fechado parece comprimir o espaço entre objetos localizados a diferentes distâncias da câmera. Ela desacelera a perspectiva de velocidade dos objetos em movimento de aproximação ou afastamento da câmera.

▶ A capacidade de ampliação da lente de ângulo fechado impede qualquer movimento de câmera enquanto a transmissão estiver no ar. As lentes de ângulo fechado apresentam uma profundidade de

6.28 Foco seletivo: primeiro plano em foco*
Nessa foto, a pessoa mais próxima da câmera está em foco, desviando a atenção das duas pessoas ao fundo.

6.29 Foco seletivo: plano de fundo em foco*
Aqui, a atenção se desviou da pessoa mais próxima da câmera (primeiro plano) para as duas pessoas afastadas ao fundo.

campo superficial, ou seja, dificultam a tarefa de manter o foco, mas possibilitam a utilização do foco seletivo.

▶ Foco seletivo, que foca somente uma área específica ao longo do eixo Z (a linha imaginária da câmera até o horizonte), com todo o resto fora de foco, é possível somente em profundidade de campo superficial. Rack focus significa mudar a ênfase de uma área do eixo Z para outra.

capítulo 7

Operação de câmera e composição de imagem

As câmeras digitais com seus recursos automáticos tornaram-se tão fáceis de usar que qualquer pessoa pode operar uma, certo? Errado! Embora vejamos novos programas ou até especiais de televisão gravados por amadores, o trabalho de câmera profissional ainda exige prática e conhecimentos básicos de como mover a câmera, com ou sem um suporte para ela – e, especialmente, de como compor imagens de forma adequada.

Não há nada de errado em usar os recursos automáticos de uma câmera eletrônica, desde que as condições o permitam. Mas mesmo a mais inteligente câmera automática não tem como saber que parte do evento você considera importante e como melhor esclarecer e reforçar os detalhes selecionados por meio de tomadas com o máximo de eficácia. A câmera também não é capaz de exercer juízo estético – como enquadrar um close-up extremo. Por isso, é importante aprender o máximo possível sobre a operação da câmera antes de tentar fazer seu próprio documentário blockbuster.

A seção 7.1, Trabalho com câmera, apresenta uma abordagem sobre os movimentos básicos de câmera, o equipamento padrão de montagem e o que fazer e não fazer durante a operação da câmera. A seção 7.2, Composição de imagem, enfoca alguns dos aspectos estéticos da composição da imagem em várias proporções e as bases do vídeo 3D estéreo.

PALAVRAS-CHAVE

Arquear; Proporção de imagem; Sistema de estabilização da câmera; Inclinação; Close-up (CU); Closure; Crane; Plano cruzado (X/S); Dolly; Close-up extremo (extreme close-up – ECU); Grande plano geral (extreme long shot – ELS); Campo (ou ângulo) de visão; Headroom; Braço; Leadroom; Plano geral (long shot – LS); Plano médio (medium shot – MS); Monopé; Cabeça de montagem; Noseroom; Plano sobre o ombro (over-the-shoulder shot – O/S); Pan; Pedestal; Ponto de convergência (POC); Base de quick release; Pedestal robótico; Regras de terceiros; Cabeça de pan e panorâmica vertical de estúdio; Panorâmica vertical; Tongue; Tripé; Truck; Plano de dois; Janela; Eixo Z; Bloqueio de eixo Z; Zoom.

seção 7.1

Trabalho com câmera

Embora seja divertido utilizar uma pequena câmera em um passeio de carro, os movimentos produzidos raramente geram imagens satisfatórias. Como a pintura, o bom trabalho de câmera é bem mais difícil do que parece, mas a curva de aprendizado pode ser bastante acelerada se dominarmos alguns princípios básicos de operação de câmera.

▶ **Movimentos padrão de câmera**
Pan, panorâmica vertical, pedestal, tongue, crane ou boom, dolly, truck ou track, arco, inclinação e zoom.

▶ **Suportes para câmera**
Monopé, tripé e dolly com tripé, pedestal de estúdio, cabeças (pan e panorâmica vertical) e suportes especiais para câmera.

▶ **Trabalho com câmera portátil e câmera EFP**
Alguns pontos básicos sobre o que não fazer com uma câmera; configuração, operação e cuidados com a câmera – etapas operacionais básicas da produção em campo: antes, durante e após.

▶ **Trabalho com câmera em estúdio**
Instalação, operação e cuidados com a câmera – etapas operacionais básicas de uma produção em estúdio: antes, durante e após.

Movimentos padrão de câmera

Antes de aprender a operar uma câmera, você deve se familiarizar com os movimentos mais comuns. *Esquerda* e *direita* sempre se referem ao ponto de vista da câmera. O equipamento de montagem da câmera foi projetado exclusivamente para ajudá-lo a movê-la de forma suave e com eficiência. Os principais movimentos de câmera são: pan, panorâmica vertical, pedestal, tongue, crane ou boom, dolly, truck ou track, arco, inclinação e zoom. **Figura 7.1**

■ *Pan* significa virar a câmera na horizontal, da esquerda para a direita ou vice-versa. Quando o diretor diz para você fazer "pan à direita", significa apontar a lente e a câmera para a direita (sentido horário), de modo que você deva empurrar as alavancas de panning para a esquerda. Fazer "pan à esquerda" significa girar a lente e a câmera para a esquerda (sentido anti-horário), empurrando as alavancas de panning para a direita. O movimento pan é realizado no próprio eixo da câmera

■ *Panorâmica vertical* significa apontar a câmera para cima ou para baixo. No caso de uma "panorâmica vertical ascendente (para cima)", você faz a câmera apontar gradativamente para cima. Quanto a uma "panorâmica vertical descendente (para baixo)", você faz a câmera apontar gradativamente para baixo.

■ *Pedestal* significa elevar ou abaixar a câmera sobre um pedestal de estúdio. Para fazer um "pedestal para cima", erga a câmera; para um "pedestal para baixo", abaixe-a.

■ *Tongue* significa movimentar a câmera inteira da esquerda para a direita, ou vice-versa, com a lança de uma grua de câmera. Quando se faz um tongue para a esquerda ou direita, a câmera em geral aponta para a mesma direção geral e apenas a lança se desloca à esquerda (sentido anti-horário) ou à direita (sentido horário).[1]

■ *Crane* (ou boom) significa movimentar a câmera inteira para cima ou para baixo em grua ou braço para câmera. O efeito é semelhante a um pedestal para cima ou para baixo, porém a câmera desliza por uma distância vertical muito maior. Pode-se fazer o movimento de "crane (ou boom) para cima" ou "para baixo".

■ *Dolly* significa movimentar a câmera em direção da cena ou para longe dela em uma linha mais ou menos reta, por meio de um suporte móvel para câmera. Em um "dolly in", você move a câmera mais para perto da cena; no "dolly out" ou "dolly back", você a move para longe da cena. Alguns diretores pedem a você um *dolly in* mesmo se você carrega a câmera no seu ombro durante uma produção no campo.

■ *Truck* (ou track) significa movimentar a câmera lateralmente por meio de suporte móvel para câmera. Fazer um "truck à esquerda" significa movimentar o suporte de câmera para a esquerda com a câmera apontando em ângulo reto para a direção do deslocamento. Fazer um "truck à direita" significa movimentar o suporte de câmera para a direita com a câmera apontando em ângulo reto para a direção do deslocamento.

■ *Arquear* significa movimentar a câmera em um dolly ligeiramente curvo ou em movimento de truck com um suporte móvel para câmera. Fazer um "arco à esquerda" significa fazer um dolly in ou out em uma curva à esquerda com a câmera ou fazer um truck à esquerda em uma curva ao redor do objeto; fazer um "arco à direita" é exatamente o movimento contrário.[2]

---

[1] Com o surgimento da Cammate (câmeras elevadas por lanças controladas remotamente do solo) as gruas foram perdendo participação nas realizações televisivas. (NRT)

[2] Para designar os movimentos de câmera nas realizações de TV, utilizamos, no Brasil, algumas dessas terminologias e outras com adaptações da linguagem cinematográfica. (NRT)

7.1 Movimentos de câmera
Os principais movimentos de câmera incluem pan, panorâmica vertical, pedestal, tongue, crane ou boom, dolly, truck ou track, arco e inclinação.

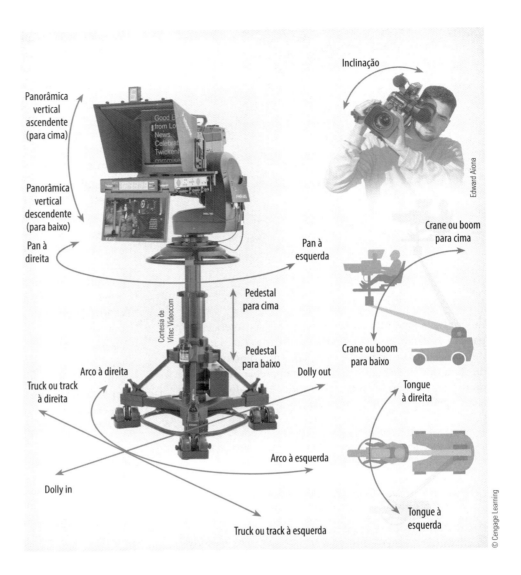

- *Inclinação* significa inclinar lateralmente a câmera de ombro ou de mão. O resultado, chamado efeito de inclinação, é uma linha do horizonte inclinada que resulta em uma cena inclinada. Por meio da linha do horizonte oblíqua, é possível obter uma cena altamente dinâmica.

- *Zoom* significa mudar a distância focal da lente pela utilização de um controle de zoom enquanto a câmera permanece estacionária. Fazer "zoom in" significa mudar a lente gradualmente para uma posição de ângulo estreito, com o propósito de criar a ilusão de que a cena se aproxima do espectador; fazer "zoom out" significa mudar a lente gradualmente para uma posição de grande angular, com o objetivo de criar a ilusão de a cena se mover para longe do espectador. Embora não seja um movimento de câmera em si, o efeito de zoom é semelhante ao de uma câmera em movimento e é, portanto, classificado como tal.

Suportes para câmera

Mesmo que sua câmera seja pequena e leve o suficiente para carregar na mão, é bom montá-la, sempre que possível, em um suporte, o que facilitará o trabalho e, especialmente, evitará movimentos desnecessários e confusos. Vamos observar um turista que utiliza sua pequena câmera para registrar algumas impressões enquanto cruza a Golden Gate Bridge. Ele para, segura a sua câmera com uma mão, tira o monitor e pressiona o botão *gravar* com a outra, foca a filmadora muito brevemente nas pessoas passando por ele, balança em volta para capturar os carros passando, inclina para cima para o topo de uma das torres, aponta para baixo para o trilho de um navio que está passando embaixo, então, volta para pegar uma gaivota pousando bem ao lado dele – tudo com apenas uma mão e de uma vez.

Ele poderia satisfazer-se ao assistir a sua cena quando voltasse para casa – mas não os seus amigos assistindo com ele. Esse movimento de câmera selvagem e desmotivante sempre interfere na boa comunicação e é, certamente, sinal do manuseio da câmera por amador. Ainda pior, mesmo editores habilidosos de pós-produção teriam dificuldades em tirar uma história a partir disso.

O que o turista deveria ter feito? Ele deveria ter montado sua filmadora em um tripé e gravado cada um desses eventos de maneira separada em filmagens mais longas (pessoas andando, trânsito, inclinar para o topo da torre, mas não para baixo novamente e uma das muitas gaivotas). Como você descobrirá, muitas gravações são muito curtas ou até inutilizáveis quando são revisadas mais tarde na fase de pós-produção. Uma razão é que, mesmo com um estabilizador de imagem trabalhando além do tempo, longas filmagens manuais são difíceis de sustentar sem alguma *jitter*[3] de figura. Outro problema é que filmagens curtas se tornam muito curtas quando cortadas para se encaixar ou se estabelecer no ritmo de edição.

Por exemplo, a filmagem do navio do turista precisava ser especialmente longa para mostrar que o exaustivo velho navio está finalmente chegando ao seu destino após uma longa e árdua jornada. Sempre tente fazer uma filmagem durar mais tempo do que você acha necessário durante a filmagem. Os diversos suportes da câmera ajudam você nessa tarefa.

Monopé

O *monopé* é uma haste única, ou um único "pé", no qual se pode instalar a câmera. Quando se usa o monopé, é preciso equilibrar o apoio com uma mão e operar a câmera com a outra. Utiliza-se o monopé para retirar parte do peso da câmera de ombro, mas é preciso ser possível estendê-lo um pouco além da altura do ombro. Você descobrirá que um monopé vem socorrê-lo ao cobrir uma série de discursos que se estendem por um longo período de tempo, tais como um banquete de celebridades ou pedidos de desculpas pós-jogo dos jogadores e técnicos do time que perdeu.

Tripé e dolly tripé

O dispositivo mais comum para instalação de câmeras é o *tripé*, também chamado de "paus" na linguagem da televisão. Sem dúvida você conhece um, mas, como as câmeras, os tripés podem ser bons, regulares ou inúteis. Um bom tripé deve ser resistente, fácil de montar e nivelar em qualquer tipo de terreno, e, de preferência, não muito pesado. Outra característica importante de um bom tripé é sua cabeça de montagem (analisada adiante nesta seção).

Nivelação Todos os bons tripés têm uma bolha de ar que indica quando o tripé está nivelado. Tanto o tripé em si quanto a cabeça de montagem deveriam ter bolhas de nivelamento separadas. Se o terreno for muito irregular, primeiro ajuste as pernas do tripé para que ele fique relativamente nivelado e, em seguida, faça o ajuste fino com o ajuste de nivelamento na cabeça. Uma boa cabeça de montagem, que conecta a câmera ao tripé, é provavelmente a característica mais importante de um tripé de qualidade.

[3] Movimento "nervoso" de câmera. (NRT)

Extensor e dolly As pontas das pernas do tripé são equipadas com pontas e/ou pés de borracha que as impedem de escorregar. Outro recurso que impede que as pernas se abram é, paradoxalmente, o extensor. Extensores são importantes para tripés que sustentam câmeras pesadas, mas desnecessários para câmeras pequenas. **Figura 7.2**

Dolly tripé É possível também colocar o tripé sobre uma base dolly de três rodinhas, que é simplesmente um extensor com rodas. Por serem desmontáveis, o tripé e a dolly são ideais para trabalho de campo. As rodas da dolly devem ter guarda-cabos que impeçam o cabo da câmera de ficar preso sob a base dolly ou de ser atropelado por elas. **Figura 7.3**

Pedestal de estúdio

Com um pedestal de estúdio, é possível mover a câmera em todas as direções (supondo que o piso seja liso) e erguer e abaixar a câmera enquanto estiver no ar. Esse movimento para cima e para baixo acrescenta uma dimensão importante para a arte da fotografia televisiva e cinematográfica. É possível não só ajustar a câmera para uma altura de trabalho confortável, mas também mudar o nível de visão a partir do qual você observa o evento. Por exemplo, se você

7.2 Tripé com extensor incluso
O tripé é um dos suportes de câmera mais básicos e amplamente utilizados em produções de campo. Esse tripé tem um extensor incluso no meio.

7.3 Tripé dobrável instalado sobre base dolly
O tripé pode ser montado em uma dolly, o que permite reposicionar a câmera rapidamente.

7.4 Pedestal de estúdio
Com o pedestal de estúdio, é possível realizar movimentos suaves de dolly e truck. Esse pedestal tem uma coluna telescópica central que permite movimentos na câmera de, no mínimo, 60 cm até uma altura máxima de cerca de 1,80 m acima do chão do estúdio.

estiver perto de ultrapassar o limite do estúdio, sempre é possível fazer um pedestal para cima (levantar a câmera) e olhar para a cena abaixo. Para fazer uma pessoa parecer mais imponente, basta fazer um pedestal para baixo (abaixar a câmera) e olhar para ela de baixo para cima. Isso também aumenta a energia que se percebe no evento, como ao olhar para o vocalista de uma banda de rock ou o vilão em um filme B.

Quando o trabalho ocorrer em estúdio, você descobrirá que esse "olhar" através da diminuição do pedestal não funciona muito bem. A maioria dos pedestais não pode ser abaixada ou inclinada o suficiente para o ângulo certo e, pior que isso, as luzes do estúdio aparecerão na filmagem.

Todos os pedestais de estúdio têm características operacionais semelhantes. É possível fazer pedestal para cima e para baixo, além de movimentá-lo suavemente em qualquer direção, por meio de um grande volante horizontal. A coluna telescópica do pedestal pode ser travada em qualquer posição vertical.

Como dollies tripés, os pedestais de estúdio precisam de guarda-cabo para evitar que eles atropelem os cabos. Verifique sempre se a aba ajustável na base do pedestal é baixa o suficiente para empurrar um cabo para fora do caminho, em vez de passar sobre ele. **Figura 7.4**

Geralmente, trabalha-se com o pedestal na posição de volante paralela, ou "de caranguejo", o que significa que as três rodinhas ficam voltadas para a mesma direção. **Figura 7.5A** Se quiser girar o próprio pedestal, para movê-lo mais para perto de uma parede ou um pedaço do cenário, por exemplo, mude-o da posição de volante "de caranguejo" para a de triciclo. **Figura 7.5B**

Cabeças de montagem (pan e panorâmica vertical)

A *cabeça de montagem* conecta a câmera ao tripé ou ao pedestal de estúdio. A cabeça de montagem (que não deve ser

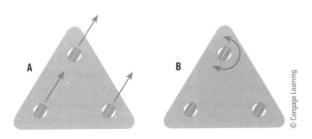

7.5 Movimentação paralela (caranguejo) e triciclo
A Na posição paralela ou "de caranguejo", as três rodinhas ficam voltadas para a mesma direção. **B** Na posição de triciclo, apenas uma roda é orientável. Um pedal permite rápida mudança de movimentação paralela para triciclo.

confundida com a cabeça da câmera, que representa a câmera em si) permite fazer movimentos de panorâmica vertical e pan na câmera de forma extremamente suave. É por isso que as cabeças são também chamadas cabeças de pan e panorâmica vertical.

A maioria das *cabeças de pan* e *panorâmica vertical para estúdio* profissionais tem quatro controles: puxadores de panorâmica vertical e pan, e travas de panorâmica vertical e pan. Os controles puxadores fornecem vários graus de resistência a panning e tilting para tornar os movimentos de câmera o mais suaves possível. O problema com algumas cabeças de montagem é que o espaço mínimo para arrastar ainda é muito apertado para filmadoras pequenas e leves. Os controles de trava imobilizam o mecanismo de pan e panorâmica vertical para impedir que a câmera se movimente quando deixada sozinha. **Figura 7.6**

Cabeças de pan e panorâmica vertical, projetadas para se conectarem a pesadas câmeras de estúdio ou em campo, têm um mecanismo de compensação ajustável que permite pans suaves e mantém a carga pesada equilibrada durante panorâmicas verticais para que a câmera não caia para a frente ou para trás. **Figura 7.7**

Independentemente da cabeça usada, não aperte o controle puxador para travar o mecanismo de pan e panorâmica vertical nem use o controle de trava para ajustar o puxador. Utilizar o controle puxador para travar a câmera estragará a cabeça em muito pouco tempo. Tentar usar o dispositivo de travamento para os controles de panorâmica vertical e pan quase sempre resultará em movimentos de câmera bruscos e desiguais.

Base de quick release e cunha Para conectar a câmera à cabeça, usa-se a base de quick release para a maioria das câmeras e uma cunha para câmeras pesadas de estúdio. Ambas são placas de metal parafusadas na parte inferior da câmera. Ao ser colocada à parte inferior da câmera, a base de *quick release* permite tirar a câmera do tripé e, em seguida, conectá-la rapidamente em uma posição de equilíbrio (daí seu nome). Você achará esse recurso muito conveniente, especialmente em uma produção em que terá de mudar frequentemente de câmera instalada em tripé para câmera de mão. **Figura 7.8**

7.7 Cabeça de câmera de estúdio
Essa cabeça de montagem para estúdio foi projetada para câmeras mais pesadas. Normalmente, é usada para instalação em câmeras de estúdio com lentes grandes e teleprompters sobre pedestais de estúdio. Observe que a cunha facilita a conexão da câmera do estúdio à cabeça do tripé ou do pedestal em uma posição equilibrada.

7.6 Cabeça de montagem da câmera ENG/EFP
Essa cabeça foi projetada para montagem e operação de câmeras de ENG/EFP e câmeras portáteis em tripés. Ela tem capacidade de peso limitada.

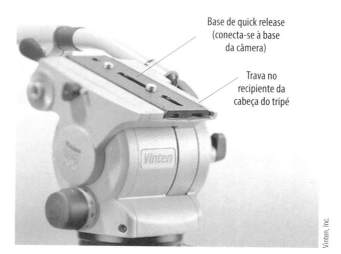

7.8 Base de quick release
A base de *quick release* permite reconectar a câmera à cabeça do tripé em posição equilibrada sem ajustes demorados.

A cunha ajuda a equilibrar adequadamente a pesada câmera do estúdio e as lentes. Depois de equilibrada, a cunha manterá a câmera em equilíbrio sobre instalações posteriores (ver Figura 7.7).

Suportes de câmera com propósito especial

Esses suportes são projetados para operações de câmera específicas e incluem sistemas de estabilização de câmera, dispositivos de montagem de campo móvel, braços e robóticos.

Sistemas de estabilização da câmera Um sistema de estabilização de câmera é um suporte que permite que o operador da câmera ande, corra e, até mesmo, pule enquanto mantém a imagem estável. Um dos mais populares é o Steadicam.

Para câmeras portáteis pesadas, o mecanismo com mola e balancins (que permite que a câmera permaneça nivelada mesmo quando seu suporte é inclinado) é conectado a uma faixa que suporta o monopé vertical e a câmera. **Figura 7.9** Para câmeras pequenas e leves, a câmera é conectada por meio de balancins a uma empunhadura e um contrapeso abaixo da câmera. **Figura 7.10**

Mas não se engane quando você vir um operador de Steadicam em ação. Manter a câmera equilibrada parece fá-

7.10 Estabilizador para câmeras leves
Sistemas estabilizadores como esse são projetados para que o operador possa carregar a câmera em uma das mãos.

cil, mas, assim como esquiar, requer muita prática. Mesmo que você seja um operador de câmera experiente, não espere capturar imagens suaves perfeitamente na primeira vez que você usar esse aparelho.

Dispositivos móveis de montagem em campo Quando você precisar fazer *dolly* ou *truck* sobre superfícies bastante ásperas, você pode montar um tripé em um campo dolly. Alguns têm quatro rodas pneumáticas relativamente grandes, uma plataforma desmontável na qual o operador da câmera pode ficar em pé enquanto trabalha a filmadora e uma alavanca de direção na frente e uma barra de empurrar atrás para o operador de dolly. **Figura 7.11**

Em uma superfície lisa, você pode realizar *dollies* longas e suaves, arcos e *trucks*, substituindo o campo por uma cadeira de rodas ou, até mesmo, um carrinho de compras como um suporte para câmera. Também pode amortecer uma câmera com um travesseiro ou saco de feijão e amarrá-lo a um skate para filmagens de ângulo baixo ou para o capô de um carro para filmagens do trânsito de câmera subjetiva inevitável ou uma sequência de perseguição de carro. **Figura 7.12**

Se estiver a utilizar uma filmadora de bolso, você pode montá-la em um braço flexível e prender o braço ao para-brisa com uma ventosa. **Figura 7.13**

Montagem de câmera portátil Câmeras de vídeo pequenas e leves geraram uma variedade de dispositivos que facilitam o uso portátil, e todos são projetados para permitir que você consiga imagens suaves durante o movimento com a câmera.

Para filmadoras pequenas ou câmeras DSLR (reflexo de lentes únicas digitais), você pode escolher suportes que tornem o uso da câmera portátil mais flexível e confortável. Todos esses apoios dependem dos seus braços e pernas e, claro,

7.9 Estabilizador para câmeras pesadas
Esse tipo de sistema de estabilização, chamado genericamente de Steadicam, permite caminhar ou correr com a câmera, mantendo as imagens perfeitamente estáveis. O mecanismo pesado equilibrado por molas é conectado a uma faixa no corpo.

Operação de câmera e composição de imagem   117

7.11 "Dolly de campo"
A dolly de campo tem uma plataforma com quatro rodas pneumáticas que dão suporte à câmera de suporte de tripé e ao operador de câmera.

7.13 Suporte de câmera de bolso
O copo de sucção no cabo flexível pode ser colocado em superfícies suaves para apoiar uma filmadora de bolso.

A barra do conluio é uma barra metálica extensível com uma alavanca em cima. Você pode usá-lo para andar ou correr com a câmera perto do chão ou acima de sua cabeça. Essa barra é especialmente acessível para longas filmagens de *tracking* sobre terreno irregular. Você pode ver o que a câmera capta no monitor desdobrável ou um monitor de extensão que esteja preso na parte superior da câmera. **Figura 7.14**

Para liberá-lo de ter que segurar a câmera DSLR na frente do seu rosto, você poderia anexá-lo a um único punho ou guiador duplo. **Figura 7.15** Ou você pode usar um pequeno suporte de contrapeso que balanceia em várias distâncias à sua frente.

Um dos dispositivos de montagem populares para pequenas filmadoras ou câmeras, chamado o Fig Rig,[4] consiste em um anel do tamanho de um volante grande com uma barra de suporte sobre o terço mais baixo. Você prende a câmera sobre o suporte e, além disso, prende controles remotos ou microfones ao anel em si.

Para operar a câmera, você pega o anel com as duas mãos como se estivesse dirigindo. Girando o anel em sentido anti-horário, a câmera não fará uma curva à esquerda, mas, sim, inclinará para o horizonte (de baixo para a es-

7.12 "Pufe"
O saco com material sintético se ajusta a qualquer câmera e objeto sobre o qual é instalado. Tanto o saco como a câmera podem ser facilmente presos por uma corda de náilon.

do mecanismo de estabilização de imagem nas lentes ou câmera – para manter as filmagens relativamente estáveis.

Você deve perceber, entretanto, que eles não podem substituir suportes de estabilizadores que utilizem molas e cardan como amortecedores de choque.

---

[4] Esse suporte de estabilização como um volante para pequenas câmeras foi concebido e usado por Mike Figgis, diretor de filme britânico e professor de estudos de filmes na *European Graduate School* em Saas-Fee, Suíça. Agora é comercialmente produzido e vendido pela Manfrotto como o Fig Rig. Entre os filmes que Figgis dirigiu estão *Leaving Las Vegas* e *Timecode*.

7.14 Barra de conluio
Essa é uma barra expansível que permite que você abaixe o plano da câmera para o chão e o eleve para cima da sua cabeça.

7.15 Guias duplas para suporte da câmera DSLR
Duas guias permitem que a pessoa segure a câmera DSRL na frente do rosto e possa movimentá-la durante a filmagem.

pamento é sua flexibilidade na obtenção de filmagens de vários ângulos, mas não pode corresponder à suavidade de um Steadicam. **Figura 7.16**

Finalmente, você pode segurar uma câmera de vídeo em suas mãos e usar seus braços como suporte para filmagens de curta duração. Por exemplo, você pode se surpreender com a suavidade que a filmagem através do para-brisa pode ter ao simplesmente segurar a câmera e usar seus braços como amortecedores. De alguma forma, nosso sistema de equilíbrio inato parece reagir automaticamente à maioria das oscilações do carro. Isso não é diferente de levar um copo de café quente lá em cima: se você não olhar para o copo, você provavelmente não vai derramar nada.

Braço O *braço* é um dispositivo semelhante a uma grua que permite que você sozinho abaixe a câmera praticamente até o chão do estúdio, levante-a a uma altura de 3,5 metros ou mais, faça movimento de tongue com o braço e balance-o até 360 graus, e faça movimentos de dolly ou truck com todo o conjunto e, ao mesmo tempo, de pan, panorâmica vertical, foco e zoom da câmera. Obviamente, todos esses movimentos requerem prática para parecer suaves no ar. A câmera e o braço são equilibrados por monitor, bateria, controles remotos de câmera e contrapesos. **Figura 7.17**

Suporte para câmera robótica Pedestais automáticos e cabeças, geralmente chamados robóticos, são utilizados em muitas estações de televisão em programas com formatos

querda para a direita superior). Girando no sentido horário, o horizonte se inclina para o outro lado. Você pode inclinar o anel para cima e para baixo com seus braços, bem como andar e correr com ele. Novamente a vantagem desse equi-

7.16 Fig rig
Esse anel de volante dá suporte à câmera e equipamentos adicionais, tais como microfones e diversos controles remotos. Você pode segurá-lo com as mãos para filmagens em movimento maximamente flexíveis.

Operação de câmera e composição de imagem 119

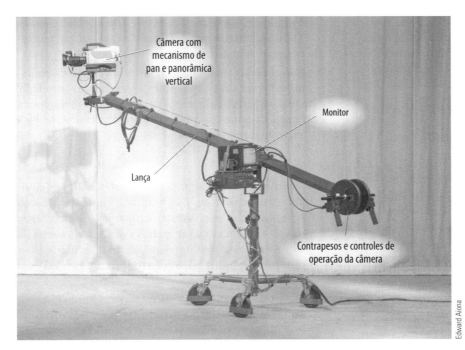

7.17 Braço
O braço permite que o operador de câmera faça movimentos de dolly, truck e boom com a câmera para cima e para baixo, e, simultaneamente, de pan, panorâmica vertical, foco e zoom.

de produção rígida, como noticiários, teleconferências e certos programas de treinamento. O *pedestal robótico* consiste em um pedestal de estúdio controlado de maneira remota e uma cabeça. **Figura 7.18**

Vários pedestais de estúdio podem ser programados para mover suas câmeras para posições de tomadas específicas, como planos de composição e close-ups (CU) dos âncoras, seguidos por um plano geral do meteorologista e

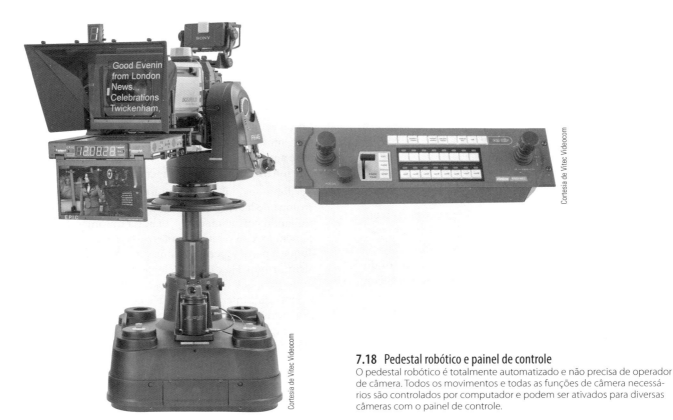

7.18 Pedestal robótico e painel de controle
O pedestal robótico é totalmente automatizado e não precisa de operador de câmera. Todos os movimentos e todas as funções de câmera necessários são controlados por computador e podem ser ativados para diversas câmeras com o painel de controle.

do mapa do tempo – tudo sem operador de câmera. Para teleconferência e salas de aula, sistemas de câmera robóticos menores muitas vezes operam a partir de posições fixas, com seus mecanismos de pan e panorâmica vertical controlados por um único operador na sala de controle ou até por um instrutor na câmera.

Trabalho com câmeras de estúdio e câmera EFP

Semelhante a aprender a andar de bicicleta, trabalhar com a câmera portátil ou câmera de estúdio não se pode aprender em um livro (nem mesmo neste!). Você simplesmente precisa praticar. Porém, conhecer algumas coisas que não devem ser feitas com a câmera e o que fazer no processo de gravação (antes, durante e após) pode acelerar bastante seu aprendizado de como operá-la. Quando você está em uma grande produção em estúdio ou cobrindo uma notícia em campo, é fácil esquecer que a câmera é um equipamento extremamente complexo. Embora talvez não seja tão valiosa ou frágil como a porcelana chinesa da vovó, ainda assim necessita de tratamento cuidadoso e respeitável. A seguir, você aprenderá o que não fazer antes de aprender o que fazer durante a operação de câmera para evitar que danifique ou perca o equipamento antes mesmo de usá-lo. Pensando nisso, essas proibições representam um começo positivo.

Alguns pontos básicos do que não fazer com uma câmera

- Não deixe a câmera no carro por muito tempo, a menos que o veículo esteja bem trancado na garagem. Como as pessoas e os animais, os equipamentos eletrônicos tendem a sofrer com calor excessivo. Mais importante ainda, manter a câmera com você tanto quanto possível é uma maneira bastante simples de prevenir o roubo.

- Não deixe a câmera desprotegida na chuva, no sol quente ou no frio extremo. Ao usar uma câmera na chuva, proteja-a com uma "capa de chuva" – capa de plástico pré-fabricada – ou pelo menos com um plástico. Uma forma simples, mas eficaz, de manter a chuva afastada da câmera é um guarda-chuva grande. Algumas lentes de zoom travam em clima extremamente úmido ou frio. Teste a lente antes de usá-la no local. Nunca use fitas ou outras mídias gravadas.

- Não aponte a lente por muito tempo para o sol do meio-dia. Embora os sensores de imagem não sejam danificados pela intensidade da luz solar, eles podem sofrer com o calor gerado pelos raios focalizados. O mesmo vale para o visor: não o deixe apontado para o sol por longo período. A lente de aumento do visor pode coletar os raios solares, derretendo a carcaça e a parte eletrônica.

- Não deixe as baterias da câmera ao sol ou, pior ainda, não as deixe cair. Embora uma bateria pareça forte ex-

ternamente, é na verdade sensível ao calor e ao choque. Algumas baterias não devem ser carregadas em temperaturas extremamente frias.

- Não apoie a câmera de lado. Você corre o risco de danificar o visor ou o microfone acoplado do outro lado. Quando terminar a gravação, tampe a câmera com a tampa da lente externa e, só para ter certeza, feche a abertura na posição C ou *close*.

Antes da gravação

- Antes de qualquer outra coisa, relacione todos os equipamentos e marque-os em uma lista de verificação (checklist). Se precisar de equipamentos auxiliares, como microfones externos, luzes de câmera, fontes de alimentação ou monitores de externa, verifique se os conectores e cabos estão corretos. Leve alguns adaptadores extras.

- A menos que esteja correndo atrás das últimas notícias, primeiro monte o tripé e confirme se ele está nivelado. Faça alguns movimentos de pan e panorâmica vertical para determinar as melhores posições para eles. Verifique as travas de pan e panorâmica vertical. Insira a bateria ou conecte a câmera na fonte de alimentação alternativa (conversor e transformador de AC/DC) e faça um breve teste de gravação antes de levar a câmera para campo. Confirme se a câmera está gravando áudio e vídeo.

- Se estiver envolvido em produções de campo elaboradas usando câmeras EFP de alta qualidade e gravadores de vídeo separados, verifique os cabos de ligação e as fontes de alimentação (geralmente baterias). Você pode precisar de alimentação de sinal de vídeo da câmera ou do gravador para o monitor de externa, movido a bateria, do diretor. Todos os plugues estão ligados às tomadas corretas? Em EFP, um conector errado, ou mesmo frouxo, pode significar um dia de produção perdida. Como acontece com a câmera, conecte todos os equipamentos que usará em campo e faça uma gravação de teste antes de ir para o local. Nunca presuma que tudo funcionará apenas porque funcionou antes.

- Verifique se o microfone externo, geralmente um microfone de lapela ou de mão, e o da câmera estão funcionando corretamente. A maioria dos microfones de câmera precisa ser ligada antes de começar a funcionar. Toque a parte superior do microfone e escute se ele faz algum ruído. Há cabo suficiente para o microfone externo para que o repórter possa trabalhar longe o suficiente da câmera? Caso esteja cobrindo notícias que exijam microfone externo para o repórter de campo, talvez queira manter o microfone externo conectado para poupar tempo e minimizar erros caros. Se você usar um microfone sem fio, verifique o sistema do transmissor do microfone e o retorno do sinal de áudio. O retorno se conectou à mesma frequência que o transmissor do microfone?

A luz da câmera portátil funciona? Não basta olhar para a lâmpada. Acenda a luz para verificar se ela funciona. Ao usar bateria separada para a luz, certifique-se de que ela esteja totalmente carregada. Se você tem luzes adicionais, elas estão todas operacionais? Você tem cabos de extensão de AC suficientes para alimentar as lâmpadas adicionais?

Ao usar um gravador de vídeo separado para EFP, faça uma gravação de teste para garantir que ele esteja em boas condições de funcionamento. (Ver Capítulo 12 para obter detalhes sobre a gravação de vídeo.)

Verifique duas vezes se a mídia de gravação (cartões de memória, discos rígidos ou discos ópticos) funciona na câmera que você está usando. Antes de colocar a mídia na câmera, certifique-se de que a aba de proteção contra gravação está na posição fechada (ver Capítulo 12.1). Sempre leve com você algumas mídias de gravação além das que acha que precisará.

Embora não seja engenheiro de manutenção, leve alguns fusíveis sobressalentes para o equipamento principal. Algumas câmeras ENG/EFP têm um fusível de reposição ao lado do ativo. Note, contudo, que um fusível queimado indica mau funcionamento no equipamento. Mesmo que a câmera funcione novamente com o fusível novo, mande verificá-la quando retornar da gravação.

Como se fosse um kit de primeiros socorros, sempre tenha um kit de produção em campo que contenha os seguintes itens necessários: várias mídias de gravação extras, um gravador de áudio, microfone adicional e pedestal de microfone pequeno, uma ou mais luzes portáteis e pedestais, lâmpadas adicionais para todos os instrumentos de iluminação, cabos de AC, baterias extras para todos os equipamentos alimentados por bateria, vários grampos ou prendedores de madeira, fita adesiva, um refletor pequeno, um rolo de papel-alumínio, um pequeno cartão branco para equilibrar o branco, material para difusão de luz, vários filtros de efeitos, um tubo de ar comprimido para limpeza de lentes e uma capa de chuva para a câmera.

Você também deve levar itens de sobrevivência pessoal, como água e barras de cereais, uma lanterna que funcione, um guarda-chuva, roupas extras e, claro, papel higiênico. Depois de trabalhar em campo algumas vezes, você aprenderá a montar seu próprio kit de produção.

Durante as filmagens

Depois de adquirir alguma experiência em produção em campo, provavelmente você desenvolverá suas próprias técnicas para carregar e operar uma câmera ou câmera ENG/EFP. Há diferenças óbvias entre as câmeras pequenas e portáteis e as câmeras de ombro, mas a maioria dos procedimentos operacionais gerais é idêntica.

Primeiro, coloque, sempre que possível, a câmera sobre um tripé. Você terá mais controle sobre o enquadramento e estabilização do plano. Isso permitirá que faça filmes de duração suficiente e ficará menos cansado durante uma gravação longa.

A menos que você queira usar a câmera no modo totalmente automático de equilíbrio de brancos, faça esse ajuste antes da gravação. Certifique-se de ajustar o equilíbrio de brancos da câmera na mesma luz que ilumina a cena que você está gravando. Se não tiver um cartão branco, focalize a câmera em qualquer coisa branca, como a camisa de alguém ou o verso de um script. Repita o equilíbrio de brancos cada vez que encontrar novas condições de iluminação, como quando se desloca de uma entrevista em uma esquina para o interior de um restaurante. O cuidadoso equilíbrio de brancos pode economizar horas de correção de cor na pós-produção.

Mantenha a câmera o mais estável possível. Isso é especialmente importante quando a lente de zoom está na posição de telefoto. Ao operar uma câmera pequena sem um tripé, apoie-a na palma da mão e use a outra mão para apoiar o braço da câmera ou a própria câmera. Sempre que possível, pressione os cotovelos contra o corpo, inspire e prenda a respiração durante a gravação. Dobre os joelhos ligeiramente ao gravar ou encoste-se em um apoio resistente para aumentar a estabilidade da câmera. Esse manuseio da câmera é recomendado mesmo que você tenha o estabilizador de imagem ligado. Note que os estabilizadores de imagem corrigem apenas pequenas oscilações da câmera e descarregam a bateria durante o processo. **Figuras 7.19 e 7.20**

Utilize o visor em vez da tela dobrável para compor os planos. O visor torna a focagem mais precisa (obtém imagem mais nítida) e é melhor guia para a exposição adequada (*f*-stop) do que o monitor dobrável. Quando gravar ao ar livre, perceberá que o monitor dobrável fica muitas vezes inútil em razão da luz do sol sobre ela, o que apaga a imagem. Utilize o monitor dobrável apenas se a câmera estiver no modo automático e você só vai precisar de um guia básico para enquadrar um plano.

As câmeras portáteis grandes e algumas das médias são projetadas para serem usadas no ombro. Suportes de ombro estão disponíveis para as câmeras de médio porte. Supondo que você seja destro, leve a câmera no ombro direito e deslize a mão direita pela alça de apoio na lente de zoom. Isso ajuda a firmar a câmera, permitindo operar ao mesmo tempo os controles de zoom e foco automático. A mão esquerda fica livre para operar o anel de foco manual. Se você é canhoto, inverta o procedimento e troque a empunhadura da lente e do visor para o lado esquerdo. **Figura 7.21**

Ao mover a câmera, faça zoom out até o fim. Em decorrência da grande profundidade de campo, terá me-

7.19 Segurar uma câmera pequena
Segure a câmera com firmeza utilizando ambas as mãos e mantendo os cotovelos encostados no corpo.

7.20 Estabilizar o operador da câmera
Encoste-se em uma árvore ou parede para que você e a câmera permaneçam firmes.

7.21 Câmera de ombro
Carregue a câmera maior no ombro. Uma mão escorrega pela alça da lente para dar firmeza à câmera e operar o zoom. A outra mão fica livre para operar o anel de foco na frente da lente de zoom e fornecer apoio adicional para a câmera.

nos problemas de manter o evento em foco mesmo que você ou o objeto se movam. Mesmo na posição de grande angular, mova a câmera o mais suavemente possível.

- Antes de utilizar o zoom, ajuste a lente de zoom fazendo zoom in até o fim no objeto-alvo, focalizando e depois fazendo zoom out de volta para o plano desejado. Seus zooms seguintes permanecerão em foco a menos que a câmera ou o objeto se aproximem ou se afastem um do outro. Se isso acontecer, você precisará reajustar a lente.

- Se o objeto-alvo for óbvio, coloque a câmera em foco automático. Quando estiver com pressa, o foco automático lhe dará imagens com foco melhor do que se você não tiver cuidado ao utilizar o foco manual.

- Obter o foco ideal é especialmente difícil com HDTV (televisão de alta definição), pois a imagem em alta resolução aparece em foco mesmo que esteja ligeiramente fora de foco. Se a cena for parada, coloque a câmera em foco automático. Caso contrário, mexa no foco algumas vezes para ver onde fica o foco ideal. Olhe pelo visor em vez de pelo monitor dobrável quando focalizar. Mude para o recurso de assistência ao foco (focus-assist), se a câmera o tiver.

- Para fazer o movimento de pan em uma câmera, mova a câmera com todo o seu corpo em vez de apenas com os braços. Primeiro, vire os joelhos na direção do *fim* do pan. Então torça o corpo com a câmera apontada para o *início* do pan. Durante o pan, você é como uma mola que se desenrola desde o início da ação até o fim. Sempre dobre os joelhos ligeiramente ao gravar. Como no esqui, os joelhos agem como amortecedores. Não entre em pânico se perder o objeto temporariamente do visor. Mantenha a câmera firme, olhe para cima para ver onde está o objeto e aponte a câmera suavemente para a nova direção. **Figura 7.22**

Ao mover-se com pessoas que estão andando, fique na frente delas com a câmera e ande para trás na mesma velocidade. Dessa forma, você verá o rosto delas, em vez das costas. Andar de costas também o obriga a andar sobre as plantas dos pés, que absorvem mais o impacto do que os calcanhares. Cuidado para não esbarrar ou tropeçar em algo ao andar para trás – uma verificação rápida do percurso proposto pode evitar contratempos inesperados. Com a lente de zoom na posição grande angular, você muitas vezes está mais perto do objeto do que a imagem do visor indica. Cuidado para não bater em algo ou alguém com a câmera, especialmente se andar para a frente com ela em uma multidão. **Figura 7.23**

- Sob condições normais, coloque a câmera no modo de íris automática. "Condições normais" significa que a iluminação não produz alto contraste (como o sol do meio-dia) ou que você não precisa criar efeitos especiais, como profundidade de campo muito baixa. Apesar das objeções de alguns operadores de câmera especialmente críticos, utilizar a íris automática em dia nublado muitas vezes resulta em melhor exposição de vídeo do que fazê-lo manualmente, em especial durante uma coleta de notícias eletrônicas (ENG).

- Não esqueça o áudio. Use fones de ouvido para escutar o som. Todas as câmeras gravam em duas faixas de áudio. Sempre que possível, verifique o nível de áudio antes da gravação e também durante o processo. Ao trabalhar em ambiente relativamente calmo, grave com o controle automático de ganho (AGC). Caso contrário, você precisará mudar para o controle de ganho manual, escolher um nível de som e gravar. (Ver Capítulos 8 e 9 para obter mais informações sobre som ENG.)

- Sempre grave o som com o microfone da câmera, mesmo que esteja usando microfone externo para a captação de áudio primário (ambiente). Esse som ambiente é importante para conseguir continuidade na edição de pós-produção. Quando o repórter segurar o microfone externo, não corra para longe dele para obter um plano melhor do evento. Ou os dois correm juntos, ou ambos ficam parados.

- Sempre que operar uma câmera em campo, use bom senso. Esteja atento à sua segurança e à de outras pessoas. Sempre se pergunte se a história vale o risco. Em ENG, a confiabilidade e a consistência são mais importantes do que consecuções esporádicas, não importa quanto sejam espetaculares. Não arrisque o pescoço e os equipamentos para obter um plano que simplesmente melhoraria a história. Deixe esse tipo de gravação para os amadores talentosos.

Depois da gravação

- A menos que tenha gravado uma história realmente quente que precise ir ao ar imediatamente, mesmo sem

7.22 Fazer pan com a câmera
Antes de executar o movimento de pan, vire os joelhos na direção do fim do pan, então desenrole a parte superior do corpo durante o movimento.

7.23 Caminhar para trás
Ao mover-se com algo ou alguém, ande para trás em vez de andar para a frente. As plantas dos pés servem como amortecedores.

editar, cuide do equipamento antes de entregar a mídia de gravação. Se você se organizar corretamente, isso só levará alguns minutos.

■ Feche a íris da lente até a posição C ou fechada e recoloque a tampa da lente.

■ Coloque todos os interruptores na posição *off*, a menos que vá cobrir outra história logo depois – nesse caso, coloque a câmera em modo de espera (standby).

■ Retire a mídia de gravação da câmera, etiquete a mídia e sua caixa, e coloque todo o material em lugar seguro.

■ Assim que voltar da gravação, recarregue as baterias. Se a câmera ficou molhada, espere até que tudo seque antes de colocá-la na sua maleta. A umidade é uma das mais graves ameaças para as câmeras. Se tiver tempo, verifique todas as luzes portáteis para que elas funcionem no próximo trabalho. Enrole todos os cabos de extensão de AC – você não terá tempo ou a paciência necessária para desembaraçá-los quando um evento estiver em curso.

Trabalho com a câmera em estúdio

De certa forma, uma câmera de estúdio é mais fácil de operar do que uma câmera portátil: ela é instalada em algum tipo de suporte para câmera, e o operador de vídeo faz todos os ajustes eletrônicos e "sombreamento" da câmera na CCU (camera control unit ou unidade de controle de câmera). No entanto, você talvez ache mais difícil operar a câmera de estúdio porque é necessário dirigir o pedestal pesado para fazer os movimentos de truck, arco, dolly e pedestal para cima e para baixo. É preciso fazer zoom in e out e ajustar o foco enquanto compõe imagens eficazes, ouvindo as instruções do diretor e observando o tráfego no estúdio ao seu redor. Obviamente, coordenar todos esses fatores de forma suave exige prática. Para a produção de um programa, as seguintes etapas ajudarão você a operar a câmera no estúdio.

Antes do programa

■ Coloque seu fone de ouvido e verifique se o sistema de intercomunicação está funcionando. Você precisa ouvir pelo menos o diretor, o diretor de imagens e o operador de vídeo.

■ Destrave o mecanismo de pan e panorâmica vertical na cabeça de montagem e ajuste o puxador horizontal e vertical, se necessário. Verifique se a câmera está equilibrada sobre a cabeça de montagem – a câmera não deve ir para a frente nem inclinar para trás quando destravada. Destrave o pedestal e faça o movimento de pedestal para cima e para baixo.

■ Veja quanto cabo de câmera você possui e se há obstáculos que possam interferir com o deslocamento dele. Verifique se a aba do pedestal ou outro tipo de guarda-cabo está baixo o suficiente para mover o cabo para fora do caminho em vez de passar sobre ele.

■ Peça ao operador de vídeo para destampar a câmera na CCU e pergunte se você pode remover a tampa da lente. Em seguida, verá no visor as imagens que a câmera está realmente captando. O visor está ajustado corretamente? Como um aparelho de televisão em casa, um visor pode ser ajustado quanto ao brilho e contraste. Se você precisa de guias de enquadramento, acione o interruptor que mostra a área essencial (safe area – área de título seguro) e a marca de centro de tela (screen-center mark). A marca de centro é especialmente importante se for preciso manter a ação principal na área de 4×3 da tela em um visor de 16×9.

■ Verifique a lente de zoom. Faça zoom in e out. Tente determinar até que ponto você pode se aproximar do evento principal a partir de determinada posição. A lente está limpa? Se estiver empoeirada, use uma escova apropriada de pelo fino (as melhores são as de pelo de camelo) e limpe cuidadosamente as partículas maiores de poeira. Usando um tubo de ar comprimido, sopre o pó mais fino. Não sopre diretamente na lente: a umidade a deixará enevoada e ainda mais suja.

■ Mexa no foco: mova o controle de foco de uma posição extrema à outra. Você consegue mover fácil e suavemente para o foco e para fora dele, especialmente quando está em uma posição de ângulo estreito, com zoom in?

■ Ajuste a lente de zoom dando zoom in até o fim e focalizando o objeto-alvo. Agora, você deverá permanecer em foco durante todo o zoom, desde que nem o objeto nem a câmera se movam para perto ou longe um do outro.

■ Se você tiver uma folha de planos de gravação, este é um bom momento para praticar os planos mais complicados de zoom, dolly ou truck. Uma folha de planos de gravação é uma lista de todos os planos que determinada câmera tem que gravar. Ela é presa à câmera para ajudar o operador a lembrar-se da sequência de planos.

■ Se houver teleprompter conectado à câmera, verifique todas as conexões.

■ Trave a câmera novamente (o pedestal e o mecanismo de pan e panorâmica vertical) antes de sair. Jamais deixe uma câmera destravada, mesmo que por pouco tempo. Alguns suportes têm freio de estacionamento. Acione o freio do pedestal antes de se afastar da câmera.

■ Tampe a câmera se for deixá-la por um período prolongado.

Durante o programa

■ Coloque o fone de ouvido e estabeleça contato com o diretor, diretor de imagens (technical director – TD) e o operador de vídeo (video operator – VO). Destrave a câmera e verifique novamente o puxador de pan e panorâmica vertical e o movimento de pedestal.

Operação de câmera e composição de imagem   125

- Ajuste o zoom em cada nova posição de câmera. Assegure-se de que consegue permanecer em foco por toda a faixa de zoom.

- Ao verificar o foco para um novo plano, ajuste o foco algumas vezes para determinar a posição em que a imagem é mais nítida. Ao focar uma pessoa, a linha dos cabelos em geral dá detalhes suficientes para determinar o foco mais nítido. Em close-ups extremos (ECU),[5] focalize a ponte do nariz. Alcançar e permanecer no foco adequado é mais difícil com uma câmera HDTV. Se disponível, use o recurso de assistência ao foco (focus-assist).

- Se perceber que precisará fazer um dolly, coloque a lente de zoom na posição de grande angular. Com a lente de zoom na posição extrema de grande angular, a profundidade de campo deve ser grande o suficiente para que você só precise ajustar o foco quando estiver muito perto do objeto ou evento.

- Se houver um movimento difícil de truck ou arco a realizar, peça que um ajudante o auxilie na movimentação e orientação da câmera. Você pode se concentrar então na operação de câmera.

- Em um dolly em linha reta, é possível manter ambas as mãos nas alavancas de panning (manoplas). Se precisar guiar a câmera, faça isso com a mão direita, mantendo a esquerda sobre o controle de foco.

- Ao fazer o movimento de pedestal para cima ou para baixo, tente frear a câmera antes que ela atinja a parada nas posições extremas de pedestal. Em geral, mantenha os planos no nível dos olhos da pessoa que está sendo filmada, a menos que o diretor o instrua a gravar de um ângulo alto (pedestal para cima, olhando para baixo) ou baixo (pedestal para baixo, olhando para cima).

- Ao operar uma dolly de câmera com rodas livres, sempre posicione as rodas na direção do destino de câmera tencionado para evitar que a dolly saia na direção errada. Verifique se os guarda-cabos estão baixos o suficiente para evitar que a câmera passe por cima dos cabos no chão do estúdio, em vez de empurrá-los para fora do caminho.

- Use fita adesiva no chão do estúdio para marcar as posições críticas da câmera.

- Em todos os momentos durante o programa, fique atento às atividades à sua volta. Onde estão as outras câmeras? Onde está a vara do microfone (boom)? Onde está o *fishpole*[6] do operador? O monitor de chão? É sua responsabilidade ficar fora da vista das outras câmeras e não bater em nada, incluindo o pessoal do estúdio e artistas, durante seus movimentos. Tapetes são um perigo constante ao movimento da câmera. Ao executar dolly em um estúdio com tapete, observe o chão para não fazer um movimento súbito de dolly para cima do tapete.

- Observe se a luz vermelha (tally) desligou antes de calibrar o zoom ou mover a câmera para uma nova posição de gravação. Isso é especialmente importante se sua câmera estiver envolvida em efeitos especiais. Com efeitos abrangendo duas câmeras, como uma superposição, as luzes vermelhas de ambas as câmeras ficam ligadas (ver Capítulo 13).

- Em geral, mantenha os olhos no visor (viewfinder). Se o formato permitir, olhe ao redor em busca de algo interessante para focar entre os planos. O diretor apreciará boas tomadas em um programa de improviso, em que os planos não foram ensaiados. Mas, se tiver recebido uma folha de planos de gravação, apegue-se a ela, não importando quanto as possibilidades de planos possam lhe parecer tentadoras. Não tente tomar o lugar do diretor. Marque todas as alterações de planos na folha de planos de gravação.

- Se você trabalha sem folha de planos de gravação, tente lembrar o tipo e a sequência de planos ensaiados. Um bom operador de câmera tem o próximo plano preparado antes que o diretor peça. Se trabalhar com folha de planos de gravação, vá para o próximo plano imediatamente depois do anterior – não espere até o último minuto.

- Ouça com atenção o que o diretor diz a todos os operadores de câmera (e não apenas a você) para poder coordenar seus planos com os das outras câmeras. Além disso, é possível evitar a duplicação desnecessária de planos se souber aproximadamente o que as outras câmeras estão fazendo.

- Evite conversa desnecessária no intercomunicador.

Depois do programa

- No fim do programa, espere o sinal de "todos liberados" antes de travar a câmera. Pergunte ao operador de vídeo se pode tampar a lente.

- Trave a cabeça e o pedestal em posição baixa. Empurre a câmera para seu lugar de estacionamento designado no estúdio. Enrole o cabo tão bem quanto possível no gancho do cabo ou, quando deixado no chão do estúdio, com as habituais voltas em formato de 8.

PONTOS PRINCIPAIS

▶ Os movimentos de câmera padrão são: pan, mover a câmera na horizontal; panorâmica vertical, apontar a câmera para cima ou para baixo; pedestal, baixar ou levantar a câmera sobre um pedestal de estúdio; tongue, mover a câmera inteira da esquerda para a direita, ou vice-versa, usando a lança do braço; crane ou boom, mover a câmera inteira para cima ou para baixo em um braço de câmera; dolly, mover a câmera em direção à cena ou para longe dela; truck ou track, mover a câmera lateralmente; arco, mover a câmera em um movimento de

---

[5] Também conhecido como big close-up ou plano de detalhe. (NRT)

[6] Vara do microfone boom. (NRT)

- dolly ou truck ligeiramente curvo; inclinação, inclinar a câmera para o lado; e zoom, mudar a distância focal da lente com a câmera parada.[7]

▶ As montagens padrões da câmera são: na mão e no ombro, em monopé, tripé e dolly tripé, pedestal de estúdio e montagens de câmeras de propósito especial, que incluem sistemas de estabilização da câmera, dispositivos móveis de montagem em campo, braço ou pedestal robótico.

▶ A cabeça de montagem conecta a câmera ao tripé ou pedestal de estúdio e permite que a câmera seja movida suavemente em panorâmica vertical para cima e para baixo ou em pan horizontal.

▶ A placa (base) de quick release ajuda de maneira repetida a conectar e desconectar uma câmera a uma cabeça e a partir dela. A cunha facilita a conexão de câmeras mais pesadas à cabeça em posição equilibrada.

▶ Antes de usar uma câmera, verifique se as baterias estão totalmente carregadas e se tem bastante mídia de gravação para o trabalho. Faça uma verificação de áudio com o microfone da câmera e o microfone externo.

▶ Ao trabalhar com câmera portátil, manuseie-a com o máximo cuidado. Não a deixe sem proteção ao sol ou descoberta na chuva.

▶ Sempre preste atenção especial ao equilíbrio de brancos, pré-ajuste o zoom e grave o som ambiente. Mude para controles automáticos se as condições forem adequadas.

▶ Depois da produção, arrume tudo com cuidado para que o equipamento esteja pronto para o próximo trabalho.

---

[7] Esses movimentos são praticamente os mesmos usados na TV brasileira, porém com algumas diferenças na nomenclatura. (NRT)

seção 7.2

Composição de imagem

O objetivo básico da composição da figura é enquadrar um evento da tela da forma mais clara possível e transmitir seu significado e energia. Basicamente, você esclarece e intensifica o evento que observa. Ao trabalhar com câmera portátil, você é o único que vê as imagens antes de serem gravadas em vídeo. Portanto, não pode contar com o diretor para dizer-lhe como enquadrar cada imagem para obter máximo efeito. Mesmo se estiver trabalhando como operador de câmera durante um programa multicâmera de estúdio ou em um grande evento em externa, no qual o diretor pode prever todas as imagens da câmera, você não pode contar com o fato de que alguém lhe dirá como enquadrar as filmagens efetivas. Na melhor das hipóteses, o diretor talvez possa corrigir alguns de seus planos, mas ele certamente não terá tempo de ensinar-lhe os fundamentos da boa composição. Quanto mais você souber sobre composição de imagem, mais eficaz será seu esclarecimento e sua intensificação do evento.

Esta seção descreve os princípios de composição e explica como enquadrar um plano para obter a máxima clareza e impacto.[8]

▶ **Tamanho da tela e campo de visão**
Tamanho da tela e sua influência no campo de visão e nos passos do campo de visão.

▶ **Enquadramento de plano: colocação de sujeito**
Centro da tela e regra de terços.

▶ **Enquadramento de planos: close-ups e close-ups extremos**
Close-ups e close-ups extremos closure 4 × 3 e 16 × 9.

▶ **Headroom, noseroom e closure**
Headroom, noseroom e leadroom, e closure positivo e negativo.

▶ **Enquadramento de plano: altura e largura**
Lidando com altura e largura.

▶ **Enquadramento de duas imagens**
Filmagens cara a cara, filmagens por cima do ombro e um assunto deixando uma filmagem dupla.

▶ **Profundidade no espaço de tela bi-dimensional**
Profundidade de lentes únicas: eixos Z; primeiro plano, meio termo e do fundo; e bloqueando os eixos.

▶ **Profundidade em estéreo 3D estéreo**
Profundidade de lentes gêmeas, eixos Z duplos, ponto de convergência, separação de lentes ou distância interocular, profundidade de campo e close-ups.

▶ **Enquadramento de gravações em movimento**
Movimento lateral, movimento do eixo Z, movimento de close-up e movimento 3D.

Tamanho da tela e campo de visão

O tamanho da tela e o campo de visão estão intimamente relacionados. Na tela de cinema, é possível mostrar uma vista relativamente ampla, com grande quantidade de detalhes do evento. Contudo, quando a mesma cena é mostrada na televisão ou na tela de uma mídia móvel, você não só terá dificuldade para entender os detalhes menores do evento, como também, mais importante, perderá o impacto estético. É por essa razão que alguns críticos de cinema sugerem ver determinados filmes "na tela grande".

Tamanho da tela

Para revelar detalhes do evento na tela relativamente pequena da televisão, é preciso mostrá-los em close-ups, em vez de em planos gerais. Em outras palavras, o campo de visão em geral deve ser mais apertado na televisão do que na tela do cinema. Essa abordagem do close-up precisa escolher e enfatizar os detalhes que contribuam mais efetivamente para o evento como um todo e que acrescentem energia estética.

Passos do campo de visão

Campo de visão refere-se a quão longe ou perto o objeto parece estar em relação à câmera, ou seja, quão próximo parecerá para o telespectador. É basicamente organizado em cinco etapas: *grande plano geral* (ELS – extreme long shot); *plano geral* (LS – long shot), também chamado plano aberto; *plano médio* (MS – medium shot), também chamado plano de cintura; *close-up* (CU); e *close-up extremo* (ECU – extreme close-up). **Figura 7.24**

Quatro outras formas de designar planos convencionais são: plano de busto, que enquadra a pessoa da parte superior do tronco até o alto da cabeça; plano americano, que enquadra a pessoa logo acima ou abaixo dos joelhos; *plano de dois* (two-shot), com duas pessoas ou objetos no quadro; e *plano de três* (three-shot), com três pessoas ou objetos no quadro (esses planos também podem ser cha-

---

[8] Para uma longa discussão de forças de tela e como elas podem ser usadas para composição da imagem efetiva, ver Herbert Zettl, *Sight sound motion: applied media aesthetics*, 7. ed., Boston: Wadsworth, 2014, p. 109-33, 219-43.

7.24 Etapas do campo de visão
As designações de plano vão de ELS (grande plano geral) a ECU (close-up extremo).

Grande plano geral ou plano de localização (ELS)[9]

Plano geral (LS) ou plano aberto

Plano médio (MS) ou plano de cintura

Close-up (CU)

Close-up extremo (ECU)

mados plano de conjunto ou composição). Embora sejam mais arranjos de bloqueio do que campos de visão, também é bom conhecer dois planos adicionais: o plano sobre o ombro e o plano cruzado. No *plano sobre o ombro* (O/S – over-the-shoulder), mais conhecido como contraplano, a câmera observa alguém sobre o ombro da pessoa próxima à câmera. No *plano cruzado* (X/S – cross-shot), a câmera olha alternadamente para uma pessoa ou outra, e a pessoa próxima da câmera fica completamente fora do plano. **Figura 7.25**

Enquadramento de plano: colocação de sujeito

Através da longa história da arte da pintura e da fotografia, desenvolvemos convenções de colocação de objetos e pessoas em uma moldura de imagem que se transfere para o vídeo e telas de filme também. É óbvio, exatamente como enquadrar essas imagens depende não só de sua sensibilidade à composição, mas também da preferência do diretor.

Centro da tela

A área mais estável da moldura é o centro da tela. Todas as possíveis forças da tela estão em repouso. É onde você deve colocar uma única âncora ou item de notícias para uma ênfase ótima e exposição. **Figuras 7.26 e 7.27**

Se você precisar incluir imagens adicionais na foto, no entanto, como a caixa de cima do ombro do âncora de notícias, você precisa mudar o âncora para a tela para a direita ou para a esquerda para alcançar um equilíbrio adequado. Mas qual a distância que você deve mover o âncora do centro da tela? Isso depende, naturalmente, do tamanho das informações adicionais. Para se orientar na colocação fora do centro é bom usar a chamada a regra dos terços.

Regra dos terços

Para evitar uma divisão simétrica desinteressante do espaço da tela, a ***regra dos terços*** sugere a colocação de um único elemento pictórico vertical, tal como uma lâmpada ou arranha-céus, fora do centro, cerca de uma marca de um terço ou dois terços da largura da tela. Da mesma forma,

7.25 Outras denominações de planos
Outras denominações comuns de planos: de busto, americano, de dois, de três, sobre o ombro (contraplano) e cruzado. Note que o plano de busto é semelhante ao MS e que o plano americano é similar ao LS.

Plano de busto

Plano americano

Plano de dois (duas pessoas ou objetos no quadro)

Plano de três (três pessoas ou objetos no quadro)

Plano sobre o ombro (O/S)

Plano cruzado (X/S)

---

[9] Também denominado supergeral. Este plano dá ao telespectador a noção de onde a cena se passa. (NRT)

você pode colocar um elemento horizontal diferente, como a linha horizontal, na marca vertical de um terço ou dois terços. **Figura 7.28**

Deverá então colocar o âncora de notícias adequadamente para a marca da direita ou esquerda de um terço, em vez do centro para evitar uma divisão simétrica da tela? Não, isso apenas tornaria o âncora de notícias parecer estar fora do centro, mas não ajudaria na apresentação de notícias. Se você tiver que exibir informações, no entanto, como a caixa sobre o ombro do âncora de notícia, aplicar a regra dos terços não é apenas uma boa ideia, mas uma necessidade. **Figura 7.29** Como você pode ver, o âncora de notícias situa-se próximo da marca de dois terços da largura da tela, mas equilibrado pela caixa.

Enquadramento de planos: close-ups e close-ups extremos[10]

Close-ups e close-ups extremos (ECU), ou superclose, são elementos comuns na linguagem visual da televisão porque, em comparação com a tela de cinema, até mesmo grandes telas de televisão são relativamente pequenas. Considerando que não existem diferenças técnicas entre o enquadramento de close-ups para as duas relações de aspecto proeminentes, há aquelas estéticas das quais você precisa estar ciente. A relação de aspecto é a proporção largura-altura da tela. Para todas as imagens STV (standart television; em português, televisão padrão), é a 4 × 3 (4 unidades de largura por 3 unidades de altura). Para HDTV é 16 × 9 (16 unidades de largura e 9 unidades de altura). Mídias móveis (celular) têm várias proporções de aspecto.[11] (Nós exploramos proporções de aspecto mais adiante no Capítulo 14.)

Close-ups e close-ups extremos na proporção de tela 4 × 3

A proporção de tela 4 × 3 é a moldura ideal para close-ups. **Figura 7.30** Esse close-up preenche espaço suficiente da moldura sem parecer lotado.

O close-up extremo parece muito próximo, mas essa é a finalidade da filmagem. Não só aproxima o sujeito do espectador, mas também pode revelar os sentimentos do sujeito. **Figura 7.31**

---

[10] Também conhecido como big close-up. (NRT)

[11] Atualmente, a quase totalidade dos *smartphones* possui aspecto 16×9. (NRT)

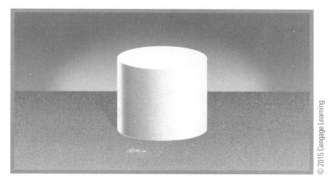

7.26 Objeto de colocação ao centro da tela
A posição de tela mais estável é o centro da tela. Todas as forças da tela são neutralizadas nesse ponto.

7.27 Colocação ao centro da tela do âncora de notícias
Um único âncora de notícias deveria ser colocado ao centro da tela. Essa posição chama atenção sem ser dividida para o que está sendo dito.

7.28 Aplicando a regra dos terços
Nessa imagem o único objeto vertical – o poste de lâmpada – é colocado na marca de dois terços horizontal do quadro, e a linha do horizonte é a marca de um terço vertical.

7.29 Equilíbrio da imagem
Quando uma informação adicional é incluída na filmagem, o apresentador de notícias geralmente move-se para a marca de um terço ou dois terços da largura da tela. Essa disposição equilibra a imagem.

Close-ups e close-ups extremos na proporção de tela 16 × 9

Na proporção de tela widescreen 16 × 9, o close-up idêntico tem muito espaço ao seu redor. O assunto parece um pouco perdido na moldura, resultando em maior distância em relação ao espectador. **Figura 7.32** Você pode resolver esse problema com relativa facilidade incluindo alguns elementos visuais relevantes na filmagem que preencham os espaços vazios em ambos os lados.

O close-up extremo parece um pouco menos apertado, mas também perde parte de seu impacto visual e, paradoxalmente, sua proximidade. **Figura 7.33**

Headroom (teto), noseroom[12] e closure

Visto que as bordas da televisão parecem atrair como ímãs o que estiver próximo a elas, precisamos neutralizar essa força magnética fornecendo headroom, noseroom e leadroom.

---

[12] É o espaço entre a frente da face e a lateral do quadro. (NRT)

Headroom

Para evitar a força do limite superior da moldura, precisamos deixar algum espaço acima das cabeças das pessoas – naturalmente chamada de headroom – em longas filmagens normais, filmagens médias e close-ups. **Figura 7.34** Deixar muito pouco headroom é tão ruim quanto não deixar nada. **Figura 7.35**

Visto que você perde certa quantidade de área de imagem em gravações e transmissões de vídeo, é preciso deixar um pouco mais de headroom do que parece ideal. Mas deixar headroom em excesso é tão ruim quanto deixar muito pouco. **Figura 7.36**

Se a câmera for equipada com guia de quadro (enquadramento) no visor (viewfinder), use-a para ver a área de imagem que realmente aparece na tela da televisão. A regra de *headroom* se aplica igualmente a ambas as proporções de imagem.

Noseroom e leadroom

Alguém olhando ou apontando para determinada direção que não seja diretamente para a câmera cria uma força de tela chamada vetor de índice (index vector). Deve-se com-

7.30 Enquadramento de close-up na proporção de tela 4 x 3
O close-up na proporção de tela 4 X 3 mostra a cabeça da pessoa e parte dos ombros. Ele ocupa somente a quantidade de espaço da tela.

7.31 Enquadramento de close-up extremo na proporção de tela 4 x 3
Em um close-up extremo, é preciso cortar a parte superior da cabeça, mantendo a parte de cima dos ombros dentro do plano (ou enquadrar apenas a cabeça).

7.32 Enquadramento de close-up na na proporção de tela 16 x 9
Ao enquadrar o mesmo close-up no formato HDTV mais amplo, ambos os lados da tela ficam visivelmente vazios.

7.33 Enquadramento de close-up extremo na proporção de tela 16 x 9
No formato HDTV, o close-up extremo parece menos lotado, mas não possui o impacto visual do enquadramento 4 X 3.

pensar essa força deixando algum espaço em frente ao vetor. Quando alguém olha ou aponta para a esquerda ou para a direita da tela, o vetor de índice precisa ser contrabalançado com *noseroom*. **Figura 7.37** A falta de noseroom deixa a imagem estranhamente fora de equilíbrio e o olhar do sujeito parece ser abruptamente bloqueado pela limitação da tela. **Figura 7.38**

Todo movimento da tela cria um vetor de movimento. Quando alguém ou algo se move na tela para a direita ou para a esquerda, é necessário deixar *leadroom* para equilibrar a força do vetor de movimento. **Figura 7.39** Mesmo em uma foto estática, é possível ver que, sem leadroom adequada, o ciclista parece colidir com a borda esquerda da tela. **Figura 7.40**

7.34 Headroom normal
O headroom contrabalança a atração magnética do limite da tela superior. A pessoa aparece confortavelmente posicionada no quadro.

7.35 Falta de headroom
Sem ou com muito pouco headroom, a pessoa parece apertada no quadro e a cabeça aparenta estar colada à borda superior da tela.

7.36 Excesso de headroom
Com excesso de headroom, a atração da borda inferior faz a imagem parecer pesada no fundo e estranhamente desequilibrada.

7.37 Noseroom adequado
Para absorver a força do forte vetor de índice criado pela pessoa que está olhando em direção à borda da tela, é preciso deixar algum noseroom (espaço à frente da face). Note que a pessoa é colocada exatamente na marca de um terço do quadro.

7.38 Falta de noseroom
Sem noseroom, a pessoa aparenta estar bloqueada pela borda da tela, e a imagem parece desequilibrada.

7.39 Leadroom adequado
Supondo que o ciclista esteja realmente em movimento, seu vetor de movimento será devidamente neutralizado pelo espaço da tela na frente dele. Queremos ver para onde a pessoa está se dirigindo, não onde esteve. Note que imagem estática não tem vetor de movimento. O que você vê aqui é um vetor de índice.

7.40 Falta de leadroom
Sem leadroom (espaço à frente, no sentido da figura principal), a pessoa o objeto em movimento parece ser impedido ou interrompido pela borda da tela.

Para evitar essas colisões, sempre se deve conduzir o objeto em movimento com a câmera, em vez de segui-lo. Afinal de contas, queremos ver para onde o objeto em movimento está indo, não onde ele esteve. Note que no noseroom apropriado e enquadramento de leadroom, o sujeito está posicionado de acordo com a regra dos terços no primeiro terço do quadro, com o espaço do noseroom e leadroom ocupando os dois terços do quadro remanescentes.

Closure

Forma abreviada de *psychological closure*, **closure** é o processo pelo qual nossa mente preenche informações que não vemos realmente. Dê uma olhada em volta: você vê apenas partes dos objetos que estão no campo de visão. Não há como você sempre ver um objeto em sua totalidade, a menos que ele se mova a seu redor ou você ao redor dele. Com a experiência, aprendemos a mentalmente suprir as partes que faltam, o que nos permite perceber um mundo inteiro, embora realmente vejamos apenas frações dele. Visto que os close-ups em geral mostram apenas parte do objeto, seu mecanismo de complementação psicológica deve fazer horas extras.

Closure positivo Para facilitar o closure, sempre enquadre um plano de tal forma que o espectador possa facilmente ampliar a figura além das bordas da tela no espaço fora da tela e perceber um conjunto considerável. **Figura 7.41** Se você aplicou o conceito de closure aos close-ups extremos nas figuras 7.31 e 7.33, você entende o que significa closure. Se não temos a facilidade de closure, deveríamos perceber o alto da cabeça do homem e, talvez, até seu corpo como cortado pelos limites superiores e inferiores do quadro.

Closure negativo Essa automação de closure também pode atrapalhar a boa composição. Por exemplo, quando se enquadra um close-up de um rosto sem dar importantes pistas visuais para ajudar os espectadores a projetar a imagem além das bordas da tela, a cabeça parece estranhamente cortada do corpo. **Figura 7.42** Portanto, é necessário fornecer pistas visuais suficientes para conduzir os olhos do espectador para além do quadro para que ele possa aplicar o closure e perceber a pessoa completa no espaço fora da tela. **Figura 7.43**

7.41 Facilitando o closure além do quadro
Nessa imagem, percebemos toda a figura da pessoa e seu violão, embora vejamos apenas parte deles. Esse plano nos dá pistas suficientes para projetar a figura além do quadro e aplicar a complementação psicológica no espaço fora da tela.

7.42 Closure negativo dentro do quadro
Essa imagem foi mal enquadrada porque aplicamos closure dentro do quadro sem projetar o restante da pessoa para fora do espaço da tela. Parece não haver nenhum corpo preso a essa cabeça.

7.43 Closure desejável no espaço fora da tela
Nesse ECU, há pistas suficientes na tela para projetar o restante da cabeça e do corpo da pessoa para fora do espaço da tela, aplicando assim o closure à figura total.

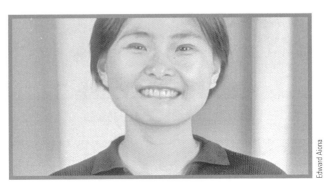

Nosso mecanismo de organizar o ambiente em padrões simples é tão forte que muitas vezes trabalha contra a razão. Na empolgação de obter uma boa história e um plano interessante, é fácil esquecer de olhar atrás do objeto de atenção, mas muitas vezes é o fundo que estraga uma boa composição de imagem. **Figura 7.44** Como você pode ver, tendemos a perceber o fundo como parte do primeiro plano. O repórter parece estar equilibrando uma placa de trânsito na cabeça. Depois de perceber o fundo, é relativamente fácil de evitar o closure ilógico.

Sem closure Surpreendentemente, os telespectadores não podem aplicar closure em 3D estéreo quando uma imagem recortada está flutuando em frente da tela junto do eixo Z_v, uma linha imaginária representando uma extensão da lente da tela para o telespectador (ver eixos Z duplos mais adiante nesta seção). Nós provavelmente esperamos que os espectadores vissem a imagem completa uma vez que tivessem escapado dos limites da tela, mas esse não é o caso. Se você deve mostrar imagens cortadas em 3D estéreo, mantenha-as na tela ou ao longo do eixo Z_h, a linha imaginária que se estende da tela para o horizonte. No mundo 3D, colocar uma imagem cortada no espaço do espectador é chamado de violação de janela.

Enquadramento de plano: altura e largura

Embora a proporção de aspecto 16 × 9 horizontalmente esticada faz com que as cenas horizontais pareçam espetaculares, apresenta um obstáculo formidável para enquadrar uma visão vertical. **Figuras 7.45 e 7.46** Você pode inclinar a câmera para cima para revelar a altura do objeto ou filmar de baixo e inclinar a câmera para fazer o objeto encaixar no espaço na tela diagonal.

Outra técnica de filme usada frequentemente para lidar com objetos verticais é ter outros elementos de imagem que bloqueiam o lado da tela e, na verdade, dá a você uma relação vertical, de aspecto para enquadrar a filmagem. **Figura 7.47**

7.44 Closure ilógico
Embora saibamos a verdade, parece-nos que esse repórter está equilibrando uma placa de trânsito na cabeça.

7.45 Enquadramento de uma visão horizontal na relação de aspecto HDTV
O formato 16 X 9 é o ideal para enquadrar visões horizontais amplas.

7.46 Enquadramento de uma visão vertical na relação de aspecto HDTV
O formato 16 × 9 dificulta o enquadramento de um objeto vertical. Uma maneira de enquadrar um objeto alto é filmar por baixo e inclinar a câmera.

7.47 Máscara natural dos lados da tela na relação de aspecto HDTV
Você pode usar um ambiente natural para bloquear os lados da tela e criar um espaço vertical no qual enquadra-se o arranha-céu.

Enquadramento de duas imagens

Uma das vantagens da relação de aspecto HDTV é que ele permite que você facilmente enquadre close-ups de duas pessoas face a face. Um tal arranjo é bastante difícil no aspecto 4 × 3 e, finalmente, levou à onipresente filmagem sobre o ombro em que os parceiros de conversa são posicionados mais ou menos ao longo do eixo Z. **Figura 7.48** Basta certificar-se de que as pessoas não mudam de posição na filmagem de ângulo reverso. **Figura 7.49**

Se em um contraplano a câmera perto de pessoa bloqueia parcialmente a pessoa longe da câmera, basta caminhar ou armar a câmera para direita ou esquerda. **Figuras 7.50 e 7.51**

Profundidade no espaço de tela bidimensional

Como as telas de televisão e de cinema são planas, devemos criar a ilusão de terceira dimensão. Felizmente, os princípios para criar a ilusão de profundidade em uma superfície bidimensional (2D) foram amplamente explorados e estabelecidos por pintores e fotógrafos ao longo dos anos. A lente da câmera vai fazer a maior parte do trabalho para você.

Profundidade da lente única: eixo Z

A lente em uma câmera não vê nenhuma profundidade a menos que você articule o eixo Z, a linha imaginária representando uma extensão da lente da câmera para o horizonte (ou da tela para o fundo) – a dimensão da profundidade. **Figura 7.52** Qualquer coisa posicionada ao longo do eixo Z em relação à câmera ajudará a criar a ilusão de profundidade na televisão ou na tela do cinema. Para criar e intensificar essa ilusão de profundidade, tente estabelecer uma divisão clara da imagem em primeiro plano, visão intermediária e fundo. **Figura 7.53** No mínimo, você deve incluir um objeto em primeiro plano na filmagem, que inevitavelmente empurra tudo mais para trás.

Mesmo se você tiver espaço adicional nos lados da tela 16 × 9, a forma mais fácil de mostrar um grupo de pessoas é usar o bloqueio do eixo Z. **Figura 7.54** Ao bloquear junto

7.48 Filmagem por cima do ombro
Essa é uma das formas mais comuns de mostrar close-ups de duas pessoas em uma conversa. Nós literalmente estamos olhando pelos ombros do homem (B) que está em frente da mulher (A).

7.49 Ângulo reverso O/S[13]
Apesar de agora estarmos olhando pelos ombros da mulher (A) de frente para o homem (B), as duas pessoas devem permanecer na mesma posição da tela.

7.50 Pessoa longe da câmera bloqueada
Com um contraplano, talvez a pessoa perto da câmera bloqueie a outra pessoa.

7.51 Truques de câmera para corrigir
Para corrigir esse O/S de modo que a pessoa longe da câmera possa ser vista, simplesmente dê um passo à direita.

---
[13] Também conhecido no Brasil como contraplano. (NRT)

Operação de câmera e composição de imagem 135

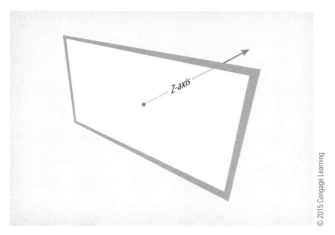

7.52 Eixo Z 2D
Em uma projeção monocular bidimensional, o eixo Z se estende da tela (lentes da câmera) até o fundo (horizonte).

7.53 Foreground, middleground e background
Em geral, tente dividir o eixo Z (dimensão de profundidade) em um único foreground (troncos de árvore), middleground (banco do riacho e ganhos) e background (montanhas). Essa divisão ajuda a criar a ilusão de profundidade da tela.

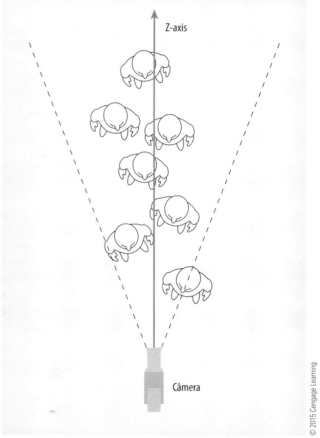

7.54 Bloqueio do eixo Z
Para mostrar um grupo de pessoas em uma única filmagem, é melhor tê-las posicionado junto com o eixo Z.

ao Z-axis, lembre-se de que uma lente de grande angular (posição de zoom) esticará o eixo Z e, com ele, a ilusão de profundidade, e uma lente de ângulo estreito diminuirá e amontoará.

Profundidade em 3D estéreo

Muito parecido com a forma como realmente vemos, em 3D estéreo a ilusão de profundidade é reforçada usando lentes gêmeas e câmeras para ver o mundo. Devido a cada um de nossos olhos ver um objeto de um ângulo ligeiramente diferente, nosso cérebro funde as duas perspectivas em uma única imagem tridimensional. Nós usamos a mesma gravação de vídeo de um objeto em 3D estéreo usando uma câmera de duas lentes que pode olhar para um evento de dois ângulos diferentes.[14]

Embora a maioria dos fatores de profundidade e movimento de 2D anteriormente discutidos também possam ser aplicados à produção 3D estéreo, também existem diferenças notáveis entre a profundidade da lente única 2D e a

---
[14] Para uma explicação detalhada do processo 3D, ver Herbert Zettl, "Why 3D may work occasionally: case reopened", *Visual Communication Quarterly* 15, n. 3 (2012): 148–59.

profundidade de lente dupla 3D que exigem a sua atenção: eixo duplo Z, ponto de convergência, separação da lente, profundidade de campo e closure.

Duplos eixos Z

O aspecto mais proeminente da percepção da profundidade 3D é que uma gravação de vídeo de duas lentes tem dois eixos Z: o eixo Z normal, que se estende da tela (ou lente da câmera) para o horizonte, chamado de eixo Z_h, e um segundo eixo Z, que se estica da tela para o espectador, chamado de eixo Z_v.

Um objeto não é mais sempre relegado ao espaço na parte de trás da tela. Em 3D estéreo você pode ver virtualmente através da tela e ter a parte de trás de um objeto atrás da tela e a parte da frente que coloca através do espaço à sua frente (eixo Z_v). Devido ao fato de os eixos Z penetrarem na tela e parecermos capazes de ver através dele, a tela é chamada de janela em linguagem de estereógrafos. **Figura 7.55**

Ponto de convergência

Muito parecido com os nossos olhos, que se voltam para dentro quando olhamos um objeto perto de nós, as lentes das duas câmeras estéreas podem ser giradas mecanicamente ou com software de computador em direção um para o outro de modo que suas linhas de visão (vetores de índice) cruzam em um ponto particular, conhecido como o ponto de convergência (POC). Pelo fato de ambas as lentes verem imagens idênticas ao POC, o cérebro anula o efeito estéreo. Em estéreo 3D o POC geralmente marca a posição da tela – a superfície plana de referência do que se percebe estar atrás e em frente à janela. O que quer que esteja na

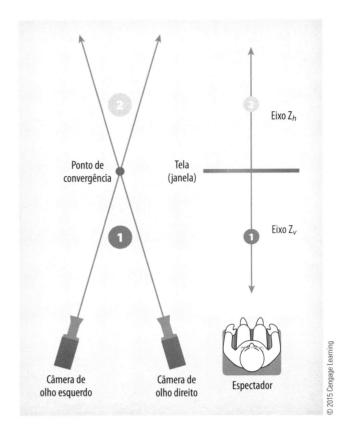

7.56 Ponto de convergência
Quando o ponto de convergência fica atrás do objeto 1, mas na frente do objeto 2, o objeto 1 parece estar na frente da tela e o objeto 2 parece estar atrás da tela.

frente do POC parece estar flutuando em algum lugar no eixo Z_v na frente da janela, e o que está por trás do POC aparece no eixo Z_h por trás da janela. **Figura 7.56**

Mas o que acontece com as câmeras estéreo cujas lentes gêmeas são incorporadas na carcaça da câmara de vídeo e não podem ser *toe-in* (virada para dentro) a partir de sua posição paralela? Se não houver nenhum mecanismo para definir o POC, tudo o que você gravar aparecerá junto ao eixo Z_v na frente da janela. Mas você pode então definir o POC com software em pós-produção. A maioria das câmeras de vídeo 3D de alta qualidade pode determinar o POC em seu sistema óptico ou mesmo fisicamente através da ativação de um toe-in das lentes.

Separação de lentes ou distância interocular

Ao contrário de nossos olhos, que são fixados a uma distância por volta de 2 polegadas (6,35 centímetros), a distância entre as lentes gêmeas do estéreo é variável. O aumento da distância da lente da distância interocular normal de nossos olhos alongará o eixo Z_v e também espalhará a distância entre dois objetos que estão localizados na frente da janela. **Figura 7.57** Novamente, esse ajuste de distância interocular,

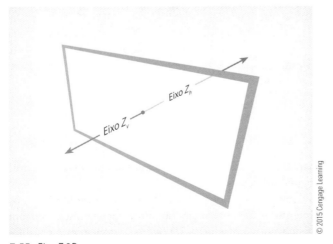

7.55 Eixo Z 3D
Em uma projeção tridimensional, o eixo Z se estende da tela para o horizonte, mas também da tela para o espectador. Na realidade, temos dois eixos Z(s). O eixo Z_h, que se estende da tela para o horizonte, e o eixo Z_v, que se estende da tela para o espectador.

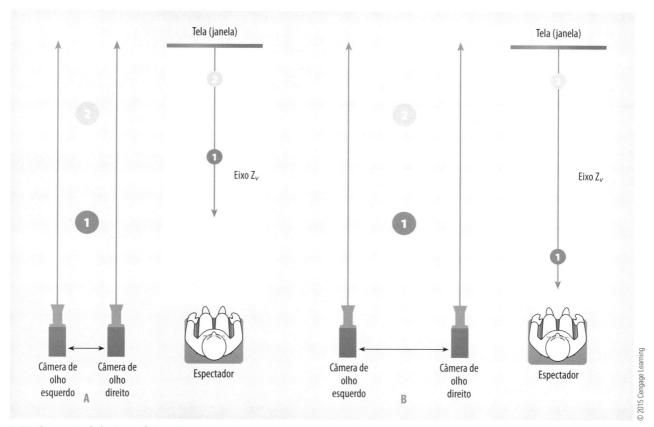

7.57 Separação de lentes e efeito estéreo
A Quando as lentes tanto da câmera do olho esquerdo quanto da câmera do olho direito estão paralelas, o resultado do efeito estéreo mostra os objetos 1 e 2 nos eixos Z na frente da tela. **B** Quando você aumenta a distância entre as câmeras, os eixos Z_v se estendem. Isso também aumenta a distância percebida entre os objetos 1 e 2, com o objeto 1 agora parecendo muito mais próximo do espectador.

ou melhor, *interlens*, pode ser feito fisicamente no sistema óptico de algumas câmeras ou, mais frequentemente, com software de pós-produção.

Profundidade de campo

A maioria dos estereógrafos experientes irá lhe dizer para ficar longe da profundidade superficial de campo como meio de ênfase de profundidade. O problema é que os eixos Z duplos definem a profundidade da tela e a distância entre o espectador e a tela tão bem que uma imagem embaçada não ajuda a definir a profundidade, mas mostra apenas o que é: uma filmagem fora de foco.

Closure em espaço 3D

Conforme mencionado anteriormente nesta seção, aplicamos o closure prontamente ao cortar pessoas ou objetos pelas bordas da tela para close-ups ou close-ups extremos, desde que percebamos o evento para jogar na tela ou atrás dela, no eixo Z_h. No eixo Z_v, no entanto, deixamos de preencher mentalmente as peças em falta quando as imagens captadas aparecem na tela. A razão pode muito bem ser que nosso cérebro está perguntando por que, se alguém está na frente da janela e mais perto de nós, vemos apenas partes dessa pessoa. O eixo Z_v não define mais o espaço da imagem, mas comparte o espaço do espectador. Em vez do close-up que intensifica o evento, ele o mutila. Uma forma fácil desse dilema de violação de janela é manter o evento total atrás da janela.

Enquadramento de filmagens em movimento

Contrariamente ao pintor ou fotógrafo, que lidam com a organização de imagens estáticas dentro do quadro de imagem, o operador de câmera de televisão deve quase sempre lidar com o enquadramento de imagens em movimento. Compor imagens em movimento exige reações rápidas e plena atenção durante toda a transmissão televisiva ou gravação. O estudo da imagem em movimento é uma parte importante do aprendizado da sutil arte da produção televisiva e cinematográfica. Aqui analisaremos alguns dos seus princípios mais básicos.

Movimento lateral

A vantagem da relação de aspecto widescreen 16 × 9 sobre o padrão tradicional 4 × 3 é que você pode mostrar alguns movimentos de um limite de tela para a outra sem ter que deslocar a câmera. Ao contrário do enquadramento para a grande tela de filme, no entanto, o movimento lateral na televisão ainda é difícil de ver, especialmente se o objeto se move de forma bastante rápida. Isso é onde o bloqueio do eixo Z vem para o resgate.

Movimento do eixo Z

Independentemente de se a sua filmagem é enquadrada na relação de aspecto 4 × 3 ou para a tela HDTV, movimentos do eixo Z para perto ou para longe da câmera são mais fortes do que qualquer tipo de movimento lateral do limite de uma tela para a outra. Felizmente, eles também são os mais fáceis de enquadrar: você simplesmente mantém a câmera o mais estável possível e certifica-se de que o objeto em movimento não fique fora de foco conforme ele se aproxima da câmera. A velocidade perceptível do eixo Z depende da posição da lente de zoom utilizada. Uma posição de zoom de ângulo largo acelera o movimento ao longo do eixo Z e uma posição do zoom de ângulo estreito diminui o movimento do eixo Z.

Movimento de close-up

Se você está em close-up e o objeto se desloca para a frente e para trás, não tente seguir cada oscilação menor. Você corre o risco de deixar os espectadores enjoados. No mínimo, eles não conseguirão se concentrar no objeto por muito tempo. Mantenha a câmera apontada para a área de ação principal ou dê zoom out (ou um passo atrás) para obter um plano um pouco mais amplo.

O que você decidir fazer para organizar o movimento da tela, faça-o com suavidade. Tente mover a câmera o mínimo possível, a menos que precise seguir um objeto em movimento ou dramatizar o plano por meio do movimento. Como é possível mover uma câmera tão facilmente, pode ser tentador animar uma cena praticamente estática movendo a câmera com grande intensidade. Não faça isso. Movimentos de câmera excessivos indicam que o operador de câmera é um amador.

Movimento 3D

A característica única do 3D estéreo é que você pode ter um objeto que se move junto com o eixo Z do horizonte para a tela e, em seguida, continua a movê-lo através dela – como uma janela aberta – e empurra para o público. Você poderia pensar que ter uma audiência mergulhada a partir de entulho voando em direção a eles é a realização final de 3D, mas esse não é o caso. Diretores experientes reservam tais fogos de artifício para efeitos especiais e, mesmo assim, tentam não capitalizá-los. Por quê? Porque os telespectadores não necessariamente gostam de ter o seu espaço invadido, mesmo que seja apenas no cinema.

PONTOS PRINCIPAIS

▶ Como o tamanho da tela da televisão é relativamente pequeno, usamos mais close-ups e planos médios do que planos gerais. Quando se grava para HDTV, que tem proporção de imagem mais ampla e tela maior, podem-se usar mais planos médios e gerais.

▶ Campo de visão refere-se a quanto de uma cena você mostra no visor, ou seja, quão perto o objeto parece estar em relação ao espectador. O campo de visão é organizado em cinco etapas: ELS (grande plano geral), LS (plano geral ou plano aberto), MS (plano médio ou plano de cintura), CU (close-up) e ECU (close-up extremo). Determinações de filmagens alternativas incluem a filmagem de busto, a filmagem no joelho, a filmagem de dois, a filmagem de três, a filmagem sobre os ombros (O/S) e a filmagem cruzada (X/S).

▶ O posicionamento mais estável de um objeto dentro da moldura é o centro da tela. Ao mover um objeto fora do centro, sua colocação fica mais agradável à marca de um terço ou dois terços da largura da tela. Essa regra de terços aplica-se à altura da tela também.

▶ A relação de aspecto 4 × 3 é adequada para mostrar close-ups e close-ups extremos. No quadro 16 × 9, o close-up de um único objeto centrado deixa muito espaço vazio em ambos os lados a menos que balanceado com outros elementos visuais. O close-up extremo perde alguns de seus efeitos mais dramáticos.

▶ O enquadramento para ambas as relações de aspecto requer headroom, noseroom e leadroom adequados para contrariar o magnetismo do quadro. Close-ups e close-ups extremos devem ser enquadrados de forma a facilitar o closure, ou seja, o preenchimento mental das partes em falta. Alguns enquadramentos podem levar ao closure negativo ou, no caso de 3D estéreo, a nenhum closure.

▶ Considerando que o enquadramento para a tela 4 × 3 pode mostrar objetos igualmente bem, enquadrar objetos altos para a tela mais ampla da HDTV é mais difícil. No entanto, a tela HDTV é idealmente adequada para vistas.

▶ A tela HDTV é ampla o suficiente para exibir fotos face a face de duas pessoas, mas também se beneficiarão de filmagens sobre o ombro.

▶ Em uma projeção monocular bidimensional (2D), o eixo Z se estende da tela (lente da câmera) para o fundo (horizonte).

▶ Para estabelecer a profundidade no plano 2D da tela, você deve articular o eixo Z para mostrar um primeiro plano, plano intermediário e fundo. O bloqueio do eixo Z é especialmente eficaz para a televisão menor, independentemente da relação de aspecto.

▶ Em uma projeção tridimensional, o eixo Z se estende a partir da janela (tela) para o horizonte, mas também através da janela para o espectador. Com efeito, temos dois eixos Z: o eixo Z_h, que se estende desde a tela até o horizonte, e o eixo Z_v, que se estende da tela para o espectador.

Operação de câmera e composição de imagem   139

▶ Em 3D estéreo, a profundidade é alcançada através de lentes gêmeas que simulam os nossos olhos. Pelo fato de cada um de nossos olhos ver um objeto por um ângulo diferente, nosso cérebro funde as duas perspectivas em uma única imagem tridimensional.

▶ A ilusão de profundidade em 3D estéreo está operando não só atrás da janela (eixo Z_p), mas, também, na frente dela (eixo Z_v). As linhas da vista das lentes duplas (anexadas a câmeras separadas normalmente colocadas num único alojamento) podem convergir para um ponto de convergência (POC). Você também pode variar sua distância um do outro.

capítulo 8

Áudio: captação de som

Em geral, ficamos tão absortos com a enxurrada de imagens coloridas quando assistimos à televisão que muitas vezes não percebemos totalmente o som – a menos que haja um problema de áudio. De repente, notamos que sem som temos dificuldades em acompanhar o que está acontecendo. Enquanto escutamos a trilha sonora, podemos nos virar para longe da TV e ainda saber muito bem o que está acontecendo na tela. Mas não dizem que uma imagem vale mil palavras? Aparentemente, não na televisão. Visto que quem fala transmite tanta informação, a famosa técnica de close no apresentador não é tão ruim assim, desde que a pessoa que fala tenha algo interessante a dizer.

O som também é importante para determinar o clima e intensificar o evento. Uma boa sequência de perseguição invariavelmente tem uma enxurrada de sons, incluindo música agitada e pneus cantando. Alguns programas policiais utilizam algum tipo de batida rítmica ou barulhos eletrônicos ameaçadores durante os diálogos. Se isso for bem-feito, a maioria das pessoas mal nota tais intensificadores não verbais. No entanto, se houver exagero, eles podem se tornar irritantes. Mas, a trilha sonora ajuda-nos a estruturar os cortes rápidos e os fragmentos visuais de uma série de close-ups para formar um conjunto significativo.

Se o som é, de fato, um elemento tão importante na produção, por que não temos melhor qualidade de som nos programas de televisão mais comuns? Mesmo quando se produz uma cena curta como exercício no estúdio e, especialmente, em campo, você provavelmente notará que, embora as imagens talvez pareçam aceitáveis ou até espetaculares, é geralmente a parte de som que poderia ser melhorada. Infelizmente, costuma-se presumir que basta introduzir na última hora um microfone na cena para que os requisitos de áudio sejam satisfeitos. Não acredite nisso. Um bom áudio na televisão precisa de tanta preparação e atenção quanto o vídeo. E, como qualquer outro elemento de produção, o áudio de televisão não deve ser apenas acrescentado, mas integrado desde o início até o planejamento da produção.

A seção 8.1, Como os microfones "ouvem", aborda questões referentes à captação de som de *áudio* (do latim *audire* "ouvir"), incluindo a produção de som e os tipos operacionais de microfones. Na seção 8.2, Como os microfones funcionam, aprenderemos os aspectos mais técnicos dos elementos de geração de som e os vários usos do microfone na captação de notícias eletrônicas (ENG), produção eletrônica em campo (EFP) e configuração de música.

PALAVRAS-CHAVE

Áudio; Cardioide; Microfone de condensador; Inserção direta; Microfone dinâmico; Vara de boom; Resposta plana; Retorno; Resposta em frequência; Microfone com fone de ouvido; Impedância; microfone de lapela; Onidirecional; Alimentação phantom power; Padrão de captação; Padrão polar; Microfone de fita; Microfone de sistema; Unidirecional; Microfone sem fio.

seção 8.1

Como os microfones "ouvem"

A captação de sons ao vivo é feita por meio de uma variedade de microfones. A qualidade do microfone depende não apenas da forma como ele é fabricado, mas especialmente da forma como é usado. Esta seção se concentra nos tipos e usos específicos de microfones.

▶ **Tipos de microfone pela forma de captação**
Elementos geradores de som (dinâmico, condensador e fita), padrões de captação (onidirecional e unidirecional) e recursos adicionais.

▶ **Tipos de microfone pela forma de utilização**
Microfones móveis (de lapela, de mão, de vara, headset[1] e sem fio) e estacionários (de mesa, de pedestal, suspensos, ocultos e de longo alcance).

Tipos de microfone pela forma de captação

Escolher o microfone mais adequado e operá-lo para a melhor captação de som requer que você conheça os três tipos básicos de elementos geradores de som, seus padrões de captação e alguns recursos adicionais de microfones.

Elementos geradores de som

Todos os microfones *traduzem* (convertem) as ondas sonoras em energia elétrica, que é amplificada e reconvertida em ondas sonoras pelo alto-falante. A conversão inicial é realizada por elemento gerador do microfone. Existem três tipos principais de sistemas de conversão de som utilizados para classificar os microfones: dinâmico, de condensador e de fita.

Microfones dinâmicos Também chamados microfones de bobina móvel, são os mais resistentes e podem tolerar razoavelmente bem o tratamento grosseiro ao qual os microfones de televisão costumam ser submetidos (embora de forma não intencional). Podem ser usados perto da fonte sonora e suportar elevados níveis de som sem que haja nenhum de tipo de danificação e geração de sobrecarga de entrada (distorção de sons de volume muito alto). Também resistem a temperaturas extremas. Como você já deve ter percebido, são os microfones ideais para uso ao ar livre.

Microfones de condensador Em comparação com os microfones dinâmicos, os *microfones de condensador*, também chamados de microfones de eletreto e microfones de capacitor, são muito mais sensíveis a choques físicos, mudanças de temperatura e sobrecarga de entrada, mas, em geral, produzem som de melhor qualidade quando utilizados a distâncias maiores da fonte sonora. Ao contrário dos dinâmicos, os de condensador têm um pré-amplificador embutido que fortalece o sinal sonoro para que este não se perca no caminho até a câmera, o mixer ou a mesa. A fonte de alimentação para microfones de condensador normalmente é uma bateria. Embora essas baterias durem cerca de mil horas, sempre tenha algumas unidades extras, especialmente se estiver usando microfones de condensador para ENG/EFP. Muitas vezes, as falhas em microfones de condensador podem ser atribuídas a baterias descarregadas ou inseridas incorretamente. **Figura 8.1**

Microfones de condensador também podem ser alimentados por meio da tensão fornecida pela mesa de áudio ou pelo mixer, através do cabo de áudio. O método de fornecimento de energia para o pré-amplificador do microfone sem uma bateria é chamado "alimentação *phantom power*".

Microfones de fita Com sensibilidade e qualidade similares às dos microfones de condensador, os *microfones de fita* produzem um som mais suave, muitas vezes preferido pelos cantores. Ao contrário dos microfones de condensador, que podem ser usados ao ar livre em determinadas circunstâncias, os de fita são estritamente para uso interno. Eles também são chamados microfones de velocidade.

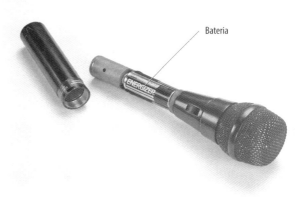

8.1 Bateria como fonte de alimentação para microfone de condensador
Diversos microfones de condensador são alimentados por bateria e não pela mesa (alimentação por cabo). Certifique-se de que os polos + e – da bateria estejam conforme indicado em seu compartimento.

---
[1] Microfone de cabeça (ou headset) muito utilizado por narradores esportivos e, num modelo mais leve e sem retorno por fone de ouvido, por apresentadores de programa de TV e cantores em shows.

Padrões de captação

Enquanto alguns microfones, como nossos ouvidos, captam os sons de todas as direções quase com a mesma qualidade, outros captam melhor os sons quando estes vêm de uma direção específica. A área dentro da qual o microfone pode captar bem chama-se *padrão de captação*, e sua representação bidimensional é denominada *padrão de polaridade* (ver Figuras 8.2 a 8.4).

Em produção de televisão, é preciso usar tanto microfones onidirecionais como unidirecionais, o que dependerá do que e como você quer ouvir. O microfone *onidirecional* capta sons de todas (*omnis* em latim) as direções com qualidade mais ou menos semelhante. **Figura 8.2** O microfone *unidirecional* capta melhor em uma (*unus* em latim) direção – da frente dele – do que dos lados ou de trás. Como os padrões de polaridade dos microfones unidirecionais têm a forma aproximada de um coração, são chamados microfones *cardioides*. **Figura 8.3**

Os microfones supercardioides, hipercardioides e ultracardioides têm padrões de captação progressivamente mais estreitos, o que significa que sua captação é cada vez mais concentrada à frente. Sua fama vem do fato de poderem captar sons de bem longe e fazer que pareçam estar relativamente próximos. Esses microfones também captam sons que estão atrás deles, mas, por se destacarem em captar em única direção (um caminho estreito à frente), ainda pertencem ao grupo unidirecional. **Figura 8.4**

Que tipo usar depende principalmente da situação da produção e da qualidade de som exigida. Se você estiver fazendo uma reportagem em um zoológico, em pé (na frente da cena real), recomenda-se um microfone robusto e onidirecional que favoreça não apenas a fala, mas que seja capaz de captar alguns dos sons de animais para conferir autenticidade. No entanto, se estiver gravando em vídeo um cantor no estúdio, opte por um microfone de alta qualidade com padrão de captação mais direcional e cardioide. Para gravar

8.2 Captação onidirecional e padrões de polaridade
O padrão de captação onidirecional é como uma esfera com o microfone no centro. Todos os sons que se originam dentro do seu padrão de captação são "ouvidos" pelo microfone sem diferença significativa.

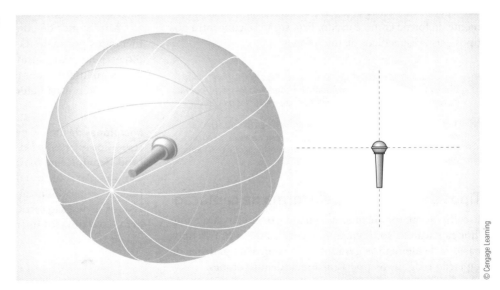

8.3 Captação cardioide e padrões de polaridade
O padrão de captação em forma de coração faz o microfone captar melhor os sons que vêm da frente do que dos lados. Os sons de trás são suprimidos.

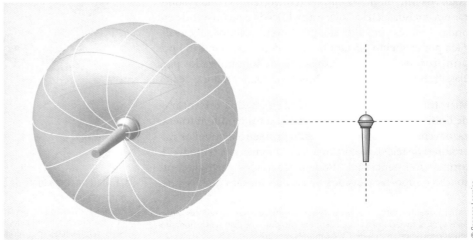

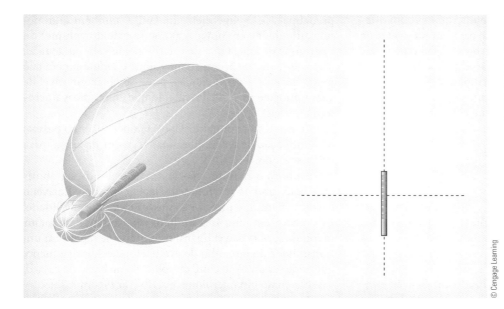

8.4 Captação hipercardioide e padrões de polaridade
Os padrões de captação supercardioide e hipercardioide estreitam a captação de som. Eles têm alcance grande à frente, porém estreito, e eliminam a maioria dos sons provenientes dos lados. Também captam sons vindos de trás.

uma conversa íntima entre dois personagens de telenovela, um microfone hipercardioide shotgun[2] será certamente a melhor opção. Ao contrário do microfone onidirecional, o unidirecional pode captar a conversa a uma distância relativamente longe sem perder a presença de som (a proximidade percebida do som), ao mesmo tempo que ignora a maioria dos muitos outros ruídos do estúdio, como pessoas e câmeras que se deslocam, o zumbido das lâmpadas ou o ruído do ar-condicionado. Uma tabela dos microfones mais comuns e suas características é mostrada na Figura 8.33.

Características dos microfones

Os microfones usados perto da boca têm um filtro incorporado que elimina os repentinos sons da respiração, que podem ocorrer quando alguém fala diretamente nele (também conhecidos como "puffs"). **Figura 8.5** Quando

---
[2] A base de microfone shotgun se assemelha a um revólver. O microfone fica preso por tiras de borracha e é apontado para a cena por um operador de microfones. (NRT)

usados ao ar livre, todos os tipos de microfone são suscetíveis ao vento, que eles reproduzem como um murmúrio. Para reduzir o ruído do vento, coloque sobre o microfone um protetor de vento feito de borracha de espuma acústica. Seu nome popular é zepelim porque lembra um dirigível. **Figura 8.6**

Para reduzir ainda mais o ruído do vento, coloque um bloqueador de vento sobre o para-vento. O bloqueador de vento é feito de material sintético e assemelha-se mais a um esfregão do que a um dispositivo de áudio sofisticado (ver Figura 8.14). Não importa o que utilize, tenha em mente que o murmúrio do ruído do vento não pode ser totalmente eliminado. A única maneira de não ter nenhum ruído do vento na gravação do vídeo é gravar quando não houver vento. Entretanto, é possível usar filtros na pós-produção a fim de reduzir ou eliminar alguns ruídos de vento, os quais também podem ser disfarçados com efeitos sonoros ou música.

8.5 Filtro para microfone
Um filtro para microfone embutido elimina sons da respiração.

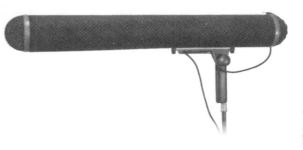

8.6 Protetor de vento
O protetor de vento, comumente conhecido como zepelim, é normalmente feito de borracha de espuma acústica. Ela cobre todo o microfone para reduzir o ruído causado pelo vento.

Para diminuir a necessidade de microfones com diferentes padrões de captação, pode-se usar um *microfone de sistema*, que consiste em uma base sobre a qual podem ser conectadas várias "cabeças", que são capazes de alterar o padrão de captação de onidirecional para hipercardioide. Embora isso possa ser muito conveniente, você notará que a maioria dos engenheiros de som prefere microfones individuais feitos para aplicações específicas.

Tipos de microfone pela forma de utilização

Alguns microfones são projetados e utilizados principalmente para fontes de som em movimento, enquanto outros são utilizados para fontes de som fixas. Quando agrupados de acordo com a forma como são usados, há microfones móveis e estacionários (ver Figura 8.33). É claro que qualquer microfone móvel pode ser utilizado em posição estacionária, e os microfones estacionários podem ser movidos se a situação de produção assim o exigir.

Os microfones móveis incluem os de lapela, de mão, de vara, headset e sem fio. Os microfones estacionários incluem os de mesa, de pedestal, suspensos, escondidos e de longo alcance.

Microfones de lapela

O *microfone de lapela*, o primeiro do tipo móvel, é provavelmente o mais utilizado microfone de câmera da televisão. Os microfones de lapela de alta qualidade, que variam em tamanho de um fone auricular até uma borracha na extremidade de um lápis, podem ser presos à roupa com um pequeno clipe. São pequenos e discretos e parecem mais joias do que dispositivos técnicos. **Figura 8.7**

Os microfones de lapela são dinâmicos ou de condensador, com um padrão de captação onidirecional ou cardioide. São projetados principalmente para captação de voz. Até o menor microfone de lapela é de alta qualidade. Depois de ser colocado corretamente na pessoa (de 12 a 20 centímetros abaixo do queixo, por cima da roupa, e longe de qualquer coisa que possa esbarrar ou causar atrito), a captação de som do microfone de lapela não é mais uma

8.7 Microfone de lapela (lavalier)
Esse microfone de lapela está corretamente preso para a melhor captação de som.

preocupação. O engenheiro de áudio[3] também tem menos dificuldade em obter o ganho (ajuste do volume) do microfone de lapela que do microfone de vara ou de mão. Visto que a distância entre o microfone e a fonte sonora não muda durante a apresentação, pode-se obter um nível de som uniforme mais facilmente do que com outros microfones móveis.

O uso de microfones de lapela também libera o pessoal da iluminação de ter de "iluminar ao redor da lança" para evitar sombras.

Embora o raio de ação dos artistas ainda seja limitado pelo cabo do microfone de lapela, o cabo é flexível o bastante para que possam se mover com mais agilidade, livremente, em uma área limitada do estúdio. Para maior mobilidade, é possível ligar o microfone de lapela em um transmissor do tamanho de um telefone celular pequeno, que pode ser preso ao cinto ou colocado no bolso do casaco, e usá-lo como um microfone sem fio (ver Figura 8.22).

Apesar de seu pequeno tamanho e das características de captação de som de alta qualidade, os microfones de lapela são duráveis e relativamente imunes a choques físicos. Como são tão pequenos e leves, algumas pessoas da produção, infelizmente, tomam muito menos cuidado ao manuseá-los, o que não ocorre com os microfones maiores. Se acontecer de o microfone de lapela, ou qualquer outro microfone, cair, verifique imediatamente se ainda funciona.

Quando usar microfones de lapela Algumas das produções que costumam usar microfones de lapela são:

Notícias O microfone de lapela é o dispositivo mais eficaz de captação de som para todos os tipos de telejornais e programas de entrevistas em estúdio. Também é possível usá-lo ao ar livre para ENG/EFP com um protetor de vento conectado.

Entrevistas Desde que a entrevista ocorra em um único local, o uso de microfones individuais de lapela pelo entrevistador e pelos convidados garante captação de voz boa e consistente.

Programas de debates Em vez de usar microfones de mesa, capazes de captar o inevitável tamborilar de dedos na mesa, pode-se obter um bom áudio com microfones de lapela individuais. Mas note que cada membro do debate precisa do seu próprio microfone de lapela. Se houver várias pessoas no painel, pode ficar impraticável usar microfones de lapela. Nesse caso, os microfones de mesa passam a ser a melhor opção.

Programas educativos Em programas com um intérprete principal ou professor na televisão, o microfone de lapela é

---
[3] Na TV brasileira, poucas realizações contam com a presença de um engenheiro de áudio. Aqui, esse trabalho é exercido pelo operador de áudio ou o sonoplasta. Mesmo na TV norte-americana isso é incomum. Os norte-americanos costumam, muitas vezes, atribuir a nomenclatura de engenheiro para qualquer técnico qualificado. Eles não são realmente engenheiros. (NRT)

o ideal. A captação de som é a mesma, independentemente de o professor falar com a classe ou se voltar para o quadro branco.

Dramatizações   Algumas produções com multicâmeras realizadas em estúdio usam microfones de lapela sem fio para captação de áudio. Nessas produções, os microfones de lapela ficam escondidos da vista da câmera. Se devidamente presos às roupas dos atores para que as vozes não soem abafadas, os microfones de lapela parecem ser a solução ideal para um problema de captação de som tradicionalmente difícil. Depois do ajuste dos níveis, o engenheiro de áudio precisa fazer muito pouco para manter as vozes equilibradas. Como mencionado anteriormente, o diretor de iluminação (LD), mais conhecido como diretor de fotografia, pode projetar a iluminação sem se preocupar com varas ou sombras sobre a câmera.

Música   O microfone de lapela é usado com sucesso para a captação de certos instrumentos, como contrabaixo, com o microfone preso com fita abaixo da escala. No domínio da música, sempre há espaço para a experimentação. Não se limite demais ao convencional. Se o microfone de lapela tiver um som muito bom ou melhor do que um microfone maior e mais caro, fique com o de lapela.

ENG/EFP   O microfone de lapela é muito utilizado para reportagens em campo, e, nesse caso, é preciso colocar um protetor de vento pequeno. Microfones de lapela sem fio são usados quando o repórter de campo necessita de mobilidade. Por exemplo, se você falar com um agricultor sobre a seca enquanto caminha com ele no campo ressequido, dois microfones de lapela sem fio resolverão o problema do áudio. Os microfones de lapela sem fio também podem evitar muitas dores de cabeça ao captar os comentários do diretor da escola enquanto faz uma visita pelo laboratório de informática recém-concluído.

Desvantagens dos microfones de lapela   Apesar de sua versatilidade e captação de alta qualidade, existem algumas desvantagens do microfone de lapela:

- O microfone de lapela só pode ser usado para uma fonte de som por vez – a do portador. Mesmo para uma entrevista simples, cada participante deve usar o próprio microfone.
- O usuário não pode aproximar o microfone da boca. Assim, se houver ruídos estranhos, serão facilmente captados por um microfone onidirecional, embora um microfone de lapela unidirecional normalmente evita que tais sons do ambiente indesejados sejam um problema.
- O microfone de lapela é propenso a distorções em níveis de entrada muito altos. Isso é especialmente importante se usá-lo para entradas de som que não sejam de fala.
- Embora o microfone de lapela permita considerável mobilidade, se ele tiver fios, limitará o raio de ação do artista.

- Por estar preso na roupa, o microfone de lapela tende a captar ocasionais ruídos de fricção, especialmente se o ator se movimentar muito.
- A voz soa abafada quando o microfone fica escondido sob a roupa.
- Se a roupa do ator gerar eletricidade estática, o microfone pode captar as descargas como estalos altos e agudos.
- Se dois microfones de lapela estão a certa distância um do outro, podem cancelar algumas frequências e fazer as vozes soarem estranhamente finas (ver Figura 8.27).
- O principal problema com o uso de microfones de lapela em dramatizações não é operacional, mas estético. Como o microfone de lapela sempre está na mesma distância da fonte de som, os planos gerais têm exatamente o mesmo som de close-ups. A presença estática do microfone não contribui para uma perspectiva de som realista (pela qual os close-ups soam mais próximos, e os planos gerais, mais distantes). É por isso que a maioria das produções de dramatizações televisivas usa microfone de vara em vez de microfone de lapela (ver Capítulo 9).

Como usar microfones de lapela   É fácil usá-los, mas alguns aspectos devem ser considerados.

- Certifique-se de colocá-lo. Você não vai querer ser o primeiro a descobrir que está sentado no microfone, em vez de usá-lo quando já estiver no ar e sendo chamado.
- Para colocar o microfone, leve-o para cima, sob a blusa ou casaco, e, em seguida, prenda-o do lado de fora. Prenda-o firmemente na roupa para que ele não cause atrito em algo. Não use joias próximas ao microfone. Se começar a ouvir ruídos de algo que cause atrito, coloque um pedaço de borracha de espuma entre o microfone e as roupas.
- Prenda o cabo com fita adesiva em parte da roupa para que o microfone não seja deslocado para o lado.
- Dê um laço ou nó frouxo no cabo logo abaixo do clipe para bloquear ruídos indesejados de estalos e atritos.
- Se ouvir estalos eletrostáticos, passe spray antiestático de lavanderia na roupa, disponível em supermercados. Às vezes, o que pode ajudar é virar o microfone de lapela de cabeça para baixo: coloque-o no clipe com sua parte de cima voltada para seus pés e não para sua boca. Se você usar um microfone unidirecional, essa técnica bastante incomum vai realmente ajudar a evitar alguns ruídos e chiados sem reduzir a qualidade da captação do som. Prendendo-o de cabeça para baixo, inevitavelmente você terá que enrolar o cabo e filtrará um pouco do ruído de alta frequência.
- Se precisar ocultar o microfone, não o enterre sob camadas de roupas; mantenha-o mais perto possível da superfície.

- Se você usar o sistema de microfone de redundância dupla (que utiliza dois microfones idênticos caso um falhe), prenda seguramente ambos os microfones a um clipe projetado para fixar dois microfones de lapela de modo que não toquem um no outro. Não use dois microfones de lapela sem clipe e não os ative ao mesmo tempo.
- Evite bater no microfone com objetos que esteja mostrando para a câmera.
- Se o microfone de lapela for sem fio ou microfone de condensador, verifique se a bateria está em boas condições e corretamente instalada.
- Ao usar um microfone de lapela sem fio, verifique duas vezes se o transmissor está ligado (normalmente, existem dois interruptores: um para alimentação e outro para o microfone) e certifique-se de tê-lo desligado ao sair do estúdio.
- Se seu microfone de lapela foi usado como um microfone sem fio, não saia com o microfone ainda preso à roupa. Desligue o transmissor, retire o microfone e remova o cabo sob a roupa antes de sair do estúdio. Coloque o microfone delicadamente na mesa.
- Ao usar microfone de lapela ao ar livre, providencie um protetor de vento. Você também pode fazer um protetor de vento prendendo com fita adesiva um pedaço de espuma acústica ou gaze de algodão sobre o microfone. De acordo com especialistas em EFP, quando o microfone está envolvido em gaze de algodão e coberto com a ponta da luva de lã de uma criança, o ruído do vento é praticamente eliminado.

Microfones de mão

Como o nome indica, o microfone de mão é segurado pelo artista. É usado em todas as situações de produção em que é mais prático, se não imperativo, que o artista tenha algum controle sobre a captação de som. Os microfones de mão são usados extensivamente em ENG, onde o jornalista muitas vezes trabalha em meio a barulho e agitação. Esse tipo de microfone é usado em estúdio ou no palco por cantores e artistas que fazem programas com a participação do público. Com o microfone de mão, o artista pode se aproximar e falar de forma aleatória com qualquer pessoa na plateia.

Para os cantores, o microfone de mão é parte da apresentação. Ele lhes dá liberdade de movimento, especialmente se for sem fio; eles podem explorar o microfone durante uma música, trocando-o de uma mão à outra ou segurando-o perto da boca para aumentar a intimidade durante passagens suaves, ou mais longe durante trechos altos, mais externos. Você notará que a maioria dos cantores tem preferências quanto ao tipo de microfone que usam, então não se preocupe com o microfone mais adequado a eles.

A grande variedade de utilização exige muito das características de desempenho de um microfone de mão. Por ser muito manuseado, deve ser robusto e capaz de resistir a choques físicos. E, por ser frequentemente utilizado perto da fonte sonora, deve ser insensível aos ruídos da respiração e à distorção de sobrecarga de entrada (ver seção 8.2). Quando usado ao ar livre em locais remotos, tem de suportar chuva, neve, umidade, calor e mudanças extremas de temperatura, e ainda ser sensível o suficiente para captar toda a gama e sutis qualidades de tom da voz do cantor. Por fim, deve ser pequeno o suficiente para ser manuseado confortavelmente pelo artista.

É claro que não existe um único microfone que cumpra todos esses requisitos igualmente, motivo pelo qual alguns microfones de mão são feitos para uso ao ar livre, enquanto outros funcionam melhor no ambiente controlado do estúdio. Normalmente, usam-se microfones dinâmicos para produções ao ar livre. Seus filtros integrados e, em alguns casos, o protetor de vento integrado produzem áudio aceitável mesmo com mau tempo. **Figura 8.8** Os microfones de condensador ou de fita não se saem tão bem ao ar livre, mas são excelentes para captação de som mais exigente, como a de cantores.

A principal desvantagem do microfone de mão é o que acabamos de citar como uma das suas vantagens: o controle de som por quem vai usá-lo. Se o artista é inexperiente no uso de microfone de mão, ele pode produzir mais estalos e batidas do que sons inteligíveis ou pode, para o desespero do operador de câmera, cobrir a boca ou parte do rosto com o microfone.

Outra desvantagem da maioria dos microfones de mão é que os cabos podem restringir o movimento, em especial em ENG, quando o repórter de campo está ligado à câmera. Embora microfones de mão sem fio sejam utilizados com sucesso no estúdio, procure não usá-los para trabalhar ao ar livre. Quanto mais equipamentos se tornam sem fio, maior é o problema da interferência de sinal. Um cabo continua sendo a ligação mais confiável entre o microfone e o mixer de áudio ou a câmera.[4]

Como usar microfones de mão Trabalhar com o microfone de mão exige destreza e perspicácia. Aqui vão algumas dicas:

---

[4] Não devemos aceitar essa afirmação como verdade absoluta. Claro que o cabo é a melhor ligação entre o microfone e a mesa de áudio, mas alguns microfones sem fio possuem ótima performance em ambientes abertos e ao ar livre. (NRT)

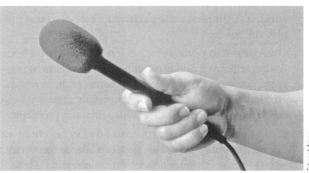

8.8 Microfone dinâmico de mão para uso ao ar livre
O microfone de mão é robusto, tem protetor de vento integrado e é isolado para evitar sons do atrito das mãos de quem o utiliza.

- Embora o microfone de mão seja bastante robusto, trate-o com cuidado. Se precisar de ambas as mãos durante uma performance, não jogue simplesmente o microfone, coloque-o suavemente sobre a mesa ou prenda-o debaixo do braço. Se quiser que alguém entenda a sensibilidade de um microfone, especialmente a do microfone de mão, aumente o nível de volume e envie os estalos e as batidas de volta ao estúdio para todos ouvirem.

- Antes da transmissão, verifique seu raio de ação para ter certeza de que o cabo do microfone é longo o suficiente para suas ações e se está preparado para a máxima mobilidade do microfone. O raio de ação é especialmente importante em ENG, onde você talvez esteja ligado de perto à câmera. Se tiver de se movimentar bastante, use um microfone de mão ou de lapela sem fio.

- Teste o microfone sempre antes do programa ou reportagem falando nele ou arranhando de leve o filtro ou protetor de vento. Não sopre sobre ele. Peça ao engenheiro de som ou operador de câmera para confirmar se o microfone está funcionando corretamente.

- Ao utilizar um microfone onidirecional, fale *por ele*, e não *nele*. Com um microfone de mão direcional, segure-o perto da boca em um ângulo de aproximadamente 45 graus para obter a melhor captação de som. Ao contrário do repórter, que fala pelo microfone de mão onidirecional, o cantor canta no microfone direcional. **Figura 8.9**

- Se o cabo do microfone ficar embolado, não o puxe. Pare e tente chamar a atenção do assistente de estúdio.

- Ao andar uma distância considerável, não puxe o cabo com o microfone. Arraste o cabo delicadamente com uma mão enquanto segura o microfone com a outra.

- Em campo, sempre teste o microfone antes do programa ou noticiário pedindo que o operador de câmera grave alguns dos seus comentários iniciais e, em seguida, reproduzindo-os para uma verificação de áudio. Insista em uma verificação do microfone, em especial se a equipe lhe disser para não se preocupar porque eles "já fizeram isso mil vezes"!

- Ao realizar uma reportagem em pé, em campo e em condições normais (sem ambiente excessivamente alto, sem vento forte), mantenha o microfone na altura do peito. Fale para a câmera, através do microfone. **Figura 8.10** Se o ruído de fundo for alto, coloque o microfone mais perto da boca, mas continue falando por meio dele. **Figura 8.11**

- Ao entrevistar alguém, segure o microfone perto da sua boca quando falar e da boca do convidado quando ele responder. Infelizmente, esse procedimento óbvio às vezes é invertido por repórteres nervosos.

- Não entreviste uma criança enquanto você estiver em pé. Agache-se para ficar no nível dos olhos dela; assim você poderá manter o microfone perto dela de forma natural. Desse modo, psicologicamente você se iguala à criança e também ajuda o operador de câmera a enquadrar uma imagem aceitável. **Figura 8.12**

- Sempre enrole os cabos do microfone imediatamente após o uso para protegê-los e tê-los prontos para o próximo trabalho.

Microfones de vara (boom)

Quando um evento exige que você mantenha o microfone fora do alcance da câmera, é preciso um microfone que capte

8.9 Posição do microfone direcional de mão durante uma música
Para a melhor captação de som, a cantora mantém o microfone próximo à boca, em um ângulo de aproximadamente 45 graus.

8.10 Posição do microfone de mão: peito
Quando usado em ambiente bastante calmo, o microfone de mão deve ser mantido na altura do peito, paralelo ao corpo.

8.11 Posição do microfone de mão: boca
Em ambiente ruidoso, o microfone de mão deve ser mantido perto da boca. Note que a pessoa ainda fala por meio do microfone e não nele.

8.12 Uso do microfone de mão para falar com uma criança
Ao entrevistar uma criança, agache-se para ficar no nível dos olhos dela. A criança fica mais à vontade, e o operador de câmera consegue enquadrar melhor o plano.

o som a uma distância bastante grande ao mesmo tempo que pareça vir de perto e que evite a maioria dos ruídos estranhos em torno da cena. O *microfone shotgun (unidirecional)* preenche essas características. É altamente direcional (supercardioide ou hipercardioide) e tem um alcance muito grande com pouca perda de presença. **Figura 8.13**

A direcionalidade do microfone shotgun é obtida permitindo que os sons estranhos entrem pelas muitas aberturas no corpo do microfone. Uma vez captados, são cancelados. Como normalmente ele fica suspenso por alguma espécie de vara ou é segurado na mão com seus braços agindo conforme uma vara, é chamado microfone de vara.

Como usar microfones superdirecionais (shotgun) Os microfones externos que vemos em câmeras são pequenos microfones shotgun (superdirecionais). Eles funcionam como uma lente, exceto que captam sons em vez de luz. Mais comumente, os microfones shotgun são segurados na mão por meio de um suporte ou suspensos por uma vara. Ambos os métodos funcionam razoavelmente bem para cenas curtas, em que o microfone deve ser mantido fora do alcance da câmera. As vantagens de segurá-lo são três: o microfone é extremamente flexível – você pode carregá-lo para a cena e apontá-lo para qualquer direção, sem equipamentos estranhos; segurando-o ou trabalhando com a vara, você ocupa pouquíssimo espaço de produção; e é fácil trabalhar ao redor da iluminação existente para manter as sombras do microfone fora do alcance da câmera.

Há, contudo, desvantagens: você só consegue cobrir cenas relativamente curtas sem se cansar; precisa estar relativamente perto da cena para obter boa captação de som, o que muitas vezes é difícil, especialmente se o estúdio estiver lotado; se a cena for gravada com várias câmeras (como em uma produção de estúdio), você sempre correrá o risco de ficar no plano geral da câmera; e o microfone pode captar alguns ruídos de manuseio, mesmo se carregá-lo pelo isolador de choques (um dispositivo de suspensão que evita a transmissão de ruídos de manuseio para o microfone).

Como há grande probabilidade de lhe ser solicitado que use um microfone unidirecional, aqui vão algumas dicas:

- Sempre use fones de ouvido de boa qualidade para poder ouvir o que o microfone realmente está captando. Escute não só a qualidade do som do diálogo, mas também se há ruídos indesejados. Se ouvir sons que não deveriam estar presentes, informe imediatamente o diretor sobre a interferência após a tomada (do início ao fim do segmento de vídeo que está sendo gravado). Conecte os fones de ouvido na tomada de áudio da câmera ou do mixer de campo.

- Sempre carregue o microfone unidirecional pelo isolador de choques. Não o carregue diretamente para não ter mais ruídos de manuseio do que diálogo de atores. **Figura 8.14**

- Não cubra as aberturas nas laterais do microfone, a não ser com o protetor de vento. Essas aberturas devem ser capazes de receber sons para manter o padrão de captação direcional. Segurar o microfone pelo isolador de choques minimiza o perigo de cobrir as aberturas.

- Cuidado para não bater o microfone em nada e não deixá-lo cair. Um cabo curto pode arrancá-lo de suas mãos.

- Aponte o microfone o máximo possível para quem fala, especialmente se ele estiver bastante próximo da fonte de som.

- Cuidado com sombras indesejadas do microfone.

Como usar microfones com vara A *vara* de metal expansível permite que você instale um microfone unidirecional. Ela é utilizada principalmente ao ar livre para ENG/EFP, mas pode, naturalmente, ser aplicada a cenas breves em estúdio, no lugar da vara móvel grande. É relativamente fácil manusear uma vara curta, enquanto trabalhar com uma

8.13 Microfone unidirecional
O microfone unidirecional tem um padrão de captação altamente direcional (super ou hipercardioide) e amplo alcance permitindo a captação de sons relativamente distantes.

8.14 Microfone unidirecional de mão
Sempre segure o microfone unidirecional pelo isolador de choques. Ao ar livre, é obrigatório usar protetor de vento. Esse microfone tem conectado um bloqueador de vento adicional.

vara longa ou totalmente estendida pode ser bastante trabalhoso e cansativo, em especial durante tomadas longas e ininterruptas.

Quando se trabalha com cinema digital, os microfones superdirecionais curtos – chamados microfones-lápis pelo pessoal que trabalha com áudio – muitas vezes são preferidos, para captar sons em ambientes fechados, aos longos. A vantagem óbvia de um microfone-lápis é que ele é menor e, portanto, mais leve. Também não é tão direcional quanto seu equivalente mais longo, de modo que nem sempre é preciso apontá-lo diretamente para a pessoa que fala. Se, por exemplo, você estiver cobrindo a conversa entre duas pessoas, muitas vezes pode posicionar o microfone-lápis entre elas para obter uma captação equilibrada. Para facilitar ainda mais seu trabalho, os microfones-lápis permitem a troca da cabeça unidirecional por outra com um padrão cardioide ligeiramente mais largo.

Ao utilizar a vara, muitos dos pontos anteriores se aplicam. Aqui estão mais alguns:

- Verifique se o microfone tem o devido isolador de choques instalado para que ele não toque na vara ou no cabo do microfone. O isolador de choques normal consiste em um anel externo dentro do qual a cápsula do microfone está suspensa por meio de tiras de borracha.
- Prenda o cabo do microfone na vara. Algumas varas lhe permitem alimentar o cabo do microfone por meio dela, como se fosse um conduíte.
- Segure a vara acima ou abaixo da fonte sonora. **Figuras 8.15 e 8.16**
- Em geral, quanto mais próximo do microfone, melhor a captação do som, mas se você estiver *muito* próximo com um microfone unidirecional, você poderá causar um efeito de proximidade, em que os ruídos de respiração serão captados e sons graves barulhentos serão produzidos.
- Se estiver gravando duas pessoas conversando entre si, aponte o microfone para quem está falando.
- Se os atores falam enquanto caminham, ande com eles exatamente na mesma velocidade segurando o microfone na frente deles durante toda a tomada.
- Preste atenção a obstáculos que possam bloquear seu caminho, como cabos, luzes, câmeras, árvores ou partes de cenário. Visto que normalmente você anda para trás enquanto olha para os atores, ensaie seu percurso algumas vezes.
- Antes de cada tomada, verifique se você tem bastante cabo do microfone para a caminhada inteira.
- Se usar uma vara longa, prenda-a ao cinto e abaixe-a em cena como se estivesse "pescando" o som adequado. **Figura 8.17**

8.15 Posição acima do microfone
A vara curta geralmente é mantida o mais alto possível sobre a cena.

8.16 Posição abaixo do microfone
A vara também pode ser mantida baixa, com o microfone voltado para a fonte de som de baixo para cima.

8.17 Manuseio da vara longa
A vara longa pode ser presa no cinto e erguida ou abaixada de modo semelhante ao que é feito com uma vara de pescar.

Vara móvel longa Ao trabalhar em estúdio com grandes produções com multicâmeras, como comédias de situação e cinema digital, notará que, apesar da presença de microfones de lapela, a vara móvel longa está sempre presente. No ambiente controlado do estúdio, a vara longa ainda é uma das maneiras mais eficazes de manter um microfone de alta qualidade próximo da ação, e, ao mesmo tempo, fora da vista da câmera. **Figura 8.18**

Há várias razões pelas quais a vara longa não obteve grande popularidade em produções rotineiras de estúdio: ela ocupa bastante espaço, dificulta a iluminação e não é fácil de operar. Diante disso, ainda não inventaram nada melhor para captar o diálogo dos atores durante tomadas demoradas. É possível estender ou retrair a vara, simultaneamente fazer um pan horizontal com ela, movê-la para cima e para baixo verticalmente, e girar ou fazer uma panorâmica vertical com o microfone em direção à fonte sonora. Durante todas essas operações, o conjunto da vara pode ser movido quando a vara totalmente esticada não alcançar a fonte de som.

Como usar microfones de vara Sempre que mover a vara, faça isso com cuidado. É melhor ficar um pouco fora ao seguir os atores do que perdê-los totalmente por não conseguir fazer a vara parar de balançar a tempo. Aqui vão outras dicas operacionais:

- Antes do início da produção, afrouxe todas as travas da vara. Estenda a vara e a retraia algumas vezes para ver quão distante o microfone chega. Movimente a vara para a esquerda e para a direita enquanto estiver na plataforma. Isso lhe dará alguma ideia de como você deve se acomodar sem cair dela. Se o programa for bastante estático, você pode sentar no banco. Verifique os controles de virada e inclinação do microfone. Se houver um monitor na plataforma, certifique-se de que ele está ligado e conectado à saída de áudio.

- Durante a produção, tente manter o microfone na frente da fonte sonora e o mais baixo possível, sem aparecer na imagem.

- Não posicione o microfone diretamente acima da cabeça do ator, pois o som sai da boca e não do alto da cabeça.

- Assista ao monitor de linha de estúdio ou ao monitor em sua dolly (que mostra a imagem que vai ao ar ou o vídeo gravado). Durante os ensaios, tente determinar até que ponto você pode mergulhar o microfone em direção à fonte sonora sem que ele ou a lança apareça na imagem. Quanto mais próximo o microfone, melhor o som. Embora você raramente chegará perto o suficiente para causar o efeito de proximidade, você deve se preocupar com ele quando usar o microfone muito próximo da fonte de som.

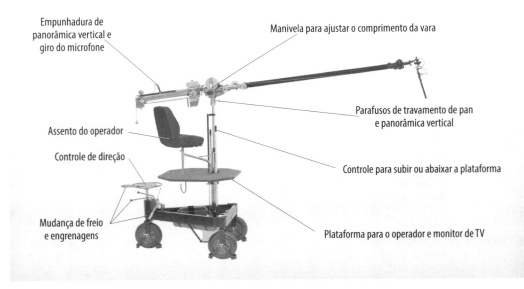

8.18 Vara móvel longa
A vara longa pode ser estendida até 6 metros de alcance, movida em pan de 360 graus e em panorâmica vertical para cima e para baixo. O microfone em si pode ser girado cerca de 300 graus – quase um círculo completo.

- A distância ideal para microfones de vara é quando o artista pode quase tocá-lo esticando o braço em um ângulo em torno de 45 graus.
- Se a vara aparecer na imagem, é melhor retirá-la do que erguê-la. Retirando a vara, você puxa o microfone para fora da vista da câmera e, ao mesmo tempo, o mantém à frente, em vez de acima, da fonte de som.
- Preste atenção em sombras. Nem o melhor diretor de fotografia[5] pode evitá-las, consegue apenas redirecioná-las. Se as principais posições da vara forem conhecidas antes do programa, trabalhe com o diretor de fotografia para fazer a iluminação ao redor delas. Às vezes, é preciso sacrificar a qualidade do áudio para evitar sombras da vara.
- Se descobrir uma sombra de vara quando a câmera já estiver no ar, não mova o microfone de repente – todos verão a sombra percorrer a tela. Tente retirá-lo da imagem muito lentamente ou, melhor ainda, apenas mantenha o microfone e a sombra o mais firmes possível até que um plano diferente lhe permita movê-lo para uma posição mais vantajosa.
- Escute se o equilíbrio de áudio é adequado. Com um microfone unidirecional, normalmente se deve girá-lo na direção de quem estiver falando. Em programas inteiramente roteirizados, o operador da mesa de áudio talvez siga o diálogo do roteiro e sinalize para você (o operador de lança) sempre que o microfone precisar ser girado de um ator para outro.

■ Microfones com fones de ouvido (headset)

O *microfone com fone de ouvido* tradicional é um microfone ligado ao fone de ouvido. Um dos fones carrega o som do programa (aquilo que o microfone do fone capta ou que é alimentado a partir da estação), e o outro, as deixas e instruções em IFB (retorno ou feedback interrompível[6]) dadas pelo diretor ou produtor. Os microfones com fone de ouvido são usados em certas situações de EFP, como reportagens esportivas, ou em ENG a partir de um helicóptero ou centro de convenções. O microfone com fone de ouvido isola você o suficiente do mundo exterior para que possa se concentrar em seu trabalho de reportagem específico em meio a muito barulho e confusão. Ao mesmo tempo, você mantém as mãos livres para acompanhar as estatísticas dos jogadores em um laptop ou clicar um botão que chame alguém para uma entrevista. **Figura 8.19**

Outro tipo de microfone com fone de ouvido usa uma estrutura metálica leve e uma bandana para posicionar um microfone de condensador pequeno, mas de alta qualidade, na lateral ou bem na frente da boca de quem está falando. Há uma dupla vantagem de usar tal microfone: as mãos de quem está falando ficam livres para tocar um instrumento e ele ou ela tem máxima mobilidade, como se estivesse usando um microfone de lapela. **Figura 8.20**

Microfones sem fio

Em situações de produção nas quais é necessária a mobilidade total e irrestrita da fonte de som, são utilizados *microfones sem fio*. Se, por exemplo, você estiver gravando um cantor que também faz movimentos de dança ou se lhe pedirem para captar o barulho dos esquis em uma pista de descida, o microfone sem fio será a escolha óbvia. Microfones sem fio também são amplamente usados para noticiários, EFP e, ocasionalmente, produções com multicâmeras

8.19 Microfone com fone de ouvido
Esse tipo de microfone é semelhante a um fone de ouvido normal de telefonista, exceto pelo fato de possuir fones maiores e acolchoados e um microfone de qualidade superior.

8.20 Microfone de bandana
Esse microfone de alta qualidade é ligado a uma estrutura metálica leve e à bandana e é usado na frente da boca de quem está falando. Ele dá máxima flexibilidade de movimento a cantores.

---

[5] O diretor de fotografia faz o desenho inicial de iluminação de um projeto. Após isso a iluminação fica a cargo do iluminador. (NRT)

[6] Durante a transmissão esportiva o diretor ou produtor pode passar instruções ao narrador interrompendo o retorno que chega pelo fone de ouvido e falando nele. (NRT)

em estúdio para dramatizações. Na verdade, os microfones sem fio transmitem seus sinais. São também chamados, portanto, de microfones de RF (radiofrequência) ou microfones de rádio. A maioria dos microfones sem fio é utilizada como microfone de mão ou de lapela.

Em microfones de mão sem fio, o transmissor alimentado por bateria está embutido no próprio microfone. Alguns modelos possuem uma pequena antena que se projeta da parte inferior do microfone, mas, na maioria, a antena está incorporada ao corpo ou cabo do microfone. **Figura 8.21**

O microfone de lapela sem fio é conectado a um transmissor alimentado por bateria usado no bolso ou preso ao corpo. Em geral, a antena é colocada no bolso ou amarrada por dentro da roupa. **Figura 8.22**

O outro elemento importante do sistema de microfone sem fio é o receptor (ver Figura 8.21), que é sintonizado na frequência do transmissor sem fio e pode receber o sinal de até uns 330 metros em condições favoráveis. Quando as condições são mais adversas, o alcance pode cair para aproximadamente 33 metros. Para garantir a melhor recepção de sinal, é possível configurar várias estações de recepção no estúdio, bem como em campo. Quando o sinal fica muito fraco para um dos receptores, o(s) outro(s) assume(m) o trabalho, o que é chamado de recepção de diversidade.

Como usar microfones sem fio O microfone sem fio funciona melhor no ambiente controlado de um estúdio ou palco, onde é possível determinar o alcance preciso dos movimentos do artista e encontrar a posição ideal para o(s) receptor(es). A maioria dos cantores prefere trabalhar com o microfone de mão sem fio, porque não restringe os movimentos. Também é útil em programas com a participação do público, onde o artista entra na plateia para entrevistas breves e espontâneas. O microfone de lapela sem fio tem sido usado mais frequentemente para ENG/EFP e documentários e ocasionalmente em programas musicais e teleteatros.

Ao usar qualquer microfone sem fio, fique atento aos seguintes problemas:

- Se o transmissor for preso ao corpo, a transpiração de quem o utiliza poderá reduzir a força do sinal, e o mesmo acontecerá, naturalmente, com o aumento da distância entre o transmissor e o receptor.
- Grandes objetos metálicos, linhas de alta-tensão e transformadores, máquinas de raios X, transmissões de micro-ondas e telefones celulares, tudo isso pode interferir na recepção adequada do sinal do microfone sem fio.
- Embora a maioria dos equipamentos sem fio ofereça vários canais de frequência, ainda há algum perigo de captar sinais estranhos, principalmente se o receptor funcionar na proximidade dos sinais sem fio alheios ou de outros sinais fortes de rádio. A interferência é óbvia por estalos, batidas, quedas de sinal e até por captação da conversa de alguém que esteja operando em uma frequência de sinal similar. Conforme observado anteriormente, com um maior número de pessoas usando comunicação sem fio, aumenta-se a probabilidade de que ocorram interferências de sinal.

Microfones de mesa

Como o nome indica, microfones de mesa são normalmente colocados sobre mesas ou bancadas. Esses microfones estacionários são amplamente utilizados em programas de debates, audiências públicas, entrevistas coletivas e outros programas nos quais o apresentador fala atrás de uma escrivaninha, mesa ou bancada. São utilizados apenas para

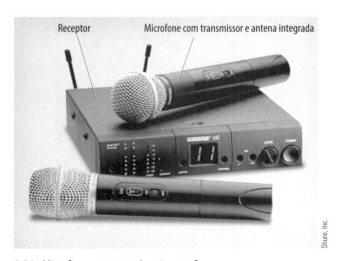

8.21 Microfone e receptor de mão sem fio
O microfone de mão sem fio normalmente tem um transmissor embutido no corpo. A antena também é embutida no microfone ou se projeta na parte inferior dele. O receptor, que está sintonizado na frequência do transmissor do microfone de mão, capta o sinal e o envia por meio do cabo do microfone para a mesa de áudio ou câmera.

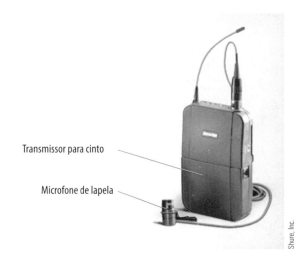

8.22 Microfone de lapela e transmissor sem fio
O microfone de lapela sem fio tem um transmissor separado que é usado pelo artista. O receptor capta o sinal do microfone e o encaminha pelo cabo do microfone para o mixer, a mesa de áudio ou a câmera.

captação de voz. Como o apresentador geralmente está fazendo algo – folheando papéis, colocando objetos sobre a mesa, acidentalmente batendo na mesa com os pés ou joelhos – os microfones de mesa devem ser robustos e capazes de resistir a choques físicos.

Em geral, são usados microfones onidirecionais dinâmicos como microfones de mesa. Contudo, se for desejável uma grande separação das fontes de som, os microfones unidirecionais são uma opção. Além disso, ao usar um microfone de mesa para alguém que fala atrás de uma bancada, opte por um microfone unidirecional em vez de onidirecional. O microfone unidirecional vai facilitar que você evite a realimentação pelos alto-falantes (retorno) na mesma sala. A maioria dos microfones de mão também serve como microfone de mesa – é preciso apenas colocá-lo em um pedestal de mesa e posicioná-lo para a melhor captação de som. **Figura 8.23**

Microfone de limite Trata-se de um tipo de microfone de mesa ou, como é comumente chamado, microfone de zona de pressão (pressure zone microphone – PZM). Ele tem aparência diferente do microfone comum e opera por um princípio diverso. **Figura 8.24**

O microfone de limite é instalado ou colocado perto de uma superfície refletora, como mesa ou placa de plástico. Quando colocado nessa "zona de pressão", o microfone recebe ao mesmo tempo sons diretos e refletidos. Em condições ideais, o microfone de limite produz um som mais nítido que os microfones comuns. Sua principal vantagem é que pode ser utilizado para a captação de voz simultânea de várias pessoas com igual fidelidade. Os microfones de limite têm amplo padrão de captação hemisférico e são, portanto, adequados para grandes debates em grupo e para captar as reações do público. Pode-se, por exemplo, colocar esse microfone em uma mesa e obter uma captação de notável qualidade das pessoas sentadas no seu padrão de captação semicircular. **Figura 8.25** Se as pessoas estiverem sentadas ao redor da mesa, serão necessários dois microfones de limite: um para captar as pessoas em uma metade da mesa redonda e o segundo para as pessoas na outra metade.

Infelizmente, quando usado como microfone de mesa, o microfone de limite também capta o farfalhar de papel, o tamborilar de dedos e as pancadas das pessoas na mesa. As almofadas para microfone minimizam ou quase eliminam esses problemas. Note que o microfone de limite também pode ser usado para captar instrumentos musicais como piano.

Como usar microfones de mesa Microfones de mesa, como amendoins, parecem irresistíveis. Não que os artistas queiram comê-los, mas, quando estão de pé ou sentados atrás de um deles, parece que se sentem compelidos a agarrá-lo

8.23 Microfone em pedestal de mesa
Na produção televisiva, os microfones de mesa são, em geral, microfones de mão colocados em um pedestal de mesa.

8.24 Microfone em pedestal de mesa
Esse microfone deve ser instalado ou colocado sobre uma superfície refletora para criar a "zona de pressão", na qual todas as ondas de som alcançam o microfone ao mesmo tempo.

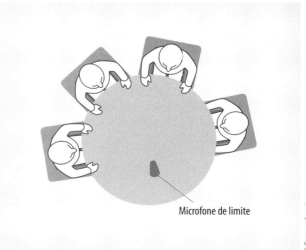

8.25 Microfone de limite usado para captação múltipla de voz
Com o microfone de limite em uma mesa, a captação de som é igual para todas as pessoas sentadas ao redor dela.

e puxá-lo para si, não importa com quanto cuidado você o tenha posicionado. Pedidos educados (ou nem tanto) para não tocar no microfone parecem inúteis. Mais cedo ou mais tarde, o apresentador vai mover o microfone. Para combater essa compulsão, avalie a possibilidade de colar o pedestal do microfone com fita adesiva na mesa ou pelo menos cole com fita adesiva o cabo do microfone de forma segura e discreta para que ele só possa ser movido por uma curta distância.

- Como acontece com o microfone de mão, não se tenta esconder o microfone de mesa do espectador. No entanto, quando o colocar sobre uma mesa ou bancada, considere a imagem da câmera, além da melhor captação de som. Não há dúvida de que os apresentadores gostam mais de que a câmera mostre sua imagem que a do microfone. Se a câmera "atira"[7] em linha reta, coloque o microfone um pouco para o lado do apresentador e aponte-o para a clavícula deste, e não para a boca. Dessa forma, é possível captar um som razoavelmente bom, enquanto a câmera mostra claramente o rosto do artista. **Figura 8.26**

- Ao integrar o microfone discretamente na imagem, não se esqueça de esconder o cabo dele da melhor maneira possível. Mesmo que o diretor lhe garanta que o cabo do microfone no chão nunca será visto, não aposte nisso.

- Ao usar dois microfones de mesa para o mesmo orador como precaução de redundância dupla, utilize microfones idênticos e coloque-os o mais próximo possível um do outro. Como mencionado, *redundância dupla* é uma expressão bastante infeliz para a utilização de dois microfones em uma única fonte de som, de modo que você possa mudar de um para o outro em caso de falha.

---

[7] Tiro de câmera significa o eixo em que a câmera "atira" ou mostra uma cena. (NRT)

Não os ative simultaneamente. Se ambos os microfones estiverem ligados ao mesmo tempo, pode ocorrer interferência múltipla, o que significa que, quando os microfones recebem o mesmo som em momentos ligeiramente diferentes, tendem a anular frequências um do outro.

- Ao usar múltiplos microfones para várias pessoas falando, você deve evitar que um cancele a frequência do outro. Para evitar tal interferência, posicione os microfones de forma que eles fiquem afastados um do outro pelo triplo da distância que cada um está afastado de sua fonte sonora. **Figura 8.27**

- Embora seja quase uma causa perdida, lembre os membros do painel – ou qualquer um que trabalhe com microfone de mesa – para não reposicioná-lo após ter sido ajustado. Ainda, peça-lhes que não batam na mesa nem chutem a bancada, mesmo que o debate fique animado. Diga aos participantes para não se inclinarem em direção aos microfones quando forem falar.

8.26 Colocação de microfone de mesa para uma única pessoa
O microfone de mesa deve ser colocado ao lado do artista e voltado para a clavícula dele, para que ele fale por meio do microfone, e não nele. Dessa forma, o microfone não obstrui a imagem do artista.

8.27 Configuração com múltiplos microfones
Ao utilizar uma configuração com múltiplos microfones, mantenha os microfones individuais a uma distância pelo menos três vezes maior do que a que ficaria qualquer microfone de sua fonte sonora.

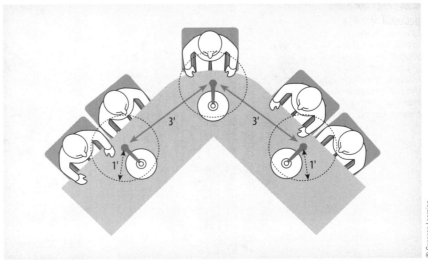

Microfones de pedestal

Microfones de pedestal são utilizados sempre que a fonte de som é fixa e o tipo de programação permite que eles sejam vistos. Por exemplo, não há necessidade de esconder os microfones de uma banda de rock; pelo contrário, eles são um elemento importante do show. Sem dúvida, você está familiarizado com as diversas formas como os cantores de rock manuseiam o microfone. Alguns o inclinam, levantam, encostam-se e apoiam-se nele, e, quando a música tem intensidade especialmente alta, até o movimentam no ar como uma espada (o que, por sinal, não é recomendado).

A qualidade dos microfones de pedestal vai de microfones dinâmicos de mão colocados em um pedestal até microfones de fita ou de condensador, altamente sensíveis, utilizados exclusivamente para sessões de gravação de música.

Como usar microfones de pedestal   Microfones de pedestal são normalmente colocados na frente da fonte de som – quer se trate de um cantor, quer do alto-falante de uma guitarra elétrica amplificada. **Figura 8.28**

Muitos cantores preferem tirar o microfone do pedestal em algumas passagens especialmente enérgicas ou íntimas, por isso é necessário confirmar se o microfone sai facilmente e depois pode ser recolocado no pedestal. Para captar um cantor que use um violão, conecte dois microfones em um único pedestal: um para o cantor e outro um pouco abaixo para o violão.[8]

Microfones suspensos

Os microfones suspensos são utilizados sempre que não seja praticável a utilização de nenhum outro método de microfone oculto (vara curta ou longa). É possível pendurar os microfones (de condensador, cardioides, de alta qualidade e também de lapela) por seus cabos em qualquer fonte de som fixa. Com frequência, os microfones suspensos são utilizados em apresentações dramáticas em que a ação está totalmente bloqueada, de modo que os atores ficam em um local específico para apresentar cada linha das suas falas. Um local preferido para pendurar microfones é na porta do fundo do palco (na parte de trás do estúdio), a partir da qual os artistas se cumprimentam ou se despedem quando entram na área de atuação principal ou saem dela. Em geral, a vara não tem alcance tão longo para captar adequadamente as vozes. Os atores devem estar atentos para falar apenas dentro da "área de áudio" do microfone suspenso. Como acontece na área de refletores, onde os atores são visíveis somente enquanto se movem dentro do círculo restrito de luz, a área de áudio permite que eles sejam ouvidos apenas quando estão dentro do alcance limitado do microfone. **Figura 8.29**

A qualidade do som de microfones suspensos nem sempre é a melhor. A fonte de som muitas vezes está distante do microfone e, se o ator não estiver precisamente dentro da área de áudio, sua voz ficará fora do microfone. No caso das portas de fundo de palco, a perda de qualidade é realmente um trunfo, pois ressalta a distância física e psicológica da pessoa que está saindo. Além das vozes, os microfones suspensos tendem a captar quase tão bem o arrastar de pés e o ruído dos pedestais de câmera se movendo. Outra desvantagem é que, quando posicionados próximo às luzes do estúdio, os microfones suspensos podem captar e amplificar seu zumbido. Esses microfones, no entanto, são populares em dramas, produções de estúdio e programas com participação do público. São fáceis de instalar e desmontar, e, quando em posições corretas, produzem som aceitável.

Como usar microfones suspensos   Talvez você descubra que um único microfone de limite suspenso pode preencher os requisitos de áudio melhor do que vários microfones regulares suspensos. Instale o microfone de limite em uma chapa refletora de som (como um pedaço de plástico ou compensado de 0,90 m × 1,20 m), suspenda-o acima e

---

[8] Normalmente utiliza-se dois pedestais, um para o violão e outro para a voz. (NRT)

8.28 Microfone de pedestal para cantor
O cantor fica diante do pedestal do microfone e canta diretamente nele.

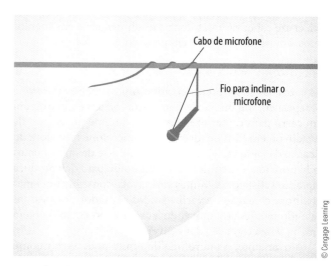

8.29 Área de áudio de microfone suspenso
Os microfones suspensos são unidirecionais de alta qualidade, normalmente suspensos por seus cabos a partir da rede de iluminação. O artista deve permanecer na área de áudio para ser ouvido corretamente.

8.30 Microfone de limite usado como microfone suspenso
Ao utilizar um microfone de limite como microfone suspenso, instale-o em outra placa de reflexão de som e ajuste seu ângulo para a fonte de som a fim de obter a captação ideal. Microfones superdirecionais são para a captação de áudio do anfitrião e dos convidados.

à frente da área geral de geração de som (como na área do público) e ajuste o ângulo da placa refletora para a captação ideal. **Figura 8.30** Independentemente de a fonte de som estar perto ou mais distante do microfone, os sons ainda têm boa presença. Esse aspecto positivo se torna um ponto negativo em produções do gênero dramático em que a perspectiva de som é um fator importante. Essa é uma das razões pelas quais em produções complexas a vara ainda é preferível ao microfone de limite.

Ao suspender um microfone pela rede de iluminação, cuidado para não colocá-lo próximo a uma fonte de iluminação ligada, pois ele vai, inevitavelmente, captar o zumbido desta. Separe os cabos do microfone dos cabos das luzes de estúdio ou dos de CA (corrente alternada) para minimizar a interferência eletrônica. Se isso não for possível, cruze cabos do microfone e de alimentação em ângulos retos, em vez de passá-los em paralelo.

Microfones ocultos

Às vezes, pode ser preciso ocultar um pequeno microfone de lapela em um buquê de flores, atrás de um enfeite ou em um carro para captar uma conversa durante produções de estúdio ou em EFP, de forma que o microfone fique fora do alcance da câmera. **Figura 8.31** Lembre-se de que é demorado posicionar um microfone escondido para que produza captação satisfatória. Muitas vezes, você consegue uma maravilhosa captação de vários ruídos causados por pessoas batendo na mesa ou movendo a cadeira, no entanto obtém uma péssima captação das conversas.

Novamente, o microfone de limite pode servir como um eficiente microfone "oculto". Especialmente porque ele não se parece com um microfone comum, você pode decidir por não escondê-lo, basta colocá-lo em uma mesa entre os objetos.

Como usar microfones ocultos Esconder microfones apresenta problemas inesperados. As seguintes dicas podem minimizar ou eliminar alguns deles:

- Não tente ocultar o microfone completamente, a menos que seja necessário dar um close-up extremo (também conhecido como plano detalhe) no objeto ao qual ele está ligado.

- Lembre-se de que é preciso esconder não apenas o microfone, mas também o cabo. Se usar uma configuração sem fio, esconda o transmissor também.

- Prenda o microfone e o cabo com fita adesiva para que não se soltem. A instalação deve suportar os rigores dos ensaios e das sessões de gravação de vídeo.

8.31 Microfone de lapela como microfone oculto
Esse microfone de lapela "oculto" está conectado ao espelho retrovisor para captar a conversa dentro do automóvel. Note que o microfone não está coberto para garantir a melhor captação de som.

■ Não esconda microfones em espaços fechados, como gavetas ou caixas vazias. O espaço altamente reflexivo funcionará como câmara de reverberação e fará as vozes soarem como se os próprios atores estivessem presos na gaveta.

Microfones de longo alcance

Muitas vezes, os sons mais que as imagens transportam e comunicam a energia de um evento. A maneira mais simples de captar os sons de um evento esportivo, por exemplo, é colocar microfones superdirecionais normais em posições estratégicas e apontá-los para onde está a ação. Os sons dos espectadores são captados por microfones onidirecionais adicionais. A cobertura de uma única partida de tênis pode envolver seis ou mais microfones para captar os sons dos jogadores, dos juízes, da bola e da multidão. Coloque um protetor de vento bastante denso em cada microfone para eliminar o ruído do vento, tanto quanto possível.[9]

Um velho método, mas bem-sucedido, de captar sons distantes é o microfone com refletor parabólico, que consiste em um prato parabólico (semelhante a uma pequena antena parabólica) com um microfone onidirecional virado para seu ponto focal. Todos os sons recebidos são refletidos na direção do microfone e concentrados nele. **Figura 8.32**

Um uso comum do microfone parabólico é para captar os sons da banda durante um desfile, a colisão de jogadores de futebol norte-americano e a cantoria entusiasmada de um grupo de torcedores da equipe da casa. Como o refletor parabólico direciona melhor para o microfone as frequências mais altas de som do que as mais baixas, os sons assumem um tom ligeiramente telefônico. Porém tendemos a ignorar essa qualidade de som prejudicada quando o microfone é usado principalmente para sons ambiente (ambientais), que comunicam a sensação de um evento, em vez de informações precisas.

8.32 Microfone com refletor parabólico
O microfone com refletor parabólico é utilizado principalmente para a captação de som em longas distâncias, como ruídos da multidão em um estádio. Os fones de ouvido permitem ao operador direcionar o microfone para máxima captação sonora.

PONTOS PRINCIPAIS

▶ O áudio é a parte de som de um programa de televisão. Ele transmite as informações (como uma notícia), ajuda a estabelecer o tempo e local específicos da ação, contribui para o clima e dá continuidade aos trechos da imagem.

▶ Os três tipos principais de microfones são: dinâmicos, de condensador e de fita. Cada tipo tem um elemento de geração de som diferente que converte as ondas sonoras em energia elétrica – o sinal de áudio.

▶ Alguns microfones conseguem captar os sons igualmente bem de todas as direções (onidirecionais); outros captam melhor de uma direção específica (unidirecionais ou cardioides).

▶ Os microfones são classificados de acordo com o seu funcionamento e podem ser móveis ou estacionários. Os tipos de microfones móveis incluem os de lapela, de mão, de vara, headset (fone de ouvido) e sem fio. Os tipos de microfones estacionários incluem os de mesa, de pedestal, suspensos, escondidos e de longo alcance.

▶ O microfone de lapela é o mais comum em operações de televisão normal. Costuma ser preso à roupa. Embora seja extremamente pequeno, proporciona reprodução de som de alta qualidade.

▶ Microfones de mão são usados quando o artista precisa ter certo controle sobre a captação de som.

▶ Quando o microfone precisa ser mantido fora do alcance da câmera, geralmente é de mão ou instalado e operado a partir de uma vara longa ou curta. Todos os microfones de vara são altamente direcionais.

▶ O microfone headset (fone de ouvido) é usado quando o artista precisa de ambas as mãos livres para tomar notas ou trabalhar com scripts ou outro tipo de informação escrita. Os microfones headset com fone de ouvido duplo são especialmente práticos para transmissões esportivas e ENG (captação de notícias eletrônicas) a partir de um helicóptero ou centro de convenções. Os microfones de bandana são normalmente usados por cantores que necessitam de máxima mobilidade.

▶ Quando é necessária uma mobilidade irrestrita da fonte de som, é usado um microfone sem fio ou de RF (radiofrequência). Também chamados microfone de rádio, os microfones sem fio necessitam de transmissor e receptor.

▶ Microfones de mesa são simplesmente microfones de mão colocados em um pedestal de mesa. São utilizados com frequência em programas de debate.

▶ Os microfones de pedestal são utilizados sempre que a fonte de som é fixa e o tipo de programação permite que os microfones sejam vistos pela câmera, como em concertos de rock.

▶ Os microfones suspensos são populares em algumas produções do estúdio, porque são mantidos fora do alcance da câmera sem o uso de varas.

▶ Microfones ocultos são pequenos microfones de lapela escondidos atrás ou em detalhes do estúdio.

▶ Microfones de longo alcance são os superdirecionais ou de refletor parabólico, que captam o som por distâncias relativamente grandes.

---

[9] Você encontrará sugestões bastante úteis de como microfonar uma variedade de eventos esportivos em som ambiente em: Stanley R. Alten. *Audio in media*. 10. ed. Boston: Wadsworth, 2014. p. 288-304.

seção 8.2

Como os microfones funcionam

Na seção 8.1, foram abordadas a captação de som e as características eletrônicas e operacionais dos microfones. Embora você talvez nunca veja o interior de um microfone (a menos que quebre um), deve ter uma ideia de como ele funciona. Conhecer as diferenças entre os elementos geradores de som pode ajudá-lo a escolher o microfone certo para determinada captação de som. Esta seção também inclui uma lista de microfones populares e seus principais usos, alguns recursos adicionais de microfones, exemplos de configurações de microfone para grupos musicais e uso de microfone específico para ENG/EFP.

▶ **Elementos geradores de som**
O diafragma e o elemento gerador de som – e a qualidade de som – de microfones dinâmicos, de condensador e de fita.

▶ **Características específicas dos microfones**
Alta e baixa impedância, resposta em frequência, resposta plana, microfones e cabos balanceados e não balanceados, e conectores de áudio.

▶ **Ajuste de microfone para captação de música**
Configurações possíveis para vários eventos musicais.

▶ **Uso de microfone específico em ENG/EFP**
Sons ambientes e conexão de saída.

Elementos geradores de som

Microfones convertem um tipo de energia – ondas sonoras – em outro – energia elétrica. Todos os microfones têm um diafragma, que vibra com as pressões de som, e um elemento de geração de som, que traduz as vibrações físicas do diafragma em energia elétrica. Mas o processo específico que cada um deles usa para realizar essa conversão determina sua qualidade e seu uso.

Microfones dinâmicos

Nos microfones dinâmicos, o diafragma é conectado a uma bobina – a bobina de voz. Quando alguém fala no microfone, o diafragma vibra com a pressão do ar causada pelo som e faz a bobina de voz se mover para a frente e para trás dentro de um campo magnético. Essa ação produz o sinal de áudio. Por causa desse processo físico, às vezes os microfones dinâmicos são chamados de microfones de bobina móvel.

O diafragma/elemento da bobina de voz é fisicamente robusto, de modo que o microfone suporta e traduz de forma exata níveis de som elevados e outras explosões de ar próximas a ele com pouca ou nenhuma distorção do som.

Microfones de condensador

No microfone de condensador, o diafragma móvel constitui uma das duas placas necessárias para o condensador funcionar; a outra, chamada de contraplaca, é fixa. Como o diafragma se move com as vibrações do ar em direção à contraplaca fixa, a capacitância desse condensador é constantemente alterada, criando assim o sinal de áudio. O microfone de condensador ouve melhor do que o microfone dinâmico (resposta em frequência maior), mas é também mais sensível às fontes de som de alta intensidade (propenso à distorção de sobrecarga).

Microfones de fita

No microfone de fita, uma fita de metal muito fina vibra em um campo magnético. Essas vibrações criam o sinal elétrico de áudio. O microfone de fita capta muito bem e produz sons suaves, mas sua captação é extremamente sensível. A fita é tão frágil que mesmo choques físicos moderados no microfone ou rajadas de ar cortantes próximas a ele podem danificar ou destruir o instrumento.

Qualidade de som

Microfones de alta qualidade podem ouvir sons superiores e inferiores melhor do que os modelos menos caros. Outro dado de qualidade menos definível refere-se ao fato de o microfone produzir sons especialmente suaves ou estridentes. Mas não se deixe enganar pelas especificações ou preferências pessoais de cantores ou engenheiros de som, muitas vezes muito fortes. O que é um bom microfone? É aquele que produz os sons que você deseja. Para ajudá-lo a selecionar o microfone mais adequado para determinado trabalho, a Tabela de Microfones lista alguns dos microfones mais populares e seu uso mais comum. **Figura 8.33**

Características específicas dos microfones

Quando se trabalha com equipamentos de áudio, provavelmente se ouvem alguns termos que não são autoexplicativos: microfones de alta e baixa impedância, resposta em frequência, resposta plana e microfones e cabos balanceados e não balanceados. Embora essas características sejam de natureza bastante técnica, é preciso saber pelo menos seus requisitos operacionais.

Áudio: captação de som   159

MICROFONE	TIPO DE ELEMENTO *PADRÃO DE CAPTAÇÃO*	CARACTERÍSTICAS	UTILIZAÇÃO	
MICROFONE UNIDIRECIONAL – LONGO				
Sennheiser MKH 70	Condensador *Supercardioide*	Excelente alcance e presença; portanto, excelente para grandes distâncias. Extremamente direcional. Bastante pesado quando segurado em vara estendida.	Vara longa ou curta, ou de mão. Melhor para a EFP e esportes remotos para captar sons em distâncias consideráveis.	Sennheiser Electronic Corporation
MICROFONES SUPERDIRECIONAIS – CURTOS				
Sennheiser MKH 60	Condensador *Supercardioide*	Bom alcance e padrão de captação maior que o dos superdirecionais longos. Menos presença em grandes distâncias, mas exige posicionamento menos preciso em relação à fonte de som. Mais leve e mais fácil de manusear do que os microfones superdirecionais longos.	Vara longa ou curta, ou de mão. Especialmente bom para uso em EFP interno.	Sennheiser Electronic Corporation
Neumann KMR 81	Condensador *Supercardioide*	Alcance ligeiramente menor do que o do MKH 60, mas tem som mais suave.	Vara longa ou curta, ou de mão. Especialmente bom para EFP. Microfone excelente para diálogos.	Georg Neumann GmbH
Sony ECM 672	Condensador *Supercardioide*	Altamente focado, mas presença levemente menor do que a dos superdirecionais longos.	Vara longa ou curta, ou de mão. Especialmente bom para uso em EFP interno.	Sony Electronics, Inc.
MICROFONES DE MÃO, DE MESA E DE PEDESTAL				
Electro-Voice 635N/D	Dinâmico *Onidirecional*	Versão melhorada do clássico 635A. Tem boa captação de voz, que parece saber diferenciar entre voz e ambiente. Extremamente resistente. É capaz de tolerar manuseio descuidado e condições extremas ao ar livre.	Microfone excelente (e, portanto, padrão) para ENG em todos os climas e trabalhos de reportagem de EFP.	Electro-Voice
Electro-Voice RE50	Dinâmico *Onidirecional*	Similar ao E-V 635N/D. Robusto. Isolador interno de choques e filtro de explosão de áudio.	Microfone de mesa e de pedestal bom e de confiança. Bom para captação de música, como vocais, guitarras e bateria.	Electro-Voice

8.33 Tabela de microfones

160 Manual de produção de televisão

MICROFONE	TIPO DE ELEMENTO *PADRÃO DE CAPTAÇÃO*	CARACTERÍSTICAS	UTILIZAÇÃO
MICROFONES DE MÃO, DE MESA E DE PEDESTAL *(continuação)*			
Beyerdynamic M58	Dinâmico *Onidirecional*	Suave, resposta em frequência, som nítido. Robusto. Isolador interno de choques. Baixo ruído de manuseio.	Bom microfone para ENG/EFP. Especialmente projetado como microfone de mão fácil de usar.
Shure SM57	Dinâmico *Cardioide*	Resposta em frequência de boa qualidade. Pode suportar volume de entrada bastante elevado.	Bom para música, vocais, guitarras, teclados e até bateria.
Shure SM58	Dinâmico *Cardioide*	Robusto. Bom para uso interno e externo.	Padrão para vocais e fala.
Shure SM81	Condensador *Cardioide*	Ampla resposta em frequência. Também indicado para uso externo.	Excelente para uso com instrumentos acústicos.
Beyerdynamic M160	Double ribbon *Hipercardioide*	Microfone sensível com excelente resposta em frequência. Pode tolerar volume de entrada bastante elevado.	Especialmente bom para todos os tipos de captação de música, como cordas, metais e piano. Também funciona bem como microfone de pedestal para captação de voz.
Shure Beta 56A	Dinâmico *Cardioide*	Robusto. Especialmente feito para som de percussão de alta energia.	Para captação próxima de tambores, bumbos, baixos e instrumentos de sopro feitos de madeira.

8.33 Tabela de microfones *(continuação)*

Áudio: captação de som   161

MICROFONE	TIPO DE ELEMENTO *PADRÃO DE CAPTAÇÃO*	CARACTERÍSTICAS	UTILIZAÇÃO	
MICROFONES DE LAPELA				
Sony ECM 55	Condensador *Onidirecional*	Excelente presença. Produz som de perto. No entanto, por causa dessa excelente presença, não se mistura bem com microfones de vara, que normalmente ficam mais longe da fonte sonora.	Excelente para captação de voz em ambiente controlado (programas de entrevistas e de notícias em estúdio e apresentações).	Sony Electronics, Inc.
Sennheiser MKE 102	Condensador *Onidirecional*	Mistura bem com microfones de vara. Captação de som excelente, suave e global, mas é muito sensível ao ruído de atrito das roupas e até mesmo do cabo. Deve ser fixado firmemente para evitar ruídos de fricção.	Excelente para a maioria dos usos de lapela. Funciona bem como microfone oculto.	Sennheiser Electronic Corporation
Sony ECM 77B	Condensador *Onidirecional*	Tem grande faixa de resposta em frequência. Boa captação de som. Qualidade excelente. Harmoniza-se bem com microfones maiores. Posicionamento ideal não é algo tão crítico. Opera com baterias e com *phantom power*. Muito confiável.	Amplamente usado na TV em noticiários, entrevistas e documentários.	Sony Electronics, Inc.
Professional Sound PSC MilliMic	Condensador *Onidirecional*	Extremamente pequeno, mas com excelente qualidade de captação. Combina bem com microfones de vara. Bastante blindado contra interferências eletromagnéticas.	Excelente como microfone oculto para entrevistas, dramatizações e documentários. Funciona bem ao ar livre.	Professional Sound Corporation

8.33 Tabela de microfones *(continuação)*

Impedância

A *impedância* é a resistência total ao fluxo de corrente alternada de um circuito elétrico. Tecnicamente, a impedância também é dependente da frequência AC. Em termos práticos, isso significa que, quando você conecta equipamentos de áudio, você precisa parear a impedância do componente fonte com a impedância do componente ao qual a fonte está ligada. Se, por exemplo, você ligar uma fonte alto-Z (alta impedância), como um baixo elétrico, a uma entrada de microfone de baixo-Z (baixa impedância) de um mixer de áudio, você obterá um som distorcido. Felizmente, a maioria dos equipamentos de áudio tem um dispositivo interno que faz o pareamento das impedâncias para você. Se não houver, há adaptadores que irão cuidar do pareamento de impedâncias.

Resposta em frequência

A capacidade de um microfone para ouvir sons extremamente altos e baixos é conhecida como *resposta em frequência*. Um bom microfone capta melhor o som do que a maioria dos humanos e tem uma faixa de frequência de 20 Hz (*hertz*, que mede ciclos por segundo) até uma muito elevada, de 20.000 Hz. Muitos microfones de alta qualidade são feitos para captar igualmente bem no intervalo da frequência, um recurso chamado *resposta plana* (*flat*). Portanto, microfones de alta qualidade devem ter um grande intervalo de frequências e uma resposta relativamente plana (*flat*).

Microfones e cabos balanceados e não balanceados e conectores de áudio

Todos os microfones profissionais têm uma saída balanceada conectada por cabos de microfone de três fios com conectores de três pontas, chamados conectores XLR (ou Cannon), aos gravadores e mixers. A linha balanceada rejeita zumbidos e outras interferências eletrônicas.

Microfones e cabos desbalanceados podem trabalhar bem desde que os cabos sejam curtos e não haja nenhuma interferência. Cabos desbalanceados transportam o sinal de áudio em apenas dois fios. Os conhecidos conectores de dois fios incluem o plugue de fone de ¼ de polegada, o plugue RCA e os miniplugues. **Figura 8.34**

8.34 Conectores de áudio
Cabos de áudio balanceados utilizam conectores XLR/CANNON (**A** e **B**); cabos não balanceados usam o plugue de fone de ¼ de polegada (**C**), o plugue RCA (**D**) e o miniplugue (**E**).

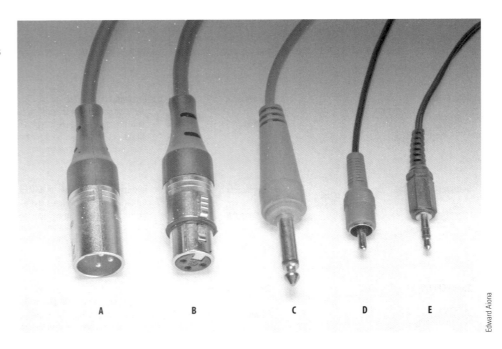

Com adaptadores, é possível conectar um XLR aos conectores desbalanceados, e vice-versa. Note, contudo, que se você plugar um conector XLR de três fios em um adaptador RCA de dois fios, você irá do som balanceado para o desbalanceado. O mesmo problema ocorre ao contrário: se você conectar um miniplugue de dois fios a um adaptador XLR, você não alterará um sinal desbalanceado para um balanceado. Além disso, cada adaptador é um ponto de problemas potenciais. Sempre tente encontrar um cabo de microfone com o conector apropriado já anexado.

Ajuste de microfone para captação de música

As seguintes sugestões de como usar microfones em eventos musicais devem ser encaradas com certo critério. É difícil encontrar dois especialistas em áudio que tenham a mesma concepção sobre que microfones utilizar em um evento musical e como usá-los. No entanto, os ajustes aqui sugeridos serão muito importantes no seu trabalho.

A captação de som de um grupo instrumental, como uma banda de rock, é normalmente realizada com vários microfones de pedestal. Eles são colocados na frente de cada caixa de som que emite o som amplificado de determinado instrumento, bem como na frente de fontes de som não amplificado, como os cantores e a bateria.

O microfone a ser utilizado depende de fatores como a acústica do estúdio, o tipo e a combinação de instrumentos, e a qualidade estética desejada para o som.[10]

Em geral, os microfones dinâmicos robustos (onidirecionais ou cardioides) são utilizados para fontes de som de alto volume, como bateria, alto-falantes da guitarra e alguns cantores, enquanto os microfones de condensador ou de fita são usados para fontes de som como cantores, instrumentos de cordas e violões. Embora muitos fatores influenciem o tipo de microfone usado e sua colocação, as figuras nesta seção dão uma ideia de como três diferentes eventos musicais típicos podem ser sonorizados. Novamente, o critério final não é o que todo o mundo lhe diz, mas se os alto-falantes de reprodução lhe dão os sons esperados.

Disposição de microfone para cantor e violão

Para um cantor que toque violão, um microfone de condensador cardioide ou de fita é suficiente na maioria dos casos. Tente um Beyerdynamic M160 (de fita) ou um Shure SM81 (de condensador). Experimente também colocar dois microfones em um único pedestal: um para o cantor, que aponte um pouco abaixo da boca, e outro voltado para o violão. **Figura 8.35**

Disposição de microfone para cantor e piano

Se o concerto for formal, com o vocalista cantando canções clássicas com acompanhamento de piano, mantenha os microfones fora da imagem. Experimente um microfone Beyerdynamic M160 suspenso a partir de uma vara pequena. Para o piano, prenda um microfone de limite com fita na tampa na posição baixa do cravelhal ou diretamente na caixa de ressonância. **Figura 8.36**

Outra forma de usar o microfone em um piano é ter um microfone Shure SM81 apontado para a metade inferior das cordas e outra para a metade superior ou apontando um para o outro a partir de lados opostos do teclado. Bons resultados também têm sido alcançados colocando o microfone debaixo do piano, perto da caixa de ressonância

---
[10] Para uma discussão detalhada de gravação musical, ver Alten, *Audio in media*, p. 402-50.

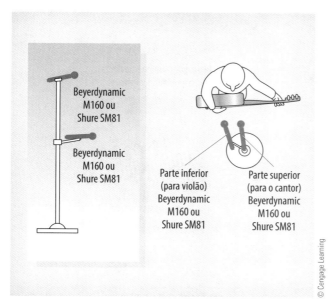

8.35 Disposição de microfone para cantor e violão
A disposição do microfone para cantor com violão é um microfone para a voz e outro mais abaixo, no mesmo pedestal, para o violão.

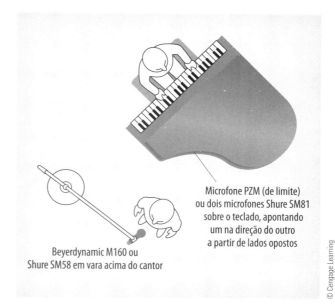

8.36 Disposição de microfone para cantor e piano
Se o microfone do cantor precisar ficar fora da visão da câmera, deverá ser suspenso a partir de uma vara. O piano tem microfone separado. Para um microfone que apareça na câmera, o cantor pode usar um de mão.

e cerca de 30 centímetros atrás dos pedais. Mas tal posicionamento pode também captar o ruído do pedal.

Se o concerto inclui músicas populares, como clássicos leves ou rock, um microfone de mão, como um Shure SM58, pode ser uma escolha mais adequada para o cantor. A disposição dos microfones do piano não se altera.

Mas não considere essas recomendações uma receita certeira para o sucesso. Tais configurações musicais dependem de muitos fatores, especialmente da acústica do local onde o concerto estiver ocorrendo. Se você puder, tente usar diferentes microfones e ouça cuidadosamente. Se o que você ouvir em seus fones de ouvido ou nos alto-falantes se aproximar de uma performance ao vivo ou do que você gostaria de ouvir, escolha esse microfone e posicionamento.

Disposição de microfone para pequenas bandas de rock e inserção direta

Ao fazer a instalação para um grupo de rock, você precisa de microfones para os cantores, da bateria e dos alto-falantes que carregam o som dos instrumentos amplificados (como guitarras e teclados). Os sinais de som de instrumentos elétricos, como o baixo, costumam ser alimentados diretamente para a mesa de mixagem sem o uso de alto-falante e microfone. Essa técnica é chamada *inserção direta* ou entrada direta. Como a maioria dos instrumentos elétricos é de alta impedância e todos os outros equipamentos de som profissionais são de baixa impedância, é preciso fazer a correspondência das impedâncias por meio do direct box (a menos que o equipamento de entrada faça isso por você).

Ao instalar microfones e alto-falantes, cuidado com a realimentação e interferência de múltiplos microfones.

Para os membros da banda ouvirem a si próprios, é preciso fornecer a mistura de som de retorno, por meio de fones de ouvido ou de alto-falantes. *Retorno*, também chamado ponto, é o retorno da mistura total ou parcial de áudio da mesa de mixagem para os músicos. Novamente, note que os microfones das figuras são apenas sugestões. Sempre teste os microfones que você tem e ouça a mistura.

Em geral, use microfones dinâmicos ou de fita para cantores e microfones dinâmicos para outros instrumentos e para fontes de som de alta saída como o bumbo. **Figura 8.37**

Microfone específico em ENG/EFP

Os requisitos de captação de som em ENG/EFP não diferem significativamente daqueles utilizados em operação de estúdio. Em campo ou no estúdio, seu objetivo final é o som ideal. Você descobrirá, porém, que a captação de som em campo é muito mais desafiadora do que no estúdio. Ao ar livre, há o problema sempre presente do ruído do vento e de outros sons indesejados, como aviões ou caminhões passando. A melhor maneira de combater o ruído do vento é usar um microfone altamente direcional, cobri-lo com protetor de vento eficaz e um bloqueador de vento, e mantê-lo o mais perto possível da fonte de som, sem causar efeito de proximidade (som distorcido quando o microfone unidirecional está perto demais da fonte).

Ao contrário de muitos programas em estúdio, os sons ambientes têm um importante papel em produções em campo. Por exemplo, o ruído da torcida durante uma partida de futebol não é apenas um intensificador poderoso, mas frequentemente é uma forma mais direta de mostrar como está a atmosfera do jogo do que o próprio evento.

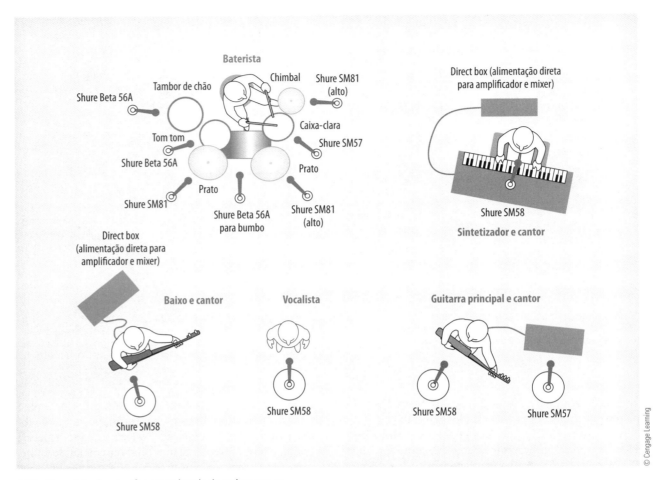

8.37 Disposição de microfone para banda de rock pequena
Nessa figura, os tipos e o posicionamento dos microfones representam uma sugestão geral de como iniciar a disposição de microfones. Sugerem-se aqui os microfones Shure porque são de alta qualidade, com preço razoável. O critério final para uma instalação bem-sucedida é quando o som que sai dos alto-falantes da sala de controle é satisfatório.

Mais alguns conselhos. Quando estiver fazendo uma gravação de vídeo de um evento interno, você precisa gravar o tom do ambiente – o "silêncio" da sala vazia, antes ou depois do evento, com a plateia presente e sem ela. Esses sons ambientes são essenciais para mascarar edições na pós-produção.

Quando em um trabalho de ENG, sempre use o microfone da câmera (microfone unidirecional, integrado à câmera ou preso a ela) para gravar sons ambientes, mesmo durante gravações em "silêncio". De fato, ao usar um microfone de mão para reportagem em pé (com o repórter descrevendo um evento noticioso no local), também ligue o microfone da câmera para captar os sons do ambiente. Alimente os dois microfones em faixas de áudio separadas durante a gravação, mesmo que você não consiga separá-los claramente. Assim como o tom do aposento, esses sons ambientes são essenciais para a continuidade de som na edição de pós-produção. As faixas separadas permitem que o editor de vídeo controle pelo menos parcialmente a mistura entre a voz do repórter e os sons do ambiente.

Se você tiver apenas um microfone, que precisa usar para captação de voz, grave os sons do ambiente em um gravador portátil de fita cassete ou na mídia de gravação que está utilizando ao terminar o trabalho de gravação da voz. Novamente, o editor apreciará alguns sons autênticos para preencher a edição com eles.

Talvez você descubra que uma captação de áudio aparentemente simples, como um discurso ou um painel de discussões em uma grande sala de conferência, pode representar enorme problema de áudio, especialmente se não conseguir chegar perto o suficiente, na sala lotada e ruidosa, para uma captação de voz limpa. Nesse caso, pode ser mais fácil pedir à pessoa responsável (geralmente, o gerente de comunicação do hotel ou centro de convenções) que o ajude com uma conexão de saída. Nessa configuração, você não precisa de microfone para captar o som do orador, mas simplesmente de alimentação direta da placa de controle de áudio do sistema de áudio local para a entrada de áudio da sua câmera. Na verdade, você se conecta à alimentação de áudio do sistema de áudio da sala de conferências.

PONTOS PRINCIPAIS

▶ Todos os microfones têm um diafragma, que vibra com a pressão sonora, e um elemento de geração, que traduz as vibrações físicas do diafragma em energia elétrica.

▶ Nos microfones dinâmicos ou de bobina móvel, o diafragma está ligado à bobina de voz. A pressão do ar move a bobina de voz para a frente e para trás dentro de um campo magnético. Esse tipo de elemento de geração torna o microfone muito resistente.

▶ O microfone de condensador ou de eletreto – também chamado de microfone de capacitor – tem um elemento gerador semelhante a um condensador. O diafragma móvel constitui uma das duas placas do condensador; a contraplaca fixa é a outra. A placa móvel do condensador altera a capacitância dele criando o sinal de áudio. Microfones de condensador têm ampla resposta em frequência.

▶ No microfone de fita ou de velocidade, uma fita de metal fina vibra dentro de um campo magnético. Como a fita é frágil, esses microfones são usados geralmente sob condições controladas em ambientes fechados.

▶ A impedância é a resistência total do circuito elétrico ao fluxo de corrente CA. A impedância da fonte de sinal (microfones e instrumentos elétricos) deve ser pareada com a dos equipamentos aos quais está conectada (mixer ou mesa de áudio).

▶ Microfones de alta qualidade têm amplo intervalo de frequência e captam bem os sons em todo o intervalo – o que é chamado resposta plana.

▶ Os microfones podem ser balanceados ou não balanceados. A maioria dos microfones profissionais tem saída balanceada. Microfones e cabos de microfone balanceados têm conectores XLR (Cannon) com três pinos. O cabo de áudio balanceado evita que sinais externos causem zumbido na faixa de áudio. Cabos não balanceados (de dois fios) têm plugue de fone, plugue RCA e conectores de miniplugue.

▶ Inserção direta, ou entrada direta, envolve a alimentação do sinal de som de um instrumento elétrico para um direct box que corresponde às impedâncias com a entrada da mesa. Isso elimina o uso de alto-falante e microfone.

▶ Retorno refere-se ao retorno para os músicos da mistura total ou parcial de áudio da mesa de mixagem ou mixer de áudio para fones de ouvido ou alto-falantes.

capítulo 9

Áudio: controle de som

O capítulo anterior tratou principalmente da captação de som – os tipos de microfones e seus usos. Este capítulo explora os equipamentos e as técnicas de controle de som e de gravação de som em estúdio de televisão e de produção em campo. A seção 9.1, Controles de som e gravação, identifica os principais equipamentos e técnicas de produção de mixagem e gravação de som no estúdio e em campo. A seção 9.2, Estéreo, som surround e estética de som, destaca os principais fatores estéticos do som.

Lembre-se de que a produção de áudio, por si só, é um campo altamente especializado e que este capítulo limita-se aos principais equipamentos, às técnicas básicas de produção e a algumas considerações estéticas fundamentais. Mesmo que não pretenda se tornar designer de som, você precisa saber o que é um bom áudio. Independentemente de seus projetos futuros, o pré-requisito mais importante para o sucesso do áudio na televisão é, e sempre será, dois bons ouvidos.

PALAVRAS-CHAVE

Ambientação; Cabine de controle de áudio; Controle automático de ganho (automatic gain control – AGC); Som binaural; Ajustar; Digital cart system; Equalização; Figura/fundo; Dispositivo de memória flash; Minidisc (MD); Mixagem; Emenda; Medidor de pico (peak program meter – PPM); Gravador de bolso; Perspectiva de som; Som espacial; Som estéreo; Som surround; Atenuação; Medidor de VU (volume-unidade).

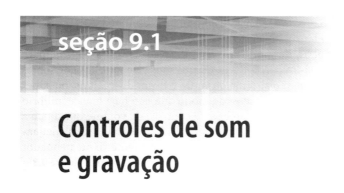

seção 9.1

Controles de som e gravação

Quando assistimos a um programa de televisão, geralmente não percebemos o som como um meio separado. Temos a sensação de que ele pertence às imagens, e só nos damos conta do áudio quando é interrompido inesperadamente. Nas gravações de vídeo que você realiza, provavelmente já deve ter notado que há sempre alguns problemas pequenos, ou mesmo grandes, com o áudio que tendem a desviar a atenção das belas filmagens gravadas. Embora o áudio seja muitas vezes tratado com descaso, percebemos que a parte sonora é, na verdade, um elemento essencial de produção que requer total atenção.

▶ **Principais equipamentos de produção para áudio**
  A mesa de áudio, o mixer de áudio, o patchbay[1] e os sistemas de gravação de áudio.

▶ **Operação básica de áudio no estúdio**
  A cabine de controle e a operação básica de áudio.

▶ **Operação básica de áudio em campo**
  Manter os sons separados, uso do controle automático de ganho em ENG e EFP, uso do atenuador XLR e mixagem de ENG/EFP.

Principais equipamentos de produção para áudio

Os principais componentes dos equipamentos de áudio são: a mesa de áudio, o patchbay e os sistemas de gravação de áudio analógicos e digitais.

Mesa de áudio

Independentemente dos modelos individuais – analógicos ou digitais – todas as mesas de áudio ou de controle de áudio são feitas para executar cinco funções principais:

- *Entrada*: seleciona, pré-amplifica e controla o volume dos vários sinais de entrada.
- *Mixagem*: combina e equilibra dois ou mais sinais de entrada.
- *Controle de qualidade*: manipula as características do som.
- *Saída*: encaminha os sinais combinados a uma saída específica.
- *Monitoramento*: escuta os sons antes de seus sinais serem efetivamente gravados ou transmitidos. **Figura 9.1**

Entrada As mesas de estúdio têm múltiplas entradas para aceitar uma variedade de fontes sonoras. Mesmo pequenas mesas de estúdio podem ter 16 entradas ou mais. Embora, em um dia normal de produção ou transmissão interna, raramente sejam usadas todas essas entradas, elas precisam estar disponíveis para o programa que você talvez tenha de fazer no dia seguinte.

Cada módulo de entrada exige que você selecione o nível de microfone ou a entrada de nível de linha. As entradas de nível de microfone são para fontes de som que precisam ser pré-amplificadas antes de serem enviadas para os controles de entrada. Todos os microfones precisam dessa pré-amplificação e, portanto, são encaminhados para a entrada de microfone. Entradas de nível de linha, como tocadores de CD ou DVD, têm sinal forte o suficiente para ser encaminhado para a entrada de linha sem pré-amplificação. Todos os sinais de entrada de áudio devem alcançar potência de nível de linha antes de poderem ser ajustados ou mixados adicionalmente na mesa de áudio.

Como nem todos os níveis de entrada de microfones ou sinais de linha são iguais, correm o risco de ficar sobreamplificados. Para evitar isso, é possível manipular os sinais individualmente com o controle de trim, que ajusta a intensidade de entrada dos sinais de microfone para que não fiquem distorcidos durante a amplificação adicional.

9.1 Mesa de áudio
Cada módulo dessa mesa de áudio contém um controle de volume (atenuador deslizante), vários controles de qualidade e interruptores de designação (assignment switches). Ela pode encaminhar várias misturas para diferentes destinos.

---

[1] Patchbay é conhecido no Brasil como "régua de patch". Uma estrutura cheia de entradas de plugues onde se pode conectar entradas e saídas de equipamento. Esse equipamento está caindo em desuso devido à chegada dos routers digitais, porém todos os estúdios e unidades móveis ainda mantêm uma confiável régua de pacth como equipamento stand by. (NRT)

Independentemente da entrada, os sinais de áudio são então encaminhados para o controle de volume, uma variedade de controles de qualidade, interruptores (mudo ou individual) que silenciam todas as outras entradas quando você quer ouvir uma entrada específica, e interruptores de designação que encaminham o sinal para determinadas partes da mesa de áudio e para saídas de sinal. **Figura 9.2**

Controle de volume Todo som possui flutuações de volume (intensidade ou loudness). Alguns sons são relativamente fracos, de modo que é preciso aumentar o volume para torná-los perceptíveis. Outros sons vêm tão altos que sobrecarregam o sistema de áudio e ficam distorcidos, ou superam os mais fracos, de modo que não haja mais equilíbrio adequado entre ambos. O controle de volume que ajuda a ajustar os sinais sonoros recebidos até seus níveis adequados é normalmente chamado potenciômetro ou atenuador (fader) (também chamado controle de ganho). **Figura 9.3**

Mixagem A mesa de áudio permite mixar, ou combinar, os sinais de várias entradas, como dois microfones de lapela, a música de fundo e o efeito sonoro de um toque de telefone. O barramento de mixagem[2] combina esses vários sinais de áudio com o volume específico que você determinar. Sem a capacidade de *mixagem* da mesa, só seria possível controlar uma entrada de cada vez. A mixagem completa é então alimentada para a saída de linha.

O barramento de mixagem é como um leito de rio que recebe a água (sinais) de vários riachos diferentes (entradas ou streams). Esses riachos (sinais sonoros diversos) convergem (sinal de som mixado) e finalmente fluem a jusante, ao longo do leito do rio (barramento de mixagem), para seu destino (gravador).

Interruptor individual e potenciômetro pan O interruptor individual permite ouvir determinado som recebido enquanto silencia todos os outros sinais sonoros que está mixando. Cada módulo da mesa possui um interruptor individual. O potenciômetro pan move horizontalmente o(s) som(ns) selecionado(s), da esquerda para a direita ou vice-versa (no sentido horário ou anti-horário, ao mixar o som surround).

Controle de qualidade Todas as mesas de áudio têm controles que permitem moldar o caráter do som (ver Figura 9.2). Entre os mais importantes, estão os controles de equalização, filtros e de reverberação.

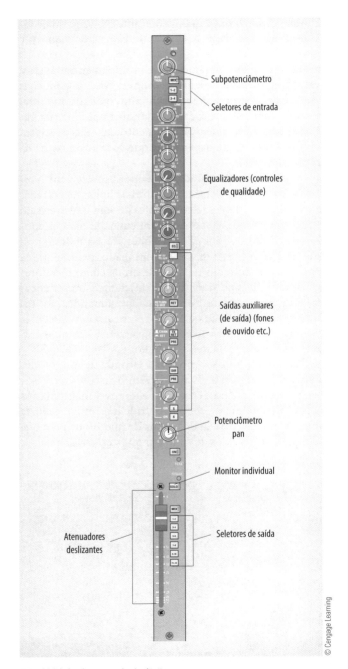

9.2 Módulo de mesa de áudio*
Os principais controles desse módulo são: controle de volume por atenuador deslizante, monitor solo (desliga automaticamente todos os outros canais, exceto o que está nesse módulo), potenciômetro pan (move o som horizontalmente de um alto-falante estéreo para o próximo), controles de qualidade, como os equalizadores e vários seletores de entrada e saída.

9.3 Atenuadores deslizantes
Empurrar o atenuador para cima aumenta o volume; puxá-lo para baixo diminui o volume.

---

[2] Também conhecido como mix bus, é o grupo de ponteciômetros de uma mesa de áudio. Geralmente eles estão agrupados na horizontal. (NRT)

O processo de controlar o sinal de áudio, enfatizando determinadas frequências e tirando a ênfase ou eliminando outras, é chamado *equalização*. Pode ser executado manual ou automaticamente por meio de um equalizador, que funciona como o controle de tom em um aparelho de som doméstico. Ele pode aumentar ou reduzir as frequências selecionadas e, assim, influenciar o caráter do som. Por exemplo, é possível tornar um som mais brilhante aumentando as frequências altas, ou mais sólido aumentando os baixos, ou eliminar um zumbido de baixa frequência ou de um silvo de alta frequência. Os filtros eliminam automaticamente todas as frequências acima ou abaixo de certo ponto. Os controles de reverberação podem adicionar uma quantidade crescente de reverberação para cada uma das entradas selecionadas.

Saída   O sinal mixado e de qualidade processada é então encaminhado para a saída, chamada saída de linha (line-out). Para garantir que os sinais mixados permaneçam dentro dos limites de volume aceitáveis, eles são regulados por controles de volume final – os potenciômetros mestres 1 – e medidos por indicadores de volume, dos quais o mais comum é o *medidor de volume-unidade* (VU). À medida que o volume varia, a agulha do medidor de VU oscila para a frente e para trás ao longo de uma escala calibrada.   **Figura 9.4**

Se o volume é tão baixo que a agulha mal se move à extrema esquerda, você está obtendo ganho (ou volume) subdimensionado. Se a agulha oscila em torno do meio da escala e tem picos na linha vermelha à direita, você está obtendo ganho corretamente. Se a agulha oscila no vermelho no lado direito da escala, e ainda que ocasionalmente atinja a borda direita do medidor, o volume está muito alto – você está "dobrando a agulha", "ultrapassando" ou "andando no vermelho".

De forma bem parecida com o indicador de volume de aparelhos de som domésticos, o medidor de VU, em muitas mesas de áudio, é composto por diodos emissores de luz (LED) que aparecem como colunas de luz estreitas e coloridas que flutuam para cima e para baixo em uma escala.

Quando o ganho está muito alto, a coluna salta para cima na escala e muda de cor.   **Figura 9.5**

Algumas mesas de áudio têm um medidor adicional, *medidor de pico (PPM)*, que mede os picos de intensidade. O PPM reage mais rapidamente aos picos de volume do que à agulha do medidor de VU e mostra claramente quando um sinal muito intenso sobrecarrega o sistema e distorce o som.

Canais de saída   Em geral, as mesas de áudio são classificadas pelo número de canais de saída. As antigas mesas de áudio para TV tinham vários canais de entrada, mas apenas um canal de saída, porque o som delas era monofônico. Hoje, porém, mesmo as pequenas mesas de áudio para TV têm pelo menos dois canais de saída para lidar com som estereofônico ou para alimentar dois equipamentos (como fones de ouvido e gravador de vídeo) simultaneamente com dois sinais idênticos, mas independentes.

Na televisão de alta definição (HDTV), as exigências de som também mudam. De forma semelhante ao cinema, as telas grandes de TV exigem som de alta definição, como som surround, que envolve múltiplos canais de saída distintos e uma variedade de alto-falantes estrategicamente colocados na frente e atrás da tela (ver Figura 9.15). Esse aumento da demanda por áudio de alta qualidade levou a maior utilização de mesas multicanal (de saída) na cabine de controle de áudio e, especialmente, na sala de pós-produção de áudio.

Para identificar quantas entradas e saídas determinada mesa tem, elas são marcadas com o número de canais de entrada e de saída, como em uma mesa de 8 × 1 ou 32 × 4.

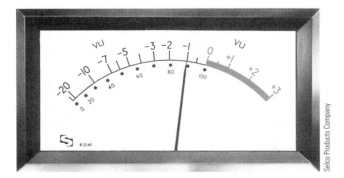

9.4   Medidor analógico de VU*
O medidor de VU indica a intensidade relativa de um som. Os valores superiores, que variam de –20 a +3, são as unidades de volume (decibéis). Os valores inferiores representam uma escala percentual que varia de 0 a 100% de modulação do sinal (amplificação de sinal). A sobremodulação (amplificação excessiva de sinal) é indicada pela linha vermelha à direita (0 a +3 VU).

9.5   Medidor digital com VU de LED*
Os medidores de VU com diodo emissor de luz indicam sobrecarga acendendo uma cor diferente (geralmente vermelho). Quando a coluna medidora ficar vermelha, o sinal está sobrecarregado e sendo cortado.

Isso significa que a pequena mesa de 8 × 1 possui oito entradas e uma saída; e a mesa maior de 32 × 4, 32 entradas e quatro saídas. Com um único canal de saída, a mesa de 8 × 1 obviamente é monofônica.

A maioria das mesas de áudio de televisão maiores tem oito ou mais canais de saída (com oito potenciômetros mestres e oito medidores de VU), cada um dos quais pode transportar um sinal sonoro ou mixagem distinto. A vantagem de múltiplas saídas é que você pode alimentar os sinais individuais em um gravador de áudio multicanal para mixagem de pós-produção. Se, por exemplo, existem 24 entradas, mas apenas duas saídas, você precisa misturar os sinais de entrada até serem reduzidos a dois, que então podem alimentar os canais esquerdo e direito do gravador estéreo. Mas, se desejar manter separados os vários sons para exercer mais controle na mixagem de pós-produção final, ou se quiser alimentar alto-falantes de som surround separados, precisará de mais saídas. Até mesmo para cobrir um concerto de rock simples, por exemplo, pode ser necessário fornecer uma mixagem para os músicos, outra para o público e outra para o gravador de vídeo. Você ficará surpreso com a rapidez com que esgota as entradas e saídas disponíveis, mesmo em uma mesa grande.

Mesas de entrada de linha   Algumas das mesas mais elaboradas têm módulo de entrada/saída, ou I/O (input e output), o que significa que cada entrada tem sua própria saída – tudo em uma só linha. Se, por exemplo, existem 24 entradas e cada uma recebe um sinal sonoro diferente, é possível enviar cada um deles diretamente para canais separados de um gravador de 24 canais sem alimentá-los através de qualquer dos barramentos de mixagem. Dessa forma, você usa a mesa para controlar o volume de cada entrada, mas a mesa não funciona como dispositivo de mixagem ou de controle de qualidade. Na verdade, o som é enviado para o gravador de áudio em seu estado bruto. A mixagem e o controle de qualidade dos vários sons são feitos em sessões de pós-produção e mixagem. Os circuitos de I/O lhe permitem experimentar e ouvir todos os tipos de mixagens e manipulações de som sem afetar os sinais originais enviados para o gravador.

Alimentação phantom power   Não se assuste com esse nome.[3] Como mencionado antes, a palavra phantom aqui tem sentido de "virtual". Significa que a mesa de áudio ou alguma outra fonte, em vez de uma bateria, fornece a energia de pré-amplificação para os microfones de condensador.

Monitore cue   Todas as mesas têm um sistema de monitoramento que permite ouvir a mixagem final do som ou ouvir e ajustar a mixagem antes de passá-la para a saída de linha. Um sistema separado de audição ou de retorno de cue permite ouvir determinada fonte de som sem encaminhá-la para o barramento de mixagem. Esse sistema é especialmente importante quando se quer ajustar uma gravação digital de áudio ou quando é preciso verificar uma faixa específica de um CD ou de um DVD enquanto está no ar com o restante das fontes de som.

Mesas digitais   Todas as mesas digitais têm controles centralizados que ativam o controle do som e funções de roteamento para cada módulo de entrada. Esses controles não são diferentes dos controles de delegação de um comutador de vídeo (ver Figura 13.7). A vantagem é que essa arquitetura de encaminhamento (refere-se ao sistema routers) mantém a mesa relativamente pequena e funcional. A maioria das mesas digitais maiores permite pré-configurar, armazenar, recuperar e ativar muitas das funções de controle de áudio. Por exemplo, é possível experimentar determinada mixagem com valores de volume, equalização e reverberação específicos para cada um dos sons individuais, armazenar tudo isso na memória do computador, tentar outra coisa e, em seguida, recuperar a configuração original pressionando um botão.

Mixer de áudio

Um mixer de áudio difere de uma mesa de áudio no sentido de que normalmente fornece apenas as funções de entrada (controle de volume) e mixagem (combinação de dois ou mais sinais) para um número muito limitado de entradas.
Figura 9.6

A maioria dos mixers portáteis tem apenas três ou quatro canais de entrada e uma ou duas saídas. Mesmo assim, os mixers pequenos requerem uma distinção entre as fontes de entrada no nível do microfone (potência de sinal baixa) e no nível de linha (potência de sinal alta). O interruptor acima ou abaixo de cada entrada de som deve ser ajustado para *mic* no caso de entradas de baixo nível, como todos os microfones, ou para *line* no caso de fontes de alto nível, como a saída de um tocador de CD. Como na maior parte do tempo você usará o mixer de campo para mixagem de microfones, verifique duas vezes se o interruptor de entrada está posicionado em *mic*.

Se não tiver certeza se determinado equipamento de áudio produz sinal de nível de microfone ou de linha, faça uma breve gravação de teste. Não confie no medidor de VU

9.6 Mixer portátil
Esse mixer portátil tem três entradas e duas saídas. Os controles de volume são botões giratórios. Esses botões grandes e interruptores são especialmente convenientes em campo, onde menus digitais muitas vezes são difíceis de ver e ativar.

---
[3] A brincadeira aqui é pelo significado da palavra "phanton", que em inglês significa fantasma. (NRT)

ao reproduzir a gravação de teste – você deve realmente escutá-la com fones de ouvido. O medidor de VU pode mostrar que a gravação está na faixa de volume aceitável, mas não refletirá as distorções de som.

Embora alguns mixers digitais tenham mais entradas, bem como alguns controles de qualidade, não é recomendado executar mixagem elaborada em campo, a menos que esteja fazendo uma transmissão ao vivo.

Patchbay

A principal função do patchbay ou painel de conexões é conectar e encaminhar sinais de áudio de e para vários equipamentos. Isso pode ser feito usando fios que estabelecem conexões específicas ou com um computador que reorganiza os sinais e os envia de acordo com suas instruções. Seja qual for o método utilizado, o princípio da aplicação de conexões (*patching*) é o mesmo. Aqui usamos fios, chamados cabos de conexão, para explicar um procedimento simples de conexão.

Suponhamos que, durante um noticiário, você queira operar dois microfones, um sinal chegando de uma externa com um repórter e um CD. Os microfones de lapela 1 e 2 são os dos apresentadores. O sinal da externa vem do repórter em campo com uma história ao vivo. O CD contém a música tema de abertura e encerramento do noticiário.

Essas fontes de áudio podem ser conectadas com controles individuais de volume (potenciômetros ou atenuadores) em qualquer ordem desejada. Suponhamos que você deseje operar os controles de volume na seguinte ordem, da esquerda para a direita: CD, microfone de lapela 1, microfone de lapela 2, alimentação remota. É possível conectar facilmente essas entradas com a mesa de áudio nessa ordem. Se quiser as entradas em uma ordem diferente, não será necessário desconectar o equipamento; basta puxar os cabos de conexão e reconectar as entradas em ordem diferente. **Figura 9.7**

Patchbay com fios Todos os painéis de conexão com fios contêm linhas de furos, chamados conectores, que representam as saídas e as entradas. As linhas superiores de conectores normalmente são as saídas (que transportam os sinais de microfones, CD e assim por diante). As linhas de conectores imediatamente abaixo das de saída são os conectores de entrada, que são conectados à mesa de áudio. A conexão entre a saída e a entrada é feita por meio do cabo de conexão, um fio que tem plugues idênticos em ambas as extremidades. **Figura 9.8**

Para conseguir uma boa conexão, é preciso conectar o cabo de conexão de um dos conectores de saída superiores a um dos conectores inferiores de entrada. Conectar saída com saída (conector de linha superior com outro de linha superior) ou entrada com entrada (conector de linha inferior com outro de linha inferior) não vai lhe dar nada, a não ser dores de cabeça.

Para reduzir o número de cabos de conexão, algumas conexões usadas com frequência entre as saídas (determinado microfone, gravador digital ou CD) e entradas (controles de volume específicos designados a eles) são conectadas diretamente por fio, ou normalizadas, uma à outra. Isso significa que a saída e a entrada de um circuito

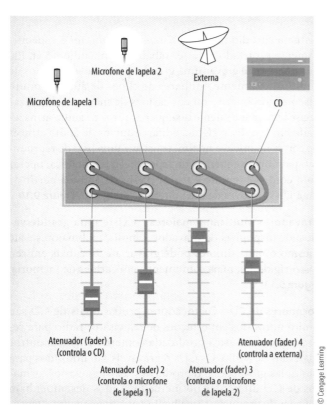

9.7 Conexão*
Essa conexão mostra que as saídas de sinal (fontes de áudio) de dois microfones, uma chegada de sinal de externa e um CD estão agrupadas na seguinte ordem de entrada de atenuador: CD, microfone de lapela 1, microfone de lapela 2, sinal da externa.

9.8 Patchbay com conexões
Todos os patchbays conectam saídas de sinal (microfones, CD, gravador de vídeo) com módulos de entrada específicos na mesa de áudio. A conexão é obtida conectando as saídas de áudio (linha superior) com as entradas (linha inferior) por meio de cabos de conexão.

estão conectadas sem cabo de conexão. Ao inserir um cabo de conexão em um dos conectores de um circuito normalizado, você quebra, em vez de estabelecer, a conexão.

Embora as conexões ajudem a tornar mais flexível o encaminhamento de um sinal de áudio, também pode causar alguns problemas. As conexões levam tempo; os cabos de conexão e conectores ficam desgastados com o uso frequente, o que pode provocar um zumbido ou conexão intermitente. Além disso, muitos cabos de conexão se cruzando causam confusão e parecem mais com espaguete do que com conexões ordenadas, o que torna difícil rastrear as conexões individuais. Além disso, quando se faz uma conexão com o atenuador correspondente ainda em um volume razoavelmente alto, o estalo causado ao conectar ou desconectar o cabo de conexão pode estourar até o alto-falante mais robusto. Novamente, embora conexões físicas sejam importantes porque você pode ver para onde vai cada sinal, o computador pode executar muitas das funções de conexão rotineiras com mais eficiência.

Conexão por computador   Na conexão por computador, os sinais sonoros de muitas fontes, como microfones, direct boxes, CD, DVD ou gravações de vídeo, são encaminhados para o programador do painel de conexões, que designa os vários sinais para módulos específicos de atenuador da mesa de áudio para processamento adicional. Para encaminhar o microfone de lapela 1 para o potenciômetro 2 e o CD para o potenciômetro 1, por exemplo, não é preciso nenhuma conexão física, basta digitar as informações de encaminhamento para o programador de painel de conexões, que manda o painel de conexões eletrônico conectar as entradas aos atenuadores desejados na mesa, mostra as informações na tela e armazena os comandos de conexão para uso futuro. As conexões por computador são tão fáceis como colar palavras com um processador de texto. No entanto, se algo der errado, é usualmente muito mais difícil rastrear a conexão por computador errada do que localizar fisicamente um cabo específico de conectado ao patchbay.

Sistemas de gravação de áudio

Sistemas de gravação de áudio vão desde gravadores de bolso de alta qualidade para trabalhos em campo até as mais complexas estações de trabalho de áudio digitais (DAWs, da sigla em inglês), que são projetadas especialmente para pós-produção de áudio complexa. Todas podem gravar várias faixas em discos rígidos ou, mais comumente, em cartões de memória de alta capacidade.

Gravadores de bolso   *Gravadores de bolso* têm microfones estéreo de alta qualidade e uma variedade de modos de gravação para gravações estéreo ou de quatro canais. Você pode também usar dois microfones externos com cabos XLR balanceados. Todos gravam em cartões de memória, que você pode inserir em um computador ou em uma DAW, para edição de pós-produção. Alguns permitem que você use uma interface USB para a transferência de áudio. **Figura 9.9**

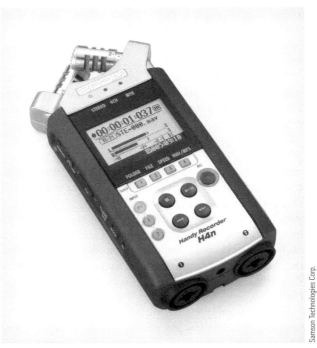

9.9 Gravador de bolso (portátil)
Esse gravador portátil estéreo usa um cartão de memória que pode armazenar horas de som estéreo de alta qualidade. Seus microfones são de qualidade excepcionalmente boa.

Sistema *cart* digital   Um *sistema* cart *digital* é especificamente projetado para se trabalhar com áudio no ar. Ele permite a você gravar uma grande quantidade de dados de áudio (literalmente, milhares de clipes de áudio) em um disco rígido interno ou em cartões de memória, localizar quase instantaneamente qualquer arquivo de áudio armazenado em seu disco rígido, editar arquivos de áudio através de cortes no início e no fim, construir uma lista de reprodução para uma sequência de reprodução automática, operar com controle remoto e trocar dados de áudio a partir de uma DAW através de uma interface Ethernet. **Figura 9.10**

Gravadores multicanal maiores   Existe uma grande variedade disponível de gravadores multicanal maiores e até mesmo o mais simples pode gravar até 24 canais em seu disco rígido ou, mais comumente, em cartões de memória. **Figura 9.11**

Tocadores de CD   Os tocadores profissionais de CD são muito utilizados em estações de televisão e rádio para reprodução de música produzida comercialmente e outros materiais de áudio. Os CDs regraváveis são utilizados para múltiplas gravações e reproduções. Existem vários formatos de CD diferentes no mercado. Todos desempenham funções de produção semelhantes: armazenamento e reprodução de uma variedade de materiais de áudio. Alguns dos modelos mais elaborados permitem carregar vários CDs ao mesmo tempo e selecionar e programar faixas separadas para a reprodução automática. **Figura 9.12**

Áudio: controle de som   173

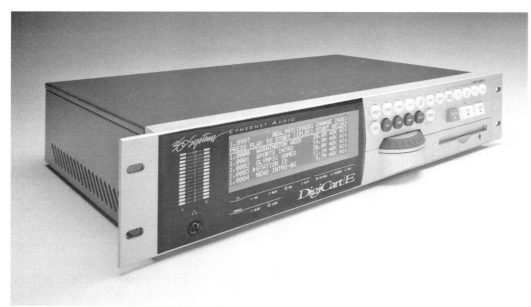

9.10 Sistema cart digital
Esse sistema cart digital pode gravar e armazenar no seu disco rígido mais de 19 horas de áudio de alta qualidade. Você pode mover arquivos digitais de áudio de máquina para máquina com um cartão de memória comum (ou mesmo com o antigo Zip disk da Iomega) e exportar arquivos através de uma interface Ethernet para uma DAW ou um computador para pós-produção de áudio. Ele também pode gerar listas de reprodução para reprodução automática.

9.11 Gravador/reprodutor digital multicanais
Esse gravador digital pode gravar 24 canais em um cartão de memória. Oito canais podem ser gravados simultaneamente. Os canais podem ser visualizados e mixados após a gravação e transferidos para um drive de CD-RW ou para um computador através de uma interface USB.

9.12 Reprodutor de CD profissional
O reprodutor de CD profissional é compatível com CDs comuns de áudio e CDs de MP3 e ele pode usar material de áudio adicional de um iPod. Os modos de reprodução podem ser programados para reprodução contínua ou aleatória.

Embora os CDs possam, teoricamente, suportar reprodução ilimitada sem deterioração, eles são vulneráveis. Se o lado brilhante ou mesmo o lado da etiqueta for arranhado, o disco não será reproduzido após o arranhão. E, se houver impressões digitais no disco, o laser pode tentar lê-las, e não os dígitos gravados. Ao manusear CDs, tente manter as mãos longe da superfície e sempre coloque o disco com a superfície de leitura para baixo.

Operação básica de áudio no estúdio

Todas as salas de controle de televisão são divididas em: uma seção de controle de áudio e outra de controle de programa. A cabine de controle de áudio contém todos os equipamentos necessários para operação de áudio em estúdio.

Cabine de controle de áudio

A *cabine de controle de áudio* é uma sala à prova de som ao lado da sala de controle de programa, que é maior. A maioria das cabines de áudio permite acesso visual à sala de controle. O ideal é que o técnico de som seja capaz de ver os monitores de visualização na sala de controle de programa para que possa antecipar os cues de áudio.

Em geral, a cabine de controle de áudio contém a mesa de áudio, ou mixagem, e os equipamentos de gravação e reprodução digitais. Há também um patchbay físico (além da presença de conexão por computador) e um ou mais computadores desktop. Também há alto-falantes de sinalização (cues) e programa[4], sistemas de intercomunicação, um relógio e um monitor de linha. O engenheiro de som (operador ou engenheiro de áudio) opera os controles de áudio durante um programa. **Figura 9.13**

Aprender a operar todos esses equipamentos requer tempo e prática. Felizmente, na maioria das produções de estúdio, as tarefas de áudio consistem principalmente em garantir que as vozes dos âncoras ou convidados do programa tenham níveis de volume aceitáveis e estejam relativamente livres de ruídos estranhos, e que o som pareça combinar com as imagens quando são reproduzidas gravações de vídeo. Provavelmente não será solicitado que você faça intrincadas manipulações de som durante complexas sessões de gravação – pelo menos não imediatamente. Assim, o foco aqui é nos fatores básicos de controle de áudio: ajuste do sistema de áudio, controle de volume e mixagem ao vivo em estúdio.

Ajuste do sistema de áudio Antes de enviar sua mixagem da mesa para o equipamento que grava a saída, certifique-se de que o volume de entrada (nível de gravação) do equipamento gravação (gravador de vídeo ou de áudio) corresponde à saída do console (sinal de saída de linha). Esse processo é chamado ajuste do sistema de áudio ou simplesmente "calibração". (Note que o ajuste de áudio não tem nada a ver com o ajuste de lente de zoom, na qual se ajusta a lente para que fique em foco durante toda a faixa de zoom; ver Capítulo 6.)

Para *ajustar* o sistema de áudio, normalmente emite-se um tom de 0 VU (ou envio de 1.000 ciclos) pela mesa para o gravador de vídeo. O operador do VR (gravador de vídeo) ajusta o nível de entrada no gravador de vídeo para que ele

9.13 Cabine de controle de áudio
A cabine de controle de áudio da televisão contém uma variedade de equipamentos de controle de áudio, como a mesa de áudio com monitor de computador, o patchbay, tocadores de CD, DVD e minidisc, alto-falantes, sistemas de intercomunicação e um monitor de linha de vídeo.

---

[4] Como já foi explicado, na saída de cue se pode ouvir separadamente alguma coisa para preparar uma mixagem, por exemplo. Na linha de programa ouve-se o que está sendo gravado ou transmitido naquele exato momento. (NRT)

também apresente a leitura de 0 VU. Quando se lida com áudio digital, é uma boa ideia definir o nível de gravação um pouco abaixo de 0 VU para evitar distorções de alguns estalos mais fortes, mas, se isso for feito, todas as outras entradas dos equipamentos de áudio deverão ser ajustadas da mesma forma. **Figura 9.14**

Controle de volume   Depois que o sistema é ajustado, você pode prestar atenção aos pontos mais sutis de ajuste do volume das fontes de som de entrada. Antes de iniciar a gravação de vídeo, sempre escolha um nível, isto é, ajuste o nível de entrada para que a voz do artista fique mais ou menos dentro do intervalo de volume tolerável (nem muito baixa nem muito alta). Peça a ele para falar por tempo suficiente para que você possa determinar onde estão os limites inferior e superior do volume e, em seguida, coloque o atenuador entre esses dois extremos. Um ator experiente ficará dentro desse intervalo, mesmo em tomadas posteriores.

Infelizmente, quando solicitados a fornecer um nível, a maioria dos artistas considera isso uma intromissão em seu processo de concentração e simplesmente conta, de forma bem rápida, até três ou quatro. Então, quando estão no ar, a voz deles sobe por causa das circunstâncias – e também seu volume. Sempre esteja preparado para esse súbito aumento de volume. Artistas experientes fazem algumas das suas observações de abertura com a voz tão alta quanto usarão quando estiverem no ar. Mas não aposte nisso.

Fazendo cortes em som digital   Quando usar o ganho consistentemente a níveis tão altos de forma que o medidor de VU entre ocasionalmente na faixa vermelha ou o medidor digital com LED suba tanto que a coluna verde mude para vermelha (ver Figuras 9.4 e 9.5), você acabará não com uma gravação que é um pouco barulhenta, mas com picos "cortados", o que resulta em som distorcido. Embora seja relativamente fácil aumentar o som gravado em um nível um pouco mais baixo do que o normal (mesmo correndo o risco de amplificar alguns dos ruídos com os sons de baixo nível), é muito difícil, e muitas vezes impossível, corrigir na pós-produção um som cortado.

Você deve, portanto, deixar alguma "folga", ou seja, determine níveis de gravação um pouco mais baixos do que para gravação analógica, para absorver os picos ocasionais de volume. Os níveis de alerta são às vezes laranja ou rosa antes de passar a vermelho. Ao ajustar o sistema, o pessoal que trabalha com áudio recomenda determinar o nível máximo para áudio digital entre −6 dB (decibéis) e −12 dB em vez de 0 dB. Na prática, apenas se mantenha -6 dB abaixo do limite para os cortes.

Mixagem ao vivo em estúdio   Mixagem ao vivo significa combinar e equilibrar sons enquanto a produção está em andamento. A mistura em estúdio pode variar da tarefa relativamente simples de obter ganho para o microfone de lapela do apresentador, ou equilibrar as vozes de vários membros que participam de um debate, até a tarefa mais complicada de alternar entre múltiplas fontes de áudio durante um noticiário ou gravação de uma banda de rock, ou até mesmo de uma cena dramática para um programa de multimídia interativa sobre como reconhecer ladrões de loja potenciais.

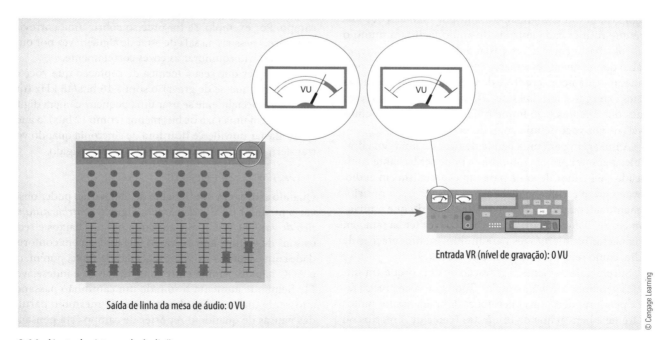

9.14 Ajuste do sistema de áudio*
Um sistema de áudio está ajustado ou equalizado quando todos os medidores de VU respondem da mesma forma a um sinal de áudio específico – o tom de controle. Aqui, a saída de linha do mixer de áudio está calibrada ou equalizada com a entrada (nível de gravação) de VTR. Ambos os medidores de VU mostram o mesmo valor.

Como acontece com a instalação de microfones para uma produção complexa, não existe fórmula de como obter a mixagem ideal. Ao obter ganho para um único microfone do âncora do telejornal, simplesmente mantenha o nível dele dentro do intervalo de áudio aceitável e cuide para que ele seja ouvido claramente. Quando se controla o áudio das pessoas que participarão do debate, obter ganho é mais fácil se cada membro usar um microfone de lapela. Depois que os níveis são definidos, você tem pouco a fazer, exceto mover o atenuador um pouco para baixo se um dos membros ficar exaltado e falar muito mais alto do que o normal, ou levá-lo um pouco para cima quando alguém começa a resmungar.

Quando se utilizam microfones de mesa, o trabalho mais importante de áudio inicia antes mesmo de o show começar: o ajuste do microfone. Lembre-se de colocar os microfones pelo menos três vezes distantes em relação à distância de qualquer microfone dos membros da mesa de debate (conforme descrito no Capítulo 8) para eliminar a possível interferência de múltiplos microfones. Depois de obter os níveis preliminares, ajuste os microfones nas posições ideais e prenda os pedestais com fita adesiva. Obtenha outro nível, ajuste os atenuadores de todos os microfones e torça para que os participantes da mesa de debate chutem e batam na mesa o mínimo possível.

Um noticiário com várias fontes é mais desafiador. Por exemplo, você talvez precise mudar rapidamente da introdução do âncora para o som na fonte SOS (sound on source) do clipe e de lá para o coâncora, para o convidado em Londres (fonte externa), de volta para o coâncora, para outro clipe de SOS no servidor de vídeo, de volta para o âncora, para um comercial, e assim por diante. Você notará que rotular cada entrada de áudio facilitará muito o controle: basta colocar um pedaço de fita adesiva (crepe) abaixo dos atenuadores e marcá-los com um marcador permanente. Quanto ao controle de volume, preste atenção às fontes externas e aos clipes de SOS mais do que aos microfones dos âncoras e do homem/da moça do tempo, cujos níveis de voz você definiu antes do noticiário.

A mixagem para uma banda de rock ou uma cena dramática para um projeto multimídia pode ser bastante complicada e é melhor deixá-la para um especialista em áudio. Novamente, a escolha inicial dos microfones e seu posicionamento adequado são mais desafiadores do que a mixagem em si. O engenheiro de gravação talvez tenha também de conectar os microfones para múltiplas alimentações de áudio, como retorno, da plateia e de vídeo.

Surpreendentemente, a gravação de uma orquestra sinfônica geralmente é mais simples. Tudo que você precisa fazer é pendurar dois bons microfones de condensador juntos na frente e bem acima da orquestra (cerca de 3 metros ou mais). Aponte-os em V para a esquerda e direita da orquestra, com a ponta do V voltada para o público. A maior parte do equilíbrio de instrumentos e de volume será obtida para você pelo maestro.

Operação básica de áudio em campo

Como acontece com todo áudio, quanto melhor a captação de som, mais fácil o controle de som durante a produção ou pós-produção. (Consulte o Capítulo 8 para obter informações e conselhos sobre que microfones usar ao ar livre e como obter o som ideal em várias condições em campo.)

A menos que você esteja envolvido em uma grande transmissão externa (ver Capítulo 17), o equipamento de áudio em campo será muito menos elaborado do que seu equivalente do estúdio. Isso não acontece por não ser necessário produzir áudio ideal em campo, mas simplesmente porque, na captação de notícias eletrônicas (ENG), os requisitos de áudio normalmente são mais modestos. Da mesma forma, na produção eletrônica em campo (EFP), a maior parte do controle de qualidade é feita na pós-produção em estúdio. Mas não se iluda pensando que o áudio em campo é de alguma forma mais fácil do que o áudio. Pelo contrário, a captação e gravação de som em campo são, na verdade, mais difíceis. Em campo, é preciso se preocupar com o ruído do vento, de cães latindo, sons do tráfego, aviões que passam, conversa de espectadores ou locais que produzem os temidos sons "dentro de um copo" (indica que o som fica reverberando).

Manter os sons separados

O segredo do bom áudio em campo é manter os sons primários separados dos sons do ambiente o máximo possível. Por exemplo, geralmente é bom gravar a entrada de microfone do repórter em um canal de áudio e a entrada do microfone da câmera, primariamente de sons ambiente, no outro canal. Haverá, no entanto, circunstâncias em que será preciso mixar e equilibrar diversas fontes de som em campo. Por exemplo, se for preciso cobrir uma entrevista com várias pessoas na sala de estar de alguém, vez por outra será necessário equilibrar as vozes corretamente.

Qualquer que seja a técnica de captação que você escolha, certifique-se de gravar o som a 16 bits/48 kHz (quilohertz), especialmente se usar uma pequena câmera digital. Se gravar em uma taxa de bits menor (como 12 bits), o áudio vai se afastar do vídeo e ficar fora de sincronia quando você transferir as imagens para um DVD ou disco rígido.

Uso do AGC em ENG/EFP

Quando estiver em um trabalho de ENG e não puder observar o medidor de VU da câmera, ligue o *controle automático de ganho* (AGC), que aumenta os sons baixos e reduz os sons de volume alto de modo que estejam em conformidade com os limites de volume aceitáveis. Note, porém, que o AGC não discrimina entre sons desejáveis e indesejáveis. Ele fielmente aumenta o som de um caminhão passando, a tosse de um membro da equipe e até mesmo o barulho das pausas de quando o repórter de campo está pensando na próxima pergunta. Sempre que possível, e especialmente quando estiver em ambiente ruidoso, desligue o AGC, obtenha um nível e tente observar os níveis de áudio no visor da câmera ou no medidor de VU do mixer.

Uso de pad de XLR

Um pad de XLR é uma maneira simples e confiável de evitar a distorção de sobrecarga ou cortes quando o sinal de entrada é forte demais. Para todos os efeitos, ele substitui controle de *trim* da mesa que não existe em um mixer portátil ou câmera. Parece um conector XLR (Cannon) e é usado de forma semelhante: uma extremidade é conectada ao conector de XLR do cabo (balanceado) que vem da fonte de som; a outra extremidade vai no conector XLR do cabo, que vai para o mixer, na entrada de áudio da câmera ou em um gravador de áudio separado. Esse pad introduz um pouco de ruído, mas não é tão prejudicial para o áudio em campo como os cortes.

Mixagem de ENG/EFP

Na mixagem de ENG/EFP, sempre haverá trabalhos nos quais será preciso controlar mais fontes de áudio do que os dois microfones. Mesmo uma tarefa simples, como cobrir a abertura do novo ginásio da escola primária local, provavelmente exigirá que você misture pelo menos três microfones: o microfone de mão do repórter de campo, o microfone de mesa da tribuna onde haverá os discursos e o microfone de pedestal para captar o coral da escola. Se as entradas de microfone do mixer de campo acabarem, sempre é possível cobrir o coral com o microfone da câmera.

Apesar do número de microfones, a mixagem em si é relativamente simples. Depois de ter definido o nível para cada entrada, provavelmente será preciso obter ganho apenas para o microfone do repórter durante as entrevistas e para os vários oradores na tribuna. Você talvez queira também subir o (aumentar o ganho do) microfone do coral durante a apresentação. Embora em uma emergência você possa tentar captar a maior parte desses sons com o microfone da câmera ou apontando um microfone unidirecional para várias áreas, a configuração com múltiplos microfones e o mixer portátil lhe dão melhor controle.

Aqui vão algumas orientações básicas para mixagem ao vivo de ENG/EFP:

- Mesmo que haja apenas poucas entradas, etiquete cada uma com o que ela controla, como o microfone do repórter de campo, o do público e assim por diante. Você ficaria surpreso com a rapidez com que esquece que microfone corresponde a que potenciômetro. Se tiver de entregar o controle do áudio para outra pessoa da equipe, ela poderá assumir o trabalho sem muitas explicações.
- Se você fizer uma mixagem complicada em campo, proteja-se alimentando não só para a câmera, mas também para um gravador de áudio separado para provável remixagem na pós-produção.
- Se trabalhar com um gravador de áudio separado, equalize a saída de áudio do microfone ou do mixer da câmera com a entrada de áudio do gravador de áudio.
- Se estiver gravando para pós-produção, tente colocar fontes de som distintamente diferentes em faixas de

áudio separadas, como a voz do repórter e dos convidados em uma trilha e o microfone da tribuna do orador e do coral em outra. Dessa forma, será mais fácil durante a pós-produção fazer a *atenuação* (livrar-se de ruídos indesejáveis e melhorar a qualidade do som) para equilibrar a voz do repórter com os outros sons.

Geralmente é mais fácil fazer mixagem complicada e sutil na pós-produção em vez de ao vivo, em campo. Um bom microfone de lapela, sem fio, muitas vezes é a melhor solução para obter bom áudio em campo. No entanto, isso não significa que você deva prestar total atenção a uma captação de som ótima. Quanto mais atenção você der à boa captação de som em campo, menos tempo será gasto na pós-produção. Mas não entre em pânico se você descobrir seções com áudio muito ruim quando verificar a filmagem de seu documentário. Normalmente você pode substituir essas seções de baixa qualidade por narração por cima desse áudio, na pós-produção.

PONTOS PRINCIPAIS

- ▶ O principal equipamento de produção para áudio de estúdio inclui a mesa de áudio, o mixer de áudio, o patchbay e sistemas de gravação de áudio.

- ▶ A mesa de áudio executa cinco funções principais: entrada – seleciona, pré-amplifica e controla o volume dos vários sinais de entrada; mixagem – combina e equilibra dois ou mais sinais de entrada; controle de qualidade – manipula as características do som; saída – encaminha o sinal combinado para uma saída específica; e monitoramento – encaminha a saída ou sons específicos para um alto-falante ou fones de ouvido para que possam ser ouvidos.

- ▶ A área de controle de áudio de um estúdio de televisão inclui a cabine de controle de áudio, uma sala com isolamento acústico que é usada para o controle de som das transmissões diárias.

- ▶ A operação básica de áudio inclui: o ajuste do sistema de áudio, o que significa que todos os medidores de unidade de volume (VU) ou medidores digitais de volume no sistema devem responder da mesma forma a um tom de controle específico; controle de volume e mixagem ao vivo em estúdio.

- ▶ Sinais de áudio digitais não têm folga, o que significa que qualquer sinal cujo pico esteja acima do nível máximo será cortado, causando dano irreparável ao som gravado.

- ▶ A mixagem ao vivo em estúdio geralmente envolve a combinação e o equilíbrio de sons, enquanto a produção está em andamento.

- ▶ Em ENG/EFP, a chave para o bom áudio em campo é manter as várias fontes de som razoavelmente separadas para que possam ser devidamente mixadas na pós-produção.

- ▶ O controle automático de ganho (AGC) é uma forma conveniente de manter o volume dentro de limites aceitáveis, mas sua amplificação automática não fará distinção entre sons desejados e indesejados.

- ▶ O pad de XLR é um dispositivo que, assim como o controle de trim da mesa de áudio, evita sobrecarga de entrada.

- ▶ Usualmente é mais fácil fazer mixagens complicadas e sutis na pós-produção do que ao vivo em campo. Quanto maior o cuidado em se obter uma boa captação de som em campo, menos tempo será necessário na pós-produção.

seção 9.2

Estéreo, som surround e estética de som

Esta seção apresenta o som estéreo e surround e os principais fatores estéticos do som.

▶ **Som espacial**
Som estéreo, som surround e som binaural.

▶ **Fatores básicos da estética de som**
Ambiente, figura/fundo, perspectiva, continuidade e energia.

Som espacial

Som espacial refere-se a como o som pode nos ajudar a definir o espaço da cena. Ao ler esta breve análise do som estéreo, surround e binaural, imagine o som não como o único meio de expressão, como as músicas que você talvez esteja ouvindo, mas como parte de uma estrutura de áudio/vídeo.[5]

Som estéreo

O som estéreo, que define em especial o campo de áudio horizontal (posicionamento esquerda-direita ou direita-esquerda da principal fonte de áudio), é de pouca utilidade quando reproduzido em um aparelho de televisão padrão. Visto que a dimensão horizontal da tela é tão pequena, qualquer movimento de panning (posicionamento horizontal) de som conduzirá inevitavelmente ao espaço fora da tela, mesmo que você se sente no ponto ideal (o centro onde se percebem os dois ou mais canais como um). Mas ouvir uma conversa acontecer no espaço fora de tela ao ver ambos os participantes do diálogo na tela não faz muito sentido. Na melhor das hipóteses, o estéreo, nas emissões padrão de televisão, enriquecerá a forma geral do som, ou seja, vai torná-lo mais espaçoso.

Em projeções de vídeo HDTV, com tela grande e home theater, o som estéreo, entretanto, torna-se extremamente importante para acompanhar e equilibrar o vídeo de alta energia. Na verdade, a experiência semelhante à do cinema, ao assistir projeções de vídeo em tela grande, será muito intensificada por um sistema de som surround.

Som surround

O *som surround* é uma tecnologia que produz um campo de som à frente, dos lados e atrás do ouvinte, permitindo que os sons de todos esses lados sejam ouvidos. Desenvolvido originalmente para a reprodução de filmes, agora é utilizado para HDTV e outros sistemas de tela grande e home theater.

Dolby 5.1, que posiciona três alto-falantes na frente e dois atrás para reprodução de som, permanece como o sistema de som surround mais comum. Esses cinco alto-falantes são apoiados por um subwoofer adicional que pode ser posicionado em qualquer lugar entre os alto-falantes, às vezes atrás e às vezes entre os alto-falantes central e esquerdo. Esse alto-falante .1 reproduz sons de frequência especialmente baixa, trovejantes. Como as frequências baixas são onidirecionais, o posicionamento exato do subwoofer não é essencial. **Figura 9.15**

No caso de você querer ainda mais interferência pelos ruídos constantes de baixa frequência que acompanham um diálogo cortado em programas policiais, você pode instalar um sistema 7.1, que tem três alto-falantes na frente, dois nas laterais e dois atrás. O subwoofer .1 pode ficar em qualquer local. **Figura 9.16**

Em geral, a boa mixagem do som surround restringe o diálogo na tela ao alto-falante central dianteiro e espalha a ação próxima ao evento do centro da tela por todos os três alto-falantes dianteiros. Mas, se o vídeo mostrar o herói em pé no meio do trânsito da cidade, tocando em uma orquestra ou esquivando-se de bombas, todos os cinco ou sete alto-falantes estarão ativos, bem como o subwoofer.[6]

Som binaural

Som binaural é um método de gravação de som que usa dois microfones omnidirecionais instalados em uma cabeça de boneco nos locais onde deveriam se localizar os ouvidos. A ideia é duplicar da melhor forma possível a maneira que realmente ouvimos os sons.

Quando o operador está usando fones de ouvido, gravações binaurais colocam os sons dentro dos ouvidos da mesma forma que ele deveria ouvir o som de fontes ao vivo. A vantagem estética de sons binaurais é que eles definem as distâncias do eixo Z. Se, por exemplo, você estiver ouvindo os sons de uma motocicleta vindo em sua direção, não pareceria apenas progressivamente mais alto, mas também progressivamente mais perto. Isso significa que a presença do som se correlaciona com o volume.

Som binaural para 3D Você deve imaginar que o som surround 7.1 seria o ideal para filmes e programas de televisão em 3D, mas isso só é verdadeiro para cenas nas quais

---

[5] Para uma discussão detalhada sobre imagem sonora espacial, veja Stanley R. Alten, *Audio in media*, 10. ed. Boston: Wadsworth, 2014. p. 497-500.

[6] Ver Alten. *Audio in media*. p. 62-64.

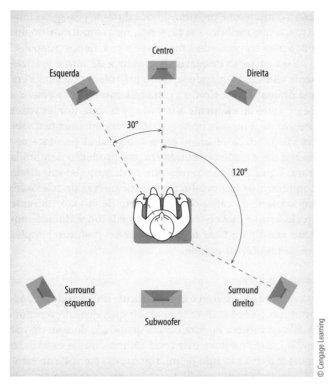

9.15 Som surround 5.1
O sistema de som surround Dolby 5.1 usa seis alto-falantes: três na frente e dois atrás mais um subwoofer, que pode ficar praticamente em qualquer lugar no chão.

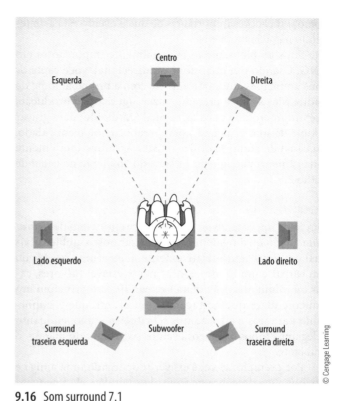

9.16 Som surround 7.1
O sistema de som surround 7.1 usa oito alto-falantes: três na frente, dois nas laterais, dois atrás e um subwoofer. Assim como ocorre com o som surround Dolby 5.1, o posicionamento do subwoofer não direcional não é crítico.

você é totalmente envolvido pela ação que está ocorrendo na tela. Quando se trata de se adequar às várias posições no espaço virtual tridimensional, o som surround não é muito bom. Contanto que as fontes de som se espalhem lateralmente, ao longo do eixo X, os sons estéreo tradicional e o surround podem acompanhar muito bem a posição das fontes sonoras.

Por exemplo, se uma motocicleta se move da esquerda da tela para a direita dela, tanto o som estéreo quanto o surround podem lidar muito bem com isso. O som surround também pode sugerir um evento fora da tela, atrás do telespectador. Mas quando a moto barulhenta acelera desde o fundo da tela, ao longo do eixo Z_h e então atravessa uma janela ou ao longo do eixo Z_v, na direção do telespectador, nem o som estéreo nem o som surround podem lidar com isso de forma a intensificar sua colisão com a plateia. Infelizmente, o som binaural é eficiente em articular o eixo Z somente quando ouvido com fones. Por enquanto, nem produtores nem telespectadores parecem estar dispostos a usar fones de ouvido além dos óculos 3D.

Fatores básicos da estética de som

Como reafirmado ao longo deste Capítulo, a assustadora variedade de equipamentos de áudio é de pouca utilidade se você não tiver certo senso estético – tomar decisões sobre como trabalhar com o som da televisão artisticamente e não apenas tecnicamente. No entanto, o senso estético não é arbitrário ou totalmente pessoal. Há alguns fatores estéticos comuns aos quais todos reagem de forma similar.

Ao lidar com o som da televisão, preste atenção especial a cinco fatores estéticos básicos: ambiente, figura/fundo, perspectiva, continuidade e energia.

Ambiente

Na maioria das gravações de estúdio, tentamos eliminar o som ambiente o máximo possível. Em campo, esses sons, quando ouvidos ao fundo da fonte de som principal, muitas vezes são importantes indicadores do local onde o evento ocorre ou até da sensação que transmite. Esses sons ajudam a estabelecer o ambiente geral do evento.

Por exemplo, ao cobrir um incêndio no centro, as sirenes, o crepitar do fogo, o barulho do carro do corpo de bombeiros e das bombas, os comandos tensos dos bombeiros e as vozes agitadas dos espectadores são importantes para comunicar ao telespectador parte da agitação e apreensão do local. Agora pense na gravação de uma pequena orquestra. Em uma gravação em estúdio, a tosse de um membro da equipe ou músico durante uma passagem especialmente suave certamente resultaria em uma nova tomada. Isso não acontece em um concerto ao vivo. Aprendemos a identificar eventuais tosses e outros sons ambientais como indicadores importantes de que o evento está acontecendo naquele momento.

Sons ambientais são especialmente importantes em ENG. Usando um microfone onidirecional, você capta os sons ambientes automaticamente com a principal fonte de áudio. Mas se você pretende fazer alguma pós-produção, use um microfone mais direcional (cardioide) para gravar a fonte de som principal, como o repórter ou o convidado, no canal de áudio 1; utilize outro microfone (geralmente o da câmera) para gravar os sons do ambiente no canal de áudio 2.

Figura/fundo

Um fator importante na percepção é o princípio de *figura/fundo*, pelo qual tendemos a organizar nosso ambiente visual em uma figura relativamente móvel (uma pessoa ou um carro) e um fundo relativamente estável (árvores, casas ou montanhas). Podemos expandir esse princípio um pouco e dizer que destacamos um evento que é importante para nós e o tornamos o primeiro plano, enquanto relegamos todos os outros eventos para segundo plano – o ambiente.

Por exemplo, se você estiver procurando uma amiga e finalmente a descobre no meio da multidão, ela imediatamente se torna o foco de sua atenção – o primeiro plano –, enquanto o restante das pessoas se torna o fundo, independentemente de elas passarem na frente ou atrás dela. O mesmo acontece no campo do som. Temos a capacidade de perceber, dentro de certos limites, os sons que queremos ou precisamos ouvir (a figura), ignorando em grande parte todos os outros sons (o fundo), mesmo que os sons de fundo sejam relativamente mais altos.

Ao mostrar um close-up (CU) de alguém em um ambiente barulhento, torne a figura (close-up da pessoa que fala) mais alta e os sons de fundo mais suaves. Ao mostrar a pessoa em um plano geral, no entanto, aumente o volume dos sons ambientes para que a relação figura/fundo esteja mais alinhada com o vídeo. Ao enfatizar o primeiro plano, os sons não devem apenas ser mais altos, mas também ter mais presença (explicada na seção seguinte).

Agora você entende por que é tão importante separar os sons o máximo possível durante a gravação. Se você gravar o fundo e o primeiro plano em uma única faixa, terá de aceitar o que quer que o microfone tenha captado. Manipular os sons individuais seria muito difícil, se não impossível. Com os sons da figura em uma faixa e os de fundo em outra, a manipulação é relativamente fácil.

Perspectiva

A *perspectiva de som* significa que sons de alguém gritando ou de uma motocicleta barulhenta devem parecer mais perto em um close do que quando em uma tomada a distância. Sons próximos têm mais presença que os distantes – uma qualidade de som que nos faz sentir próximos da fonte do som. Geralmente, os sons de fundo têm menos presença, e os de close-ups, mais presença. Cantores experientes seguram o microfone próximo à boca durante passagens intimistas, o que melhora sua presença, mas empurram-no um pouco para trás quando a música se torna menos pessoal.

Essa variação desejável de presença de som é praticamente eliminada quando se usam microfones de lapela em uma dramatização. Como a distância entre o microfone e a boca é aproximadamente a mesma para cada ator, as vozes apresentam a mesma presença, independentemente de serem vistos em close-up ou em plano geral. A presença necessária deve então ser obtida em pós-produção demorada e cara. É por isso que os microfones de vara (boom) ainda são preferidos nas produções multicâmeras da televisão. O microfone de vara pode ficar perto de um ator durante um close-up e mover-se um pouco mais longe durante um plano geral para ficar fora da imagem – solução simples para um problema grande.

Continuidade

A continuidade do som é especialmente importante na pós-produção. Você já deve ter notado que, quando o repórter fala na câmera ou fora dela, a qualidade do som da voz muda. Quando estava diante da câmera, numa externa, o repórter usava um tipo de microfone; daí ele volta ao estúdio com tratamento acústico para narrar os segmentos fora da câmera sobre a história gravada em vídeo, usando um microfone de alta qualidade. A mudança de microfones e localidades deu às gravações qualidades notavelmente distintas. Talvez essa diferença não seja notada durante gravações, mas torna-se evidente quando as cenas são editadas juntas no programa final.

Como evitar esses problemas de continuidade? Em primeiro lugar, peça ao repórter que grave a narração no local. Em segundo lugar, use microfones idênticos para as narrações diante da câmera e fora dela, ou pelo menos dois microfones que tenham qualidades semelhantes em termos de produção de som. Em terceiro, sempre grave certa *ambientação* no local diante da câmera. Então, é possível mixar esses sons com a narração fora da câmera. Por fim, se houver tempo para uma sessão de atenuação, tente igualar a qualidade do som diante da câmera por meio da equalização e da reverberação. Ao produzir essa mixagem, alimente os sons ambientes para o repórter por meio de fones de ouvido, enquanto ele estiver fazendo a narração, o que ajudará a recuperar a energia do local.

Às vezes, você pode ouvir o ambiente pontuado por silêncios breves nos pontos de edição. O efeito é tão surpreendente como quando o motor do avião muda seu ritmo de forma inesperada. A maneira mais fácil de restaurar a continuidade de fundo é cobrir esses silêncios com ambientação pré-gravada. Sempre grave alguns minutos de "silêncio" (tom do aposento ou sons de fundo) antes e depois de gravar ou sempre que a ambientação mudar muito (como uma sala de concertos com e sem plateia).

O som é também um elemento importante no estabelecimento de continuidade visual. Um trecho de música ritmicamente preciso pode contribuir para que várias imagens díspares pareçam contínuas. A música e o som são muitas vezes um elo importante entre sequências visuais que mudam abruptamente.

Energia

A menos que você queira obter um efeito especial por meio de contradição, combine a energia geral das imagens com uma intensidade de som semelhante. A energia refere-se a todos os fatores em uma cena que comunicam certo grau de força estética e intensidade. Obviamente, cenas de alta energia, como uma série de close-ups em um jogo de hóquei no gelo ou uma banda de rock em ação, podem suportar sons de energia mais alta do que cenas mais tranquilas, como amantes caminhando em um campo. O bom áudio televisivo depende muito da sua capacidade de sentir a energia geral das imagens ou sequências e ajustar o volume e a presença de som em harmonia com isso.

PONTOS PRINCIPAIS

▶ O som estéreo define o campo sonoro horizontal.

▶ A tecnologia de som surround utiliza vários alto-falantes que envolvem o ouvinte. O costumeiro Dolby 5.1 posiciona três alto-falantes na frente do ouvinte e dois atrás para produzir um campo sonoro que envolve o ouvinte. O subwoofer .1 pode ser posicionado em qualquer lugar. O sistema 7.1 tem três alto-falantes na frente, dois nas laterais e dois atrás. O subwoofer .1 pode ir para qualquer local.

▶ O som ideal para projeções 3D seria o som binaural, mas isso requereria que o telespectador usasse fones de ouvido além dos óculos 3D.

▶ Os cinco principais fatores estéticos no controle de som são: ambiente – aguçar um evento por meio de sons ambientes; figura/fundo – enfatizar a fonte de som mais importante em relação aos sons gerais de fundo; perspectiva – fazer a correspondência de imagens em close-up com sons próximos e planos gerais com sons distantes; continuidade – manter a qualidade de som ao combinar várias tomadas; e energia – adequar a força e a intensidade das imagens com uma intensidade de som parecida.

capítulo 10

Iluminação

Por que se preocupar com iluminação quando até mesmo uma filmadora pequena e barata pode ver praticamente no escuro? Esse é um ponto válido desde que a luz disponível na qual você está gravando um vídeo seja o tipo certo e esteja no lugar certo para produzir boas imagens. Infelizmente, isso raramente é o caso, e temos que dar um pouco de ajuda à natureza. Essa "pequena ajuda" é chamada de iluminação. Especificamente, a **iluminação** é a manipulação de luz e sombras para fornecer à câmera de vídeo a iluminação adequada para imagens tecnicamente ideais. Ela também ajuda o espectador a ver bem – reconhecer como as coisas e as pessoas se parecem e onde elas estão em relação umas às outras e ao seu ambiente imediato. Por fim, ajuda a estabelecer para o espectador um estado específico que intensifica o sentimento sobre o evento.

A seção 10.1, Instrumentos e controle de iluminação, descreve as ferramentas necessárias para alcançar a iluminação efetiva. A seção 10.2, Intensidade de luz, Níveis de *baselight*, temperatura e mistura de cor, introduz alguns outros elementos sobre a luz, como controlá-la e medi-la, e como usar a luz colorida.

PALAVRAS-CHAVE

Barn doors; Luz-base; Panelão (broad); Temperatura da cor; Cookie; Regulador de luminosidade (dimmer); Refletor elipsoidal; Flag; Refletor de luz difusa (floodlight); Fluorescente; Foot-candle – fc; Refletor Fresnel; Gel; Luz HMI; Incandescente; Luz incidente; Kelvin (K); Luz de LED; Iluminação; Lúmen; Luminária; Iluminante; Lux; Filtro de densidade neutra (neutral density – ND); *Patching*; Quartzo; Luz refletida; Scoop; Rotunda; Soft light; Refletor; Equilíbrio branco.

seção 10.1

Instrumentos e controle de iluminação

Quando você acende a luz de um aposento, está preocupado principalmente em ter iluminação suficiente para ver bem e movimentar-se. Ao contrário da iluminação de sua casa, aquela destinada à televisão e ao cinema digital também necessita agradar a câmera e cumprir certas funções estéticas, como simular a luz externa ou interna ou criar um clima otimista ou sinistro. A iluminação em estúdio requer instrumentos que simulem a brilhante luz do sol, uma lâmpada de rua em uma parada de ônibus isolada, a eficiência de uma sala de cirurgia de hospital e o horror de um calabouço medieval. É preciso refletir também a credibilidade de um âncora de telejornal, a alta energia de um programa de games e o clima romântico de uma cena de amor.

Quando em campo, você precisa de instrumentos de iluminação fáceis de transportar e montar e flexíveis o suficiente para trabalhar nos mais diversos ambientes. Esta seção descreve os principais instrumentos de iluminação de estúdios e em campo, além dos tipos de controle. As técnicas de iluminação serão abordadas no Capítulo 11.

▶ **Fontes de produção de luz**
Incandescente, fluorescente e de LED.

▶ **Instrumentos de iluminação em estúdio**
Refletores e floodlights.

▶ **Instrumentos de iluminação em campo**
Refletores portáteis, floodlights portáteis, spots portáteis, difusor, luzes de câmera.

▶ **Equipamentos de controle de iluminação**
Dispositivos de instalação; controles direcionais; controles de intensidade – tamanho, distância e feixe do instrumento; e o princípio básico de reguladores de luminosidade eletrônicos.

Fontes de produção de luz

Existem três tipos de fontes de produção de luz: incandescente, fluorescente e lâmpadas LED (diodo emissor de luz). Você precisa conhecer as distinções básicas porque todos

eles geraram diferentes tipos de luz que podem beneficiar ou impedir seu objetivo de iluminação. Os instrumentos de iluminação são, às vezes, definidos por sua lâmpada em vez de por sua função.

Incandescente

A lâmpada incandescente funciona com o mesmo princípio da lâmpada doméstica comum: ela gera luz através do aquecimento de um filamento com corrente elétrica. As lâmpadas incandescentes usadas na televisão assemelham-se àquelas em acessórios para casa, exceto que as primeiras geralmente têm mais potência e, portanto, produzem luz de maior intensidade. As desvantagens das lâmpadas incandescentes revelam que as lâmpadas de maior potência são bastante grandes, a temperatura de cor torna-se progressivamente inferior (mais avermelhada) à medida que a lâmpada envelhece, e a vida útil é relativamente curta.

As lâmpadas incandescentes incluem as lâmpadas de quartzo menores, embora mais quentes, também chamadas de lâmpadas TH (tungstênio-halogênio). A lâmpada de quartzo tem um filamento de tungstênio e está repleta de gás de halogêneo. As vantagens de uma lâmpada de quartzo sobre os sistemas incandescentes regulares mostram que ela é menor e mantém a sua temperatura de cor durante toda a sua vida útil. A desvantagem é que ela queima a uma temperatura física extremamente quente. Ao trocar luzes de quartzo, não toque na lâmpada com os dedos. A lâmpada velha pode ainda estar quente o suficiente para queimar sua pele, e suas impressões digitais farão com que a nova desenvolva pontos fracos no encaixe de quartzo que podem fazer com que a lâmpada exploda. Sempre use luvas, uma toalha de papel ou um pano limpo quando manusear lâmpadas.

Fluorescente

Uma **lâmpada** fluorescente gera luz através da ativação de um tubo de gás para liberar radiação ultravioleta. Essa radiação, por sua vez, ilumina o revestimento de fósforo dentro do tubo. Apesar de as lâmpadas fluorescentes melhoradas produzirem luz branca razoavelmente igual, muitas ainda têm a tendência de soltar uma luz ligeiramente esverdeada. Semelhante ao princípio da fluorescência, a luz HMI – que significa *iodeto do arco de comprimento médio hidrogério* – usa uma lâmpada de alta intensidade que gera luz ao mover eletricidade através de vários tipos de gases. Isso cria um tipo de relâmpago dentro da lâmpada, que é a descarga que cria a iluminação. Para criar o relâmpago dentro da lâmpada, você precisa de um lastro – um transformador bastante pesado. As lâmpadas HMI produzem luz com uma temperatura de cor de 5.600 K (Kelvin), o padrão ao ar livre. Como com as lâmpadas de quartzo, não toque em lâmpadas HMI com as mãos: as suas impressões digitais enfraquecerão o encaixe e causarão a queima da lâmpada em um tempo relativamente curto.

LED

Uma **luz LED** é gerada por diodos emissores de luz – semicondutores de vidro fechado que produzem luz quando uma tensão altamente regulada é aplicada. Eles podem produzir luz branca de duas maneiras: uma é usar fosforescentes específicos dentro dos LEDs que fazem a luz parecer branca; a outra é usar uma matriz de diodos vermelhos, verdes e azuis (RGB) agrupados na superfície da lâmpada. Essas três cores primárias aditivas podem produzir luz branca ou uma grande variedade de luzes coloridas, dependendo de quais diodos são ativados e em que grau. Alguns instrumentos de LED adicionam luzes brancas para a matriz RGB. **Figura 10.1**

Existem vantagens substanciais, mas também consideráveis desvantagens de usar luzes de LED na televisão e produção de filmes. As vantagens mostram que as luzes LED usam consideravelmente menos eletricidade que as lâmpadas incandescentes para a mesma produção de luz e não geram praticamente nenhum calor, então os conjuntos de LEDs podem ser alojados em plástico em vez de metal. Isso torna os instrumentos muito mais leves do que as incandescentes ou os fluorescentes, o que é especialmente vantajoso ao usar as luzes em produções de campo. Ao usar o sistema RGB, um conjunto de LED pode produzir feixes de luz de cor diferente sem o uso de cores de mídia, e permite um ajuste de temperatura de cor áspera no instrumento (ver seção 10.2). E por extraírem tão pouca energia, vários instrumentos de LED podem ser conectados ao mesmo circuito.

A maioria das luzes LED de televisão, filme e teatro tem um dispositivo interno que faz com que o instrumento responda a vários comandos – tais como mudar a cor e moldar e mover o feixe de luz – a partir de um painel de controle digital.

Com isso, existem (pelo menos até agora) desvantagens igualmente substanciais em usar LEDs. O mais grave é a estrutura do espectro de cores. Ao contrário da luz solar, a luz de LED tem "picos" e "queda" em determinados comprimentos de onda que influenciam as cores que a câmera pega: uma bola vermelha pode não mostrar o vermelho que realmente vemos, e uma camisa branca pode ter um matiz azulado distinto. Se isso lhe lembrar o tom esverdeado de luzes fluorescentes, você está no caminho certo. Ambos os tipos de luzes sofrem de problemas semelhantes de espectro. Apesar de algumas luzes LED permitirem o ajuste da temperatura no instrumento, o tradicional balanceamento do branco geralmente não pode corrigir os problemas de luz branca. (Temperatura da cor e equilíbrio de branco são discutidos mais adiante na seção 10.2.) Os atuais instrumentos que utilizam uma matriz RGB para produzir branco têm um registro de temperatura de cor melhor do que os LEDs que usam diodos fosforados para a luz branca.

Quando a reprodução precisa das cores é essencial, como em vídeos médicos, a certificação de que as luzes de LED, ou uma mistura de instrumentos LED e incandescentes, proporcionam uma versão de cores precisas.

Todas as luzes LED precisam de uma corrente altamente estável, o que pode exigir uma fonte de alimentação especialmente regulada. Uma temperatura excessivamente quente no estúdio ou em outro lugar pode afetar o desempenho das luzes e, em alguns casos, causar um mau funcionamento dos instrumentos de iluminação.

A luz LED se espalha de forma diferente das lâmpadas incandescentes e precisa de lentes especializadas para colimar em um feixe paralelo para refletores, apesar de alguns principais produtores de instrumentos de luzes de LED alegarem que tomam cuidado com esses problemas. O principal obstáculo para usar os instrumentos de LED mantém seu alto preço.

Instrumentos de iluminação em estúdio

Toda a iluminação em estúdio de televisão e filme é obtida com uma variedade de refletores e floodlights. Esses instrumentos, chamados tecnicamente de *luminárias*, são projetados para operar a partir do teto do estúdio ou de pedestais de chão.

Refletores (spotlights)

Os *refletores* produzem luz direcional e bem-definida que pode ser ajustada entre um feixe de luz direto, como o de uma lanterna ou de um farol de carro concentrado, até um feixe mais suave que ainda é altamente direcional, mas ilumina uma área maior. Todos os refletores de estúdio possuem uma lente que ajuda a concentrar o feixe. A maior parte da iluminação de estúdio utiliza dois tipos básicos de refletores: o Fresnel e o refletor elipsoidal.

10.1 Luz de LED*
Essa luz de LED consiste em uma matriz de diodos de emissão de luzes vermelha, verde e azul, que agem como pequenas lâmpadas. Ela pode ser programada para produzir luz branca ou uma grande variedade de luzes coloridas.

Refletor Fresnel Batizado em homenagem ao físico francês do início do século XIX, Augustin Fresnel, que inventou a lente usada nele, o *refletor Fresnel* é amplamente utilizado em estúdios de televisão e produção cinematográfica. **Figura 10.2** É relativamente leve e flexível, e tem alta potência. O refletor pode ser ajustado para uma posição ampla de feixe, que emite um feixe de luz espalhado, ou ser concentrado ou focalizado em um feixe estreito e claramente definido.

Manipula-se a propagação relativa do feixe com um controle de foco de feixe que muda a distância entre a lâmpada e a lente. A maioria dos refletores Fresnel possui uma unidade lâmpada-refletor no interior do instrumento de iluminação que desliza em direção à lente ou dela se afasta. Para concentrar ou focalizar o feixe, gire o controle para que a unidade lâmpada-refletor se *afaste* da lente. Para ampliar ou espalhar o feixe, gire o controle para que a unidade lâmpada-refletor se *aproxime* da lente. Mesmo na posição ampliada, o feixe do refletor ainda é direcional e muito mais concentrado que o de um floodlight. A posição ampliada suaviza o feixe (e, com isso, as sombras) e simultaneamente reduz a quantidade de luz que incide sobre o objeto. Sempre ajuste o feixe suavemente. Quando a lâmpada é ligada, seu filamento quente é altamente sensível a choques. **Figura 10.3**

Alguns refletores Fresnel têm botões externos com os quais também é possível controlar o pan e a panorâmica vertical do instrumento sem que seja necessário subir em uma escada e fazê-lo manualmente (ver Figura 10.2).

Há refletores Fresnel de tamanhos diferentes, o que depende de quanta luz podem produzir. Obviamente, instrumentos maiores produzem mais luz que os menores. O tamanho dos refletores Fresnel é normalmente indicado pela potência da lâmpada. Por exemplo, pode ser que pe-

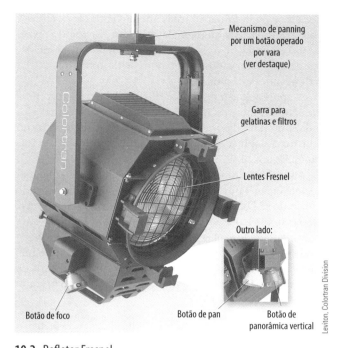

10.2 Refletor Fresnel
Esse refletor é um dos instrumentos de iluminação mais úteis em estúdio.

çam a você para pendurar novamente o Fresnel "1 K" (1 quilowatt [kW] = 1.000 watts[W]) e trocar a lâmpada do Fresnel "2 K". Na maior parte dos estúdios de televisão de tamanho normal, você encontrará Fresnels incandescentes variando de instrumentos de 650 k a 2 kW.

Para o máximo controle de iluminação, os técnicos geralmente preferem operar com o mínimo possível de ins-

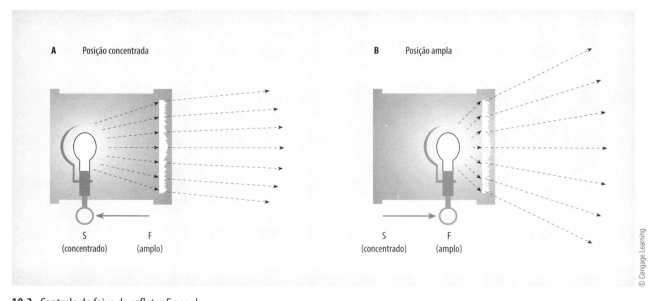

10.3 Controle de feixe do refletor Fresnel
A Para olhar (focar) o feixe, gire a haste, o anel ou o botão de foco para que a unidade lâmpada-refletor se desloque em direção à lente.
B Para ampliar (espalhar) o feixe, gire a haste, o anel ou o botão de foco para que a unidade lâmpada-refletor se desloque para longe da lente.

trumentos de iluminação (mas adequadamente potentes). O aumento da sensibilidade das câmeras tornou o Fresnel 1 kW o "burro de carga" dos estúdios de tamanho médio, com os 2 Ks reservados para tarefas de iluminação especial ou de grandes estúdios.

A aparência e a operação dos LED Fresnels são praticamente as mesmas que as dos incandescentes, mas eles ainda sofrem de algumas das desvantagens mencionadas no contexto das fontes de produção de luz no início deste Capítulo. **Figura 10.4**

Ao utilizar um LED Fresnel, a classificação tradicional de *spots* Fresnel por potência já não se aplica. Em razão de as luzes de LED exigirem muito menos potência em comparação com instrumentos incandescentes para produzir uma quantidade de luz, não há LED de 1 Ks ou 2 Ks. A quantidade de entrada de energia já não indica a saída de luz. Você terá que se acostumar a classificar os instrumentos de LED estritamente por lumens – a medição da intensidade da luz (ver seção 10.2).

Refletor elipsoidal Favorito para a iluminação de teatro, o *refletor elipsoidal* produz um feixe estreito e altamente definido. Mesmo na posição ampliada, o feixe elipsoidal ainda é mais acentuado que o feixe focalizado do refletor Fresnel. Em geral, utilizam-se os refletores elipsoidais quando são necessárias tarefas específicas e precisas de iluminação. Por exemplo, se você quiser criar áreas de luz refletindo no chão do estúdio, o refletor elipsoidal é o instrumento mais adequado. Focos elipsoidais vêm em tamanhos de 375 W a 2 kW, mas o mais prático para iluminação de televisão é aquele que usa uma lâmpada de 750W ou inferior.

Como no caso do Fresnel, é possível concentrar e ampliar o feixe de luz do elipsoidal. Em vez de deslizar a lâmpada dentro do instrumento, você focaliza o refletor elipsoidal movendo suas lentes para dentro e para fora. É possível até moldar o feixe em um triângulo ou retângulo ajustando-se as quatro abas de metal dentro do instrumento. **Figura 10.5**

Alguns refletores elipsoidais podem ser usados como *projetores de padrão*. Esses instrumentos são equipados com um encaixe próximo às abas que definem o feixe, que pode conter um padrão de metal chamado *cucoloris* ou *cookie*. Quando o refletor é ligado, o cookie produz um padrão de sombra em qualquer superfície. Na maioria das vezes, é utilizado para dividir superfícies planas, como o ciclorama (cortina de pano grande usada como fundo de cenário)[1] ou o chão do estúdio. **Figura 10.6**

Para tornar a terminologia de iluminação um pouco mais confusa, algumas pessoas da área chamam esses modelos de metal de "gobos". Infelizmente, *gobo* parece ter um sentido ambíguo. Se o diretor de fotografia pedir que busque um gobo, é possível que esteja se referindo a um cookie, a uma flag, que é um pedaço retangular de metal, plástico ou pano que impede que a luz incida sobre determinadas áreas, ou até mesmo a uma parte autônoma de cenário, como barras de prisão ou uma moldura de quadro, através do qual a câmera pode gravar uma cena relacionada.

---
[1] O ciclorama também pode ser feito de estrutura de madeira ou madeira com tela. (NRT)

10.4 Refletor de LED
O refletor de LED é operacionalmente muito similar ao *spot* de Fresnel incandescente regular.

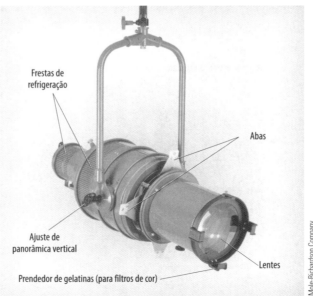

10.5 Refletor elipsoidal
O feixe altamente focalizado do refletor elipsoidal pode ser ainda mais moldado pelas abas. Entre todos os refletores, é o que produz o feixe mais direcional.

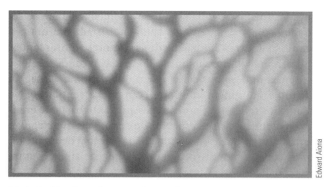

10.6 Padrão de cookie em ciclorama[2]
O padrão de cookie é projetado por um refletor elipsoidal (projetor de padrão), no qual é possível inserir uma variedade de modelos de metal, chamados cookies. Como o refletor pode ser focalizado, é possível fazer o padrão projetado parecer mais nítido ou suave.

Floodlights

Os *floodlights* são projetados para produzir grande quantidade de luz altamente difusa. São frequentemente usados como principais fontes de luz (luz-guia) em situações em que as sombras devem ser reduzidas ao mínimo, como estúdios de telejornal e displays de produtos e comerciais de loção para a pele ou maquiagem. Podem ser utilizados ainda para reduzir o fechamento (reduzir o contraste entre as áreas de luz e sombra) e fornecer luz-base. Em alguns floodlights e refletores, é possível ajustar a propagação do feixe de forma a reduzir a incidência indevida em outras áreas do estúdio. Também é possível criar efeitos no floodlight ampliando o feixe de um refletor e difundindo-o ainda mais com uma *rotunda* – um material de fibra de vidro preso a uma armação de metal – na frente do instrumento ou refletindo isso fora de um cartão branco ou qualquer outra luz superficial.

Há cinco tipos básicos de floodlight de estúdio: o scoop; o soft light e panelão, o painel de LED; o refletor fluorescente; e o strip light ou CIC.[3]

Scoop Também chamado panelão por causa do formato do seu refletor, o *scoop* é um dos floodlights mais populares. Embora não tenha lente, produz um feixe de luz bastante direcional, mas difuso. **Figura 10.7**

O scoop padrão emite um feixe fixo de luz difusa. É possível aumentar a difusão do feixe utilizando-se um filtro ou placa difusora (ver Figura 10.7). Embora a saída de luz pelo filtro seja consideravelmente reduzida, algumas pessoas que trabalham com iluminação colocam filtros em todos os scoops não só para produzir luz muito difusa, mas também para proteger o pessoal do estúdio, no caso de a lâmpada quente no interior dele se quebrar. A maioria dos scoops opera com uma lâmpada de 1.000 W ou 1.500 W.

---

[2] Esses modelos também podem ser chamados gobos e projetam desenhos no ciclorama, como uma floresta, uma noite estrelada, uma cidade, entre outros.

[3] Este CIC vem de ciclorama, ou seja, refletor de ciclorama: Far cyc. (NRT)

Soft light e projetores *Soft lights* são utilizados para iluminação uniforme e extremamente difusa. Possuem grandes lâmpadas em forma de tubo, um refletor para difusão no fundo de uma carcaça grande e material difusor que cobre a abertura da frente a fim de espalhar ainda mais a luz. Os soft lights são frequentemente utilizados para conjuntos de iluminação planos (praticamente sem sombras). Também se podem usar os soft lights para aumentar o nível luz-base sem afetar a iluminação específica onde as áreas de destaque e de sombra são cuidadosamente controladas. Por exemplo, se uma cena precisa de um corredor com áreas claras e escuras alternadas, ilumine as áreas escuras com soft lights sem destruir o efeito claro/escuro. **Figura 10.8**

O *projetor* (*broadside*) é semelhante a um soft light, exceto que tem maior saída de luz, o que causa sombras mais distintas. Além disso, também possui certa possibilidade de controle do feixe. Geralmente, é usado em iluminação de imagem como a principal fonte de luz, mas também em produção de cinema digital para iluminar uniformemente grandes áreas com luz difusa. **Figura 10.9** Projetores menores emitem um feixe de luz mais direcional que os maiores para iluminar uniformemente áreas menos extensas. A fim de permitir certo controle direcional sobre o feixe, alguns projetores dispõem de barn doors – folhas metálicas móveis – para bloquear grande incidência de luz sobre outras áreas do estúdio.

Painel de LED Assim como os *spots* de LED, os painéis de LED consistem em conjuntos de diodo que emitem luz di-

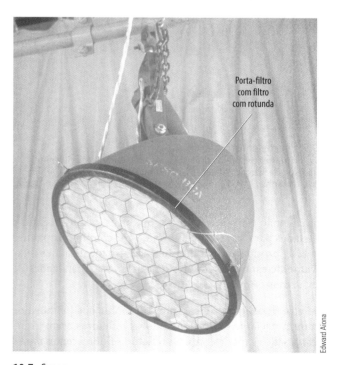

10.7 Scoop
O scoop é um refletor robusto para todos os fins. Seu formato dá alguma direcionalidade ao feixe. Esse scoop está com uma rotunda instalada para suavizar o feixe.

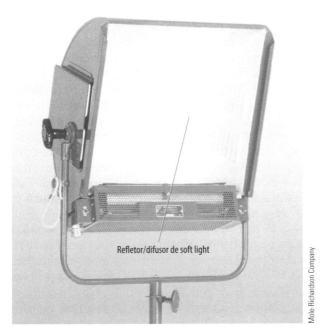

10.8 Soft light incandescente
O soft light produz luz extremamente difusa e é utilizado para a iluminação com fechamento lento. Ele elimina quase todas as sombras da cena.

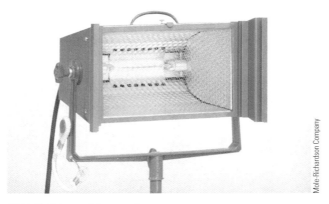

10.9 Refletor projetor grande
Esse instrumento ilumina uma área bastante grande com luz difusa. Sua saída de luz normalmente é maior que a de soft light de igual tamanho.

fusa. Se não estiver misturada com luzes incandescentes e ajustadas para uma temperatura de cor comum, os painéis de LED produzem boa iluminação para localizações relativamente estáticas, tais como noticiários e instalações de entrevistas. **Figura 10.10**.

Refletor floodlight fluorescente Remonta aos primórdios da iluminação televisiva, quando os refletores eram grandes, pesados e ineficientes. Os refletores fluorescentes atuais fornecem uma temperatura interna próxima da cor padrão (3.200 K) emitindo luz mais quente (mais avermelhada). Basta mudar os tubos e você se aproxima da temperatura interna de cor padrão (5.600 K) ou até atinge valores mais elevados (luz mais azulada) que se assemelham à luz do sol do meio-dia, extremamente azulada, filtrada em um céu nebuloso. Outras vantagens dos refletores fluorescentes: utilizam menos energia que as lâmpadas incandescentes e emitem muito menos calor – sem dúvida, uma vantagem quando se iluminam interiores com pouca ventilação. No entanto, os refletores fluorescentes ainda são bastante grandes e volumosos, e seu espectro de cor às vezes é irregular, o que significa que a luz emitida não reproduz fielmente todas as cores. Além disso, algumas lâmpadas ainda causam uma tonalidade esverdeada persistente e perceptível.

Esses refletores possuem grupos de lâmpadas fluorescentes de baixa potência no interior de uma carcaça parecida com a do soft light. **Figura 10.11** Algumas luminárias

10.10 Painel de LED
Esse painel de LD de 12 × 12 polegadas é regulável e emite luz branca difusa.

10.11 Refletor floodlight fluorescente
Esses refletores agem como soft lights, exceto por não ficarem tão quentes como os floodlights incandescentes de mesma potência. Alguns floodlights utilizam lâmpadas que operam com princípios semelhantes aos das fluorescentes.

fluorescentes de estúdio têm instalada uma estrutura em grade, chamada difusor de iluminação para tornar o feixe de luz mais direcional sem perder a suavidade. **Figura 10.12**

Strip light ou CIC (CYC) Esse tipo de instrumento é comumente usado para iluminar até mesmo áreas de grandes estúdios, como o ciclorama (CIC) ou algum outro fundo sem interrupções. Similar às lâmpadas auxiliares, ou CIC, do teatro, os strip lights de televisão consistem em fileiras de 3 a 12 lâmpadas de quartzo instaladas em refletores compridos, semelhantes a caixas. Os strip lights mais sofisticados possuem, como as lâmpadas auxiliares do teatro, estruturas de vidro colorido para cada unidade de refletor, de modo que o CIC possa ser iluminado em cores diferentes. **Figura 10.13**

Também se podem utilizar strip lights como floodlights gerais, suspendendo-os no teto do estúdio ou colocando-os no chão do estúdio para separar colunas e outras peças do set do fundo iluminado. Às vezes, os strip lights são usados para iluminação de silhueta (em que o fundo é iluminado por igual e os objetos do primeiro plano permanecem no escuro) e efeitos especiais de iluminação em chroma key (ver Capítulo 11).

Para cenas relativamente estáticas, como notícias ou entrevistas, ou qualquer tipo de produção de estilo de filme de uma câmera, você vai notar que muitas vezes é mais fácil usar instrumentos de iluminação em campo bem mais leves e flexíveis, mesmo que haja grande variedade de luzes de estúdio pendurada na grade de iluminação. Há diversas vantagens em utilizar esses instrumentos mais leves, em vez daqueles no grid: é possível colocar os instrumentos pequenos em qualquer parte do estúdio com um mínimo de esforço; podem ser facilmente reposicionados para obter o efeito desejado de iluminação; usam consideravelmente menos energia que instrumentos maiores; e geram menos calor. A seguir, indicam-se alguns dos principais instrumentos de iluminação portátil em campo.

Instrumentos de iluminação em campo

É possível usar instrumentos de iluminação de estúdio em externas, mas você notará que a maioria deles é volumosa demais para ser movida facilmente, seus plugues grandes não cabem em tomadas domésticas normais e gastam muita energia. Depois de posicionados e em funcionamento, talvez não forneçam a quantidade ou o tipo de iluminação de que você precisa para boa iluminação em campo. A menos que faça grandes coberturas em externa ou a cena de um filme, onde as necessidades de iluminação rivalizam com as de um estúdio, você precisa de instrumentos fáceis de transportar e rápidos de instalar, que lhe deem a flexibilidade de iluminação necessária em campo.

Embora muitos instrumentos de iluminação portátil cumpram a função dupla de refletor e floodlight, ainda pode ser útil agrupá-los, como as luzes do estúdio, nessas categorias. Note, porém, que, colocando um filtro difusor na frente do refletor ou refletindo seu feixe a partir do teto, de uma parede ou de uma grande placa de espuma, o refletor vai assumir a função de floodlight. No entanto, é possível usar um pequeno holofote e controlar seu feixe com barn doors para que ele ilumine uma área relativamente limitada funcionando como um refletor.

Refletores portáteis

Os refletores portáteis, muitas vezes chamados hard lights (o oposto de soft lights), são fáceis de instalar e transportar, e pequenos o suficiente para serem eficazmente escondidos da vista da câmera, mesmo em interiores apertados. Eles têm diferentes tamanhos e há modelos com ou sem lente. Alguns refletores portáteis possuem uma lente Fresnel exatamente como os refletores Fresnel pendurados no grid de iluminação do estúdio, e alguns não têm lente e são, portanto, chamados refletores abertos.

Refletores com lentes Incluem refletores Fresnel de baixa potência (até 750 W), refletor muito menor (de 125 a

10.12 Difusor de iluminação em luminária fluorescente
O difusor de iluminação torna a luz mais direcional à luz difusa de uma luminária fluorescente sem influenciar a suavidade da sua luz.

10.13 Strip light ou CIC
Strip lights são usados para iluminar cicloramas e outras grandes áreas que necessitam de iluminação uniforme.

10.14 Pequeno refletor Fresnel
Esse refletor Fresnel de baixa potência (de 300 a 650 W) é especialmente eficaz na iluminação durante a produção em campo. É possível focalizar ou difundir seu eixo e conectar barn doors quádruplas e mídias de cor (gelatinas).

10.15 Refletor pequeno com lentes prismáticas
Esse refletor de baixa potência (de 125 e 250 W) tem refletor e uma lente plana (não Fresnel) que, apesar de seu pequeno tamanho, fazem dele um instrumento de iluminação altamente eficaz. É utilizado principalmente para produção em campo ou para captação de notícias (ENG).

250 W), com lente prismática ou simplesmente uma tampa de vidro, e refletores HMI.

Os refletores portáteis Fresnel são idênticos àqueles pendurados no estúdio, exceto por operarem com lâmpadas de potência mais baixa. Geralmente, são montados em pedestal de luz com três rodinhas. **Figura 10.14**

Os refletores menores com uma lente plana (prismática) emitem luz suficiente para serem usados como luz-guia para entrevista em uma área pequena. O feixe desses pequenos refletores pode ser ampliado ou focalizado exatamente como um Fresnel maior, o que faz deles instrumentos ideais para locais pouco espaçosos. **Figura 10.15**

Ao trabalhar com cinema digital, você certamente vai utilizar o Fresnel HMI portátil (de 200 W ou mais). As *luzes HMI* são altamente eficientes, o que significa que usam pouca energia para gerar grande quantidade de luz. Uma das grandes vantagens dessas luzes HMI supereficientes é que se podem usar simultaneamente até cinco instrumentos de 200 W, sem sobrecarregar um único circuito, desde que nada mais esteja ligado a ele. Como ligamos a maior parte das luzes em tomadas domésticas, podemos iluminar a maioria dos interiores com o mínimo de tempo e esforço.

As luzes HMI, entretanto, também têm alguns inconvenientes graves. São caras e precisam de uma unidade de ballast[4] separada para usá-las. Podem causar um zumbido de áudio ou, em gravação com determinados frame rates, uma cintilação perceptível. Os instrumentos maiores são normalmente utilizados ao ar livre para preencher as sombras densas causadas pelo refletor supremo – o Sol. Seja como for, teste-os ao ar livre com a câmera antes de usá-los no local. **Figura 10.16**

Refletores abertos   Principalmente em razão do peso e da eficiência luminosa, os refletores abertos não dispõem de lente. Isso permite maior produção de luz, mas o feixe é menos uniforme e preciso que aquele de um refletor com lente. Na maioria das tarefas de iluminação em externa, porém, um feixe altamente definido não oferece nenhuma vantagem especial. Visto que, normalmente, você precisa trabalhar com o mínimo de instrumentos de iluminação, uma iluminação bastante geral é frequentemente melhor que uma altamente definida. **Figura 10.17**

É possível concentrar ou ampliar o feixe da lâmpada de quartzo de alta eficiência por meio de uma alavanca ou botão de controle de foco na parte traseira. Infelizmente, o feixe focalizado nem sempre é uniforme. Quando se

---
[4] Ballast é um reator ou transformador. (NRT)

Iluminação   191

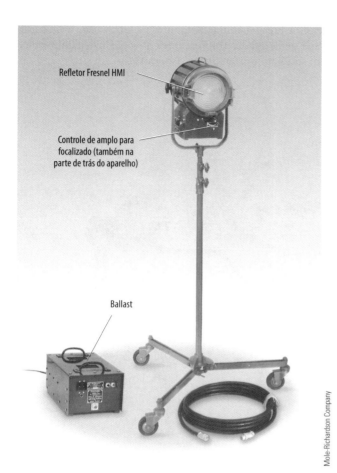

10.16 Refletor Fresnel HMI portátil com ballast
O refletor Fresnel HMI emite um padrão de luz do dia (5.600 K) e precisa de menos energia do que uma lâmpada incandescente de igual intensidade.

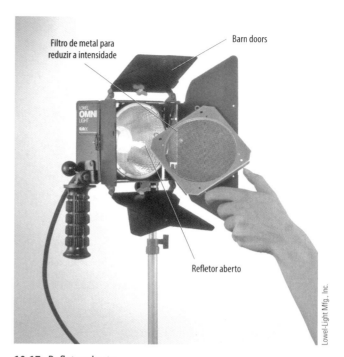

10.17 Refletor aberto
O refletor aberto (externo) não tem lente. A amplitude do feixe pode ser ajustada para uma posição de amplitude moderada ou focalizada. É um dos instrumentos de iluminação mais versáteis na produção em campo.

coloca o refletor próximo ao objeto, nota-se (e a câmera certamente vai perceber) que a borda do feixe é intensa e "quente", enquanto o centro dele possui um "buraco" – uma mancha escura de baixa intensidade. Se você posicionar o instrumento perto demais ao iluminar um rosto, por exemplo, o ponto quente poderá causar uma área brilhante e branca cercada por vermelho na face iluminada ou, na melhor das hipóteses, uma óbvia distorção de cores. Mas, normalmente, é possível corrigir esse problema ampliando o feixe um pouco e afastando o instrumento para mais longe da pessoa, ou ainda colocando-se um filtro na frente do refletor. Na verdade, quando se usa o refletor para iluminação interna geral, deve-se rotineiramente colocar um filtro ou material similar de difusão de luz na frente do instrumento.

A maioria dos refletores abertos utiliza lâmpadas de 300 a 500 W, e podem, portanto, ser conectados a uma tomada doméstica regular sem o risco de sobrecarga do circuito. Também podem ser adaptados para funcionar com baterias de 12 V (volts). A maioria desses instrumentos possui um interruptor de liga/desliga próximo da lâmpada, de modo que pode ser desligada sempre que não estiver em uso. Todos esses refletores pequenos são vendidos como parte de um kit de iluminação – uma mala que contém vários desses instrumentos e suportes de luz.

As lâmpadas dos refletores abertos ficam extremamente quentes: não toque na parte da frente do instrumento ao manuseá-lo e coloque-o suficientemente longe de cortinas e outros materiais combustíveis para evitar incêndios. Com qualquer instrumento de iluminação, sempre tenha cuidado para não sobrecarregar o circuito, isto é, não ultrapasse a amperagem nominal do circuito ligando instrumentos em excesso em uma única tomada. As extensões também adicionam sua própria resistência à da lâmpada, principalmente se aquecerem. As tomadas domésticas comuns podem suportar uma carga de até 1.200 W. Portanto, é possível ligar quatro refletores de 300 W ou dois de 500 W em um único circuito sem risco de sobrecarga (ver Capítulo 11).

Refletor interno Embora essas luzes não façam parte do arsenal usual de equipamentos de iluminação em campo, foram utilizadas com sucesso em muitas situações de iluminação de áreas pequenas. Esse pequeno refletor também é conhecido como *clip light* porque é geralmente preso aos objetos com um clipe ou garra. Essas lâmpadas são também chamadas lâmpadas PAR por causa de seu refletor parabólico aluminizado, que é o revestimento interno da lâmpada. **Figura 10.18**

Os refletores internos possuem uma variedade de amplitude de feixe: de feixe suave e difuso até um duro e precisamente nítido. Para um controle ainda melhor do feixe,

10.18 Clip light
A clip light, ou lâmpada PAR, é composta por uma lâmpada refletora interna normal (como uma PAR 38), um soquete com interruptor liga/desliga e uma garra para fixar a lâmpada em um apoio. Também é possível obter uma pequena caixa metálica com barn door dupla para a clip light.

bem como para a proteção do bulbo refletor interno, a lâmpada pode ser usada em uma carcaça metálica com barn doors instaladas.

Floodlights portáteis

A maior parte da iluminação de ENG/EFP requer o máximo possível de iluminação uniforme com o mínimo de instrumentos e requisitos de energia. Floodlights são, portanto, preferidos a refletores altamente direcionais. Primeiro, vamos dar uma olhada nos floodlights mais populares: a luz em V, a caixa de luz (soft-box), a lanterna chinesa, o refletor fluorescente portátil e o painel de LED. Em seguida, vamos analisar como transformar um refletor aberto portátil, até mesmo um Fresnel, em um holofote eficaz.

Luz em V Um dos holofotes mais populares é a luz V. Embora a luz V fosse originalmente um holofote específico fabricado pela empresa Lowel-Light, tornou-se o nome genérico para qualquer instrumento pequeno que consiste em uma grande lâmpada incandescente de quartzo (500 W) instalada em um refletor de metal em forma de V. **Figura 10.19** A luz V é altamente portátil e fácil de instalar e pode iluminar grandes áreas de forma relativamente uniforme. Cuidado ao manusear essas lâmpadas – elas ficam muito quentes. Não toque nelas quando ligadas e mantenha-as longe de materiais combustíveis. Algumas luzes V vêm junto com uma tela de metal sobre a lâmpada, que difundem um pouco a luz e, de maneira mais importante, serve como uma proteção caso a lâmpada de quartzo de alta pressão estoure.

Caixa de luz (soft-box) A caixa de luz (de 250 W a 1 kW), também chamada tenda de luz, é simplesmente um saco de pano preto, resistente ao calor, com uma rotunda em sua abertura. Ela tem uma lâmpada de quartzo (tugstenhalogen) embutida. Você também pode conectar um pequeno refletor Fresnel com adaptador de anel ou usar uma variedade de lâmpadas fluorescentes. Por ser leve e dobrável, é um soft light portátil ideal. **Figura 10.20**

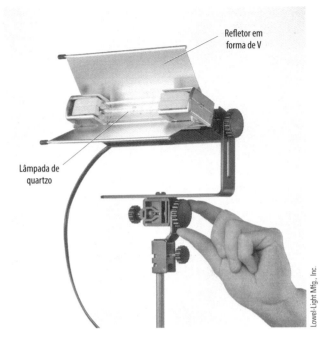

10.19 Luz em V
Esse pequeno instrumento de iluminação (500 W) é popular em produções em campo por causa de seu baixo peso e alto rendimento.

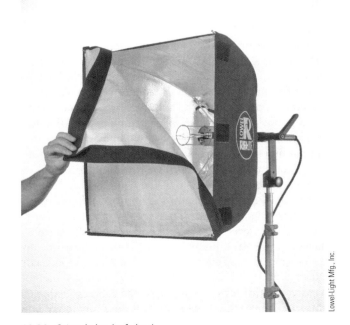

10.20 Caixa de luz (soft-box)
O soft light vem como uma única unidade que abrange a lâmpada e tenda de difusão. Pode ser dobrado para facilitar o transporte.

Lanterna chinesa Trata-se de um soft light portátil e altamente eficiente. Esse soft light é uma versão mais resistente de uma lanterna chinesa verdadeira, que é redonda ou em forma de bulbo. Costuma ser suspensa em um pedestal ou vara de microfone (ver Capítulo 8). É possível colocar vários tipos de lâmpada de baixa potência no interior da mesma lanterna, como uma clip light de 250 W, uma lâmpada doméstica comum de 200 W e até uma lâmpada de luz do dia (5.600 K), se a intenção for obter uma iluminação semelhante à luz exterior. **Figura 10.21**

A lanterna chinesa emite uma luz suave, mas perceptível, especialmente útil para planos em close-up. A vantagem de utilizar uma lanterna como fonte de luz principal é que você pode seguir o objeto como faria com um microfone (mas é preciso segurar a lanterna na vara para que ela não balance). Como a lanterna possui uma abertura na parte inferior para liberar o calor, mantenha fora da imagem o ponto brilhante que sai desse buraco. Para tomadas breves, cobri-lo com um filtro leve funciona bem. Há enormes lanternas chinesas utilizadas principalmente para fornecer luz uniforme a objetos grandes e reflexivos, como automóveis ou aparelhos grandes.

Refletor fluorescente portátil Até mesmo pequenos floodlights fluorescentes portáteis são consideravelmente mais volumosos e pesados que instrumentos incandescentes similares. Como os floodlights fluorescentes usam muito menos energia e praticamente não geram calor, são usados com frequência para a iluminação interior em EFP. Como mencionado anteriormente, o problema com as luzes fluorescentes é que nem sempre reproduzem fielmente todas as cores, mesmo que a câmera tenha recebido um balanço de brancos apropriado. Os instrumentos fluorescentes nem sempre emitem as classificações padrão em Kelvin de 3.200 e 5.600 K. Por isso, preste atenção especial ao equilíbrio de brancos da câmera. Verifique as cores e especialmente os tons de pele em um monitor de campo bem ajustado antes de começar a gravar o vídeo. Mas, se a reprodução de cor altamente precisa não for uma grande preocupação, a pequena unidade fluorescente é uma valiosa ferramenta de iluminação em EFP. **Figura 10.22**

Painel de LED Você achará que as luzes LED são o instrumento ideal para o trabalho interno no local, onde as temperaturas de cor corretas não são um fator crítico. A iluminação de uma sala ou exibição com painéis de LED é rápida e fácil, especialmente se você tiver acesso a painéis de diferentes tamanhos. Você pode conectar vários deles em um único circuito sem se preocupar em ativar um disjuntor. Como essas luzes praticamente não geram calor, você pode usá-los perto de cortinas e outros materiais combustíveis, embora seja sempre uma boa ideia deixar um espaço de respiração entre qualquer tipo de dispositivo de iluminação e o que possa representar um potencial risco de incêndio.

Refletores difusores portáteis

Os instrumentos abertos também podem ser usados como floodlights: basta mudar a luz da posição focalizada para ampliada. Mas você vai notar que, apesar do controle de amplitude, nem sempre se obtém a difusão uniforme que talvez seja necessária. Felizmente, há várias maneiras de obter uma luz mais difusa com esses instrumentos.

10.21 Lanterna chinesa
Esse floodlight foi modelado para se parecer com uma lanterna chinesa de verdade. Pode ser suspenso em uma vara e ilumina uma área relativamente extensa com luz muito suave.

10.22 Refletor fluorescente portátil
Esse refletor pode ser instalado em um pedestal de luz, possui grande saída de luz e não emite calor.

Refletir a luz O modo mais simples de usar a luz é refleti-la em uma parede, no teto ou em um pedaço de espuma. Infelizmente, a luz refletida diminui drasticamente de intensidade, mesmo que as paredes sejam pintadas em cores claras.

Para obter a máxima intensidade luminosa, tente manter o instrumento o mais próximo possível da parede ou do teto sem chamuscar a pintura. Também perceba que refletir a luz para fora de uma parede colorida irá refletir a cor da parede e, com efeito, torna-se uma fonte de luz colorida.

Colocação do filtro difusor Os difusores mais populares são os filtros e o gel. Como mencionado, os filtros difusores são difusores de fibra de vidro que podem ser colocados na frente de pequenos refletores, floodlights ou refletores abertos para obter máxima difusão de luz. A maneira mais simples de colocar um filtro em um instrumento aberto é prendê-la às barn doors com prendedores de roupa feitos de madeira. Não use os de plástico: a luz do refletor aberto torna-se muito quente e vai derreter o plástico em alguns minutos. **Figura 10.23**

Há filtros de várias espessuras: os menos espessos absorvem menos luz, e os mais grossos, mais. Também é possível transformar um scoop em soft light colocando um filtro cortado para caber no suporte de filtros (ver Figura 10.7). Alguns profissionais de iluminação preferem o gel como difusores. O gel é uma folha de plástico branca e translúcida com uma superfície semiopaca. Como os filtros, ele possui diferentes densidades que difundem e, portanto, reduzem a intensidade do feixe de luz em variados graus.

Ao iluminar uma cena relativamente estática ao ar livre para o cinema digital, você pode usar vários filtros segurados por dois polos para difundir o sol. Essa técnica produzirá sombras suaves mesmo na luz do sol brilhante.

Uso da sombrinha de difusão Outro dispositivo de difusão muito eficiente é a sombrinha. A pequena sombrinha prateada e resistente ao calor não serve para proteger o instrumento de iluminação da chuva, mas para refletir e difundir a fonte de luz que brilha dentro dela. É possível prender a sombrinha côncava no instrumento de iluminação e/ou no pedestal de luz e, em seguida, virar a abertura dela na direção geral da iluminação. É preciso fazer que a luz brilhe na *abertura da sombrinha*, não na superfície arredondada. **Figura 10.24**

Colocação de caixa de luz Como já mencionado, é possível usar uma caixa de luz em vez de uma sombrinha para transformar um refletor incandescente em um soft light eficaz. **Figura 10.25**

Ao fazer produções elaboradas em campo, como cobrir um jogo de basquete de uma escola de ensino médio, tente usar luzes V de alta potência e sombrinhas, mas talvez sejam necessários floodlights maiores, como scoops ou conjuntos refletores.

Se disponíveis, os refletores HMI podem ser os instrumentos mais eficientes. Alguns instrumentos HMI de 1 kW ou até 575 W na posição ampliada são tudo de que você precisa para iluminar um ginásio. No entanto, será necessário ajustar o equilíbrio de brancos da câmera para a temperatura de cor externa de 5.600 K.

10.23 Filtro difusor preso em barn doors
Para difundir ainda mais o feixe de um instrumento aberto, prenda um filtro nas barn doors usando prendedores de roupa feitos de madeira.

10.24 Sombrinha de difusão
A sombrinha refletora é um dispositivo de difusão popular. Note que o instrumento de iluminação brilha para dentro da sombrinha, não para longe dela.

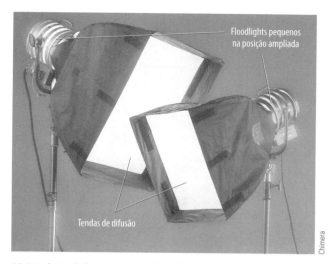

10.25 Caixa de luz em refletor Fresnel
Você pode transformar um pequeno refletor Fresnel em um soft light difundindo seu feixe com uma caixa de luz portátil.

Luzes de câmera

A captação de notícias eletrônicas exige ainda outro tipo de luz, que pode ser instalada sobre a câmera ou segurada pelo operador de câmera ou por um assistente. **Figura 10.26** Lâmpadas de câmeras incandescentes possuem grande saída de luz. São abertas e relativamente pequenas e têm uma variedade de filtros de difusão e um filtro de luz do dia (5.600 K), que permitem a você direcionar as lentes da luz. As vantagens de usar o painel de LED como uma luz de câmera são: atraem muito pouca energia e podem ajustar-se praticamente a qualquer temperatura de cor. A desvantagem é que tem uma faixa de luz limitada. As luzes de câmeras são alimentadas pela bateria da câmera ou por uma bateria maior que pode ser conectada a um tripé ou transportada pelo operador de câmera.

Equipamentos de controle de iluminação

Para compreender o controle de iluminação, é preciso estar familiarizado com alguns equipamentos específicos: dispositivos de instalação, controles direcionais, controles de intensidade e reguladores de luminosidade eletrônicos.

Dispositivos de instalação

Os dispositivos de instalação permitem o suporte a uma variedade de instrumentos de iluminação e o posicionamento deles na direção desejada. Bons dispositivos de instalação são tão importantes quanto os próprios instrumentos. Os principais dispositivos especialmente projetados e destinados a luzes em estúdio são: o grid tubular e o batente de contrapeso, o *C-clamp* (garra), a haste deslizante e o pantógrafo, e pedestais de chão. As luzes portáteis são instaladas principalmente em pedestais dobráveis. Para a iluminação no local, existem outros dispositivos de instalação disponíveis, como varas pequenas, barras transversais e barras que se encaixam sobre portas e móveis.

Grid tubular e batente de contrapeso As luzes de estúdio ficam penduradas em um grid fixo ou em um batente de contrapeso. O grid é composto por pesados tubos de aço amarrados transversalmente ou em paralelo. A altura do grid é determinada pela altura do teto do estúdio, mas, mesmo em locais com pé-direito baixo, ela deve ser instalada a cerca de 60 centímetros abaixo do teto para que os instrumentos de iluminação ou dispositivos de suspensão possam ser facilmente conectados. O espaço acima do grid também é necessário para dissipar o calor gerado pelas luzes. **Figura 10.27**

10.26 Luz de câmera
Essa luz pequena é instalada sobre a câmera e alimentada pela bateria da câmera ou por uma bateria separada. Seu feixe pode ser difundido levantando-se um pequeno filtro de difusão.

10.27 Grid
Esse grid simples suporta toda a iluminação necessária para uma pequena área de estúdio, como telejornal, programa de entrevistas ou de culinária.

10.28 Batente de contrapeso
O batente de contrapeso pode ser erguido, abaixado e travado a uma altura de funcionamento específica.

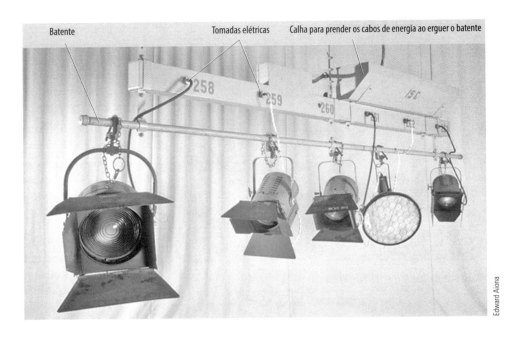

Ao contrário do grid, que é instalado permanentemente sob o teto, o batente de contrapeso pode ser erguido ou abaixado em qualquer posição e travado firmemente no lugar. **Figura 10.28** Os batentes e os instrumentos dispõem de pesados contrapesos de ferro e são movimentados por um sistema de cordas e polias ou por motores individuais. **Figura 10.29** Antes de destravar uma corda de contrapeso para mover um batente para cima ou para baixo, verifique sempre se o batente foi devidamente pesado. Faça isso contando os pesos e comparando-os com o tipo e número de instrumentos instalados no batente. Os contrapesos e os instrumentos devem mais ou menos equilibrar-se entre si.

A vantagem óbvia dos batentes de contrapeso em relação ao sistema de grid é que os instrumentos podem ser pendurados, ajustados e mantidos no próprio chão do estúdio. Mas você descobrirá que não dá para prescindir totalmente de uma escada. Embora inicialmente seja possível ajustar os instrumentos em uma posição de operação básica, é preciso reposicioná-los depois de os batentes terem sido travados na altura ideal.

Nesse momento, porém, o chão do estúdio está geralmente repleto de cenários, câmeras e microfones, que impedem que os batentes sejam abaixados até uma altura confortável de trabalho. Então, use uma vara de iluminação (vara longa de madeira com um gancho em uma das extremidades) para posicionar o instrumento de iluminação voltado para o alvo desejado e para focalizar seu feixe.

C-clamp Os instrumentos de iluminação são instalados diretamente no batente por um grande C-clamp ou por dispositivos de suspensão (abordados a seguir). É preciso uma chave ou chave inglesa para prender bem o C-clamp ao batedor redondo de metal. O instrumento de iluminação é preso ao C-clamp e pode ser girado horizontalmente sem afrouxar o parafuso que o prende ao batente. Embora o C-clamp apoie o instrumento de iluminação e não caia do batente mesmo que o parafuso grande fique solto, verifique se todos os C-clamps da grade estão bem apertados. Como medida de segurança adicional, todos os instrumentos de iluminação devem ser acorrentados ou presos ao

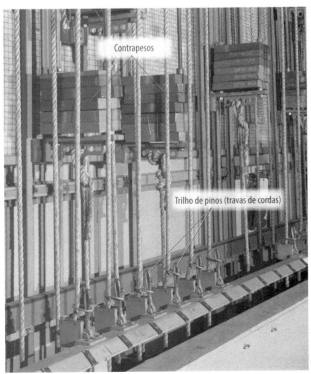

10.29 Trilho de contrapeso
Os batentes e os instrumentos de iluminação conectados a eles têm pesados contrapesos de ferro e são movidos para cima e para baixo por meio de um sistema de cordas e roldanas a partir de um trilho comum.

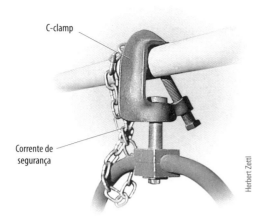

10.30 C-clamp
O C-clamp é a conexão entre o instrumento de iluminação e o batente. Mesmo quando o C-clamp está bem preso ao batente, é possível girar o instrumento, se necessário.

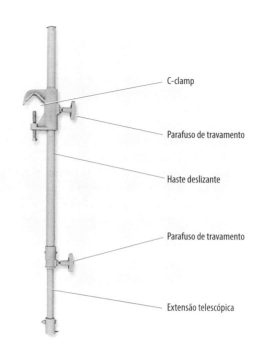

10.31 Haste deslizante (suspensor telescópico)
Essa haste deslizante, também chamada suspensor telescópico, permite mover o instrumento para cima e para baixo e travá-lo na posição. É usada principalmente em grids de iluminação, mas também em sistemas de contrapeso quando é necessário mais controle vertical.

próprio batente por meio de um laço de cabo de aço forte. Da mesma forma, as barn doors devem ser presas nos instrumentos de iluminação. Mesmo que você esteja sob muita pressão por causa do tempo despendido ao pendurar novamente as luzes, não deixe de prender cada instrumento com a corrente ou cabo de segurança. **Figura 10.30**

Haste deslizante e pantógrafo Se o estúdio tem um grid fixo ou se for preciso subir ou descer instrumentos individuais sem mover um batente inteiro, use hastes deslizantes. Uma haste deslizante consiste em um tubo resistente preso no batente por um C-clamp modificado. Ela pode ser movida e travada em posição vertical específica. Para flexibilidade adicional, as hastes deslizantes mais caras têm extensões telescópicas. **Figura 10.31** Alguns sistemas de iluminação mais sofisticados dispõem de hastes deslizantes acionadas por motor cujo movimento vertical pode ser ativado remotamente a partir do controle de iluminação do estúdio.

Por algum motivo, o pantógrafo, um dispositivo de suspensão com mola que pode ser ajustado com uma vara de iluminação em qualquer posição vertical dentro de seu alcance de 6 a 12 pés, saiu de moda. Os pantógrafos são, na verdade, mais úteis para ajustar a altura de scoops e outros floodlights que as varas que deslizam, mas eles também são consideravelmente mais caros. **Figura 10.32**

Pedestais de chão Você notará que, ao gravar o vídeo de uma cena para uma produção de cinema digital ou cena de televisão ao estilo cinematográfico com uma única câmera, vai haver muitos instrumentos de iluminação no chão do estúdio. Instalar as luzes em pedestais de chão com rodinhas certamente vai acelerar o trabalho de iluminação. Esses pedestais podem suportar todos os tipos de instrumento: scoops, projetores, refletores e até strip lights. O pe-

10.32 Pantógrafo
É possível ajustar esse pantógrafo com mola de forma rápida e fácil, empurrando-o para cima ou puxando-o para baixo com uma vara de iluminação. As molas agem como contrapeso para as lâmpadas.

destal profissional geralmente possui um interruptor para ligar e desligar a luz. **Figura 10.33**

Para instrumentos pequenos de iluminação, use pedestais dobráveis que são encontrados na maioria dos kits de iluminação. Certifique-se apenas de prender cada pedestal com um saco de areia para evitar que ele e a lâmpada tombem. **Figura 10.34**

Em uma emergência, sempre é possível fazer uma ponte de iluminação simples com madeira de 1 × 3 para suportar um ou dois refletores portáteis para luz de fundo. Independentemente dos dispositivos de instalação utilizados – incluindo suas próprias engenhocas – verifique se o instrumento de iluminação está bem preso e suficientemente longe de cortinas, estofados ou outros materiais combustíveis.

Controles direcionais

Você já está familiarizado com o controle de abertura e focalização de feixe em refletores. Vários outros dispositivos, como barn doors, flags e rebatedores, podem ajudá-lo a controlar a direção do feixe.

Barn doors Esse método reconhecidamente grosseiro de controle de feixe é muito eficaz para bloquear, parcial ou totalmente, determinadas áreas do estúdio contra a iluminação. As *barn doors* são compostas por duas ou quatro folhas de metal que podem ser dobradas sobre a lente do instrumento de iluminação para impedir que a luz incida em de-

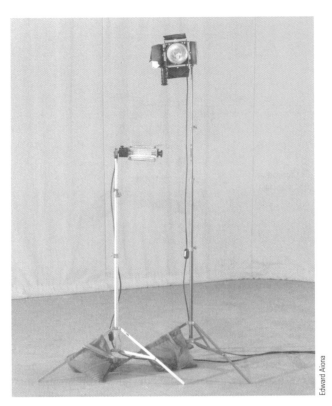

10.34 Pedestais de luz portáteis
Esses pedestais de iluminação são projetados para instrumentos portáteis relativamente leves e podem ser estendidos até uma altura de 2,5 a 3 metros. Como pedestais de iluminação tendem a tombar quando totalmente estendidos, sempre os prenda com sacos de areia.

10.33 Pedestais de chão
Um pedestal de chão pode suportar uma variedade de instrumentos de iluminação e ser adaptado para um cavalete ou refletores grandes.

terminadas áreas. Por exemplo, se você quer manter a parte superior do cenário escura, sem sacrificar a iluminação da parte inferior, basta bloquear a parte superior do feixe com uma barn door. Se desejar eliminar a sombra de uma vara, você pode fechar parcialmente uma barn door para bloquear um pouco do feixe que causa sombra. **Figura 10.35**

As barn doors também são eficazes para evitar que a luz de fundo brilhe na lente da câmera, o que pode causar clarão na lente (um reflexo descontrolado de luz dentro da lente que aparece como raios de círculos de luz sobrepostos). Como as barn doors deslizam facilmente em seus suportes, elas tendem a deslizar para fora delas com a mesma facilidade. Sempre prenda as barn doors em seu instrumento com corrente ou cabo de segurança. As barn doors também ficam muito quentes: use luvas de proteção ao ajustá-las quando o instrumento estiver ligado.

Flags São armações metálicas retangulares com tecido resistente ao calor ou chapas finas de metal de vários tamanhos que agem de forma muito semelhante às barn doors, exceto por não serem colocadas diretamente no aparelho de iluminação. As flags são instaladas em pedestais de iluminação e colocadas em qualquer lugar onde sejam necessárias para impedir que a luz incida sobre uma área

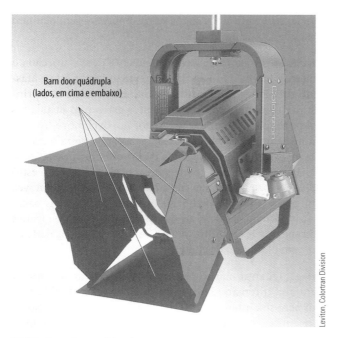

10.35 Barn door quádrupla
Essa barn door quádrupla permite controlar a propagação do feixe em todos os quatro lados: em cima, embaixo, à esquerda e à direita.

10.36 Flag
Há flags de vários tamanhos e densidades. São utilizadas para evitar que a luz incida em áreas específicas do estúdio.

específica, sem serem vistas pela câmera. No jargão cinematográfico, as flags também são chamadas gobos – mais um uso de *gobo*, desta vez referindo-se a uma flag e não a um cookie (o modelo de metal inserido em um refletor elipsoidal para produzir um padrão de sombra; ver Figura 10.6). Obviamente, será possível usar flags apenas se a câmera e os movimentos dos atores forem cuidadosamente demarcados e ensaiados. **Figura 10.36**

Rebatedores Espelhos são os rebatedores mais eficientes. Você pode posicioná-los para redirecionar uma fonte de luz (muitas vezes o Sol) em áreas muito pequenas ou estreitas para a instalação de instrumentos de iluminação. Por exemplo, se tiver de iluminar um corredor longo e escuro com uma porta externa, use espelhos para redirecionar a luz solar para o corredor e refleti-la na parede. Essa técnica lhe poupa tempo de instalação, equipamento e eletricidade. Na maioria dos casos, porém, usamos rebatedores para produzir luz altamente difusa a fim de iluminar sombras densas (no jargão do meio televisivo para retardar o fechamento) sobre o rosto de alguém ou sobre um objeto. Não se usam espelhos para retardar o fechamento; em vez disso, utiliza-se material que reflita apenas uma parte da luz ao mesmo tempo que a difunde.

A maioria dos diretores de fotografia prefere uma grande folha de espuma branca (foam), que é leve, muito resistente, fácil de preparar ou segurar e pode ser facilmente substituída se sujar ou se quebrar.[5] Qualquer quadro branco grande pode funcionar tão bem quanto. Se precisar de um rebatedor mais eficiente (que reflita mais luz), amasse algumas folhas de alumínio para obter uma superfície irregular (para uma reflexão mais difusa) e então cole-as com fita em um pedaço de papelão. **Figura 10.37**

10.37 Rebatedor de lâmina
Esse refletor caseiro, mas altamente eficiente, utiliza folha de alumínio amassada presa com fita a um pedaço de papelão.

---
[5] Pode-se utilizar uma chapa de isopor. (NRT)

Os rebatedores comerciais são brancos, prateados e dourados, e podem ser dobrados para facilitar o transporte e a instalação. Os modelos prateados e brancos refletem uma luz cuja cor tem maior temperatura que a dos dourados. **Figura 10.38**

Controles de intensidade: tamanho do instrumento, distância e feixe

Quando está em campo, você provavelmente não leva consigo um sofisticado regulador de luminosidade digital. Então, é preciso encontrar outras maneiras de controlar a intensidade da luz. Os três métodos mais comuns são: selecionar um instrumento de tamanho adequado, ajustar a distância do instrumento de iluminação até o objeto e focalizar ou difundir o feixe luminoso.

Tamanho do instrumento O modo mais simples de controlar a intensidade da luz é, obviamente, ligar apenas certo número de instrumentos de um tamanho específico (wattagem). Por causa da sensibilidade à luz das câmeras atuais e da enorme saída de luz dos acessórios de quartzo e de LED, não são necessários os imensos instrumentos que ainda vemos em grandes produções cinematográficas. O maior instrumento utilizado em alguns estúdios de televisão é um refletor Fresnel de 2 kW. As luzes para ENG/EFP raramente ultrapassam os 650 W. Uma luz de LED pequena atrai menos que uma lâmpada de luz de 100 W, mas pode ser suficiente para uma leve luz de tecla (a principal fonte de luz). Na verdade, muitos programas policiais dramatizados são parcialmente gravados com a luz disponível – sem nenhum instrumento de iluminação.

Distância Ao aproximar o instrumento de iluminação do objeto, a intensidade da luz aumenta; quando este é afastado para longe, a intensidade diminui. Aplique esse princípio facilmente se os instrumentos estiverem instalados em pedestais de iluminação e se for possível movê-los sem muito esforço. Em muitos casos, esta é a maneira mais eficaz de controlar a intensidade da luz em uma gravação de ENG/EFP. Também se pode aplicar esse princípio no estúdio se as luzes estiverem instaladas em um batente móvel. Em geral, tente posicionar os instrumentos o mais baixo possível, mantendo-os, ao mesmo tempo, fora do alcance da câmera. Dessa forma, obtém-se máxima intensidade de luz com o mínimo de energia.

Feixe Quanto mais focalizado for o feixe de luz, maior será sua intensidade; quanto mais difuso ele for, menor será sua intensidade. Observe que, exceto no caso de laser, até mesmo um feixe de luz focalizado torna-se mais difuso quanto mais longe o instrumento estiver do seu objeto-alvo.

Já aprendemos sobre difusão do feixe usando o controle de foco no instrumento, bem como com filtros e rebatedores. Também é possível utilizar um filtro de malha de arame para difundir e bloquear certa quantidade de luz: basta deslizar o filtro de metal diretamente no suporte de gelatina na frente do instrumento, mais ou menos como os filtros e o gel (ver Figura 10.17). Dependendo de quão fina é a malha, o filtro reduz a luminosidade sem influenciar na temperatura de cor. O problema com filtros de malha de arame é que o calor da lâmpada de quartzo tende a queimar os finos fios de metal em um prazo relativamente curto; os filtros tornam-se quebradiços e, por fim, se desintegram.

Princípio básico dos reguladores eletrônicos

O controle de luz mais preciso é o regulador eletrônico. Com um *regulador* você pode facilmente manipular cada luz, ou um grupo de luzes, para queimar em uma determinada intensidade, de uma posição *off* para a força total. O modo de escurecimento funciona ligeiramente diferente para lâmpadas incandescentes e fluorescentes do que para as luzes LED.

Reguladores incandescentes e fluorescentes Reguladores para todas as lâmpadas incandescentes e fluorescentes funcionam com o mesmo princípio básico: permitindo que mais ou menos tensão flua para a lâmpada, a lâmpada queima com uma intensidade maior ou menor. Se você quiser que o instrumento de iluminação queime com plena intensidade, o regulador permite que toda a tensão flua para a lâmpada. Se você quiser queimar em menor intensidade, o regulador reduz a voltagem. Para escurecer a luz completamente – chamada de *blackout* – o regulador não permite nenhuma tensão (ou pelo menos uma voltagem inadequada) para alcançar a lâmpada. Para luzes fluorescentes, a

10.38 Rebatedor dobrável
Esse refletor pode ser dobrado para facilitar o transporte. Possui um lado refletor prateado e outro lado refletor com um tom mais aconchegante, dourado.

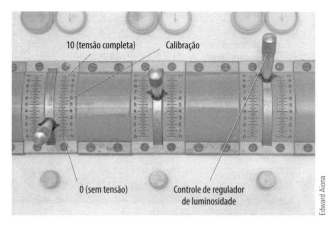

10.39 Calibração manual do dimmer (regulador de luminosidade)
Quanto mais alto você empurra a alavanca desse dimmer manual, mais tensão flui para a lâmpada. No ajuste 0, não há tensão fluindo para a lâmpada; em 2, a lâmpada mal brilha; em 10, a lâmpada está acesa com intensidade total.

A desvantagem de escurecer luzes incandescentes é que a redução da tensão faz com que as lâmpadas abaixem sua temperatura da cor para uma luz mais avermelhada. As lâmpadas fluorescentes não alteram a temperatura de cor durante o escurecimento.

Escurecimento de LED Em virtude de as lâmpadas LED não tolerarem um fluxo variável de corrente, seu escurecimento é baseado em outro princípio. Em vez de restringir a tensão que flui para a lâmpada, o regulador interrompe a corrente elétrica ligando-o e desligando-o rapidamente. Quanto mais rápida essa velocidade de pulso, menos luz o painel de LED emite.

A maior parte dos reguladores de estúdio maiores pode controlar centenas de luzes com grande número de passos de intensidade sem luz para queimar; e, para alguns instrumentos, os reguladores também controlam a cor dos seus feixes. Para controlar tal escurecimento em grandes produções de estúdio, como dança popular e concurso de música, o computador faz a maior parte dos trabalhos. Ele assume o arranjo de cada instrumento para um regulador específico, bem como o escurecimento e as alterações de cor de instrumentos específicos. Em sistemas de iluminação mais recentes, todas as ligações de instrumentos específicos aos seus reguladores designados e, também, os graus são feitos por computador. **Figura 10.40**

redução da corrente também é regulada pelo lastro (transformador) antes de afetar a saída da lâmpada.

Cada instrumento de iluminação individual tem seu próprio controle de regulador, que normalmente é algum tipo de *fader* com calibração específica. Um dimmer manual antigo mostra claramente como o escurecimento funciona. **Figura 10.39** O *fader* esquerdo é movido para 2, que é quase suficiente para fazer a lâmpada brilhar. O *fader* à direita é todo o caminho até 10, o que significa que a sua lâmpada queima na intensidade total.

Em razão de os computadores não revelarem seus segredos muito prontamente, vamos usar um sistema de arranjo manual antiquado para explicar como vários instrumentos de iluminação são agrupados durante uma configuração de iluminação ou mudança de iluminação. Note que, em arran-

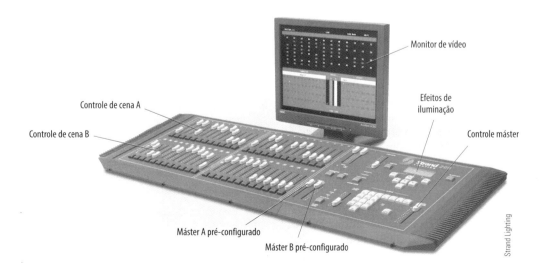

10.40 Controle computadorizado de dimmer
Esse simples, mas poderoso, dimmer e painel de efeitos de iluminação é capaz de controlar 48 canais em uma única cena ou 24 canais em duas. O monitor de vídeo mostra o estado das configurações submáster, os efeitos de iluminação e os dados de conexões. Os reguladores de luminosidade grandes podem controlar centenas de canais.

10.41 Conexão manual
Como se pode ver, as conexões para os instrumentos de iluminação – refletor 5 e scoop 27 – estão conectadas ao dimmer 1. Assim, ambos os instrumentos respondem de forma idêntica a qualquer ajuste do dimmer 1.

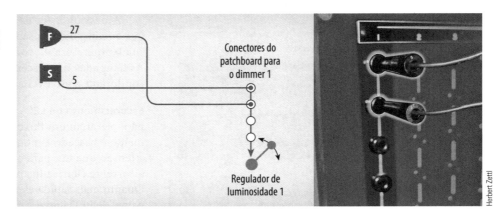

jos de computador, o *patchboard* discutido abaixo é parte do programa de escurecimento e não ativa o patchboard real; o computador simplesmente envia seus comandos para um regulador específico e instrumento de iluminação.

Arranjo O arranjo conecta cada instrumento de iluminação a um regulador específico. Você pode arranjar cada instrumento em regulador separado ou vários instrumentos para um regulador único. **Figura 10.41** A figura mostra os instrumentos de iluminação 5 (uma mancha de Fresnel) e 27 (uma colher) arranjado no regulador 1. Quando você coloca o 1 no controle do regulador, ambos os instrumentos – holofote 5 e espátula 27 – devem acender simultaneamente e queimar na mesma intensidade. Se você quisesse controlá-los separadamente, você ligaria o projetor 5 no regulador 1 e scoop 27 no 2.

O arranjo permite que você mude de um tipo de iluminação para outro rápida e facilmente. Por exemplo, você pode transformar uma sala de jantar do dia para a noite simplesmente mudando a configuração de luz diurna armazenada para a da noite. Dessa forma, você pode iluminar várias áreas do estúdio de uma vez, estabelecer uma configuração de iluminação na memória do computador e ativar uma parte de todas as informações armazenadas sempre que necessário.

Esse é o lugar onde luzes LED brilham – literalmente. Quando elas são arranjadas em um regulador DMX (Digital Multiplex), você pode gerenciar centenas de luzes individuais e dúzias de configurações de iluminação. Ao enviar os códigos binários, você pode fazer com que as luzes LED não só brilhem menos como também mudem de cor, e, se equipadas, girar, piscar e disparar feixes de laser – tudo com o toque de uma chave.

Claro, as luzes LED e quaisquer outros instrumentos de iluminação devem poder receber os comandos DMX. Como discutido anteriormente, as luzes LED podem mudar as cores por meio da mistura de seus diodos RGB de maneiras específicas, muito parecido com as cores em telas de computador e vídeo. Todas essas misturas podem ser pré-programadas pelo controlador DMX. O sistema DMX também pode gerenciar máquinas de palco, como máquinas de nevoeiro e lançadores de chamas, supondo que esse maquinário é também equipado para ler e reagir aos sinais DMX.

A desvantagem de tais sistemas de iluminação é que eles são bastante caros e, portanto, não são práticos para operações de estúdio de televisão. Mas não se desespere: sistemas de escurecimento menores provavelmente funcionarão perfeitamente para quase todas as atribuições de iluminação do estúdio.

PONTOS PRINCIPAIS

▶ Há três tipos de fontes de produção de luz: lâmpadas incandescentes, fluorescentes e de LED (diodo que emite luz).

▶ Toda a iluminação do estúdio é realizada por uma variedade de refletores e floodlights, tecnicamente chamados luminárias.

▶ Os refletores de estúdio incluem o Fresnel e o elipsoidal.

▶ Os floodlights de estúdio incluem o scoop, o soft light e projetor, o painel de LED, o refletor fluorescente e o strip light ou CIC (CYC).

▶ A iluminação em campo utiliza refletores portáteis com lentes (refletores do tipo Fresnel pequenos e HMI), refletores abertos sem lentes e refletor interno (clip light).

▶ Os *foodlights* portáteis mais populares são: a luz V, o softbox, a lanterna chinesa, o banco fluorescente portátil e o painel de LED.

▶ A maioria dos floodlights portáteis é aberta, o que significa que não tem lente. Pequenos refletores fluorescentes também são usados como floodlights portáteis. Os difusores do tipo caixa de luz podem transformar um refletor em floodlight.

▶ Muitas vezes, a iluminação simples de ENG é feita com pequenas e versáteis luzes de câmera ou painéis de LED instalados na câmera ou segurados na mão.

▶ Os equipamentos de controle de iluminação incluem dispositivos de instalação, controles direcionais, controles de intensidade e reguladores de luminosidade.

▶ Os principais dispositivos de instalação são: o grid e o batente de contrapeso, o C-clamp (garra), a haste deslizante, o pantógrafo e os pedestais de chão.

▶ Os controles direcionais incluem barn doors, flags e refletores.

Controles básicos de intensidade são: o tamanho do instrumento (wattagem da lâmpada), a distância relativa do instrumento de iluminação em relação ao objeto-alvo e o foco ou a difusão relativos do feixe.

Com um dimmer eletrônico, é possível manipular facilmente uma luz ou grupo de luzes para funcionarem em determinada intensidade. O sistema de escurecimento para luzes incandescentes e fluorescentes diminui a voltagem. O dimmer para luzes de LED interrompe a corrente elétrica ligando-a e desligando-a rapidamente.

Patching faz com que seja possível conectar cada instrumento de iluminação a um dimmer diferente. Você pode arranjar cada instrumento em um dimmer separado ou diversos instrumentos para um único dimmer.

Alguns sistemas de iluminação, tais como os painéis de controle de DMX, possibilitam o controle de cor, formato e movimento dos feixes de luz.

seção 10.2

Intensidade de luz, níveis de base de luz, temperatura da cor e mistura de cor

Antes de aprender a fazer a iluminação em estúdio e campo, você precisa estudar mais alguns elementos sobre a luz, como controlá-la e medi-la, e como produzir luz colorida.

- ▶ **Intensidade da luz**
  Uso de foot-candles e lux para medir a luz incidente e refletida.

- ▶ **Cálculo da intensidade da luz**
  O lúmen e a lei do inverso do quadrado.

- ▶ **Operação do nível de luz: luz-base**
  Estabelecimento dos níveis ideais de luz.

- ▶ **Temperatura de cor e equilíbrio do branco**
  O avermelhado e o azulado da luz branca e como controlar a temperatura de cor por meio do balanceamento do branco.

- ▶ **Mídia e mistura de cor**
  Folhas de plástico (gelatinas) que mudam a cor da luz e mistura de LED.

Intensidade de luz

Embora algumas câmeras de vídeo possam produzir imagens na escuridão quase total, a maioria das câmeras padrão necessita de certa quantidade de luz para um bom desempenho. Tão sensíveis como nossos olhos, elas nem sempre conseguem precisar quanta luz um instrumento produz, quanta luz realmente há no estúdio ou no local, quanta luz o objeto realmente reflete e quanta luz a lente da câmera realmente recebe. O fotômetro nos dá uma leitura mais precisa da intensidade da luz.

Foot-candles e lux

As unidades padrão de medida da intensidade são o *foot-candle* (fc), usado nos Estados Unidos, e o *lux*, na Europa. Como a iluminação comum de televisão não exige unidades extremamente precisas de intensidade, basta aproximar o valor em lux multiplicando os foot-candles por um fator de 10 ou aproximar o valor em foot-candles dividindo os lux por 10:

- ■ Para encontrar o valor em lux quando o original está em foot-candles, multiplique foot-candles por 10.

- ■ Para encontrar o valor em foot-candles quando o original está em lux, divida lux por 10.

Por exemplo, 100 foot-candles são iguais a cerca de 1.000 lux (100 × 10), e 2.000 lux são cerca de 200 foot-candles (2.000 ÷ 10). Se quiser ser mais preciso, use um fator de 10,75 para transformar lux em foot-candles ou vice-versa.

Equipado com foot-candles ou lux como a unidade de intensidade de luz, agora é possível medir os dois tipos de intensidade de luz: a luz incidente e a luz refletida.

Luz incidente

Uma leitura de luz incidente lhe dá uma ideia da quantidade de luz necessária para alcançar uma área específica do estúdio. Ao medir a *luz incidente*, na verdade você está medindo a quantidade de luz que incide sobre um objeto ou uma área de apresentação, mas não o que é refletido por estes. Para medir a luz incidente, deve-se ficar em pé na área iluminada, ou próximo ao objeto, e apontar o fotômetro de luz incidente para a lente da câmera. O fotômetro dará uma leitura rápida do nível geral de luz que atinge a área do estúdio. Esse nível de iluminação geral é também chamado luz-base, mas a luz incidente ainda pode referir-se à luz produzida por determinado instrumento. Se desejar uma leitura da intensidade da luz proveniente de instrumentos específicos, aponte o medidor de luz para as luzes. **Figura 10.42**

Essas medições podem ser úteis, em especial quando você precisa duplicar a iluminação de uma cena gravada no mesmo estúdio durante vários dias. Por alguma razão, é difícil a duplicação da iluminação exata de um dia para o outro, mesmo com um patchboard computadorizado, que fielmente duplica as configurações de regulador de luminosidade do dia anterior. Uma verificação da luz incidente, porém, garante intensidades idênticas ou bastante próximas.

Para descobrir possíveis falhas na iluminação – áreas sem ou com pouca iluminação – caminhe pelo estúdio com o fotômetro apontado para as principais posições da câ-

10.42 Leitura da luz incidente
Para ler a luz incidente, aponte o fotômetro para a câmera ou as luzes enquanto você está de pé ao lado do objeto iluminado ou da área de apresentação. Aqui, a diretora de fotografia verifica a intensidade de uma luz específica.

mera. Observe o fotômetro: sempre que a agulha cair até o fim, estará indicando uma falha.

Luz refletida

A leitura da *luz refletida* dá uma ideia de quanta luz é refletida pelos vários objetos. É utilizada principalmente para medir o contraste.

Para medi-la, use um fotômetro de luz refletida (a maioria dos fotômetros fotográficos mede a luz refletida). Aponte-o próximo do objeto iluminado, como o rosto ou o cabelo loiro da bailarina, e depois para o fundo escuro – sempre na direção da câmera (a parte de trás do fotômetro deve ficar voltada para a posição da câmera principal). **Figura 10.43**

Não fique entre a fonte luminosa e o objeto ao fazer essa leitura ou medirá sua sombra em vez da luz realmente refletida pelo objeto. Para medir o contraste, aponte o fotômetro para o lado iluminado do objeto e, em seguida, mova-o para o lado sombreado. A diferença entre as duas leituras lhe dá a razão de contraste. (O Capítulo 11 descreve a relação de contraste e sua importância na iluminação de televisão.)

Não fique preso a essas medidas e razões. Uma verificação rápida da luz-base é tudo o que geralmente é necessário para a maioria das situações de iluminação. Em produções especialmente críticas, você talvez queira verificar a refletância dos rostos ou objetos extremamente brilhantes. Algumas pessoas ficam tão envolvidas na leitura dos fotômetros e osciloscópios que exibem visualmente os níveis de luz em comparação com as tolerâncias de câmera, que se esquecem de verificar o monitor para ver se a iluminação tem a aparência que foi inicialmente concebida. Se você combinar seu conhecimento de como a câmera funciona com sensibilidade artística e, sobretudo, bom senso, não vai deixar o fotômetro dizer como iluminar, mas vai usá-lo como guia para tornar seu trabalho mais eficiente.

Cálculo da intensidade da luz

A intensidade da luz mede quanta luz incide sobre um objeto. Um foot-candle (luz de vela) é a quantidade de luz de uma única vela (1 lúmen) que incide em um 1 pé de superfície localizada a 1 pé de distância da vela. Um lux é a luz que incide sobre uma superfície de 1 metro quadrado, gerada por uma única vela (1 lúmen) que queima a uma distância de 1 metro. A norma para a intensidade da luz tanto para foot-candles quanto para lux de uma única vela é de 1 **lúmen**.

A intensidade da luz está sujeita à lei do inverso do quadrado. Essa lei estabelece que, se uma fonte de luz irradia isotropicamente (uniformemente em todas as direções), como uma vela ou uma única lâmpada acesa no meio de uma sala, a intensidade da luz cai (fica mais fraca) a $1/d^2$, onde d é a distância da fonte. Por exemplo, se a intensidade de uma luz é 1 fc a uma distância de 1 pé da fonte, sua intensidade a uma distância de 2 pés será de ¼ fc. **Figura 10.44**

A lei do inverso do quadrado também se aplica ao lux. Nesse caso, a intensidade da luz é medida em uma superfície de 1 m², situada a 1 metro da fonte de luz de 1 lúmen.

Essa fórmula indica que a intensidade da luz diminui quanto mais longe você mover o instrumento de iluminação do objeto, e aumenta se você mover a luz mais para perto. Fora isso, a fórmula pouco contribui para tornar a iluminação de televisão mais precisa. Os feixes de um holofote, uma lanterna, os faróis do carro e de um Fresnel ou refletor elipsoidal não irradiam a luz isotropicamente (como uma vela), mas são colimados (os raios de luz são feitos para andar em paralelo, tanto quanto possível) e, portanto, não obedecem à lei do inverso do quadrado.

Até floodlights irradiam sua luz mais na direção da abertura do refletor do que para trás. Quanto mais colimada a luz – isto é, quanto mais focado seu feixe – mais lentamente sua intensidade diminui com a distância. É por

10.43 Leitura da luz refletida
Para medir a luz refletida, aponte o fotômetro de luz refletida (usado em fotografia) para perto do objeto iluminado.

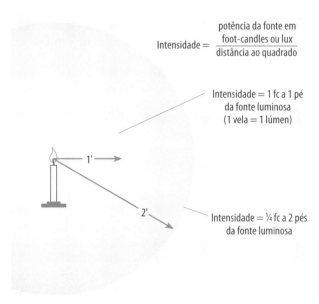

10.44 Lei do inverso do quadrado
Observe que a lei do inverso do quadrado só se aplica a fontes de luz que irradiam isotropicamente (uniformemente em todas as direções). Essa lei se aplica igualmente ao lux.

Operação do nível de luz: luz-base

Para fazer que a câmera "veja bem", de modo que as imagens fiquem relativamente livres de ruído de vídeo (artefatos na imagem ou "neve"), é preciso estabelecer um nível operacional mínimo de luminosidade, chamado luz-base ou base. Lembre-se de que a *luz-base* é o nível geral de luz em uma cena.

Níveis de luz-base

Já foram mencionados muitos argumentos sobre os níveis mínimos adequados de luz-base para câmeras diferentes. O problema é que os níveis de luz-base não representam valores absolutos, mas dependem de outros fatores de produção, como a sensibilidade da câmera, o contraste de iluminação desejado, a refletância geral do cenário e, é claro, a abertura da lente (f-stop). Ao gravar ao ar livre em um trabalho de ENG, você não terá muito controle sobre os níveis de luz-base e terá de aceitar qualquer luz que exista. Mas lá talvez seja possível usar rebatedores de luz solar para iluminar áreas de sombra ou instrumentos de iluminação adicional para aumentar a luz disponível. Geralmente, o problema não é uma base de luz inadequada, mas, ao contrário, a luz em excesso. Vamos dar uma olhada breve em ambas as situações.

Sem luz-base suficiente Embora costumemos ouvir que câmeras camcorders comuns podem operar em níveis de luz tão baixos quanto 0,1 fc ou até 0,02 fc (10 ou até 2 lux), os níveis de luz para o desempenho ideal da câmera são muito maiores. Câmeras profissionais de ENG/EFP e de estúdio normalmente precisam de cerca de 100 fc, ou aproximadamente 1.000 lux, para a qualidade ideal de imagem com um ajuste de abertura de f/5.6 a f/8.0. Esses f-stops produzem imagens com a mais alta resolução. Você provavelmente encontrará especificações de câmera que usam 200 fc (2.000 lux) como iluminação padrão e depois indicam o mais alto f-stop como f/11, no qual a câmera ainda oferece imagens perfeitas.

A maioria das câmeras de vídeo pode trabalhar em níveis de luz-base consideravelmente mais baixos, sem perda perceptível de qualidade de imagem. Ligando o controle de ganho e mudando para um ajuste de ganho baixo (que, como você se lembra, acentuará eletronicamente o sinal de vídeo), talvez consiga uma imagem aceitável mesmo em condições de pouca luz. Apesar das afirmações dos fabricantes em contrário, o ganho alto pode causar aumento no ruído de vídeo e ocasional distorção de cores. Para vídeo doméstico e até mesmo captação de notícias (ENG), a qualidade do vídeo pode ser secundária ao conteúdo da imagem, mas é de grande preocupação para gravação em campo (EFP) e programas de estúdio que devem tolerar muitas manipulações de imagem na edição de pós-produção.

Aqui está uma regra prática: em geral, a câmera possui menos dificuldade em produzir cores verdadeiras e imagens nítidas e de alta qualidade quando o nível de luz é bastante elevado e o contraste limitado do que em níveis muito baixos de luz com iluminação de alto contraste.

Excesso de luz-base Apesar da validade dessa regra prática para luz-base e qualidade de imagem, haverá casos em que terá simplesmente luz demais para que a câmera funcione corretamente. Pode-se lidar com excesso de luz reduzindo a abertura da lente, o que se traduz em definir o f-stop para um número mais alto, como f/22, e/ou usar um filtro ND, que faz parte do anel de filtros dentro da câmera. Muito parecido com óculos de sol, que delimitam o alcance de luz dos seus olhos, o *filtro de densidade neutra* (ND) reduz a quantidade de luz que incide sobre uma cena ou entra pelo divisor de feixe da câmera, sem alterar a temperatura de cor da luz. Esses filtros ND também vão ajudar a controlar o extremo contraste entre luz e sombras quando você gravar em ambientes externos em um dia ensolarado.

Temperatura da cor e equilíbrio do branco

Nos capítulos anteriores, referimo-nos brevemente à temperatura da cor e equilíbrio do branco. Esta seção fornece uma explicação detalhada de qual temperatura de cor é e como controlá-la por meio do equilíbrio do branco.

Temperatura da cor

Você pode ter notado que a iluminação fluorescente nos corredores de um edifício emite uma luz branca mais azulada que a lâmpada antiquada em um abajur de mesa ou uma lanterna cuja bateria está prestes a acabar, que emite uma luz mais avermelhada. Quando o sol se põe, ele fica com uma luz muito mais avermelhada do que o sol do meio-dia, que é mais azulado. Essas variações de cor na luz são chamadas de *temperatura da cor*. Note que a temperatura da cor não tem nada a ver com a temperatura física, isto é, quão quente a lâmpada realmente fica é estritamente uma medida da vermelhidão ou azulado relativos da luz branca.

Essa vermelhidão e azulado da luz branca podem ser precisamente medidos; é expresso em graus de temperatura de cor, ou graus **Kelvin (K)**. Na linguagem de iluminação, uma temperatura de cor refere-se a uma certa quantidade de K. O padrão de temperatura de cor para iluminação interior é 3,200 K, que é uma luz bastante branca com apenas um pouco de coloração avermelhada (quente). Todos os instrumentos de iluminação do estúdio e as luzes portáteis destinadas à iluminação interior são classificadas em 3,200 K, pressupondo que elas recebem plena voltagem. Os instrumentos de iluminação utilizados para aumentar ou simular luz têm lâmpadas que emitem uma luz de 5.600 K. Eles aproximam mais a luz azulada do exterior. **Figura 10.45**

Equilíbrio de brancos

Como você se lembra do Capítulo 5, o equilíbrio de brancos é o ajuste dos circuitos coloridos na câmera para produzir uma cor branca, independentemente de você filmar ao ar livre em luz solar ou dentro de casa com lâmpadas de 3.200 K ou 5.600 K. Antes de começar a equilibrar o branco, você precisa garantir uma temperatura de cor da configuração da iluminação.

Combinação das fontes de luz Isso é especialmente importante ao iluminar uma entrevista ou um escritório em uma sala que é parcialmente iluminada por uma janela. O problema é que a luz que vem da janela sempre tem uma temperatura de cor mais alta do que as luzes portáteis de 3.200 K com que você ilumina a pessoa. Quando as luzes com duas temperaturas de cores diferentes são de uma só vez, você precisa levantar as luzes interiores em 3.200 K para o padrão ao ar livre de 5.600 K ou derrubar o padrão ao ar livre para coincidir com o interior.

A maneira mais simples é aumentar a temperatura de cor da luz avermelhada em 3.200 K para torná-la mais azulada para combinar com a luz exterior vinda através da janela. Isso é geralmente feito colocando-se um gel azul-claro (folha de plástico colorido) na frente de todos os instrumentos de iluminação utilizados na configuração. Ou, se disponível, você pode substituir a lâmpada de 3.200 K pela de 5.600 K.

Você também pode diminuir a temperatura de cor para fazê-la mais avermelhada cobrindo toda a janela com folhas de plástico de âmbar, que agem como filtros gigantescos, diminuindo a temperatura de cor ao ar livre para o padrão interno. Isso é geralmente feito quando vários instrumentos de iluminação são usados para iluminar as pessoas que se deslocam no interior da sala. **Figura 10.46**

Se você utilizar instrumentos HMI para a configuração interior, não precisará se preocupar. Todas as luzes HMI emitem uma temperatura de cor de 5.600 K, que corresponde à luz exterior.

Alguns instrumentos de LED têm controles que permitem que você determine uma temperatura de cor aproximada.

Como balancear o branco Para balancear o branco de uma câmera com um sistema semiautomático, faça um close que preencha a tela de um cartão branco, uma camisa branca, ou mesmo um tecido limpo e aperte o botão de equilíbrio de brancos. Alguns sacos de utilidade de câmera têm um remendo branco costurado neles, que dará a você um padrão de equilíbrio de branco aonde quer que vá. O visor eletrônico (normalmente uma luz intermitente) indicará quando a câmera está vendo o branco verdadeiro. Certifique-se de que o objeto branco preenche todo o visor e que está localizado à luz que realmente ilumina a cena que você está filmando. Por exemplo, não equilibre o branco da câmera em luz solar brilhante fora do hotel e depois prossiga para gravar o vídeo do desfile de moda no lobby do hotel. Se o fizer, poderá achar que as cores do vídeo são bastante diferentes das cores que os modelos usavam.

Você precisa fazer o equilíbrio de branco sempre que entrar em um novo ambiente de iluminação; mesmo que a luz pareça a mesma a olho nu, a câmera irá detectar a diferença. **Figura 10.47**

Quando você escurece uma lâmpada incandescente que é classificada em 3.200 K, a luz torna-se progressivamente mais avermelhada, semelhante à luz solar do pôr do sol. A câmera colorida, quando ajustada para ver o branco em luz de 3.200 K, mostra fielmente esse avermelhamento crescente. Por exemplo, a camisa branca de um intérprete vai gradualmente virar laranja ou rosa, e os tons de pele terão um brilho vermelho não natural. Alguns especialistas em iluminação, portanto, alertam contra qualquer escurecimento de luzes incandescentes que iluminam artistas e áreas de atuação. A prática mostrou, entretanto, que você pode escurecer uma luz em 10% ou mesmo um pouco mais sem mudança de cor tornando-se muito perceptível em um monitor colorido. Observe que escurecer as luzes em pelo menos 10% não apenas reduzirá o consumo de energia, mas praticamente o dobro da vida das lâmpadas.

Lembre-se que as luzes fluorescentes e LED não mudam temperatura de cor durante o escurecimento, o que é uma das suas vantagens. Se você gravar um vídeo "raw" descompactado, você poderá corrigir a temperatura da cor em edição de pós-produção.

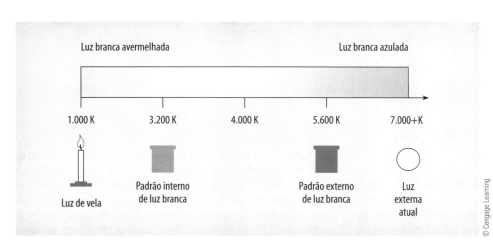

10.45 Temperatura de cor*
A temperatura de cor, medida na escala de Kelvin, indica a vermelhidão ou o azulado relativos de luz branca. A norma para a luz interna é 3.200 K; para a luz ao ar livre é 5.600 K.

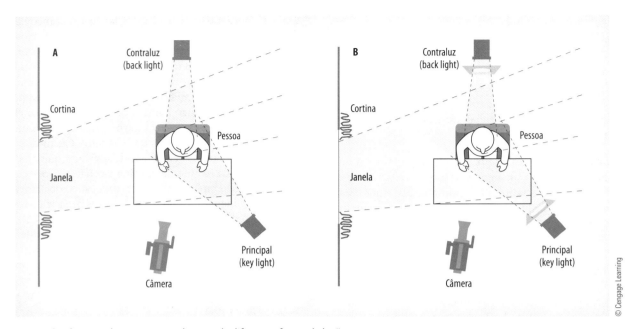

10.46 Combinação de temperatura de cores de diferentes fontes de luz*
A Ao iluminar um objeto com a luz interna misturada com a luz externa que vem através de uma janela, você precisa igualar as temperaturas de cor de ambas as fontes de luz para garantir um balanceamento de brancos adequado.
B Para igualar as temperaturas de cor, você pode colocar géis azul-claros nos instrumentos de iluminação interna para aumentar a sua temperatura de cor de 3.200 K para a luz do dia mais proeminente, 5.600 K, vinda pela janela.

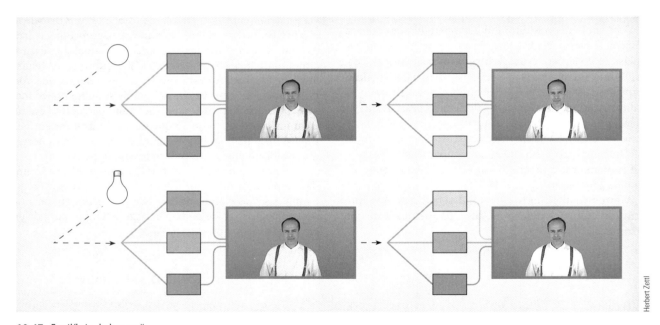

10.47 Equilíbrio de branco*
O equilíbrio de branco ajusta canais de RGB na câmera para corrigir moldes de luz indesejada e fazer o branco parecer branco. Com vídeo "raw" descomprimido, o equilíbrio de branco também é feito na pós-produção.

Mídia e mistura de cor

Quando se usa a iluminação incandescente, é possível produzir grande variedade de luz colorida simplesmente colocando mídia de cores diferentes, ou *gel*, na frente do instrumento de iluminação. (*Gel* vem de *gelatina*, que era a mídia de cor usada antes do desenvolvimento do plástico, que resiste melhor ao calor e à umidade.) As mídias de cor são lâminas de plástico com alta resistência ao calor que agem como filtros de cor. São usadas extensivamente para colorir o fundo cênico ou criar efeitos especiais de cores, como um pôr do sol ou céu azul-escuro, ou efeitos de cores

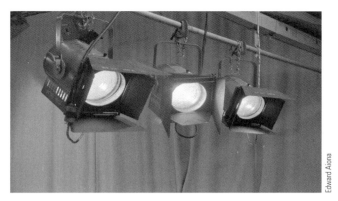

10.48 Mídia de cor*
As mídias de cor, ou géis, são filtros coloridos colocados na frente dos instrumentos de iluminação para produzir luz colorida.

10.49 Conjunto de cor de LED*
A maioria dos instrumentos de iluminação de LED opera com conjuntos de diodos vermelhos, verdes e azuis.

em programas de dança, concertos de rock ou alguns programas de mistério ou ficção científica. **Figura 10.48**

Luzes de LED não precisam de gelatinas, mas podem produzir várias luzes coloridas eletronicamente.

Como usar mídia de cor

Corte a lâmina de mídia de cor de modo a caber na estrutura do suporte de gel do instrumento de iluminação. Deslize então o suporte de gel para as presilhas diante da lente. Se não houver necessidade de iluminação colorida muito precisa, utilize prendedores de roupa feitos de madeira (os de plástico derretem) para pendurar as lâminas de cor nas barn doors como se fossem roupa lavada em um varal. Não é necessário cortar o gel, que é muito caro, pois ele fica bem longe do calor gerado pela lâmpada. Instrumentos altamente focalizados geram tanto calor que queimam o centro até do gel mais resistente. Evite essas queimaduras colocando o instrumento em uma posição mais ampla (movendo a unidade lâmpada-refletor em direção à lente), dissipando assim parte do calor.

Cores do LED

Como você se lembra, as luzes de LED consistem em conjuntos de pequenas lâmpadas vermelhas, verdes e azuis. Para produzir luz branca, todas elas recebem a mesma quantidade de corrente elétrica. Se você quiser produzir luz vermelha, você alimenta a corrente apenas para as luzes de LED vermelhas – ou as azuis quando você quiser a luz azul. Ao escurecer cada um dos RGBs de LEDs separadamente, você pode produzir uma grande variedade de cores, muito parecida com a forma como uma TV ou tela do computador faz. **Figura 10.49** Expandimos a mistura de luz colorida no Capítulo 14.

PONTOS PRINCIPAIS

▸ A intensidade da luz é medida em foot-candles (fc) ou lux. Para encontrar o valor em lux quando o original está em foot-candles, multiplique este último por 10. Para encontrar o valor em foot-candles quando o original está em lux, divida este último por 10. Se precisar ser mais exato, utilize 10,75 como fator de conversão.

▸ Para medir a luz incidente (a luz que recai sobre a cena), aponte o fotômetro para longe da cena iluminada em direção à câmera ou para as luzes que estão iluminando o objeto.

▸ Para medir a luz refletida, use um medidor de luz padrão e segure-o perto de várias áreas do objeto ou sujeito iluminado. As leituras de luz refletida medem principalmente o contraste.

▸ A lei do inverso do quadrado na iluminação só se aplica se a fonte de luz irradia isotropicamente – uniformemente em todas as direções – como uma luz de vela ou lâmpada de abajur. Como a maioria dos instrumentos de iluminação de televisão colima a luz (focaliza os raios de luz), a lei do inverso do quadrado não se aplica na mesma intensidade. O princípio geral, porém, ainda é válido: quanto mais longe a fonte de luz está do objeto, menos intensa é a luz; quanto mais próximo da luz está o objeto, mais intensa é a luz.

▸ A luz-base é o nível global de luz em uma cena. As câmeras exigem um nível mínimo de luz-base para operação ideal.

▸ A temperatura de cor, medida em graus Kelvin (K), é o avermelhado ou esverdeado relativo da luz branca. O padrão de temperatura de cor para luz interna é 3.200 K (luz quente colorida); o padrão externo é 5.600 K (luz colorida fria). Não misture as temperaturas de cor em uma única filmagem.

▸ O equilíbrio de branco é um ajuste de circuitos na câmera para reproduzir o branco em diversas temperaturas de cor.

▸ As mídias de cor, normalmente chamadas géis, são filtros de plástico colorido que, quando colocados na frente da lente de um instrumento de iluminação, dão ao feixe de luz a cor do gel.

▸ A luz de LED consiste em lâmpadas vermelhas, azuis e verdes, ou diodos emissores de luz. Para produzir a luz branca, todos eles recebem a mesma quantidade de corrente de luz. Para produzir luz colorida, você alimenta uma certa quantidade de corrente apenas para os LEDs vermelhos, verdes e azuis desejados.

capítulo 11

Técnicas de iluminação para televisão

Você já deve ter notado que noticiários, comédias de situação e game shows são bem iluminados, com o mínimo de sombras sobre o rosto. No entanto, quando se trata de programas policiais e novelas, é possível, muitas vezes, ver mais sombras profundas no rosto dos atores e, às vezes, até as cores são distorcidas. As técnicas de iluminação de televisão ensinam a alcançar esses efeitos diferentes e muito mais.

Na maioria das situações de produção de vídeo, especialmente em produções eletrônicas de campo (EFP, do inglês Eletronic Field Production), o espaço, o tempo e as pessoas disponíveis são insuficientes para obter iluminação com qualidade cinematográfica. O tempo reservado à iluminação é, muitas vezes, tão curto que tudo o que você pode fazer é inundar o estúdio ou o local com luz muito difusa, independentemente da natureza do evento. Embora essa técnica talvez agrade à câmera e, provavelmente, ao operador de vídeo (que, por causa dos níveis de luz uniformes, tem pouco sombreamento a fazer), ela nem sempre cumpre as exigências estéticas da produção. Uma cena dramática em estúdio que representa uma esquina escura não vai parecer convincente se tudo estiver brilhante e uniformemente iluminada por soft lights. Mas iluminar o estúdio que representa a esquina de tal modo que pareça crível exige não somente tempo, mas especialmente que você conheça os princípios da manipulação de luz e sombras. A iluminação para cinema digital requer ainda mais cuidado e tempo, porque normalmente é preciso iluminar cada plano ou, na melhor das hipóteses, cada cena.

A limitação de tempo sempre presente não deve impedir a iluminação de televisão criativa e de boa qualidade, mas exige elevado grau de eficiência. Sem uma compreensão profunda dos princípios básicos de iluminação, gasta-se todo o tempo disponível e parte do tempo de ensaio tentando conseguir um efeito de iluminação específico, que, no final, talvez pareça deslocado. A eficiência na iluminação também significa preparação cuidadosa.

Este capítulo vai ajudá-lo em tais preparativos. A seção 11.1, Iluminação no estúdio, apresenta as técnicas e os princípios básicos e de efeitos especiais para iluminação em estúdio; a seção 11.2, Iluminação em campo, trata de técnicas de iluminação para captação eletrônica de notícias (ENG), produção eletrônica em campo (EFP) e produções cinematográficas digitais no local. Note que as técnicas de iluminação podem muito rapidamente ser adaptadas para uso em campo, e muitas técnicas de iluminação em campo também podem ser usadas no estúdio.

PALAVRAS-CHAVE

Luz de fundo; Contraluz; Cameo lighting; Chroma-key; Relação de contraste; Cross-keying; Luz difusa; Luz direcional; Perda de luminosidade; Luz de preenchimento; Planta baixa; High-key; Luz principal; Luz posterior; Esquema de iluminação; Levantamento de locação; Low-key; Princípio de iluminação fotográfica; Luz lateral; Iluminação de silhueta.

seção 11.1

Iluminação no estúdio

Iluminação significa o controle de luz e sombras. Ambas são necessárias para mostrar a forma e a textura de um rosto ou um objeto, para sugerir um ambiente específico e, como a música, para criar um clima específico. Independentemente de você fazer iluminação para produções dramáticas ou não, vai notar que costuma haver várias soluções para cada problema. Embora não haja receita universal que funcione em todas as situações possíveis de iluminação, existem alguns princípios básicos que podem ser facilmente adaptados a uma grande variedade de requisitos específicos. Quando confrontado com uma tarefa de iluminação, não comece com as limitações previstas. Comece com a forma com a qual você gostaria que a iluminação parecesse. Em seguida, adapte-a às instalações técnicas existentes e, especialmente, ao tempo disponível.

▶ **Segurança**
  Precauções básicas de segurança de iluminação.

▶ **Luz direcional e luz difusa**
  Sombras.

▶ **Funções de iluminação**
  Terminologia, funções específicas das principais fontes de luz e o princípio fotográfico.

▶ **Técnicas específicas de iluminação**
  Iluminação high-key e low-key, iluminação de ação básica e contínua, iluminação de área grande, iluminação de alto contraste, iluminação cameo, iluminação de silhueta e iluminação de chroma-key e controle de sombras nos olhos e do boom.

▶ **Contraste**
  Relação de contraste, medição e controle de contraste.

▶ **Equilíbrio das intensidades de luz**
  Razão entre luz principal e contraluz, e razão entre luz principal e de preenchimento.

▶ **Esquema de iluminação**
  Indicação da localização dos instrumentos e de seus feixes.

▶ **Operação das luzes de estúdio**
  Conservação de lâmpadas e economia de energia, e uso de monitor de estúdio.

Segurança

Na operação real dos instrumentos de iluminação e dos equipamentos de controle associados, siga a regra principal de todas as atividades de produção: *segurança em primeiro lugar*.

A maioria das medidas de segurança aplicam-se igualmente a produções em estúdio e em campo. Todavia, algumas específicas para cada local, que são abordadas na seção 11.2.

Medidas de segurança básicas para iluminação

- Como mencionado no Capítulo 10, sempre use luvas ao trabalhar com instrumentos de iluminação ativos (ligados). As luvas protegem de queimaduras ao tocar nos suportes ou nos defletores de instrumentos quentes e dão certa proteção contra choques elétricos.

- Sempre prenda os instrumentos de iluminação nos grids e batentes com correntes ou cabos de segurança e conecte as barn doors e as telas nos instrumentos de iluminação. Verifique todos os C-clamps periodicamente, em especial o parafuso que liga o instrumento de iluminação ao dispositivo suspenso. Ao usar pedestais dobráveis, coloque pelo menos um saco de areia em um dos pés do tripé (ver Figura 10.34).

- Cuidado ao plugar as luzes e ao deslocar instrumentos ativos. Como as lâmpadas quentes são especialmente vulneráveis a choques físicos, tente não sacudir o instrumento; mova-o suavemente.

- Ao trocar lâmpadas, aguarde até o instrumento esfriar um pouco. Sempre desligue o aparelho antes de tentar remover uma lâmpada queimada. Como uma proteção dupla, desconecte a luz do batente ou de seu pedestal. Não toque em lâmpadas de quartzo novas. Impressões digitais ou qualquer outra coisa agarrada à caixa de quartzo da lâmpada fazem que ela superaqueça e queime. Utilize luvas ou, se não tiver mais nada, papel toalha ou até mesmo uma parte da sua camisa ao manusear a lâmpada de quartzo.

- Ao mover escadas, preste atenção em obstáculos que estejam acima e abaixo. Não se arrisque inclinando-se demais para alcançar um instrumento. Posicione a escada para que seja possível trabalhar atrás, e não pela frente, do instrumento. Preste atenção também a obstáculos quando movimentar luzes do chão.

- Ao ajustar uma luz, procure não olhar diretamente para ela. Em vez disso, olhe para o objeto a ser iluminado e veja como o feixe incide sobre ele. Se precisar olhar para a luz, use óculos escuros e faça isso apenas por alguns instantes.

- Antes de começar a conectar (supondo que você use um painel de ligação físico), coloque todos os reguladores de luminosidade e disjuntores na posição de desligado (*off*). Não faça "conexões a quente" ligando o cabo de energia do instrumento na tomada do batente com o disjuntor ligado, pois pode resultar em queimaduras nas mãos e também danificar as conexões, que fazem as ligações adequadas.

- Quando usar extensões de corrente alternada (CA), use fita isolante em todas as conexões de forma que elas não possam ser desligadas. Posicione-as de maneira que as câmeras possam ter livre movimentação.

Luz direcional e luz difusa

A *luz direcional*, produzida por refletores, ilumina uma área relativamente pequena com um feixe de luz distinto e produz sombras densas e bem-definidas. O sol em um dia sem nuvens age como um refletor gigante produzindo sombras densas e distintas. A *luz difusa* ilumina uma área relativamente grande com um feixe largo e indistinto. É produzida por holofotes e cria sombras suaves e transparentes. O sol em um dia nublado ou com nevoeiro age como um holofote ideal, pois a cobertura de nuvens transforma os feixes de luz dura do sol em luz altamente difusa.

Sombras

Como você pode diferenciar a iluminação de uma cena por refletores da por spots? Olhe para as sombras. A densidade das sombras e sua perda de luminosidade indicam se a luz é direcional ou difusa. Olhando somente para o lado iluminado, é bem difícil dizer se a luz é direcional ou difusa.

Funções de iluminação

Você vai notar que a terminologia de iluminação não se baseia tanto em saber se os instrumentos são refletores ou holofotes, mas em definir suas funções e sua posição em relação ao objeto a ser iluminado.

Terminologia

Embora haja variações nos termos, a maioria dos profissionais de iluminação nas artes fotográficas (incluindo vídeo e cinema digital) utiliza esta terminologia padrão.

- A *luz principal* (key light) é a principal fonte aparente de iluminação direcional que incide sobre uma pessoa ou área. Esse tipo de luz revela a forma básica do objeto.
- A *contraluz* (back light) produz iluminação por trás do objeto e em oposição à câmera, distingue entre a sombra do objeto e o fundo e enfatiza o contorno do objeto.
- A *luz de preenchimento* (fill light) fornece iluminação geralmente difusa para reduzir as sombras ou o intervalo de contraste (para reduzir a perda de luminosidade). Ela pode ser direcional se a área a ser "preenchida" for bastante limitada.
- A *luz de fundo* (background light) ou luz de cenografia é utilizada especificamente para iluminar o fundo ou o cenário e é separada da luz fornecida aos artistas ou à área de apresentação.
- A *luz lateral* (side light) é colocada diretamente ao lado do objeto, em geral no lado oposto da câmera em relação à luz principal. Às vezes, duas luzes laterais são utilizadas, de frente uma para a outra, na qualidade de duas luzes principais para efeitos especiais de iluminação sobre o rosto.
- A *luz posterior* ou *de retrocesso* (kicker light) é uma iluminação direcional de trás, de um dos lados do objeto, em geral a partir de um ângulo baixo oposto ao da luz principal. Enquanto a contraluz apenas destaca a parte de trás da cabeça e os ombros, a luz posterior destaca e define todo o lado da pessoa, separando-a do fundo.

Funções específicas das principais fontes de luz

Como essas luzes funcionam em tarefas básicas de iluminação? Vejamos.

Luz principal (key light)   Como se trata da principal fonte de iluminação, a função primordial desse tipo de luz é revelar a forma básica do objeto.   **Figura 11.1**   Para isso, a luz principal deve produzir algumas sombras. Refletores Fresnel com abertura média são normalmente utilizados para luz principal, mas é possível usar um scoop, um *projetor* ou até um soft light como luz principal se você quiser sombras mais suaves ou, tecnicamente, perda de luminosidade mais lenta. Na ausência de caros soft lights, alguns diretores de

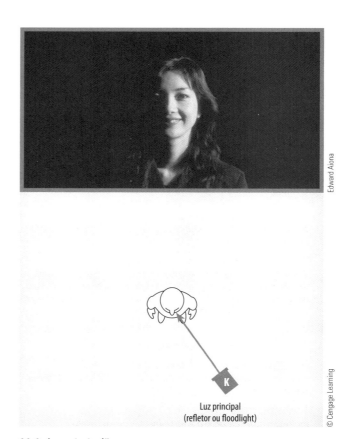

11.1 Luz principal*
A luz principal representa a principal fonte de luz e revela a forma básica do objeto ou da pessoa.

fotografia aproveitam a sugestão de cineastas e fotógrafos e usam refletores como luzes principais e de preenchimento. Em vez de difundir as luzes principais e de preenchimento com material de difusão, como telas ou gelatinas, não aponte a luz principal (um refletor Fresnel) diretamente para o objeto, mas reflita-a em espuma branca (isopor) ou em uma grande cartolina branca. A luz refletida e altamente difusa produz sombras distintas, mas extremamente suaves e com perda de luminosidade reduzida.

Como, durante o dia, vemos a principal fonte de luz – o sol – que vem de cima, a luz principal normalmente é colocada acima e à direita ou à esquerda da frente do objeto, do ponto de vista da câmera. Observe novamente a Figura 11.1, que mostra a mulher iluminada apenas pela luz principal, e note que a perda de luminosidade é muito rápida, misturando parte do cabelo e o ombro dela com o fundo escuro. Para ajudar a clarear os contornos e a textura do rosto e do cabelo da mulher à esquerda da câmera, obviamente é preciso usar outras fontes de luz além de uma única luz principal.

Contraluz Acrescentar iluminação por trás ajuda a separar o objeto do seu fundo. **Figura 11.2** Observe como a contraluz ajuda a distinguir entre o lado de sombra da mulher e o fundo escuro, enfatizando o contorno dos cabelos e ombros dela. Agora estabelecemos uma clara relação figura/fundo, o que significa que podemos facilmente perceber uma figura (a mulher) na frente de um fundo (escuro). Além de proporcionar definição espacial, a contraluz adiciona brilho e um toque profissional.

Em geral, tente posicionar a contraluz diretamente atrás do objeto (oposta à câmera) o máximo possível. Não há nenhuma razão inerente no fato de colocá-la mais para um lado ou para o outro, a menos que esteja à vista da câmera. Um problema mais crítico é controlar o ângulo vertical no qual a contraluz incide sobre o objeto. Se estiver posicionada diretamente acima da pessoa ou próxima, a contraluz torna-se uma indesejável luz superior: em vez de revelar o contorno da pessoa para que ela se destaque do fundo e dar brilho ao cabelo, a luz apenas ilumina o alto da cabeça, causando sombras densas abaixo de seus olhos e queixo. No entanto, se for posicionada muito baixa, a contraluz vai brilhar na câmera.

Para obter boa iluminação de fundo em um estúdio, é preciso um espaço generoso entre as áreas de apresentação (áreas em que o artista se move) e o cenário de fundo. Portanto, coloque móveis "ativos", como cadeiras, mesas, sofás ou camas, realmente utilizados pelos artistas, a pelo menos 2,5 a 3 metros de distância das paredes em direção ao centro do estúdio. Se o artista trabalhar próximo demais ao cenário, as contraluzes deverão ser inclinadas em ângulos muito agudos sobre a cena, o que causa inevitavelmente a indesejável iluminação de cima.

Luz de preenchimento Observe novamente a Figura 11.2. Apesar da contraluz, a diferença entre os lados de luz e de sombra ainda é extrema, e o lado iluminado do rosto ainda muda abruptamente para uma sombra densa. Essa mudança é chamada *perda de luminosidade*, que se refere à velocidade (grau) em que uma parte iluminada da imagem se transforma em área de sombra. Se a mudança for repentina, como na Figura 11.2, trata-se de uma perda de luminosidade rápida. Com essa perda de luminosidade, o lado da sombra do rosto da pessoa fica muito denso, e a câmera não vê detalhes de sombra. Para retardar a perda de luminosidade, ou seja, tornar a sombra menos destacada e mais transparente, é preciso um pouco de luz de preenchimento. **Figura 11.3**

Deve-se colocar a luz de preenchimento no lado oposto da câmera em relação à luz principal. Um holofote altamente difuso ou luz refletida é geralmente usado como preenchimento. Quanto mais luz de preenchimento for usada, mais lento se tornará a perda de luminosidade. Quando a intensidade da luz de preenchimento se aproxima ou corresponde à da luz principal, as sombras, e com elas a perda de luminosidade, são praticamente eliminadas. Isso dá ao personagem uma aparência plana – as sombras já não ajudam a definir a forma e a textura.

Ao fazer iluminação crítica em uma área específica sem pretender que a luz de preenchimento extravase muito para

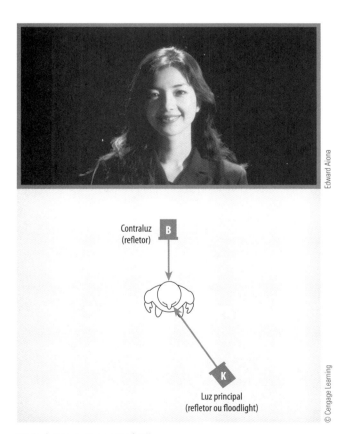

11.2 Luzes-guia e contraluz*
A contraluz fornece mais definição para a própria forma do objeto (o cabelo da mulher à esquerda da câmera), separa-a do fundo e dá ao cabelo brilho e destaque.

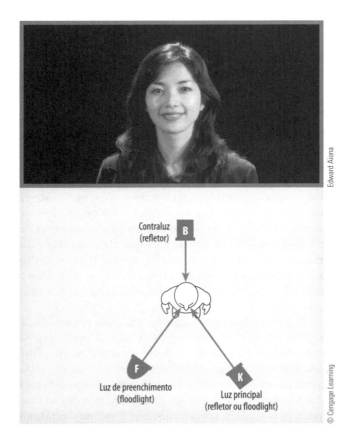

11.3 Luz principal, contraluz e luz de preenchimento*
A luz de preenchimento desacelera a perda de luminosidade, tornando o lado da sombra (à esquerda da câmera) mais transparente e revelando detalhes sem eliminar completamente as sombras reveladoras da forma.

as outras áreas do estúdio, utilize um refletor Fresnel como preenchimento, espalhando o feixe o máximo possível ou colocando um filtro na frente da lente. Use então as barn doors para controlar adicionalmente o extravasamento.

Princípio fotográfico ou iluminação em triângulo (ou três pontos)

Com as três principais fontes de luz (principal, de preenchimento e contraluz) na configuração de triângulo, estabelecemos o mais básico *princípio de iluminação fotográfica*, também chamado iluminação em triângulo (ver Figura 11.3). Mas apenas isso não basta! Agora é preciso realizar alguns pequenos ajustes nessa disposição de iluminação.

Dê uma boa olhada no objeto iluminado ou, se possível, no monitor do estúdio para ver se a cena (no nosso caso, o close-up da mulher) necessita de algum ajuste adicional para a iluminação ideal. Há alguma sombra indesejável? Há sombras que distorcem em vez de revelar o rosto? Como está o equilíbrio de luz? A luz de preenchimento elimina as sombras necessárias ou ainda há sombras muito densas? A contraluz é forte demais para a combinação guia/preenchimento? Nossa ilustração na Figura 11.3 demonstra bem o princípio fotográfico.

Luz de fundo ou set light   Para iluminar o fundo (paredes ou ciclorama) do estúdio ou partes dele que não são parte direta da área de apresentação principal, use a luz de fundo ou, como é frequentemente chamada, set light. Essa terminologia se aplica também se você estiver iluminando uma sala em um local afastado. Para manter as sombras do fundo no mesmo lado da pessoa ou do objeto na frente dele, a luz de fundo deve incidir sobre o fundo da mesma direção que a luz principal. **Figura 11.4**

Como se vê na Figura 11.4, a luz principal é colocada no lado direito da câmera, o que faz que as sombras sobre o objeto incidam sobre o lado esquerdo. Assim, a luz de fundo também é colocada à direita da câmera para que as sombras à esquerda da câmera correspondam àquelas no primeiro plano. Se colocarmos a luz de fundo no lado oposto à luz principal, o espectador pode presumir que haja duas fontes de luz separadas iluminando a cena ou, pior ainda, que haja dois sóis no nosso sistema solar.

Frequentemente, a luz de fundo vai além do seu papel de apoio para se tornar um elemento importante na produção. Além de acentuar um fundo que de outra maneira seria sem graça e monótono por meio de um feixe de luz ou um cookie (Gobo) interessante, a luz de fundo pode ser um indicador importante da localização do programa,

11.4 Luz de fundo*
A luz de fundo ilumina a área de fundo. Deve estar do mesmo lado da câmera em que está a luz principal para manter as sombras de fundo (cortina) do mesmo lado, como as sombras de primeiro plano (mulher).

Técnicas de iluminação para televisão   215

11.5 Determinação do clima com a iluminação de fundo*
Nesse estúdio, a iluminação colorida de fundo sugere um ambiente moderno e um clima de alto-astral.

11.6 Determinação do local com a iluminação de fundo*
A iluminação de fundo pode colocar um evento em um local ou ambiente específico. Aqui, a luz de fundo produz sombras como que de barras, sugerindo que a cena se passa em uma prisão.

hora do dia e clima. **Figura 11.5** Uma projeção de cookie de grades de prisão na parede, com o ruído de portas de celas batendo, imediatamente transpõe o evento a uma prisão. **Figura 11.6**

Um longo feixe de luz ou sombras longas incidindo na parede de trás de um ambiente interior sugere, com outros indícios de produção relevantes, o fim de tarde ou início da noite. Na iluminação de fundo normal de um local interno, tente manter a porção superior do estúdio relativamente escura, apenas com as partes média e inferior (como as paredes) iluminadas. Isso vai enfatizar o rosto e os ombros do artista em comparação com um fundo pouco mais escuro e destacar os móveis e as roupas de cores médias e escuras em comparação às partes inferiores do estúdio. Além disso, as partes superiores escuras sugerem o teto. É possível escurecer facilmente as partes superiores do estúdio utilizando barn doors para bloquear os refletores (incluindo luzes de fundo) que incidiriam sobre essas áreas.

Luz lateral (Side light)   Em geral colocada diretamente ao lado do objeto, a luz lateral pode funcionar como principal ou de preenchimento. Quando usada como principal, produz perda de luminosidade rápida, deixando metade do rosto em sombras densas. Quando usada como preenchimento, ela ilumina todo o lado sombrio da face. Quando se coloca luz lateral em lados opostos da pessoa, os lados do rosto ficam brilhantes, mas a parte frontal da face continua sombreada. **Figura 11.7**

A luz lateral será uma importante fonte de luz se o arco de gravação da câmera for excepcionalmente amplo. Se, por exemplo, a câmera se move em torno do objeto a partir da posição de 6 horas para a de 8 horas, a luz lateral assume a função de luz principal e oferece modelagem essencial (iluminação para um efeito tridimensional). Embora geralmente sejam utilizados refletores Fresnel em uma configuração de feixe amplo para iluminação lateral, você também pode usar várias fontes de luz difusa.

Para a iluminação extra brilhante, pode-se apoiar a luz principal com o lado lateral de preenchimento. A luz de preenchimento fornece iluminação básica ao lado principal do objeto, e a principal proporciona brilho e destaque necessários. **Figura 11.8**

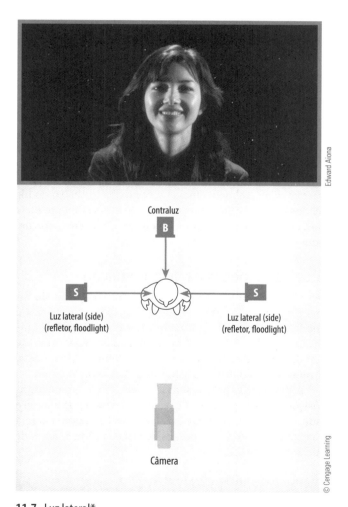

11.7 Luz lateral*
A luz lateral incide sobre o lado do objeto. Pode atuar como luz principal e/ou de preenchimento. Neste caso, são usadas duas luzes laterais opostas como principal.

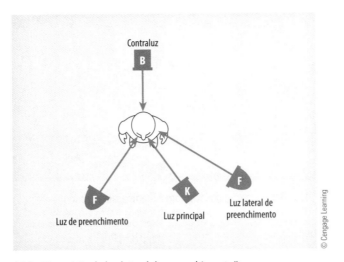

11.8 Disposição da luz lateral de preenchimento*
A luz lateral de preenchimento fornece uma iluminação suave, na qual a principal (refletor) acrescenta brilho. Quando a principal é desligada, o preenchimento lateral assume a função de luz principal.

Luz posterior (Kicker light) Em geral, a luz posterior é fornecida por um refletor Fresnel nitidamente focalizado e incide sobre a parte de trás do objeto, no lado oposto da câmera em relação à luz principal (o lado da luz de preenchimento). Seu principal objetivo é destacar o contorno do objeto em um lugar onde a perda de luminosidade da luz principal é a mais densa e a sombra densa do objeto oposto ao lado iluminado pela luz principal tende a se fundir com o fundo escuro. A função da luz posterior é semelhante à da contraluz, exceto que a posterior cria uma borda no objeto não na parte superior traseira, mas no lado inferior traseiro. Ela geralmente incide sobre o objeto abaixo do nível dos olhos. As luzes posteriores são especialmente úteis para criar a ilusão de luar ou qualquer outra cena noturna.
Figura 11.9

Técnicas específicas de iluminação

Depois de se familiarizar com a aplicação do princípio fotográfico em uma variedade de situações de iluminação, é importante conhecer algumas técnicas específicas de iluminação: high-key e low-key, plana, para a ação contínua, de grandes áreas, de alto contraste, cameo lighting, de silhueta, chroma-key e controle de sombras dos olhos e do boom.

A iluminação precisa sempre é feita tendo em mente as posições básicas da câmera e os pontos de vista. Portanto, é muito útil saber pelo menos as posições básicas da câmera e a extensão de todos os pontos de vista da câmera antes de iniciar a iluminação.

Iluminação high-key e low-key

O fundo claro, uma generosa quantidade de luz (altos níveis de luz-base) e perda de luminosidade lenta normalmente constituem uma cena de *high-key* (ou "chave alta") com um clima otimista e feliz. É por isso que comédias de situação (sitcoms) e game shows são muito mais iluminados (nível de luz-base mais alto e menos contraste) do que mistério e dramas policiais (nível de luz-base mais baixo e mais contraste). Iluminação seletiva, com perda de luminosidade rápida, sombras distintas e, normalmente, um fundo escuro definem uma cena de *low-key*. Ela produz um clima dramático ou misterioso. Não confunda high-key e low-key com posições verticais suspensas altas e baixas da luz principal nem com a intensidade dessa luz.

Iluminação plana

Iluminação plana significa que iluminamos de modo a obter a melhor visibilidade possível com o mínimo de sombras. A maioria das disposições de iluminação plana usa holofotes (refletores, refletores fluorescentes ou painéis de LED) para a iluminação dianteira e de fundo, instrumentos mais focalizados (refletores Fresnel ou projetores (broads) pequenos) para contraluzes. Essa configuração é a técnica de iluminação favorita para estúdios de notícias e áreas de entrevista instalados de forma mais ou menos permanente.
Figura 11.10 Como se vê na Figura 11.10, o triângulo básico de iluminação é preservado. Na verdade, há três luzes principais, ou, se preferir, três luzes de preenchimento, iluminando uniformemente a área frontal. As contraluzes acrescentam brilho e tornam menos perceptível a disposi-

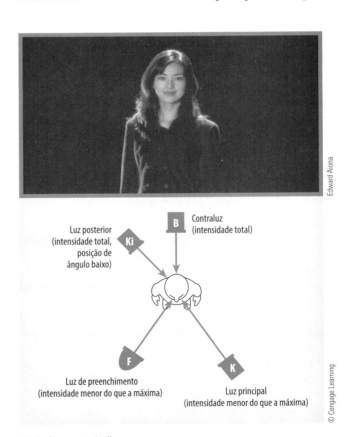

11.9 Luz posterior*
A luz posterior cria uma borda no objeto oposto à luz principal enfatizando o contorno. Como a contraluz, a posterior ajuda a separar o objeto em primeiro plano do fundo.

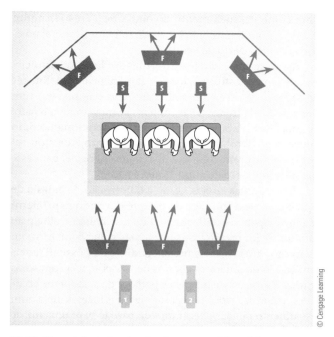

11.10 Disposição de iluminação plana para telejornais*
Essa disposição da iluminação plana consiste em três soft lights frontais que funcionam como luz principal e de preenchimento, três refletores ou refletores difusores direcionados para contraluzes e três holofotes de fundo.

ção de iluminação plana. As luzes de fundo adicionais iluminam o estúdio. A principal desvantagem da iluminação plana é que ela parece tal como é: plana.

Iluminação para ação contínua

Ao assistir a dramas policiais na televisão, você provavelmente já notou que muitos deles têm perda de luminosidade rápida, iluminação low-key, o que significa sombras proeminentes e fundos relativamente escuros. Nessas produções, as câmeras olham para a cena a partir de pontos de vista diferentes e as pessoas estão sempre em movimento. Não seria mais fácil usar iluminação "plana", ou seja, preencher toda a área de apresentação com luz plana em vez de fazê-lo com refletores? Sim, mas então a iluminação não contribuiria para o clima da cena nem para a forma como nos sentimos em relação às pessoas que atuam nela. Felizmente, o triângulo básico de iluminação com luzes-guia, contraluzes e luzes de preenchimento pode ser multiplicado e sobreposto em cada estúdio ou área de apresentação na iluminação para a ação contínua. Mesmo que haja apenas duas pessoas sentadas a uma mesa, é preciso usar a aplicação múltipla do triângulo básico de iluminação. **Figura 11.11**

Para compensar o movimento dos artistas, é necessário iluminar todas as áreas adjacentes de apresentação de modo que as áreas iluminadas pelo triângulo básico se sobreponham, especialmente quando você grava uma cena com múltiplas câmeras em tomadas mais longas. O objetivo da sobreposição é dar aos artistas iluminação contínua à medida que avançam de uma área para outra. É muito fácil concentrar-se apenas nas principais áreas de apresentação e negligenciar as pequenas áreas aparentemente insignificantes entre elas. Talvez nem se note a irregularidade dessa iluminação até que os artistas se movam pelo estúdio e, de repente, eles parecem estar brincando de "agora você me vê, agora não me vê", alternando áreas bem iluminadas com sombras densas. Nessas situações, o fotômetro é útil para indicar os "buracos negros".

Se não houver equipamentos suficientes para aplicar a iluminação em triângulos múltiplos em diversas áreas de apresentação ao iluminar para ação contínua, posicione os equipamentos de modo que cada um desempenhe duas ou mais funções. Na gravação em ângulo reverso, por exemplo, a luz principal de um artista pode tornar-se a contraluz do outro e vice-versa. Essa técnica costuma ser chamada *cross-keying*. Ou pode ser necessário usar a luz principal também como preenchimento direcional de outra área. Como as luzes de preenchimento têm feixe difuso, é possível usar uma única luz de preenchimento para iluminar as sombras densas em mais de uma área. **Figura 11.12**

Naturalmente, a aplicação dos equipamentos de iluminação para múltiplas funções exige posicionamento exato de itens do estúdio, como mesas e cadeiras, áreas de apre-

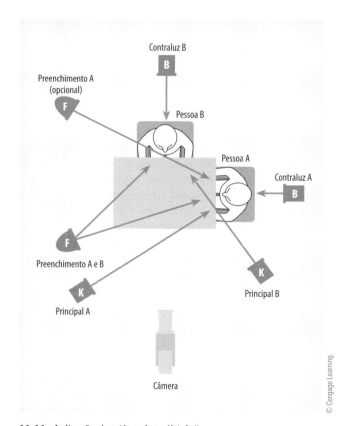

11.11 Aplicação do triângulo múltiplo*
Nessa configuração de iluminação, um triângulo de iluminação separado com sua própria luz principal, contraluz e luz de preenchimento é usado para cada uma das duas pessoas (áreas de apresentação). Se forem usados holofotes como guias, provavelmente será possível dispensar as luzes de preenchimento.

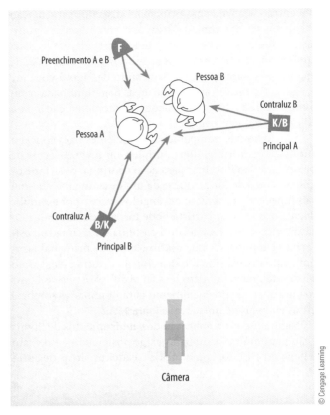

11.12 Cross-keying*
Nessa configuração de iluminação, a luz principal para a pessoa A (pessoa próxima à câmera) também funciona como contraluz para a pessoa B (pessoa longe da câmera); e a contraluz da pessoa A é a principal para a pessoa B.

sentação bem definidas e bloqueio (movimentos de artistas). Os diretores que decidem mudar o bloqueio ou mover os itens do cenário depois que este foi precisamente iluminado não são muito populares entre a equipe de iluminação.

Quando usar uma única câmera para filmar uma cena de filme, você pode alterar o arranjo da iluminação para cada tomada, dessa forma você não precisa se preocupar com a iluminação para todas as posições de câmera bloqueadas. Mesmo assim, você precisa verificar se a iluminação parece contínua. Tenha especial atenção para que todas as sombras dos atores estejam sempre para a mesma direção, ao menos que haja uma notável mudança de tempo na linha da história.

Iluminação de grandes áreas

Para a iluminação de grandes áreas, como para uma plateia ou orquestra, ainda se aplica o princípio básico de fotografia: tudo o que se faz é sobrepor parcialmente um triângulo a outro até cobrir adequadamente toda a área. Em vez de usar luz principal a partir de apenas um lado da câmera e iluminação de preenchimento do outro, utilize luz principal a partir de ambos os lados da câmera com refletores Fresnel na posição de amplitude. As luzes principais de um lado agem como preenchimento do outro. Se a área for muito grande, use conjuntos adicionais de refletores Fresnel posicionados mais perto do centro.

As contraluzes são posicionadas em linha ou semicírculo do lado oposto à posição da câmera principal. Em geral, as luzes de preenchimento (projetores ou scoops) vêm diretamente da frente. Se as câmeras se movem para o lado, algumas das luzes principais também funcionam como contraluzes. Também é possível utilizar projetores ou refletores fluorescentes em vez de refletores Fresnel para esse tipo de iluminação de área. **Figura 11.13**

Para algumas tarefas, como a iluminação do ginásio de uma escola para um jogo de basquete, verifique primeiro se a luz disponível é adequada. Ligue a câmera e olhe pelo monitor. Se for preciso mais luz, basta encher o ginásio com luz muito difusa. Como mencionado, uma possibilidade é a utilização de refletores abertos de alta potência com sombrinhas difusoras de luz. Se as paredes da sala forem brancas ou coloridas, você pode usar algumas luzes-V ou algum instrumento de face aberta fora da parede para uma luz de fundo equilibrada. Cuidado para não misturar temperaturas de cor das luzes locais com as da sua iluminação adicional. Confirme se todas as câmeras possuem o equilíbrio adequado de brancos.

Iluminação de alto contraste

O oposto da iluminação plana é a iluminação de alto contraste, boa parte da qual imita as técnicas de iluminação cinematográficas. Em razão da crescente tolerância das câmeras de vídeo atuais a baixos níveis de luz e à iluminação de alto contraste, muitos programas de televisão fazem uso extensivo de iluminação de perda de luminosidade rápida. Você deve ter notado que algumas séries, como aquelas sobre crimes ou medicina, utilizam iluminação com perda de luminosidade extremamente rápida (sombras duras). Essa iluminação de alto contraste causa às cenas um efeito muito mais dramático do que se estas fossem iluminadas com perda de luminosidade lenta. **Figura 11.14**

A iluminação lateral proeminente e aquela com perda de luminosidade rápida podem ser combinadas para efeito dramático. **Figura 11.15** Em vez de sempre fazer o lado iluminado pela guia ficar voltado para a câmera, pode-se mostrar o lado sombrio para gerar certo clima. **Figura 11.16**

Além da iluminação com perda de luminosidade rápida, a distorção de cor pode acrescentar impacto dramático. No exemplo da Figura 11.17, a cena recebeu de propósito um tom verde. **Figura 11.17**

Note que esses efeitos de iluminação exigem não somente habilidade, mas também um longo tempo de produção. Assim, experimente aplicar algumas dessas técnicas de iluminação sempre que possível e quando apropriado à produção. No entanto, se seu tempo de iluminação for limitado, evite essa iluminação de precisão e fique com a abordagem clássica da iluminação em triângulo. Talvez você fique agradavelmente surpreso de ver que, ao ligar alguns holofotes e refletores Fresnel que já estão direcionados à

Técnicas de iluminação para televisão 219

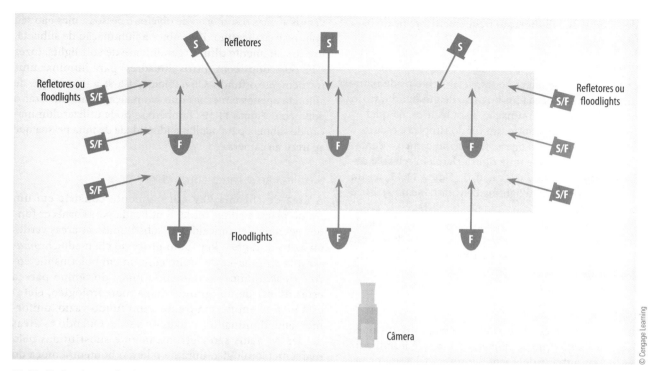

11.13 Keying de grandes áreas*
Nessa configuração de iluminação, os refletores Fresnel à direita e à esquerda funcionam como luzes principais e de preenchimento direcionais. Os refletores Fresnel também são usados como contraluzes regulares atrás da área de ação principal. Se necessário, scoops fornecem luz de preenchimento adicional pela frente.

11.14 Iluminação com perda de luminosidade rápida sobre o rosto*
A iluminação com perda de luminosidade rápida aumenta o impacto dramático desse close-up.

11.16 Lado com sombra voltado para a câmera*
A pessoa longe da câmera é iluminada de modo que seu lado sombreado, e não o lado voltado para a luz principal, é visto pela câmera. Essa inversão da sombra possui impacto dramático.

11.15 Iluminação com lado duro*
A perda de luminosidade rápida e a iluminação lateral proeminente intensificam o clima misterioso da cena.

11.17 Distorção de cor*
Além da iluminação com perda de luminosidade rápida, a precariedade dessa cena é enfatizada ainda mais pelo tom verde.

área do estúdio, sua iluminação frequentemente ficará bastante aceitável.

Cameo lighting

Certos programas de televisão, especialmente os de natureza dramática, são encenados no meio de um estúdio vazio contra um fundo sem iluminação. Essa técnica, na qual os artistas são destacados contra um fundo simples e escuro, é conhecida como a *cameo lighting* (o termo cameo – camafeu – vem da arte em que uma figura clara em relevo é colocada contra um fundo mais escuro). **Figura 11.18** Assim como o close-up, a cameo lighting concentra-se no artista e não no ambiente.

Toda cameo lighting é altamente direcional e obtida de forma mais eficaz usando-se refletores com barn doors. Em estúdios pequenos, utilizam-se cortinas ou cicloramas[1] negros para proteger as áreas de fundo de qualquer tipo de reflexo de luz indesejável.

Iluminação de silhueta

A iluminação para o efeito de silhueta é o oposto da cameo lighting. Na *iluminação de silhueta*, o fundo é iluminado, com as figuras à frente dele sem iluminação. Dessa forma,

[1] Estruturas de madeira ou lona colocadas no estúdio para servirem de fundo. (NRT)

vemos apenas o contorno de objetos e pessoas, mas não seu volume e sua textura. Para obter a iluminação de silhueta, use luz altamente difusa (geralmente de soft lights, luzes CIC ou scoops com filtros difusores) para iluminar uniformemente o fundo. Obviamente, usa-se a iluminação de silhueta apenas em cenas que são realçadas ao enfatizar o contorno. **Figura 11.19** Também se pode utilizar iluminação de silhueta para ocultar a identidade de uma pessoa que aparece na câmera.

Iluminação da área chroma-key

A área de chroma-key normalmente consiste em um fundo plano azul ou verde. É utilizada para fornecer fundos gerados eletronicamente, substituindo as áreas verdes ou azuis durante o key – um processo chamado *chroma-key*. O chroma-key é muito comum em boletins meteorológicos. Embora o homem/a moça do tempo pareça estar diante de um grande mapa meteorológico, ele(a) está de fato em pé, em frente a um fundo vazio, uniformemente iluminado em azul ou verde. Quando as áreas verdes ou azuis são eletronicamente substituídas pelo mapa meteorológico durante o key, o homem/a moça do tempo precisa olhar para um monitor para visualizar o mapa. **Figura 11.20** (Ver Capítulo 14 para explicação detalhada do processo de chroma-key.)

11.18 Cameo lighting*
Na cameo lighting, o fundo é mantido escuro, enquanto apenas a pessoa em primeiro plano é iluminada por refletores altamente direcionais.

11.19 Iluminação de silhueta*
Na iluminação de silhueta, somente o fundo é iluminado, e a figura na frente permanece sem iluminação. Esse recurso enfatiza o contorno.

11.20 Efeito chroma-key: boletim meteorológico*
A Nesse boletim meteorológico, o fundo azul é uniformemente iluminado com holofotes. A moça do tempo é iluminada com o arranjo triângulo padrão de luz principal, contraluz e luz de preenchimento.

B Durante o chroma-key, a moça do tempo parece estar na frente da imagem de satélite.

O aspecto mais importante da iluminação da área de chroma-key é a iluminação uniforme de fundo, o que significa que o fundo azul ou verde deve ser iluminado por instrumentos altamente difusos, como soft lights ou conjuntos de holofotes. Se houver áreas incomumente escuras ou pontos quentes (concentrações indesejáveis de luz em uma área), a imagem de fundo fornecida eletronicamente parece descolorida ou, pior, interrompida.

Ao iluminar o homem/a moça do tempo em primeiro plano, impeça que alguma luz utilizada para o primeiro plano incida no fundo. Isso pode perturbar a uniformidade da iluminação de fundo do chroma-key, resultando em problemas de keying. Na prática, significa que a luz principal e a de preenchimento direcional (um Fresnel na posição aberta) devem incidir sobre o objeto em um ângulo mais acentuado do que o normal. Você talvez note, no entanto, que usar soft lights como luz principal e de preenchimento sobre o homem/a moça do tempo não vai afetar o chroma-key mesmo que elas incidam sobre o segundo plano.

Se for usado um anel de iluminação de chroma-key na câmera, não coloque objetos reflexivos perto da fonte de luz. O anel de iluminação se encaixa sobre a lente e emite um raio de luz azul ou verde relativamente fraco (ver Figura 14.26). Esse feixe de luz ilumina suficientemente um pano pontilhado cinza para fazê-lo funcionar como um fundo chroma-key azul ou verde. Como o artista na frente do pano de fundo não usa nenhuma joia reflexiva e está suficientemente distante da câmera, ele não vai refletir nenhuma luz azul ou verde que origine do anel de luz. Entretanto, se for colocado um objeto altamente reflexivo perto da câmera com o anel de luz, o objeto vai ficar com um brilho azul ou verde, ou, pior, vai refletir completamente algumas das imagens de fundo. Vamos rever o anel de luz na seção 14.1.

Às vezes, o contorno do homem/da moça do tempo parece fora de foco ou parece vibrar durante o chroma-key. Uma razão para tais vibrações é que as cores ou sombras especialmente escuras na linha de contorno assumem uma coloração azul ou verde, causada pelo reflexo do fundo colorido. Durante o chroma-key, esses pontos azuis ou verdes ficam transparentes e refletem a imagem de fundo. Para neutralizar o reflexo azul, tente colocar um gel (gelatina) amarelo-claro ou âmbar em todas as contraluzes ou luzes posteriores. Para reflexos verdes, use um gel magenta-claro ou rosa-suave. As contraluzes então não só fazem uma separação entre o assunto do primeiro plano e a imagem de fundo por meio da iluminação de contorno, mas também neutralizam as sombras azuis ou verdes com os filtros complementares amarelos ou rosa. Como resultado, o contorno do homem/da moça do tempo permanece relativamente nítido, mesmo durante o chroma-key. Felizmente, o chroma-key digital pode lhe fornecer um key limpo mesmo se houver algum vazamento de cor no que se está apresentando.

Controle de sombras dos olhos e do boom

Dois problemas bastante persistentes em iluminação de estúdio são as sombras causadas por óculos e boom de microfone. Dependendo da configuração específica de iluminação, essas sombras indesejáveis podem representar um grande desafio para a equipe de iluminação, mas, na maioria das vezes, é possível corrigi-los rapidamente.

Luz principal e sombras dos olhos   A luz principal que incide sobre o objeto a partir de um ângulo íngreme vai causar grandes sombras escuras em qualquer recuo e sob qualquer protuberância, como as órbitas oculares e sob o nariz e o queixo. Se a pessoa usa óculos, a sombra do aro superior nos quadros pode cair diretamente sobre os olhos, impedindo que a câmera (e o espectador) os veja claramente. **Figura 11.21**

Há várias maneiras de reduzir essas sombras indesejáveis. Primeiro, tente diminuir a posição vertical da própria luz ou mover a luz principal mais para longe da pessoa. Quando abaixá-la (com um batente móvel ou haste), note que as sombras dos olhos parecem mover-se mais para cima do rosto. Assim que as sombras estiverem escondidas atrás do aro superior dos óculos, trave a luz principal na posição. Essa técnica funciona bem, desde que a pessoa não se movimente muito. **Figura 11.22**

11.21 Sombra de óculos*
O ângulo íngreme da luz principal faz a sombra dos óculos da mulher cair exatamente sobre seus o hos.

11.22 Luz principal mais baixa*
Quando se baixa a luz principal, a sombra se move para cima e se oculta atrás dos óculos.

Também é possível reduzir as sombras sobre os olhos iluminando a pessoa de ambos os lados com equipamentos semelhantes. Além disso, tente reposicionar a luz de preenchimento para que ela incida sobre a pessoa diretamente de frente e de um ângulo menor, posicionando assim as sombras para o alto, longe dos olhos. Reflexos incômodos de óculos podem ser eliminados com a mesma técnica.

Sombras de boom Embora um boom grande de microfone normalmente não seja usado em estúdio, exceto em algumas produções dramáticas, os princípios para lidar com as sombras de boom também se aplicam a boom de microfone de mão, como booms grandes e até microfones unidirecionais de mão.

Quando movemos uma vara de microfone boom na frente de uma cena iluminada – nesse caso, uma pessoa – e giramos o boom um pouco mais, talvez notemos sombras sobre o ator ou no fundo sempre que o boom ou o microfone passa por um feixe de refletor. (É fácil testar se há sombras com o uso de um cabo de vassoura ou a vara de iluminação.) É possível lidar com sombras de boom de duas maneiras: mover as luzes e/ou o boom do microfone para que a sombra caia fora do alcance da câmera ou usar luz tão difusa que a sombra se torne praticamente invisível.

Primeiro, é preciso encontrar a luz que está causando a sombra do boom. A maneira mais fácil de localizá-la é posicionar a sua cabeça bem em frente à sombra do boom e olhar rapidamente para o microfone suspenso. Inevitavelmente a luz que causa a sombra vai brilhar agora nos seus olhos. Cuidado para não olhar para a luz por muito tempo.
Figura 11.23

Para se livrar da sombra, basta desligar o aparelho de iluminação que está causando a sombra. Talvez você fique agradavelmente surpreso ao ver que eliminou a sombra sem comprometer a iluminação geral. Se essa medida drástica enfraquecer gravemente a configuração de iluminação, tente posicionar o boom de modo que ele não precise passar por esse feixe de luz. Se usar um boom grande de mão, percorra o estúdio e aponte o microfone em direção à fonte de som. Observe a sombra movendo-se na parede de fundo até que esteja fora do alcance da câmera. Se o microfone ainda estiver em uma posição em que a captação de som for ótima, o problema estará resolvido. É possível identificar esse local à prova de sombra mais rapidamente se você segurar ou colocar o boom paralelo ao feixe da luz principal em vez de atravessá-lo. Alguns diretores de fotografia usam as luzes principais e de preenchimento perto das posições da luz lateral para criar um "corredor" no qual podem operar o boom.

Outra maneira simples de evitar sombras de boom é iluminar de forma mais íngreme do que o habitual, movendo-se a luz principal para mais perto da área de apresentação. Quanto mais perto as luzes estiverem dos atores, mais acentuado o ângulo em que precisarão estar para atingir o alvo. O boom vai então lançar a sombra no chão do estúdio, e não no rosto do artista ou no cenário de fundo, ficando, portanto, fora do alcance da câmera. A desvantagem dessa técnica, além de aumentar o calor sobre os atores, é que luzes principais íngremes produzem sombras densas e proeminentes sob os olhos, o nariz e o queixo.

Também é possível tentar usar barn doors para bloquear parte do refletor que causa a sombra do boom. Essa técnica é especialmente útil quando a sombra aparece na parte superior do cenário de fundo.

Contraste

No Capítulo 10, aprendemos sobre a relação de contraste e o modo como as câmeras de televisão reagem a ela. Agora vamos saber como a iluminação afeta o contraste e como mantê-lo dentro de limites toleráveis. O contraste não depende tanto de quanta luz vem dos instrumentos de iluminação (leitura de luz incidente), mas de quanta luz é refletida pelos objetos iluminados (leitura de luz refletida). Por exemplo, uma geladeira branca, uma capa de plástico amarela e uma placa de bronze polido refletem muito mais luz do que um pano de veludo azul-escuro, mesmo que sejam iluminados pela mesmíssima fonte. Se colocarmos a placa de bronze no pano de veludo, pode haver contraste demais para que a câmera de televisão lide com ele – e nem começamos com a iluminação.

O que precisamos levar em conta ao trabalhar com contraste é o relacionamento constante entre os múltiplos fatores, como a quantidade de luz que incide sobre o objeto, quanta luz é refletida e quanta diferença há entre o primeiro plano e o fundo ou entre os pontos mais claros e mais escuros da mesma imagem. Como lidamos com relacionamentos e não valores absolutos, expressamos o limite de contraste da câmera como uma razão.

Relação de contraste

Como aprendemos, a *relação de contraste* é a diferença entre os pontos mais brilhantes e mais escuros na imagem (muitas vezes medidos pela luz refletida em pés-candela). O ponto mais brilhante, ou seja, a área que reflete a maior

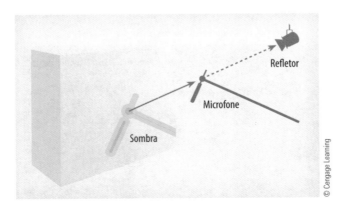

11.23 Localização da luz que causa a sombra
O instrumento que provoca a indesejável sombra do boom encontra-se na extensão de uma linha traçada a partir da sombra até o microfone que a causa.

quantidade de luz, é chamado branco de referência e determina o "nível de branco". A área que reflete a menor quantidade de luz é o preto de referência e determina o "nível de preto". Com um limite de contraste de 50:1, o branco de referência não deve refletir mais de 50 vezes a luz do preto de referência.

Medição de contraste

Como salientado no Capítulo 10, medimos o contraste por meio da leitura da luz refletida – apontando-se o fotômetro primeiro para perto do ponto mais brilhante (muitas vezes um cartão branco no estúdio, que serve de branco de referência) e depois para o ponto mais escuro. Mesmo que você não tenha fotômetro ou monitor de forma de ondas para checar a relação de contraste, é possível verificar olhando para o visor da câmera ou monitor de estúdio. Quando as áreas brancas, como toalhas brancas em um cenário de restaurante, parecem terrivelmente brilhantes ou as roupas escuras das pessoas sentadas às mesas são de um preto denso, sem nenhum detalhe, o contraste obviamente é grande e provavelmente ultrapassa a razão ideal. Com alguma prática, fechar um pouco os olhos ao dar uma olhada breve no estúdio vai dar uma boa ideia da razão do contraste, mesmo sem usar o fotômetro.

Listras de zebra A maioria das câmeras camcorders mostra um padrão de zebra quando certo nível de branco é alcançado ou ultrapassado. Se há apenas uma configuração para listras de zebra, elas vão aparecer sobre as áreas que ultrapassam os limites de brilho. Esse nível de superexposição de listras é às vezes marcado como 100% de zebra. **Figura 11.24**

Se houver a possibilidade de escolher entre 70% e 100% de zebra, opte pelo ajuste de 70% para obter a exposição adequada para tons de pele no rosto. Ao usar o controle de exposição manual, abra a íris até ver as listras de zebra aparecerem em partes do close-up no rosto (como maçãs do rosto, nariz, testa e queixo). Isso indica a exposição correta.
Figura 11.25

Controle de contraste

O problema com contraste ocorre quando as áreas brilhantes atingem certo limite superior e são cortadas eletronicamente, de forma muito parecida ao que ocorre com um sinal de áudio muito alto. Quando isso acontece, todos os detalhes nas áreas claras se perdem. Esse recorte é feito de forma automática ou, ao usar a CCU (unidade de controle de câmera), pelo operador de vídeo: quando o VO "puxa para baixo os brancos", as áreas pretas são esmagadas em uma área uniformemente escura sem detalhes de sombra. Câmeras sofisticadas podem tolerar um contraste muito maior, no entanto mostram detalhes de sombra nas áreas escuras mesmo que o VO, também chamado shader (controlador de brilho), traga áreas extremamente brilhantes para os limites toleráveis.

Se você considerar que a relação de contraste está muito alta, pense no que pode fazer para reduzi-la antes de alterar a iluminação. Por exemplo, trocar a toalha branca por uma rosa ou azul-clara vai ajudar a eliminar o contraste mais facilmente do que escurecer algumas luzes.

Essa ajuda é muito apreciada pelo operador de vídeo, que é o responsável final pelo controle de contraste. Entretanto, se houver muito contraste, até os melhores VO terão dificuldade, a menos que estejam trabalhando com câmeras de última geração. Por exemplo, é difícil para a câmera reproduzir a cor da pele verdadeira se o ator estiver vestindo uma camisa branca engomada e altamente reflexiva e uma jaqueta preta que absorve a luz. Se a câmera se ajusta à camisa branca cortando o nível de branco, o rosto do artista fica escuro. Se a câmera tenta aumentar o nível de preto (tornando as áreas pretas da imagem claras o suficiente para distinguir os detalhes de sombra), a face fica superexposta ou, na gíria da produção, "queima" (ou "explode").

Uma grande vantagem de gravar em estúdio é que é possível controlar a intensidade da luz e, com ela, o contraste. Mesmo que o artista use roupas contrastantes, sempre se pode reduzir o contraste ajustando-se as luzes

11.24 Listras de zebra em montanha com superexposição*
Com o controle de zebra ajustado para 100%, as listras de zebra aparecem em todas as áreas com superexposição.

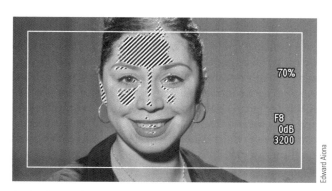

11.25 Listras de zebra para exposição correta no rosto*
Com o controle de zebra ajustado para 70%, alcançamos a exposição correta (f-stop) na qual as listras de zebra aparecem nas áreas brilhantes do rosto.

principais e de preenchimento para que as diferenças entre as áreas claras e escuras sejam um pouco reduzidas.

A seguir, algumas dicas para evitar uma relação de contraste muito elevada.

- Esteja atento à refletância geral dos objetos. Um objeto altamente reflexivo obviamente precisa de menos iluminação do que um com alta absorção de luz.
- Evite contraste e brilho extremos no mesmo plano.
- Peça que o artista evite roupas cujas cores sejam contrastantes demais (como camisa branca com terno preto).

Muitos problemas de contraste, contudo, ocorrem quando a gravação é feita ao ar livre em dia ensolarado. Esses problemas e como resolvê-los são explorados na seção 11.2.

Equilíbrio das intensidades de luz

Mesmo que você tenha ajustado cuidadosamente a posição e o feixe da luz principal, contraluz e luz de preenchimento, ainda é preciso equilibrar suas intensidades relativas. Por exemplo, não é só a direção das luzes que orienta o espectador no tempo, mas também suas intensidades relativas. Uma contraluz forte com iluminação high-key frontal com perda de luminosidade lenta pode sugerir o sol do início da manhã. Uma quantidade generosa de contraluz e iluminação frontal e baixíssima intensidade podem sugerir o luar.

Como o equilíbrio das três luzes do triângulo de iluminação depende do que se pretende transmitir ao espectador, não é possível usar razões de intensidade precisas entre a luz principal, contraluz e luz de preenchimento como guia absoluto para iluminação eficiente. Contudo, há alguns motivos que se mostraram benéficos para vários trabalhos rotineiros de iluminação. Sempre é possível começar com essas razões e depois ajustá-las à sua tarefa de iluminação específica.

Razão entre luz principal e contraluz

Em condições normais, as contraluzes possuem aproximadamente a mesma intensidade das luzes principais. Uma contraluz extraordinariamente intensa tende a glamourizar as pessoas; uma contraluz com intensidade muito menor que a principal tende a se perder no monitor. Um ator loiro que use terno de cor clara vai precisar de muito menos contraluz que um de cabelo e terno escuros. A razão 1:1 de luz principal para contraluz (luz principal e contraluz com intensidades iguais) pode chegar a até 1:1,5 (a contraluz tem uma vez e meia a intensidade da principal) se for preciso bastante brilho ou se o ator tiver cabelo escuro com textura que absorva a luz.

Relação entre luz principal e de preenchimento

A intensidade da luz de preenchimento depende da velocidade de perda de luminosidade estimada. Se for desejada a perda de luminosidade rápida para efeito dramático, será necessário pouco ou nenhum preenchimento. Se for desejada a perda de luminosidade muito lenta, será necessário preenchimento de maior intensidade. Como se pode ver, não há uma única relação entre luz principal e de preenchimento, mas para começar podemos tentar uma intensidade de luz de preenchimento que seja a metade da principal e partir daí. Lembre-se de que, quanto mais luz de preenchimento for usada, menos modelagem a luz principal fará, mas a textura se tornará mais suave (como a do rosto da pessoa). Se não usarmos quase nada de luz de preenchimento, as sombras densas não revelarão nenhum detalhe da imagem.

Se for preciso fazer a iluminação de uma cena com luz-base alta e baixo contraste (iluminação high-key), use holofotes para as luzes principais e de preenchimento, com a de preenchimento com quase a mesma intensidade da guia. Como você já deve saber, high-key não corresponde ao posicionamento real da luz principal, mas à intensidade do nível geral de luz. A contraluz provavelmente vai necessitar de intensidade superior à da luz principal ou de preenchimento para fornecer o brilho necessário. Em uma cena low-key, a contraluz costuma ser consideravelmente mais brilhante que a luz principal e a de preenchimento. **Figura 11.26**

Mais uma vez, embora os fotômetros sejam úteis em estabelecer razões de iluminação brutas, não confie exclusivamente neles. Seu critério final é a aparência da imagem em um monitor bem ajustado.

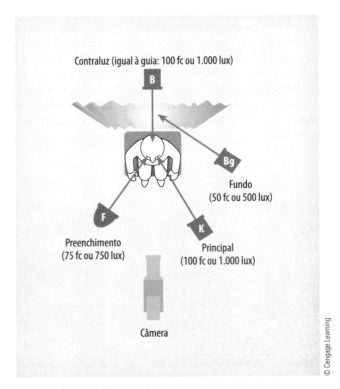

11.26 Relações de iluminação
As razões de iluminação diferem, dependendo da tarefa de iluminação específica. Essas razões são um ponto favorável de partida.

Esquema de iluminação

A maioria dos programas diários, como noticiários, entrevistas e programas de revista, são relativamente fáceis de iluminar e não alteram sua configuração de iluminação entre um programa e outro, de modo que não é preciso um esquema de iluminação. Entretanto, se for preciso iluminar um programa atípico, como a gravação em vídeo de uma dança na faculdade ou a apresentação de uma peça, um esquema de iluminação torna essa tarefa menos arbitrária e poupa tempo e energia consideráveis para a equipe.

O *esquema de iluminação* mostra: a localização dos instrumentos de iluminação em relação ao estúdio e aos objetos iluminados e às áreas; as direções principais dos feixes; e, de preferência, o tipo e o tamanho dos instrumentos utilizados. **Figura 11.27**

Ao elaborar um esquema de iluminação bem-sucedido, é preciso uma *planta baixa* exata que mostre o cenário e os adereços, as principais posições dos atores e as principais posições de câmera e os ângulos de filmagem (ver seção 14.2).

Se o computador não for utilizado, uma maneira fácil de fazer um esquema de iluminação é colocar uma transparência sobre uma cópia da planta baixa e desenhar as informações de iluminação sobre a transparência. Use ícones diferentes para refletores e holofotes desenhando setas para indicar as direções principais dos feixes. Alguns diretores de fotografia usam recortes de refletores e holofotes, colocados na planta baixa e que se movem até as posições adequadas.

Experimente trabalhar com o cenógrafo (normalmente o diretor de arte) ou o assistente de estúdio (responsável por montar o estúdio) o máximo possível para que eles coloquem o estúdio em posição a fim de que não seja preciso mover nenhum, ou apenas alguns, instrumento para alcançar a iluminação desejada. Posicionar o pequeno estúdio de forma a atender às posições de iluminação disponíveis é muito mais fácil que mover as luzes para se adequar à localização de um pequeno estúdio.

A iluminação de estúdio é bem-sucedida quando realizada no tempo certo. Com o devido respeito à iluminação criativa, não se concentre demais em uma única sombra densa em algum lugar no fundo, negligenciando a luz do restante do estúdio. Se você estiver realmente com pressa, ligue alguns holofotes e contraluzes pendurados em posições aproximadas e torça para dar certo. Na maioria das vezes, a iluminação vai ficar aceitável.

Operação das luzes de estúdio

Ao pendurar as luzes inicialmente, divida o estúdio em áreas de apresentação principal e pendure os instrumentos adequados (refletores e holofotes) na disposição triangular do princípio fotográfico básico.

Conservação de lâmpadas e economia de energia

Procure aquecer equipamentos grandes com potência reduzida mantendo o regulador de luminosidade baixo por alguns minutos antes de fornecer potência total. Isso vai prolongar a vida útil da lâmpada e das lentes Fresnel, que às vezes racham quando são aquecidas rápido demais. Esse período de aquecimento é essencial para colocar as luzes HMI em pleno funcionamento.

Não desperdice energia. Ensaios (sem câmeras) podem ser feitos de forma tão eficiente com iluminação de luzes de trabalho como com iluminação completa de estúdio. Se houver batentes móveis, suspensores telescópicos ou pantógrafos, experimente trazer as luzes para baixo, o mais próximo possível do objeto ou da cena que serão iluminados. Como se sabe, a intensidade da luz cai consideravelmente quanto mais longe ela estiver do objeto. Só leve as luzes completamente para cima quando necessário.

Uso de monitor de estúdio

Se pretender usar um monitor colorido bem ajustado como guia para a iluminação, esteja preparado para algumas concessões. Como já mencionado, a iluminação está correta se o monitor de estúdio mostra o que se quer que o espectador perceba. Para chegar a esse ponto, utilize o monitor como guia para a iluminação, em vez do fotômetro, que é menos direto. Ligue a câmera em exposição automática para a configuração e, em seguida, se o VO estiver operando um CCU, trabalhe com ele para fazer o ajuste fino da iluminação.

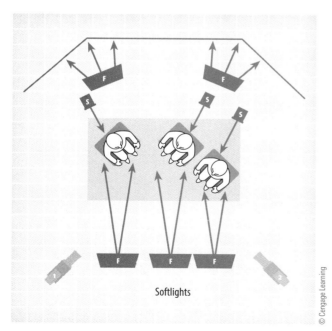

11.27 Esquema de iluminação plana para entrevista
Esse esquema de iluminação mostra a instalação de iluminação com perda de luminosidade lenta (plana) para uma entrevista simples. Normalmente, essa configuração simples não exige esquema de iluminação. Note que o desenho não está em escala.

PONTOS PRINCIPAIS

▶ Tenha cuidado durante todas as operações de iluminação. Não olhe diretamente para os instrumentos e use luvas ao manusear luzes quentes.

▶ Toda iluminação utiliza luz direcional e/ou difusa. A temperatura de cor é importante quando se tenta obter cores verdadeiras na tela. Você deve fazer um balanço de branco na câmera toda vez que você se move para um meio com uma nova iluminação.

▶ A luz principal é a fonte de iluminação mais importante e revela a forma básica do objeto.

▶ A contraluz proporciona maior definição ao contorno do objeto, separa-o do fundo e dá brilho a ele.

▶ A luz de preenchimento reduz a perda de luminosidade e torna as sombras menos densas.

▶ A maioria das configurações de iluminação para televisão e cinema usa o princípio fotográfico básico, iluminação em triângulo, com luz principal, contraluz e luz de preenchimento.

▶ A luz de fundo ou de cenografia ilumina o fundo da cena e do estúdio. A luz lateral age como preenchimento adicional ou como guia lateral. A luz posterior ou de retrocesso é usada para delinear o contorno de um objeto que de outra forma se confundiria com o fundo.

▶ As técnicas específicas de iluminação incluem high-key e low-key, iluminação plana, iluminação para a ação contínua, iluminação de gran-des áreas, iluminação de alto contraste, cameo lighting, iluminação de silhueta, iluminação da área chroma-key e controle de sombras dos olhos e do boom.

▶ Uma cena high-key possui fundo claro, nível de luz-base geralmente elevado e, normalmente, um clima otimista e feliz. A cena low-key tem fundo escuro com iluminação seletiva de perda de luminosidade rápida e um clima dramático ou misterioso.

▶ A perda de luminosidade indica a velocidade com que o lado iluminado de um objeto muda para sombra e a densidade das sombras. Perda de luminosidade rápida significa que as áreas de luz e sombra são distintas e que as sombras são densas. Perda de luminosidade lenta significa que a transição da luz para a sombra é mais gradual e que as sombras são transparentes. Em geral, perda de luminosidade rápida significa iluminação de alto contraste, e perda de luminosidade lenta, iluminação de baixo contraste ou plana.

▶ A relação de contraste é a diferença entre as áreas mais claras e as mais escuras de uma imagem, muitas vezes medida pela luz refletida em pés-candela[2] (fcd).

▶ O esquema de iluminação indica a localização dos instrumentos de iluminação, a direção principal de seus feixes de luz e, às vezes, o tipo e o tamanho dos equipamentos utilizados.

▶ Usar um esquema para ajustar a posições disponíveis para iluminação é muito mais fácil do que ajustar a iluminação de um estúdio movendo-se as luzes.

---

[2] Unidade de luminância ou intensidade de luz. (NRT)

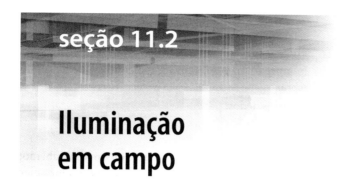

seção 11.2
Iluminação em campo

No caso da iluminação local, quando não estamos trabalhando no estúdio, não temos todos os equipamentos de iluminação no lugar e prontos para o uso. Cada equipamento, não importa se grande ou pequeno, necessita ser transportado para a externa e configurado em lugares que sempre parecem pequenos ou grandes demais para boa iluminação de vídeo. Também parece que nunca temos tempo suficiente para experimentar diferentes configurações de iluminação até encontrar a mais eficaz.

Seja qual for a tarefa de iluminação em externa, é preciso ser especialmente eficaz na escolha e utilização dos instrumentos. Mas antes de executar qualquer iluminação, verifique como ficam suas tomadas quando usar somente a luz disponível – a iluminação já presente na cena. Com as câmeras excelentes disponíveis hoje em dia, talvez você não precise de iluminação adicional. Na verdade, a luz disponível pode até mesmo refletir melhor a atmosfera de um evento do que a configuração triângulo mais racional. Se você realmente precisar posicionar luzes, esta seção explica as técnicas de iluminação local e descreve alguns dos seus requisitos essenciais.

▶ **Segurança**
Choque elétrico, cabos e incêndios.

▶ **Iluminação local**
Gravar sob luz solar intensa, em dia nublado, com luz interna e à noite.

▶ **Levantamento de locação**
Listas de verificação de pesquisa e fonte de alimentação.

Segurança

Como acontece no estúdio, a segurança é a preocupação primária quando se prepara a iluminação em campo. Na verdade, há mais riscos à segurança em campo que no estúdio. Nenhuma produção, não importa quão emocionante ou difícil ela seja, isenta-o de negligenciar a segurança em nome da rapidez ou de efeitos.

Choque elétrico

Tome cuidado principalmente com a energia elétrica no local. Uma descarga de 110 V pode ser mortal. Prenda os cabos para que ninguém tropece neles. Cada conexão – do cabo para a tomada, de cabo a cabo e de cabo para instrumento de iluminação – pode causar choque elétrico, caso não seja ajustada devidamente. Se usar cabos de extensão regulares de AC (corrente alternada), prenda todas as conexões com fita adesiva para que não se separem acidentalmente. Tenha cuidado especial ao utilizar cabos de energia na chuva.

Cabos

Passe cabos acima das entradas ou prenda-os no chão com fita adesiva e cubra-os com um tapete de borracha ou papelão liso em pontos de tráfego intenso. Um cabo solto não só pode fazer que alguém tropece, como também pode ocasionar a queda de um equipamento de iluminação e iniciar um incêndio. Certifique-se de que os pedestais de iluminação estejam protegidos com sacos de areia.

Incêndio

Conforme mencionado no Capítulo 10, equipamentos portáteis de iluminação incandescente ficam muito quentes quando ligados mesmo que apenas por períodos breves. Coloque-os o mais longe possível de materiais inflamáveis, como cortinas, livros, toalhas, forros de madeira e paredes. Vale a pena verificar novamente. Caso necessitem estar próximos de paredes ou outros materiais combustíveis, isole-os com papel-alumínio.

Iluminação local

Não há divisão clara entre a iluminação para ENG e EFP, exceto que, na captação de notícias, muitas vezes é preciso gravar com a luz disponível ou da câmera. Entretanto, quando se trata de uma entrevista em um quarto de hotel ou no escritório de um executivo, suas habilidades de iluminação serão testadas, especialmente quando se espera que você faça com que o executivo e seu escritório pareçam o melhor que Hollywood pode oferecer. Na iluminação de um local em externa para cinema digital, usualmente teremos mais tempo e equipamento para cumprir as tarefas de iluminação necessárias. No entanto, sempre tente ver como ficam suas tomadas com a luz disponível, antes de utilizar qualquer equipamento de iluminação.

Em toda iluminação local, confrontamo-nos com problemas recorrentes do lado de dentro e de fora. Ao ar livre, temos de trabalhar com a luz disponível, que pode ser intensa demais ou insuficiente. Às vezes, filmar com luz solar intensa é mais difícil do que utilizar luzes para uma cena noturna.

Gravação sob luz solar intensa

A maioria dos problemas de iluminação ocorre quando é preciso gravar sob luz solar intensa. O pesadelo de qualquer cinegrafista é fazer a cobertura de um coral misto, com as mulheres vestidas com blusas brancas engomadas e saias pretas e os homens com camisas brancas e paletós pretos, metade deles em pé no sol e o restante em profunda sombra rente a um edifício branco banhado pelo sol. Mesmo uma boa câmera digital para ENG/EFP teria problemas para lidar com contraste tão elevado.

Se colocarmos a câmera em modo de íris automática, ela vai ler fielmente a luz brilhante das camisas e o fundo claro, e vai fechar a íris para obter a exposição ideal. O problema é que a redução drástica da luz que atravessa a lente vai escurecer muito a área de sombra e as pessoas que nela estão. As saias e os paletós pretos se transformarão em uma cor preta sem graça e perderão todos os detalhes. Se alternarmos para íris manual e abrirmos a abertura um pouco para conseguir alguma transparência nas sombras e detalhes nas saias e nos paletós pretos, as camisas e blusas brancas assim como o fundo iluminado pelo sol vão ficar superexpostos. Pior, ainda, o destaque da testa suada e ocasionais pontos calvos dos membros do coral vão começar a se destacar, transformando a cor da pele em manchas brancas estranhamente luminescentes, rodeadas por um aro rosado.

Devemos então desistir? Não, mesmo que suas opções sejam um pouco limitadas, apresentamos a seguir algumas soluções possíveis.

- Experimente colocar um cantor em uma área de sombra, longe do fundo brilhante. Provavelmente daria para mover todo o coral para a sombra e para longe do edifício iluminado pelo sol. Para uma única pessoa na câmera, sempre é possível criar uma área de sombra com uma grande sombrinha.
- Peça aos homens do coral que tirem o paletó preto. Vale a pena tentar, apesar de eles provavelmente responderem que não. Obviamente você não terá o que fazer em relação às saias pretas.
- Grave de um ângulo que evite o edifício branco no fundo.
- Estique um pedaço grande de gaze ou outro material de difusão entre dois pedestais para difundir a luz solar que incide sobre o coral e use refletores grandes para desacelerar a perda de luminosidade. Lembre-se de que o refletor funciona como uma luz de preenchimento eficaz. **Figuras 11.28 e 11.29**
- Utilize os filtros densidade neutra (DN) da câmera. Os filtros DN agem como óculos de sol de diferentes densidades reduzindo a quantidade de luz que incide sobre o dispositivo de captação sem distorcer as cores reais da cena. Na verdade, um filtro DN parece reduzir o brilho extremo e ainda assim revela detalhes nas áreas de sombra. Sem dúvida, vai eliminar os brilhos com bordas vermelhas nas camisas e o suor da testa dos participantes do coral sem deixar o restante da pessoa invisível.

- Certifique-se de que a câmera está ligada em controle de exposição manual.
- Alimente a câmera em um bom monitor de campo, na sombra, e ajuste a íris usando o controle de listras de zebra.
- Cruze os dedos.

Gravação em dia nublado

A luz ideal para gravação ao ar livre é de um dia nublado: as nuvens ou nevoeiro atuam como difusores da luz solar dura, fornecendo uma iluminação uniforme semelhante à dos soft lights. Não se surpreenda se tiver de usar um filtro

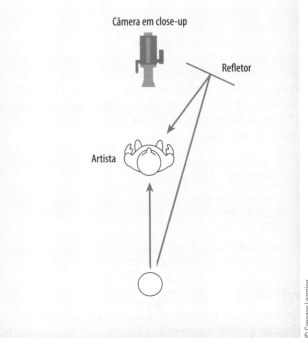

11.28 Uso do refletor: gravação contra o sol
Ao gravar contra o sol, reflita o máximo de luz solar de volta para o artista/repórter com um rebatedor simples (nesse caso, um cartão branco).

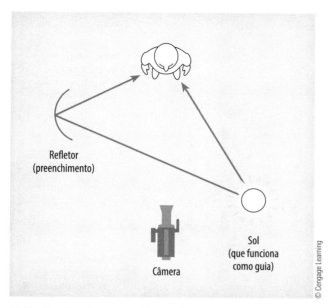

11.29 Uso do refletor: gravação ao sol
Quando se grava sob luz solar intensa, as sombras escuras podem ser facilmente iluminadas com um rebatedor.

DN. A luz de um dia nublado muitas vezes é surpreendentemente brilhante e costuma ter temperatura de cor elevada.

Mesmo com iluminação difusa, evite um fundo brilhante demais. Se for necessário gravar contra um fundo claro, faça um zoom-in na pessoa, evitando assim tanto quanto possível o plano de fundo. Certifique-se de que você possui controle de íris manual e ajuste-a para satisfazer aos requisitos de luz da pessoa e não do fundo. É melhor ter um fundo com superexposição do que uma pessoa nessas condições.

Gravação com luz interna

Há inúmeras quantidades e tipos de luz quando se grava em ambientes fechados. Alguns interiores são iluminados pela luz do dia que penetra através de grandes janelas, outros por refletores fluorescentes com alta temperatura de cor que compõem a iluminação de teto. Ainda outros, como quartos de hotel sem janelas, têm iluminação de mesa e de piso que proporcionam um clima romântico, mas dificilmente a iluminação adequada para boas imagens de televisão. O grande problema aqui não é tanto como fornecer luz adicional, mas como posicionar os instrumentos para obter o melhor efeito estético sem que eles entrem em sua tomada e como combinar as várias temperaturas de cor.

Sempre experimente, antes criar o triângulo de iluminação com a luz principal, a de preenchimento e a contraluz. Caso não seja possível, tente ajustar a configuração para manter pelo menos o efeito da iluminação em triângulo. Sempre que possível, tente obter algum efeito de contraluz, que, muitas vezes, faz a distinção entre boa e simples iluminação.

Suponhamos que seja necessário iluminar a entrevista com o diretor de uma empresa de software. Exceto por algu-

guns close-ups do entrevistador no final do programa, o diretor é visto em close-up na maior parte da entrevista. Vamos colocá-lo em três ambientes diferentes: um quarto de hotel sem janelas, um quarto de hotel com uma janela e o escritório do diretor com uma grande janela panorâmica atrás de sua mesa.

Quarto sem janelas Em um quarto sem janelas, basta instalar luzes portáteis, de refletores abertos, na forma triangular típica. Utilize uma luz principal difusa, uma contraluz mais focada do mesmo tipo e um refletor ou soft light (ou tenda de difusão) para o preenchimento (ver Figura 11.3). Se houver um quarto equipamento, use-o como luz de fundo. Caso haja apenas dois equipamentos, utilize um refletor aberto como contraluz e uma luz difusa (refletor aberto com tela, tenda ou sombrinha), como guia, colocada de forma que a maior parte do rosto seja iluminada. A luz que escapa da guia também vai cuidar da iluminação de fundo. **Figura 11.30**

Se o diretor insistir em gravação cruzada com duas câmeras para captar de imediato a reação do entrevistador ao fazer perguntas ou ouvir a resposta do entrevistado, ainda assim será possível usar apenas dois ou três equipamentos de iluminação. Coloque dois refletores abertos ou Fresnel pequenos com tenda, tela ou sombrinha para que eles iluminem sobre o ombro dos participantes sentados frente a frente. Nesse cross-keying, as duas luzes agora possuem multifunções: servem como principais e contraluzes. Utilize o terceiro equipamento como luz de preenchimento ge-

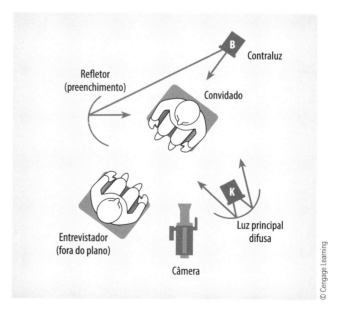

11.30 Iluminação em triângulo para entrevista
Essa configuração da iluminação de uma pessoa usa dois equipamentos. A luz principal difusa é um refletor aberto com tela, tenda ou sombrinha. A contraluz é um refletor aberto ampliado ou focalizado. Se for necessária uma luz de preenchimento, ela pode ser criada com um soft light ou refletor. Pode-se usar um soft light adicional como luz de fundo. Note que o entrevistado está olhando para o entrevistador, que está sentado ao lado da câmera, fora do plano.

ral. Essa instalação de iluminação também pode ser usada para uma entrevista em um corredor, uma sala de estar ou em outro local semelhante. **Figura 11.31**

Quarto com janela Se houver uma janela no quarto, use-a como luz principal ou contraluz. Se utilizar a janela como guia, será preciso um refletor ou luz de preenchimento no lado oposto. Seja como for, será necessária uma contraluz forte. Para combinar a temperatura de cor externa da luz da janela, a luz de preenchimento e a contraluz precisam de lâmpadas de 5.600 K ou de 3.200 K e gel azul para aumentar sua temperatura de cor. **Figura 11.32**

A melhor maneira de iluminar é posicionar o entrevistado de modo que a janela funcione como contraluz – sem permitir que ela entre no plano. Use uma única luz principal difusa de 5.600 K (um refletor aberto com uma lâmpada de 5.600 K ou de 3.200 K com gel azul) para iluminar a maior parte do rosto, eliminando a necessidade de luz de preenchimento. **Figura 11.33**

Janela panorâmica no escritório Um problema típico é ter de gravar contra uma janela grande. Se, por exemplo, o entrevistado insiste em fazer sua declaração atrás de sua mesa que fica em frente a uma grande janela panorâmica, seu problema de iluminação é idêntico ao que acontece ao gravar uma pessoa de pé em frente a um fundo brilhante: se a íris for definida de acordo com o brilho do fundo, a pessoa na frente tenderá a aparecer em silhueta. Se for ajustada

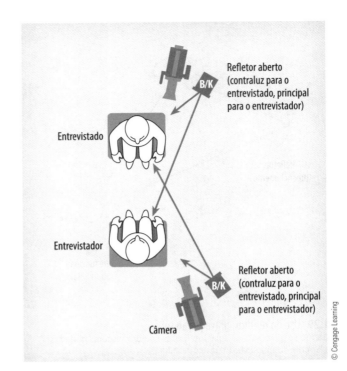

11.31 Cross-keying para entrevista
As duas luzes portáteis servem a múltiplas funções: luzes-principais e contraluzes para o entrevistador e o entrevistado. Se houver uma terceira luz, use-a como preenchimento.

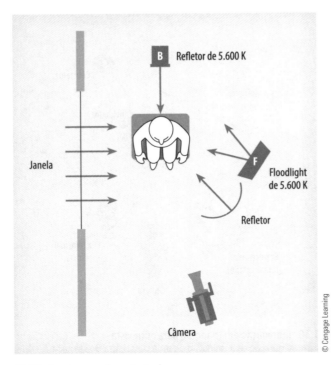

11.32 Janela como luz principal
A luz do dia brilhando através de uma janela pode servir como luz principal, e um refletor, como luz de preenchimento. Se usarmos uma luz portátil como preenchimento e/ou contraluz, precisaremos aumentar sua temperatura de cor até o padrão de luz do dia, de 5.600 K.

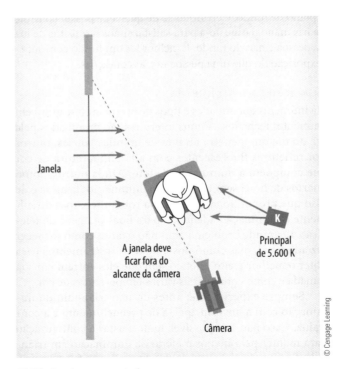

11.33 Janela como contraluz
Podemos usar a janela como contraluz, desde que coloquemos o entrevistado com a janela fora do plano. A luz principal pode ser um refletor aberto difuso que brilha a 5.600 K.

para a pessoa na frente, o fundo ficará superexposto. A seguir, apresentamos algumas soluções possíveis.

- Enquadre um close-up bem apertado e ajuste a exposição para o rosto e não para o fundo. O pouco que estiver visível da janela ficará superexposto, mas sem inutilizar o close-up.
- Puxe as cortinas ou persianas e ilumine a pessoa com instrumentos portáteis.
- Mova a câmera para o lado da mesa e peça que a pessoa se volte para a câmera. Daí é possível gravar paralelo à janela. Pode-se usar a luz da janela como principal e preencher com um grande refletor ou uma luz adicional em um pedestal (ver Figura 11.32).
- Se a pessoa insistir em que a janela apareça no fundo, cubra-a com filtros grandes de temperatura de cor e/ou filtros DN (folhas de plástico) de diferentes densidades. Utilize dois refletores abertos fortes, mas difusos (5.600 K), como luz principal e de preenchimento, ou use um refletor grande e altamente eficiente que reflita a luz da janela para o rosto do diretor. Tenha em mente que esses procedimentos levam bastante tempo e geralmente são deixados para EFP.
- Fotografe a vista da janela e use-a como fonte de vídeo para chroma-key (ver Capítulo 14).

Iluminação interna para grandes áreas   Às vezes, é preciso lidar com grupos de pessoas reunidas em locais com iluminação insuficiente. Exemplos típicos são salas de conferências, saguões de hotel e corredores. Na maioria das vezes, a luz disponível ou uma luz da câmera oferece iluminação suficiente para abranger o orador e membros individuais da assistência. Se for preciso fazer uma cobertura extensa de um evento como esse, será necessária iluminação adicional.

A maneira mais rápida e eficiente de iluminar esse tipo de local é estabelecer um nível geral e não direcional de luz-base. Utilize dois ou três refletores abertos ou luzes-V e reflita a luz a partir do teto ou das paredes. Se você tiver sombrinhas refletoras de luz, direcione a luz para a parte interior aberta e coloque-as de modo a cobrir a área de eventos com a luz difusa. Você vai se surpreender com a quantidade de iluminação que é possível obter com uma única luz-V difusa com o uso de uma sombrinha. Se isso não for possível, direcione as luzes para o grupo, mas torne o feixe de luz difuso por meio de telas. O método mais eficaz é cobrir toda a área ativa utilizando-se painéis de LED portáteis ou soft lights de quartzo, fluorescentes ou HMI. Certifique-se sempre de executar o equilíbrio de brancos da câmera para a luz sob a qual o evento realmente ocorre.

Como você já deve ter notado, todas essas técnicas de iluminação visam estabelecer um nível elevado de luz-base. Mesmo que haja pouco tempo, experimente colocar uma ou duas contraluzes difusas fora do alcance da câmera. Elas darão brilho e um toque profissional para uma cena que, de outra maneira, ficaria "plana", sem graça. **Figura 11.34**

Trabalho com lâmpadas fluorescentes   O problema básico de trabalhar com as luzes fluorescentes utilizadas em lojas, escritórios e edifícios públicos é sua temperatura de cor, que em geral é maior do que ou um pouco diferente do padrão de 3.200 K para lâmpadas incandescentes internas. Mesmo que algumas lâmpadas fluorescentes brilhem com temperatura de cor interior mais quente, elas podem ter uma estranha tonalidade azul-esverdeada. Portanto, ao ligar a luz da câmera para obter iluminação adicional, você depara com duas temperaturas de cor. Alguns profissionais de iluminação aconselham a desligar completamente as luzes fluorescentes quando se trabalha com luzes de quartzo (3.200 K), mas isso não é necessário. Se você estiver gravando uma história de última hora em um corredor de um tribunal iluminado por luzes fluorescentes, certamente não vai haver tempo para localizar e convencer o gerente do prédio a desligar as luzes e depois iluminar novamente a cena antes de começar a gravar.

Se as luzes fluorescentes fornecerem iluminação suficiente, simplesmente selecione na câmera um filtro adequado para a temperatura de cor (para baixar a alta temperatura de cor das lâmpadas fluorescentes) e execute o equilíbrio de brancos da câmera com a luz disponível. Se for preciso usar a luz da câmera para obter iluminação adicional, aumente a temperatura de cor da luz da câmera (inserindo um filtro dicroico que costuma vir junto com esta) ou execute o equilíbrio de brancos da câmera com a iluminação fornecida pela luz da câmera (3.200 K).

As lâmpadas incandescentes portáteis – incluindo a luz da câmera – são fortes o suficiente para eliminar a luz-base das lâmpadas fluorescentes. Se estiverem disponíveis, utilize holofotes que brilhem na temperatura de cor externa, de 5.600 K ou aqueles cuja temperatura de cor seja aumentada por meio de gel azul-claro.

Uma palavra de cautela: apesar de todos os elogios feitos às luzes fluorescentes ou LED de campo, fique longe delas se a reprodução de cores for fundamental. Nem as melhores lâmpadas fluorescentes vão dar a mistura de cores para luz branca que é possível obter por meio de lâmpadas incandescentes e HMI. O cuidadoso equilíbrio de branco ajuda, mas talvez ainda seja perceptível um tom esverdeado ou azulado nas suas imagens que é difícil, se não impossível, de corrigir na pós-produção.

Gravação à noite

Quando se cobre uma notícia à noite, utiliza-se com mais frequência a luz da câmera ou uma única luz operada pelo assistente de câmera. A seguir, apresentamos alguns aspectos que devem ser considerados.

- Supondo que haja apenas a luz da câmera e nenhum assistente, utilize-a e aponte-a diretamente para o repórter de campo. Quanto mais próximo o repórter estiver da câmera, mais forte será a iluminação. É possível alterar a intensidade da luz movendo-se apenas um ou dois passos na direção do repórter ou para longe dele e

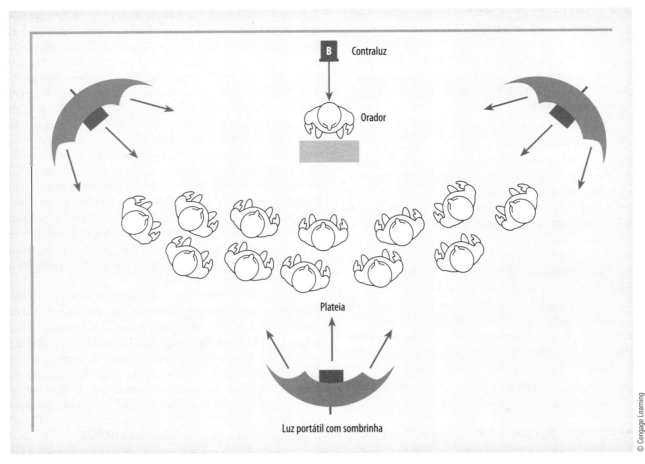

11.34 Iluminação de grandes áreas
Para estabelecer luz-base suficiente em uma grande área, utilize luz altamente difusa. Aqui três lâmpadas portáteis incandescentes e sombrinhas difusoras de luz proporcionam o máximo de luz difusa em toda a área. Claro que é possível usar luzes fluorescentes ou HMI ou painéis de LED em vez das luzes de quartzo.

dando-se zoom-in ou out para compensar o reposicionamento. Quase todas as luzes de câmeras profissionais possuem filtros de difusão que podem ser usados para suavizar a luz sobre o repórter. Isso também vai evitar pontos quentes no rosto.

- Se houver um assistente disponível, ele pode segurar uma luz portátil ligeiramente acima do nível da câmera (para evitar que ela brilhe diretamente nos olhos do repórter) e um pouco ao lado da câmera de modo que a única luz da câmera aja como luz principal. Se você estiver bem perto do evento, coloque essa única luz em posição semiaberta para evitar pontos quentes. Aproveite qualquer fonte adicional de luz, como uma vitrina iluminada ou uma lâmpada de rua, usando-a como preenchimento posicionando adequadamente o objeto. Não se preocupe com mistura de temperaturas de cor; os espectadores aceitam facilmente distorções de cor ao verem eventos gravados à noite. Também é possível usar a vitrina da loja como luz principal e pedir que o assistente segure um refletor do lado oposto para gerar certo preenchimento. Se não houver assistente disponível, basta aprender a conviver com a perda rápida de luminosidade. Mais uma vez, evite gravar contra um fundo muito iluminado.

- Se você for cobrir uma breve reportagem do lado externo de um hospital, por exemplo, e não estiver com muita pressa, use como principal uma luz portátil instalada em um pedestal de iluminação. Utilize uma porta ou janela iluminada do hospital como luz de preenchimento ou contraluz. Nesse caso, posicione o repórter de modo que ele não fique diretamente na frente da porta ou janela, mas para um dos lados, com a porta ou janela fora do alcance da câmera (ver Figura 11.33). Sempre que possível, conecte as luzes em tomadas domésticas regulares em vez de usar baterias como fonte de alimentação.

- Quando filmar sob pouca luz disponível, como iluminação pública ou um refletor de um carro de polícia, coloque a câmera em autoíris e ajuste para um alto ganho (ver Figura 5.16)

Técnicas de iluminação para televisão   233

Levantamento de locação

Um dos aspectos mais importantes da iluminação para EFP é um *levantamento de locação* detalhado no local remoto. **Figura 11.35**

Listas de verificação de pesquisa

As listas de verificação de pesquisa na Figura 11.35 são para produções relativamente simples, como todas as outras informações sobre EFP. (Para obter informações mais detalhadas sobre pesquisas de local, consulte o item "Pesquisa externa", no Capítulo 17.) A iluminação eletrônica de produções em campo, grandes e complexas, tem mais em comum com técnicas do cinema e não é abordada aqui. Mas, mesmo em um EFP relativamente simples, você notará que a fonte de alimentação é um dos elementos-chave para a boa iluminação em externa.

Fonte de alimentação

Em EFP, é preciso trabalhar com três tipos de energia para instrumentos de iluminação: corrente doméstica (normalmente de 110 a 120 V), geradores e baterias de 7,2 V, 12 V ou 30 V.

A fonte de alimentação mais utilizada é a corrente doméstica. Ao usar tomadas regulares de parede, lembre-se da classificação da potência dos circuitos, que nor-

INTERNO	EXTERNO
LUZ DISPONÍVEL	
A luz disponível é suficiente? Se não for, que luzes adicionais serão necessárias? Que tipo de luz está disponível? Incandescente? Fluorescente? Luz do dia através de janelas?	É necessária luz adicional? Onde está o sol em relação à ação planejada? Há espaço suficiente para colocar os refletores necessários?
FUNDO PRINCIPAL	
Existe alguma ação planejada contra uma parede branca? Há janelas no fundo? Se houver, elas têm cortinas ou venezianas que podem ser fechadas? Se quiser usar a luz do dia que venha da janela, há luzes disponíveis que correspondam à temperatura de cor da luz do dia (5.600 K)? Se a janela for muito brilhante ou se for preciso reduzir a temperatura de cor que venha através da janela, você disporá do filtro DN adequado ou de filtros de cor para colocar na janela? Certamente serão necessários alguns refletores ou outro tipo de iluminação de preenchimento.	O fundo é muito brilhante? Mesmo que o sol não esteja incidindo sobre o fundo, no momento da pesquisa, ele vai estar lá quando a produção real acontecer? Ao gravar na praia, o diretor planeja que as pessoas atuem com o mar como fundo? Você vai precisar de refletores e/ou luzes adicionais (HMI) para evitar que as pessoas apareçam em silhueta, a menos que o diretor planeje close-ups extremos a maior parte do tempo.
CONTRASTE	
Se há sombras densas ou se o evento ocorre em áreas de alto contraste (luz do sol e sombra), será preciso luz de preenchimento extra e/ou filtros DN para reduzir o contraste.	A produção ocorre sob luz solar intensa? A cena pode ser movida para a área de sombra? Se não, forneça uma quantidade generosa de luz de preenchimento (rebatedores e/ou refletores HMI) para tornar as sombras transparentes ou filtros DN para reduzir o brilho das áreas excessivamente brilhantes.
POSIÇÃO DAS LUZES	
É possível colocar as luzes fora do alcance da câmera? Que suportes à iluminação serão necessários (pedestais de iluminação, grampo multitarefa, garras)? Serão necessários dispositivos especiais de instalação, como batentes ou barras transversais? Os instrumentos de iluminação estão suficientemente longe de materiais combustíveis? As luzes estão posicionadas de modo a não interferir com o evento? Pessoas não habituadas à televisão geralmente se queixam do brilho das luzes.	Se precisar de rebatedores, luzes ou pedestais adicionais, o nivelamento do chão é suficiente para o posicionamento seguro dos pedestais? Será preciso tomar precauções extras por causa do vento? (Leve bastantes sacos de areia ou até algumas estacas e cordas de barraca para poder prender os pedestais de iluminação em caso de vento.)
REQUISITOS DE ENERGIA	
Sua preocupação principal será a energia e como levá-la aos instrumentos de iluminação. Há energia necessária nas proximidades? Será preciso um gerador? Se conseguir obter a energia disponível, certifique-se de informar o engenheiro responsável sobre a exigência de energia aproximada para todas as luzes. (Basta somar a wattagem (potência) de todas as luzes que pretende usar mais uns 10% para garantir energia suficiente.) Você dispõe de cabos de extensão necessários para alcançar todos os instrumentos de iluminação? Você sabe exatamente onde estão as tomadas, qual é a capacidade dos circuitos e que tomadas estão no mesmo circuito? Faça um esboço básico de todas as tomadas e indique a distância até a(s) luz(es) correspondente(s). De que adaptadores você vai precisar para ligar as luzes nas tomadas disponíveis? Você dispõe de cabos, extensões e filtros de linha necessários para poder dar conta com o mínimo de cabos possível? No cabeamento projetado, foram tomadas todas as precauções de segurança?	Não é preciso utilizar equipamentos de iluminação com muita frequência ao gravar ao ar livre, a menos que a gravação seja à noite ou precise preencher sombras particularmente densas que não possam ser alcançadas por um rebatedor simples.

11.35 Levantamento de locação para EFP

malmente é de 15 ou 20 amp (amperes) por circuito. Essa classificação significa que é possível, teoricamente, conectar um equipamento de 1.500 W (ou 2 kW) ou qualquer combinação de luzes que não exceda a 1.500 (ou 2.000) watts, sem sobrecarregar o circuito, desde que nada mais esteja no mesmo circuito. Mas nem sempre é sábio fazer isso. Lembre-se da discussão sobre cabos de extensão que geram resistência adicional, em especial quando aquecidos. Para não abusar, não carregue um único circuito na plena capacidade. Caso contrário, pode acontecer de as luzes se apagarem exatamente na parte mais importante da gravação. Quando estiver usando luzes de LED, você pode, certamente, conectar vários equipamentos em um único circuito sem o perigo de sobrecarga.

É possível descobrir a capacidade do circuito verificando-se o fusível ou disjuntor. Cada disjuntor possui uma marcação com o número de amperes que pode manipular. Agora dá para descobrir a capacidade de wattagem total de cada circuito: basta multiplicar o número de amperes do circuito (15 ou 20 amp) por 100 (supondo que a corrente doméstica tenha entre 110 e 120 volts). Isso lhe dá um limite superior: 1.500 watts para um disjuntor de 15 amp (100 volts × 15 amp = 1.500 de wattagem total) ou de 2.000 watts para um disjuntor de 20 amp (100 volts × 20 amp = 2.000 watts). Mas não abuse da sorte. Tente usar instrumentos de wattagem mais baixa por circuito para garantir que as luzes funcionem corretamente durante toda a produção. **Figura 11.36**

Se for necessário fornecer energia para mais luzes do que um único circuito suporta, ligue-os em circuitos diferentes. Mas como saber quais tomadas estão em circuitos separados?

Determinar os circuitos   Normalmente, várias tomadas duplas de parede estão conectadas a um único circuito. É possível determinar quais tomadas estão no mesmo circuito ligando-se uma lâmpada de baixo consumo de energia em determinada tomada. Localize o disjuntor específico que desliga a lâmpada e desligue-o. Ligue o disjuntor novamente. A lâmpada deve acender de novo. Agora conecte a lâmpada na próxima tomada conveniente e desligue o mesmo disjuntor ou fusível. Se a lâmpada apagar, os plugues estão no mesmo circuito. Se continuar acesa, é um circuito diferente e é seguro usá-lo.

Extensões seguras   Obviamente, são necessárias extensões suficientes para ir da tomada até os instrumentos de iluminação. É possível minimizar a quantidade de cabos usando-se filtros de linha (ou réguas), especialmente se utilizarmos instrumentos de baixa wattagem. Quanto maior a fiação das extensões (classificação de bitola menor), maior a wattagem que poderão suportar sem ficarem quentes demais. Tenha à disposição tipos variados e suficientes de adaptadores para que as lâmpadas possam ser plugadas nas tomadas existentes.

Sempre que tiver dúvida sobre a disponibilidade ou confiabilidade da energia, use um gerador, cuja responsabilidade recai sobre a equipe de engenharia. A classificação de circuitos e a wattagem combinada permitida para as lâmpadas por circuito ainda se aplicam.

Para produções relativamente simples no local, é possível fornecer energia às luzes por meio de baterias. Primeiro, verifique se as lâmpadas portáteis são apropriadas para a tensão da bateria. Obviamente, não é possível usar uma lâmpada de 12 V com uma bateria de 30 V. Depois, verifique se as baterias estão adequadamente carregadas e se há sobressalentes em quantidade suficiente para a duração da produção. Desligar as luzes sempre que possível poupa energia da bateria e aumenta muito a vida útil das lâmpadas.

Wattagem da lâmpada	Número de equipamentos por circuito de 15 amp	
100	15	Para descobrir a carga máxima (watts) para um único circuito, use a seguinte fórmula:
150	10	**amperes × volts = watts**
175	9	A classificação em amperes de um circuito doméstico padrão é de 15 amp (normalmente marcada no disjuntor). Isso quer dizer que o circuito pode, em tese, suportar uma carga máxima
200	7	de 15 amp × 110 volts = 1.650 watts.
350	4	
500	3	Para não correr risco, calcule 100 volts em vez de 110 volts:
750	2	**15 amp × 100 = 1.500 watts**
1.000	1	Para calcular quantos equipamentos plugar em um único circuito, divida sua wattagem total
1.500	1	por 1.500 watts (a carga máxima). As colunas da esquerda listam o número de instrumentos de certa wattagem que se pode plugar com segurança em um único circuito de 15 amp.

© Cengage Learning

11.36 Cálculo dos requisitos de energia elétrica

PONTOS PRINCIPAIS

▶ A segurança é a preocupação primária ao iluminar em campo. Nunca abandone a segurança em nome da rapidez ou de efeitos.

▶ Antes de fazer qualquer iluminação, verifique como suas cenas ficam usando-se apenas a luz disponível – a iluminação já presente na cena.

▶ Ao gravar sob luz solar intensa, tente colocar o artista na sombra. Se for preciso gravar no sol, use um rebatedor e/ou filtro de densidade neutra (DN) para reduzir o contraste.

▶ A melhor luz para gravação ao ar livre é a de um dia nublado. As nuvens agem como um gigantesco filtro de difusão.

▶ Use o princípio fotográfico básico (iluminação em triângulo) ao iluminar uma entrevista com apenas uma pessoa em uma sala sem janelas. Se houver apenas dois instrumentos, use um soft light em frente como luz principal e de preenchimento, e use o segundo instrumento como contraluz. Ao fazer uma gravação cruzada, use dois instrumentos para as funções de luz principal e contraluz.

▶ Quando houver janela, use-a como luz de preenchimento ou contraluz. Qualquer luz interna deve brilhar a 5.600 K. Coloque gelatina azul-clara em luzes internas de 3.200 K ou use lâmpadas de 5.600 K. Use uma grande janela panorâmica como luz principal ou cubra-a com uma cortina e utilize a configuração de iluminação em triângulo. Se a janela estiver no plano, filtre a intensidade da luz e baixe a temperatura de cor com gelatinas sobre ela, e acrescente luzes-guia e de preenchimento de 3.200 K.

▶ Ao gravar sob luzes fluorescentes, use lâmpadas de 5.600 K para obter luzes-guia e contraluz adicionais ou neutralize as luzes fluorescentes do teto com luzes incandescentes como guia, contraluz ou de preenchimento.

▶ Ao gravar à noite, use a luz da câmera como fonte de luz principal se não houver outra luz disponível. Use um filtro de difusão na luz da câmera e em qualquer luz disponível ou um rebatedor para preenchimento.

▶ Antes de fazer a iluminação de EFP, faça um levantamento de locação.

▶ A fórmula para descobrir a classificação da energia elétrica é: watt = volt × ampere.

▶ Ao fornecer energia para luzes portáteis por meio de corrente doméstica, verifique a capacidade dos circuitos e não os sobrecarregue.

capítulo 12

Sistemas de gravação e armazenamento de vídeo

Embora uma das grandes vantagens da televisão seja a capacidade de transmitir um evento "ao vivo", isto é, enquanto está em processo, a maioria dos programas é pré-gravada em algum tipo de dispositivo de gravação de vídeo antes de ser transmitida. Praticamente não há programa no ar, incluindo noticiários ao vivo, que não contenha, na sua maioria, material pré-gravado. A mudança da fita de vídeo para mídia digital sem fita não apenas gerou uma grande variedade de câmeras camcorders de alta qualidade cada vez menores, mas também expandiu e refinou a arte da edição de pós-produção.

A seção 12.1, Como a gravação de vídeo é feita, introduz as operações de gravação de vídeo mais comuns. A seção 12.2, Sistemas de gravação de vídeo sem fita, discute os conceitos básicos sobre sistemas e mídias de gravação de vídeo. O capítulo é finalizado com um breve epitáfio à fita de vídeo.

PALAVRAS-CHAVE

Codec; Sistema componente; Sistema composto; Compactação; Registro de campo; JPEG; Compactação sem perdas; Compactação com perdas; Cartão de memória; MPEG 2; MPEG 4; Amostragem; Guia de vídeo; Gravador de vídeo (video recorder – VR); Sistema de componente Y/C; Sistema componente de diferença Y/cor.

seção 12.1

Como a gravação de vídeo é feita

Se você quer se livrar logo de todo esse jargão técnico e colocar suas mãos no equipamento de gravação, você precisa ter um pouco mais de paciência e aprender primeiro sobre preparação para as sessões de gravação para que seu fluxo de trabalho seja bastante eficiente e efetivo. Esta seção apresenta-lhe duas etapas de gravação: preparativos para gravação e procedimentos para gravação.

▶ **Preparativos para gravação**
Planejamento e lista de verificação de equipamentos.

▶ **Procedimentos para gravação**
Guia de vídeo, verificação de gravação, time code e manutenção de registros.

Preparativos para a gravação

Quando se fazem gravações em vídeo de um programa em estúdio, um cabo, um conector ou uma mídia de gravação errados não causam grande desastre. A pessoa que faz a verificação do equipamento provavelmente aparecerá com o equipamento correto para ajudá-lo. No entanto, quando se está em campo, um cabo ou conector errado pode cancelar a produção inteira. A seguir, apresentamos de forma sucinta as recomendações referentes ao planejamento e à lista de verificação de equipamentos bem como aos preparativos gerais para a gravação.

Planejamento (schedule)

A não ser que você use sua própria câmera, confirme se os equipamentos necessários para a gravação ou duplicação estão realmente disponíveis. Se você precisa de um disco rígido grande para baixar a filmagem de sua câmera, certifique-se de que ninguém esteja usando sua máquina (reservada). Seja razoável em sua solicitação, verifique a disponibilidade do gravador ou servidor.

Caso seja solicitado que simplesmente verifique a ordem das cenas em uma gravação de vídeo ou que cronometre alguns segmentos, grave-o em seu laptop ou em um disco rígido externo. Dessa forma, os servidores ficam livres para tarefas mais importantes e você não fica amarrado a um cronograma apertado ao analisar as gravações. Se possível, você deve sempre copiar sua filmagem para o seu computador pessoal, mesmo que você a tenha gravado com segurança em um servidor.

Sempre siga a rotina estabelecida para verificação e utilização dos equipamentos. Caso contrário, você não apenas põe em perigo sua sessão de gravação, mas possivelmente a de alguém mais também. Ao compartilhar um servidor, você sabe acessar o material? Quais são as proteções contra o apagamento acidental?

Lista de verificação de equipamentos

Como um piloto que repassa uma lista de verificação antes de cada voo, tenha sua própria lista cada vez que fizer uma produção. Essa lista é especialmente importante nas produções em campo (EFP) e é limitada às gravações em vídeo.

- *Interface.* Você tem o cabo certo que permita a você transferir sua filmagem para o equipamento de armazenamento de vídeo ou de edição? Alguns gravadores de vídeo antigos ainda operam com cabos FireWire, mas seu laptop pode não ter uma porta FireWire.

- *Status do gravador de vídeo.* O *gravador de vídeo* (VR) ou outro gravador está realmente funcionando? Se possível, faça uma breve gravação de teste para garantir que esteja operando corretamente.

- *Leitor de mídia.* O VR pode ler a mídia de sua câmera? Por exemplo, o VR tem a entrada apropriada de cartão de memória ou você precisa de um leitor periférico de cartões? O codec da mídia da câmera é compatível com o software de edição? (Codecs são explicados na seção 12.2.)

- *Gravação combinada.* É possível combinar certos trabalhos de gravação, como fazer uma cópia de proteção da gravação original com uma janela de time code aparente? (Como veremos no Capítulo 18, uma janela de time code aparente é uma cópia da gravação com o endereço de time code recortado em cada quadro/frame.)

- *Fonte de alimentação.* Há uma bateria completamente carregada para a câmera e/ou para o VR externo? Leve sempre uma bateria extra totalmente carregada. Ao utilizar corrente doméstica como fonte de alimentação, é necessário um transformador/adaptador adequado. Antes de partir para o local em campo, verifique se o cabo de conexão da fonte de alimentação se ajusta à tomada do VR ou da câmera. Não tente fazer um conector se ajustar se não foi projetado para aquela tomada. Você pode acabar com muito mais do que um fusível queimado.

- *Mídia de gravação correta.* Você dispõe da mídia de gravação correta, isto é, os cartões de memória que você tem realmente são compatíveis com a câmera que você está usando? Os cartões de memória têm o mesmo tamanho, mas não são iguais. É possível que a sua caixa de cartões indique 36 GB, mas contenha somente um cartão de 8 GB.

- *Mídia suficiente.* Você dispõe de mídia de gravação em quantidade suficiente para a produção planejada? Isso é especialmente importante ao gravar televisão de alta definição (HDTV), especialmente filmagens "brutas" (não compactadas). Sempre leve mais mídia de gravação do que acha que vai precisar. Em produções EFP e de documentários, sempre é uma boa ideia ter com você um VR externo para fazer um backup de seu cartão de memória antes de retornar para sua base.

- *Proteção contra gravação.* Se a sua câmera ou o seu VR externo se recusar a gravar, verifique a aba de proteção contra gravação na mídia que está sendo usada. Até mesmo os pequenos cartões SD (Secure Digital) têm uma aba de proteção contra gravação. Se a aba estiver na posição aberta (protegido), você não pode gravar nele, embora você ainda possa reproduzir as gravações que já foram feitas. Para gravar na mídia, a aba deve sempre estar na posição fechada. Verifique rotineiramente a aba de proteção contra gravação antes de usar a mídia para gravação. **Figura 12.1**

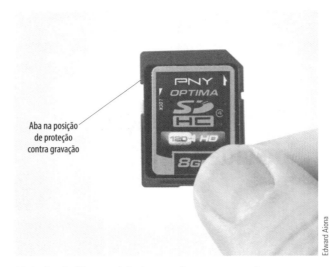

12.1 Cartão SD na posição de proteção contra gravação
Até mesmo os pequenos cartões SD têm uma aba de proteção contra gravação. Você não pode gravar nesse cartão SD porque sua aba está na posição aberta (protegido).

Procedimentos para gravação

Se você seguiu as etapas básicas de pré-gravação, deverá ter poucos problemas durante a gravação real, embora os seguintes elementos ainda precisem de atenção: guia de vídeo (vídeo leader), verificação de gravação, time code e registros.

Guia de vídeo

Ao reproduzir uma gravação de vídeo executada corretamente, você notará matéria introdutória no início da gravação: barra de cores (color bars), tom constante,[1] placa de identificação e talvez alguns números piscando com acompanhamento de sinais de áudio. Esses elementos, chamados coletivamente *guia de vídeo*, ajudam a ajustar as máquinas de reprodução e gravação aos níveis padrão de áudio e vídeo. Embora desenvolvidos principalmente para operação de fita de vídeo, ela ainda é necessária para gravações sem fita. Vamos analisar cada um dos elementos. **Figura 12.2**

As barras de cores ajudam o operador de VR a combinar as cores da máquina de reprodução com as da máquina de gravação. Portanto, é importante gravar as barras de cores (fornecidas por geradores de barra de cores localizados no controle mestre ou integrados às câmeras de ENG/EFP) durante, no mínimo, 30 segundos cada vez que usar

Trilha de vídeo	Guia em branco	Barra de cores (de 30 a 60 segundos)	Claquete visual (15 segundos)	Números pretos ou guias 10-3 (8 segundos)	Preto (2 segundos)	Vídeo do programa
Trilha de áudio	Silêncio	Teste do tom de áudio de VU	Silêncio	8 beeps de áudio (opcional)	Silêncio	Áudio do programa

12.2 Guia de vídeo*
O guia de vídeo ajuda a ajustar as máquinas de reprodução e gravação de acordo com os níveis padrão de áudio e vídeo.

---

[1] Normalmente como referência é gerado um sinal de 1.000 ciclos. (NRT)

uma nova mídia de gravação ou ao iniciar uma nova sessão de gravação.

A maioria das mesas de áudio e até alguns mixers de campo podem gerar o tom de teste necessário para calibrar o nível de saída de linha da mesa de áudio ou mixer com o nível de entrada (gravação) do gravador de vídeo (ver Capítulo 9). Esse tom de teste deve ser gravado juntamente com as barras de cores. Obviamente, esses sinais de teste devem ser gravados com o equipamento usado para a gravação de vídeo subsequente; caso contrário, a reprodução terá como referência as barras de cor e o tom de teste gravados, mas não o material gravado em vídeo. O diretor de estúdio chama esses sinais de teste de "barras e tom". Ao fazer um programa em estúdio, o diretor possivelmente pedirá barras e tom logo no início da produção do vídeo.

A placa e a claquete fornecem informações pertinentes de produção, juntamente com alguns detalhes técnicos. Normalmente, a placa apresenta os seguintes dados de identificação:

- Título do programa e número de cena (correspondente ao que está no script).
- Número da tomada (quantas vezes foi gravada a mesma cena).
- Data de gravação.

Algumas placas também listam o diretor, a locação (especialmente para EFP) e informações internas adicionais, como o número de "rolo" (número específico da mídia utilizada), instruções de edição, nome do produtor e assim por diante. As informações essenciais são o nome do programa e os números de cena e tomada.

Deve-se utilizar a claquete em vez da placa em campo e em estúdio quando a sincronização de áudio/vídeo for um elemento crucial de pós-produção. Ela é usada de forma semelhante à placa, exceto que a claquete é gravada até o assistente de direção batê-la. Dessa forma, obtemos um marcador visual (o quadro onde a claquete encontra a borda) e um marcador de áudio (a batida) em um único quadro. Esse quadro dá ao editor um ponto de referência para alinhar o quadro da placa com a batida de áudio na forma de onda visual para sincronização exata de áudio/vídeo. Esse quadro também é um ponto de partida para o código de tempo se tiver de ser fixado na pós-produção. (Outras técnicas de obtenção de marcadores de sincronização são discutidas no Capítulo 18.) **Figura 12.3**

No estúdio, a placa geralmente é gerada pelo gerador de caracteres (GC) e gravada logo após as barras de cores. **Figura 12.4** Na ausência de um GC, pode-se usar um pequeno quadro branco com uma proporção de imagem de 4 × 3 ou 16 × 9. Como as informações na placa mudam de uma tomada para outra, a superfície dela deve ser facilmente limpa (giz ou marcadores funcionam bem). A placa identifica a cena e a tomada, por isso deve ser usada cada vez que for gravada uma nova tomada, independentemente se ela será pequena ou mais completa.

Números-guia não são essenciais quando você usa mídia de gravação sem fita porque o clipe começa a se mover assim que você o chama. Quando toda a filmagem está no servidor de vídeo, você realmente não precisa de qualquer número-guia, mas você perceberá que ele ainda o auxilia a localizar uma tomada quando você está reproduzindo uma filmagem para encontrar um determinado clipe.

Verificações de gravação

Como operador de VR, você é responsável por confirmar se as imagens e o som foram realmente gravados. A seguir, apresentamos alguns pontos de controle que reduzem muito os problemas de gravação.

12.3 Claquete
A claquete é usada para identificar a cena e os números de tomadas. Além disso, ela ajuda a sincronizar áudio e vídeo.

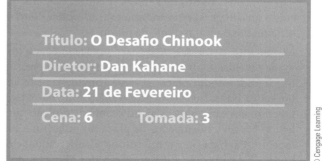

12.4 Placa gerada por caracteres
A placa eletrônica fornece informações pertinentes à produção e é gravada no início de cada tomada.

Sempre faça uma breve gravação de teste, depois reproduza a gravação para garantir que todo o sistema funcione corretamente. Só porque há uma imagem visível no monitor de gravação de vídeo e porque o medidor de VU (unidade de volume) flutua durante a gravação de teste, isso não significa que os sinais de áudio e vídeo estejam realmente sendo gravados. Entretanto, se a gravação de teste for reproduzida corretamente, você poderá confiar que o áudio e o vídeo subsequentes serão gravados.

Se você tiver um contador ou um visor de time code no VR, volte para o time code inicial antes de começar efetivamente a gravar o programa. Se for preciso gravar o time code durante a produção (em vez de estabelecer o time code após a gravação do vídeo), tenha certeza de que ele esteja sendo gravado com a imagem.

Observe os níveis de áudio e vídeo durante a gravação. Se você não tiver uma configuração de áudio separada, mas envia o sinal do microfone diretamente para a câmera ou para o VR externo, preste atenção especial à parte de áudio. Você vai notar que alguns diretores ficam tão hipnotizados pelos belos planos na câmera que nem percebem, por exemplo, que o artista errou o nome de um país africano, que um ruído de avião interrompeu uma cena medieval filmada na locação ou que microfone sem fio falhou brevemente durante um momento particularmente comovente de uma canção.

Se estiver usando um VR externo em campo, sempre monitore o áudio por meio de fones de ouvido.

Ao gravar para pós-produção, grave o suficiente de cada segmento para que a ação se sobreponha às cenas anteriores e posteriores. Tais "guias de acabamento" são essenciais para uma pós-produção eficiente. No final de cada tomada, grave alguns segundos de preto antes de parar a fita. Esse sinal de finalização age como interrupção que facilita muito a edição.

Pergunte ao diretor se é preciso gravar em vídeo os ensaios de câmera, independentemente do fato de os ensaios acontecerem durante uma produção em campo ou em estúdio. Às vezes, o desempenho é melhor no ensaio do que na tomada real. Trechos selecionados dos ensaios de câmera (quando executados como ensaio geral com indumentária) podem então ser editados com o restante da produção.

Novamente, certifique-se de usar a placa em cada tomada, de ensaio ou não. Quando estiver com pressa, use o áudio como placa de cada tomada e peça ao operador de áudio que utilize o microfone da mesa. Quando em campo, peça ao assistente de direção que leia as breves informações da placa no microfone de lapela do artista ou no microfone unidirecional do boom: "Documentário Recuperação dos Mangues, tomada 2". Alguns diretores gostam de uma breve contagem regressiva verbal adicional, como "cinco, quatro, três" com os dois últimos segundos em silêncio antes de dar a deixa para o artista. Muitas produções em campo usam a placa mais extensivamente apenas no início da gravação de vídeo, mas as tomadas subsequentes possuem apenas "placas" verbais.

Não perca tempo entre as tomadas. Se estiver devidamente preparado, você vai poder reduzir os intervalos ao mínimo. Embora a reprodução de cada tomada possa às vezes melhorar o desempenho posterior do elenco e da equipe, ela não costuma justificar o tempo extra gasto na produção. Se você prestar bastante atenção durante a gravação de vídeo, não vai precisar analisar cada tomada. Interrupções longas não só resultam em perda de tempo, mas também diminuem o nível de energia da equipe de produção e do artista. Entretanto, não se apresse nas sessões de gravação em um ritmo frenético. Se considerar que outra tomada se justifica, execute-a na mesma hora e lugar. É muito menos dispendioso e demorado repetir uma tomada imediatamente que recriar toda uma cena mais tarde apenas porque uma tomada acabou inutilizada.

Time code

Certifique-se de que o time code gerado pela câmera ou pelo VR seja gravado com o vídeo. O time code também pode ser gravado mais tarde, na pós-produção. (Para mais informações sobre time code, ver Capítulo 18).

Manutenção de registros

Manter registros precisos do que é gravado em vídeo e etiquetar corretamente as mídias de gravação pode parecer pouco importante no meio de uma produção, mas se prova inestimável quando se quer localizar determinada cena ou fita ou disco específicos. Você ficaria surpreso com a rapidez com que se podem esquecer aquela cena "inesquecível" e, especialmente, o número e a sequência de tomadas.

Manter registros precisos durante a gravação de vídeo poupa muito tempo na edição de pós-produção. Embora você provavelmente registre as várias tomadas e cenas ao rever a gravação de vídeo após a produção, ainda é de muita ajuda ter um registro básico mantido durante a produção, chamado *registro de campo* (field log). Como operador de VR, mantenha um registro de campo, mesmo ao gravar em estúdio. Um registro de campo é especialmente útil em produções em campo mais complexas (daí o seu nome) que envolvem várias locações. Marque as boas tomadas (geralmente com um círculo) e identifique especialmente aquelas que pareçam inúteis em dado momento. Coloque uma etiqueta em cada mídia de gravação e, em sua caixa, e marque o registro de campo com as informações correspondentes. **Figura 12.5**

Sistemas de gravação e armazenamento de vídeo   241

12.5 Registro de campo

O registro de campo é mantido durante a gravação pelo operador de VR e algumas vezes pelo técnico de áudio. Em geral, ele indica o número da mídia (cartão de memória ou disco rígido) e números de cenas e tomadas, aproximadamente onde a tomada está localizada na mídia de gravação e outras informações úteis para a edição de pós-produção.

TÍTULO DA PRODUÇÃO: *"Impressões"*   **PRODUTOR/DIRETOR:** *Hamid Khani*

DATA DA FILMAGEM: *4/15*   **LOCAL:** *Sala de jornalismo da BECA*

NÚMERO DA CASSETE	CENA	TOMADA	OK ou NÃO ADEQUADO	CÓDIGO DE HORÁRIO		ACONTECIMENTOS / OBSERVAÇÕES
				ENTRADA	SAÍDA	
C–005	2	1	NA	01:57:25	02:07:24	O aluno olha para o close-up de câmera – eixo Z
		(2)	OK	02:09:04	02:14:27	Monitor + MS de âncora de noticiário L preparando-se
		(3)	OK	02:14:28	02:34:22	Rot. Pan. revelará o âncora no estúdio jornalístico
		4	NA	02:34:22	02:45:18	Rack focus do Gerente de andar para âncora L FORA DE FOCO
		5	NA	02:48:05	02:55:12	Rack focus, ambos fora de foco
		6	NA	02:58;13	03:05:11	Rack OK / Perda de áudio
		(7)	OK	03:12:02	03:46:24	Oba! o Rack está OK
	3	(1)	OK	04:16:03	04:28:11	Gerente de andar MS + Operador de câmera por trás
		2	NA	04:35:13	04:49:05	Âncora MR de close-up perdeu áudio
		(3)	OK	05:50:00	06:01:24	Close-up de âncora R
		4	NA	06:03:10	06:30:17	Close-up de âncora L, problema de áudio
		5	NA	06:40:07	07:04:08	LS de ambos os âncoras gerente de andar atravessa a tomada
		(6)	OK	07:07:15	07:28:05	Bom! Silhueta do gerente de andar contra cenário
		(7)	OK	07:30:29	07:45:12	Retirada lenta
C–006	4	(1)	OK	49:48:28	51:12:08	MCU Marty fala com os âncoras
		2	OK	51:35:17	51:42:01	Lav se distancia do âncora R

© Cengage Learning

PONTOS PRINCIPAIS

▶ Os preparativos para gravação incluem planejamento, lista de verificação de equipamentos e preparativos gerais para gravação.

▶ Leve consigo quantidade suficiente de mídia de gravação, como cartões de memória, e tenha certeza de que a mídia usada é compatível com a câmera ou com o gravador externo de vídeo (VR).

▶ Verifique se a aba de proteção contra gravação está na posição fechada (OK para gravação).

▶ Os principais fatores de produção na gravação em vídeo são o guia de vídeo (barra de cores, tom de teste, informações da placa e nú-meros-guia e bipes), as verificações de gravação, o time code e os registros.

▶ Use a placa em todas as tomadas, visual e/ou verbalmente. Certifique-se de que o time code, na forma como gerado pela câmera, seja gravado com o vídeo. Quando em campo, use a claquete. A claquete funciona como uma placa e também proporciona uma marcação de sincronização para áudio e vídeo.

▶ Você precisa manter um registro de campo durante a produção real em estúdio ou campo. Ele lista todos os números de mídias, as cenas, as tomadas e os comentários sobre os planos e o áudio.

seção 12.2

Sistemas de gravação de vídeo sem fita

Praticamente toda gravação de vídeo é feita em mídia sem fita, como cartões de memória, discos ópticos e discos rígidos. Para ajudá-lo a entender os muitos sistemas de gravação de vídeo, essa seção lhe fornece uma visão geral sobre os principais dispositivos de armazenamento. Eles são chamados de "sem fita" por que até recentemente a fita de vídeo era a única mídia viável para gravações de vídeo.

▶ **Sistemas de gravação de vídeo**
Cartões de memória, discos ópticos leitura/gravação e discos rígidos.

▶ **Aspectos eletrônicos da gravação de vídeo**
Compactação, codecs, sinais compostos (composite) e de componente e amostragem.

▶ **Um epitáfio à fita de vídeo**
Como funciona a gravação em fita de vídeo, faixas de fita de vídeo, a morte da fita de vídeo e problema para o futuro.

Sistemas de gravação de vídeo

Todos os sistemas de gravação de vídeo sem fita operam pelo mesmo princípio: eles gravam dados de vídeo e áudio em arquivos digitais que podem ser identificados e acessados aleatoriamente. Você provavelmente já tem experiência com a maioria dos sistemas de gravação sem fita em uso hoje em dia. Seu smartphone grava seu vídeo em um cartão de memória, sua câmera talvez use um disco óptico, e o principal dispositivo de gravação do seu computador é algum tipo de disco rígido. Como você sabe, o computador também interage prontamente com pen drives, CDs e DVDs.

Cartões de memória

Cartões de memória são dispositivos de gravação no estado sólido e operam de forma semelhante ao pen drive que você carrega em seu bolso. Eles se tornaram o principal dispositivo de armazenamento na maioria das câmeras fixas e até mesmo em câmeras camcorders de alta definição por causa de suas muitas vantagens sobre outras mídias de armazenamento. Eles são pequenos, podem armazenar uma grande quantidade de dados, têm uma velocidade de transferência relativamente alta, são bastante robustos, podendo ser usados várias vezes sem ocorrer deterioração notável e, o melhor de tudo, não têm partes móveis que possam dar problema no meio de uma gravação crítica.

Cartões SD Um dos mais populares cartões de memória é o pequeno cartão SD, que você usa em sua câmera fixa. Existem cartões SD de várias capacidades de armazenamento. Talvez você ache que um cartão SD de baixa capacidade não seja suficiente para trabalho em campo, embora você sempre possa levar consigo cartões SD extras. Os cartões SD de maior capacidade devem ser suficientes até mesmo para sessões longas de gravação. Um único cartão SD de alta capacidade é bom para várias horas de captura de vídeo e áudio HD de alta qualidade (alta definição).

Tais cartões de memória têm uma velocidade de transferência alta, o que facilita a transferência dos dados para o computador de edição. Para transferir os dados do cartão de memória para um computador, você precisa de um leitor de cartões. Alguns computadores e até mesmo alguns multifuncionais têm tais leitores incorporados. Se não, você precisará comprar um leitor de cartões externo, que é relativamente barato e fácil de encontrar.

Existem vários tipos de cartões de memória em uso, então tenha certeza de que o cartão de memória que você comprar seja compatível com seu equipamento. Por exemplo, alguns cartões de memória, como os de alto custo Panasonic P2, são compatíveis somente com suas próprias câmeras dedicadas.

Embora propagandas de cartões SD afirmem que eles são virtualmente indestrutíveis pela água, calor e raios X, tenha em mente que, embora um cartão SD molhado pode não sofrer com a umidade, o equipamento no qual você o pluga certamente sofrerá.

Sempre guarde cartões de memória em recipientes plásticos grandes de forma que eles não sejam perdidos – e etiquete cada um deles com um código que corresponda a informações pertinentes que facilitarão a localização da filmagem armazenada nele.

Discos ópticos leitura/gravação

Existe uma variedade de discos ópticos leitura/gravação que pode gravar e reproduzir uma grande quantidade de informação digital. Os discos ópticos mais comumente usados para armazenamento de vídeo são os DVDs (discos versáteis digitais), embora, no espírito real de competição desnecessária, você agora deva ter pelo menos dois sistemas de DVD para reproduzir todos os três formatos de DVD: o DVD padrão, o HD DVD, que é compatível com o DVD padrão (ele pode reproduzir o DVD padrão, mas o DVD padrão não pode reproduzir o HD DVD), e o sistema Blu-ray, que pode reproduzir apenas seus próprios discos Blu-ray. A tabela a seguir descreve os padrões e as características operacionais de cada sistema. **Figura 12.6**

PADRÃO	CAPACIDADE	TEMPO DE VÍDEO (EM HORAS)
DVD*	4,7 GB	3,8
HD DVD	25 GB; 50 GB	8,5; 17
HDTV	15 GB; 30 GB	5,1; 10,2
Blu-ray	50 GB dupla-camada	4,5 (HDTV e HDTV 3D); 20 (SDTV)

*DVD tem som estéreo; HD DVD e HDTV têm faixas de áudio para som surround.

12.6 Padrões e características operacionais do DVD
Os tempos de reprodução máximos são aproximados. A capacidade (em gigabytes) é apresentada para gravação em um ou em ambos os lados.

Algumas câmeras camcorders usam discos ópticos leitura/gravação em vez de cartões de memória ou discos rígidos como suas mídias de gravação. As vantagens dos discos ópticos são que eles são fáceis de guardar e permitem tempo de acesso extremamente rápido. A desvantagem é que eles devem ser transportados com muito cuidado. Um único arranhão pode arruinar o equivalente a dois dias de filmagens. Tenha um cuidado especial com os discos Blu-ray; eles riscam muito facilmente apesar de suas coberturas plásticas.

Além disso, o mecanismo dos leitores de discos ópticos é muito delicado, o que significa que a câmera deve ser manuseada com cuidado – o que nem sempre é uma tarefa fácil quando se está correndo atrás de um furo jornalístico. Por causa de vulnerabilidade, todas as câmeras camcorders profissionais usam cartões de memória hoje em dia.

Discos rígidos

O mais conhecido disco rígido usado é aquele que está no seu computador. Até os menores notebooks atualmente possuem unidades de disco rígido com capacidade de armazenamento suficiente até para os trabalhos de edição mais ambiciosos. Mas há também discos rígidos especializados que fornecem funções de gravação específicas.

Discos rígidos de grande capacidade Existe uma grande variedade de sistemas de gravação em HD que podem gravar e reproduzir grandes quantidades de dados de vídeo e áudio em alta definição (1080p, 1080i e 720p) para edição de pós-produção. Há gravadores de vídeo digital de alta qualidade disponíveis que têm controles operacionais similares aos dos familiares gravadores de fita de vídeo de alta definição. Alguns têm discos rígidos cassetes removíveis ou cartões de memória para expansão de memória e transferência de dados. Muitos desses equipamentos sem fita têm entradas e saídas tanto para SDI quanto para HDMI e alguns podem ser conectados diretamente ao seu computador por um cabo USB 3.0 de alta velocidade. **Figura 12.7**

Existem também sistemas externos de armazenamento de vídeo de alta capacidade que são projetados especificamente para transferência de alta velocidade de grande quantidade de dados, como arquivos brutos de vídeo 4K ou 8K, para o computador de edição. **Figura 12.8** O disco rígido externo na Figura 12.8 pode armazenar 8 TB (terabytes) em um sistema dual drive, o que significa mais de uma hora de filmagem em HDTV. Ele usa cabos Thunderbolt, o que faz com que a transferência dos dados armazenados para o computador de edição seja extremamente rápida.

12.7 Gravador de vídeo digital
Esse gravador de vídeo digital aceita STV (televisão comum) e uma grande variedade de codecs HDTV. No modo HDTV, ele pode armazenar mais de três horas de filmagens 1080i em cartão de mídia SxS (S-por-S) próprio de 64 GB. Ele também pode gravar STV e as saídas 2K ou 4K de câmeras de cinema digital. Ele pode ler e gravar todos os conteúdos de cartões de mídia SD comuns. Até oito canais de áudio podem ser usados através de entradas XLR. Esse VR tem os controles tradicionais fast-forward, jog e shuttle que respondem da mesma forma que os de um gravador de fita de vídeo. E o melhor de tudo: o conteúdo pode ser transferido diretamente para o disco rígido de um computador por um cabo USB.

12.8 Disco rígido externo
Esse dispositivo usa dois discos rígidos separados para armazenar até 8 TB de dados. Ele usa dois cabos Thunderbolt para uma transferência de dados excepcionalmente veloz.

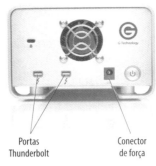

Portas Thunderbolt — Conector de força

Servidores de vídeo Todas as estações de televisão usam servidores de vídeo. Se você pensa que servidores são meros discos rígidos de alta capacidade, você está somente meio certo. Um servidor é realmente um arranjo de discos de capacidade muito alta (na casa dos vários terabytes), chamados de RAID (arranjo redundante de discos independentes). Ele pode receber e gravar simultaneamente múltiplas fontes de vídeo e áudio em vários canais de entrada. O que faz um servidor tão diferente de um disco rígido grande comum, todavia, é que ele pode servir a vários clientes ao mesmo tempo. O cérebro do servidor é um sistema de metadados (instruções) que permite que você armazene conteúdo por critérios de busca diferentes, como nome do programa, data e até mesmo time code. Ele também pode criar uma lista para uma reprodução ao vivo automatizada.

O melhor de tudo é que o servidor é especificamente construído para ser multitarefa. Por exemplo, um servidor de telejornal pode fornecer à sala de notícias as últimas filmagens de um furo de reportagem, prover ao editor clipes armazenados de um documentário a ser lançado em breve e oferecer a um designer gráfico opções de plano de fundo para a previsão do tempo – tudo isso enquanto fornece o conteúdo de vídeo e áudio do jornal diário ao transmissor.
Figura 12.9

Se tal RAID ainda for muito pequeno para servir vários clientes ao mesmo tempo, vários servidores amplamente dispersos podem ser conectados através da nuvem e acessados simultaneamente em vários locais.

Um servidor parece ser a mídia de armazenamento ideal para uma configuração educacional de forma a permitir que vários estudantes acessem seus projetos para edição enquanto outros podem ainda estar importando filmagens, mas na prática isso não se mostrou ser o caso. O problema não é um equipamento com problema e sim erro humano. De vez em quando, o projeto de alguém é acidentalmente apagado por outra pessoa, o que é um desastre para um estudante como seria perder uma reportagem exclusiva no caminho para a estação. A atribuição de códigos de segurança pessoais não parece ser uma medida de segu-

12.9 Servidores de vídeo
O servidor de vídeo inclui conjuntos de discos de alta capacidade (na casa dos terabytes) que podem receber uma grande variedade de material de vídeo e áudio, armazená-lo e disponibilizá-lo para múltiplos clientes para reprodução instantânea e simultânea. O conteúdo que vai ao ar pode ser programado para reprodução e transmissão automatizada.

rança confiável. Esse é o motivo de muitos departamentos optarem por discos rígidos individuais ou computadores pessoais dos estudantes. *Qualquer que seja a mídia de gravação que você use, sempre faça backup de seus dados.* Isso é especialmente relevante quando se usa um servidor como sua fonte de armazenamento.

Discos rígidos portáteis Algumas câmeras camcorders têm um disco rígido incorporado, como mídia de gravação, mas o mais útil disco rígido pequeno é um dispositivo para uso externo que você pode conectar à câmera com um cabo digital de alta velocidade. Um disco rígido portátil é especialmente útil como backup para filmagens em campo e para armazenamento adicional. **Figura 12.10**

Recursos eletrônicos de gravação de vídeo

Mesmo que você não tenha a intenção de se tornar um engenheiro de televisão qualificado, espera-se que você ao menos tenha conhecimento dos conceitos técnicos básicos de compactação, sinais compostos (composite) e de componente e alguns padrões de amostragem. Embora tenhamos destacado as virtudes de gravadores de vídeo e servidores de alta capacidade, a maioria das filmagens tem que sofrer alguma compactação de forma que a grande quantidade de dados digitais possa ser convenientemente processada para armazenamento, pós-produção, edição e reprodução. A redução de dados é feita através de várias técnicas de codec. Você precisa conhecer tanto os formatos de compactação quanto os de codec porque combiná-los com o software apropriado é essencial para edição, reprodução e transmissão. (Nós revisaremos a importância dos codecs no Capítulo 18.)

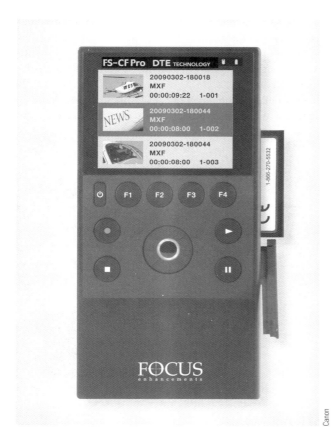

12.10 Disco rígido para uso em campo
Esse pequeno VR de campo grava arquivos de vídeo que podem ser usados diretamente para edição, diminuindo o fluxo de trabalho.

Compactação

Compactação é o rearranjo temporário ou eliminação de informação redundante para armazenamento, edição e transmissão de sinal mais fáceis. Você se lembra do processo de varredura entrelaçada? Cortar cada imagem (quadro) em duas metades incompletas (campos) porque metade da imagem pode ser transportada mais facilmente do que uma inteira. Tecnicamente, um campo necessita de menor largura de banda (capacidade de transmissão de dados) do que um quadro. Essa é uma maneira simples, mas engenhosa de compactar o outrora intocável sinal analógico ou os arquivos muito grandes de HDTV de alta qualidade para um transporte mais rápido.

Compactação sem perdas Felizmente, sinais digitais são muito mais flexíveis nesse aspecto e podem ser compactados de muitas formas diferentes. Um sistema faz isso reagrupando os dados originais (codificação) sem perdas. Uma vez no destino, os dados são recuperados para suas posições originais (decodificação) para uma saída que é virtualmente idêntica à entrada original. Fazemos isso frequentemente quando "zipamos" arquivos grandes de computador para armazenamento e envio por e-mail e então os descompactamos quando abrimos o arquivo. Compactação que resulta do rearranjo ou reempacotamento de dados é chamada de *compactação sem perdas* – a imagem regenerada tem o mesmo número de pixels e valores que a original.

Compactação com perdas Quando alguns pixels são eliminados em alguns quadros porque eles são redundantes ou além de nossa percepção normal, chamamos de *compactação com perdas*. Como esse tipo de compactação permite uma drástica redução dos dados sem causar danos notáveis à imagem, a maioria das técnicas de compactação são do tipo com perdas. De um ponto de vista perceptivo, você não notará diferença entre o padrão de compactação sem perdas e o consagrado com perdas.

Codecs

Para satisfazer à necessidade de transportar arquivos cada vez maiores a velocidades cada vez maiores, novos *codecs* – um acrônimo para compactação/descompactação – são constantemente desenvolvidos e os antigos são refinados. Listar até mesmo os principais novos seria um esforço em vão, mas, no entanto, você deve estar familiarizado com alguns dos mais comuns que têm sido usados há um bom tempo. Vamos dar uma olhada nos codecs mais comuns para imagens estáticas ou em movimento.

JPEG A compactação digital padrão usada principalmente para imagens estáticas, *JPEG* ("jota-pegue"), tem esse nome em razão da organização que desenvolveu o sistema – a Joint Photographic Experts Group. Embora exista uma técnica JPEG sem perdas, a maioria das compactações JPEG é com perdas. Como cada imagem estática ou quadro é analisado separadamente e compactado sem preocupação com os quadros anteriores ou posteriores, ela é chamada de compactação *intraframe*.

MPEG   Outro padrão de compactação para vídeo de alta qualidade é o *MPEG-2* ("eme-pegue dois"), nomeado e desenvolvido pelo Moving Picture Experts Group. MPEG-2 também é uma técnica de compactação com perdas, baseada na eliminação de informação redundante de quadro a quadro. Ele opera com fórmulas matemáticas que dizem ao computador para não se preocupar em repetir "céu azul, céu azul, céu azul" 30 vezes para cada quadro de um segundo de céu azul; ele simplesmente diz "29 vezes céu azul por vir".

MPEG-4 foi originalmente desenvolvido para dados em streaming. No entanto, ele é um codec tão eficiente que foi modificado de várias formas para funcionar também como um codec eficiente para outros processos digitais. Tanto MPEG-2 quanto MPEG-4 usam compactação *interframe*, isto é, suas compactações são baseadas na análise de redundâncias antes e depois do quadro. Além de oferecer uma compactação altamente eficiente, MPEG-4 permite a você compactar e codificar mídia mista (vídeo, áudio e fala), tudo em uma operação, o que é especialmente importante quando se usa a capacidade de armazenamento relativamente limitada de cartões de memória em um gravador de vídeo. Ele também é altamente robusto, o que significa que seus sinais originais dificilmente serão distorcidos durante a compactação ou os vários tipos de transporte.

A desvantagem de existirem tantos codecs em uso é que eles não são todos compatíveis. Por exemplo, se uma câmera camcorder usa MPEG-2 como codec de gravação, você pode não conseguir capturar ou reproduzir o material gravado com seu software de edição. Alguns programas de edição populares simplesmente não aceitam filmagens em MPEG-4. Alguns codecs desenvolvidos para PCs não rodarão em Macs e vice-versa. Antes de comprar uma nova câmera camcorder, certifique-se de que seu codec seja compatível com o software de seu computador.

Em geral, essa fórmula se aplica a todos os codecs: quanto menor a compactação, melhor a qualidade de imagem. Esse é o motivo pelo qual, em cinema digital e em outras produções 4K, a maioria dos DFs (diretores de fotografia) insiste em gravar as imagens "brutas", o que significa que nenhuma compactação ocorre durante a fase de captura do vídeo. Mas há um porém: quanto menor a compactação, mais incômoda se torna a imensa quantidade de informação.

Sinais compostos (composite) e de componente

Como usamos sinais de transmissão analógicos além dos digitais, você precisa conhecer a diferença básica entre sinais de vídeo compostos e de componente.

Existem basicamente dois sistemas de gravação de sinais de vídeo: composto e de componente. O *sistema composto* combina sinais preto e branco e coloridos em um; o *sistema de componente* mantém os sinais preto e branco e colorido em dois diferentes caminhos. Os sistemas composto e de componente não são compatíveis entre si.

Sistema composto   O *sistema composto* combina as informações de cor (C, ou crominância) e brilho (Y, preto e branco ou luminância) em um único sinal composto. Apenas um fio é necessário para transportar o sinal composto. Padronizado há algum tempo pelo National Television System Committee (NTSC), o sinal composto também é chamado de sinal NTSC ou, simplesmente, NTSC.

A vantagem do sinal composto é que ele é uma forma de comprimir um sinal analógico para poupar largura de banda no transporte do sinal, na gravação de vídeo e na transmissão de sinal. A principal desvantagem do sinal composto é que geralmente há alguma interferência entre informações de crominância e luminância que se agrava em múltiplas gerações (cópias) e, portanto, notavelmente influencia a qualidade de imagem, mesmo na televisão padrão com uma relação de aspecto 4 × 3. **Figura 12.11**

Sistema de componente   Para obter uma qualidade ótima de imagem, no sistema de componente os sinais de brilho (luminância) e de cor (crominância) são mantidos separados em vez de combinados. Infelizmente, para transportar os três sinais separados esse sistema usaria muita largura de banda, especialmente quando lidamos com HDTV. Portanto, os dois sistemas de componente mais comuns usam algumas técnicas que fazem com que o transporte do sinal seja menos pesado mantendo-se a qualidade de vídeo tão alta quanto possível. Um deles é o sistema de componente Y/C ou S-vídeo; o outro é o sistema de componente de diferença Y/cor.

O *sistema de componente Y/C*, também chamado de S--vídeo, usa um fio para enviar o sinal preto e branco (lumi-

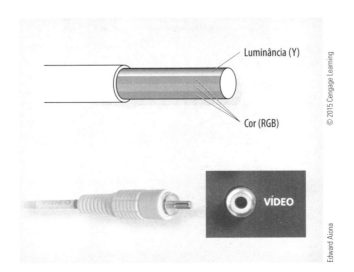

12.11   Sinal composto*
O sistema composto usa um sinal de vídeo que combina as informações C (cor ou crominância) e Y (luminância ou brilho). Necessita de um único fio para ser transportado e gravado como sinal único. É o sistema NTSC padrão.

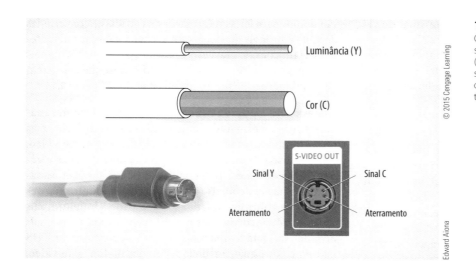

12.12 Sistema de componente S-vídeo*
O sistema de componente Y/C, ou S-vídeo, separa as informações de Y (luminância) e C (cor) durante a codificação e o transporte do sinal, mas combina os dois sinais na mídia de gravação. Ele precisa de dois cabos para transportar os sinais separados.

nância ou Y). Um segundo fio é usado para enviar o sinal de cor combinado (C). As principais desvantagens desse sistema revelam que o cabo S-vídeo pode transportar somente até 480i ou 480p linhas de varredura; que o fio C combina os sinais de cor, o que pode reduzir a fidelidade das cores e que ele não pode transmitir quaisquer sinais de áudio. **Figura 12.12**

Muito semelhante ao S-vídeo, o *sistema de componente de diferença Y/cor* mantém os sinais de luminância (Y) separados dos sinais de cor (C). Diferentemente do S-vídeo, no entanto, o sistema de diferença de cor também mantém os sinais de cor separados. Ele também usa alguns truques mágicos ao usar os sinais de diferença de cor do vermelho e do azul para matriciar (gerar) o sinal verde e faz com que ele funcione como função Y. **Figura 12.13**

Ele funciona bem para transporte de sinal analógico e digital. Os conectores fono RCA para esse sistema são normalmente verdes para o sinal Y e vermelho e azul para os sinais C. No domínio digital, o sistema de diferença de cor tem mais uma vantagem: em vez de usar três fios para transportar os sinais Y e os dois sinais de diferença de cor, ele pode enviar todos os sinais e uma rápida sequência de pacotes digitais por um único fio.

Como esse sistema bastante complexo funciona tão bem para manter a qualidade do sinal de vídeo, ele também é usado em vídeo digital.

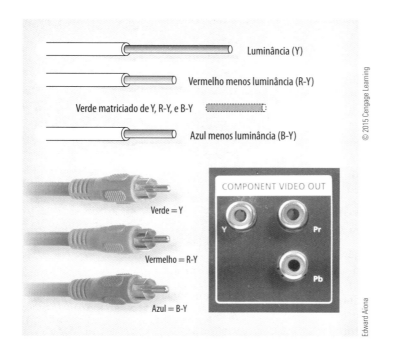

12.13 Sistema de componente de diferença Y/cor*
O sistema de componente de diferença Y/cor separa os três sinais RGB durante todo o processo de gravação: os sinais Y (luminância), R-Y (vermelho menos luminância) e B-Y (azul menos luminância). O sinal verde é então matriciado (regenerado) a partir desses sinais. Como um sinal digital, ele precisa apenas de um fio porque a informação é enviada em pacotes sucessivos.

Aqui vai o que você precisa lembrar: um sinal de vídeo composto combina os sinais Y (brilho) e C (cor: vermelho, verde e azul) em um único sinal, cuja mixagem frequentemente diminui a qualidade do sinal. O sistema componente separa os sinais Y e C, o que resulta em maior fidelidade de vídeo.

Amostragem

Apesar de termos aprendido no Capítulo 5 o que é amostragem, você talvez ainda se pergunte o que os especialistas em vídeo e cinema digital estão falando quando debatem os méritos relativos de amostragem 4:2:2 em relação aos de 4:1:1 em gravação de vídeo. Isso significa que, no processo de digitalização, o sinal Y é amostrado duas vezes mais frequentemente do que os sinais C. Na amostragem 4:1:1, o sinal Y é amostrado quatro vezes, enquanto os sinais C são amostrados apenas uma. O sinal de brilho (luminância) recebe tratamento privilegiado porque é um dos principais contribuintes para a nitidez da imagem.

A maioria das produções normais com a amostragem 4:1:1 apresenta uma aparência deslumbrante. Se, no entanto, houver necessidade de cores de alta qualidade que suportem uma variedade de efeitos especiais ou um número maior de camadas de key (keylayers), será melhor usar equipamento que empregue a razão de amostragem maior, de 4:2:2.

A seguir, apresentam-se os pontos mais importantes sobre esses recursos de gravação:

- O sinal de vídeo composto do sistema composto NTSC é de menor qualidade do que o sistema de componente Y/C, que é um pouco inferior ao sistema de componente de diferença Y/cor. O sistema de componente de diferença Y/cor também é usado em vídeo digital.
- A razão de amostragem de 4:2:2 produz cores melhores do que a de 4:1:1, embora esta última, sem dúvida, produza excelentes imagens.

Um epitáfio à fita de vídeo

Para todos os propósitos práticos, fita de vídeo como mídia de gravação padrão em transmissões de televisão é algo do passado. No entanto, ele ainda está presente em outros lugares, o que faz com que ele mereça uma breve explicação de como funciona. Na verdade, você pode até encontrar uma pilha de fita de vídeos e um gravador de fita de vídeo (VTR) em sua própria casa. Alguns gravadores de fita de vídeo digitais de alta qualidade e de preço muito alto ainda estão em uso e até mesmo são fabricados para vários propósitos.

Como funciona a gravação em fita de vídeo

Quando se gravam sinais de áudio e vídeo, a fita passa por várias cabeças giratórias que gravam os sinais de áudio e vídeo na fita durante o processo de gravação e leem os sinais de áudio e vídeo armazenados magneticamente na fita durante a reprodução. No modo de reprodução de alguns VTR, as mesmas cabeças utilizadas para a gravação também são usadas para ler as informações nas trilhas e convertê-las de volta em sinais de vídeo. Outros usam cabeças diferentes para as funções de gravação e reprodução. Os VTR digitais gravam sinais de áudio e vídeo codificados, que consistem em combinações de pulsos on/off (0 s e 1 s). **Figura 12.14**

Trilhas da fita de vídeo (videotape tracks) Há muitas maneiras de gravar sinais de áudio e vídeo na fita de vídeo, mas todas usam *videotape tracks* comparáveis: uma de vídeo, duas ou mais de áudio, uma ou mais control tracks e várias trilhas de dados. Todas as trilhas de vídeo são gravadas como trilhas helicoidais (inclinadas), mas as informações de áudio e controle podem estar em trilhas longitudinais separadas ou incorporadas nas trilhas helicoidais dos sinais de vídeo. Na sua forma mais simples, o gravador de VHS padrão coloca quatro trilhas separadas na fita: a de vídeo, que contém as informações de imagem, duas de áudio, que contêm todas as informações de som, e uma de control track, que regula a fita de vídeo e a velocidade de rotação dos cabeçotes do VTR. **Figura 12.15**

A morte da fita de vídeo

Embora a fita de vídeo tenha servido extremamente bem à televisão e a toda indústria de vídeo por mais de meio século, ela tem sérias desvantagens, especialmente quando comparada com as mídias digitais de armazenamento de hoje.

Mesmo os gravadores de fita pequenos eram relativamente grandes comparados com os cartões de memória de estado sólido de hoje. A mecânica de um VTR era bastante complexa e vulnerável. O head drum, com suas rápidas cabeças de gravação giratórias, estava sujeito ao desgaste e

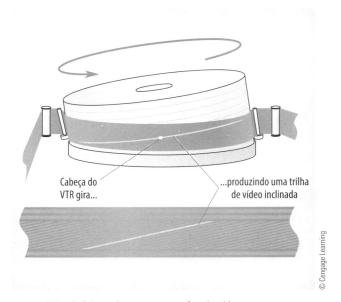

12.14 Método básico de gravação em fita de vídeo
Durante a gravação, a fita de vídeo passa por um head drum, giratório, que contém as cabeças de gravação e reprodução. Essas cabeças gravam as informações de áudio e vídeo na fita ou as leem na fita.

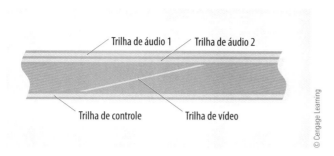

12.15 Sistema básico de trilhas de fita de vídeo
O sistema de trilhas básico da fita de vídeo inclui uma trilha de vídeo inclinada, duas ou mais de áudio e uma de controle (control track). Em gravação digital, as trilhas de vídeo e de áudio, bem como as trilhas para metadados (informação adicional de sinal), são todas codificadas nas trilhas inclinadas.

a fita tendia a esticar e rasgar. Na verdade, geralmente era uma fita inferior, e não a mecânica do VTR, que causava problemas de gravação. Embora o tamanho da fita tenha sido reduzido consideravelmente ao longo dos anos (de 2 polegadas de largura para ¼ de polegada), ela ainda ocupa um espaço de armazenamento considerável. Tanto o VTR quanto a fita eram extremamente sensíveis à umidade. Operar um VTR era somente um pouco mais complicado do que um gravador sem fita.

Esse maior problema com a fita de vídeo ocorria durante a edição. Você precisava de dois ou três VTRs fonte e ainda outro VTR de gravação mais um controlador de edição para executar até mesmo simples efeitos, como supressões e superimposições. Como a fita de vídeo é linear, você tinha que passar por todas as tomadas anteriores para chegar a uma no meio da fita. Tais processos que consumiam tempo testaram a paciência até mesmo dos editores mais experientes.

Problema para o futuro

O problema de abandonar a fita de vídeo como uma mídia de gravação irá aparecer no futuro quando não pudermos encontrar VTRs funcionais para reproduzir as milhões e milhões de fitas guardadas de alguma forma por todo o mundo. Mesmo se tentarmos agora copiar algumas gravações em fita memoráveis para mídia digital atual para propósitos de arquivamento, provavelmente perderíamos muitas gravações valiosas de eventos significativos, especialmente as gravações de ocasiões familiares importantes. Nossos historiadores irão fazer de tudo para encontrar equipamentos para reprodução funcionais para reviver a era das fitas de vídeo, mais ou menos como fazemos hoje em dia com os primeiros filmes.

Desejo a eles boa sorte.

PONTOS PRINCIPAIS

- Todos os sistemas de gravação sem fita armazenam dados de vídeo e áudio como arquivos que podem ser acessados aleatoriamente.

- A mídia de gravação mais amplamente usada é o cartão de memória de estado sólido. Outras mídias incluem discos ópticos de leitura/gravação e discos rígidos.

- Servidores de vídeo são discos rígidos de alta capacidade que podem receber dados em múltiplos canais e servir simultaneamente a vários clientes, como a sala de noticiário e o departamento gráfico.

- Compactação é o rearranjo temporário ou eliminação de dados redundantes.

- O termo codec vem de *compactação/descompactação* de dados. Como HDTV (televisão de alta definição) e especialmente cinema digital lidam com grandes quantidades de dados, existem vários codecs. Todos procuram reduzir os dados sem comprometer a qualidade do vídeo e do áudio.

- A maioria dos codecs usa compactação com perdas, que elimina dados redundantes. Alguns codecs operam com compactação sem perdas, que rearranja em vez de eliminar dados.

- Sinais de transmissão de televisão podem ser compostos ou de componente. Um sinal composto combina os sinais Y (preto e branco) e C (cor) para transporte e transmissão. Um sinal de componente mantém os sinais Y e C separados.

- A amostragem 4:2:2 é melhor do que a 4:1:1.

capítulo 13

Comutação ou edição instantânea

Ao assistir a um diretor de televisão durante um programa multicâmera ao vivo, como um noticiário ou um jogo de basquete, você talvez se surpreenda ao descobrir que a atividade principal do diretor não é dizer aos câmeras o que fazer, mas sim escolher os planos mais eficazes na variedade de fontes de vídeo exibida em uma fileira de monitores de preview. Na verdade, o diretor está envolvido em uma espécie de edição em que ele faz a seleção de planos durante, e não após, a produção. O corte executado pelo DT[1] (diretor técnico, quem opera a mesa de corte de produção) de uma fonte de vídeo para outra ou a solicitação de outras transições, como dissolvências, efeito de revelar/desaparecer e atenuações, enquanto um programa está em andamento, é conhecido como *switching*[2] ou edição instantânea.

Ao contrário da edição de pós-produção, na qual há tempo para deliberar exatamente que planos e transições usar, a mesa de corte exige decisões instantâneas. Embora os princípios estéticos de comutação sejam idênticos aos utilizados na pós-produção, a tecnologia envolvida é bastante diferente. Em vez de sistemas de edição por computador, a principal ferramenta de edição é a mesa de corte de vídeo ou um computador que executa as funções de mesa de corte.

A seção 13.1, Como funcionam as mesas de corte, apresenta as funções básicas, o layout e a operação de uma mesa de corte de produção em uma sala de controle de televisão. A seção 13.2. Mesas de corte para usos especiais, descreve algumas mesas de corte que não serão encontradas normalmente em uma sala de controle de um estúdio ou em um caminhão de externas.

Você deve perceber que você não pode aprender a operar uma mesa de corte apenas lendo sobre ela. Assim como se aprende a dirigir praticando-se o ato de dirigir, você deve praticar a operação da mesa de corte para se tornar proficiente nisso. No entanto, uma vez que você conhece os princípios de como uma mesa de corte funciona, você terá menos problemas operando uma.

PALAVRAS-CHAVE

Transição automática; Barramento; Controles de delegação; Dispositivo downstream para aplicação de key (down stream keyer – DSK); Barramento de efeitos; Barra do atenuador; Sincronizador de enquadramento; Genlock; Barramento de key; Controle de nível de key; Dissimulação de imagem; Barrador de M/E; Barrador de mixagem; Barramento de visualização/predefinido; Barramento de programa; Super; Switching; Transição.

---

[1] No Brasil, chamado de diretor de TV ou diretor de imagens. (NRT)

[2] Switching é o ato de realizar cortes de câmera no switcher (mesa de corte). (NRT)

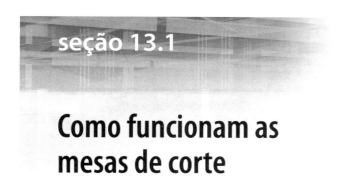

seção 13.1

Como funcionam as mesas de corte

Quando se observa uma grande mesa de corte de produção com todas as linhas de botões de cores diferentes e as várias alavancas, é fácil se sentir intimidado como se estivesse diante do painel de comando de um avião. Entretanto, depois de entender os princípios básicos e as funções de uma mesa de corte, é possível aprender a operá-la mais rápido do que executar um novo programa de computador. Mesmo o mais elaborado sistema de comutação de vídeo digital executa as mesmas funções básicas de uma simples mesa de corte de produção, exceto pelo fato de as grandes mesas de corte terem mais entradas de vídeo e poderem executar mais truques visuais.

Esta seção explora o que uma mesa de corte de produção faz e como funciona.

▶ **Funções básicas da mesa de corte (switcher)**
 Pré-visualização de fontes e operador de mesa de corte.

▶ **Layout básico da mesa de corte**
 Barramento de programa, barramentos de mixagem, barramento de visualização, barramentos de efeitos, mesas de corte de multifunções, controles adicionais de mesa de corte, grandes mesas de corte de produção e genlock[3] e sincronizador de enquadramento.

Funções básicas da mesa de corte (switcher)

Existem três funções básicas em uma mesa de corte de produção: selecionar uma fonte de vídeo apropriada entre várias entradas, realizar transições básicas entre duas fontes de vídeo e criar ou acessar efeitos especiais. Algumas mesas de corte podem alternar automaticamente o áudio do programa com o vídeo.

Pré-visualização de fontes

Se você está comprometido exclusivamente em uma produção de câmera única, você não precisa de uma mesa de corte. No entanto, quando se usam múltiplas câmeras para cobrir um evento, a mesa de corte permite que você selecione e mostre o ponto de vista mais relevante enquanto o evento está em curso. Mas selecionar uma fonte de vídeo não pressupõe que você seja capaz de ver todas as fontes de vídeo que estão entrando na sala de controle? Sim, e é por isso que cada entrada de vídeo é mostrada em um barramento de monitores. **Figura 13.1**

Como você pode ver, nessa sala de controle de um grande caminhão de externas existem monitores de preview de todos os tipos de entradas de múltiplas câmeras a vários efeitos especiais. Há três monitores maiores no meio do visor: um para efeitos predefinidos (como títulos e telas divididas), outro para pré-visualização da próxima tomada e o terceiro – o monitor, ou programa, de linha – que mostra as imagens que estão no ar e/ou que estão indo para o gravador de vídeo. A maioria dos barramentos de monitores inclui um monitor fora do ar que mostra a imagem realmente transmitida (não mostrado na Figura). O canto superior esquerdo da mesa de corte está visível no canto inferior direito da foto.

Operador da mesa de corte

O diretor, que pede uma entrada de vídeo específica, senta ao lado da pessoa que realmente opera a mesa de corte – geralmente o DT. Essa grande proximidade do diretor e o DT é essencial porque o diretor frequentemente se comunica com o DT não apenas verbalmente, mas também por gestos. Por exemplo, ao fazer o corte entre duas pessoas em um diálogo rápido, o diretor pode simplesmente mover sua mão ou estalar os dedos para cortar de uma câmera para outra.

Layout básico da mesa de corte

Em uma mesa de corte, cada entrada de vídeo tem o botão correspondente. Se houver apenas duas câmeras e tudo o que é preciso fazer é cortar de uma para a outra, serão suficientes dois botões (um para a câmera 1 e outro para a 2). Ao pressionar o botão da câmera 1, ela vai para "o ar", isto é, seu vídeo é encaminhado para a saída de linha, que o transporta para o gravador de vídeo ou transmissor. Ao pressionar o botão da câmera 2, esta vai para o ar.

E se fosse necessário expandir sua comutação para incluir um gravador de vídeo, um gerador de caracteres (GC) e uma transmissão de externa? Seriam necessários três botões adicionais: um para o gravador de vídeo, um para o GC e um para a externa. Quando se quer a tela em preto antes de mudar para uma das fontes de vídeo e depois que ela fique preta novamente no final do programa, é preciso um botão *BLK* (preto) adicional. A fila de botões, chamada *barramento*, aumentou para seis entradas.[4]

É mais fácil entender as partes de uma mesa de corte construindo uma que cumpre as funções básicas desse equipamento: cortes, dissolvência, superposição e fade.

---

[3] Generator locking: sinal de referência e sincronização de vídeo. (NRT)

[4] Tecnicamente, um barramento é um condutor que forma um arranjo principal de transmissão para várias entradas.

13.1 Grande barramento de monitores

Esse barramento de monitores, localizado em um caminhão remoto, mostra monitores de preview de uma grande variedade de fontes de vídeo. Note os monitores maiores de visualização, predefinição e programa (linha). A mesa de corte está localizada abaixo do barramento de monitores. Em uma produção, o diretor e o diretor de imagens sentam-se lado a lado.

Essa mesa de corte também deve permitir ver as entradas de vídeo selecionadas ou os efeitos antes de serem colocados no ar. Ao construir uma mesa de corte, você vai notar que até uma mesa de corte simples pode ficar muito complicada e que é preciso combinar várias funções para mantê-la viável.

Barramento de programa[5]

Se tudo o que você quer é cortar (alternar instantaneamente) de uma fonte de vídeo para outra sem visualizá-las, é possível fazer isso com uma única fileira de botões, cada um representando uma entrada de vídeo diferente. **Figura 13.2** Essa fileira de botões que envia tudo o que é pressionado diretamente para a saída de linha (e de lá para o VR ou transmissor) é chamada *barramento de programa* ou barramento de programa/fundo. Esse barramento representa, na verdade, um seletor para a saída de linha. Trata-se de um link direto de entrada/saída, também denominado barramento direto. Ele funciona muito semelhantemente aos botões do rádio de um carro. Note que existe um botão adicional no início do barramento de programa,

identificado como *BLK* ou *BLACK*. Em vez de chamar uma imagem específica, o botão *BLK* torna a tela preta.

Barramentos de mixagem

Se quisermos que a mesa de corte faça, além de cortes simples, dissolvências (nesse processo, uma imagem substitui a outra por meio de uma exposição temporária dupla), superposição (uma dupla exposição de duas imagens, com a de cima permitindo ver a de baixo), fade (o surgimento gradual de uma imagem do preto ou o desaparecimento no preto), serão necessários mais dois barramentos – os *barramentos de mixagem* – e uma alavanca, chamada *barra de atenuadores* (fader bar), ou barra-T (T-bar), que controla a velocidade da mixagem (dissolvências e atenuações) e a natureza da superposição. **Figura 13.3**

Quando se move a barra de atenuadores em toda sua extensão, a imagem de um barramento passa por fade in, enquanto a do outro barramento passa por fade out. A dissolvência real acontece quando as imagens de vídeo dos dois barramentos se misturam temporariamente. Quando paramos a barra de atenuadores mais ou menos no meio, interrompemos a dissolvência e criamos uma sobreposição das duas fontes de vídeo.

---
[5] Também conhecido como banks. (NRT)

13.2 Barramento de programa*

Essa mesa de corte possui seis entradas de vídeo: preto, câmera 1, câmera 2, gravador de vídeo, gerador de caracteres e alimentação de externa. Qualquer fonte selecionada no barramento de programa (câmera 1) vai diretamente para a saída de linha.

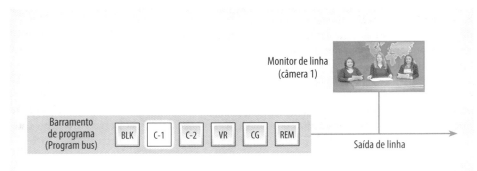

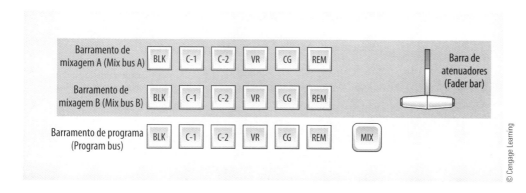

13.3 Barramento de programa com barramentos de mixagem e barra de atenuadores*
Os barramentos de mixagem A e B permitem a mixagem de duas fontes de vídeo.

Como o barramento de programa leva essa "mistura" para a saída de linha? É preciso acrescentar mais um botão ao barramento de programa para transferir para a saída de linha o vídeo gerado pelos barramentos de mixagem. Esse botão *MIX* fica na extremidade direita do barramento de programa.

Barramento de visualização (preview bus)

Mas como você pode dizer que fez tudo certo antes de enviar o material para o ar? Você ainda precisa de outro barramento, o barramento de visualização. O barramento de visualização é idêntico ao de programa no número, no tipo e na disposição dos botões. As funções dos botões também são semelhantes, exceto que a "saída de linha" do barramento de visualização não vai ao ar ou para um dispositivo de gravação, mas simplesmente para um monitor de preview (P/V). Se, por exemplo, pressionarmos o botão da câmera 2 (*C-2*) no barramento de visualização, as imagens da câmera 2 aparecem no monitor de visualização sem afetar a saída do barramento de programa, como o botão *C-1* na Figura 13.2. Se você não gostar das imagens da câmera 2 e quiser mudar para aquilo que o gravador de vídeo está exibindo, basta pressionar o botão *VR* no barramento de visualização. O barramento de visualização também é chamado barramento predefinido (preset) se alimentar um monitor que mostre efeitos pré-configurados.

Os monitores de preview e linha geralmente ficam lado a lado para mostrar se dois planos sucessivos vão ficar bem se cortados juntos, ou seja, se preservarão a continuidade do vetor e as posições de mapa mental (ver Capítulo 19).

Como se pode ver, nossa mesa de corte simples aumentou para 26 botões, dispostos em quatro barramentos, além de ter também uma barra de atenuadores. **Figura 13.4**

Barramentos de efeitos

Se agora quisermos que a mesa de corte execute algumas transições ou efeitos, como wipe (uma imagem emoldurada em uma forma geométrica que gradualmente substitui outra), *keys* (letreiro ou imagem inseridos em uma imagem de fundo diferente) e outras manipulações de imagem (transformações de forma e/ou cor), o projeto básico terá de incluir pelo menos dois ou mais *barramentos de efeitos* e mais outra barra de atenuadores. Provavelmente seria interessante, então, expandir as outras entradas de vídeo para acomodar várias outras câmeras, dois ou três VRs, um servidor e alimentação remota. Em pouco tempo, sua mesa de corte vai ter tantos botões e barras-T que para operá-la serão necessários patins para alcançar todos eles rapidamente.

Mesas de corte de multifunções

Para manter as mesas de corte gerenciáveis, os fabricantes projetam barramentos que executam múltiplas funções. Em vez de barramentos separados para programa, mixagem, efeitos e visualização, é possível atribuir a um número mínimo de barramentos várias funções de mixagem/efeitos (M/E). Quando designamos dois desses *barramentos M/E*

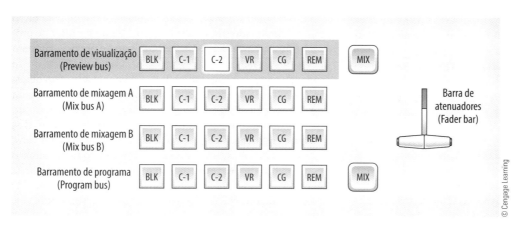

13.4 Layout básico da mesa de corte*
Essa mesa de corte de produção básica tem um barramento de visualização, dois barramentos de mixagem e um barramento de programa. Note que o barramento de visualização é idêntico ao de programa, exceto pelo fato de sua saída ser roteada para o monitor de visualização e não para a saída de linha (PGM).

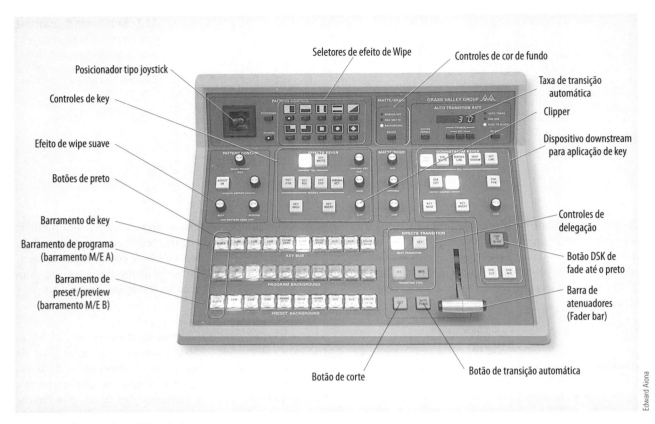

13.5 Mesa de corte de multifunções*
Essa mesa de corte de multifunções (Grass Valley 100) tem apenas três barramentos: um barramento de preview/preset, um de programa e um de key. É possível delegar funções de M/E ao programa e aos barramentos de preview/preset.

(A e B) ao modo de mixagem, é possível realizar uma dissolvência de A para B ou até mesmo fazer uma superposição (parando a dissolvência no meio do caminho). Ao designar-lhes o modo de efeitos, podemos conseguir efeitos especiais, como wipe de A para B. É possível até designar aos barramentos de programa e preview várias funções de M/E e ainda preservar suas funções originais.

Os botões por meio dos quais delegamos a cada barramento o que ele fará são, logicamente, chamados *controles de delegação*. A análise a seguir identifica os barramentos diferentes e como interagem em uma mesa de corte de multifunções simples. **Figura 13.5** Embora essa mesa de corte analógica – um Grass Valley 100 – tenha se tornado obsoleta muitos anos atrás devido ao surgimento das mesas de corte digitais HDTV (televisão de alta definição) maiores e muito mais versáteis, ela ainda serve como um dos melhores exemplos de uma arquitetura multifunções mixagem/efeitos, da qual foi pioneira.

Principais barramentos Como você pode ver, a mesa de corte da Figura 13.5 possui apenas três barramentos: de preview/preset (fileira de botões inferior), de programa (fileira do meio) e de key (fileira superior). Ela também apresenta vários grupos de botões que permitem criar certos efeitos.

Vamos rever brevemente as funções dos barramentos. O barramento de programa sempre direciona sua saída para a saída de linha. Se não for preciso visualizar as imagens que chegam e se sua comutação apenas envolver cortes, será possível fazer tudo no barramento de programa. **Figura 13.6** Quando é designada uma função de mixagem ou efeitos, ele, no entanto, torna-se um dos dois barramentos M/E – nesse caso, o barramento M/E A.

O *barramento de preview/preset* (também chamado barramento preset/background) permite visualizar a fonte de vídeo selecionada como próximo plano. Sempre que pressionamos o botão correspondente no barramento de preview, o plano selecionado surge automaticamente no monitor de preview/preset. No entanto, esse barramento de preview também pode funcionar como o segundo barramento M/E na nossa mesa de corte, barramento M/E B. Assim que ativamos determinada transição (corte, dissolvência ou wipe), essa imagem de preview substitui a imagem no ar, conforme mostrado no monitor de linha. Apesar de sua dupla função, esse barramento geralmente é conhecido como barramento de preview.

Para complicar a terminologia um pouco mais, tanto o barramento de programa como o de preview/preset são às vezes chamados barramentos de "background", porque podem servir como fundo para efeitos especiais, como title key.

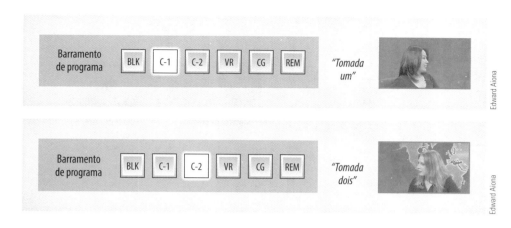

13.6 Comutação no barramento de programa*
Quando se liga o barramento de programa, as transições são somente de corte. Com a câmera 1 no ar, é possível cortar para a câmera 2 pressionando o botão C-2.

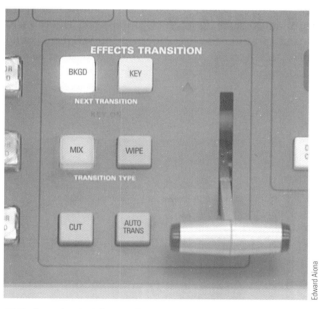

13.7 Controles de delegação*
Os controles de delegação designam a função dos barramentos e o modo de transição específica.

A terceira fileira de botões (no alto) é o *barramento de key*, que permite selecionar a fonte de vídeo, como letreiro fornecido pelo GC, para ser inserido na imagem de fundo, fornecida pelo barramento de programa.

Controles de delegação Esses controles permitem escolher uma transição ou um efeito. Na mesa de corte de multifunções, eles estão localizados imediatamente à esquerda da barra de atenuadores (fader bar). **Figura 13.7**

Quando pressionamos o botão de background (BKGD), ativamos os barramentos de programa e de preview/preset (A e B) para comutação apenas com cortes. Tudo o que escolhemos no barramento de programa (A) vai ao ar e, portanto, aparece no monitor de linha. O que quer que pressionemos no barramento de preview/preset (B) aparece no monitor de preview, pronto para substituir – por meio de um corte – a imagem do barramento A que está no ar. Para realizar o corte real da imagem em linha (no ar) para a nova imagem selecionada no barramento de visualização, é preciso pressionar o botão vermelho *CUT*. Se pressionarmos esse botão repetidamente, ele vai alternar entre preview e programa. Isso é especialmente importante

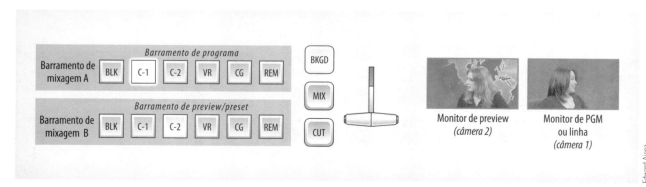

13.8 Função dupla de barramentos de programa e pré-configuração*
Quando é delegada a função de background e mixagem, o barramento de programa torna-se o barramento M/E A, e o de preview/preset, o barramento M/E B. Aqui, a câmera 1 é escolhida no barramento A e vai para o ar. A câmera 2 está pré-configurada (preset) para substituir a câmera 1 assim que pressionarmos o botão *CUT*.

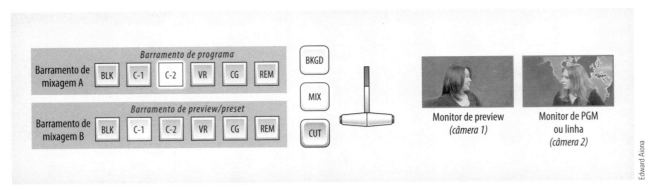

13.9 Troca de imagem após o corte*
Quando o corte é concluído, o barramento de programa mostra a câmera 2 no ar, e o barramento de preview/preset alterna automaticamente para a câmera 1.

quando cortamos a imagem de uma pessoa para outra em um diálogo rápido. **Figuras 13.8 e 13.9**

Pressionando também o botão vermelho *MIX* na seção de controles de delegação da mesa de corte, expandimos as transições de somente corte para incluir também dissolvência. Agora é possível cortar de uma fonte de vídeo para outra ou executar dissolvências entre elas. **Figura 13.10** Quando pressionamos o botão vermelho *WIPE* em vez do botão *MIX*, a transição é um efeito de wipe em vez de uma dissolvência.

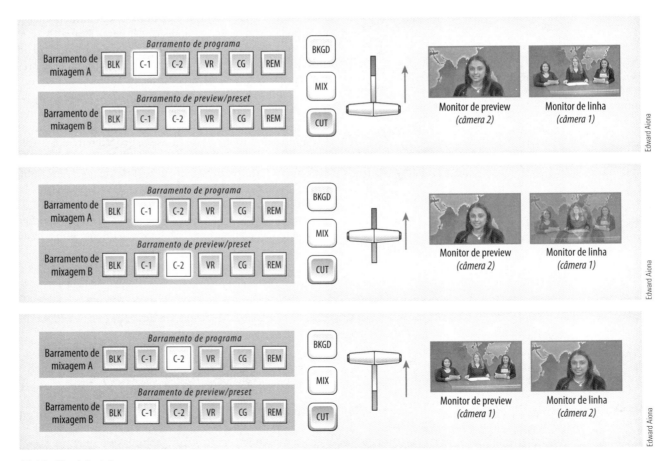

13.10 Dissolvência*
Depois que se designa a função de mixagem por meio do controle de delegação de mixagem, é possível executar dissolvência da câmera 1 para a 2. Supondo que a câmera 1 esteja no ar no barramento A, é preciso pré-configurar (preset) a câmera 2 no barramento B. Movendo a barra de atenuadores (fader bar) em toda a sua extensão (nesse caso, para cima), ativamos o efeito de dissolvência da câmera 1 para a 2. Depois que a dissolvência é concluída, a câmera 2 vai substituir a 1 no barramento de programa. Observe que é possível mover a barra de atenuadores para cima ou para baixo para executar a dissolvência.

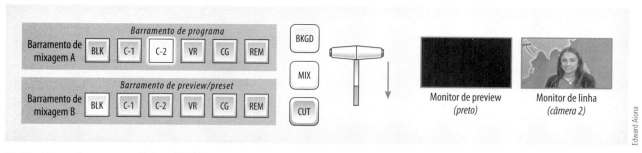

13.11 Atenuação para preto (fade to black)*
Quando se executa a atenuação (fade) para preto da câmera 2, é preciso apertar o botão **BLK** no barramento B (preview/preset) e depois fazer uma dissolvência nele movendo a barra de atenuadores por toda a sua extensão (nesse caso, para baixo).

Atenuar do preto ou para o preto é, na verdade, a dissolução de preto para uma imagem ou vice-versa. Em vez de escolhermos uma imagem real no barramento de preview, escolhemos o botão *BLK*. **Figura 13.11**

Quando pressionamos o botão *KEY*, ativamos o barramento superior (key). Nesse barramento, podemos selecionar uma fonte de key adequada, como o GC, que deve ser inserida na imagem de fundo que está ativada no barramento de programa (A) e, portanto, no ar.

A vantagem de uma mesa de corte de multifunções é que podemos obter todos esses efeitos com apenas três barramentos. Se tivéssemos continuado a arquitetura – a lógica de projeto eletrônico – da mesa de corte que estávamos construindo, teríamos precisado de pelo menos cinco barramentos, duas barras de atenuadores e vários botões adicionais para obter o mesmo efeito de key.

Controles adicionais de mesa de corte

Agora que nos familiarizamos com os controles básicos da mesa de corte, há alguns outros também importantes: transição automática, controles e padrões de efeito revelar/desaparecer, key e controles de nível de key, dispositivo downstream para aplicação de key e controles de fundo de cor.

Neste ponto, não se preocupe exatamente como esses controles são operados. Embora todas as mesas de corte de produção profissional tenham esses controles adicionais, frequentemente elas exigem meios diferentes de operação. Para tornar-se eficiente na utilização de uma mesa de corte em especial, é preciso estudar seu manual de operações e, acima de tudo, praticar, como se estivesse aprendendo a tocar um instrumento musical.

Note que esses controles não criam por si sós o efeito; pelo contrário, é o gerador de efeitos especiais (SEG special-effects generator) que realiza essa tarefa. Todas as mesas de corte de produção possuem um SEG integrado. Na verdade, você vai descobrir que os fabricantes da maioria das mesas de corte de produção digitais não se orgulham tanto da facilidade operacional, mas dos muitos truques visuais que seus SEGs podem executar. A bola da vez é a *dissimulação de imagem* (*layering*), que significa combinar vários efeitos de key em outro mais complexo. Nós nos aprofundaremos nesses efeitos no Capítulo 14.

Transição automática Trata-se de uma barra de atenuadores automática. Em vez de movimentar a barra-T para perto e para longe de você, o controle de transição automática faz isso automaticamente. Esse dispositivo será especialmente útil se for preciso cronometrar dissolvências ou wipes exatamente idênticos. É possível definir o número de quadros (frames) a fim de estabelecer a taxa de transição. Com 30 quadros por segundo, um ajuste de 60 quadros vai lhe dar uma dissolvência de dois segundos (um pouco lento). Na nossa mesa de corte (Figura 13.5), o controle de transição automática localiza-se no canto superior direito, ajustado em 30, o que significa uma transição de um segundo. Para ativar a transição, pressione o botão *AUTO TRANS* ao lado do botão *CUT*.

Controles e padrões de efeito de revelar/desaparecer Ao pressionar o botão *WIPE* na seção de controles de delegação além do botão *BKGD*, todas as transições passam a ser de wipes. Durante um *efeito de wipe*, o vídeo da fonte é gradualmente substituído pela segunda imagem que é emoldurada em uma forma geométrica. É possível selecionar o padrão específico no grupo de botões denominado modo de wipe ou seletores de padrão. **Figura 13.12**

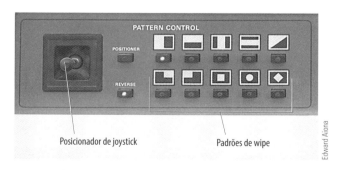

13.12 Padrões de efeito de revelar/desaparecer
Os seletores de efeito revelar/desaparecer oferecem opções de padrões geométricos para o efeito de revelar/desaparecer. As configurações podem ser colocadas em uma posição específica da tela usando o posicionador tipo joystick.

13.13 Efeito de wipe vertical
Em um efeito de *wipe* vertical, uma imagem é gradualmente substituída por outra de baixo para cima ou de cima para baixo.

13.14 Efeito de wipe horizontal
No efeito de wipe horizontal, uma imagem é gradualmente substituída por outra a partir de um dos lados.

13.15 Tela dividida (split screen)
A No efeito de divisão horizontal da tela, a câmera 1 enquadra, no lado esquerdo do visor (viewfinder), a imagem designada para vir para a metade esquerda da tela dividida.
B A câmera 2 coloca a imagem no lado direito do visor.
C No efeito de wipe de divisão de tela concluído, as duas imagens aparecem nos lados designados do quadro.

Os padrões comuns de efeito de wipe são expandir horizontal e verticalmente. **Figuras 13.13 e 13.14** Quando paramos um efeito de wipe horizontal no meio do caminho, obtemos uma tela dividida. **Figura 13.15** Outros efeitos de wipe populares são aqueles em forma de diamante e uma variedade de efeitos em caixa pelos quais a nova imagem substitui a antiga como caixa de expansão. **Figura 13.16**

Em grandes mesas de corte, esses controles podem ser estendidos até cerca de 100 padrões diferentes, inserindo-se um código na mesa. Também é possível controlar a direção do efeito de wipe (se for horizontal, por exemplo, se ele começa a partir da esquerda ou da direita da tela durante a transição). O posicionador de joystick permite mover os padrões em diferentes locais na tela. Outros controles dão aos efeitos de wipe uma borda suave ou dura e dão às letras diferentes bordas e sombras.

Key e controles de nível de key Como mencionado, o keying permite inserir letreiros ou outros elementos de imagem em uma cena, ou fundo, existente. O uso mais comum de keys é colocar letreiros sobre pessoas ou cenas, ou a conhecida caixa sobre o ombro do apresentador de telejornal. Com o barramento de key, podemos selecionar a fonte de vídeo a inserir na imagem de fundo, como os títulos do GC. O *controle de nível de key,* também chamado controle de clip ou clipper, ajusta o sinal de key para que as letras apareçam nítidas e claras durante o key.

Independentemente do modelo de mesa de corte, sempre é preciso selecionar primeiro a imagem de fundo (a imagem principal na qual desejamos inserir o título) e a fonte do key (o título), e depois trabalhar com o controle de clip de modo que a key tenha bordas nítidas e claras.

Dispositivo downstream para aplicação de key O termo downstream em dispositivo *downstream para aplicação dekey* (DSK) refere-se à manipulação do sinal na saída de linha (chamada downstream) e não no estágio de M/E (chamado upstream). Com um downstream keyer, é possível

13.16 Efeito de wipe em diamante
No efeito de wipe em diamante, a segunda fonte de vídeo é revelada gradualmente em um detalhe em forma de diamante, que se expande.

inserir (key) um título ou outro gráfico sobre o sinal que sai da mesa de corte. Essa manobra de última hora, que é totalmente independente de qualquer um dos controles nos barramentos da mesa de corte, é feita para manter o maior número possível de barramentos M/E disponíveis para as outras funções de comutação e efeitos. A maioria das mesas de corte com DSK possui um atenuador principal (masterfader), que consiste em uma barra de atenuadores adicional ou, mais comumente, um botão de atenuação para preto, com o qual é possível fazer uma atenuação automática na imagem base juntamente com o efeito de downstream key (ver Figura 13.5).

Você talvez se pergunte por que esse controle de atenuação para preto (fade-to-black) é necessário, visto que, como já explicado, é possível fazer essa atenuação simplesmente dissolvendo para o preto o barramento de programa. A razão pela qual o controle extra de atenuação (fade) é necessário é que o efeito produzido pelo DSK é independente do restante dos controles da mesa de corte (no upstream). O botão *BLK* no barramento de programa vai eliminar o fundo, mas não o próprio key. Apenas o botão na seção do dispositivo downstream para aplicação de key (à direita da barra-T) vai realizar a atenuação da tela inteira em preto.

Como exemplo, vamos criar um efeito DSK simples no final de uma demonstração de produto do mais recente modelo de notebook e, em seguida, executar uma atenuação para preto. A cena final mostra um close-up (CU) do notebook como fundo, com o nome do modelo inserido pelo DSK. Lembre-se de que uma maneira de executar a atenuação para preto (fade to black) é pressionar o botão *BLK* no barramento de pré-configuração e daí criar uma dissolvência movendo a barra de atenuadores ou pressionando o botão *AUTOTRANS*. Entretanto, quando olhamos para o monitor de linha, a imagem de fundo (close-up do notebook) foi substituída pelo preto como deveria, mas o nome do modelo permanece na tela. Você já sabe por que isso acontece. O dispositivo downstream para aplicação de key não é afetado pelo que é feito na parte upstream da mesa de corte – como ir para preto no barramento de M/E. Totalmente independente do restante dos controles da mesa de corte, o DSK obedece apenas aos controles no seu próprio território (downstream), daí a necessidade de seus próprios controles de preto.

Controles de cor de fundo A maioria das mesas de corte tem controles com os quais se podem fornecer fundos de cores para os keys e até dar aos letreiros de títulos e a outras informações escritas cores ou contornos coloridos. Os geradores de cor integrados à mesa de corte consistem em mostradores que podem ser usados para ajustar o matiz (a cor propriamente dita), a saturação (a intensidade da cor) e o brilho ou a luminância (escuridão e luminosidade relativas da cor) (ver Figura 13.5). Em grandes mesas de corte de produção, esses controles são repetidos em cada barramento M/E.

Grandes mesas de corte de produção

Somente para dar uma ideia de como as mesas de corte (switchers) de produção podem ser grandes, a figura a seguir mostra uma com 32 entradas de vídeo, 16 saídas separadas, múltiplos barramentos M/E que permitem efeitos complexos, de vários níveis, como a execução de clipes de vídeo em telas secundárias ou outros quadros gráficos. Caso você se esqueça de executar key em alguns nomes fundamentais sobre essas telas, pode usar qualquer um ou todos os quatro downstream keyers. Essas maravilhosas mesas de corte complexas, no entanto, funcionam de acordo com os mesmos princípios básicos que você aprendeu quando estudou a arquitetura da mesa de corte de multifunções simples. **Figura 13.17**

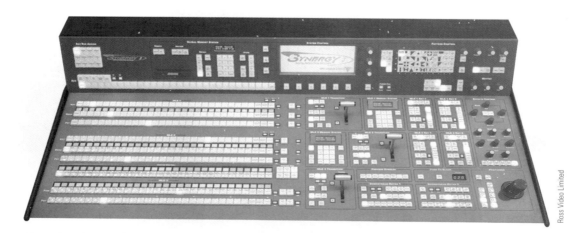

13.17 Grande mesa de corte de produção*
Essa grande mesa de corte de produção possui muitos recursos. Ela pode manipular todos os sistemas de vídeo padrão e de alta definição e importar mais de 30 fontes de vídeo. É possível selecionar qualquer um dos 40 botões para efeito de wipe designados e efeitos de vídeo digital, e operar quatro DSK e uma série multinível de efeitos adicionais. Essa mesa de corte opera com base nos mesmos princípios de uma mesa equivalente muito mais simples.

Genlock e sincronizador de enquadramento

Como você deve recordar do Capítulo 5, quando se alterna de uma fonte de vídeo para outra, as varreduras do raster das duas fontes devem estar sincronizadas. Se suas varreduras não estão sincronizadas, o vídeo da segunda fonte vai sofrer um corte durante a comutação. Você provavelmente já viu tais efeitos de corte digital semelhantes a efeitos especiais, que também ocorrem quando o sinal digital fica muito fraco.

Genlock   Para prevenir tais cortes, você pode usar um *genlock* para fontes internas. Isso significa que todas as fontes de vídeo, como câmeras de estúdio, estão bloqueadas para o comando de um gerador de sinal, que os organiza para estarem em sincronia. Como tal genlock é quase impossível para sinais de vídeo que vêm para a sua estação a partir de uma equipe de reportagem cobrindo um incêndio florestal na sua vizinhança ou na Austrália, você precisa recorrer a um sincronizador de enquadramento.

Sincronizador de enquadramento   Todos os quadros de vídeo que estão chegando, mesmo se se tratar de um evento ao vivo, são muito brevemente armazenados pelo *sincronizador de enquadramento*, de forma que a varredura de um quadro que está chegando possa ser comparada com uma armazenada. Essa operação acontece tão rapidamente que você não a notará quando assistir a um programa. No entanto, se a varredura dos dois quadros estiver fora de sincronia a operação vai manter o último quadro bom até que o que está entrando se ajuste ao seu tempo. Por isso, você pode ocasionalmente ver um quadro de ação congelado mesmo durante uma transmissão ao vivo. Felizmente, você não precisa se preocupar com a sincronização de quadros porque a maioria das mesas de corte grandes ajusta automaticamente os tempos das varreduras das fontes que estão entrando.

PONTOS PRINCIPAIS

▶ A edição instantânea é a alternância de uma fonte de vídeo para outra, ou a combinação de duas ou mais fontes, enquanto o programa, ou um segmento dele, está em andamento.

▶ Todas as mesas de corte, simples e complexas, executam as mesmas funções básicas: seleção de uma fonte de vídeo apropriado entre várias entradas, transições básicas entre duas fontes de vídeo e criação ou acesso a efeitos especiais.

▶ A mesa de corte tem um botão separado para cada entrada de vídeo. Existe um botão para cada câmera, gravador de vídeo (VR), gerador de caracteres (GC) e outras fontes de vídeo, como entrada remota. Os botões são dispostos em fileiras, chamadas barramentos.

▶ A mesa de corte de multifunções básica possui um barramento de pré-configuração para selecionar e ver o próximo plano, um barramento de programa que envia sua entrada de vídeo para a saída de linha, um barramento de key para selecionar o vídeo a ser inserido sobre uma imagem de fundo, uma barra de atenuadores (ou barra-T) para ativar efeitos de mixagem, uma seção de controle de delegação e vários controles de efeitos especiais.

▶ O barramento de programa é um link direto de entrada/saída, denominado barramento direto. Tudo o que for selecionado no barramento de programa vai diretamente para a saída de linha. Também pode servir de barramento de mixagem/efeitos (M/E).

▶ O barramento de preview/preset é usado para selecionar o próximo vídeo (função de preset) e encaminhá-lo para o monitor de preview (função de preview). Ele serve também como barramento de M/E.

▶ Os barramentos de M/E (de programa e de preview em modo de mixagem/efeitos) podem ter funções de mixagem (dissolvência, superposição ou fade) ou de efeitos.

▶ O barramento de key é utilizado para selecionar a fonte de vídeo a ser inserido (keyed) em uma imagem de fundo.

▶ Os controles de delegação são utilizados para designar funções específicas aos barramentos.

▶ A transição é ativada movendo a barra de atenuadores (fader bar) de um limite a outro ou por um botão de transição automática que assume as funções da barra-T.

▶ A maioria das mesas de corte oferece vários efeitos digitais, como padrões de efeito de wipe, bordas, cores de fundo e a possibilidade de dissimulação (layering) de imagem de efeitos.

▶ Para evitar corte de imagem quando comutar entre duas fontes de vídeo, seu carregamento (varredura) de raster deve ser sincronizado. Isso é feito por um genlock ou um sincronizador de enquadramento.

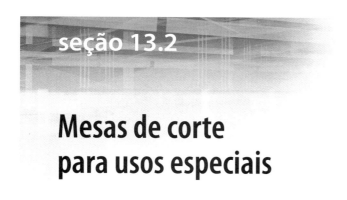

seção 13.2

Mesas de corte para usos especiais

Além da mesa de corte comum de produção em estúdio descrita na seção 13.1, toda estação de televisão tem uma mesa de corte de controle mestre e várias mesas de corte de roteamento adicionais. Como nem todo mundo precisa ou pode comprar um caminhão de externas que contenha uma mesa de corte e um barramento de monitores quando se está fazendo uma produção multicâmera modesta em campo, existem pequenas mesas de corte portáteis que você pode levar para a locação. Existem também softwares para mesas de corte desenvolvidos para ajudá-lo na arte da comutação.

- ▶ **Mesas de corte de não produção**
  Mesa de corte de controle mestre e mesas de corte de roteamento.

- ▶ **Mesas de corte portáteis**
  Mesas de corte para produção ao vivo e estúdios virtuais.

Mesas de corte de não produção

Embora a maioria das mudanças de um programa para o seguinte, incluindo uma boa dose de comerciais entre eles, é feita por computador, você ainda irá encontrar pelo menos dois tipos de mesas de corte de não produção físicas no controle mestre: a mesa de corte de controle mestre e as mesas de corte de roteamento.

Mesa de corte de controle mestre

A mesa de corte de controle mestre controla a entrada de todo o material de programa para armazenamento em seu servidor, assim como tudo o que vai para o transmissor e para a internet. O servidor pode ser programado para reprodução automática de conteúdo armazenado de acordo com a linha de horário do registro de programas. Em caso de falha do computador de atribuição, o operador da mesa de corte de controle mestre entra para auxiliar. Usando a mesa de corte no modo manual, ele ou ela dirige o vídeo que está entrando para seu destino apropriado, recupera todo o material de programa armazenado no servidor de acordo com a linha de horário do registro de programas e alterna para sinais de externa, como um programa em rede ou um evento remoto ao vivo. **Figura 13.18**

Mesa de corte de roteamento

As mesas de corte de roteamento roteiam os vídeos para destinos específicos. Por exemplo, é necessária uma mesa de corte de roteamento para atribuir a gravação de um programa do servidor 2 para o servidor 5 ou para alternar de um monitor de visualização de notícias para outro que mostre as notícias de última hora que estão chegando. Em uma mesa de corte de roteamento, os botões normalmente são organizados em fileiras que se parecem muito com o barramento de programa em uma mesa de corte de produção ou com parte de um sistema controlado por computador.

Mesas de corte portáteis

Mas o que você fará quando o colégio local lhe pedir para cobrir ao vivo seu campeonato de basquete com uma configuração modesta de três câmeras? Você não pode ligar para Hollywood para lhe fornecer uma grande van de externas usada para cobrir a Rose Parade só porque você precisa de uma mesa de corte. Felizmente, há mesas de corte portáteis para produções ao vivo disponíveis para ajudá-lo a transmitir seu basquete.

Mesa de corte para produção ao vivo

Mesas de corte portáteis são basicamente computadores com software e hardware adicional para facilitar a comutação ao vivo a partir de um local remoto. Elas normalmente contêm um programa de mesa de corte com entradas para várias câmeras e microfones, bem como um gerador de efeitos especiais e um programa que permite a você transmitir seu projeto via streaming na internet. **Figura 13.19** A mesa de corte portátil na Figura 13.19 permite que você conecte e alterne entre cinco câmeras, controle o áudio de cinco entradas de microfones estéreos e grave o jogo vitorioso do time de basquete do colégio. Se você fizer uso da função streaming da mesa de corte, você teria até mesmo uma audiência mundial em potencial para suas habilidades de comutação.

A maioria das mesas de corte portáteis possui realmente um teclado de comutação porque fazer comutação com um mouse de computador se mostrou muito lento e desajeitado.

Algumas mesas de corte portáteis podem até mesmo fornecer sinais de luz de prova para as câmeras, o que é de grande ajuda para o diretor, os operadores de câmera e o artista. Você pode visualizar suas tomadas em um barramento de monitores dividido que também apresenta monitores maiores de visualização e de linha.

Se você pensa que essa mesa de corte portátil é como uma sala de controle de estúdio comprimida em uma mala, você não está muito longe. Algumas mesas de corte por-

13.18 Mesa de corte de controle mestre
A mesa de corte de controle mestre computadorizado alterna automaticamente fontes específicas de áudio e vídeo. O operador poderá cancelar a automação se isso for necessário.

táteis oferecem tantos recursos de produção que rivalizam com salas de controle bem equipadas.

Estúdios virtuais

Estúdios virtuais são basicamente computadores altamente sofisticados cujos software e hardware adicional podem realmente superar as funções de alguns arranjos de estúdio. Além de entradas para múltiplas câmeras e áudio e controles para comutação ao vivo, eles oferecem funções de gravação de vídeo e áudio altamente flexíveis. **Figura 13.20**

Por exemplo, o estúdio virtual na Figura 13.20 permite que você grave separadamente cada uma das oito entradas de câmera, mas também faça mixagem de áudio em quatro faixas separadas. Ele também oferece uma rica palheta de efeitos especiais com os quais você pode embelezar sua obra-prima. Tais controles do estúdio virtual usam cabos padrão de alta velocidade para se conectar ao seu notebook ou desktop para edição ou streaming ao vivo. Por precaução, ele contém um programa que lhe permite fazer uma chroma-key virtual para o âncora do noticiário sentado à frente de um fundo verde ou azul.

Parece uma propaganda de uma máquina dos sonhos? Talvez, mas muitas características são realmente marcantes.

O único problema, embora sério, é que tais estúdios virtuais multifunção não suportam canais de intercomunicação entre o diretor e os operadores de câmera e o diretor de estúdio. Você terá que improvisar um arranjo de intercomunicação separado de forma que o diretor possa falar com cada um dos câmeras e a equipe de estúdio durante uma produção ao vivo.

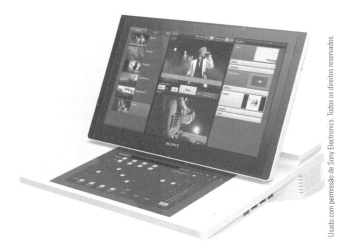

13.19 Mesa de corte portátil para produção ao vivo*
Essa mesa de corte/gravador portátil permite que você visualize e comute entre seis câmeras ao vivo ou outras entradas de vídeo e faça a mixagem de cinco entradas de áudio tocando no monitor. Ela também pode criar efeitos, gravar até 10 horas de filmagem em HDTV e transmitir sua saída ao vivo via streaming na internet.

Comutação ou edição instantânea 263

13.20 Mesa de corte portátil/estúdio virtual*
Essa mesa de corte portátil expandida é na verdade um estúdio virtual para gravação e streaming ao vivo. Ela tem dois painéis externos para visualização e um comutador manual, que opera de forma semelhante a uma mesa de corte com monitores de visualização em uma sala de controle. Ele pode gravar cada uma das oito entradas de câmeras e de áudio separadamente além do programa de saída comutado. A saída de vídeo pode ser transmitida por streaming pela internet.

PONTOS PRINCIPAIS

▶ Uma mesa de corte pode atribuir várias importações e exportações de sinal. Ela também pode comutar para as atividades de estúdio e direcionar os programas para o transmissor.

▶ Mesas de corte de roteamento facilitam o fluxo de sinal interno. Elas controlam o destino do material recuperado pelo servidor e produzido pelo estúdio, assim como alimentam remotamente o que é recebido no controle mestre.

▶ Mesas de corte portáteis são basicamente computadores com software e hardware adicional para facilitar a comutação a partir de um local remoto. Elas são normalmente guardadas em uma mala portátil que também comporta periféricos e um teclado externo da mesa de corte.

▶ Estúdios virtuais são mesas de corte remotas que adicionam funções de comutação de vídeo e de controle de áudio. Eles também oferecem uma grande variedade de efeitos especiais, incluindo a criação de cenários virtuais.

capítulo 14

Design

Embora provavelmente você preste muita atenção ao design e estilo ao comprar uma roupa ou um automóvel, talvez não se dê conta dos elementos específicos de design ao ver o título de abertura de um programa ou nem note os detalhes do set de um telejornal ou de uma sala de estar em uma comédia de situação (sitcom). Você talvez fique encantado com um título animado que faz de tudo, menos saltar da tela, mas, talvez, nunca parou para analisar suas qualidades estéticas. E, assim, perceba a sala de estar da novela exatamente como uma sala de estar, mas não como um conjunto de cenário e adereços posicionados com cuidado. Todos sabemos, é claro, que esses elementos de design foram meticulosamente planejados.

Na verdade, o design, ou a falta dele, encontra-se em tudo o que uma produtora de televisão mostra no ar e fora dele. Ele define o estilo da apresentação em vídeo e até da produtora como um todo. O design inclui não apenas as cores e letras do título de um programa e a aparência de um set de estúdio, mas também a papelaria, os móveis de escritório, a arte no corredor e o logotipo da produtora. O logotipo da CNN **(Figura 14.1)**, por exemplo, sugere notícias atualizadas, sem absurdos.

Na propaganda, essa abordagem de design inclusivo é chamada de **promoção da marca**. A ideia é criar uma imagem do produto – nesse caso, o canal de televisão – que permanecerá na mente dos telespectadores e fará deles "clientes leais". Na televisão, a promoção da marca normalmente aparece como um logo no canto direito inferior da tela.

Um logotipo bonito, no entanto, não transporta automaticamente suas qualidades de design para a programação ou para os gráficos e cenário no ar. É importante desenvolver uma consciência de design em tudo o que fazemos. Um logotipo bem executado é apenas o símbolo de tal consciência, não sua causa única.

14.1 Logo CNN

A seção 14.1, Design e uso de gráficos na televisão, apresenta os principais blocos de gráficos de televisão. A seção 14.2, Cenário e adereços, analisa os principais aspectos dos cenários e adereços de televisão e alguns elementos de cenografia.

PALAVRAS-CHAVE

Cores primárias aditivas; Proporção da tela; Promoção da marca; Brilho; Gerador de caracteres (GC); *Chroma-keying*; Compatibilidade de cores; Área essencial; Divisória (tapadeira); Planta baixa; Modelo de planta baixa; Escala de cinza; Matiz; Letterbox; Matte key; Pillarbox; Adereços; Saturação; Área de varredura; Gerador de efeitos especiais (SEG); Super; Instalação virtual; Windowbox.

seção 14.1

Design e uso de gráficos na televisão

▶ **Proporção da tela**
Combinar a proporção das telas de STV e HDTV, área de título segura e gráficos fora de proporção de imagem.

▶ **Densidade e legibilidade das informações**
Tornar os letreiros de tela legíveis.

▶ **Fundamentos da cor**
Atributos de cores, cores primárias da luz, mistura de cores e estética de cores.

▶ **Efeitos eletrônicos e imagens sintéticas**
Efeitos do padrão de vídeo, efeitos de vídeo digital e imagens sintéticas.

▶ **Estilo**
Estilo ditado pela tecnologia e estilo de combinação do design com aquele do show.

Proporção da tela

A proporção da tela é a relação entre a largura e a altura da tela. Quase todas as telas de televisão têm uma proporção de tela de 16 × 9, o que significa que são 16 unidades de largura por 9 unidades de altura. No entanto, grande parte da programação televisiva ainda é transmitida na proporção de tela padrão da televisão (STV) de 4 × 3, o que significa que as imagens são de 4 unidades de largura por 3 unidades de altura. Você também pode ouvir a proporção de tela expressa em 1,78:1 para a televisão de alta definição (HDTV) e 1,33:1 para STV. **Figuras 14.2 e 14.3**

Como você pode ver facilmente, a proporção da tela de 16 × 9 da tela HDTV ampliada horizontalmente é muito mais parecida com a tela de cinema do que a proporção tela de 4 × 3 da tela STV. A vantagem de tal proporção de tela é que ela pode acomodar os filmes e, claro, cenas horizontalmente esticadas. Um problema surge quando tentamos acomodar uma proporção de tela na outra.

Quando assistimos à televisão, ficamos às vezes mais impressionados com os títulos de abertura do que com o próprio programa. Mesmo quando se trata de uma entrevista séria ou uma simples demonstração de produto, parece que somos obrigados a ver o título irromper em cena, fazer suas letras dançantes mudarem de forma e cor, e observar pelo menos três fundos diferentes se deslocarem lentamente por baixo dele. Esses títulos são normalmente apoiados por efeitos sonoros de alta energia.

Às vezes, gastamos muito mais tempo observando os detalhes da abertura dos programas. Os gráficos de vídeo já se tornaram um fator importante na produção de televisão. Como a criação de tais títulos exige conhecimentos de informática altamente especializados, em vez de competência na produção de televisão, limitaremos nossa análise aos seguintes aspectos dos gráficos para televisão.

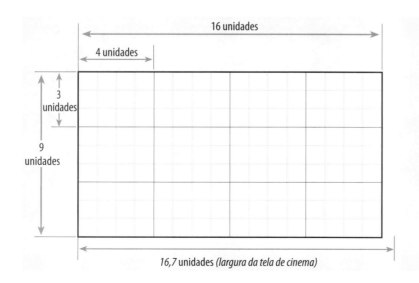

14.2 Proporção de tela HDTV
A proporção de tela da televisão de alta definição é de 16 × 9 (16 unidades de largura por 9 unidades de altura), que é um múltiplo da relação 4 × 3 (42 × 32). A sua proporção de tela horizontalmente esticada de 1.78:1 assemelha-se à do filme (1,85:1).

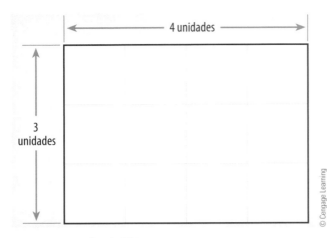

14.3 Proporção de tela STV
A proporção de tela tradicional do padrão de tela de televisão é de 4 × 3 (4 unidades de largura por 3 unidades de altura). A sua proporção de tela pode ser expressa como 1.33:1 (1,33 unidades na largura para cada unidade de altura).

Combinando proporções de tela STV e HDTV

Não muito tempo atrás, o problema era mostrar filmes de tela larga na tela de televisão 4 × 3. Isso era normalmente feito espremendo toda a largura da tela de filme *wide-screen* na tela 4 × 3. Isso deixou espaço sem uso na parte superior e inferior da tela, que foi coberta por listras pretas, uma solução chamada *letterboxing*. **Figura 14.4**

Para evitar esse espaço de tela não utilizado, a moldura 16 × 9 é às vezes digitalmente espremida na moldura 4 × 3, fazendo tudo parecer mais alto e mais magro do que na proporção de tela original. Surpreendentemente, nós, como espectadores, parecemos aceitar com facilidade um efeito de compressão da manipulação digital.

Hoje em dia, o problema é encaixar um vídeo no formato 4 × 3 na proporção de tela de 16 × 9. Podemos esticar horizontalmente a imagem STV para que suas 4 unidades originais preencham toda a largura da tela HDTV, mantendo a altura original da imagem STV, ou podemos ampliar a imagem STV para que 4 unidades originais de largura preencham as 16 unidades da HDTV sem esticar.

O primeiro método de alongamento também irá esticar o seu conteúdo, fazendo com que todas as pessoas e objetos na filmagem pareçam gordos. O segundo método de ampliação do quadro inteiro mantém o contorno das pessoas, mas corta suas cabeças e pés.

Você pode, obviamente, colocar a moldura 4 × 3 completa no centro da tela de 16 × 9 de modo que a altura da tela de 4 × 3 corresponda à altura da tela de 16 × 9, mas, então, você terá listras pretas deixadas sobre ambos os lados da inserção de 4 × 3. Essas listras são chamadas zonas mortas ou barras laterais. A proporção de tela resultante é chamada de *pillarbox*. **Figura 14.5**

A maneira mais simples de acomodar uma imagem completa de 4 × 3 na proporção de tela de 16 × 9 é colocá-la, como uma janela, ao centro da tela HDTV. A maioria das telas planas HDTV são grandes o suficiente para exibir a imagem de 4 × 3 tão grande quanto teria sido em um televisor CRT (tubo de raio de cátodo) normal. Não surpreende que esse método é chamado de ***windowboxing***. Ele é de longe a forma mais predominante de combinação de proporções de tela, não apenas por razões estéticas, mas por razões técnicas também – é uma ótima maneira de economizar largura de banda ao transmitir um vídeo 4 × 3. **Figura 14.6**

Felizmente, os smartphones são um pouco mais inteligentes e alteram a proporção de tela de vertical para horizontal, dependendo de como você segura o dispositivo.

Área de título segura[1]

Ao contrário do pintor ou fotógrafo que possui total controle sobre quanto da imagem mostrar no quadro, não podemos ter tanta certeza sobre quanto das imagens gravadas em vídeo ou transmitidas pode realmente ser visto na tela de casa. Mesmo na televisão digital, geralmente, há perda de imagem ou leve distorção durante a transmissão

---
[1] Chamado de safe area. (NRT)

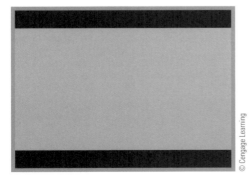

14.4 Letterbox*
Fazer que todo o quadro de um filme wide-screen caiba em uma proporção de imagem de 4 × 3 da STV resulta em espaço vazio (preto) nas partes superior e inferior da tela. A proporção de imagem horizontal resultante é chamada letterbox.

14.5 Pillarbox*
Quando se exibe um quadro de televisão padrão de 4 × 3 em uma tela de 16 × 9, há zonas mortas e vazias, ou barras laterais, em ambos os lados da tela. A proporção de imagem vertical resultante é chamada pillarbox.

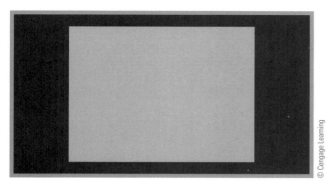

14.6 Windowbox*
Quando uma figura de 4 x 3 levemente reduzida é centralizada na tela de 16 x 9, ela é chamada de windowbox.

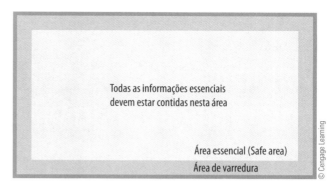

14.7 Áreas segura (safe area) e de varredura
A área de varredura é o que mostram o visor da câmera e o monitor de visualização. A área essencial, ou de título seguro, é o que aparece na tela da televisão doméstica.

no processo de edição, ou no modo como uma tela plana é programada. Além disso, nem todos os receptores de televisão são tão cuidadosamente ajustados para combinar com os monitores de preview de uma sala de controle ou de edição. Mesmo que tenhamos deixado bastante headroom (teto) ao enquadrarmos um plano em close-up (CU) de uma entrevista em estúdio, os planos podem perder um pouco ou a totalidade do headroom quando chegam ao receptor doméstico. O mesmo se dá com títulos enquadrados perto demais da borda da tela. Visto que as informações nas bordas, muitas vezes, são perdidas, podemos acabar com títulos incompletos ou o primeiro e o último dígitos de um número de telefone faltando.

Como garantir que as informações enviadas sejam realmente vistas na tela de casa? Há um padrão que mais ou menos garanta que todas as informações essenciais de imagem, como um título ou número de telefone, vão aparecer em sua totalidade? A resposta é um sonoro "sim". Apesar de não serem matematicamente precisas, há orientações disponíveis para ajudá-lo a impedir que informações de imagem se percam durante a duplicação ou transmissão. Basicamente, essas diretrizes lhe dizem para manter informações vitais longe das bordas da tela. Isso é especialmente importante ao enquadrar planos na proporção de tela maior de 16 × 9 que serão transmitidos principalmente para receptores STV (padrão 4 × 3). A distância a ser mantida a partir da borda ao enquadrar um plano é fornecida pelas áreas essencial e de varredura.

A *área de varredura* inclui a imagem que vemos no visor da câmera e nos monitores de preview da sala de controle. É a área efetivamente escaneada pelo dispositivo de captação de imagem da câmera. A *área essencial*, também chamada área de título seguro ou, simplesmente, área segura (safe area), é centralizada na área de varredura. É a parte vista pelo espectador em casa, independentemente do mascaramento do conjunto, de perda de transmissão ou de um ligeiro desalinhamento do receptor. **Figura 14.7**

Obviamente, informações, como títulos e números de telefone, devem estar contidas na área essencial. Além disso, se duas pessoas estão voltadas uma para a outra de uma borda de tela para a outra (bloqueadas ao longo do eixo X), certifique-se de colocá-las bem dentro das bordas esquerda e direita da área essencial. Mas qual é o tamanho da área segura? Geralmente é menor do que se pensa – cerca de 80% da área da tela total.

Alguns *geradores de caracteres* (GC) mantêm automaticamente o título dentro da área segura. As melhores câmeras de estúdio e camcorders de externa, bem como os principais programas de edição, possuem um dispositivo que gera eletronicamente um contorno de quadro dentro do visor, mostrando a área segura.

Se seu GC ou sua câmera não possui essa rede de segurança integrada, será preciso criá-la. A maioria dos programas de processamento de texto ou desenho permite gerar um retângulo e, em seguida, reduzi-lo de acordo com uma porcentagem específica. Por exemplo, desenhe um retângulo de 4 × 3 que simule uma área de 80% na tela de TV e, em seguida, reduza-a em 70% (fora o letreiro, é claro). Essas novas bordas delineiam, então, sua área essencial. Pode-se usar o mesmo método para criar uma área essencial para um formato de 16 × 9[2].

Depois de alguma prática, você será capaz de compensar no enquadramento de câmera a perda de imagem ou colocar o título dentro da área segura sem ter de fazer malabarismos com porcentagens. A maneira mais segura de testar um título é projetá-lo no monitor de preview. Se as letras se aproximarem das bordas do monitor de preview, o título vai estar além da área segura e muito provavelmente será cortado quando visto pelo espectador em casa. **Figura 14.8**

Gráficos fora de proporção de imagem

Embora possamos alterar a proporção das imagens na tela de TV por meio de vários efeitos digitais de vídeo (DVE), não é possível mudar as dimensões da tela em si. Pode-se dividir a tela em quadros secundários com várias propor-

---
[2] O software Adobe Photoshop, por exemplo, permite especificar a proporção de imagem e a porcentagem da área desejada, e a versão mais recente do programa de edição da Apple, Studio Pro, oferece dois quadros diferentes – um para os títulos seguros (área essencial) e o outro para a ação segura (área de escaneamento).

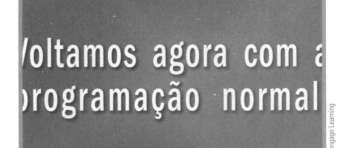

14.8 Título além da área segura
A No monitor de preview, ainda é possível ver o título completo, embora ele se aproxime das bordas.

B Quando visto no receptor doméstico, as informações que estavam fora da área segura são perdidas.

ções de imagem, bem como bloquear certas áreas da tela e, assim, simular diferentes proporções de imagem, mas você continua confinado à proporção de imagem definida para a tela de TV[3].

Sem dúvida, você vai deparar com situações em que as imagens a serem mostradas não se ajustam à proporção de imagem e à área segura da televisão. É muito comum constatar esse problema quando alguém traz um gráfico ou pôster fora da proporção de imagem para um evento futuro durante uma entrevista promocional ou para ilustrar um ponto durante uma reunião de vendas. Com frequência, é preciso fazer a cobertura ao vivo dessa reunião ou gravá-la sem muita chance de ajustes de pós-produção. Muitos gráficos gigantes são verticais e não se ajustam à proporção de imagem de 4 × 3 – quanto menos à proporção de 16 × 9. O problema com um gráfico fora de proporção é que, quando mostrado inteiro, as informações nele ficam tão pequenas que se tornam ilegíveis. **Figura 14.9**

Quando se move a câmera para perto o suficiente para ajustar o gráfico à proporção de imagem da tela de TV, inevitavelmente são cortadas informações importantes. **Figura 14.10**

Se o letreiro e outras informações visuais forem simples e escuras o suficiente, será possível reunir toda a tabela fora do gráfico de proporção em um cartão maior que esteja dentro da proporção de imagem. Então, basta recuar a câmera e enquadrar o cartão maior, mantendo as informações que estão fora de proporção de imagem o mais próximo possível do centro da tela. Em um gráfico com orientação vertical sem letreiro, talvez seja possível fazer uma inclinação e revelar um trecho das informações por vez. Se feita lentamente, essa revelação gradual vai aumentar a dramaticidade. Caso haja letreiro, porém, essa inclinação não aumenta a dramaticidade – somente torna a leitura do gráfico mais difícil.

A mesma dificuldade de enquadramento é encontrada quando se tenta mostrar uma linha de notação musical, uma grande fórmula matemática ou um fluxograma, ou o que está escrito em um quadro negro ou branco. Se você der um zoom-out o suficiente para mostrar o quadro branco inteiro, o texto ficará difícil de ler. Se der zoom-in até um close-up, apenas parte da escrita ficará visível. **Figura 14.11** O modo correto de apresentar informações em um quadro branco é dividi-lo em campos com proporção de imagem de 4 × 3 ou 16 × 9 e manter a escrita dentro deles. A câmera pode então dar um close-up na sentença[4]

---

[4] No Brasil, quando damos um plano fechado de objetos e animais chamamos de plano detalhe. Só utilizamos a expressão close-up para pessoas. (NRT)

14.9 Gráfico fora de proporção
Ao se tentar enquadrar esse gráfico inteiro fora de proporção, a maior parte das informações torna-se difícil de ler ou totalmente ilegível.

14.10 Perda de informações no close-up
Quando se experimenta aproximar mais a imagem, todas as informações fora da proporção da imagem são perdidas.

---

[3] Ver: Herbert Zettl. *Sight sound motion: applied media aesthetics.* 7. ed. Belmont, Boston: Wadsworth, 2014. p. 87-99.

Design 269

14.11 Problema de proporção de imagem com linhas compridas
A escrita normal em um quadro branco pode apresentar um problema típico de proporção de imagem. A câmera não consegue mostrar um close-up da mensagem que se estende por toda a largura do quadro.

inteira. Mesmo quando se trabalha com a proporção de imagem de HDTV, as informações devem ser escritas em blocos, e não ao longo de todo o quadro branco. Isso é especialmente importante se trabalharmos com câmeras controladas remotamente. É muito mais fácil dar um zoom-in nesse bloco de letreiro do que fazer a câmera dar uma panorâmica para os lados. **Figura 14.12**

Densidade e legibilidade das informações

Assim como em páginas da web superlotadas, vemos que há uma tendência para carregar a tela com grande quantidade de informações. E, em nossa busca para comprimir o máximo de informações possível na tela da televisão relativamente pequena, as letras utilizadas para o que vai ao ar ficam cada vez menores. A menos que tenhamos um grande monitor de alta resolução, essas informações ficam praticamente ilegíveis.

Densidade das informações

Assim como o layout de uma página na web, há certa justificativa em encher a tela se os dados exibidos simultaneamente estão relacionados e acrescentam informações pertinentes. Por exemplo, se em um programa de compras em casa mostramos um close-up de um item e, simultaneamente, o preço de varejo, o preço de venda e o número de telefone, estamos fornecendo um serviço valioso ao espectador. No entanto, se mostramos um apresentador de telejornal lendo uma notícia em um canto da tela, exibimos a previsão do tempo em outro, mostramos os números do mercado de ações e os resultados esportivos nas partes superior e inferior da tela, e temos o logotipo da estação e anúncios, tudo isso ao mesmo tempo, corremos o risco de sobrecarga de informações, além da tela visivelmente poluída. **Figura 14.13**

Entretanto, quando os elementos são devidamente organizados de acordo com os princípios de composição, essas informações adicionais podem aumentar de maneira significativa a comunicação básica. Com quadros secundários cuidadosamente organizados, é menos provável que sobrecarreguemos o espectador, que poderá escolher, entre as informações apresentadas, aquela que lhe interessa.
Figura 14.14

Legibilidade

Nos gráficos de televisão, legibilidade significa que podemos ler as palavras que aparecem na tela rapidamente e sem esforço. Essa afirmação pode parecer óbvia, mas é um fato

14.12 Uso adequado de blocos de proporção de imagem
Se o quadro for dividido em campos de proporção de imagem apropriada, a câmera poderá ver a mensagem inteira, mesmo em close-up.

14.13 Tela visivelmente poluída
Essa tela possui tantas informações não relacionadas que é difícil entendê-las em meio a essa confusão visual.

14.14 Estrutura adequada de múltiplos elementos de tela
A disposição desses quadros secundários e as áreas de informações tornam relativamente fácil procurar a informação desejada.

que escapa a muitos artistas gráficos. Às vezes, os títulos explodem na tela e desaparecem tão rapidamente que só campeões de videogame e pessoas com habilidades perceptivas superiores podem realmente vê-los e entendê-los; ou as letras são tão pequenas e detalhadas que não é possível lê-las sem uma lupa.

Esses problemas de legibilidade ocorrem regularmente quando os créditos cinematográficos são mostrados em uma proporção de tela tradicional de 4 × 3. Em primeiro lugar, como já foi salientado, os títulos geralmente se estendem além da área essencial, de modo que somente é possível ver partes deles. Em segundo lugar, as linhas de crédito são tão pequenas que geralmente é impossível lê-las na tela de televisão relativamente larga. Em terceiro lugar, as próprias letras não são escuras o suficiente para aparecer bem na televisão, especialmente se o fundo contiver imagens. Esses problemas são muito minimizados em uma tela larga HDTV, mas são bastante ampliados quando se assiste à TV por meio de um pequeno visor de mídia móvel. Por causa do grande número de telespectadores que assistem à televisão padrão e do crescente número de usuários de celulares multimídia, é preciso procurar alto grau de legibilidade.

O que, então, contribui para a melhor legibilidade? Aqui estão algumas recomendações:

▪ Mantenha todas as informações escritas dentro da área segura.

▪ Escolha fontes que tenham um contorno escuro e limpo. Fontes com linhas finas são difíceis de ler, mesmo em uma tela HDTV. Além disso, os traços finos e as serifas das letras são suscetíveis à ruptura quando passam por key. Às vezes, até fontes em negrito e sem serifa podem se perder no fundo e, portanto, precisam ser reforçadas com uma sombra ou um contorno colorido.

▪ Limite a quantidade de informação. Quanto menos informação aparecer na tela, mais fácil será compreendê-la. Alguns especialistas em televisão sugerem no máximo sete linhas por página. É mais razoável preparar uma série de títulos em várias "páginas" do GC, cada uma exibindo uma pequena quantidade de texto, do que uma única página com superabundância de informações. Como você deve perceber nas mensagens de texto, até mensagens breves se beneficiam de sua brevidade visual. Usuários de mensagem de texto inventaram sua própria linguagem. Ao programar para a tela pequena de mídia móvel, pode-se usar "você" em vez de "vc", mas empregar palavras curtas e letras em negrito.

▪ Formate todos os letreiros em blocos com unidades gráficas facilmente perceptíveis. **Figura 14.15**

Esse layout de bloco é muito usado em páginas da web bem projetadas. Se estão dispersos, os títulos parecem desequilibrados e ficam difíceis de ler. **Figura 14.16**

14.15 Organização de títulos em bloco
Quando os títulos são organizados em blocos, as informações relacionadas são organizadas graficamente para facilitar a percepção.

Informações dispersas são uma característica típica de uma página da web mal projetada, onde pedaços de texto, pequenas telas secundárias e janelas pop-up caem aleatoriamente na tela.

- Evite introduzir letreiros em um fundo muito cheio. Se usar letreiros, escolha uma fonte simples, em negrito. **Figura 14.17**

Os mesmos princípios se aplicam quando se anima um título utilizando efeitos especiais. Na verdade, se o título gira e cambaleia pela tela, as letras devem ser ainda mais legíveis do que se fossem utilizadas para um título estático e simples.

Tenha em mente que, sempre que for usado material impresso gráfico para ir ao ar, incluindo reproduções de pinturas famosas, fotografias profissionais, livros ilustrados e de matérias semelhantes, é preciso obter autorização do autor (ver seção 2.2). Se tiver feito assinatura de um serviço de banco de imagens, pergunte se ele detém os direitos autorais dessas imagens. Seus limites de copyright normalmente dependem da quantidade de taxas de usuário pagas.

Fundamentos da cor

Uma das grandes realizações da HDTV não é apenas a resolução superior, mas também sua versão de cores superior. Conhecer os conceitos básicos da cor é um pré-requisito para câmeras de balanceamento de branco, iluminação adequada e, se você estiver envolvido na edição de pós-produção, a correção de cor adequada.

Atributos de cores

Quando você olha para cores, pode facilmente distinguir entre três sensações básicas de cor, chamadas atributos: matiz, saturação e brilho. **Figura 14.18**

Matiz   A matiz descreve a cor em si, como uma bola vermelha, uma maçã verde ou um casaco azul.

Saturação   A saturação indica a riqueza ou a força de uma cor. A pintura vermelha brilhante de um carro esportivo é altamente saturada, enquanto o azul lavado do seu jeans ou o bege da areia em uma praia são de baixa saturação.

Brilho   O brilho (também chamado de luminância) é quão escuro ou claro uma cor aparece em um monitor preto e branco ou, grosso modo, quão escura ou clara uma cor aparece. Quando você vê imagens de televisão em preto e branco na tela, você vê as variações de brilho apenas; as imagens não têm matiz ou saturação. Na televisão, as propriedades de matiz e saturação de cor são, algumas vezes, chamadas de crominância (vindo de *chroma*, em grego, "cor"), e as propriedades de brilho são chamadas de luminância (vindo de *lumen*, em latim, "luz"). Como você se lembra, os sinais de crominância (C) e o sinal de luminância (Y) fazem o sinal de televisão.

14.17 Letra em negrito em um fundo muito cheio
Quando os títulos são espalhados, é difícil ler as informações. Esse título é fácil de ler, apesar do fundo muito cheio. As letras estão em negrito e diferem o bastante em brilho em relação ao fundo.

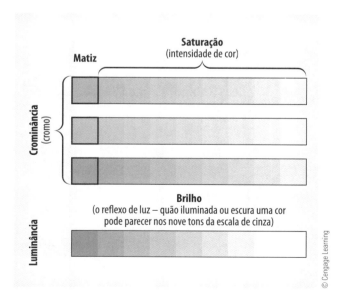

14.18 Atributos de cor*
As sensações de cor básicas, chamadas atributos, são: matiz – a cor em si; saturação – seja ela profunda, seja lavada; ou brilho – como a luz ou escuridão da cor aparece.

14.16 Títulos espalhados
Quando os títulos estão espalhados, as informações ficam difíceis de ser lidas.

Passos de brilho: escala de cinza A escala de cinza divide a amplitude de brilho, ou exposição, entre preto e branco em etapas distintas. As imagens em preto e branco são puramente discerníveis por causa de suas diferenças de brilho – sua escala de cinza; imagens coloridas obtêm sua definição não apenas das cores em si, mas também de quão claras ou escuras elas são. Como você se lembra do Capítulo 5, o 4K e 8K super-HDTV e sistemas de cinema digital finalmente captaram o valor de exposição química do filme e produzem uma ampla latitude de exposição. O cinema digital, que tecnicamente é HDTV de alta qualidade, pode exibir muitas etapas mais sutis de cinza entre a TV branca e a TV preta – um dos principais fatores para alcançar o "olhar de filme" de imagens de vídeo digital de alta definição.

Cores primárias da luz

Como você se lembra do Capítulo 5, o bloco de prisma ou filtro dentro da câmera divide a luz branca que entra através das lentes em três cores básicas: vermelho, verde e azul (RGB). Essas cores primárias aditivas são então transduzidas nos três sinais de cores (C) e misturadas nas várias cores da cena. O inverso acontece quando esses sinais são recebidos pelo seu aparelho de televisão. Todas as telas planas – sejam elas de LCD (tela de cristais líquidos), plasma ou LED (diodo emissor de luz) – têm um grande número de grupos de RGB incorporados que se iluminam em várias combinações e intensidades de acordo com o sinal de cor enviado. **Figura 14.19**

Supondo que seu receptor esteja devidamente calibrado (cor corrigida), as cores que você vê na sua TV são idênticas às cores enviadas pela câmera.

As cores RGB são chamadas de luzes primárias porque todas as três são essenciais para a boa mistura de cor dos sinais eletrônicos do RGB.

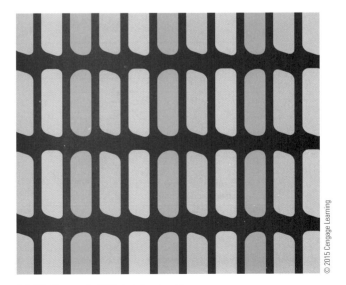

14.19 Grupos de RBG de tela plana*
Todas as telas planas misturam todas as cores com grupos de pixels das três luzes primárias – vermelha, verde e azul.

Mistura de cores

Quando você pensa na época em que fazia pintura a dedo, provavelmente tinha três potes de tinta: vermelho, azul e amarelo. Ao misturar azul e amarelo, você fez verde; ao misturar vermelho e azul, você fez roxo; e quando misturou o vermelho e verde, você teve, na melhor das hipóteses, um marrom enlameado. Um especialista em pintura de dedos poderia alcançar quase todas as cores simplesmente misturando as cores primárias de tinta: vermelho, azul e amarelo. Não é assim quando se mistura a luz colorida ou os três sinais RGB.

Mistura de aditivos Como a câmera colorida funciona com a luz transformada em sinais RGB elétricos, em vez de tinta, você precisa das três cores aditivas primárias – vermelho, verde e azul – para produzir todas as cores da cena como apresentadas pela lente da câmera. Você pode misturar todas as cores (milhões, como reivindicado pela indústria de computadores) misturando os sinais RGB em várias proporções.

Para demonstrar como isso funciona com luzes coloridas reais, vamos usar três pequenas manchas de Fresnel – a primeira com um filtro vermelho, a segunda com um verde e a terceira com um azul. Ligamos cada Fresnel a um dimmer separado. Quando os três dimmers estão cheios e iluminamos todos os três feixes de luz juntos no mesmo ponto da tela, temos a luz branca. Por causa da adição dos feixes de luz coloridos, temos a mistura de cor aditiva. Quando desligamos o Fresnel azul e deixamos sobre os vermelhos e verdes, temos o amarelo. Se escurecermos o Fresnel verde um pouco, temos laranja ou marrom. Se desligarmos o verde e ligarmos o azul novamente com o vermelho, obtemos um roxo-avermelhado, chamado magenta. Se então escurecermos o vermelho Fresnel e misturarmos o verde e o azul, temos um azul-esverdeado, chamado ciano. **Figura 14.20**

Mistura subtrativa Ao usar tinta em vez de luz colorida, as cores primárias são: vermelho, azul e amarelo, ou, mais precisamente, magenta (um vermelho-azulado), ciano (um azul esverdeado) e amarelo. Na mistura subtrativa, as cores filtram uma à outra. Ignoramos a mistura subtrativa porque estamos principalmente preocupados com imagens de televisão.

Neste ponto, o papel mais importante da cor é como ele pode ser mais bem usado na concepção de gráficos de vídeo eficazes.

Estética de cores

O reconhecimento e a aplicação de harmonia de cores não podem ser explicados em um parágrafo curto, pois exigem experiência, prática, sensibilidade e bom gosto. Em vez de tentar ditar que cores combinam com outras cores, é mais fácil dividi-las em cores de "alta" e "baixa energia", e, em seguida, equilibrar suas energias.

As cores de alta energia incluem tonalidades brilhantes, altamente saturadas, como vermelhos, amarelos e azuis fortes. O grupo de baixa energia contém tonalidades mais sutis

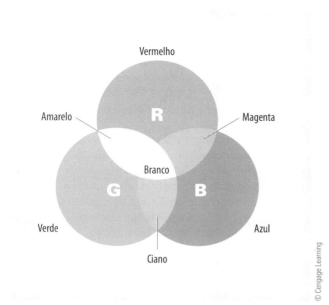

14.20 Mistura de cor aditiva*
Em mistura aditiva, as primárias das luzes coloridas RGB (ou sinais eletrônicos correspondentes) são misturadas (superimpostas) em certas proporções. Quando usadas na sua força total, o vermelho e o verde produzem o amarelo, o vermelho e o azul produzem o magenta e o verde e o azul produzem o ciano.

com baixo grau de saturação, como os tons pastel. Normalmente, devem-se usar cores de fundo de baixa energia e de primeiro plano de alta energia. Em um set (como na sua casa), o fundo (as paredes) é geralmente menos colorido do que as peças e os elementos do set, como tapetes, sofás, quadros e almofadas. **Figuras 14.21 e 14.22**

Os títulos funcionam pelo mesmo princípio: um título de fácil leitura possui letreiro de alta energia sobre um fundo de baixa energia.

É claro que as cores também devem ser adequadas para o evento. Por exemplo, se os títulos se destinam a anunciar um show de alta energia, como um programa de dança animado, sem dúvida são apropriadas cores de alta energia. Se, no entanto, usarmos as mesmas cores de alta energia para introduzir uma discussão sobre os perigos e os benefícios da energia atômica, a escolha será inadequada, mesmo que o título tenha boa legibilidade.

Independentemente da estética, apenas câmeras de televisão top de linha são capazes de manipular vermelhos altamente saturados. A menos que haja muita luz-base, a câmera de vídeo "vê vermelho" ao olhar para ele – na melhor das hipóteses distorcendo a cor vermelha ou, em alguns casos, fazendo as áreas vermelhas no plano vibrar (ruído excessivo de vídeo) ou sangrar para as áreas adjacentes. Esse sangramento de cor não é muito diferente do sangramento de uma faixa de som para outra. Ao trabalhar com câmeras de menor qualidade, sugira ao artista não usar roupas vermelhas altamente saturadas e aos cenógrafos que não pintem grandes áreas com vermelhos saturados. Esse problema torna-se especialmente visível na produção em campo (EFP), onde geralmente trabalhamos em condições de iluminação menos do que ideais.

Cor compatível Tecnicamente, *compatibilidade de cor* significa que um gráfico é igualmente legível em uma televisão em preto e branco e em uma em cores. Em produção, isso simplesmente significa que uma imagem colorida é bem visível e com escala de cinza distinta (brilho) e contraste entre as partes de brilho e escuridão do gráfico.

14.21 Cores de alta energia*
A energia de uma cor é determinada principalmente pela sua saturação. Cores de alta energia são tonalidades altamente saturadas, em geral na extremidade do espectro onde estão o vermelho e o amarelo. Elas são especialmente eficazes quando colocadas contra um fundo de baixa energia.

14.22 Cores de baixa energia*
As cores de baixa energia são tonalidades com pouca saturação. A maioria dos tons pastel é de baixa energia.

Para os títulos, deve haver um contraste de brilho significativo entre o fundo e os letreiros do primeiro plano. Quando se usam exclusivamente cores de alta energia para um título, como letreiro vermelho sobre fundo verde ou azul, a diferença de tonalidade é tão óbvia que talvez nos sintamos tentados a negligenciar a diferença de escala de cinza. Embora pareçam muito diferentes em um monitor colorido, se tiverem o mesmo brilho, serão ilegíveis em um monitor monocromático. **Figura 14.23**

Mesmo se as cores usadas obviamente não forem destinadas à reprodução em televisão em preto e branco, o bom contraste de brilho também será importante para renderização de cor. Ele auxilia na resolução e na tridimensionalidade da imagem, e ajuda a separar as cores. Com um pouco de experiência, você vai notar que apenas piscando os olhos enquanto olha para o set já poderá determinar muito bem se duas cores têm contraste de brilho suficiente para garantir a compatibilidade.

Efeitos eletrônicos e imagens sintéticas

Quando assistimos à televisão, somos bombardeados com uma variedade impressionante de efeitos. Mesmo em um simples boletim meteorológico, o apresentador se posiciona na frente do mapa do tempo com zoom na cidade onde você mora. O mapa talvez mostre pequenos sóis que se deslocam sobre as áreas ensolaradas ou aponte onde há chuva e neve, o que vai depender do que está acontecendo de fato fora do estúdio. Paisagens tridimensionais se inclinam enquanto as temperaturas prevalecentes aparecem e desaparecem. O que costumava ser o diferencial dos desenhos tornou-se banal.

Até telejornais estão tão carregados com efeitos especiais de vídeo que muitas vezes rivalizam, ou ultrapassam, os videogames mais recentes. Títulos dançam pela tela, mudam de cor e passam por zoom-in e out. Âncoras, repórteres de campo e convidados são espremidos em quadros lado a lado quando falam um com o outro. As histórias breves que introduzem os últimos problemas do mundo muitas vezes acabam com imagens congeladas que "se enrolam na tela" e saem de vista para abrir espaço para o próximo lote de desgraças.

A tela muitas vezes transborda de informações simultâneas. Enquanto o âncora comenta um trágico acidente de trânsito acompanhado por imagens de vídeo e gráficos, mostram-se as cotações do mercado de ações na parte inferior da tela, e no painel lateral são revelados os últimos resultados esportivos e o tempo. Durante tudo isso, o logotipo da estação ou da rede é mostrado firmemente em um dos cantos.

Essa magia eletrônica é tão fácil de usar que pode tentá-lo a substituir conteúdo por efeitos. Não caia na armadilha de camuflar conteúdo insignificante ou imagens mal gravadas ou editadas por meio de efeitos eletrônicos. Não importa quanto os efeitos sejam deslumbrantes, eles não podem substituir uma mensagem basicamente sólida. Quando aplicados de forma sensata, no entanto, muitos efeitos podem aprimorar consideravelmente a produção e acrescentar maior impacto à mensagem.

Sempre que pretender usar um efeito visual, pergunte-se: *É realmente necessário? Ele vai ajudar a esclarecer e intensificar a minha mensagem? É apropriado?* Se a resposta a todas as três perguntas for sim, os efeitos vão estar facilmente disponíveis até mesmo nas mesas de corte mais modestas, e muitos outros podem ser criados com software de efeitos especiais.

Efeitos de vídeo padrão

O *gerador de efeitos especiais* (special-effects generator – SEG) está incorporado a todas as mesas de corte de produção. Ele pode produzir ou armazenar uma estonteante variedade de efeitos especiais de forma confiável e fácil. Você pode, obviamente, também usar o software de pós-produção para produzir uma deslumbrante variedade de efeitos de vídeo. Muitos efeitos eletrônicos se tornaram tão comuns na produção de televisão que perderam seu status de especialidade e são simplesmente considerados parte do arsenal visual padrão. Esses efeitos incluem a sobreposição, o key e o chroma-key. É possível aplicar todos esses efeitos durante a produção com um switcher.

Superposição Como você sem dúvida já sabe, uma superposição, ou super para abreviar, é uma forma de exposição dupla. A imagem de uma fonte de vídeo é eletronicamente

14.23 Título com cores incompatíveis*
Embora essas cores apareçam com destaque em um monitor colorido, seu brilho é quase o mesmo. Elas são ilegíveis em um monitor em preto e branco.

sobreposta à imagem de outra. Superposições são muito utilizadas para criar os efeitos de eventos internos – pensamentos, sonhos ou processos da imaginação. Às vezes, são usadas superposições para tornar um evento mais complexo. Por exemplo, talvez você queira usar um super em um close-up de um dançarino durante um plano geral dele. Se o efeito for executado corretamente, podemos ter uma nova visão da dança. Você não está mais fotografando uma dança, mas ajudando a criá-la.

Key   Keying significa utilizar um sinal eletrônico para cortar partes de uma imagem de televisão e preenchê-las com cores ou outra imagem. Esse key é chamado de ***matte key***. O uso principal de um key é adicionar títulos a uma imagem de fundo ou cortar outra imagem na imagem de fundo. (Como o chroma-key trabalha por um princípio diferente, vamos analisá-lo separadamente adiante nesta seção.) Os letreiros para o título geralmente são fornecidos por um GC. **Figura 14.24**

Há muitas formas de matte Keys, que permitem que você melhore a legibilidade de um título ou tenha sinal do estilo do show. Por exemplo, um matte key no modo limite tem uma borda preta em volta das letras; no modo sombreado, ele tem uma sombra que o faz parecer tridimensional; e no modo contornado, ele mostra apenas o contorno da letra. Cada tipo de matte key expressa um estilo gráfico diferente.

14.24 Key
Quando se insere um título com key sobre uma imagem-base, o sinal de key corta um buraco na imagem-base com o formato das letras fornecidas pelo GC, e outro enche as letras recortadas com cor (aqui com branco). As letras parecem ser passadas na parte de cima da figura de fundo.

Chroma-key   *Chroma-key* é um efeito especial que usa determinada cor (chroma), geralmente azul ou verde, como fundo para uma pessoa ou um objeto que vai surgir em frente à cena de fundo. Durante o key, o fundo azul (ou verde) é substituído pela fonte de vídeo de fundo sem afetar o objeto em primeiro plano. Um exemplo típico é o homem/a moça do tempo na frente de um mapa meteorológico ou uma foto de satélite. Durante o chroma-key, o mapa meteorológico ou a imagem de satélite gerados por computador substituem todas as áreas azuis (ou verdes) – mas não o apresentador. O efeito de key faz que o homem do tempo pareça estar em pé em frente ao mapa do tempo ou à imagem de satélite. **Figura 14.25**

Como o chroma-key responde à tonalidade do fundo e não ao contraste de brilho (luminância) como no key normal, certifique-se de que a área de chroma-key esteja pintada uniformemente (azul ou verde uniforme com saturação bastante elevada por toda a área) e, especialmente, iluminada de maneira uniforme. A iluminação desigual de fundo vai impedir a substituição total do fundo pelo vídeo de fundo ou rasgará a imagem em primeiro plano.

Se o artista focalizado pela câmera usar algo parecido com a cor de fundo, como um suéter verde, enquanto estiver em pé na frente da área azul de chroma-key, o verde do suéter também será substituído pela imagem de fundo durante o key. A menos que você queira divertir seu público com um efeito especial em que parte do apresentador desapareça, não o deixe utilizar nada verde na frente do set verde de chroma-key. Se o artista gostar de vestir verde, use azul como cor de fundo.

Como uma cor de fundo e iluminação uniformes são importantes para obter um chroma-key limpo, foram desenvolvidos métodos alternativos de chroma-key. Um deles usa um pequeno anel de luz colocado à frente da lente da câmera. Ele emite luz azul (ou verde) refletida em um pano de fundo cinza pontilhado. Mas esse pano não deveria ser azul ou verde? Não – o fundo possui milhões de contas de vidro embutidas que refletem bastante luz azul (ou verde) para que a mesa de corte realize o chroma-key. **Figura 14.26**

Você talvez se pergunte por que a pessoa em pé na frente do fundo reflexivo não fica com uma aparência azul ou verde. A luz é simplesmente fraca demais para refletir na pele ou nas roupas. No entanto, se a pessoa estiver muito próxima da câmera e usar uma camisa altamente reflexiva,

14.25   Efeito chroma-key: previsão do tempo*
A Nesse efeito chroma-key, o homem do tempo fica à frente de um pano de fundo verde.

B Durante a key, o pano de fundo verde é substituído pela foto de satélite aumentada no computador.

C O homem do tempo parece estar em pé, em frente à imagem do satélite.

14.26 Anel de luz de chroma-key*
Esse anel de luz, colocado na frente da lente, emite luz suficiente para que o fundo cinza pontilhado reflita bastante luz azul (ou verde) para se obter um chroma-key funcional.

talvez seja visível um tom esverdeado ou azulado sobre a pessoa. Esse processo de coloração também tende a ocorrer quando há objetos brilhantes muito próximos da câmera durante o chroma key.

Apesar da disponibilidade de efeitos de vídeo digital altamente sofisticados, o processo de chroma-key é amplamente utilizado na produção em estúdio, geralmente chamado de processo de tela verde.[5] O chroma-key pode, por exemplo, ser aplicado para melhorar o fundo de um escritório, por exemplo, ou para colocar uma pessoa em uma locação específica ao ar livre. **Figuras 14.27 e 14.28**

O chroma-key também é útil durante as produções em campo e externa grandes, especialmente se o artista não conseguir ficar diretamente em frente à cena de fundo desejada, como um estádio ou prédio do governo. Quando se usa o efeito de chroma-key durante um esporte em externa, por exemplo, o locutor pode até estar no estúdio, com o sinal de vídeo da externa (plano geral do estádio de futebol) funcionando como fundo de chroma-key.

Efeitos de vídeo digital

Uma grande variedade de efeitos de vídeo digital (DVE) está disponível para manipular o tamanho, a forma, a luz e a cor de uma imagem. Alguns dos mais destacados são: tela dentro da tela, encolhimento e expansão, perspectiva, mosaico, posterização e solarização. Muitos desses DVE transformam uma imagem realista em, basicamente, uma imagem gráfica.

Tela dentro da tela O efeito mais comum é criar quadros secundários com proporções de tela diferentes dentro da tela de televisão principal. Esse efeito é especialmente útil em notícias, ao mostrar a âncora e um convidado simultaneamente em quadros separados, falando entre si de diferentes localizações. **Figura 14.29** Como você já viu em muitos formatos de programa, até programas dramáticos, a tela é, às vezes, dividida em quadros múltiplos,

---
[5] O chroma-key também pode ser feito com fundo azul. Nos países asiáticos algumas produtoras e emissoras utilizam o vermelho. (NRT)

14.27 Efeito chroma-key: janela*
A Nesse chroma-key, foi selecionada no sistema ESS uma vista dos arquivos digitais.

B A câmera do estúdio focaliza o escritório situado em frente a um fundo de chroma-key verde.

C Por meio do chroma-key, parece haver uma janela panorâmica atrás da diretora sentada à sua mesa.

14.28 Efeito chroma-key: locação simulada*
A A fonte da imagem de fundo é um quadro de vídeo do exterior de um museu encontrado nos arquivos digitais.

B A câmera do estúdio focaliza o ator que interpreta um turista em frente a um fundo de chroma-key azul.

C Todas as áreas azuis são substituídas pela imagem de fundo; o ator parece ser um turista em frente ao museu.

cada um mostrando um evento diferente acontecendo ao mesmo tempo.

Encolhimento e expansão (shrinking and expanding) Encolhimento refere-se à diminuição do tamanho de uma imagem, de modo que ela e sua proporção se mantenham intactas. Ao contrário de cropping, em que realmente se remove parte das informações da imagem, o encolhimento simplesmente torna a periferia da imagem menor. Como o efeito visual é semelhante a um zoom-out (encolhimento) ou a um zoom-in (expansão), esse efeito também é chamado zoom de aperto. **Figura 14.30**

Perspectiva É possível distorcer uma imagem de tal maneira que ela pareça estar flutuando no espaço tridimensional do vídeo. Quando combinado ao movimento, esse espaço de vídeo 3D é bastante intensificado. **Figura 14.31**

Mosaico No efeito de mosaico, a imagem de vídeo (estática ou em movimento) é destilada em muitos quadrados discretos, de tamanho igual, de brilho e de cor limitados. A imagem de tela resultante parece um verdadeiro mosaico de pedra. Essa imagem parece conter pixels extremamente ampliados. **Figura 14.32**

Essa técnica, às vezes, é utilizada para ocultar partes do corpo ou a identidade de um convidado. As distorções semelhantes a um mosaico mostram o rosto da pessoa, mas tornam as características irreconhecíveis.

Posterização e solarização Na posterização, os valores de brilho (luminância) e os tons das cores individuais são recolhidos para que a imagem seja reduzida para poucas cores e níveis de brilho. Por exemplo, as cores em um rosto aparecem como se tivessem sido pintadas com apenas algumas tintas. Essa imagem parece um pôster, daí o nome do efeito. **Figura 14.33**

A solarização combina uma imagem positiva e outra negativa do objeto. Alguns efeitos de solarização resultam em uma completa inversão de polaridade, na qual o branco fica preto e as cores aparecem como sua tonalidade complementar (amarelo torna-se azul, e vermelho, verde). Quando combinados, esses efeitos costumam parecer imagens altamente superexpostas. **Figura 14.34**

14.29 Efeito de enquadramento secundário
Quando duas pessoas estão conversando uma com a outra de localizações diferentes, elas geralmente aparecem em duas telas principais como imagens secundárias lado a lado.

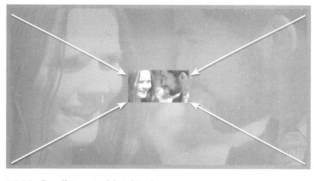

14.30 Encolhimento (shrinking)
Por meio do encolhimento, também chamado zoom de aperto, pode-se reduzir a imagem completa para um quadro menor que contém as mesmas informações da imagem.

14.31 Perspectiva
Por meio de DVE, pode-se distorcer uma imagem, de modo que ela pareça flutuar no espaço tridimensional da tela.

14.32 Efeito mosaico
Essa é uma imagem reduzida a quadrados de tamanho igual que lembram mosaicos de pedra. No mosaico eletrônico, como no tradicional, é possível alterar o tamanho dos mosaicos individuais.

14.33 Posterização
Na posterização, os valores de brilho são fortemente reduzidos. A imagem assume uma aparência de alto contraste.

14.34 Solarização
A solarização é um efeito especial produzido por uma inversão parcial de polaridade da imagem. Em uma imagem colorida, a reversão resulta em uma combinação de tonalidades complementares.

14.35 Efeito de page peel
Em um efeito de page peel, ou virada de página, o vídeo A parece se curvar e ser descascado de uma pilha de imagens, revelando o vídeo B, abaixo.

Efeito de page peel No efeito de page peel, ou descascamento ou virada de página, a imagem superior (existente) se enrola como se fosse descascada de um bloco de imagens de papel, revelando a próxima "página" – uma nova imagem que parece estar por baixo. **Figura 14.35**

Efeitos de rotação e bounce Com o efeito de rotação, pode-se girar qualquer imagem em qualquer dos três eixos, individual ou simultaneamente: o eixo X (que representa a largura), o Y (que representa a altura) e o Z (que representa a profundidade). Embora a terminologia de rotação varie, normalmente um *tumble* refere-se a uma rotação do eixo X, um *flip*, a uma rotação do eixo Y e um *spin*, a uma rotação do eixo Z. **Figura 14.36**

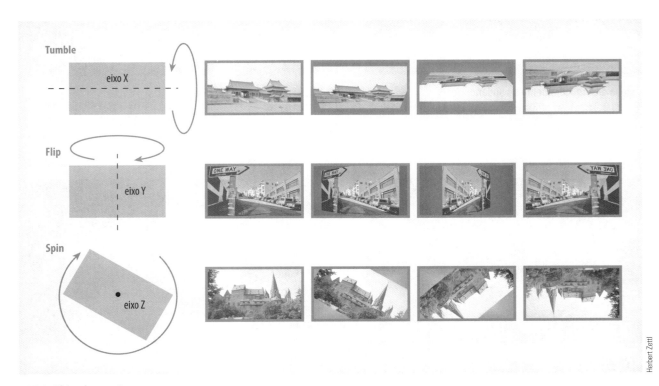

14.36 Efeito de rotação
Em um efeito de rotação, a imagem pode ser girada em torno dos eixos x (tumble), y (flip) e z (spin).

Rotação de cubo   A rotação também pode ser aplicada a efeitos tridimensionais. A conhecida rotação de cubo mostra um cubo giratório, com cada um dos três lados visíveis exibindo uma imagem estática ou em movimento diferente. **Figura 14.37**

Efeito de eco   O efeito de eco é criado quando um objeto estático é espelhado (semelhante a ver-se muitas vezes em espelhos opostos na barbearia) ou quando um objeto em movimento deixa um rastro contínuo de posições anteriores. **Figuras 14.38 e 14.39**

Imagens sintéticas

Imagens sintéticas são imagens criadas exclusivamente com o computador. A maioria dos softwares para imagens em desktop oferece milhões de cores diferentes, linhas finas e grossas, formas, pinceladas e texturas diferentes para criar arte digital. Um boletim meteorológico na televisão é um bom exemplo dos muitos recursos de um computador dedicado em larga escala ou de um programa de computador, muitas vezes chamado de gerador de gráficos. Os letreiros, o mapa geográfico básico, as zonas de temperatura e os números, as zonas de alta e baixa pressão, os símbolos de sol e chuva, e as nuvens que se movem e a chuva caindo – todos eles são gerados e animados pelo gerador de elementos gráficos digitais. **Figura 14.40**

Dependendo da capacidade de armazenamento e da sofisticação do software, podem-se criar e armazenar sequências gráficas complexas, como clipes de títulos tridimensionais animados que se desenrolam dentro de um ambiente 3D animado ou máscaras de multiníveis que giram dentro de um espaço de vídeo 3D. **Figuras 14.41 e 14.42**

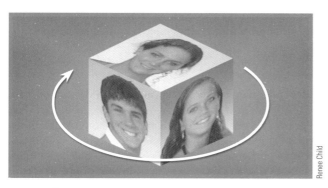

14.37 Cubo giratório
Em um cubo giratório, um cubo rotativo mostra uma imagem estática diferente ou em movimento em cada um dos três lados visíveis.

14.38 Efeito espelho
No efeito eco, ou espelho, uma imagem estática é repetida muitas vezes, com as cópias muito próximas umas das outras.

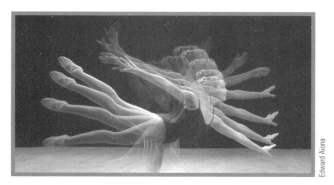

14.39 Movimento do rastro
Nesse efeito, a bailarina em movimento deixa rastros de seus movimentos anteriores.

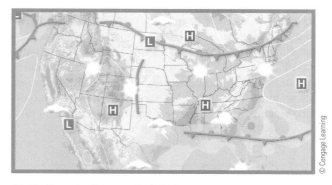

14.40 Mapa do clima gerado digitalmente
Esse mapa do clima é completamente gerado por computador. Alguns efeitos de multinível são animados.

14.41 Renderização 3D
Softwares específicos para geradores de gráficos podem criar uma série de títulos tridimensionais e imagens em movimento.

14.42 Renderização digital: Praça de São Pedro
Essa sequência animada de voo mostra a Praça de São Pedro na Cidade do Vaticano a partir de vários pontos de vista.

Alguns programas de computador, com base em fórmulas matemáticas complexas, permitem pintar formas irregulares, chamadas fractais, usadas para criar paisagens realistas e de fantasia, e inúmeros padrões abstratos. **Figura 14.43**

Estilo

O estilo, como a linguagem, não é estático. Ele muda de acordo com as exigências estéticas específicas de determinado tempo e local. Ignorá-lo significa comunicar-se de forma menos eficaz. Não se aprende estilo em um livro, mas principalmente sendo sensível ao seu ambiente – experimentando a vida com os olhos e ouvidos abertos e, sobretudo, com o coração aberto. A maneira como você se veste agora em comparação com como se vestia há dez anos é um exemplo de mudança no estilo. Algumas pessoas não só sentem o estilo predominante, mas também conseguem aprimorá-lo por meio de um toque pessoal e distintivo.

Estilo ditado pela tecnologia

Às vezes, é o desenvolvimento dos equipamentos de televisão que influencia os estilos de apresentação mais do que criatividade pessoal ou necessidade social. O equipamento de DVE contribuiu não só para uma nova consciência gráfica, mas também para um abuso de estilo. Muitas vezes, títulos animados são gerados não para refletir o gosto estético vigente ou para indicar a natureza do próximo programa, mas simplesmente porque é divertido ver letras dançando na tela. Embora gráficos luminosos em telejornais sejam tolerados porque expressam e intensificam a urgência da mensagem, são inadequados para programas que exploram uma catástrofe natural ou dramatizações que mergulham em uma relação intensa entre duas pessoas.

Combinando o estilo do design com aquele do programa

Independentemente de ser lançador de tendências ou não, tente combinar o estilo da arte com o do programa. Entretanto, não exagere identificando seu convidado chinês usando letreiros semelhantes aos chineses ou a notícia sobre uma enchente devastadora com títulos que borbulham pela tela. Não abandone o bom gosto em nome do efeito. Em um design bem-sucedido, todas as imagens e objetos são inter-relacionados e se harmonizam entre si – dos maiores, como o cenário de fundo, até os menores, como a fruteira sobre a mesa. O bom design apresenta continuidade e coerência de estilo.

PONTOS PRINCIPAIS

▶ O design é um conceito global que inclui elementos como as fontes para títulos, o logotipo da estação, a aparência de um set de notícias e até os móveis do escritório.

▶ A proporção da tela de STV (standard television ou, em português, televisão padrão) é de 4 × 3. A relação de aspecto da HDTV (televisão de alta definição) é de 16 × 9.

▶ Letterboxing é feito para acomodar uma imagem 16 × 9 em uma tela de 4 × 3. Pillarboxing e windowboxing são usados para colocar uma imagem de 4 × 3 em uma tela de 16 × 9.

▶ A área de varredura mostra o visor da câmera e o monitor de preview. A área segura, ou de título seguro, é a parte vista pelo espectador, independentemente da perda de transmissão ou de um ligeiro desalinhamento do receptor.

▶ Gráficos fora de proporção de imagem precisam de atenção especial para ajustá-los à tela da STV (televisão padrão) ou HDTV (televisão de alta definição).

▶ Para evitar sobrecarga de informações ao mostrar informações não relacionadas simultaneamente em uma única tela, organize os elementos em quadros secundários ou blocos de texto de fácil leitura.

14.43 Paisagem fractal
A maioria dos softwares de pintura permite "pintar" imagens irregulares com o uso de fórmulas matemáticas.

- A boa legibilidade resulta de: a informação escrita estar dentro da área essencial, as letras serem relativamente grandes e terem contorno claro, o fundo não estar muito cheio e haver uma boa cor e contraste de brilho entre o letreiro e o fundo.

- Há três sensações de cores básicas, chamadas atributos: matiz, saturação e brilho.

- As cores primárias aditivas de luz são: vermelho, verde e azul (RGB). Elas podem ser misturadas em diversas proporções para produzir todas as cores que você vê na tela.

- Compatibilidade de cor significa que uma figura de cor torna-se visível e com passos de escala de cinza distinta (brilho).

- Para gerenciar corretamente a cor, você pode dividir o espectro de cores em: cores de alta energia e cores de baixa energia. O esquema de cores deve refletir o humor da cena.

- Os efeitos de vídeo padrão são: a superposição (ou super), o *key matte* e o *chroma-key*.

- A maioria dos chroma-keys usa um pano de fundo verde ou azul para uma pessoa ou objeto em primeiro plano. O pano de fundo é substituído por uma imagem durante o key.

- Existem muitos efeitos de vídeo digital (DVE) disponíveis, que precisam ser aplicados criteriosamente.

- O estilo dos gráficos deve ser consistente com a apresentação do conteúdo.

seção 14.2
Cenário e adereços

Embora talvez nunca lhe peçam para projetar ou construir um cenário, você provavelmente vai ter de montar cenários em estúdio ou reorganizar o interior em uma locação externa. Preparar até mesmo o set para uma pequena entrevista exige conhecimento dos nomes das peças de cenário e de como ler uma planta baixa. Sua capacidade de ver um local interior existente como um set não apenas vai acelerar o posicionamento da câmera e a iluminação, mas também vai ajudar a determinar se é preciso redecorar para obter planos de câmera com o máximo de eficiência. Saber gerenciar o espaço do estúdio por meio do cenário e dos adereços ainda vai ajudar a estruturar o espaço da tela em geral.

▶ **Cenário de televisão**
Unidades de set padrão, unidades suspensas, plataformas e carrinhos e peças do set.

▶ **Adereços e elementos do set**
Adereços de palco, elementos do set, adereços de mão e lista de adereços.

▶ **Elementos de cenografia**
Planta baixa, fundo do set e sets virtuais.

Cenário de televisão

Visto que a câmera de televisão olha para o set tanto de perto como de longe, o cenário deve ser detalhado o suficiente para parecer realista, mas simples o bastante para evitar imagens apinhadas. Independentemente de ser um set simples para entrevista ou uma sala de estar realista, o set deve permitir ângulos de câmera e movimento ideais, iluminação adequada, colocação de microfones e, ocasionalmente, movimento de boom, e ação máxima dos intérpretes. Para cumprir essas exigências, há quatro tipos de cenários: unidades de set padrão, unidades suspensas, plataformas e carrinhos e peças do set.

Unidades de set padrão
Consistem em divisórias flexíveis (softwall) e rígidas (hardwall) e uma variedade de módulos de set. Ambas são usadas para simular paredes internas ou externas. Embora estações de televisão e produtoras que não transmitem usem quase exclusivamente cenários de hardwall, o cenário de softwall é mais prático para ensaios, bem como para operações de TV em escolas secundárias e faculdades.

Divisórias flexíveis (tapadeiras) (softwall) As divisórias para unidades de set de softwall padrão são feitas de uma armação de madeira leve coberta com musselina ou tela. Elas possuem altura uniforme, mas diferentes larguras. A altura é geralmente de 3 metros ou de 2,5 metros para sets ou estúdios pequenos com pé-direito baixo. A largura vai de 30 centímetros a 1,5 metro. Quando duas ou três divisórias são interconectadas por meio de dobradiças, são chamadas duplas (também de livro) ou trios. As divisórias são apoiadas por macacos, braçadeiras de madeira articuladas ou presas às divisórias e equilibradas por meio de sacos de areia ou pesos de metal. **Figura 14.44**

O cenário de softwall tem inúmeras vantagens: é relativamente barato para construir e normalmente pode ser feito nas oficinas de cenário do teatro; presta-se a uma grande variedade de fundos de set; é fácil de mover e armazenar; é simples de montar, prender e desmontar; e é relativamente fácil de manter e consertar. Entretanto, não é muito fácil pendurar quadros nas divisórias de um cenário de softwall. Além disso, esse tipo de cenário costuma balançar quando alguém fecha uma porta ou janela do set ou quando algo toca nele.

Divisórias rígidas (hardwall) Divisórias hardwalls são muito mais resistentes do que as softwalls e são preferidas em produções televisivas mais ambiciosas. O cenário hardwall tem alguns inconvenientes: as unidades hardwall nem sempre se ajustam às dimensões padrão de set do cenário softwall, e as divisórias são pesadas e difíceis de armazenar. (Para seu bem – e o das divisórias –, não tente mover cenários de hardwall sozinho.) As divisórias hardwalls também refletem o som mais facilmente que as softwalls, o que pode interferir na boa captação de áudio. Por exemplo, se a cenografia exige que duas divisórias hardwalls fiquem em posições opostas e bem próximas uma da outra, a voz do artista que trabalha nesse espaço provavelmente soará como se estivesse falando dentro de um barril.

Em geral, o cenário hardwall é construído para programas específicos – como telejornais, áreas de entrevista, laboratórios criminais ou tribunal – e continua instalado durante toda a duração da série. O cenário hardwall construído cuidadosamente é uma necessidade para HDTV e cinema digital. **Figura 14.45**

Módulos de set No caso de pequenas estações de televisão ou instituições de ensino que não possuem recursos financeiros para a construção de novos cenários/sets para cada programa, deve-se avaliar a possibilidade de usar versáteis módulos de set que podem ser utilizados em uma variedade de configurações. Esses módulos são compostos de uma série de divisórias e peças tridimensionais cujas

Design 283

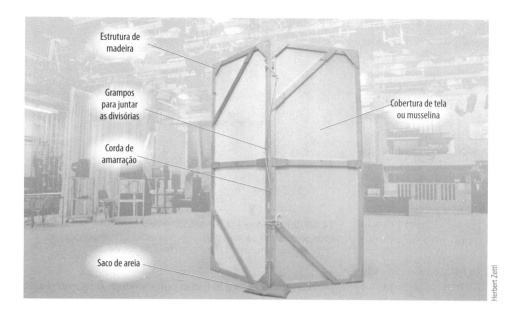

14.44 Divisórias softwalls
As divisórias softwalls são compostas de uma estrutura de madeira coberta com musselina ou tela.

14.45 Set de hardwall
Esse set foi construído com divisórias hardwalls para um drama de televisão específico. Observe os adereços específicos do set que lhe dão sua personalidade.

dimensões são correspondentes e, por isso, podem ser utilizados verticalmente (lado direito para cima), horizontalmente (de lado) ou em combinações. Está disponível comercialmente uma grande variedade de módulos de set.

Unidades suspensas

Enquanto as divisórias ficam em pé no chão do estúdio, as unidades suspensas são suportadas a partir de trilhos suspensos, da rede de iluminação ou de batentes de iluminação. Elas incluem ciclorama, drops e cortinas.

Ciclorama (CIC) O fundo suspenso mais versátil é o ciclorama, ou CIC, um pedaço contínuo de musselina ou tela esticado ao longo de duas, três e às vezes até quatro paredes do estúdio. **Figura 14.46**

14.46 Ciclorama de musselina
O CIC de musselina corre em trilhos suspensos e normalmente cobre três lados do estúdio.

Uma cor bem neutra (cinza-claro ou bege) é mais vantajosa do que um CIC escuro. Sempre é possível escurecer um CIC claro mantendo a luz sobre ele desligada, e também dá para colori-lo facilmente com floodlights (scoops ou soft lights) com gelatina colorida sobre eles. Um CIC escuro não vai permitir que se faça nada disso; na melhor das hipóteses leve uma grande quantidade de luz para fazer um CIC mais brilhante, mas isso ainda não permitiria que você o colorisse. Alguns estúdios têm cics de hardwall que, na verdade, não são pendurados, mas construídos solidamente contra a parede do estúdio. **Figura 14.47**

Drops Um drop de chroma-key é um grande rolo de material azul ou verde para chroma-key que pode ser puxado para baixo e até esticado sobre parte do piso do estúdio para efeitos de chroma-key.

É possível fazer um drop simples e barato suspendendo um rolo de papel sem emendas (3 metros de largura por 11 metros de comprimento), que é vendido em cores diferentes. Papel sem emendas pendurado em uma fileira de divisórias oferece um fundo contínuo que lembra um ciclorama. Basta enrolá-lo pelos lados e grampeá-lo na borda superior das divisórias. Pode-se pintar algum desenho nele, ou uma paisagem natural ou urbana estilizada como pano de fundo para um grupo de música ou dança. Ele também pode ser utilizado em projeções de cookie. **Figura 14.48**

Cortinas Quando for escolher cortinas, fuja dos padrões detalhados e com listras finas. A menos que filme com câmeras HDTV de alta qualidade, os padrões finos tendem a parecer desfocados e as listras contrastantes frequentemente causam interferência de moiré.[6] As cortinas geralmente são grampeadas em batentes de 1 × 3 e ficam penduradas do alto das divisórias. A maioria das cortinas deve ser translúcida o suficiente para deixar a contraluz entrar por trás sem revelar peças cênicas que talvez estejam na parte de trás do set.

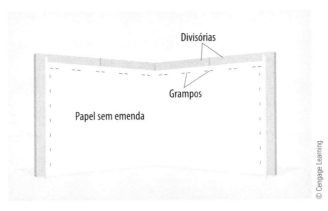

14.48 Drop de papel sem emenda
Pode-se construir um fundo simples, mas eficaz, pendurando-se um rolo de papel sem emendas em uma fileira de divisórias.

Plataformas (praticáveis) e carrinhos

Plataformas são dispositivos de elevação, em geral de aproximadamente 15 ou 30 centímetros de altura, que podem ser empilhados. Se você usar uma plataforma para entrevistas, poderá cobri-la com carpete. Essa cobertura não só vai ficar bem diante das câmeras como também absorverá os sons ocos das pessoas que se deslocam sobre a plataforma. Pode-se amortecer ainda mais esse som por meio de enchimento do interior da plataforma com borracha de espuma.

Algumas plataformas de 15 centímetros possuem quatro rodinhas para que possam ser movimentadas. Essas plataformas são chamadas carrinhos. **Figura 14.49** É possível montar uma parte de um set, ou até o set inteiro, sobre uma série de carrinhos e, se as portas forem grandes o suficiente, mover essas seções com relativa facilidade para dentro e para fora do estúdio. Uma vez no lugar, os carrinhos devem ser fixados com cunhas de madeira ou sacos de areia para que não se movam de forma inesperada.

Grandes plataformas e cenários de paredes rígidas são geralmente apoiados por um quadro de aço com fendas, que funciona como um grande conjunto eretor.

Peças do set

As peças de set são importantes elementos cênicos. Elas consistem em objetos tridimensionais autônomos, como colunas, pilares (que parecem colunas finas, de três lados), sweeps (peças curvas de cenário), biombos, degraus e periaktoi (plural de periaktos, mas também usado no singular), uma unidade de três lados que fica em pé e parece um

14.47 Ciclorama de hardwall
Esse CIC é feito de material de hardwall e está permanentemente instalado em dois lados do estúdio.

---
[6] *Moiré* é uma interferência de vídeo que provoca uma textura ondulada na imagem. (NRT)

14.49 Plataformas (praticáveis) e carrinhos
As plataformas têm 15 ou 30 centímetros de altura. Quando equipadas com rodinhas resistentes, são chamadas carrinhos.

grande pilar. A maioria dos periaktoi se move e gira sobre rodízios e é pintado de forma diferente em cada lado para permitir mudanças rápidas de cena. **Figura 14.50**

Existem inúmeras vantagens em usar peças de set: é possível movê-las facilmente, elas são independentes e criam rápida e facilmente um espaço tridimensional. Embora as peças de set sejam autônomas e independentes (o que, afinal, é sua principal vantagem), verifique sempre se necessitam de mais apoio. No mínimo, elas devem ser capazes de resistir a choques de pessoas e câmeras.

Como regra, *é sempre melhor apoiar demais o set do que de menos*. Não negligencie a segurança em nome da conveniência ou rapidez.

Adereços e elementos do set

Depois de ter se debatido com cenário softwall e hardwall, vai notar que são realmente os adereços e elementos do set que dão ao ambiente aparência e estilo específicos. Mais ou menos como decorar seu quarto, são basicamente os móveis e aquilo que você pendura na parede que distinguem um ambiente específico, em vez das paredes em si. Visto que a boa televisão tem mais close-ups que planos gerais e médios, os três tipos de *adereços* – adereços de palco, elementos de set e adereços de mão – devem ser realistas o suficiente para resistir ao escrutínio cuidadoso da câmera HDTV.

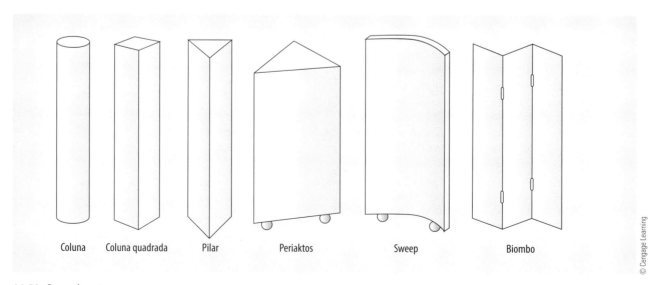

14.50 Peças do set
As peças do set são elementos cênicos autônomos que rodam sobre rodízios para reposicionamento rápido e fácil.

Adereços de palco

Os adereços de palco incluem móveis comuns e itens construídos para uma finalidade específica, como bancadas de telejornal, mesas de debate e cadeiras. Também deve haver móveis suficientes para criar conjuntos para uma sala de estar moderna, um estúdio, um escritório, uma área de entrevista confortável e, talvez, algum tipo de área ao ar livre com uma mesa e cadeiras em um pátio. Para um set de entrevista, cadeiras relativamente simples são mais úteis que grandes poltronas estofadas, mesmo se você vir essas cadeiras grandes demais ocasionalmente usadas para entrevistas. Não queremos que as poltronas se destaquem mais que as pessoas sentadas nelas. Tente obter cadeiras e sofás que não sejam baixos demais, de modo que não seja um problema sentar-se e levantar-se elegantemente, em especial para pessoas altas.

Elementos do set

Elementos de set são um fator importante para determinar o estilo e as características de um set. Embora as divisórias possam ser as mesmas de um programa para outro, os elementos ajudam a dar a cada set características individuais. Eles incluem itens como cortinas, quadros, luminárias, lustres, lareiras, vasos, plantas, candelabros e obras de arte. Lojas de artigos de segunda mão fornecem uma fonte ilimitada desses objetos. Em uma emergência, sempre é possível tomar emprestados os objetos de sua própria casa ou escritório de um amigo.

Adereços de mão

São todos os itens realmente manuseados pelo artista durante o programa, como pratos, talheres, telefones, rádios e computadores de mesa. Na televisão, os adereços de mão devem ser realistas: utilize apenas objetos reais. Um cálice de papel machê pode parecer majestoso e imponente no palco, mas na tela da televisão parece falso, se não ridículo. A televisão depende muito da ação humana. Pense nos adereços de mão como extensões dos gestos. Se quiser que as ações sejam sinceras e verdadeiras, a extensão delas também deve ser realista. Se, em uma cena, um ator deve carregar uma mala pesada, certifique-se de que ela esteja realmente pesada. Fingir que é pesada não cai bem na televisão.

Se precisar usar alimentos, verifique cuidadosamente se são frescos e se os pratos e talheres estão meticulosamente limpos. Bebidas alcoólicas geralmente são substituídas por água (no caso de destilados claros), chá (em vez de uísque) ou suco de frutas (no lugar do vinho tinto). Com todo o devido respeito pelo realismo, tais substituições são perfeitamente adequadas.

Por mais óbvio que pareça, confira se os adereços de mão realmente funcionam e se estão no set para uso dos artistas. A falta de um adereço ou uma garrafa que não abre no momento certo pode provocar atrasos dispendiosos para a produção.

Lista de adereços

Em pequenas produções de rotina, o assistente de estúdio ou um membro da equipe do estúdio normalmente cuida dos adereços. Para produções elaboradas, porém, é preciso ter uma pessoa designada exclusivamente para cuidar dos adereços – o contrarregra. Para adquirir os adereços e garantir que estejam disponíveis nas sessões de ensaio com câmera e de gravação, é preciso preparar uma lista de adereços. **Figura 14.51**

Se for necessário desmontar um set e remontá-lo para sessões de gravação posteriores, marque todos os adereços e tire fotos do set antes de guardá-los. Dessa forma, você vai ter um registro instantâneo de que adereços foram usados e onde foram colocados no set. A falta de um adereço ou o posicionamento dele em um local diferente na próxima sessão de gravação pode criar um problema sério de continuidade para o editor.

Elementos de cenografia

Mesmo que não seja você a criar um set, é bom saber o suficiente sobre cenografia para dizer ao diretor de arte o que você quer. Para isso, é preciso saber sobre o que é o programa.

Chega-se a um conceito cenográfico definindo-se o ambiente espacial necessário para a comunicação ideal, em vez de copiar o que vê no ar. Por exemplo, talvez você ache que a melhor maneira de informar os espectadores não seja com um locutor cheio de autoridade lendo as histórias sobre uma bancada semelhante a um púlpito, mas movendo as câmeras para a própria redação ou para a rua onde os eventos estão acontecendo. Se o programa será gravado com uma única câmera, para aliviar o pesado trabalho de pós-produção, pode-se levar a câmera para a esquina, em vez de recriar a esquina em estúdio.

cinco arbustos	armário quadrado baixo
duas plantas de borracha	sofá azul
cacto alto	conjunto de oito fotografias de família
cortinas transparentes	
armário baixo	pintura de girassol
mesa lateral quadrada	desenho de Picasso
mesa lateral redonda	revistas
duas luminárias	jornal
duas estantes	livros
cadeira (com braços)	aparelho de som
poltrona azul	jogo de chá
mesa de centro	escultura indiana
tigela de frutas	tela reclinável

© Cengage Learning

14.51 Lista de adereços
Essa lista contém todos os adereços de set, elementos de set e adereços de mão mostrados na Figura 14.53.

Ao usar um interior real, como a sala de estar do seu amigo, você pode querer reorganizar os móveis e itens do "set", tais como quadros e itens na lareira ou na estante de livros. Olhe para o quarto como se fosse um estúdio. Configure a câmera para que não filme contra a janela (a menos que tenha equipamento e tempo suficientes para reacender a sala) e observe com a câmera se os tapetes têm de ser arrumados. Sempre tente colocar algum item no primeiro plano para você filmar. Isso fará com que a filmagem seja muito mais dinâmica.

Entretanto, mesmo que o programa esteja previsto para produção em estúdio, muitas vezes é possível agilizar a cenografia destinando algum tempo para visualizar o programa inteiro em imagens de tela e trabalhar a partir daí. Por exemplo, mesmo que o convidado entrevistado seja um famoso advogado de defesa, não é preciso automaticamente recriar um escritório de advocacia completo, com mesa antiga, cadeiras de couro e livros de direito no fundo. Pergunte-se qual é a natureza da entrevista e o que pretende comunicar. É aí que uma mensagem clara de processo se mostra imensamente útil. Se, por exemplo, a mensagem de processo definida é sondar a consciência e os sentimentos do advogado de defesa, em vez de ouvir sobre futuras estratégias de defesa, você pode visualizar toda a entrevista sendo realizada com close-ups intimistas do convidado. Será que a entrevista exige um set elaborado de escritório de advocacia? Não mesmo. Levando em conta o estilo de gravação, que inclui uma maioria de close-ups, duas cadeiras em frente a um fundo simples vão ser mais que suficientes.

Quando o programa é esboçado em um storyboard detalhado, a cenografia normalmente é predeterminada. No entanto, fale com o produtor e o diretor, se achar que tem uma ideia muito melhor.

Há três elementos importantes na cenografia: a planta baixa, o fundo do set e os sets virtuais.

Planta baixa

O design do set é desenhado sobre o *padrão de planta baixa*, que é literalmente uma planta do estúdio. Ela mostra a área do estúdio, as portas principais, a localização da sala de controle e as paredes. O grid de iluminação ou a localização dos batentes normalmente são desenhados na área da planta para dar um padrão específico de orientação, o qual indica como os sets podem ser posicionados. Na verdade, a grade lembra as quadras de orientação de um mapa da cidade. **Figura 14.52**

A *planta baixa* completa deve transmitir informações suficientes para que o assistente de estúdio e a equipe possam montar e decorar o set mesmo na ausência do diretor ou do cenógrafo. Talvez você note que tanto o padrão de planta baixa como a planta baixa concluída que mostra a concepção cênica são chamados "planta baixa".

A escala do padrão de planta baixa varia, mas normalmente é de 30 centímetros. Todos os cenários e adereços são, então, desenhados no padrão de planta baixa na posição correta em relação às paredes do estúdio e à grade de iluminação. **Figura 14.53**

Para configurações simples, talvez não seja preciso desenhar as divisórias e os adereços em escala; basta fazer uma aproximação do tamanho e posicionamento deles em relação à grade.

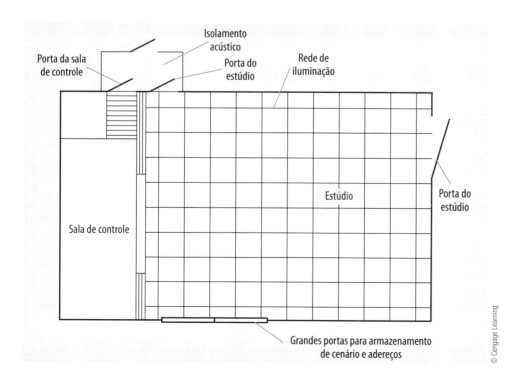

14.52 Modelo de planta baixa
O modelo de planta baixa mostra as dimensões do estúdio, que são definidas adicionalmente pela rede de iluminação ou por um padrão semelhante. O set é desenhado sobre esse grid básico do estúdio.

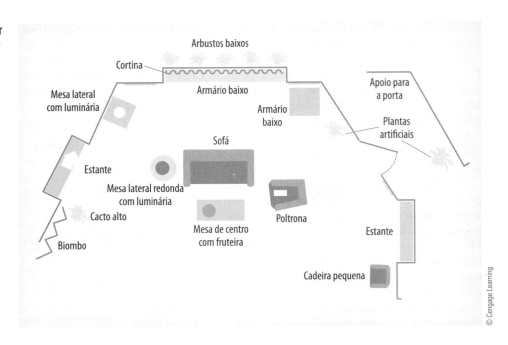

14.53 Planta baixa para sala de estar
Essa planta baixa mostra todo o cenário necessário, os adereços de set e os elementos, bem como os adereços de mão mais importantes. Em geral, não é desenhada precisamente em escala.

Funções da planta baixa A planta baixa é uma ferramenta importante para todo o pessoal de produção e engenharia. O diretor a usa para visualizar o programa e para bloquear as principais ações de artistas, câmeras e booms de microfone. É essencial para a equipe de estúdio, que deve montar o cenário e colocar os principais adereços. O diretor de fotografia precisa dela para projetar a disposição geral da iluminação. O técnico de áudio pode familiarizar-se com posicionamentos específicos do microfone e possíveis problemas de áudio.

Posicionamento do set Sempre que possível, procure descobrir no set onde se localizam as luzes. Posicione-o de modo que as contraluzes, as luzes principais e as de preenchimento fiquem em suas posições aproximadas. Às vezes, um cenógrafo inexperiente vai colocar um set em um canto do estúdio, onde a maioria dos instrumentos de iluminação precisa ser pendurada novamente para se obter a iluminação apropriada, enquanto, em outra parte do estúdio, o mesmo set poderia ter sido iluminado com os instrumentos já existentes.

Como se vê mais uma vez, não podemos nos dar ao luxo de nos especializarmos em um único aspecto da produção de televisão. Tudo está inter-relacionado, e quanto mais soubermos sobre as várias técnicas e funções de produção, melhor vai ser nossa coordenação desses elementos.

Áreas problemáticas Ao desenhar uma planta baixa, observe áreas problemáticas potenciais. Muitas vezes, uma planta baixa elaborada de forma descuidada vai indicar o apoio do cenário, como as paredes de uma sala de estar, que não são grandes o suficiente para proporcionar cobertura adequada para os móveis ou outros itens colocados na frente dela. Uma maneira de evitar erros de design é desenhar primeiro os móveis em escala na planta baixa e, em seguida, adicionar as divisórias de apoio. Limite a cenografia ao espaço realmente disponível.

Sempre coloque móveis ativos (utilizados pelos artistas) pelo menos uns 2 metros longe da parede, de forma que as contraluzes possam ser direcionadas às áreas de apresentação em um ângulo não muito íngreme. Além disso, o diretor pode usar o espaço entre a parede e os móveis para o posicionamento da câmera e movimentação do artista.

Fundo do set

O fundo de um set ajuda a unificar uma sequência de planos e coloca a ação em um único ambiente contínuo. Ele também pode fornecer variedade visual por trás da ação relativamente estática em primeiro plano. Embora a continuidade do set seja um elemento importante na cenografia, um fundo simples não é um dos cenários de fundo mais interessantes. É preciso "vestir" o set com obras de arte penduradas, pôsteres ou outros objetos nas paredes para quebrá-lo em áreas menores, mas relacionadas. Quando adornamos um fundo simples com quadros ou outros objetos, eles devem ser colocados ao alcance da câmera. Por exemplo, se pendurarmos um quadro entre duas cadeiras usadas em uma entrevista, ele só será visível na tomada dupla, mas não nos close-ups individuais. Se desejar mais textura no fundo em planos de close-up, posicione os quadros de modo que sejam vistos pelas câmeras durante a gravação cruzada. **Figura 14.54**

Sets virtuais

Os sets virtuais são gerados por computador e introduzidos em uma área de chroma-key por trás do artista, de forma bem parecida a um mapa meteorológico. Essa técnica, porém, raramente poupa tempo e dinheiro. O plano

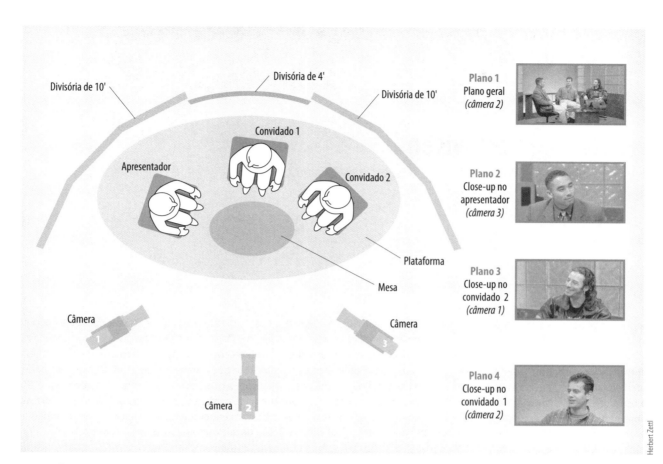

14.54 Elementos de fundo
O plano geral desse set de entrevista mostra que as divisórias de fundo fornecem certa textura visual e interesse para o apresentador (à esquerda da câmera) e para o convidado 2 (à direita), mas não para o convidado 1 no meio. Os close-ups posteriores confirmam esse problema cenográfico.

de fundo virtual deve corresponder à perspectiva das peças reais do set do primeiro plano, e a iluminação do fundo deve continuar com a lógica de sombra do primeiro plano. Se a luz de tecla da ação de primeiro plano estiver vindo da direita, com as sombras anexadas e lançadas caindo para a esquerda, você não pode ter as luzes de tecla do fundo vindo da esquerda, fazendo com que as sombras anexadas e lançadas caiam para a direita.

O grande problema é realmente para o artista, que precisa trabalhar em um ambiente azul ou verde muitas vezes desorientador. Partes de sets virtuais, como a introdução de tetos e piso na pós-produção, entretanto, são uma técnica eficaz para contornar problemas de design potencialmente difíceis.

PONTOS PRINCIPAIS

▸ Os cenários de televisão abrangem os aspectos tridimensionais da cenografia.

▸ Há quatro tipos de cenários: unidades de set padrão, isto é, divisórias rígidas (hardwall) e flexíveis (softwall) e módulos de set; unidades suspensas, como cicloramas (cics), drops e cortinas; plataformas e carrinhos; e peças de set, como colunas, biombos e periaktoi.

▸ Os três tipos básicos de adereços são os de palco, como móveis, bancadas de telejornais e cadeiras; elementos de set, como quadros, cortinas e luminárias; e adereços de mão, como pratos, telefones e computadores que são realmente manuseados pelo artista.

▸ Para adquirir os adereços e garantir que estejam disponíveis nas sessões de ensaio com câmera e de gravação, é preciso preparar uma lista de adereços.

▸ Quando um set precisar ser desmontado e remontado para uma sessão de gravação posterior, tire fotos digitais de todos os detalhes do set para garantir a consistência da configuração.

▸ Uma planta baixa é desenhada sobre um modelo de planta baixa e mostra a localização exata do cenário e os adereços de set em relação à grade de iluminação. A planta baixa é essencial para que o diretor prepare a marcação preliminar do artista, das câmeras e dos booms de microfone; para que a equipe de estúdio monte o cenário e coloque no lugar os principais adereços de set; e para que o LD (diretor de iluminação) projete a disposição básica da iluminação.

▸ O fundo de um set ajuda a unificar uma sequência de planos e coloca a ação em um único ambiente contínuo. Ele também pode fornecer variedade visual por trás da ação relativamente estática em primeiro plano.

▸ Sets virtuais são tecnicamente complicados de estabelecer porque eles exigem que o primeiro plano combine com a perspectiva do pano de fundo, incluindo a colocação lógica de sombras. Para o artista, eles são difíceis de se mover internamente. São, no entanto, utilizados com bastante sucesso para introduzir tetos e pisos.

capítulo 15

Artista de televisão

Quando vemos pessoas que aparecem regularmente na televisão e dirigem-se a nós – dizendo-nos o que comprar, o que está acontecendo ao redor do mundo ou como será o tempo amanhã – às vezes achamos que não é um trabalho tão difícil assim e que poderíamos facilmente fazê-lo sem suar muito. Afinal, a maioria delas está simplesmente lendo uma cópia que aparece em um teleprompter. No entanto, quando realmente ficamos na frente de uma câmera, aprendemos rapidamente que o trabalho não é tão fácil quanto parece. Parecer relaxado e fingir que a lente da câmera ou o teleprompter é uma pessoa real com a qual você está falando exige concentração e uma boa dose de talento e habilidade. As pessoas que aparecem com regularidade na televisão são chamadas, coletivamente, *artistas*. Embora o artista de televisão possa ter objetivos de comunicação variados – alguns buscam entreter, educar ou informar; outros procuram persuadir, convencer ou vender – todos se esforçam para se comunicar com o público de televisão da forma mais eficaz possível.

A seção 15.1, Apresentadores e atores de televisão, trata das principais técnicas de apresentação e atuação diante da câmera. A seção 15.2, Como se maquiar e o que vestir, descreve brevemente a maquiagem que os apresentadores e os atores usam e o tipo de roupa adequada diante da câmera.

PALAVRAS-CHAVE

Ator; Marcação (blocking); Pancake; Cartaz de prompt (dália); Base; Maquiagem (makeup); Corretivo (pan stick); Artista (ator; apresentador; performer); Teleprompter.

seção 15.1

Apresentadores e atores de televisão

Podemos dividir os artistas de TV em duas categorias: apresentadores e atores. A diferença entre eles é bastante clara. Os *apresentadores* de televisão participam basicamente de atividades não dramáticas: representam a si mesmos e não assumem papéis de outros personagens. Vendem sua própria personalidade para o público. Os *atores*, por sua vez, sempre representam outra pessoa: projetam a personalidade da personagem e não a sua própria, mesmo que a personagem seja próxima de sua experiência pessoal ou maneirismos. Suas histórias são sempre de ficção.

Embora existam diferenças claras entre os apresentadores e os atores de televisão, esses grupos compartilham diversas funções. Todo artista se comunica com os espectadores por meio da câmera de televisão e deve ter em mente as nuanças do áudio, movimento e tempo. Além disso, interage com a equipe de TV – produtor, diretor, assistente de direção, operador de câmera e técnico de áudio.

Esta seção aborda os fundamentos do trabalho realizado em frente às câmeras.

▶ Técnicas de apresentação
Apresentador e câmera, apresentador e áudio, apresentador e tempo (timing), deixas do assistente de direção, dispositivos de apresentação de texto e manutenção da continuidade.

▶ Técnicas de atuação
Ator e público, ator e marcação, memorização de falas, ator e tempo (timing), manutenção da continuidade e relacionamento entre diretor e ator.

▶ Testes
Preparação, aparência e criatividade.

Técnicas de apresentação

O apresentador fala diretamente com a câmera, é o anfitrião para os convidados de televisão e/ou se comunica com outros apresentadores ou com a plateia no estúdio. Ele também tem sempre em mente o público de televisão em casa, o qual, no entanto, não é a grande audiência televisiva, anônima e heterogênea, que os sociólogos modernos estudam. Para o apresentador de televisão, o público é uma pessoa ou um grupo pequeno e íntimo que se reuniu em frente a um televisor.

Se você é um apresentador, tente imaginar seu público como uma família de três pessoas, sentada na sala, a cerca de 3 metros de distância de você. Com essa imagem em mente, não é preciso gritar para os "milhões de espectadores pelo país afora". Uma abordagem mais bem-sucedida é falar de forma tranquila e confortável à família que foi gentil o suficiente para deixá-lo entrar na casa dela.

Quando se assume o papel de apresentador de televisão, a câmera torna-se seu público. É preciso adaptar as técnicas de apresentação às suas características e a outros aspectos de produção, como o áudio e o tempo. Nesta seção, analisaremos o apresentador e a câmera, o apresentador e o áudio, o apresentador e o tempo, as deixas do assistente de direção, os dispositivos de apresentação de texto e a manutenção da continuidade.

O apresentador e a câmera

A câmera não é simplesmente uma máquina inanimada. Ela vê tudo o que você faz ou deixa de fazer. Vê sua aparência, movimentação, seu modo de sentar e de se levantar – em suma, como se comporta em uma variedade de situações. Às vezes, ela olha para você muito mais de perto e com maior detalhe do que uma pessoa educada jamais se atreveria a fazer. A câmera revela o tique nervoso na sua boca quando você está pouco à vontade e a leve expressão de pânico quando você esquece um nome. A câmera não desvia o olhar quando você coça o nariz ou orelha. Ela reflete fielmente o seu comportamento em todos os detalhes agradáveis e desagradáveis. Como apresentador de televisão, controle cuidadosamente suas ações, sem deixar que o público perceba que você está fazendo isso conscientemente.

Lente da câmera Visto que a câmera representa seu público, olhe diretamente para a lente (ou para o dispositivo de apresentação de texto em frente a ela) sempre que tiver a intenção de estabelecer contato visual com o espectador. Na verdade, tente olhar *através* da lente, e não para ela, e mantenha muito mais contato visual do que faria com uma pessoa real. Se você simplesmente olhar para a lente e não através dela ou fingir que o operador de câmera é o seu público e, portanto, olhar de leve para longe da lente, quebram-se a continuidade e a intensidade da comunicação entre você e o telespectador; quebra-se, ainda que temporariamente, a magia da televisão.

Alternância de câmeras Se forem usadas duas ou mais câmeras, é fundamental que você saiba qual está no ar para que possa permanecer em contato direto com o público. Quando o diretor alternar as câmeras, siga a deixa do assistente de estúdio (ou, quando se trabalha com câmeras robóticas, a mudança de luzes vermelhas) rapidamente, mas sem sobressaltos. Não vire a cabeça subitamente de uma câmera para outra. Se, de repente, descobrir que estava falando com a câmera errada, olhe para baixo, como que para colocar os pensamentos em ordem e, em seguida, olhe casualmente para cima na direção da câmera ativa. Continue falando naquela direção até ser novamente indicado para a outra câmera. Esse método vai funcionar especialmente bem se você trabalhar com anotações ou script, como em uma entrevista ou um noticiário. Sempre é possível fingir que está olhando para as anotações quando, na realidade, você está mudando seu ponto de vista da câmera errada para a correta.

Se o diretor tem uma câmera focalizada em você em um plano médio (medium shot – MS) e outra em close-up (CU) no objeto que você está demonstrando, como o livro do convidado durante uma entrevista, o melhor é continuar olhando para a câmera do anfitrião (plano médio) durante toda a demonstração, mesmo que o diretor mude para a câmera de close-up. Você não será flagrado olhando para o lado errado só porque a câmera de plano médio estava focada em você. **Figura 15.1** Você também vai notar que é mais fácil ler a cópia em um único teleprompter que mudar de um para o outro no meio da frase.

Técnicas de close-up Quanto mais próximo é o plano, mais difícil é para a câmera acompanhar o movimento. Se a câmera está em close-up, é preciso restringir muito os movimentos e mover-se com grande cuidado. Ao interpretar uma música, por exemplo, o diretor pode querer gravar bem próximo para intensificar um trecho especialmente emotivo. Tente ficar o mais quieto possível e não mova a cabeça. O close-up em si já intensifica o suficiente. Tudo o que é preciso fazer é cantar bem.

Ao demonstrar objetos pequenos em close-up, mantenha-os estáveis. Se estiverem dispostos em uma mesa, *não* os pegue. Aponte para eles ou incline-os um pouco para dar uma visão melhor para a câmera. Não há nada mais frustrante para o operador de câmera e para o diretor que um apresentador que tira o produto da mesa exatamente quando a câmera tem um bom close-up dele. Uma rápida olhada para o monitor de estúdio normalmente diz como segurar o objeto para obter a máxima visibilidade na tela. Se forem usadas duas câmeras, oriente o objeto um pouco para a câmera de close-up, mas não o gire tanto que ele pareça estranhamente distorcido na câmera de plano médio.

Deixas de alerta Na maioria dos programas não dramáticos – palestras, demonstrações, entrevistas etc. –, não há, em geral, tempo suficiente para elaborar um esquema detalhado de marcação. O diretor normalmente apenas guia o apresentador por alguns dos cruzamentos mais importantes de uma área de apresentação para outra e por algumas ações importantes, como demonstrações complicadas. Portanto, durante a apresentação no ar, o apresentador deve indicar suas ações não ensaiadas ao diretor e à equipe de estúdio, por meio de alertas visuais e sonoros.

Antes de se levantar, por exemplo, primeiro mude seu peso e posicione os braços e as pernas. Isso sinaliza para os operadores de câmera e de boom de microfone que devem se preparar para seu movimento. Se você aparecer subitamente, a câmera vai continuar na posição, focando a parte do meio do seu corpo, o que não vai resultar no plano mais interessante, para dizer o mínimo, e o boom de microfone vai ficar claramente visível na tela.

Se você pretende passar de uma área do set para outra, use deixas de áudio. Por exemplo, você pode avisar a equipe de produção: "Vamos lá perguntar para as crianças se..." ou "Vamos comigo para o laboratório...". Essas deixas soam naturais para o espectador, que em geral nem se dá conta das reações rápidas que esses comentários aparentemente inócuos geram. Seja específico ao dar deixas para material visual não ensaiado. Por exemplo, é possível alertar o diretor sobre os próximos recursos visuais: "A primeira foto mostra...". Contudo, esse recurso de deixas não deve ser usado com muita frequência. Se for possível alertar o diretor de modo mais sutil, mas igualmente direto, faça isso.

Não tente indicar o óbvio. O diretor, não o apresentador, comanda o programa. Não diga para o diretor trazer as câmeras um pouco mais para perto a fim de obter uma visão melhor de um objeto pequeno, principalmente se ele já tiver obtido um bom close-up por meio de um zoom-in. Além disso, evite caminhar em direção à câmera para demonstrar um objeto. Talvez você se aproxime tanto da câmera que será preciso inclina-la para cima, para as luzes, a fim de manter seu rosto no plano ou tão próximo que a lente zoom não vai conseguir mais manter o foco. A lente zoom permite que a câmera se aproxime de você muito mais rápido do que você consegue se aproximar da câmera.

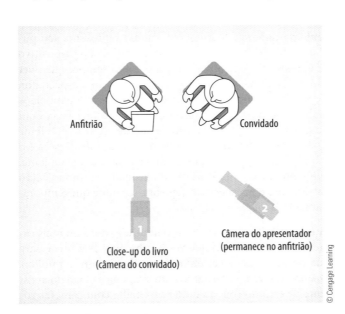

15.1 Câmera do apresentador
Quando uma câmera (câmera 1) está dando um close-up no produto (o livro) e a outra (câmera 2) mostra um plano médio do anfitrião, esse deve continuar olhando para a câmera 2 durante o close-up.

Apresentador e áudio

O apresentador de televisão, além de parecer natural e relaxado, deve falar com clareza e eficácia, o que raramente acontece de forma natural. Não se engane pensando que uma voz ressonante e pronúncia afetada são os dois requisitos principais para um bom locutor ou outro apresentador. Pelo contrário: primeiro, é preciso ter algo importante a dizer; segundo, é preciso dizê-lo com convicção e sinceridade; terceiro, fale com clareza para que todos possam compreendê-lo.

Um treinamento completo em locução de TV é um pré-requisito importante para qualquer apresentador. A maioria dos iniciantes fala rápido demais, como se quisessem passar pela tortura diante das câmeras o mais rápido possível. Não acelere ou diminua muito seu volume ao chegar ao fim de uma frase ou parágrafo. Apresentadores profissionais não diminuem a intensidade aos finais de sentenças, mas mantêm o mesmo volume e energia do início ao fim. Respire fundo e reduza a velocidade, isso vai deixá-lo mais relaxado.

Uso do microfone   A seguir, vamos apresentar um resumo dos principais pontos sobre o manuseio de microfones e como auxiliar o técnico de áudio. (Para uma análise detalhada das técnicas básicas de microfone, ver Capítulo 8.)

- Normalmente, você vai trabalhar com um microfone de lapela. Depois de devidamente preso, não é preciso se preocupar com ele, em especial se não se mover muito durante a apresentação. No entanto, a única coisa que você precisa verificar é se o transmissor do seu microfone sem fio está ligado. Se você usar um microfone de lapela com fio e for preciso passar de uma área do set para outra na frente das câmeras, cuide para que o cabo do microfone não se embole no set ou nos adereços. Puxe delicadamente o cabo atrás de você para aliviar a tensão sobre o próprio microfone. Um microfone de lapela sem fio vai permitir que se mova dentro da área de apresentação sem ter de se preocupar com o cabo.

- Ao usar o microfone de mão, verifique se há cabo suficiente para suas ações planejadas. Fale através dele, não nele. Se estiver entrevistando alguém em ambiente ruidoso, como uma rua do centro, mantenha o microfone próximo de sua boca quando estiver falando e, em seguida, aponte-o para a pessoa quando ela responder às suas perguntas.

- Ao trabalhar com um microfone de boom (incluindo um unidirecional de mão ou montado em uma vara longa), esteja atento aos movimentos de boom, sem deixar o público perceber. Avise o operador de boom com antecedência suficiente para que ele possa antecipar seus movimentos. Mova-se devagar para que o boom possa segui-lo. Em especial, não dê voltas rápidas, porque elas envolvem muitos movimentos do boom. Se for preciso virar rapidamente, tente não falar, até a vara ser reposicionada.

- Não mova o microfone de mesa, a menos que ele esteja apontando para a direção oposta. Mesmo que o microfone aponte mais para o apresentador que para

você, ele provavelmente foi colocado dessa maneira pelo técnico de áudio para obter o melhor equilíbrio de áudio.

- Cuide sempre dos microfones com delicadeza. Eles não foram feitos para serem usados como adereços de mão, para serem jogados ou girados pelo cabo, como um laço, mesmo que às vezes isso ocorra em shows de rock.

Nível de áudio   Um bom técnico de áudio vai pedir o nível de áudio antes de ir ao ar. Muitos apresentadores têm o mau hábito de contar rapidamente até 10 ou resmungar e falar baixinho enquanto o nível está sendo obtido. Então, quando vão para o ar, berram sua fala de abertura. Se o nível estiver sendo registrado, fale no mesmo volume de suas observações iniciais e durante o tempo necessário para que o técnico de áudio ajuste o volume até o nível ideal.

Deixa de início   No começo do programa, todos os microfones permanecem desligados até que o diretor dê a deixa para o áudio. Assim, é preciso esperar até receber a deixa de início do assistente de estúdio ou por meio do sistema de IFB (interruptible foldback ou feebdback – retorno ou realimentação interrompível). Se falar antes, você não será ouvido. Não utilize as luzes vermelhas das câmeras como deixa de início, a menos que tenha sido instruído a isso. Enquanto aguarda a deixa de início, olhe para a câmera que vem na sua direção e não para o assistente de estúdio.

O apresentador e o tempo (timing)

A TV ao vivo e em gravação ao vivo opera em frações de segundo. Embora em última instância seja responsabilidade do diretor colocar e tirar o programa do ar conforme previsto, você como apresentador tem muito a ver com a cronometragem bem-sucedida. Além de manter o ritmo do programa com todo o cuidado, aprenda quanto dele ainda é possível cobrir depois de receber a deixa de 3 minutos, 2 minutos, 1 minuto, 30 segundos e 15 segundos. Você deve, por exemplo, ainda parecer confortável e relaxado, embora talvez tenha de espremer um monte de material no último minuto, enquanto, ao mesmo tempo, ouve o diretor ou o produtor no ponto eletrônico (IFB). Entretanto, é preciso estar preparado para preencher os 30 segundos extras sem parecer estar procurando palavras e coisas para fazer. Essa presença de espírito é alcançada por meio da experiência prática e não pode ser aprendida exclusivamente em um livro didático. Exige ainda que você esteja pelo menos um pouco familiarizado com as notícias que lê no teleprompter.

Deixas do assistente de estúdio (floor manager)

A menos que esteja conectado ao produtor e diretor via IFB, é o assistente de estúdio que serve de ligação entre o diretor e você, o apresentador.

Com o uso de câmeras robóticas, o assistente de estúdio talvez seja o único ser humano no estúdio além de você. O assistente de estúdio pode dizer se você está falando devagar ou rápido demais, quanto tempo ainda resta e se você está falando alto o suficiente ou segurando um objeto corretamente para um close-up.

Embora as estações de TV e as produtoras possam usar deixas e procedimentos um pouco diferentes, elas normalmente incluem deixas de tempo, direcionais e de áudio. Se estiver trabalhando com uma equipe de produção desconhecida, peça que o assistente de estúdio repasse as deixas com você antes de ir ao ar. **Figura 15.2**

Reaja a cada deixa imediatamente, mesmo que ache que ela não é apropriada naquele momento em particular. O diretor não daria a deixa se não fosse necessário. Um apresentador realmente profissional não é aquele que nunca necessita de deixas, mas o que consegue reagir a todos os sinais de forma rápida e sem sobressaltos. Não olhe nervosamente para o assistente de estúdio se considerar que deveria ter recebido a deixa; ele vai encontrá-lo e chamar a sua atenção para o sinal. Quando receber uma deixa, não confirme de forma alguma; o assistente de estúdio vai saber se você a percebeu ou não.

Você vai notar que receber e reagir a informações pelo IFB (ponto) durante uma apresentação não é tarefa fácil. Todos sabemos como pode ser difícil continuar uma conversa telefônica quando alguém que está próximo tenta nos dizer algo mais para comunicar à outra parte que está na linha. Mas, ao relatar notícias no estúdio ou em campo, essa comunicação simultânea é comum. É preciso aprender a escutar atentamente as instruções por IFB do diretor ou produtor sem deixar que os telespectadores saibam que você está ouvindo outra pessoa enquanto fala com eles. Não interrompa sua comunicação com o público ao obter as instruções por IFB, mesmo que a transmissão não seja perfeita. Se, durante uma transmissão em externa ao vivo, você não entender o que está sendo dito no canal de IFB, talvez seja preciso interromper sua narração para dizer ao público que você está recebendo informações importantes do diretor. Ouça atentamente as instruções por IFB e, em seguida, continue o que estava dizendo. Tente não ajustar o fone de ouvido enquanto estiver no ar. Se possível, espere até a câmera cortar a imagem que está em você antes de fazer um ajuste.

Dispositivos de prompting

Esses equipamentos são ferramentas essenciais para a produção, em especial para notícias e discursos. O público espera que o locutor fale diretamente com ele, em vez de ler a notícia em um script – embora todos saibamos que o apresentador não pode memorizar a cópia inteira da notícia –, porque uma conexão mais intimista é formada quando alguém fala com você em vez de ler para você.

Esperamos que os locutores forneçam informações abundantes e complicadas sem ter de pensar no que dizer a seguir. Os dispositivos de apresentação de texto também são úteis para apresentadores que temem esquecer de repente suas falas ou que não tiveram tempo para decorar o script.

Os dispositivos de apresentação de texto devem ser totalmente confiáveis, e o apresentador deve ser capaz de ler a cópia sem parecer perder o contato visual com o espec-

tador. Dois dispositivos se mostraram especialmente bem-sucedidos: cartaz de prompt e o teleprompter.

Cartaz de prompt   Usados para cópias relativamente curtas, há muitos tipos de *cartazes de prompt* (cartões de deixas), e a escolha depende muito do que o apresentador está habituado e do que prefere. Normalmente, são cartões bastante grandes nos quais a cópia é escrita à mão com um marcador de ponta de feltro. O tamanho dos cartões e as inscrições dependem de quão bem o apresentador pode ver e quão longe a câmera está.

É mais fácil falar da movimentação de cartaz de prompt do que fazer. Um bom assistente de estúdio segura os cartões o mais próximo possível da lente, suas mãos não cobrem o texto e ele acompanha as falas do artista para mudar de um cartão para o próximo de forma suave. **Figura 15.3**

Como apresentador, você tem de aprender a ler com a visão periférica para não perder o contato visual com a lente. Converse com o assistente de estúdio que manuseará os cartazes de prompt para verificar novamente se estão na ordem correta. Se o assistente de estúdio se esquecer de mudar o cartão no momento apropriado, estale os dedos para atrair sua atenção; em uma emergência, talvez seja preciso improvisar até que o sistema esteja funcionando novamente. É preciso estudar o assunto muito antes de o programa começar, o que vai permitir improvisar de forma sensata, pelo menos por um curto período. Se sua apresentação for gravada para pós-produção, peça ao diretor que interrompa a gravação para que os cartões sejam colocados na ordem correta.

Teleprompter de estúdio   O dispositivo de apresentação de texto mais eficaz é o *teleprompter*, ou autocue, que normalmente usa um monitor de tela plana no qual é passado o texto. O monitor de vídeo é então refletido em um vidro inclinado sobre a lente da câmera. É possível ler o texto que parece estar na frente da lente, mas que permanece invisível para a câmera. Dessa forma, não é preciso olhar para o lado, e pode-se manter sempre o contato visual com o espectador. **Figura 15.4**

Na maioria das vezes, o texto é digitado em um computador que funciona como uma combinação de processador de textos e gerador de caracteres. Ele pode produzir o texto em vários tamanhos de fontes e rolá-lo para cima e para baixo da tela em várias velocidades. O texto é então enviado para a tela do teleprompter sobre a câmera. Todas as câmeras utilizadas na produção exibem o mesmo texto na mesma velocidade. A velocidade da rolagem do texto pode ser pré-ajustada para corresponder ao ritmo que você lê, ou você mesmo pode ajustá-la.

Em telejornais, o âncora também deve ter uma cópia impressa do texto que aparece no teleprompter. Essa cópia serve como backup no caso de falha do dispositivo de apresentação de texto. Ela também dá ao âncora um motivo para olhar para baixo a fim de indicar uma transição entre histórias, para mudar de câmera ou para ver, durante um intervalo comercial, o que vem a seguir.

Artista de televisão 295

DEIXA	SINAL	SIGNIFICADO	DESCRIÇÃO DO SINAL
DEIXAS DE TEMPO			
Espera		Programa prestes a começar.	Estende a mão sobre a cabeça.
Deixa		Programa vai ao ar. (No ar)	Aponta para o apresentador ou a câmera ligada.
Dentro do tempo		Continue como previsto (no nariz).	Toca o nariz com o dedo indicador.
Acelerar		Acelere o que está fazendo. Está indo muito devagar.	Gira a mão no sentido horário, com o dedo indicador estendido. A urgência da aceleração é indicada pela rotação rápida ou lenta.
Enrolar		Vá devagar. Ainda falta muito tempo. Preencha o tempo até a emergência ter passado.	Alonga um elástico imaginário entre as mãos.

Edward Aiona

15.2 Deixas do assistente de estúdio[1]
O assistente de estúdio utiliza um conjunto de sinais padrão para transmitir os comandos do diretor ao apresentador no ar.

---

[1] No Brasil, utilizamos grande parte desses sinais, mas a maioria deles é aplicada apenas na TV norte-americana. Para determinadas orientações temos sinais diferentes.

Manual de produção de televisão

DEIXA	SINAL	SIGNIFICADO	DESCRIÇÃO DO SINAL
DEIXAS DE TEMPO			
Encerrar		Conclua o que está fazendo. Encerre.	Movimento similar ao de acelerar, mas em geral com o braço estendido acima da cabeça. Às vezes, expresso com o punho levantado, acenando adeus ou mãos rodando uma sobre a outra como se embrulhasse um pacote.[2]
Cortar		Pare de falar ou de agir imediatamente.	Passa o dedo indicador em movimento de faca pela garganta.
5 (4, 3, 2, 1) minuto(s)		Faltam 5 (4, 3, 2, 1) minuto(s) até o final do programa.	Mostra cinco (quatro, três, dois ou um) dedo(s) ou um cartãozinho com o número escrito nele.
30 segundos (meio minuto)		Faltam 30 segundos para o final do programa.	Forma uma cruz com dedos indicadores ou com os braços. Ou mostra um cartão com o número.
15 segundos		Faltam 15 segundos para o final do programa.	Mostra o punho (que também pode significar encerrar). Ou mostra um cartão com o número.
VR gravando (e contagem regressiva) 2, 1, tomada do VR		O gravador de vídeo está gravando.	Mantém estendida a mão esquerda na frente do rosto e mexe a direita em movimento de manivela. Estende dois ou um dedo(s), cerra o punho ou dá sinal de corte.

15.2 Deixas do assistente de estúdio *(continuação)*

---

[2] Utilizamos, no Brasil, o mesmo sinal aplicado aos esportes. Com os braços estendidos passamos as mãos uma sobre a outra. (NRT)

DEIXA	SINAL	SIGNIFICADO	DESCRIÇÃO DO SINAL
DEIXAS DE TEMPO			
Mais perto		O apresentador deve se aproximar ou levar os objetos para mais perto da câmera.	Move ambas as mãos para si mesmo com as palmas para dentro.
Mais longe		O apresentador deve dar um passo atrás ou o objeto deve ser movido para longe da câmera.	Usa as duas mãos como se estivesse empurrando, com as palmas para fora.
Caminhe		O apresentador deve se mover para a próxima área de apresentação.	Faz um movimento de andar com os dedos indicador e médio na direção do movimento.
Pare		Pare aí mesmo. Não se mexa mais.	Estende as mãos na frente do corpo, com as palmas para fora.
OK		Muito bem. Fique aí mesmo. Continue o que está fazendo.	Faz um O com o polegar e o indicador e os outros dedos estendidos apontando para o artista.

15.2 Deixas do assistente de estúdio *(continuação)*

DEIXA	SINAL	SIGNIFICADO	DESCRIÇÃO DO SINAL
DEIXAS DE TEMPO			
Fale mais alto		O apresentador está falando muito baixo para as condições atuais.	Coloca ambas as mãos em concha atrás das orelhas ou move a mão para cima, com a palma para cima.
Baixe o tom		O apresentador está falando muito alto ou com entusiasmo demais para a ocasião.	Move as mãos em direção ao chão do estúdio, com as palmas para baixo, ou coloca o indicador estendido sobre a boca como se estivesse pedindo silêncio.
Mais perto do microfone		O apresentador está longe demais do microfone para permitir boa captação de áudio.	Move a mão em direção ao rosto.
Continue falando		Continue falando até receber mais deixas.	Estende o polegar e o indicador na horizontal e os move como o bico de um pássaro.

Edward Aiona

15.2 Deixas do assistente de estúdio *(continuação)*

Ao usar um teleprompter, a distância entre você e a câmera não será mais arbitrária. A câmera deve estar próximo o suficiente para que você possa ler o texto sem apertar os olhos, mas não tão perto que o telespectador possa ver o movimento de seus olhos para lá e para cá. Se a distância mínima da câmera for muito distante para visualizar o texto do teleprompter confortavelmente, peça que a fonte seja ampliada.

Teleprompter de campo Você já se perguntou como alguns correspondentes conseguem estar em pé em uma rua da cidade e relatar uma história bem escrita sem nunca tropeçar ou ficar procurando as palavras? Embora alguns certamente tenham essa habilidade, outros utilizam algum tipo de dispositivo de apresentação de texto. Se o texto é breve, cartaz de prompt de mão ou até mesmo algumas notas darão conta do recado. Textos mais longos exigem um teleprompter de campo.

Há vários modelos de teleprompters de campo, incluindo uma versão em miniatura daquele utilizado em estúdio. O monitor de tela plana é tão pequeno e leve que pode ser facilmente preso em um tripé. A maioria dos teleprompters de campo mais sofisticados pode ser conectada a um laptop com software de apresentação de texto. É possível ajustar o tamanho da fonte e passar o texto em velocidades diferentes. O iPad, da Apple, é o

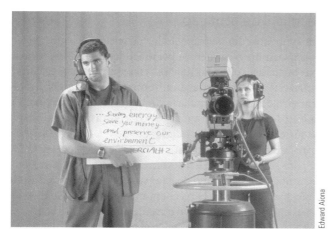 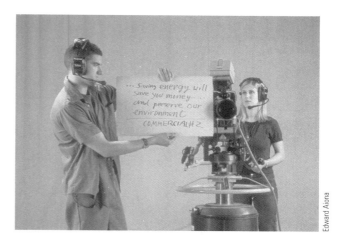

15.3 Manuseio de cartaz de prompt
A Essa é a maneira errada de segurar um cartaz de prompt: o cartão está muito longe da lente, e as mãos cobrem parte do texto. O assistente de estúdio não consegue ver o texto e não sabe quando mudar o cartão.

B Essa é a maneira correta de segurar um cartaz de prompt: o assistente de estúdio não está cobrindo o texto, segura o cartão perto da lente e lê junto com o artista.

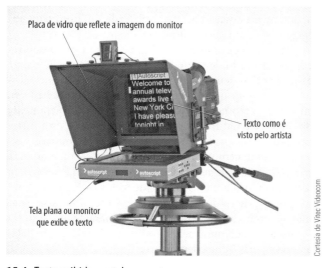 

15.4 Texto exibido em teleprompter
O monitor ou a tela plana reflete o texto em uma placa de vidro diretamente sobre a lente. O letreiro permanece invisível à câmera, mas o artista consegue ler o texto enquanto mantém contato visual com o telespectador.

15.5 Teleprompter de campo
Esse teleprompter leve usa um iPad para exibir o texto. Como um teleprompter de estúdio, ele projeta o texto diretamente sobre a lente. O mecanismo todo do teleprompter é tão leve que ele pode ser montado até mesmo em câmeras HDTV pequenas e segurado pelo operador da câmera.

teleprompter de campo ideal. Você pode segurá-lo e ler as cópias como se tivesse feito notas em papel impresso ou você pode fixá-lo à câmera como faria com um notebook. A vantagem do iPad é, certamente, seu baixo peso. **Figura 15.5**

Um teleprompter desse tipo foi desenvolvido especialmente para câmeras camcorder ENG. Chamadas de PRomptBox, elas operam no mesmo princípio das maiores, mas é pequena e leve o suficiente para ser fixada na câmera e é operada à mão sem o uso do tripé. **Figura 15.6**

Os teleprompters mais simples usam um rolo de papel montado imediatamente abaixo ou ao lado da lente. Unidades similares podem ser utilizadas independentemente da câmera, com um assistente de estúdio que as segura, ou instaladas em tripé diretamente acima ou abaixo da lente da câmera. Independentemente da qualidade do teleprompter, você sempre deve estar familiarizado o suficiente com o assunto para poder falar sobre ele de forma inteligente se o dispositivo falhar. Se não estiver disponível um teleprompter, leia a introdução ou a história em um script de notícias regular. Caso haja vento, utilize uma prancheta ou outro tipo de superfície como suporte para o script; isso é especialmente importante quando necessitar da outra mão para segurar o microfone de mão.

15.6 Teleprompter de campo para câmera de mão
Esse teleprompter leve foi desenvolvido para pequenas câmeras camcorders. A unidade câmera/teleprompter pode ser segurada pelas mãos do operador de câmera.

Mantendo a continuidade

Quando você trabalha em um comercial ou anúncio breve que apresenta um evento contínuo, mas que é gravado em estilo cinematográfico ao longo de vários dias ou mesmo semanas para a pós-produção, sua aparência deve ser a mesma em todas as gravações de vídeo. Obviamente, você deve usar a mesma roupa. Deve também usar as mesmas joias, o mesmo lenço e a mesma gravata de uma sessão de gravação para outra. Não pode aparecer com o casaco abotoado em uma tomada e desabotoado na próxima. A maquiagem e o penteado também devem ser idênticos em todas as sessões. Tire fotos digitais de si mesmo da frente, das laterais e de costas imediatamente após a primeira sessão de gravação para dispor de uma referência fácil e prontamente disponível.

O mais importante é manter o mesmo nível de energia ao longo de todas as sessões de gravação. Por exemplo, você não pode terminar uma sessão cheio de energia e, em seguida, começar o dia seguinte desanimado ao reiniciar a sessão de gravação, em especial quando a versão editada não sugerir nenhuma passagem de tempo entre as tomadas. Em tomadas repetidas, tente manter níveis de energia idênticos, o que nem sempre é fácil.

A continuidade do áudio é especialmente importante em documentários, quando você grava parte da narração em campo e o resto na pós-produção em estúdio. Procure manter uma qualidade de som consistente, independentemente de você estar filmando em campo ou narrando com voz por cima das imagens no estúdio. A maneira mais simples de obter essa continuidade é usar o mesmo microfone, embora você possa ter de mixar alguns sons ambiente que gravou em uma faixa separada ou em um gravador de áudio durante a produção em campo. Alguns microfones de lapela têm uma qualidade surpreendentemente semelhante à de microfones de alta qualidade de cabines de gravação.

Técnicas de atuação

Em contraste com o apresentador de televisão, o ator de televisão assume o caráter e a personalidade de outra pessoa. (Nesta análise, o termo *ator* se refere tanto a atores como a atrizes.) Para se tornar um bom ator, obviamente você primeiro deve dominar a arte de atuar, um assunto fora do âmbito deste livro. Esta análise se concentra em como adaptar sua atuação às peculiaridades do meio televisivo. Muitos atores excelentes consideram a televisão o meio mais difícil para se trabalhar. Eles devem atuar de forma eficaz em um ambiente abarrotado de equipamento técnico confuso e impessoal, muitas vezes recebem menos atenção do diretor que o operador de câmera e o técnico de som.

Ator e público

A maior diferença entre atuar no palco e na tela é que você não está atuando para um público estático e ao vivo, mas para uma câmera em constante movimento, que nunca pisca nem oferece feedback sobre seu desempenho. Pior ainda, seu desempenho é "picado" em várias tomadas breves que raramente, ou nunca, permitem que você trabalhe até obter uma atuação memorável. Cada um dos pequenos segmentos de atuação deve estar na marca.

Na maioria das tomadas, a câmera se move ao seu redor, visualizando de perto e de longe, de cima e de baixo. Ela pode olhar seus olhos, seus pés, suas mãos, suas costas – o que quer que o diretor escolha para o público ver. Em todos os momentos, você deve parecer completamente convincente e natural; o personagem que você está interpretando deve aparecer na tela como um ser humano verossímil. Tenha em mente que você está interpretando para uma plateia virtual que quase sempre está de pé bem a seu lado, olhando-o em close-ups e de todos os ângulos. Você não precisa (nem deve) projetar seus movimentos e suas emoções como ao atuar no palco. A câmera de televisão faz a projeção – a comunicação – por você. Esteja ciente da(s) câmera(s), mas nunca demonstre.

A interiorização do seu papel, ao contrário da exteriorização, é um fator essencial para sua performance. Você deve tentar incorporar o mais que puder a pessoa que está retratando, em vez de atuar de forma a expressar o personagem. Em razão do exame minucioso da câmera e da intimidade do close-up, gesticule o mínimo possível. Além disso, suas reações se tornam tão importantes quanto suas ações. É possível comunicar sentimentos mais facilmente reagindo a uma situação que se tornando parte dela.

Ator e marcação

Siga meticulosamente a *marcação* ensaiada: para onde você deve se mover e o que deve fazer em relação ao set, aos outros atores e aos equipamentos de televisão. Às vezes, centímetros fazem muita diferença, sobretudo se o programa for gravado principalmente em close-ups. A iluminação precisa da televisão e o raio limitado do microfone quando são usados booms também o obrigam a cumprir rigorosamente a marcação estabelecida.

Com o programa no ar ou gravado ao vivo, você tem a obrigação de seguir a ação ensaiada. Esta não é a hora de inovar só porque você teve uma inspiração repentina. Se o diretor não tiver sido avisado sobre sua mudança, a nova marcação será sempre pior que a previamente ensaiada. A câmera possui um campo de visão limitado; se quiser ser visto, fique dentro dele.

Alguns diretores pedem que o assistente de estúdio marque os pontos exatos onde você deve ficar em pé ou os caminhos de circulação. Isso é chamado de cravar sua posição. Procure essas marcas de giz ou fita e siga-as sem deixar isso óbvio demais. Se essas marcas não forem utilizadas, estabeleça um mapa mental de marcação para se lembrar onde vai estar em planos específicos em relação ao set e aos adereços. Por exemplo, em sua cena com o gerente do escritório, você deve ficar à esquerda do armário de arquivo; para a cena no consultório médico, deve caminhar em sentido anti-horário em torno da mesa e parar no canto direito da escrivaninha conforme aparece na câmera.

Em contraplanos e planos cruzados, é preciso ver a lente da câmera se quiser ser visto por ela. Se não conseguir ver a lente, a câmera não poderá vê-lo. Até os instrumentos de iluminação podem ajudá-lo com a marcação. Por exemplo, para confirmar que está na luz ao entrar por uma porta, siga em frente até sentir o calor da luz na testa.

Às vezes, o diretor vai posicioná-lo de uma forma que parece totalmente errada para você, em especial em relação aos outros atores. Não tente corrigir isso por conta própria afastando-se arbitrariamente do local designado. Certo ângulo de câmera e posição de lente zoom pode muito bem permitir uma marcação incomum para alcançar determinado efeito. Não adivinhe o que o diretor tem em mente, mas sim confirme sua marcação com ele ou ela.

Ao manusear adereços, a câmera geralmente está em close-up. Isso significa que você deve lembrar-se de todas as ações ensaiadas e executá-las exatamente da mesma maneira e com a mesma velocidade como foram ensaiadas inicialmente. Não se mostre nervoso ao usar adereços (a menos que o diretor peça); manuseie-os normalmente, como extensões dos seus gestos. Sua maneira de manusear os adereços, como tirar os óculos, limpá-los e recolocá-los, muitas vezes pode aprimorar seu personagem.

Memorização das falas

Como ator de televisão, você deve ser capaz de aprender suas falas com rapidez e precisão. Se, como o caso é de novelas, você tem apenas uma noite para decorar um grande número de falas para o dia seguinte, deve, sem dúvida, ser capaz de aprender rápido. Não é possível improvisar durante essas performances simplesmente porque desempenhou o papel por muito tempo. A maioria de suas falas é importante não apenas do ponto de vista da narrativa, mas também porque serve como deixas de áudio e vídeo para toda a equipe de produção. Sua última fala em um discurso muitas vezes é um gatilho para várias ações-chave na sala de

controle (switcher): mudar para outra câmera, iniciar uma inserção gravada em vídeo ou chamar um efeito especial.

Para uma produção EFP (produção em campo) com uma única câmera ou em estúdio de cinema digital, cada plano é criado e gravado separadamente. Essa abordagem de produção muitas vezes oferece a oportunidade de ler suas falas para cada tomada. Embora essa abordagem facilite memorizar as linhas, é mais difícil manter a continuidade da ação e emoção. Bons atores de cinema não dependem de dispositivos de apresentação de texto; afinal, você deve viver, não ler, o seu papel. No entanto, muitos bons atores gostam de ter todas as suas falas apoiadas em cartazes de prompt para evitar imprevistos. Em sua maioria, eles nunca olham para eles. Mas, mesmo que os cartazes de prompt funcionem apenas como uma rede de segurança, sua contribuição para uma boa performance mais do que justifica seu uso.

Ator e tempo

Como o apresentador de televisão, o ator deve ter um senso agudo de tempo. O tempo é importante para determinar o ritmo da sua interpretação, criar o clímax, soltar uma piada e ficar dentro de uma cronometragem bem específica. Mesmo que uma interpretação seja gravada em vídeo cena a cena, ou mesmo plano a plano, ainda é preciso observar atentamente o tempo estipulado para cada tomada. Talvez seja preciso prolongar uma cena sem que ela pareça arrastada ou pode ser necessário ganhar alguns segundos acelerando uma cena sem destruir seu clima solene. Você deve ser flexível, sem atrapalhar seu personagem.

Sempre reaja imediatamente às deixas do assistente de direção. Não pare no meio de uma cena simplesmente porque você não concorda com determinada deixa; você não está a par de todos os acontecimentos na sala de controle. Encene a cena até o final e depois fale. Pequenos erros de tempo são geralmente corrigidos na pós-produção.

Manutenção da continuidade

Como você sabe, produções em cinema e televisão digital são gravadas em vídeo em forma fragmentada, ou seja, não é possível desempenhar um papel do começo ao fim como em uma produção teatral. Você não pode aparecer todo otimista durante a primeira parte da gravação em vídeo e, poucos dias depois, quando a continuação da cena é gravada, projetar uma imagem de desânimo por não ter dormido bem na noite anterior. Muitas vezes, as cenas são gravadas fora de sequência para facilitar a produção e poupar dinheiro. Assim, não é possível ter um desenvolvimento contínuo e lógico das emoções, como é o caso de uma gravação contínua ao vivo ou captação para gravação ao vivo.

As cenas são inevitavelmente repetidas para melhorá-las ou para atingir diversos campos de visão e ângulos de câmera. Isso significa que, como ator, você não pode se preparar psicologicamente para uma única performance ininterrupta. Em vez disso, é preciso manter a energia e a motivação em cada tomada. A televisão infalivelmente detecta nuanças sutis e níveis de energia, além da continuidade na atuação – ou a falta dela.

Uma das qualidades mais importantes a observar na continuação de uma cena que foi iniciada alguns dias antes é o ritmo da sua atuação. Se você esteve lento na primeira parte da cena, não acelere na segunda parte, a menos que o diretor exija essa mudança. Em geral, é muito importante assistir a uma gravação de sua atuação anterior para que você possa continuar a cena com o mesmo nível de energia e ritmo.

Relacionamento entre diretor e ator

Como ator de TV, você não pode se dar ao luxo de ser temperamental; o diretor tem pessoas e elementos demais para coordenar. Às vezes, você talvez se sinta totalmente negligenciado pelo diretor, que parece se preocupar mais com um plano de câmera do que em aconselhá-lo sobre como interpretar uma cena difícil. O fato é que muitas vezes você vai mesmo ser negligenciado pelo diretor em favor de algum detalhe técnico. Você precisa entender que não é o único elemento significativo na produção; outras pessoas da produção também são: operadores de câmera, diretor de imagens, técnico de áudio, técnico de gravação e diretor de fotografia, só para citar alguns.

Mesmo que não tenha nenhuma intenção de se tornar ator de televisão, esforce-se para aprender o máximo possível sobre como atuar. Em geral, um ator capaz é um apresentador de televisão eficaz; um diretor de televisão com formação de ator está, em geral, mais bem equipado para lidar com o artista do que aquele que não tem conhecimento nenhum dessa arte.

Testes

Todos os testes são igualmente importantes, quer você esteja concorrendo a uma única frase dita fora das câmeras, quer ao papel principal em uma série dramática. Sempre que fizer um teste, procure dar o melhor de si. Prepare-se mesmo que não saiba de antemão o que vai ler. Vista algo apropriado que fique bem na câmera e esteja devidamente arrumado. Mantenha sua energia mesmo se tiver de esperar meio dia antes de ser chamado para apresentar suas falas.

Se receber o roteiro com antecedência, estude-o com cuidado. Por exemplo, se for fazer um comercial de refrigerante, familiarize-se o máximo possível com o produto, a empresa que o fabrica e a agência de publicidade que está produzindo o comercial. Conhecer o produto oferece certa confiança que inevitavelmente vai transparecer em sua apresentação. Ouça atentamente as instruções dadas a você antes do teste e durante a realização dele. Lembre-se de que a televisão é uma mídia intimista.

Quando instruído a demonstrar um produto, pratique antes de se apresentar diante das câmeras para se certificar, por exemplo, de que você sabe abrir o pacote de abertura fácil. Peça que a equipe de estúdio o ajude a preparar o produto para fácil manuseio. Também descubra a proximidade

da maioria dos planos para poder manter suas ações dentro do alcance da câmera.

Como ator, procure compreender bem o personagem que está retratando. Se o script não lhe disser muita coisa sobre o personagem, peça ao diretor ou produtor orientações sobre ele. Você deve ser capaz de perceber detalhes do personagem, mesmo que tenham sido dadas apenas algumas pistas mínimas. Escolha um padrão de comportamento e siga-o, mesmo que sua interpretação pareça um pouco deslocada. Se a percepção do diretor contrariar a sua interpretação, não discuta. Mais importante ainda: não peça ao diretor de elenco uma "boa motivação", como talvez tenha aprendido na escola de atores. Nesse ponto, presume-se que você seja capaz de analisar o script e se motivar pela leitura. Entenda que o teste é útil principalmente para verificar se você se sai bem em perceber rapidamente a imagem do personagem no script e se consegue se aproximar dele no modo de falar e, às vezes também, na aparência e no modo de agir.

Seja criativo sem exagerar. Quando foram feitos testes para o papel principal masculino em um programa de televisão sobre uma mulher solitária e um homem bruto e sem escrúpulos que queria se aproveitar dela, um dos atores testados acrescentou um pouco de sua própria interpretação ao personagem, o que, por fim, garantiu o papel a ele. Enquanto lia uma cena intimista na qual ele deveria convencer a protagonista a fazer amor com ele, cortou as unhas com um cortador um pouco enferrujado. Na verdade, esse detalhe do corte das unhas foi mais tarde inserido na cena.

Por fim, durante o teste – como ao participar de uma prova de atletismo ou de qualquer atividade competitiva --, esteja ciente, não com medo da concorrência. O talento inato para atuar nem sempre é o fator decisivo para se obter um papel. Às vezes, o diretor pode ter determinada imagem na mente sobre a aparência física e o comportamento do ator – pesado e desajeitado, leve e ágil ou magro e musculoso – que substitui a habilidade de atuação. Ou um ator conhecido que pode garantir um grande público talvez ganhe. Como ator, você precisa estar preparado para ser rejeitado repetidas vezes.

PONTOS PRINCIPAIS

▶ Artista de televisão se refere a todas as pessoas que se apresentam regularmente na frente das câmeras. Elas são classificadas em dois grandes grupos: apresentadores e atores.

▶ Os apresentadores de televisão estão basicamente envolvidos em programas não dramáticos, como telejornais, entrevistas e game shows. Eles representam a si mesmos. Os atores de televisão representam outra pessoa.

▶ O apresentador de televisão tem de adaptar suas técnicas às características da câmera e aos outros elementos de produção, incluindo áudio, tempo, deixas do assistente de direção, dispositivos de apresentação de texto e continuidade.

▶ Visto que a lente da câmera representa a plateia, os apresentadores devem olhar *através* dela para estabelecer e manter contato visual

Artista de televisão   303

com o espectador. Se as câmeras forem trocadas, os apresentadores devem transferir seu olhar para a câmera ligada de forma suave e natural.

▶ O tempo é um importante requisito de apresentação. O bom apresentador deve reagir rapidamente, mas com suavidade, às deixas de tempo, direção e áudio do assistente de direção.

▶ Os dispositivos de apresentação de texto tornaram-se essenciais para a produção de televisão. Os dois dispositivos mais utilizados são os cartazes de prompt (dália) e o teleprompter.

▶ A atuação na televisão exige que o ator supere a falta de uma plateia real e internalize o papel, restringindo os gestos e os movimentos por causa dos close-ups. Ele deve seguir precisamente as marcações ensaiadas, memorizar rápida e precisamente as falas, ter boa noção de tempo, manter a continuidade na aparência física e nível de energia durante uma série de tomadas, e manter uma atitude positiva apesar de ser ocasionalmente negligenciado pelo diretor.

▶ Apresentadores e atores devem estar muito bem preparados para os testes, vestir-se de forma adequada para a ocasião e papel e lapidar o personagem por meio de algum adereço ou maneirismo.

seção 15.2

Como se maquiar e o que vestir

Ao ouvir falar de maquiagem, você talvez pense em filmes em que os atores são transformados em monstros ou alienígenas ou sobre como simular uma variedade de ferimentos. Entretanto, a maior parte da maquiagem de televisão não é feita para transformar a aparência, mas para deixar alguém com a melhor aparência possível diante da câmera. O mesmo vale para as roupas. A menos que atuem em uma produção de época, a maioria dos atores vai usar roupas que se encaixam no papel, e os apresentadores vão escolher as roupas que os fazem parecer mais atraentes na câmera.

O objetivo desta seção é ajudá-lo a escolher a maquiagem, as roupas e os figurinos que não apenas se encaixem ao propósito do programa, mas que também agreguem valor à produção global e ao que se pretende comunicar.

▶ **Maquiagem**
Materiais, aplicação e requisitos técnicos.

▶ **Roupas e figurinos**
Caimento, textura e detalhes, e cores.

Maquiagem

A *maquiagem* é usada para melhorar, corrigir e mudar a aparência. Cosméticos padrão comprados em qualquer loja são utilizados diariamente por muitas pessoas para acentuar e melhorar suas características. Pequenas manchas na pele são cobertas, e os olhos e lábios, destacados. A maquiagem também pode ser usada para corrigir olhos com muito ou pouco espaço entre si, disfarçar a papada, um nariz grande ou pequeno, uma testa um pouco proeminente e muitas outras pequenas "falhas" semelhantes.

Se alguém vai retratar um personagem específico em uma peça, pode ser necessária uma mudança completa na aparência. Mudanças drásticas de idade, etnia e natureza podem ser obtidas por meio de técnicas de maquiagem criativa. Os artistas de maquiagem que trabalham em programas policiais ou séries médicas têm um cotidiano atribulado. As reproduções arrepiantes de todo tipo de lesão corporal ou os close-ups de operações sangrentas são muitas vezes tão realistas que beiram o repulsivo; de alguma forma, parecemos ter perdido o respeito pelo milagre da vida e vamos a qualquer extremo para capturar a atenção do público. No entanto, esses efeitos dão testemunho das altíssimas habilidades artísticas dos artistas da maquiagem.

Os diversos objetivos para aplicar cosméticos exigem diferentes técnicas, é claro. Melhorar a aparência de alguém exige o procedimento mais simples; corrigir a aparência de alguém é um pouco mais complicado; e mudar a aparência de um ator pode exigir técnicas de maquiagem complexas e elaboradas. Fazer um ator jovem parecer ter 80 anos é uma tarefa que cabe a um maquiador profissional. Você não precisa aprender tudo sobre os métodos de maquiagem corretiva e de personagens, mas mesmo a maquiagem normal de realce para televisão de alta definição (HDTV) pede procedimentos novos e um pouco mais elaborados do que passar um pouco de pó para que a luz key não reflita em seu rosto.

Mesmo que você não esteja planejando ser um artista, mas trabalhar como assistente de palco, operador de câmera ou diretor de uma equipe de EFP, você deve ter ideia dos materiais básicos, técnicas e requisitos básicos de maquiagem para televisão.

Materiais

Está disponível uma grande variedade de excelentes materiais para maquiagem em televisão. A maioria dos artistas de maquiagem no departamento de artes cênicas de faculdades ou universidades possui uma lista atualizada de produtos. Na verdade, a maioria das grandes drogarias pode lhe fornecer os materiais básicos para melhorar a aparência de um apresentador. As apresentadoras geralmente têm experiência com materiais e técnicas cosméticas. Os homens podem, pelo menos de início, precisar de alguns conselhos.

O item de maquiagem mais básico é uma *base* que cubra pequenas imperfeições e reduza reflexos de luz sobre a pele oleosa. Você pode usar as bases de maquiagem à base de água, os *pancakes*, ou uma variedade de cremes para base. *Corretivo* é um tipo de base gordurosa usada para cobrir a sombra de uma barba ou alguma mancha de pele proeminente. Qualquer uma da linha Kryolan Paint Stick, Aquacolor Cake e Supracolor Cream Foundation, a série de pancakes Maybelline EverFresh, pancakes e corretivos Max Factor ou produtos similares darão conta do recado. As cores variam de um marfim-claro e suave até tons escuros para apresentadores de pele escura.

As mulheres podem usar seu próprio batom, desde que os vermelhos não contenham muito azul. Para artistas de pele escura, um vermelho quente, como coral, costuma ser mais eficaz do que um vermelho mais escuro, que contém uma grande quantidade de azul. Outros materiais, como lápis de sobrancelha, máscara e sombra para olhos, geralmente fazem parte do kit de maquiagem de qualquer mulher.

Apesar de serem pouco utilizadas na maioria das produções não dramáticas, perucas e até mesmo máscaras e próteses de látex também fazem parte do arsenal do maquiador profissional.

Aplicação

Nem sempre é fácil convencer artistas não profissionais, especialmente os homens, a usar a maquiagem necessária. Talvez seja bom olhar para os convidados através da câmera antes de decidir se eles precisam de alguma maquiagem. Se precisarem, sugira com jeito a sua aplicação. Tente apelar não à vaidade do artista, mas à sua vontade de contribuir para um bom programa. Explique a necessidade da maquiagem em termos técnicos, como cor e equilíbrio de luz.

Todas as salas de maquiagem possuem grandes espelhos para que o artista possa assistir a todo o processo. Uma iluminação adequada e uniforme é fundamental. A temperatura de cor da luz na qual a maquiagem é aplicada deve corresponder, ou pelo menos se aproximar muito, à da iluminação de produção. A maioria das salas de maquiagem possui dois sistemas de iluminação que podem ser alterados do padrão interno (3.200 K) para o externo (5.600 K). O ideal é que a maquiagem seja aplicada sob as condições de iluminação nas quais a produção é gravada. Isso ocorre porque cada instalação de iluminação tem sua própria temperatura de cor. A luz avermelhada (temperatura de cor baixa) pode exigir maquiagem mais fria e azulada que necessitaria de uma iluminação mais azulada (temperatura de cor alta), na qual é preciso usar maquiagem mais quente (mais avermelhada). (Para rever aspectos relacionados à temperatura de cor, ver Capítulo 11.)

Quando a maquiagem é aplicada em estúdio, tenha um pequeno espelho de mão. Em geral, os artistas de televisão preferem fazer a própria maquiagem, pois sabem de que tipo precisam para cada programa.

Ao utilizar uma maquiagem com pancake à base de água, aplique-a uniformemente com uma esponja úmida sobre o rosto e áreas adjacentes da pele exposta. Coloque base até a linha do cabelo e retire o excesso com uma toalha. Se forem mostrados close-ups das mãos, aplique nelas e nos braços a base de pancake. Isso é especialmente importante para apresentadores que demonstram pequenos objetos na câmera. Se for exposto um bronzeado desigual (especialmente quando mulheres usam vestidos com decotes nas costas ou diferentes tipos de trajes de banho), todas as áreas da pele nua devem ser cobertas com esse tipo de maquiagem. Os calvos precisam de uma quantidade generosa de pancake para atenuar os inevitáveis reflexos de luz e encobrir a transpiração.

A HDTV gerou não apenas novos materiais para maquiagem, mas também novas técnicas de aplicação. Em vez de usar uma esponja ou um pincel para aplicação do creme de base, ele é normalmente aplicado com spray na forma líquida com um aerógrafo. Aqui vão os passos básicos para a aplicação de base de maquiagem para HDTV.

- Limpe o rosto usando um limpador e um chumaço de algodão.

- Use um corretivo de base cremosa para cobrir quaisquer imperfeições.

- Usando o aerógrafo, borrife a base líquida. Mantenha o bico de 15 a 20 centímetros distante do rosto.

- Após permitir a secagem da base por cerca de 30 segundos, use um pincel grande e macio para distribuir uma fina camada de pó claro sobre a base.

- Para evitar entupimento, o aerógrafo deve ser limpo entre um uso e outro.

Cuidado para não dar aos apresentadores do sexo masculino uma aparência de bebê em razão do excesso de maquiagem. Às vezes, é desejável que apareça um pouco da barba. Uma aplicação muito suave de maquiagem amarela ou laranja neutraliza satisfatoriamente o azul de uma pesada sombra de cinco horas (mais ou menos como a contraluz para uma área azul de chroma-key). Se for necessário utilizar base adicional, um corretivo em torno da área da barba deve ser aplicado primeiro e depois complementado com pó. Você pode achar que pincelar uma camada clara de pó é suficiente, não apenas para melhorar a aparência, mas especialmente para evitar a reflexão da luz no rosto, nariz e maçãs do rosto.

Visto que o rosto é o agente de comunicação mais expressivo, tente, na medida do possível, manter o cabelo fora dele.

Requisitos técnicos

Como tantos outros elementos de produção, a maquiagem deve ceder às exigências da câmera de televisão. Essas limitações incluem a distorção de cor, o equilíbrio de cores e os close-ups.

Distorção de cor Como já mencionado, tons de pele são as únicas referências de cor reais que o telespectador tem para ajuste de cor em um receptor doméstico. Portanto, sua exibição precisa é de extrema importância. Como as cores frias (tons com uma tonalidade azul) tendem a exagerar o azulado, especialmente com iluminação de alta temperatura de cor, as cores quentes (vermelhos quentes, laranjas, marrons e castanhos) são as preferidas para a maquiagem de televisão. Elas costumam dar mais brilho, sobretudo quando usadas em pele escura.

A cor-base da maquiagem deve combinar com os tons de pele naturais, tanto quanto possível, independentemente de o rosto ser naturalmente claro ou escuro. Mais uma vez, para evitar sombras azuladas, prefira cores quentes para a base. Contudo, cuidado para que a pele de cor clara não fique rosa. Assim como devemos evitar muito azul em um rosto escuro, devemos evitar muito rosa em um rosto claro.

A refletância da pele de um rosto escuro pode produzir destaques pouco atraentes, os quais devem ser atenuados por meio de uma boa base de pancake ou pó translúcido. Senão o operador de vídeo terá de compensar os destaques por meio de sombreamento, tornando as áreas de imagem escura anormalmente densas.

Equilíbrio de cor Em geral, diretor de arte, cenógrafo, maquiador e figurinista coordenam todas as cores em uma cena durante reuniões de produção. Em produções independentes, nas quais prestadores de serviço são contratados para a cenografia e maquiagem, essa coordenação nem sempre é fácil. Em todo caso, tente comunicar os requisitos de cores para esses profissionais da melhor maneira possível. Um planejamento sobre as cores que serão usadas no cenário, no figurino e na maquiagem certamente vai facilitar o processo de produção.

Às vezes, as cores do entorno se refletem na roupa ou no rosto do artista, o que a câmera mostra como distorções de cores visíveis. Uma maneira de evitar esses reflexos é fazer o artista se afastar o suficiente das superfícies refletoras. Quando isso não é possível, aplique uma quantidade adequada de maquiagem de base e mais pó nas áreas de pele descoloridas. O telespectador vai tolerar até certo ponto a distorção de cores nas roupas, mas não na pele, a menos que as cores sejam distorcidas propositadamente para efeito dramático.

Close-ups A maquiagem deve ser suave e sutil o suficiente para que o rosto do artista tenha uma aparência natural, mesmo em um close-up extremo com uma câmera HDTV. A pele deve ter um brilho normal, nem oleosa demais (alta refletância) nem muito opaca (baixa refletância, mas sem brilho – a pele fica sem vida). A sutileza da maquiagem de televisão é diretamente oposta às técnicas de maquiagem do teatro, nas quais as características e as cores são muito exageradas para benefício dos espectadores dispostos nas últimas fileiras. A boa maquiagem de televisão continua basicamente invisível, de modo que um close-up do rosto da pessoa em condições de iluminação real de produção é o melhor critério para avaliar a necessidade e a qualidade da maquiagem.

Se o apresentador ou ator aparece bem na câmera sem maquiagem, pode-se dispensar esse recurso. No entanto, um pouco de pó translúcido prevenirá reflexos de luz indesejadas, especialmente quando o artista começar a transpirar. Se um artista precisa de maquiagem e o close-up de seu rosto pronto parecer normal, a maquiagem está aceitável. Se ela ficar carregada, deve-se atenuá-la.

Roupas e figurinos

Em operações de estações de TV pequenas e na maioria das produções de vídeos comerciais ou institucionais, a principal preocupação está relacionada à roupa do apresentador, não ao figurino do ator. As roupas do apresentador devem ser atraentes e elegantes, mas não espalhafatosas ou ostentosas demais. Os telespectadores esperam que o apresentador esteja bem vestido, mas não de forma exagerada. Afinal, um apresentador de televisão é um convidado na casa do telespectador, não um animador de casa noturna.

Roupas
O tipo de roupa que você usa como apresentador depende muito de seu gosto pessoal. Também depende do tipo de programa ou da situação e ocasião. Obviamente, você vai vestir de maneira diferente ao fazer reportagens ao vivo em campo durante uma tempestade de neve e ao participar de um painel de discussão sobre a eficiência das escolas em sua cidade. Seja qual for a ocasião, algumas roupas ficam melhores na televisão do que outras. Visto que a câmera olha para você de longe e de perto, as linhas, a textura e os detalhes são tão importantes como o esquema geral de cores.

Caimento A televisão acrescenta alguns quilos ao peso do apresentador, mesmo que ele não seja digitalmente esticado para fazer uma imagem de 3 × 4 caber na tela de 16 × 9 (veja Capítulo 14). Roupas de corte justo ajudam a combater esse problema. Vestidos elegantes e ternos bem-ajustados parecem mais atraentes que tecidos pesados, com listras horizontais, e roupas folgadas. A silhueta geral da roupa deve parecer agradável de vários ângulos e parecer justa, mas confortável.

Textura e detalhes Enquanto o caimento é de especial importância em planos gerais, a textura e os detalhes da roupa se tornam relevantes em close-ups. Tecidos com textura normalmente têm melhor aparência que os lisos, mas evite padrões que apresentam intenso contraste ou muitos detalhes. Padrões geométricos com espaçamento apertado, como espinhas de peixe e quadriculados, causam o efeito moiré, que parece sobrepor cores vibrantes do arco-íris. **Figura 15.7**

O efeito moiré ocorre quando as linhas de varredura da câmera tropeçam nas linhas do padrão óptico. A HDTV não ajuda e, de fato, costuma piorar esse efeito. Uma técnica comprovada é desfocar um pouco a câmera, o que vai tornar as linhas ópticas menos precisas. Note que a maioria dos monitores de estúdio de alta qualidade possui circuitos

15.7 Efeito moiré*
Roupas com padrões de listras finas e apertadas podem causar um efeito indesejável, denominado moiré, que geralmente vibra e às vezes produz cores do arco-íris, como nessa gravata cinza-brilhante.

integrados de supressão de moiré, mas a maior parte dos receptores domésticos não. Você talvez não se dê conta do problema moiré que uma jaqueta com padrão de espinha de peixe ou uma gravata quadriculada causa quando se olha no espelho ou em um monitor de alta qualidade. Se suspeitar de um possível problema provocado pelo efeito moiré, veja a roupa em um aparelho de televisão que não tenha tais circuitos preventivos.

Listras também podem causar problemas, pois, às vezes, ultrapassam o vestuário e "sangram" nos sets e objetos ao redor. A menos que você disponha de uma câmera HDTV de alta qualidade, os detalhes extremamente finos em um padrão vão parecer muito comprimidos ou desfocados.

Torne sua roupa mais interessante para a câmera: evite uma textura detalhada e acrescente acessórios como lenços e joias. Embora o estilo das joias dependa, logicamente, do seu gosto, em geral você deve limitar o uso de apenas uma ou duas peças distintas. O brilho do strass pode tornar-se um toque visual interessante quando se trata de uma ocasião especial, como um jantar televisionado para arrecadar fundos ou um concerto da orquestra sinfônica local, mas torna-se obviamente deslocado quando se entrevista a vítima de um crime.

Cor　No processo de escolha de cores, é fundamental que elas se harmonizem com o set. Se o set é amarelo-limão, não use um vestido amarelo-limão. Como mencionado anteriormente, evite o vermelho saturado, a menos que esteja trabalhando com câmeras de estúdio muito boas. Se estiver participando em um chroma-key azul (como no boletim meteorológico), não use um azul semelhante, a menos que queira ficar transparente durante o chroma-key. Até mesmo um cachecol ou uma gravata azul pode causar problemas. O mesmo vale para vestir-se de verde se você trabalha em frente ao fundo verde de chroma-key.

Pode-se usar preto ou uma cor muito escura, ou branco ou uma cor muito clara, desde que o material não seja brilhante e altamente reflexivo. Evite, no entanto, uma combinação dos dois, mesmo que a câmera digital sofisticadíssima possa dar conta desse contraste. Se o set for muito escuro, evite camisas brancas engomadas. Se as cores forem extremamente claras, não use preto. Mesmo que o dramático contraste de cores seja desejável, variações extremas de brilho causam dificuldades até para as melhores câmeras e operadores de vídeo.

Roupas brancas engomadas e brilhantes podem escurecer as áreas expostas da pele na tela da televisão ou distorcer as cores mais sutis, especialmente quando a câmera está em íris automática. Apresentadores de pele escura devem evitar roupas brancas ou amarelo-claras que são altamente refletivas. Se usar terno escuro, reduza o contraste de brilho vestindo uma camisa em tons pastel. Estas cores ficam bem na televisão: azul-claro, rosa, verde-claro, bege ou cinza. Como sempre, quando estiver em dúvida sobre como determinada combinação de cores aparece na câmera, visualize-a na câmera do set sob as condições reais de iluminação.

Figurinos

Na maioria das produções normais de vídeos não realizados para a televisão ou nas produções independentes para a TV, não é necessário o uso de roupas de época ou fantasias. No caso de uma peça ou comercial que envolva atores com figurinos especiais, sempre é possível alugar os itens necessários de uma empresa de figurinos ou pedi-los emprestados ao departamento de artes cênicas de uma escola secundária ou faculdade local. Os departamentos de artes cênicas normalmente possuem uma sala repleta de figurinos, onde é possível encontrar uniformes e trajes de época. Quando se utilizam trajes de época na televisão, eles devem parecer convincentes mesmo em um close-up muito próximo. Em geral, a fabricação desses acessórios e trajes utilizados no teatro é grosseira demais para a câmera de televisão.

As restrições de cor e padrão para roupa também se aplicam ao figurino. O design total da cor – o equilíbrio geral entre as cores do cenário, do figurino e da maquiagem – é importante em algumas peças de televisão, principalmente em musicais e shows de variedades, em que planos gerais revelam, com frequência, a cena total, incluindo atores, bailarinos, cenário e adereços. Como já mencionado, em vez de tentar equilibrar todas as tonalidades, é mais fácil harmonizar as cores segundo sua energia estética relativa. Pode-se conseguir esse equilíbrio mantendo o set com energia relativamente baixa (cores de baixa saturação) e os acessórios e figurinos com alta energia (cores de alta saturação).

PONTOS PRINCIPAIS

▶ A maquiagem e as roupas são aspectos importantes da preparação do artista para o trabalho diante das câmeras.

▶ A maquiagem é aplicada por três motivos básicos: para melhorar, corrigir e mudar a aparência.

▶ Em geral, as cores quentes parecem melhores do que as frias porque a câmera tende a enfatizar o azulado das cores frias. No entanto, evite usar vermelho, a menos que trabalhe com câmeras de ponta.

▶ A maquiagem deve ser suave e sutil para parecer natural sob a iluminação real de produção e em close-ups extremos. O item de maquiagem mais básico é uma base que cobre pequenos defeitos. Pancakes à base de água, vendidos em uma variedade de tons de pele, são geralmente utilizados em maquiagem de televisão.

▶ As técnicas de maquiagem de televisão não diferem muito da aplicação comum da maquiagem, especialmente se o objetivo for melhorar ou corrigir a aparência. Todavia, técnicas comuns de maquiagem podem não ser boas o suficiente para câmeras de televisão de alta definição (HDTV). Maquiagem de base para HDTV é borrifada com um aerógrafo.

▶ Os seguintes fatores são importantes na escolha da roupa: caimento, pelo qual um corte elegante é melhor; textura e detalhes, os quais não devem fazer as roupas parecerem muito detalhadas; e cores, que devem se harmonizar e ainda assim contrastar com a cor dominante do set.

▶ Padrões listrados ou quadriculados e de espinha de peixe muito apertados, vermelhos altamente saturados e uma combinação de tecidos pretos e brancos devem ser evitados.

capítulo 16

O diretor em produção

Agora você está pronto para colocar o boné de diretor novamente, sentar na cadeira alta do diretor e dirigir um pouco. Mas, em vez do seu notebook, no qual gravou todas as etapas da pré-produção, você precisa agora de um megafone para dizer "Luz, câmera, ação!". No entanto, você logo vai perceber que ordenar o início de uma ação é apenas uma pequena parte da função do diretor. Você precisa ser multitarefa, mas também capaz de prestar atenção a cada elemento da produção. Certamente, não é um trabalho fácil!

Toda a preparação meticulosa terá pouco valor se você não conseguir dirigir ou coordenar os diversos elementos durante a fase de produção. A seção 16.1, Direção na sala de controle com múltiplas câmeras, apresenta uma visão geral do que é exigido quando se dirigem diferentes produções com múltiplas câmeras em estúdio e externa. Na seção 16.2, Direção com câmera única e digital, aborda-se o chamado estilo de gravação cinematográfico: a utilização de câmera de televisão de alta definição (HDTV) ou de cinema digital para registrar as cenas em vídeo.

PALAVRAS-CHAVE

Ensaio com câmera; Ensaio com figurino; Passagem de falas; Intercom; Direção com múltiplas câmeras; Duração do programa; Horário programado; Direção com uma única câmera; Ensaio geral.

seção 16.1

Direção na sala de controle com múltiplas câmeras

Como diretor de televisão, espera-se que você seja um artista que saiba traduzir ideias em imagens e sons eficazes, um psicólogo que consiga encorajar as pessoas a darem o melhor de si, um conselheiro técnico que saiba resolver os problemas que a equipe possivelmente desistiria de tentar resolver, um coordenador e alguém obcecado por detalhes que não deixa nada sem verificar. Esta seção apresenta as funções e o jargão do diretor além das etapas principais de direção com múltiplas câmeras e do uso de múltiplas câmeras no cinema digital.

▶ **Funções do diretor**
  Artista, psicólogo, consultor técnico e coordenador.

▶ **Terminologia do diretor**
  Variações de terminologia e terminologia de direção para produções multicâmera.

▶ **Procedimentos de direção com multicâmera**
  Direção a partir do switcher e sistemas de intercomunicação do switcher.

▶ **Direção de ensaios**
  Leitura do script, passagem de falas ou ensaio de marcação, ensaio geral, ensaios com câmera e figurino, e combinação de ensaio geral com câmera.

▶ **Direção do programa**
  Precauções de segurança e procedimentos de programa no ar.

▶ **Controle de tempo**
  Horário programado e tempo de execução, back-timing e front-timing, e conversão de frames em horário.

Funções do diretor

As várias funções que o diretor deve assumir não são tão claramente definidas como descrito nesta seção. Elas frequentemente se sobrepõem, e talvez seja necessário mudar de uma para outras várias vezes apenas nos primeiros cinco minutos de ensaio. Mesmo quando pressionado pelo tempo e por pessoas com uma diversidade de problemas, sempre dê total atenção às tarefas que tem em mãos antes de passar para a próxima.

Diretor como artista

No papel de artista, espera-se que o diretor produza imagens e som que não apenas transmitam a mensagem pretendida de forma clara e eficaz, mas que faça isso com talento. Você precisa saber como olhar para um evento ou script, reconhecer rapidamente a qualidade essencial dele e selecionar e ordenar os elementos que ajudam a interpretá-lo para um público específico. Talento e estilo entram em cena quando faz todas essas coisas com um toque pessoal – por exemplo, quando grava determinada cena com muito rigor para aumentar a energia ou seleciona uma música de fundo incomum que ajuda a transmitir determinado humor. Entretanto, ao contrário do pintor que pode esperar a inspiração e retocar a pintura até que finalmente fique de acordo com o que planejou, o diretor de televisão deve ser criativo em determinado momento e tomar as decisões certas da primeira vez.

Diretor como psicólogo

Como relaciona-se com variadas pessoas que abordam a produção televisiva de diferentes perspectivas, você precisa também assumir o papel de psicólogo. Por exemplo, em uma única produção, talvez tenha de se comunicar com o produtor preocupado com o orçamento, com os técnicos que estão principalmente interessados na qualidade técnica de imagem e som, com um artista temperamental, com um designer que não abre mão das ideias que elaborou para o set e com a mãe de um ator mirim que acha que os closes do filho não estão próximos o suficiente.

Você não apenas tem de fazer todos trabalharem em um nível consistentemente elevado, mas também precisa fazê-los trabalhar como equipe. Embora não haja fórmula para dirigir uma equipe com tantas pessoas diversas, apresentamos a seguir algumas orientações básicas para ajudá-lo a exercer a liderança necessária.

- Esteja bem preparado e saiba o que quer realizar. Não dá para fazer as pessoas trabalharem em prol de um objetivo comum se você não sabe qual é.
- Conheça as funções específicas de cada membro da equipe. Explique a todas as pessoas o que você quer que elas façam antes de responsabilizá-las pelo trabalho realizado.
- Seja preciso sobre o que você quer que o artista faça. Não dê instruções vagas, nem se intimide com uma celebridade. Quanto mais profissional for o artista, mais prontamente ele vai acatar suas instruções.
- Transmita uma atitude segura. Seja firme, mas não duro, ao dar instruções. Ouça as recomendações da equipe de produção, mas não a deixe decidir por você.
- Não zombe de ninguém por ter cometido um erro. Indique problemas e sugira soluções. Tenha em mente a meta global.

Manual de produção de televisão

■ Trate o artista e todos os membros da equipe de produção com respeito e cordialidade. O bom diretor não conhece hierarquia de importância entre os membros da equipe. Todos têm igual responsabilidade em executar a produção.

Diretor como consultor técnico

Embora você não tenha de ser perito na operação do equipamento técnico, na função de diretor deve ser capaz de fornecer à equipe instruções úteis sobre como usá-lo para conseguir seu objetivo de comunicação. No papel de consultor técnico, você age mais ou menos como o maestro de uma orquestra sinfônica. O maestro talvez não saiba tocar todos os instrumentos da orquestra, mas ele certamente conhece os sons que os vários instrumentos podem gerar e como devem ser tocados para produzir a música que ele quer ouvir.

Diretor como coordenador

Além de ter habilidades artísticas, psicológicas e técnicas, você deve ser capaz de coordenar um grande número de detalhes e processos de produção. O papel de coordenador vai além de orientar no sentido tradicional, que geralmente significa fazer a marcação do artista e ajudá-lo a ter o melhor desempenho.

Em especial, ao dirigir programas não dramáticos, esforce-se ao máximo para indicar aos membros da equipe de produção (técnicos e não técnicos) quando iniciar determinadas funções de áudio e vídeo, como obter planos de câmera apropriados, ligar o gravador de vídeo (VR), acompanhar os níveis de áudio, alternar entre câmeras e efeitos especiais, recuperar gráficos gerados eletronicamente e mudar para recepção remota. Também é preciso prestar atenção ao artista que, às vezes (e com razão), sente que fica em segundo plano em relação à aparelhagem de televisão. É necessário ainda coordenar as produções dentro de um prazo rígido, no qual cada segundo tem um preço absurdamente alto. Essa coordenação requer prática, e não espere ter se tornado um diretor competente apenas com a leitura deste livro.

Terminologia do diretor

Como acontece com qualquer outra atividade humana em que muitas pessoas trabalham em conjunto em uma tarefa comum, a direção de televisão exige uma linguagem precisa e específica. Sua primeira tarefa para se tornar um diretor é, logicamente, aprender a falar essa linguagem com clareza e confiança. Somente então você poderá realizar a difícil tarefa de fazer malabarismos para dominar programações, equipamentos, pessoal e visão artística. Esse jargão, que deve ser entendido por todos os membros da equipe, geralmente é chamado linguagem de diretor ou, mais especificamente, terminologia do diretor. É essencial para a comunicação eficiente e exata entre o diretor e a equipe de produção.

Variações de terminologia

Quando começar a aprender direção televisiva, você provavelmente já vai ter dominado boa parte do jargão da produção e talvez a maior parte da linguagem específica do diretor em particular. Como qualquer outra linguagem, a terminologia do diretor está sujeita a hábitos e mudanças. Embora o vocabulário básico seja bastante padronizado, há algumas variações entre os diretores. E, à medida que surgem novas tecnologias, a linguagem do diretor também modifica. Por exemplo, ainda não dispomos de termos padrão para uma operação completamente sem fita. Alguns diretores ainda pedem "SOT" (sound on tape/som no tape) mesmo que os clipes sejam fornecidos por um servidor ou falam de "live-on-tape/gravado ao vivo" quando gravam um programa em disco rígido durante uma transmissão ao vivo. Você pode ainda ouvir âncoras de telejornais pedindo para mostrar novamente a fita quando eles querem que os telespectadores vejam mais uma vez uma sequência de eventos especialmente crucial e não programado.

Terminologia de direção para produções multicâmera

A terminologia apresentada aqui reflete principalmente a direção com múltiplas câmeras em estúdio ou switcher em caminhão de externa – o tipo de direção que requer a terminologia mais precisa. Uma única chamada imprecisa pode causar uma série de erros graves. Também é possível usar a maioria desses termos na direção com câmera única, independentemente de a produção acontecer em estúdio ou em campo.

Independentemente da terminologia utilizada, ela deve ser consistente e entendida por todos da equipe de produção; há pouco tempo para explicações durante o programa. Quanto mais curtos e menos ambíguos forem os sinais, melhor será a comunicação. As tabelas a seguir mostram a terminologia do diretor para visualização, continuidade, efeitos especiais, áudio, gravação em vídeo e deixas para o assistente de estúdio. **Figuras 16.1 a 16.6**

Procedimentos de direção com múltiplas câmeras

Durante a *direção com múltiplas câmeras*, você dirige e coordena vários elementos de produção simultaneamente a partir da sala de controle da televisão (control room/switcher), em estúdio ou em um caminhão de externa (ver Capítulo 17). Geralmente, você tenta criar um produto o mais acabado possível que pode ou não necessitar de alguma edição de pós-produção. Ao fazer uma transmissão ao vivo, não há chance de consertar qualquer coisa na pós-produção; sua direção é o corte final.

A direção com múltiplas câmeras envolve a coordenação das muitas operações técnicas, bem como as ações do artista. Você vai notar que, em um primeiro momento, supervisionar as máquinas complexas – câmeras, áudio, gráficos, gravador de vídeo (VR), sinais de externa e relógio

– representa um grande desafio. Entretanto, depois de dominar razoavelmente as máquinas, a tarefa mais difícil será lidar com as pessoas: aquelas que estão diante da câmera (artistas) e atrás dela (equipe de produção).

Direção a partir da sala de controle (control room)

Na direção com múltiplas câmeras, você precisa se preocupar não apenas com a visualização de cada plano, mas também com a continuidade imediata de vários planos, o que inclui a direção de programas ao vivo, produções gravadas ao vivo e segmentos de programas mais longos, que são montados posteriormente, mas não são alterados em pós-produção relativamente simples. A direção com múltiplas câmeras sempre envolve o uso de uma sala de controle, independentemente de ela estar junto ao estúdio, em um caminhão de externa ou temporariamente montada em campo para cinema digital. Como a sala de controle foi projetada especificamente para produções com múltiplas câmeras e para a boa coordenação de todas as outras instalações e pessoal de vídeo, áudio e gravação, a direção com múltiplas câmeras é frequentemente chamada direção a partir da sala de controle.

A rede de segurança durante os ensaios com câmera e direção no ar é um sistema de intercomunicação impecável e confiável que o conecta com o restante do pessoal da sala de controle (switcher), com a equipe em estúdio e, se necessário, com o artista.

Sistemas de intercomunicação da sala de controle

Os sistemas de *intercomunicação* (ou intercom) da sala de controle fornecem comunicação imediata por voz entre toda a equipe de produção e técnica. Os sistemas mais comuns são: PL, IFB e SA.

16.1 Deixas de visualização do diretor
As deixas de visualização são orientações para que a câmera obtenha os planos ideais. Algumas dessas visualizações podem ser obtidas na pós-produção (como o zoom eletrônico por meio de ampliação digital), mas são muito mais facilmente obtidas por meio do manuseio apropriado da câmera.

DE	DEIXA DO DIRETOR	PARA
	Panorâmica à esquerda	
	Panorâmica à direita	
	Pedestal para cima ou crane para cima	
	Pedestal para baixo ou crane para baixo	
	Dolly in	

16.1 Deixas de visualização do diretor *(continuação)*

DE	DEIXA DO DIRETOR	PARA
	Dolly out	
	Zoom-in ou aproximar	
	Zoom-out ou afastar	
	Truck à direita	
	Arco à esquerda	

Edward Aiona

16.1 Deixas de visualização do diretor *(continuação)*

AÇÃO	DEIXA DO DIRETOR
Cortar da câmera 1 para a câmera 2.	**Atenção dois – mostrar dois.**
Dissolvência a partir da câmera 3 para a câmera 1.	**Atenção um para dissolvência – dissolvência.** *ou:* **Atenção dissolvência um – dissolvência.**
Efeito de revelar/desaparecer horizontal da câmera 1 para a câmera 3.	**Atenção três para wipe horizontal** [sobre 1] – **wipe.** *ou:* **Atenção efeitos número x** [o número é especificado pelo programa da mesa de corte]– **efeitos.**
Fade in da câmera 1 para preto.	**Atenção para fade in câmera um – fade in câmera um.** *ou:* **Aprontar um – um pronta.**
Fade out da câmera 2 para preto.	**Preto pronto – ir para preto.**
Fade para preto curto entre as câmeras 1 e 2.	**Cross-fade pronto para dois – cross-fade.**

É importante ter em mente que a terminologia a seguir pode diferir de estação para estação.

Cortar entre a câmera 1 e o clipe.	**Atenção clipe dois, servidor seis – mostrar seis.** *ou:* **Atenção clipe dois, servidor seis – iniciar seis.**
Cortar entre VR e GC.	**Atenção GC – inserir GC.** *ou:* **Atenção efeitos em GC – mostrar efeitos.**
Cortar de um título do GC para os próximos três.	**Atenção para mudança de página – mudança – mudança – mudança.**

16.2 Deixas de continuidade do diretor

As deixas de continuidade ajudam a passar de um plano para o próximo e incluem as principais transições.

Intercomunicação PL A maioria das estações pequenas e dos estúdios de produção independentes usa o sistema de intercomunicação telefônica ou linha privativa/linha telefônica (PL – partyline/privateline/phoneline). Toda a equipe de produção e técnica que precisa estar em contato por voz entre si usa fones padrão do tipo telefonista com fone de ouvido e um pequeno microfone. Embora a maioria dos sistemas de PL de estúdio seja sem fio, ainda deve estar disponível um sistema com fio de reserva.

A maior parte dos grandes estúdios de produção dispõe de um sistema de intercomunicação sem fio. Se for com fio, deve haver várias saídas de intercomunicação para ligar os fones para o assistente de estúdio, a equipe de estúdio e o operador de vara de microfone. Além disso, cada câmera possui pelo menos duas saídas de intercomunicação: uma para o operador de câmera e a outra para um membro da equipe de estúdio. Contudo, é fundamental que a equipe de estúdio use as saídas de intercomunicação da parede em vez da saída extra da câmera. Uma ligação à câmera não só limita seu raio de ação, mas também interfere na flexibilidade da câmera. Há sempre o perigo de o assistente de estúdio puxar a câmera ao tentar chamar a atenção do artista.

Alguns programas precisam de alimentação simultânea de som do programa e sinais do switcher para outro pessoal de produção, como o operador de boom de microfone ou músicos de estúdio (em geral, o maestro da banda ou orquestra) que precisam coordenar suas ações tanto com o som do programa como com as deixas do diretor. Nesses casos, você pode usar fone de ouvido duplo no qual um dos fones transporta os sinais de intercom, e o outro, o som do programa.

Às vezes, ao trabalhar em ambientes ruidosos ou perto de uma fonte de som de volume alto, como uma banda de rock, pode ser necessário um fone com abafador duplo, que filtre os sons de volume alto, pelo menos até certo ponto.

AÇÃO	DEIXA DO DIRETOR
Superposição da câmera 1 para a 2.	**Atenção super um sobre dois – super.**
Voltar para a câmera 2.	**Atenção para voltar super – voltar super.** *ou:* **Atenção para assumir um – assumir um.**
Ir para a câmera 1 a partir da superposição.	**Atenção para passar para um – passar para um.**
Para key de GC sobre a imagem-base na câmera 1.	**Atenção key de GC** [sobre 1] **– key.**
Para key do título de cartão do estúdio na câmera 1 sobre a imagem-base na câmera 2.	**Atenção key sobre dois – key.**
Enviar o título por key-out do cartão de estúdio na câmera 1 com uma tonalidade amarela sobre a imagem-base na câmera 2.	**Atenção máscara de key um, amarelo, sobre dois – máscara de key.**
Para que o título do GC apareça em sombra sobre a imagem--base na câmera 1.	**Atenção sombra de GC sobre um – key de GC.** *Às vezes, o diretor usa o nome do fabricante do GC, como Chyron. Assim, você diria:* **Atenção Chyron sobre um – entrou Chyron.** *Como a informação de GC quase sempre é enviada por key, esta expressão costuma ser omitida na deixa de pronto.* *ou:* **Efeitos prontos, sombra – inserir efeitos.** *Alguns diretores simplesmente pedem uma "inserção", que se refere ao down stream keyer. Normalmente, o modo de letreiro (sombra ou contorno) já está programado no GC, de modo que basta dizer:* **Atenção para inserir sete – inserir.**
Para que um padrão de efeito de revelar/desaparecer (wipe) ocorra sobre a imagem, como uma cena com a câmera 2, e substitua uma cena na câmera 1 por meio de um wipe em círculo.	**Atenção wipe em círculo, dois sobre um – wipe.** *Qualquer outro wipe é chamado da mesma maneira, exceto que o padrão específico dele é substituído na expressão "wipe em círculo". Se precisar de um wipe suave, basta pedir* **Atenção wipe suave***, em vez de "Atenção wipe".*
Para ter uma inserção (vídeo B) que cresce de tamanho em um movimento de zoom, substituindo a imagem-base (vídeo A).	**Atenção squeeze out – squeeze.** *ou:* **Atenção efeito dezesseis – squeeze out.**
Para conseguir o squeeze oposto (vídeo B fica menor).	**Atenção squeeze in – squeeze.**
Para conseguir um grande número de transições por meio de wipes.	**Atenção efeito de wipe vinte e um – wipe.**

Muitos dos efeitos complicados são pré-programados e armazenados em um programa de computador. A recuperação ocorre por números. Para ativar uma sequência de efeitos, basta chamar o número: **Atenção efeito oitenta e sete – aplicar efeito.**

16.3 Deixas de efeitos especiais do diretor

As deixas de efeitos especiais nem sempre são uniformes, e, dependendo da complexidade do efeito, os diretores podem inventar suas próprias expressões. Independentemente das deixas utilizadas, todas precisam ser padronizadas entre os membros da equipe de produção.

AÇÃO	DEIXA DO DIRETOR
Para ativar um microfone em estúdio.	**Atenção para passar para artista.** *Ou algo mais específico, como:* **Mary – deixa.** *O engenheiro de áudio vai abrir o microfone automaticamente.* *ou:* **Atenção para deixa de Mary – abrir microfone, deixa.**
Para começar a música.	**Música pronta – música.**
Para baixar a música para o locutor.	**Atenção para baixar a música – música baixa, cue locutor.**
Para tirar a música.	**Música pronta para corte – cortar música.** *ou:* **Cortar música.**
Para fechar o microfone no estúdio (do locutor) e passar para o som de origem (SOS); nesse caso, um clipe do servidor.	**Atenção SOS – fechar microfone, rodou.** *ou:* **Atenção SOS – SOS.**
Para rolar uma gravação de áudio (como um clipe ou CD).	**Atenção gravador de áudio, clipe dois [ou CD dois].** **Vai áudio.** *ou:* **Atenção clipe de áudio dois – vai.**
Para reduzir uma fonte de som e desligá-la enquanto reduz outra ao mesmo tempo (semelhante a uma dissolvência).	**Atenção cross-fade da [fonte] para [outra fonte] – cross-fade.**
Para ir de uma fonte de som para outra sem interrupção (normalmente duas músicas).	**Pronto passagem de [origem] para [outra fonte] – foi.**
Para aumentar o volume do alto-falante do programa para o diretor.	**Aumentar monitor.**
Para reproduzir um efeito de som em CD.	**Atenção corte de CD x – entrou CD** *ou:* **Atenção efeito de som x – tocou efeito.**
Para colocar informações de placa na mídia de gravação (seja pelo microfone aberto do assistente de direção, seja por respostas corrigidas para o VR).	**Atenção para ler placa – ler placa.**

© Cengage Learning

16.4 Deixas de áudio do diretor

As deixas de áudio envolvem deixas para microfones, iniciar e parar fontes de áudio, como tocadores de CD, e integrar ou mixar essas fontes.

O microfone nesses fones não transmite o som ambiente e só é ativado quando você fala.

Na maioria das operações de televisão, as equipes de produção e técnica usam o mesmo canal de intercomunicação, o que significa que todos podem ser ouvidos por todos os outros. A maioria desses sistemas também possui recursos para separar as linhas para diferentes funções. Por exemplo, enquanto o diretor de imagens conversa com o operador de vídeo em um canal, o diretor pode, simultaneamente, dar instruções à equipe de estúdio. Estúdios maiores e caminhões de externa fornecem uma dúzia ou mais de canais de intercomunicação separados.

Sistema IFB Usamos esse sistema em programas com formato altamente flexível ou quando é provável que ocorram mudanças no programa enquanto ele estiver no ar. O sistema IFB conecta a sala de controle (diretor e produtor) diretamente com os artistas, ignorando o assistente de estúdio. O apresentador usa um fone de ouvido que leva o som total do programa (incluindo sua própria voz), a menos que o diretor, o produtor ou qualquer outro membro da equipe da sala de controle conectado ao sistema interrompa o som do programa com instruções.

Por exemplo, uma repórter de campo, diante da câmera em Washington, que está descrevendo a chegada de

AÇÃO	DEIXA DO DIRETOR
Para iniciar um programa.	**Atenção para rodar VR um – rodar.** *Note que muitas dessas deixas são um resquício do uso de gravadores de fita ou mesmo filme.* *Você agora tem que aguardar pela confirmação do operador de VR de que o VR está no modo de gravação: "em gravação" ou "velocidade".*
Para gravar o vídeo líder.	**Barras e tom, atenção placa – assumir a placa [ou GC], ler a placa – preto, atenção contagem regressiva/bipe. Oito – sete – seis – cinco – quatro – três – dois – rodando em x** [número da câmera]. *Note que os dois últimos segundos estão em preto e silenciosos. Em algumas contagens regressivas apenas os números surgem sem os bipes; no entanto, na marca de dois segundos há um "bipe de sincronização", um som que ajuda a sincronizar a filmagem a partir de outras câmeras.*
Para rodar uma inserção SOS de programa gravado a partir do servidor 1 enquanto você está na câmera 2.	**Atenção para inserção cinco, servidor um, rodar um – dois – um – assumir.** *Se você não usa contagem regressiva porque o início é instantâneo, basta dizer:* **Atenção para inserção cinco, servidor um– assumir.**
Para retornar do servidor 1 para a câmera 2.	**Dez segundos para câmera dois, cinco segundos, atenção dois, entrou câmera dois.**

© Cengage Learning

16.5 Deixas de gravação em vídeo do diretor

As deixas de gravação em vídeo incluem iniciar e parar o gravador de vídeo, gravar o vídeo líder e reproduzir uma inserção de SOS e então alternar do servidor de volta para uma câmera ao vivo.

autoridades estrangeiras pode ouvir a própria voz até que o diretor corte e diga: "De volta para Nova York" – isto é, a repórter deve dizer aos telespectadores que o programa está retornando para o centro de origem em Nova York. Entretanto, enquanto o diretor está dando essas instruções, o espectador ainda ouve a descrição contínua da repórter em campo sobre o evento. Transmitir essas mensagens por meio de um assistente de estúdio fora das câmeras seria muito lento e impreciso para um programa com prazo tão restrito como um noticiário ou uma transmissão ao vivo de um evento especial.

O produtor também usa o IFB para fornecer ao apresentador perguntas de acompanhamento ao entrevistar um convidado. Não é preciso dizer que esse sistema só funciona com um artista e produtor ou diretor experientes. Existem inúmeras ocasiões em que o sistema de IFB infelizmente age como dispositivo de interrupção do apresentador inexperiente, que não consegue continuar com comentários coerentes enquanto escuta simultaneamente as instruções do produtor.

Sistema SA (studio address) Utilizado pelo pessoal da sala de controle (switcher), principalmente o diretor, para dar instruções às pessoas no estúdio não conectadas pelo sistema PL. Também chamado resposta de estúdio, o sistema SA utiliza um alto-falante de estúdio semelhante a um sistema de comunicação pública que permite a comunicação direta com todos no estúdio. Por exemplo, é possível usá-lo para dar algumas instruções gerais para todos, especialmente no início de um ensaio, ou para informar o artista e o pessoal de produção sobre um atraso temporário. Além disso, se a maioria do pessoal estiver sem fones de PL, como é frequentemente o caso durante um intervalo curto, pode-se usar o sistema de resposta para chamá-lo de volta ao trabalho.

Levando em conta a importância dos sistemas de intercom, eles devem ser incluídos nas verificações rotineiras das instalações. Se encontrar fones com defeito ou linhas de intercomunicação ruidosas, faça um relatório para a equipe de manutenção que deverá corrigir esses defeitos imediatamente.

Um intercomunicador defeituoso pode ser mais prejudicial para uma produção com múltiplas câmeras que uma câmera com defeito.

Direção de ensaios

A menos que esteja dirigindo um programa rotineiro ou faça a captação ao vivo de uma externa em um evento especial, vai ser preciso ensaiar o máximo possível. Os ensaios não apenas oferecem a você e ao restante da equipe de produção a prática necessária sobre o que fazer durante a sessão de gravação, como também revelam facilmente qualquer falha maior ou menor, ou omissões na preparação da produção.

O ideal é poder ensaiar tudo o que vai para o gravador de vídeo ou para o ar. Infelizmente, na prática isso quase nunca acontece. Visto que a quantidade de tempo previsto para o ensaio sempre parece insuficiente, os preparativos pré-ensaio (mencionados no Capítulo 4) tornam-se extremamente importantes. Para otimizar a utilização do tempo

16.6 Deixas do diretor para o assistente de estúdio
As deixas direcionais são sempre dadas do ponto de vista da câmera, não do artista. "Esquerda" significa esquerda da câmera; "direita", direita da câmera.

disponível durante os ensaios programados, experimente os seguintes métodos: leitura do script, passagem de falas ou ensaio de marcação, ensaio geral, ensaios com câmera e figurino, e combinação de ensaio geral com câmera.

Saiba, entretanto, que raramente é possível executar todas essas etapas. Em muitos programas não dramáticos, se não todos, ensaiam-se apenas determinadas ações com o artista, como ir até uma mesa de exposição e segurar os itens corretamente para close-ups ou cruzar a área de apresentação para cumprimentar o convidado.

Leitura do script[1]

Em condições ideais, toda grande produção deveria começar com uma sessão de leitura de script. Até para um programa relativamente simples, você deveria se reunir pelo menos uma vez com o artista, o produtor, o assistente de produção (AP) e o pessoal principal de produção – assistente de direção, e assistente de estúdio – para discutir e ler o script. Leve junto a planta baixa, pois isso vai permitir que todos visualizem exatamente onde a ação ocorre e pode revelar alguns problemas de produção potenciais.

Em uma sessão não dramática de leitura de script, que normalmente funciona também como reunião de produção, aborde os seguintes pontos:

- Explique a mensagem de processo definida, incluindo o objetivo do programa e o público-alvo.

- Descreva as principais ações dos artistas, o número e o uso de adereços de mão, e as transições mais importantes (caminhar de uma área de apresentação para outra diante das câmeras).

- Trate da relação do artista com os convidados, se houver. Em uma entrevista, por exemplo, aborde com o entrevistador as questões-chave e indique o que ele deve saber sobre o convidado. Normalmente, essa preparação do artista é feita pelo produtor antes do momento do ensaio.

As sessões de leitura do script serão, é claro, especialmente importantes se você estiver ensaiando uma produção dramática, a não ser que se trate de uma peça encenada uma só vez ou parte de uma série. Você vai observar que o tempo investido na interpretação detalhada do script é recuperado durante os ensaios subsequentes.

Nas sessões de leitura do script para programas únicos, discuta a mensagem do processo definida, a estrutura do programa (tema, enredo e ambiente) e a essência de cada personagem. Uma análise extremamente detalhada dos personagens é provavelmente o aspecto mais importante da sessão de leitura do script dramático. O ator que realmente entender seu personagem, seu papel e a relação disso com o evento terá dominado a parte principal de sua performance. Após essa análise, os atores tendem a fazer a própria marcação (sob sua orientação cuidadosa, é claro) e se movem e "agem" naturalmente. Não é preciso mais explicar a motivação de cada movimento. Mais do que qualquer outro, o ator de TV deve entender o personagem tão bem que deixa de atuar e passa a viver o papel. A interiorização do

---

[1] Na TV brasileira não é comum a redação do script com as falas do apresentador, indicação dos planos de câmera e pontuação de corte. A não ser nas realizações de dramaturgia e ficção, em que deixamos mais possibilidades de improviso para o apresentador e para o diretor de imagens. Nas realizações televisivas costuma-se utilizar o roteiro, que é uma versão simplificada do script. (NRT)

personagem, que pode ser facilmente alcançada por meio de extensas sessões de leitura de script, quase sempre vai melhorar a performance do ator.

Quando dirigir uma série diária e diurna ou uma comédia de situação semanal, com um elenco fixo, essas explorações intensas e repetidas da personagem serão obviamente supérfluas. No segundo ou terceiro episódio, os atores terão total controle sobre seus papéis e sobre como se relacionar com o restante do elenco.

Leituras de script também são importantes para especiais multicâmeras não dramáticos, como uma cerimônia de premiação. Embora o script possa ter grandes porções que não podem estar no script (como os sempre longos agradecimentos do vencedor), uma sessão de leitura é uma etapa essencial da pré-produção. Leia o script linha por linha e explique quem faz o quê. Tal explicação em sequência é especialmente importante para o MC (mestre de cerimônias) e, se você tiver música ao vivo de apoio, o líder da banda. De forma ideal, você deveria incluir também o diretor de estúdio, o DT e o técnico de áudio.

Passagem de falas ou ensaio de marcação

Na *passagem de falas*, também chamada ensaio de marcação, as ações básicas do artista são trabalhadas. Nesse momento, você deve ter uma ideia muito clara de onde as câmeras deverão estar em relação ao set e onde os atores devem estar em relação às câmeras e um ao outro.

A passagem de falas pressupõe uma planta baixa detalhada e preparação cuidadosa do diretor. Supõe ainda que os atores vão ter internalizado intensamente seus personagens e seus papéis. Diga a eles onde a ação deve acontecer (a localização aproximada na área definida imaginada – o *set* real raramente está disponível nesse momento) e deixe-os fazer a marcação da forma mais natural possível. Imagine suas ações como imagens de tela, não do ponto de vista de uma audiência ao vivo. Ajuste as marcações deles e suas posições de câmera imaginadas para que você fique razoavelmente seguro de que vai conseguir a imagem de tela visualizada no ensaio real com câmera. Não se preocupe com planos especialmente enquadrados nesse ponto, sempre é possível fazer esses ajustes durante o ensaio com câmera. Esteja pronto para dar instruções precisas para o ator que lhe perguntar o que fazer em seguida. Em vez de sempre saber o que fazer sem a ajuda do diretor, o bom ator pergunta o que fazer e depois executa de maneira convincente e precisa.

O que segue são algumas convenções gerais a se observar durante uma passagem de falas:

- Execute-a em estúdio ou em uma sala de ensaios. Em uma emergência, qualquer sala pode servir. Use mesas, cadeiras e marcas de giz no chão para indicar os sets e os móveis.

- Corrija os problemas de marcação. Use um visor de diretor (director's view-finder) ou uma pequena câmera doméstica (seu telefone celular fará isso), tendo em mente que uma câmera do estúdio não é tão flexível. Peça que o assistente de produção anote as principais manobras de marcação. Tire tempo depois para ler essas anotações a fim de poder corrigir a marcação.

- Experimente fazer a marcação de acordo com os movimentos mais naturais dos atores, mas tenha em mente as posições e os movimentos de câmera e microfone. Alguns diretores vão direto até o local onde a câmera ficará e observam o processo do ponto de vista da câmera. Se fizer a marcação de ação não dramática, observe primeiro o que os apresentadores fariam sem a presença de uma câmera. Na medida do possível, tente posicionar as câmeras para que se adaptem à ação, não o contrário.

- Se isso ajudar, chame todas as deixas importantes, como o "deixa para Lisa", "atenção dois, tomada dois" e assim por diante.

- Repasse as cenas na ordem em que serão gravadas. Se fizer o programa ao vivo ou gravado ao vivo, tente repassar todo o script pelo menos uma vez. Se você não conseguir ensaiar todo o script, escolha as partes mais complicadas para ensaiar. Em um programa não dramático, ensaie a abertura o máximo que o tempo permitir. Artistas inexperientes muitas vezes tropeçam nas falas iniciais, e o programa vai por água abaixo a partir daí.

- Cronometre cada segmento e o programa todo. Dê tempo para grandes movimentos de câmera, pontes de música, introdução e conclusão do locutor, créditos de abertura e finais, e assim por diante.

- Reconfirme os horários e as datas dos próximos ensaios.

Ensaio geral

O *ensaio geral* é uma sessão de orientação que ajuda a equipe de produção e o artista a compreender a mídia necessária e os requisitos de performance. É possível fazer um ensaio geral técnico e outro de artistas. Se houver pouco tempo, ou no caso de uma produção menor, combine os dois ensaios.

Os ensaios gerais, bem como aqueles com câmera, ocorrem pouco antes da apresentação real no ar das sessões de gravação. Os ensaios gerais são especialmente importantes quando se grava em locação ou se produz um especial multicâmera. O artista vai sentir o novo ambiente, e a equipe descobrir possíveis obstáculos para os movimentos de câmera e microfone.

Ensaio geral técnico   Depois que o set estiver montado, reúna a equipe de produção – assistente de direção, assistente de estúdio, pessoal de estúdio, diretor de imagens, iluminador, operadores de câmera, operadores de áudio e operador de boom ou vara – para o ensaio geral técnico. Explique a mensagem de processo definida e seu conceito básico do programa. Depois, ensaie com eles no set e expli-

que estes fatores-chave: marcação e ações básicas do artista, posições e movimentos de câmera, planos e enquadramentos específicos, posições e movimentos de microfone, deixas básicas, mudanças de cena e adereços (se houver) e os principais efeitos de iluminação.

O ensaio geral técnico é especialmente importante para a produção em campo (EFP) e grandes produções externas. Peça que o assistente de direção ou o assistente de produção tome nota de todas as suas decisões mais importantes; então, eles devem ler e discutir as notas para que a equipe técnica cuide dos problemas (reiniciar). Se, como em nossa premiação, os vencedores em potencial se sentam na plateia, use atores substitutos ou placas com nomes para que os câmeras saibam onde as pessoas se localizam.

Ensaio geral de artistas   Enquanto o pessoal de produção executa as tarefas, faça um ensaio geral com os artistas – uma pequena excursão pelo set ou pela locação; explique novamente suas principais ações, posições e transições. Diga a eles onde as câmeras vão estar em relação às ações e se deverão falar diretamente para a câmera.

A seguir, apresentamos alguns dos aspectos mais importantes do ensaio geral de artistas:

- Indique para cada artista as principais posições e movimentos. Se o artista precisar olhar diretamente para a câmera, indique qual será e onde vai estar posicionada.

- Explique brevemente onde e como o artista deve trabalhar com determinados adereços. Por exemplo, diga ao ator onde vai estar a cafeteira e como ele deve andar com o copo de café até o sofá – em frente à mesa, não atrás dela. Explique a marcação para o artista do ponto de vista da câmera. Peça ao artista que faça parte da demonstração e observe essa simulação do ponto de vista da câmera. Cuide para que o promotor de merchandising não bloqueie close-ups do produto que está demonstrando.

- Peça aos artistas que digam as falas iniciais. Em seguida, solicite que pulem para as falas de deixas individuais (muitas vezes no final do diálogo). Se o script pedir comentários improvisados, peça ao artista que improvise para que todos tenham uma ideia de como será.

- É fundamental que haja tempo suficiente para maquiagem e figurino antes do ensaio com a câmera. Durante o ensaio geral dos artistas, tente ficar fora do caminho da equipe o máximo possível. Novamente, peça ao assistente de direção ou ao assistente de produção que faça as anotações necessárias. Encerre o ensaio geral cedo o suficiente para ter uma sessão de "anotações" antes de todos fazerem uma pausa antes do ensaio com a câmera.

Tente ensaiar sozinho a abertura e o encerramento do programa antes do ensaio com a câmera. Sente-se em um canto sossegado com o script e comece a chamar os planos de abertura: "Rodar VR. Placa pronta – tomada de placa.

Atenção Black, pronto bipe. Black, bipe. Atenção para a deixa de Lynne. Atenção para *fade up* em dois. Abrir microfone. Deixa para Lynne, em dois", e assim por diante. Quando entrar na sala de controle, você praticamente vai ter memorizado a abertura e o encerramento do programa, e será capaz de prestar total atenção aos monitores e ao áudio da sala de controle.

Ensaios com câmera e figurino

A seguinte análise sobre ensaios com câmera é voltada principalmente para produções em estúdio e grandes externas com múltiplas câmeras, que são dirigidos a partir de uma sala de controle (switcher). (Os ensaios com câmera para EFP são abordados na seção 16.2.)

Basicamente, o *ensaio com câmera* é um ensaio completo que inclui todas as câmeras e outros equipamentos de produção. Em produções menores, os *ensaios com câmera e figurino* são quase sempre os mesmos, a única diferença é que o artista já está devidamente vestido e maquiado para a gravação final.

Muitas vezes, o ensaio com câmera é abreviado por problemas técnicos, como ajustes de iluminação ou microfone. Não fique nervoso se perceber a maioria dos membros da equipe técnica trabalhando freneticamente no sistema de intercomunicação ou na mesa de áudio cinco minutos antes de o programa ir ao ar. Seja paciente e fique calmo. Lembre-se de que você está trabalhando com pessoas altamente qualificadas que sabem que o sucesso do programa depende do bom desempenho delas. Como todos os outros sistemas, o de televisão às vezes dá pane. Esteja pronto para sugerir alternativas se o problema persistir.

Os dois métodos básicos para conduzir um ensaio com câmera para uma produção ao vivo ou gravada ao vivo são o método de parar-iniciar e a passada rápida ininterrupta. O ensaio de parar-iniciar é geralmente realizado na sala de controle, mas também pode ser feito, pelo menos parcialmente, no estúdio. Uma passada rápida ininterrupta sempre é realizada a partir da sala de controle.

Em ambos os tipos de ensaios, você só deve pedir um "corta" (parar toda a ação) quando for cometido um erro grave – que possa ser corrigido depois. Todos os erros menores e as gafes serão corrigidos após a passada rápida. Dite anotações de todos os pequenos problemas para o assistente de direção ou para o assistente de produção e peça a eles que as leiam nas sessões de "anotações" programadas; dê tempo suficiente para o acompanhamento dos itens listados (reset).

Em produções maiores, os ensaios com câmera e figurinos são conduzidos separadamente. Enquanto nos ensaios com câmara os atores ainda não estão com o figurino e você pode parar de vez em quando para corrigir algum problema de marcação ou técnico, os ensaios com figurino normalmente são feitos com os figurinos completos e executados sem interrupção. Os ensaios com figurino são interrompidos apenas quando surgem grandes problemas de produção. Muitas vezes, como no caso da gravação em vídeo de uma comédia de situação diante de uma plateia ao vivo, a gravação do ensaio com figurino é combinada com a apresentação "no ar" para fazer a edição final que é então transmitida.

Combinação de ensaio geral com câmera

Embora os procedimentos anteriores de ensaio sejam necessários, eles raramente são possíveis em operações menores. Primeiro, a maioria das tarefas de direção em produções de vídeos institucionais ou produção independente é de natureza não dramática, exigindo menos esforço de ensaio que em programas dramáticos. Segundo, por causa das limitações de tempo e espaço, você terá sorte se dispuser de tempo de ensaio igual ou ligeiramente superior ao tempo de apresentação do programa inteiro; 45 ou mesmo 30 minutos de tempo de ensaio para um programa de meia hora não é nada incomum. Em alguns casos, você tem de pular de uma leitura superficial do script para um ensaio com câmera imediatamente antes da apresentação no ar ou da sessão de gravação. Nessas situações, é preciso recorrer a uma combinação de ensaio geral com câmera.

Visto que não é possível ensaiar o programa inteiro, ensaie simplesmente as partes mais importantes, da melhor maneira possível. Normalmente, essas são as transições em vez de as partes entre elas. Sempre dirija esse ensaio a partir do estúdio. Se tentar conduzi-lo a partir da sala de controle (switcher), vai perder tempo valioso explicando planos e marcações pelo sistema de intercomunicação.

A seguir, apresentamos alguns dos pontos principais para a realização de uma combinação de ensaio geral com câmera:

- Coloque todo o pessoal de produção em suas respectivas posições: todos os operadores de câmera em suas câmeras (com as câmeras prontas para uso), o microfone de vara longa pronto para seguir a fonte de som, o assistente de estúdio pronto para dar as deixas, e o diretor de imagens, o operador da mesa de áudio e, se for o caso, o diretor de fotografia prontos para a ação na sala de controle.
- Peça ao diretor de imagens que envie para o monitor do estúdio uma tela dividida em três ou quatro partes, com cada uma das três ou quatro minitelas mostrando a imagem da respectiva câmera. Esse monitor com tela dividida vai servir como monitor de preview. Se não estiver disponível um sistema de intercomunicação sem fio, use um microfone de lapela com ou sem fio para transmitir suas chamadas do estúdio para a sala de controle. Se não for possível obter essa tela dividida no seu monitor de estúdio, peça ao diretor de imagens que execute todas as suas chamadas de corte e as coloque na saída de PGM no monitor de estúdio. Dessa maneira, todos poderão ver os planos e a sequência que você selecionou.
- Conduza o artista por todas as partes principais do programa. Ensaie apenas as transições críticas, transi-

ções e planos específicos. Assista à ação no monitor do estúdio.

- Dê todas as deixas de música, efeitos de som, iluminação, ordens de "gravando", procedimentos de placa e assim por diante para o diretor de imagens por meio da comunicação via microfone de estúdio, mas elas não devem ser executadas (exceto no caso da música, que pode ser facilmente redefinida).
- Mesmo que você também esteja no estúdio, peça ao assistente de estúdio que dê as deixas para o artista e marque os pontos cruciais no chão do estúdio com giz ou fita adesiva.

Se tudo correr bem, você vai estar pronto para ir para a sala de controle. Não permita que você mesmo ou a equipe se entretenha com algum detalhe insignificante.

Depois de chegar à sala de controle, entre em contato com as câmeras por número e verifique se os operadores conseguem se comunicar com você. Então, ensaie brevemente mais uma vez na sala de controle as partes mais importantes do programa: a abertura, o encerramento, as principais ações do artista e os movimentos de câmera.

Na sala de controle, a única maneira de você ver a ação no estúdio é por meio dos monitores de preview. Portanto, desenvolva um mapa mental dos principais movimentos do artista e de câmera e de onde as câmeras estão em relação às áreas de apresentação primárias. Para ajudá-lo a criar e manter esse mapa mental, sempre tente posicionar as câmeras em sentido anti-horário, com a câmera 1 à esquerda e a última câmera na extrema direita. Esse tipo de combinação de ensaio geral com câmera também se aplica às produções multicâmeras em campo que não tenham um formato padrão.

Mesmo que esteja com pouquíssimo tempo, tente manter a calma e ser educado com todos. Esse não é o momento de fazer mudanças drásticas; sempre vai haver outras maneiras de o programa ser dirigido e até aperfeiçoado, mas o ensaio com câmera não é o momento para testá-las. Reserve as súbitas inspirações criativas para seu próximo programa. Apegue-se ao máximo ao cronograma. Não ensaie direto até o início da gravação ou transmissão. Dê ao artista e à equipe uma breve pausa antes da performance final. Como já mencionado, não basta dizer "5 minutos de intervalo", diga-lhes a hora exata para estarem de volta ao estúdio e prontos para começar.

Direção do programa

Dirigir a apresentação no ar ou a sessão de gravação ao vivo final é, naturalmente, a parte mais importante do seu trabalho como diretor. Afinal, os espectadores não assistem aos ensaios – tudo o que eles veem e ouvem é o que você finalmente coloca no ar. Esta seção dá algumas indicações sobre procedimentos de espera e direção no ar. Novamente, vamos supor que você esteja fazendo um programa ao vivo ou uma gravação ao vivo de um programa com múltiplas câmeras ou pelo menos a gravação em vídeo de segmentos

bastante longos e ininterruptos de um programa, que exijam um mínimo de edição de pós-produção. Você vai notar que é possível transferir as habilidades de direção com múltiplas câmeras muito mais facilmente para uma direção com câmera única do que o contrário.

Procedimentos de espera

A seguir, apresentamos alguns dos procedimentos mais importantes de espera que devem ser observados imediatamente antes da sessão de gravação ou da transmissão.

- Chame pelo intercomunicador cada membro da equipe de produção que precisar reagir às suas deixas – diretor de imagens, operadores de câmera, operador de microfone, assistente de estúdio e outro pessoal de estúdio, operador de VR, diretor de fotografia ou iluminador, técnico de áudio e operador do gerador de caracteres (GC). Pergunte se estão prontos.
- Verifique com o assistente de estúdio se todos estão no estúdio e prontos para a ação. Diga ao assistente para receber a deixa de abertura e qual câmera será comutada primeiro. A partir desse ponto, o assistente de estúdio será um elo essencial entre você e o estúdio.
- Anuncie o tempo restante até a transmissão ou gravação. Se estiver dirigindo um programa gravado ao vivo ou segmentos de um programa, peça ao diretor de imagens, ao operador de GC e ao operador de áudio que fiquem prontos para a identificação com placa/claquete de abertura. Economize tempo pedindo ao assistente de direção ou ao diretor de imagens que dirija a gravação do guia de vídeo (barras e tom) antes da transmissão. Certifique-se de que a placa mostra as informações corretas. Verifique a grafia dos nomes que vai usar como inserções principais e créditos.
- Novamente, avise toda a equipe sobre as primeiras deixas.

Procedimentos no ar

Supondo que você vá dirigir uma gravação de vídeo ininterrupta, como a entrevista com cantores descrita no Capítulo 4, primeiro execute os procedimentos usuais para rodar o VR (ver Figura 16.5).

Direção a partir da sala de controle/switcher Quando o gravador de vídeo estiver rodando[2] e a cena e a tomada estiverem escritas na placa, você poderá começar a gravação. Agora você está no ar. Imagine a seguinte sequência de abertura:

Atenção para entrar em três [close de Lynne, a entrevistadora]. Atenção para a deixa de Lynne. Ligar microfone, mostrar Lynne, [ou "fade in"] em três [Lynne fala para a câmera 3 com a frase de abertura]. Atenção GC de abertura – Entrou GC. Mudar página. Mudar pá-

---

[2] Continuamos a utilizar essa expressão, embora as gravações sejam feitas em servidores. (NRT)

gina. Atenção três [que ainda está em Lynne]. Mostrar Lynne – entrou câmera três [apresenta convidados]. Uma tomada dupla dos cantores. Dois, cobrir [geral dos três]. Atenção um – entrou câmera um. Atenção dois, microfones ligados [microfones dos convidados no set de entrevista] – entrou câmera dois. Atenção três – entrou câmera três [Lynne faz a primeira pergunta]. Um em Ron [close-up de um dos cantores]. Atenção um – entrou câmera um. Dois em Marissa [a outra cantora]. Atenção dois – entrou câmera dois.

Agora você já vai estar bem avançado no programa. Escute com atenção o que é dito para poder antecipar as próximas tomadas. Diga ao assistente de direção que fique de prontidão para dar a Lynne as deixas de tempo para a transição. O final da entrevista marca a transição do artista para a área de performance. Antes de você parar de gravar para a transição, aguarde até os cantores deixarem o quadro. Dessa forma, você poderá cortar logicamente de um close-up dos cantores para um plano geral da área de apresentação. Pare novamente para que os cantores retornem à área de entrevista. Depois de os cantores voltarem para o set de entrevista, preste muita atenção ao tempo e dê deixas de tempo de encerramento para Lynne, que está agradecendo aos cantores pela sua ótima apresentação.

Após a deixa de um minuto, prepare-se para o encerramento. Os créditos finais estão prontos? Novamente, observe o tempo.

Trinta segundos. Encerrando. Encerrando [ou "preparar para encerrar"]. Quinze [segundos]. Créditos finais do GC. Dois, zoom-in da guitarra de Ron. Atenção dois, atenção GC. Cortar Lynne. Desligar microfones. Subiu créditos. Entrou câmera dois. GC com key [na câmera 2]. Liberar key. Atenção preto – fade para preto. Fechar. Parar VR.

OK, tudo certo. Bom trabalho, pessoal.

Infelizmente, nem todo programa flui tão bem, mas você pode contribuir para um desempenho tranquilo se prestar atenção aos seguintes procedimentos de direção no ar:

- Mostre todos os sinais de forma clara e precisa. Fique relaxado, mas alerta. Se você ficar muito relaxado, todo o mundo vai ficar um pouco letárgico, achando que você realmente não leva o programa muito a sério.
- Dê a deixa ao artista *antes* de aproximar a câmera dele. No momento em que ele ou ela falar, o diretor de imagens o colocará no ar.
- Indique o artista pelo nome. Não diga ao assistente de estúdio para dar a deixa a "ele" ou "ela", especialmente se houver vários "eles" ou "elas" aguardando uma deixa mais cedo ou mais tarde.
- Não dê a deixa de atenção cedo demais, ou o diretor de imagens ou operador de câmera a esquecerá no momento em que sua deixa de entrar no ar finalmente chegar. Repetir a mesma deixa de atenção poderá fazer que o diretor de imagens inicie uma tomada.
- Não faça pausas entre a tomada e o número da câmera. Não diga: "Cortar para [pausa] dois". Alguns diretores de imagens talvez comutem a câmera antes de você dizer o número.
- Tenha em mente o número da câmera já no ar e não peça uma tomada ou dissolvência dela. Assista aos monitores de preview o máximo possível. Não enterre a cabeça no script ou na lista de sequências.
- Não diga para uma câmera ficar pronta e depois peça a tomada de outra. Em outras palavras, não diga "Atenção um – colocar câmera dois". Se mudar de ideia, cancele sua deixa de Atenção – "Não" ou "Esqueça isso" – e então fale outro número.
- Converse com as câmeras por número, não por nome de operador.
- Primeiro chame a câmera e depois dê as instruções. Por exemplo: "Um, fique com o violão. Dois, me dê um close-up de Ron. Três, close-up de Marissa. Um, zoom-in do violão".
- Depois de colocar uma câmera no ar, diga imediatamente à outra câmera o que fazer a seguir. Não espere até o último segundo; por exemplo, diga: "Entrou dois. Um, permaneça em plano médio. Três, aproxime do violão do Ron". Se reposicionar a câmera, dê tempo ao operador para ajustar a lente zoom; caso contrário, a câmera não vai ficar em foco durante os zooms subsequentes.
- Se você cometer um erro, corrija-o da melhor maneira possível e continue com o programa. Não pense em como poderia tê-lo evitado, negligenciando o restante do programa. Preste muita atenção ao que está acontecendo.
- Se você gravar cada tomada separadamente, verifique a gravação após cada tomada para ter certeza de que ela realmente foi gravada e que é tecnicamente aceitável. Verifique o áudio. Em seguida, vá para a próxima. É sempre mais fácil repetir uma tomada logo após a outra do que voltar no final de uma sessão de gravação cansativa e tentar repetir o clima e o nível de energia da tomada original.
- Se houver um problema técnico que precise ser resolvido na sala de controle, avise o assistente de estúdio sobre o ocorrido pelo intercomunicador ou utilize o sistema SA para informar ao estúdio todo o motivo do atraso. O artista vai saber então que há um atraso técnico que não foi causado por ele. As pessoas no estúdio podem usar esse tempo para relaxar, não importando quanto ocupadas estejam as pessoas na sala de controle.
- Durante o programa, fale apenas quando necessário. Se você falar demais, as pessoas vão parar de ouvir e poderão perder instruções importantes. Pior ainda, a

equipe vai seguir seu exemplo e começar a tagarelar no intercomunicador. Guarde suas piadas para o coffee break.

■ Quando estiver dirigindo uma transmissão esportiva ao vivo, geralmente não haverá tempo para deixas comuns de preparação. Os câmeras deverão estar prontos para serem exigidos a qualquer tempo durante a partida. Quando estiver dirigindo uma partida de futebol, por exemplo, você poderá ter que fazer cortes muito rápidos entre as câmeras para captar a essência de um momento especialmente decisivo. Nesse caso, sua deixa de preparação será o número da câmera, seguido pelo comando para mostrar. Dessa forma, seus comandos vão ficar assim (em rápida sucessão):[3] "1 – mostrar; 3 – mostrar; 1 – mostrar; 2 – mostrar; 1 – mostrar; 3 – mostrar; 1 – mostrar; 2 – mostrar". Em uma partida profissional, você pode ouvir o diretor chamar por "2 – mostrar; 14 – mostrar; 8 – mostrar", e assim por diante.

Essas montagens com cortes rápidos não são especialmente exigentes com o DT? Sim, elas certamente são, especialmente se houver 20 ou mais câmeras cobrindo o jogo. Sem um painel de switch, tais cortes não seriam possíveis ao vivo.

■ Quando estiver com o monitor de PGM em black (seu fade para preto final), peça ao VR que pare e então dê o sinal de conclusão. Agradeça à equipe e ao artista o esforço. Se algo deu errado, não entre como louco no estúdio para reclamar. Tire alguns minutos para recuperar o fôlego, então fale com calma com as pessoas responsáveis pelo problema. Seja construtivo nas suas críticas para ajudá-las a evitar o erro no futuro. Simplesmente dizer-lhes que cometeram um erro pouco ajuda nesse momento.

Controle de tempo

Na televisão comercial, realmente tempo é dinheiro: cada segundo de tempo de transmissão tem um valor monetário. Os vendedores vendem tempo aos seus clientes como se fosse uma mercadoria tangível. Um segundo de tempo de transmissão pode custar muito mais do que outro, dependendo da audiência potencial de um evento.

Como diretor, você é o responsável final por começar e encerrar um programa dentro do tempo e pela cronometragem adequada dos segmentos, como blocos de notícias. Timing preciso também é importante porque, como um diretor de sucesso, você será inevitavelmente chamado para se conectar com os serviços de notícias. A internet tem relógios de horas locais para a maioria das grandes cidades do mundo. Se for pedido para você alternar durante o jornal da manhã de São Paulo para Campo Grande para uma entre-

vista ao vivo com um agricultor, você deve saber que o estado de Mato Grosso do Sul está uma hora atrás de São Paulo. Se a entrevista está marcada para 7h00min BRT (Brasília *time* – horário de Brasília), o assistente de estúdio de Campo Grande deve dar a deixa para o agricultor às 6h00min.

Horário programado e tempo de execução

O *horário programado* é a hora em que o programa começa e termina. Em um programa ao vivo, é preciso iniciar e parar exatamente de acordo com os horários programados de início e fim, conforme indicado no registro de programa diário. Ao gravar um programa em vídeo, não se preocupe com o horário programado, mas você ainda será responsável pela exatidão do *tempo de programa ou tempo de arte* – a duração real do programa ou segmento dele – para que ele se ajuste ao prazo fixado na programação do dia.

Ao dirigir um programa ao vivo, como um noticiário, use o relógio da sala de controle para cumprir os horários programados (a troca para a rede de notícias) e o cronômetro para medir os tempos de execução das inserções do programa (as matérias gravadas em vídeo).

Back-timing e front-timing

Embora o computador de controle mestre calcule quase todos os horários de início e fim dos programas e das inserções de programas, e calculadoras de bolso o ajudem a somar e subtrair os horários, você deve, porém, saber fazer cálculos de tempo mesmo na ausência de dispositivos eletrônicos. Por exemplo, um artista pode pedir no último minuto deixas específicas de tempo, que você precisará, então, calcular à mão. Observe que você necessita converter os segundos e os minutos em uma escala de 60 em vez de 100.

Back-timing Um dos controles de tempo mais comuns envolve deixas para o artista de modo que ele possa encerrar o programa como indicado pelo horário programado. Em um programa de 30 minutos, o artista normalmente espera uma deixa de 5 minutos e deixas posteriores de 3 minutos, 2 minutos, 1 minuto, 30 segundos e 15 segundos restantes do programa. Para descobrir essas deixas de tempo rapidamente, apenas retroceda (faça o back-time) do horário de encerramento programado ou do horário de início do novo segmento do programa (que é a mesma coisa).

Por exemplo, se o registro do programa mostra que seu programa *Qual é sua opinião?* é seguido por um anúncio de serviço público do Exército de Salvação às 4:29:30, em que horário você vai dar ao artista as deixas de hora padrão, supondo que o encerramento gravado leva 30 segundos?

Comece com o horário final do debate em painel, que é 4:29:00, e subtraia os vários segmentos de tempo. (Não faça o back-time a partir do fim do programa em 4:29:30 porque o programa padrão gravado em vídeo levará até 30 segundos.) Quando, por exemplo, o moderador deverá receber sua deixa de 3 minutos ou de 15 segundos para encerrar?

Vamos fazer o back-timing desse programa:

---

[3] No Brasil, não é comum que o diretor de programa "cante" o corte para o diretor de imagens. Pode-se fazer uma solicitação ou outra, mas o trabalho de direção de imagens é independente e criativo. (NRT)

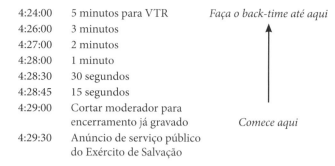

Front-timing Para manter um programa – como um noticiário ao vivo com muitas inserções gravadas – dentro do tempo, você precisa saber mais do que os horários de início e término do programa e tempo de execução das inserções. Você também precisa saber quando (a que horas) as inserções devem ser executadas; caso contrário, será impossível saber se você está adiantado ou atrasado com o programa total.

Para descobrir horários adicionais de cada intervalo ou inserção, basta adicionar os tempos de execução ao horário inicial programado, como mostrado no registro ou no formato do programa.

Conversão de quadros em horário

Visto que no sistema NTSC calculamos que 30 quadros compõem 1 segundo, os quadros se encerram após 29, com o trigésimo iniciando um novo segundo. No entanto, os segundos e minutos se encerram após 59. Portanto, converta quadros em segundo, ou segundo em quadros, ao fazer o front-timing ou back-timing de números de código de tempo. Novamente, é preciso calcular quadros, segundos, minutos e horas individualmente, e, em seguida, converter os quadros na escala de 30 e os segundos e minutos na escala de 60.

Por exemplo:

```
  00:01:58:29
+ 00:00:03:17
  ───────────
  00:01:61:46  ⟶  00:01:62:16  ⟶  00:02:02:16
```

Note que você simplesmente somou os quadros e, em seguida, subtraiu 30 do segundo adicional.

Felizmente, o time code fará isso por você automaticamente. Há também programas de computadores e calculadoras de mão que cuidam das sobreposições de horários e de tempo de frame.

PONTOS PRINCIPAIS

▶ Como um diretor de televisão, você deve ser um artista que possa traduzir um script ou um evento em imagem e som de televisão, um psicólogo que possa trabalhar com pessoas de diferentes temperamentos e habilidades, um conselheiro técnico que conheça os potenciais e limitações dos equipamentos e um coordenador que possa iniciar e manter o controle dos inúmeros processos de produção.

▶ Uma terminologia precisa de diretor é essencial para a correta coordenação do artista e da equipe e para a edição instantânea durante um programa.

▶ A direção com múltiplas câmeras envolve a utilização simultânea de duas ou mais câmeras e a edição instantânea com uma mesa de corte. Isso é feito a partir da sala de controle do estúdio ou de um caminhão de externas.

▶ A direção a partir da sala de controle envolve não só a visualização adequada de planos, mas também seu sequenciamento imediato.

▶ Sistemas de intercomunicação que funcionem adequadamente – PL (linha privativa ou linha telefônica), IFB (retorno ou feedback interrompível) e SA (sistema de comunicação de estúdio) – são essenciais para o sucesso na direção a partir da sala de controle.

▶ Os diferentes tipos de ensaio incluem leitura de script, passagem de falas ou ensaio de marcação, ensaio geral, ensaios com câmera e figurino, e combinação de ensaio geral com câmera.

▶ Os dois horários importantes são o horário programado (início e fim do programa) e o tempo de programa (duração do programa).

▶ Fazer o back-timing significa descobrir horários específicos (geralmente para deixas) subtraindo o tempo de execução do horário programado no qual o programa termina.

▶ Fazer o front-timing significa começar no horário programado que marca o início do programa e, em seguida, acrescentar tempos de execução específicos.

▶ Quando se convertem frames em horários, os frames devem passar para o segundo seguinte após 29, mas os segundos e os minutos devem fazer isso após 59.

seção 16.2

Direção com câmera única e digital

Na *direção com câmera única* você está preocupado principalmente em dirigir tomadas individuais para serem montadas posteriormente na pós-produção. As produções com múltiplas câmeras são contínuas, e aquelas com câmera única são descontínuas. *Contínuo*, nesse contexto, significa que você não para depois de cada tomada, mas grava uma sequência de uma série de tomadas por meio de edição instantânea (comutação) com um mínimo de interrupções, ou nenhuma. Em produções de estúdio com câmera única, a gravação em vídeo é descontínua: você não pretende mais gravar em vídeo um produto acabado que precise de pouca ou nenhuma pós-produção para transmissão, mas sim produzir material-fonte eficaz que possa ser moldado em um programa contínuo por meio de extensiva edição de pós-produção.

Em geral, o cinema digital utiliza câmera única, mas também pode ser feito com uma configuração de múltiplas câmeras.

▶ Procedimentos de direção com câmera única
Visualização, divisão do script, ensaios e gravação em vídeo.

▶ Direção no cinema digital multicâmera
Direção no estúdio e na locação.

Procedimentos de direção com câmera única

Esta seção concentra-se nos seguintes aspectos principais da direção em estúdio com câmera única: visualização, divisão do script, ensaios e gravação em vídeo. Como na direção multicâmera, quando se dirige uma produção de câmera única, você deve, primeiramente, ter uma visão geral do que se trata a produção (tema básico ou mensagem do processo), uma boa ideia de como ela deve ficar (estilo) e um plano detalhado de como proceder. Essa fórmula se aplica a todas atribuições de direção, independentemente

de se tratar de uma gravação de um longa-metragem, um documentário ou o casamento de seu amigo.

Visualização

Mesmo que esteja gravando em vídeo uma produção descontínua – tomada a tomada –, sua visualização básica não é muito diferente do que seria com gravação contínua com várias câmeras e edição instantânea. Conforme descrito no Capítulo 4, a primeira leitura do script pode evocar alguns pontos de locking-in – visualizações principais que determinam o estilo de toda a produção. Esse processo é intuitivo e depende muito de sua própria percepção do ambiente e da situação. Também depende de como você percebe o desenvolvimento de personagens em uma dramatização roteirizada. Em um bom script dramático, o roteirista lhe dará pistas o suficiente para estabelecer pontos de locking-in legítimos.

No entanto, um documentário não deve ser introduzido com visualizações antes de você estar realmente em cena. Você não pode documentar a realidade com ideias preconcebidas sobre as pessoas ou imagens, mas deve gravar o que realmente está lá. Não procure imagens que confirmem seus preconceitos. Em um documentário, a mensagem do processo definida e o que você realmente encontra no local irão ajudá-lo a determinar um estilo geral de filmagem.

Uma vez nesse estágio de pré-produção, volte ao script (drama) ou notas (documentário) e desenvolva uma sequência para gravação de vídeo descontínua. A ordem em que você gravará as tomadas em vídeo já não é mais guiada pelo contexto do script, pela narrativa ou mesmo pela continuidade estética, mas estritamente pela conveniência e eficiência. Por exemplo, você talvez queira gravar em vídeo todas as cenas no corredor do hospital, depois as cenas na sala de espera, daí todas as cenas na sala de cirurgia, em seguida todas as cenas no quarto do paciente e assim por diante, independentemente de quando elas realmente ocorrem na história.

Para ter uma ideia de como a preparação do script para a gravação com múltiplas câmeras difere da abordagem com câmera única, dê outra olhada na Figura 4.13, que mostra as marcações do diretor de um breve script dramático com múltiplas câmeras. Como você dividiria exatamente o mesmo segmento de script para uma gravação com câmera única? Anote uma série de tomadas que mostra o encontro de Yolanda com Carrie no corredor do hospital e, em seguida, compare-a com a divisão apresentada na Figura 16.7. **Figura 16.7**

Divisão do script (decupagem)

Como se pode ver, a divisão é mais detalhada e não está necessariamente na ordem da ação. Observe que essa divisão de script é apenas uma das muitas possibilidades. Algumas divisões de script listam os números de página correspon-

SALA DE RECEPÇÃO E CORREDOR

1. Yolanda na sala de recepção
2. Corredor: Yolanda andando para lá e para cá no corredor, perto da sala de emergência
3. Corredor: Movimentação típica de hospital - enfermeiras, maca, cadeira de rodas, visitantes com flores, um médico e uma enfermeira, um fisioterapeuta protegendo alguém de muletas
4. Corredor: O médico empurra Carrie em uma cadeira de rodas
5. Subjetiva de Carrie: Yolanda
6. Close-up de Yolanda
7. Subjetiva de Yolanda: Médico e Carrie

YOLANDA CORRE EM DIREÇÃO AO MÉDICO E A CARRIE

1. Corredor: Yolanda corre em direção ao médico e a Carrie
2. Plano invertido (subjetiva de Carrie): Yolanda
3. Mesmo plano com movimentação de macas interferindo na aproximação de Yolanda (Steadicam)

CARRIE E YOLANDA

1. Close-up de Carrie: "Oi, mãe!"
2. Close-up de Yolanda: "Carrie, você está bem? Que aconteceu?"
3. Close-up com panorâmica de Carrie para Yolanda: "Carrie, você está bem? Que aconteceu?"
4. Close-ups e close-ups extremos de Carrie
5. Close-ups e close-ups extremos de Yolanda
6. Close-ups e close-ups extremos do médico

16.7 Divisão do script com câmera única

As tomadas são agrupadas para conveniência e eficiência, não em ordem da narrativa.

dentes ao script principal e algumas informações de continuidade, como a hora do dia. Por exemplo, a indústria cinematográfica, incluindo o cinema digital, estabeleceu suas próprias convenções de divisão de script. No entanto, você pode achar que tais marcações detalhadas fazem com que a maioria das produções de vídeo de câmera única seja desnecessariamente complicada.

Se for gravar várias cenas na mesma locação, você talvez queira gravar em vídeo primeiro as cenas que envolvem determinados personagens e, em seguida, passar para o próximo conjunto de personagens. Dessa forma, eles podem ser agendados para momentos diferentes do dia. Gravar uma cena fragmentada requer que os atores repitam suas falas e ações diversas vezes de forma idêntica; observe com cuidado para que as tomadas individuais, por fim, juntem-se em uma cena perfeitamente integrada. Isso significa que, além da continuidade vetorial, você também precisa conectar os vários pontos de visualização para que a cena e

as sequências tenham tanto continuidade narrativa (história) como continuidade de energia estética.

Continuidade Todas as tomadas de uma sequência devem se conectar de forma perfeitamente integrada, de modo que não sejam mais reconhecidas pelo público como tomadas individuais, mas como uma única cena. Como explicado no Capítulo 4, um storyboard detalhado vai ajudá-lo bastante a ver as tomadas individuais como uma sequência. Mesmo que não haja tempo ou recursos para criar storyboards para cada sequência, tente visualizar se as tomadas se juntam bem e procure erros de continuidade durante a gravação de vídeo. Se, por exemplo, Yolanda beijar a filha na bochecha esquerda no plano médio, não a deixe mudar para a bochecha direita durante os close-ups da mesma cena.

Close-ups e planos de corte Independentemente da divisão que use, não deixe de obter alguns close-ups e close-ups extremos de todas as pessoas em cena para intensificação e possíveis planos de corte. Você pode designar o assistente de estúdio ou o diretor da segunda unidade para cuidar de captar essas imagens. O modo de iniciar e terminar uma tomada específica pode tornar o trabalho do editor de pós-produção um prazer ou um pesadelo. Como diretor, você é responsável por fornecer ao editor tomadas que possam ser, por fim, montadas em uma sequência contínua e que faça sentido.

Ensaios

Como já mencionado, na direção com câmera única, você ensaia cada tomada imediatamente antes de gravá-la em vídeo. Repasse cada tomada com o artista e os operadores de câmera e microfone, explicando o que devem e não devem fazer. Conecte a câmera única a um monitor, de forma a poder assistir à ação na tela e fazer as correções necessárias antes da gravação em vídeo.

Na locação, instale monitores pequenos, alimentados por bateria, em uma mesinha simples e dê suas orientações para os operadores de câmera por meio de um sistema PL. Durante tais ensaios, você poderá usar sua própria terminologia quando falar com o diretor de fotografia (DF) ou com o técnico de áudio. No entanto, você descobrirá rapidamente que a terminologia padrão não é somente mais fácil de usar, mas também mais eficiente porque é compreendida por toda a equipe de produção.

Gravação em vídeo

Anote as informações de cada tomada em placas. Na locação, faça com que o diretor de estúdio use uma placa simples de mão ou claquete. Se estiver com pressa, faça a marcação das tomadas com placas em áudio (o assistente de estúdio pode ler o número e o título da próxima tomada no microfone ligado). Peça ao operador de gravação (VR) ou ao assistente de produção que mantenha um registro de campo preciso. Sempre busque erros de continuidade, mas cuidado para não desgastar o artista e a equipe com excesso de novas tomadas; existe um ponto em que gravar novas tomadas se torna contraproducente por causa da fadiga do artista e da equipe. Por fim, peça ao operador de VR ou ao assistente de produção que etiquete todas as mídias de gravação e caixas e que verifique se as etiquetas correspondem ao registro de campo.

Direção no cinema digital multicâmera

Ao utilizar em uma configuração múltiplas câmeras para cinema digital ou para uma EFP complexos, e supondo que você tenha um assistente de direção competente, é possível dirigir algumas cenas totalmente roteirizadas a partir do estúdio, de forma muito semelhante a uma combinação de ensaio geral com câmera, ou a partir de uma sala de controle temporária montada na locação.

Direção no estúdio

Nesse caso, todas as câmeras estão funcionando como câmeras ISO (isoladas), que também alimentam a mesa de corte. Ensaie cada tomada no estúdio e depois observe a performance no monitor de estúdio, enquanto o assistente de direção dita os planos a partir da sala de controle. Uma câmera geralmente serve de plano geral, outra com Steadicam obtém os close-ups e os planos mais fluidos, enquanto o restante das câmeras é designado a planos de ângulos diferentes. De forma bem semelhante a uma combinação de ensaio geral com câmera, você pode pedir que o monitor de estúdio mostre uma divisão em quatro que age como quatro pequenos monitores separados de visualização das várias visualizações das câmeras.

Direção na locação

Na locação, é preciso montar um centro de controle para o set, a menos que seja usado um caminhão de externas (ver Capítulo 17). Em geral, essa "sala de controle" é composta por um grande monitor de tela plana com imagens de preview (telas menores para cada preview de câmera e monitores maiores de visualização e de PGM/linha), uma mesa de corte portátil e sistemas de intercomunicação, que conectam o centro de controle às câmeras e ao assistente de estúdio.

De forma bem semelhante a uma configuração de estúdio, cada câmera camcorder HDTV é colocada em uma posição iso, mas também alimenta a mesa de corte. Então, você pode chamar as várias tomadas pelo intercomunicador ou pedir ao assistente de direção que realize a edição instantânea enquanto você presta atenção na performance. Essa configuração é especialmente útil ao fazer a cobertura de eventos únicos, como acrobacias complicadas, explosões e coisas do gênero. Se tudo correr bem, as repetições habituais para close-ups e planos de diversos ângulos não serão mais necessárias.

A vantagem de uma configuração com múltiplas câmeras como essa é que você termina com uma montagem do diretor por meio da edição instantânea, além das gravações das várias câmeras que podem ser usadas para a edição de pós-produção. Então, é possível observar o fluxo da(s) cena(s) e, se necessário, gravar novamente algumas tomadas no próprio local.

PONTOS PRINCIPAIS

▶ Como no caso da direção com múltiplas câmeras, a direção com câmera única começa com a visualização de cenas-chave.

▶ A divisão de script na direção com câmera única é guiada mais pela conveniência de produção e eficiência do que pela visualização e pelo sequenciamento. A sequência de produção não é ditada pela sequência de eventos, mas por fatores de produção, como locação

- e obtenção de vários pontos de vista (POVs) ou close-ups da mesma ação.

- ▶ Em geral, cada tomada é ensaiada imediatamente antes de ser gravada.

- ▶ Ao gravar em vídeo as tomadas separadas, você precisa anotar cada uma delas com uma placa de mão ou claquete, ou, pelo menos, peça ao diretor de estúdio que faça uma marcação verbal em áudio. Coloque etiquetas nas caixas e mídias de gravação.

- ▶ Ao usar uma configuração com múltiplas câmeras em cinema digital ou em EFP (produção eletrônica em campo) complexos é possível dirigir algumas cenas totalmente roteirizadas a partir do estúdio ou de uma sala de controle temporária instalada na locação.

capítulo 17

Produção em campo e
grandes produções externas

Quando vemos um desses grandes trailers de televisão estacionar e as equipes de produção começarem a descarregar câmeras, parabólicas de micro-ondas e de uplink de satélite, quilômetros de cabos e outros equipamentos de televisão, já sabemos que uma grande produção em externa é iminente. Por que todo esse esforço quando bastaria apanhar algumas câmeras pequenas e gravar o mesmo evento em campo? Este capítulo fornece algumas respostas.

A seção 17.1, Produção em campo, analisa com detalhes cada um dos três métodos de produção em campo: ENG (electronic news gathering/captação eletrônica de notícias), EFP (produção em campo eletrônica) e grandes produções externas. A seção 17.2, Cobertura de grandes eventos, oferece mais informações sobre instalações padrão de televisão para esportes em externa e outros eventos em campo, interpretação de esboços de locação, principais sistemas de comunicação em campo e transporte de sinal.

PALAVRAS-CHAVE

Grande produção em externa; Banda larga; Satélite de transmissão direta (direct broadcast satelite – DBS); Downlink; Produção em campo; Replay instantâneo; Câmera ISO; Banda Ku; Gravação ao vivo; Esboço da locação; Transmissor de micro-ondas; Minilink; Pesquisa remota; Unidade remota móvel; Uplink; Unidade móvel de uplink; Videorrepórter.

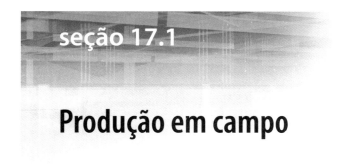

seção 17.1

Produção em campo

Quando uma produção televisiva acontece fora do estúdio, é conhecida como *produção em campo*. Normalmente, distinguimos entre a captação eletrônica de notícias, que cobre eventos diários de notícias, a produção eletrônica em campo, que lida com eventos programados menores, e grandes produções em externa feitas para grandes eventos, como esportes, desfiles e convenções políticas.

Há vantagens em levar a produção para fora do estúdio e para campo:

- Pode-se colocar ou observar um evento em seu ambiente real ou selecionar um ambiente específico para um evento de ficção.
- Você pode escolher entre um número ilimitado e uma variedade de ambientes altamente realistas.
- É possível usar a luz disponível e os sons de fundo, desde que eles atendam aos requisitos de produção, técnicos e estéticos.
- Podem-se reduzir os custos com pessoal de produção e equipamentos, visto que muitas produções EFP exigem menos equipamento e pessoal que as similares realizadas em estúdio (a menos que você faça uma EFP complexa ou uma grande produção em externa).
- É possível evitar custos consideráveis de aluguel para uso de estúdio e, se você trabalha para uma estação, problemas de agendamento de estúdio.

Também há desvantagens:

- Você não possui o controle da produção disponível no estúdio. Uma boa iluminação costuma ser difícil de obter em campo, tanto em locações internas como externas, o que também acontece com o áudio de alta qualidade.
- Em gravações ao ar livre, o clima sempre apresenta perigo. Por exemplo, chuva ou neve pode causar sérios atrasos simplesmente porque o tempo se torna úmido ou frio demais para realizar as gravações. Algumas nuvens podem significar problemas consideráveis de continuidade quando as tomadas anteriores mostravam céu claro.
- Você sempre depende da locação, o que significa que algumas locações exigem cooperação estreita com pessoal não envolvido na produção. Por exemplo, se gravarmos em uma rua movimentada do centro, vamos precisar da ajuda da polícia para controlar o trânsito e os curiosos.
- Ao gravar em propriedade do município, estado ou governo federal, uma autorização dos órgãos competentes e um seguro adicional, estipulado por eles, podem ser necessários.
- Em geral, as produções em campo também exigem viagem e alojamento para a equipe, bem como transporte de equipamentos.

Como profissional de televisão, é preciso lidar com essas desvantagens. Afinal, não dá para espremer um campo de futebol em um estúdio. Com ENG e EFP relativamente simples, a eficiência da tomada ao gravar em campo supera, normalmente, a falta de controle sobre a produção. Embora ENG e EFP já tenham sido analisadas ao longo deste livro, destacaremos aqui os requisitos específicos de produção em campo.

▶ Captação eletrônica de notícias
Características de produção de ENG e uplink de satélite.

▶ Produção eletrônica em campo
Pré-produção; preparação de produção; produção com verificação de equipamentos; produção – instalação; produção – ensaios; produção – gravação em vídeo; produção – desmontagem e verificação de equipamentos; e pós-produção.

▶ Grandes produções em externa
Pesquisa remota; instalação de equipamentos e operação; obrigações dos diretores e gerente de campo; e procedimentos de talentos.

Captação eletrônica de notícias

A captação eletrônica de notícias é a operação em externa mais flexível. Como indicado nos capítulos anteriores, uma pessoa com uma câmera camcorder pode cuidar de todo um trabalho de ENG. Mesmo que o sinal deva ser transmitido de volta para a estação ou transmissor, a ENG exige apenas uma fração dos equipamentos e das pessoas de uma grande produção em externa. Às vezes, o cinegrafista (operador de câmera de notícias) ou mesmo o videorrepórter também vai cuidar da alimentação do sinal a partir do veículo de notícias para a estação. Com acesso Wi-Fi, os clipes de vídeo podem ser carregados e enviados para a estação como se fossem e-mails.

Características de produção de ENG

As principais características de produção de ENG são: a prontidão com que você pode responder a um evento, a mobilidade possível na cobertura de um evento e a flexibilidade dos equipamentos e do pessoal de ENG. Como o equipamento de ENG é compacto e independente, é possível chegar a um evento e gravá-lo em vídeo ou transmiti-lo mais rápido que com qualquer outro tipo de equipamento de televisão. Uma importante diferença operacional entre ENG e EFP ou grandes produções remotas é que a ENG não exige nenhuma pré-produção padrão. Os sistemas de ENG são projetados especificamente para resposta imediata a um furo de reportagem. Na ENG, você não exerce nenhum controle sobre o evento, mas apenas o observa com câmera camcorder e microfone da melhor maneira possível.

Mesmo ao trabalhar sob condições extremas e restrições de tempo, videorrepórter e cinegrafistas experientes podem rapidamente analisar um evento, escolher as partes mais importantes e gravar em vídeo as imagens que editadas funcionarão bem juntas. No caso de eventos importantes, a equipe de ENG normalmente é composta por duas pessoas – o cinegrafista e o repórter de campo, mas muitas histórias de ENG são cobertas por um único videorrepórter ou cinegrafista e narradas depois pelo âncora durante o noticiário. O equipamento de ENG pode ser levado a qualquer lugar. Também pode ser operado em um carro, elevador, helicóptero ou em uma cozinha pequena. Seu ombro e seus braços geralmente substituem um tripé pesado.

Com equipamento de ENG, é possível gravar um evento em vídeo ou transmiti-lo ao vivo. O equipamento de transmissão tornou-se tão compacto e flexível que um único operador de câmera pode realizar até mesmo uma transmissão ao vivo. A maioria dos veículos de ENG (geralmente vans) é equipada com transmissor de micro-ondas que, quando estendido, pode estabelecer um link de transmissão entre a locação remota e a estação. **Figura 17.1** Algumas câmeras de ENG possuem um transmissor integrado para transmissão do sinal em distâncias relativamente curtas.

Ao fazer uma transmissão ao vivo, você conecta o cabo da câmera ao transmissor de micro-ondas. Esse link de micro-ondas também pode ser usado para transmitir rapidamente para a estação a gravação de vídeo não editada direto da câmera ou gravador de vídeo (VR) na van de ENG. Com o equipamento apropriado, você também pode usar a transmissão de vídeo para conseguir a transmissão da história.

Uplink de satélite

Caso o vídeo e áudio de alta qualidade sejam um problema e você não puder usar uma conexão de micro-onda, solicite uma van com uplink de satélite (unidade móvel de uplink), que contém todos os equipamentos de uplink necessários. Quando utilizada para notícias, a van de uplink geralmente contém, também, um ou dois VR, além de equipamentos de edição (em geral, laptops). Dessa forma, você pode filmar cenas enquanto as transmite ao vivo. **Figura 17.2.**

Os repórteres preferem fazer o uplink imediato de gravações de vídeo (aquelas realizadas momentos antes da transmissão) no caso de transmissão ao vivo, pois esse procedimento permite a transmissão repetida no caso de inter-

17.1 Van de ENG com transmissor de micro-ondas estendido
Essa van média dispõe de dispositivo de transmissão por micro-ondas extensível e de uma variedade de equipamentos de gravação e intercomunicação.

rupção temporária ou perda total do sinal de satélite. Como proteção adicional contra a perda de sinal, às vezes são usados dois VR para a gravação e reprodução da mesma notícia. Se algo der errado com o VR, basta alternar rapidamente para o outro com o mesmo material.

Esses uplinks sempre são colocados em serviço quando eventos grandes e especialmente interessantes como fonte de notícia estão agendados, como uma eleição presidencial, uma reunião de cúpula de chefes de Estado, o julgamento de um criminoso perigoso ou as finais da Copa do Mundo de futebol. Entretanto, a unidade móvel de uplink também é usada localmente para a distribuição de notícias, teleconferências nacionais e internacionais, e sempre que o sinal não puder ser enviado diretamente por micro-ondas ou cabo.

Produção eletrônica em campo

Como você já sabe, a EFP usa tanto técnicas de ENG como de estúdio. Da ENG, ela toma emprestada sua mobilidade e

17.2 Van de uplink para satélite
O veículo de notícias via satélite é uma estação móvel portátil que envia sinais de televisão para satélites de banda Ku.

flexibilidade; do estúdio, o cuidado com a produção e controle de qualidade. A seguinte análise de algumas etapas fundamentais de pré-produção, produção e pós-produção em campo supõe que você ainda esteja na função de diretor. Dessa forma, deve lidar com detalhes de produção que são importantes para cada membro da equipe de EFP, independentemente das funções específicas designadas.

Pré-produção

Em comparação com a ENG, na qual você apenas reage a uma situação, a EFP exige planejamento cuidadoso. Em geral, as etapas de pré-produção na EFP são praticamente as mesmas da produção em estúdio. Como primeira etapa, é preciso definir uma mensagem de processo viável, que precisa então ser traduzida no mais eficaz e eficiente método de produção – gravar em ambiente fechado ou ao ar livre, com câmera única ou múltiplas câmeras, na sequência normal de eventos ou estilo de filmagem fora da sequência.

Preparação de produção

A preparação para a produção tem início com a decisão sobre requisitos médios, equipamentos e pessoal. Supondo que você já tenha praticado esse processo de tradução da mensagem em requisitos de produção (ver Capítulo 1), podemos saltar para a fase de produção e as etapas iniciais de produção: pesquisa de local, reunião de produção inicial e linha de tempo de produção em campo.

Pesquisa de local Para conhecer o ambiente onde a produção vai ocorrer, faça um esboço de *locação preciso* – um mapa da locação da transmissão externa. Para produção externa em interiores, o esboço mostra as dimensões do espaço e a localização de móveis e janelas. Para produção externa em exteriores, indica a localização dos prédios, do veículo de EFP, das fontes de alimentação e do sol durante a transmissão ou filmagem.

Dê uma olhada no esboço de locação do ateliê de um artista. **Figura 17.3** Esse esboço fornece informações importantes sobre requisitos de iluminação e áudio, posições de câmera e sequências de gravação. Embora os preparativos técnicos talvez não sejam sua preocupação imediata, verifique a disponibilidade de energia (tomadas nas paredes), a acústica (sala pequena, paredes e piso reflexivos e o ruído do trânsito da autoestrada próxima) e os potenciais problemas de iluminação (janelas grandes).

Caso a produção seja, literalmente, em um campo, vão estar disponíveis as conveniências mais básicas? (As pesquisas de locação serão discutidas no contexto de grandes produções externas, adiante neste capítulo.)

Reunião de produção inicial O ideal é que essa reunião envolva todo o pessoal-chave, incluindo o artista, o assistente de produção, o assistente de direção e o DP (diretor de fotografia) ou operador de câmera (que também cuidará da iluminação). No mínimo, você deve se reunir com o artista, o assistente de produção (que pode trabalhar também como operador de áudio/vídeo) e o operador de câmera. Explique a mensagem de processo definida e o que você espera realizar. Distribua o esboço de locação e analise as principais etapas de produção.

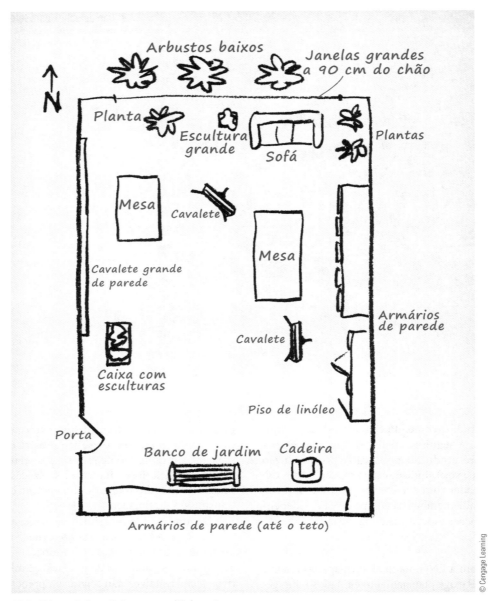

17.3 Esboço de locação interna: ateliê do artista
Esse esboço de locação de um ateliê de artista mostra as dimensões e orientações básicas, portas, janelas e móveis.

É fundamental que todos saibam com exatidão onde a produção vai ser realizada e como chegar ao local. Podem ir todos na van de EFP? Quem vai com quem? Quem precisa ir primeiro para a estação a fim de fazer a verificação dos equipamentos, e quem vai diretamente para a locação? Quem vai dirigir a van? Distribua o cronograma e peça ao assistente de produção[1] que o envie por e-mail a todos os outros membros da equipe que não estiverem na reunião.

Como se verifica, o transporte é uma questão essencial para a programação. Se a produção em campo for ao ar livre, o que fazer em caso de chuva ou neve? Tenha sempre pronto um cronograma alternativo.

Cronograma de produção em campo A programação de gravação de uma produção em campo bem elaborada pode ter o seguinte perfil:

---
[1] Em alguns canais dos Estados Unidos, os veículos de produção são dirigidos pelos próprios produtores e assistentes. (NRT)

CRONOGRAMA: PRODUÇÃO EM CAMPO

7h30-8h15	Verificação de equipamento
8h15	Partida
9h15	Horário estimado de chegada
9h30-10h	Reunião de produção com artista e equipe
10h-11h	Instalação técnica
11h-11h30	Almoço
11h30-12h	Ensaio geral técnico e com artistas
12h-12h20	Anotações e ajuste
12h20-12h30	Intervalo
12h30-13h	Gravação em vídeo do segmento 1
13h-13h15	Anotações e ajuste do segmento 2
13h15-13h45	Gravação em vídeo do segmento 2
13h45-13h55	Intervalo
13h55-14h10	Anotações e ajuste do segmento 3
14h10-14h40	Gravação em vídeo do segmento 3
14h40-15h	Spill
15h-15h30	Desmontagem dos cenários
15h30	Partida
16h30	Horário estimado de chegada à estação
16h30-16h45	Verificação de equipamento

Nem todas as linhas do tempo são elaboradas como essa. Você precisa, pelo menos, marcar um horário de saída, horário do almoço e intervalos e horário de retorno da viagem.

Produção: checagem de equipamentos

Mais uma vez, informe a equipe sobre o cronograma e o objetivo da produção. Repasse o cronograma e a lista de sequências das principais locações e sessões de gravação. Seja extremamente cuidadoso ao carregar o equipamento. Ao contrário de produções em estúdio, onde todo o equipamento fica sempre à mão, em produções em campo é preciso levar todo o material e equipamento para a locação. Mesmo que você e a sua equipe estejam envolvidos em filmar uma série externa, o que exige de cada EFP equipamentos similares ou idênticos, use uma lista de checagem antes de sair para o local. Um cabo ou adaptador incorreto pode causar atrasos indevidos ou até mesmo o cancelamento de toda a produção.

Antes de colocar os equipamentos no veículo, certifique-se de que cada item funciona adequadamente. No mínimo, faça um teste de gravação de imagem e som antes de sair para a locação de gravação.

Lista de checagem de equipamentos   A seguinte lista de checagem de equipamentos auxilia como guia geral e talvez não inclua todos os itens que você precisa levar. Dependendo da complexidade relativa da EFP, podem ser necessários mais ou menos itens que o listado.

- ▪ *Câmeras ou filmadoras.* Quantas? Foram verificadas? Você dispõe dos acessórios de lente adequados

(normalmente filtros), se for o caso? Que suportes de câmera serão necessários: tripés, dollies com tripé, suportes de propósitos especiais? Você possui baterias suficientes? Elas estão totalmente carregadas e cabem nas câmeras específicas que você utiliza na EFP?

- ▪ *Gravadores de vídeo e mídias de gravação.* Caso utilize câmeras portáteis em vez de câmeras camcorders, eles vão conectar-se às filmadoras de vídeo? Você possui a mídia de gravação apropriada para os VRs? Há o suficiente? Verifique se a caixa realmente contém as mídias necessárias. Será que todos os cabos de áudio se encaixam de maneira apropriada da câmera para o VR?

- ▪ *Intercomunicação e equipamento técnico.* Se o EFP exige o uso simultâneo de múltiplas câmeras, você tem suprimento para intercomunicação e luzes de contagem para a câmera? Os cabos de câmera e áudio se encaixam às tomadas do interruptor portátil (ver Figura 13.19)?

Caso você não tenha acesso à energia AC (corrente alternada), você tem bateria para conduzir todos os equipamentos usados? Em produções de campo críticas (estilo filme) nas quais se usa uma única câmera de alta qualidade, verifique com o supervisor técnico se esse equipamento adicional está disponível com RCU (controle remoto de qualidade de vídeo) e equipamentos de teste para que você possa ajustar a câmera ao melhor desempenho; um monitor de forma de ondas (osciloscópio) para ajudá-lo a ajustar o brilho (mantendo os níveis de preto e branco dentro de limites toleráveis); e um vector scope para ajudar a ajustar a câmera para que ela produza cores verdadeiras.

- ▪ *Áudio.* Se você não tiver checado a acústica do local, leve vários tipos de microfones. Verifique seus microfones de lapela sem fio. Há baterias suficientes para os transmissores de microfone sem fio? Os microfones portáteis se ajustam à frequência do canal do receptor? Todos os remotos, incluindo os de lapela, devem ter protetor de vento. Os microfones unidirecionais precisam de bloqueadores de vento adicionais. Escolha o equipamento de instalação mais adequado, como garras, pedestais e varas longas. Será preciso um pequeno mixer de campo? Ele funciona? Se for usar um gravador de áudio separado, verifique-o antes de levá-lo para a locação. Você precisa de um XLR pad? Não se esqueça de fones de ouvido para o operador de microfone boom e para o técnico de gravação de áudio.

- ▪ *Fonte de alimentação.* As baterias corretas estão disponíveis para monitores, câmeras ou câmeras de campo e equipamentos de áudio? Elas estão totalmente carregadas? Se usar corrente alternada (AC), verifique se estão disponíveis os adaptadores corretos de AC/DC (atual direto)? Há cabos de extensão de AC suficientes para chegar à tomada de AC? A menos que sejam alimentados por bateria, também serão necessários cabos de energia de AC e extensões para os monitores. Leve também alguns filtros de linha, mas cuidado para não sobrecarregar os circuitos.

■ *Cabos e conectores.* Há cabos de câmera suficientes, em especial se houver uma grande distância entre a câmera e o controle remoto ou mesa de corte portátil? Há muitos cabos coaxiais e de AC para a alimentação do monitor? Leve sempre o número suficiente de cabos de microfone, mesmo que planeje usar microfones sem fio. Os cabos de microfone podem salvar um dia inteiro de produção se o sistema sem fio quebrar ou houver muita interferência na locação. Apanhou os conectores corretos de áudio para os cabos e conectores de microfone (geralmente conectores XLR/CANNON, mas, às vezes, de fone RCA)? Leve alguns adaptadores de vídeo e cabos de áudio (BNC para fone RCA, e CANNON para fone RCA, e vice-versa). Embora seja bom evitar adaptadores, se possível, leve alguns que se encaixem nos cabos e uma variedade de conectores de entrada, somente por via das dúvidas.

■ *Iluminação.* É possível iluminar a maioria dos interiores com instrumentos de iluminação portáteis. Leve vários kits de iluminação. Verifique se eles realmente contêm as lâmpadas, os pedestais e os acessórios complementares. As lâmpadas funcionam? Sempre inclua algumas lâmpadas extras. As lâmpadas realmente se encaixam nos instrumentos de iluminação? Elas brilham com a temperatura da cor desejada (3.200 K ou 5.600 K)? Há refletores suficientes (rebatedor branco), rebatedores em sombrinha, material de difusão (telas, gelatinas de difusão) e gelatinas coloridas para regular a temperatura de cor? As gelatinas coloridas mais usadas são as de cor âmbar ou laranja-claro para diminuir a temperatura da cor e azul-claro para aumentá-la.

■ Outros itens importantes a levar são: fotômetro, pedestais e garras para lâmpadas, sacos de areia para prender os pedestais das lâmpadas portáteis, alguns pedaços de madeira de 1 × 3 para a construção de uma ponte de luz para as contraluzes, um rolo de papel-alumínio (foil) para escudos de calor, barn doors extras, bandeiras e mais ou menos uma dúzia de prendedores de roupa feitos de madeira para prender as telas ou as gelatinas coloridas nas barn doors.

■ *Intercomunicação.* Se a EFP de câmera única ocorrer em área restrita, não será necessário um sistema de intercomunicação elaborado, basta chamar as tomadas de dentro da área de produção. Mas, se o evento cobre uma grande área ao ar livre, você vai precisar de um megafone de pequena potência, walkie-talkies e telefones celulares para se comunicar com a equipe altamente dispersa e a estação, se necessário. Se utilizar a mesa de corte portátil para uma captação ao vivo ou *gravação ao vivo* de múltiplas câmeras, como para o campeonato estadual de basquete das escolas do ensino médio, vai ser preciso usar fones de ouvido e cabos para o intercomunicador (em geral, áudio regular).

Normalmente, unidades de switcher portáteis não têm provisões de intercomunicação.

■ *Diversos.* Há alguns outros itens que muitas vezes são necessários para uma produção em campo: scripts e cronogramas extras; folhas de registro de campo; placas (claquetes) e marcadores; guarda-chuvas comuns (para proteger o equipamento da chuva, mas, também, proteger os visores da câmera da luz do sol); "capas de chuva" (de plástico) para as câmeras; cartões brancos para o equilíbrio de branco; um teleprompter (tela plana e laptop), se aplicável; cartazes de prompt (*dálias*) em branco ou bloco de papel grande e marcador; cavalete e vários rolos de fita isolante e adesiva (crepe). Também serão necessários: giz branco, sacos de areia extras, prendedores de roupa feitos de madeira, corda, kit de maquiagem, garrafas de água, toalhas, lanternas, sacos de lixo e um kit de primeiros socorros.

Produção: instalação

Depois que todos souberem o que deve acontecer, a instalação vai ser relativamente tranquila e sem confusão. Embora como diretor você não seja responsável pela instalação técnica, observe bem se o equipamento está sendo colocado nos lugares corretos.

Por exemplo, ao gravar em ambientes fechados, as luzes vão ficar fora do alcance da câmera? Estão com suficiente distância de materiais combustíveis (em especial cortinas) e devidamente isoladas (com papel-alumínio, por exemplo)? As contraluzes estão altas o necessário para ficarem fora do plano? Há alguma janela no fundo que possa causar problemas de iluminação? (A janela no ateliê do artista da Figura 17.3 certamente representaria um problema se fosse preciso gravar a escultura grande.) Será que o espaço parece muito aglomerado? Muito limpo? Há algum problema de áudio que você preveja? Se o artista usar microfone de lapela com fio, o cabo vai restringir a mobilidade dele? Se for usado microfone unidirecional, o operador de boom consegue se aproximar o suficiente do artista e, em especial, se mover com este sem tropeçar nos móveis? Há fotos penduradas em locais onde a câmera possa focalizá-las? Examine atrás do artista para ver se o fundo vai causar problemas (como lâmpadas ou plantas que parecem nascer na cabeça do artista).

Quando estiver ao ar livre, verifique se há obstáculos óbvios que possam estar no caminho da câmera, dos operadores de vara e dos artistas. Olhe à frente da locação de gravação para verificar se o fundo é adequado à cena. Há arbustos, árvores e postes de telefone que podem, novamente, dar a sensação de que nascem da cabeça do artista? Outdoors grandes são um perigo constante no fundo. Quais são os riscos potenciais de áudio? Embora a estrada vicinal esteja tranquila agora, vai haver trânsito em determinados horários? Você está próximo de uma delegacia de polícia ou corpo de bombeiros, onde as sirenes podem disparar? Há tráfego aéreo ou de trem perto da sua locação?

Produção: ensaios

Na maioria das vezes, os ensaios se limitam a um rápido ensaio geral, mas podem ser necessários vários se a EFP precisar da interação de mais de uma ou duas pessoas.

Ensaios gerais   Antes de começar o ensaio real e a gravação em vídeo, faça um breve ensaio geral primeiro com a equipe e, em seguida, com o artista para explicar os pontos principais da produção, como posições de câmera, tomadas específicas e ações principais. Sempre depois do ensaio geral, faça a sessão de "anotações" e, então, peça para a equipe cuidar dos problemas remanescentes. Não se esqueça de dar ao artista e à equipe uma pequena pausa antes de começar o ensaio e as sessões de gravação.

Ensaio   Como já mencionado, a direção em campo com câmera única possui sua própria técnica de ensaio. Basicamente, você ensaia cada tomada imediatamente antes de gravá-la. Você ensaia a tomada com o artista e os operadores de câmera, explicando o que devem e não devem fazer. Se você usar o fishpole para captar o áudio, inclua o operador de fishpole no ensaio geral. Grave algumas das cenas críticas, observe-as e ouça a reprodução. Você talvez queira ajustar ou mudar o microfone ou a posição dele para obter uma captação mais adequada, menos ruidosa.

Produção: gravação em vídeo

Pouco antes da gravação definitiva, pergunte ao DP e/ou ao operador de câmera se a câmera está com o devido equilíbrio de branco para a locação da cena. Às vezes, aparecem nuvens ou nevoeiro entre os ensaios e a filmagem atual, o que altera a temperatura da cor da luz. Marque todas as tomadas em placas e peça ao assistente de produção ou ao operador de gravação em vídeo que as anote no registro de campo.

Observe a ação no fundo, bem como no primeiro plano. Por exemplo, os curiosos podem surgir do nada e entrar no seu plano, ou o artista pode parar sua ação exatamente alinhado com um bastão distante que parece brotar da cabeça dele. Durante a tomada, ouça com atenção os vários sons de fundo e em primeiro plano. Não interrompa a gravação porque houve um leve ruído de avião. Provavelmente, esse ruído será mascarado pelo diálogo principal ou pelos sons adicionais acrescentados na pós-produção (como música). No entanto, o barulho de uma sirene da polícia que interrompa uma cena da guerra civil definitivamente exige uma nova tomada.

No fim de cada tomada, peça ao artista que fique em silêncio e grave alguns segundos de material adicional. Esse bloco será de grande auxílio para o editor na pós-produção. Com frequência grave alguns planos de cortes utilizáveis[2] e sons da locação e ambiência em cada locação. Faça os cortes só um pouco maiores que você acha que é necessário. O "silêncio" gravado vai ajudar a cobrir possíveis quedas de áudio em pontos de edição na pós-produção.

Quando tiver uma série de boas tomadas, reproduza-as no monitor de campo para verificar se realmente são acei-

_____
[2] Também chamados de planos de insert. (NRT)

táveis para a pós-produção. Caso detecte problemas graves, ainda será possível fazer algumas tomadas novamente antes de passar para a próxima cena ou locação, mas preste atenção à sua linha do tempo.

Produção: desmontagem de cenários e checagem de equipamentos

Deixe a locação do modo que a encontrou; limpe tudo antes de sair (móveis, cortinas etc.). Apanhe scripts, folhas de planos de gravação e de registro. Não abandone pedaços de fita isolante presos ao piso, a portas ou paredes, e retire o lixo. Ao carregar o veículo de EFP, o DP ou o assistente de produção deve repassar a lista de verificação de equipamentos para averiguar se tudo está de volta ao veículo antes de partir ou mudar de locação. Verifique se as mídias de gravação estão todas devidamente etiquetadas e – mais importante – se foram colocadas no veículo. Alguns diretores insistem em levar as mídias de gravação.

Pós-produção

As atividades de pós-produção em EFP são, na prática, idênticas às das produções em estúdio com câmera única: capturar diversas tomadas no disco rígido do computador de edição, inserir todas as tomadas na mídia da fonte, fazer um corte brusco e, por fim, fazer uma edição on-line que é transferida para a mídia de gravação filmada – DVD, disco rígido ou servidor (ver Capítulo 18).

Grandes produções em externa

Uma *grande produção em externa*, ou simplesmente externa, é feita para transmitir ao vivo ou gravar ao vivo grandes eventos agendados que não tenham sido preparados especialmente para a televisão. Os exemplos são eventos esportivos, desfiles e manifestações políticas. Todas as grandes produções remotas usam câmeras de campo de alta qualidade (câmeras de estúdio com lentes zoom de alta precisão) em posições-chave, várias câmeras de ENG/EFP – 20 ou mais para grandes eventos – e uma extensa estrutura de áudio.

As câmeras e os diversos elementos de áudio são coordenados a partir de um centro de controle móvel – a *unidade de externa móvel*. As unidades de externa costumam ser alimentadas por um gerador portátil, com um segundo de reserva no caso de o primeiro falhar. Se não houver energia suficiente na locação, a unidade é conectada à energia disponível, com um único gerador servindo como reserva.

A unidade de externa móvel representa uma sala de controle de estúdio compacta e sala de equipamentos. Ela contém os seguintes centros de controle:

- ■ *Controle de áudio* com uma mesa de áudio bastante grande, mídias de gravação digital, alto-falantes de monitor e sistemas de intercomunicação.
- ■ *Controle de programa*, também chamado produção, com monitores de preview e de linha, uma mesa de

corte com efeitos especiais, um GC e vários sistemas de intercomunicação: PL (linha parcial, linha privada ou linha telefônica), PA (public address) e elaborados sistemas IFB (limite ou resposta interruptível).

- *Controle de gravação em vídeo* com diversos VR ou servidores de alta qualidade que podem fazer gravações regulares, replays instantâneos e reproduzir em câmera lenta e quadros de imagem congelada.
- *Controle de vídeo* com CCU, monitores de linha, painéis de ligação (patch), gerador e, às vezes, equipamentos de transmissão de sinal. **Figuras 17.4 e 17.5**

Em produções remotas muito grandes, pode-se usar um ou mais trailers adicionais para produção complementar e para os equipamentos de controle, tais como o replay instantâneo.

Como a transmissão acontece longe do estúdio, alguns procedimentos de produção são diferentes daqueles utilizados em produções de estúdio. Portanto, examinaremos os seguintes aspectos de produção específicos de campo: pesquisa remota, instalação e operação dos equipamentos, tarefa do diretor e procedimentos do assistente de direção e dos artistas.

Pesquisa de externa

Como qualquer outra produção programada, uma grande produção externa requer preparação ainda mais minuciosa. Um problema com a preparação para grandes produções externas é que o evento do qual você fará a cobertura normalmente é um acontecimento único que não pode ser ensaiado. Dessa forma, seria ridículo solicitar a duas equipes nacionais de hóquei que repetissem o jogo inteiro ou que líderes políticos repetissem, na íntegra, o caloroso debate do qual participaram. Uma produção externa de uma cerimônia de premiação, no entanto, permite alguns ensaios limitados; você pode ensaiar com substitutos do mestre de cerimônias e dos nomeados a premiação. A maior parte de eventos de esporte (tais como futebol, baseból, basquete, hóquei no gelo, tênis, entre outros) tem instalações padrão que não mudam muito, ou nada, de um jogo para outro, ainda assim, você não possui controle sobre o evento em si, mas deve acompanhá-lo da melhor maneira possível. Seus preparativos de produção devem levar em conta essas e várias outras considerações. Outro problema é que você só pode levar na unidade remota a sala de controle e as instalações técnicas para a locação – não o estúdio em si. Câmeras, microfones e, muitas vezes, a iluminação, precisam ser levados à locação externa e devem ser operacionais.

Um dos preparativos principais é a pesquisa de externa. Muitos dos itens de pesquisa para grandes produções externas se aplicam igualmente a outros EFP, como um segmento da MTV ou uma visita a uma fábrica. Como o nome indica, *pesquisa de externa* ou pesquisa de ambiente é uma investigação das instalações locais e das circunstâncias do evento. Estas devem fornecer respostas a algumas perguntas fundamentais sobre a natureza do evento e as instalações técnicas necessárias para transmiti-lo. Essas pesquisas obviamente não são necessárias se você fizer diversas vezes a mesma produção externa na mesma localização.

Pessoa de contato Sua primeira preocupação é conversar com alguém que tenha conhecimento do evento. A pessoa de contato, ou simplesmente contato, pode ser o relações públicas de uma instituição ou alguém em cargo de supervisão. Contate o responsável para obter informações sobre o evento e se ele pode encaminhá-lo a outras pessoas que possam responder às suas perguntas. Seja do modo que for, obtenha o nome completo e o cargo do contato, o endereço comercial, o e-mail e o número comercial, residencial, de fax e de celular. Daí, então, agende uma reunião para a pesquisa remota real.

17.4 Unidade de externa (móvel)
A unidade de externa (móvel) é um centro de controle completo sobre rodas, que contém os centros de controle de programa, áudio, vídeo e técnico, bem como GC e instalações de gravação.

Produção em campo e grandes produções externas 339

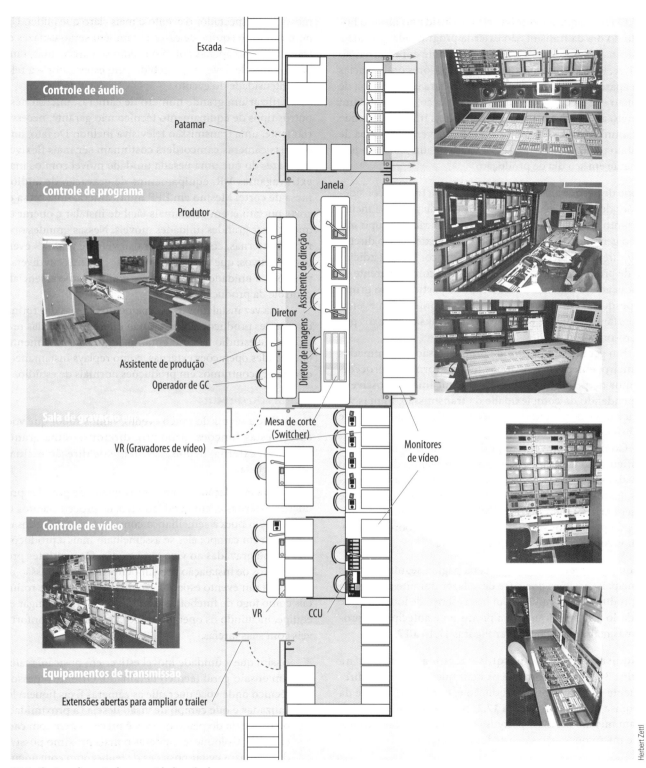

17.5 Centros de controle em unidade móvel
A unidade móvel transporta os controles de áudio, de programa, de gravação em vídeo, de replay instantâneo, de vídeo e os equipamentos de transmissão.

O ideal é que a pesquisa seja conduzida no mesmo horário do dia da transmissão externa programada, porque a posição do sol é extremamente importante em externas ao ar livre, bem como em externas em interiores onde janelas vão aparecer no plano. Tome medidas para que a pessoa de contato esteja com você durante a produção. Estabeleça um contato alternativo e envie-lhe cópias das informações que encaminhar para o contato primário. Às vezes, a pessoa de contato pode ficar acamada por causa de um resfriado justamente em seu dia de produção.

Grupo de pesquisa A pesquisa de externa trata de considerações de produção e técnicas. O grupo de pesquisa inclui, portanto, pessoas da produção e engenharia. O grupo mínimo geralmente consta do produtor da externa, do diretor e do diretor técnico ou supervisor técnico. Pessoal adicional de produção e de supervisão técnica, como o gerente de produção e o engenheiro-chefe, pode participar do grupo de pesquisa, em especial se a externa abrange um evento importante e envolve elementos como links complexos por micro-ondas ou satélite.

Em geral, os requisitos de produção são determinados primeiro, e depois os técnicos tentam tornar os procedimentos de produção planejados tecnicamente possíveis. Dependendo da complexidade da transmissão, muitas vezes a equipe de produção e os técnicos têm de abrir mão de muitos aspectos.

Como diretor, você só pode abrir mão se conhecer a configuração técnica específica e os problemas de captação e quais as mudanças de procedimentos vão ajudar a superá-los. Familiarize-se com a produção e com os requisitos de engenharia de remotas de televisão. Embora muitas questões de produção e de pesquisa técnica se sobreponham, vamos considerá-las aqui separadamente.

Pesquisa de produção A tabela na página seguinte lista as principais questões que você deve fazer durante a pesquisa de produção. **Figura 17.6** Um bom esboço de locação pode ajudá-lo a se preparar para a produção e antecipar os problemas mais importantes (ver Figuras 17.16 a 17.17).

Pesquisa técnica A pesquisa técnica mostrada na página 342 mostra somente os itens que influenciam diretamente os processos de produção e, por fim, sua parte da pesquisa de externa. **Figura 17.7** Aspectos técnicos que já foram mencionados na pesquisa de produção, como câmeras e microfones, não são listados novamente.

Instalação e operação dos equipamentos

Não há fórmula mágica para a instalação de equipamentos para transmissão externa. Como acontece com uma produção em estúdio, o número de câmeras, o tipo e o número de microfones, a iluminação e os demais itens dependem inteiramente do evento. Em quase todas as grandes filmagens externas, a mensagem do processo definida é simplesmente

mostrar ao espectador o evento o mais claro que puder. Um bom diretor e equipe de externa também serão capazes de transmitir não apenas como o evento se parece, mas, também, como ele deve ser percebido pelo espectador – a relativa intensidade do evento.

Utilizar um grande número de câmeras, microfones e outros tipos de equipamento técnico não garante, necessariamente, uma transmissão televisiva melhor. De fato, uma ou duas câmeras camcorders costumam ser mais flexíveis e eficazes do que uma pesada unidade móvel com os mais extravagantes VR, equipamentos de gravação de áudio e mesa de corte. Mesmo em EFP multicâmera, uma mesa de corte portátil é, em geral, mais fácil de instalar e operar do que utilizar grandes unidades móveis. Nessas grandes operações externas, como cobertura ao vivo de grandes eventos esportivos, que talvez usem muitas câmeras em diversas posições, a unidade móvel fornece equipamento essencial e controle da produção.

Uma vez instalados os equipamentos, várias das rotinas de grandes produções externas não diferem muito das produções de estúdio. Há, no entanto, alguns procedimentos em grandes operações externas, como replays instantâneos, que não encontramos em produções normais de estúdio.

Tarefas do diretor

Na análise a seguir do único evento, vamos supor que você exerça estas funções: primeiro, diretor de uma grande produção externa, depois, assistente de direção e, finalmente, artista.

Direção da instalação Como transmissão de grandes produções externas é, em geral, ao vivo, os procedimentos de direção têm pouca semelhança com os outros métodos de produção em campo; eles se assemelham mais a produções ao vivo ou gravadas ao vivo em estúdio. Os seguintes procedimentos de instalação pressupõem que a transmissão remota seja um evento especial. Ao dirigir externas de rotina, tais como jogo de futebol, as câmeras estão em um lugar e a equipe, incluindo os operadores de câmera, estão confortáveis com suas tarefas.

■ Assim que a unidade móvel estiver em posição, realize um ensaio geral técnico detalhado. Oriente o pessoal técnico onde você quer que as câmeras fixas fiquem localizadas e que campo de visão deseja (a proximidade ou distância do plano que você precisa obter com cada câmera). Coloque as câmeras o mais próximo possível da ação para evitar posições de lente zoom com ângulo estreito demais. Informe a equipe sobre os movimentos aproximados e a abrangência das câmeras móveis e sobre quais são suas necessidades no que se refere ao áudio. A menos que fiquem em uma sala, especifique onde os locutores vão ficar para que seus monitores, microfones e intercomunicadores possam ser devidamente conectados.

Produção em campo e grandes produções externas 341

ITEM DE PESQUISA	PERGUNTAS-CHAVE
Contato	Quem são seus contatos principais e alternativos? Cargo; endereço comercial; e-mail; número comercial, residencial e de celular; fax e pager.
Locação	Onde é a localização exata da transmissão? Endereço e número de telefone. Se precisar de controle de tráfego, a polícia foi notificada?
Horário	Quando vai ocorrer a transmissão externa, data e hora? Qual é o horário que o caminhão deve chegar? Quem vai se encontrar com você na locação para o posicionamento do caminhão?
Natureza do evento	Qual é a natureza exata do evento? Onde a ação vai acontecer? Que tipo de ação você espera? A pessoa de contato deve ser capaz de fornecer as informações necessárias.
Câmeras (fixas)	Quantas câmeras serão necessárias? Use o mínimo possível. Onde as câmeras serão colocadas? Não coloque câmeras em lados opostos da ação. Em geral, quanto mais perto estiverem, mais fácil e menos confuso será o corte. Grave com o sol, não contra ele. Tente mantê-lo atrás ou ao lado das câmeras durante toda a transmissão. Em estádios maiores, as salas de imprensa se localizam geralmente no lado da sombra. Se possível, pesquise a locação externa na hora exata programada para a transmissão. Se não for um dia ensolarado, determine a posição do sol da melhor maneira possível. Há algum objeto grande bloqueando a visão da câmera, como árvores, postes de telefone ou outdoors? Você terá o mesmo campo de visão durante a transmissão real? Uma multidão no estádio, por exemplo, poderá bloquear o campo de visão da câmera, embora a vista esteja desobstruída durante a pesquisa. É possível evitar grandes outdoors no fundo das tomadas, em especial se a propaganda for de um concorrente do seu patrocinador? Será preciso usar plataformas para as câmeras? Onde? A que altura? As plataformas podem ser erguidas em determinado ponto? Pode-se usar a unidade móvel como plataforma? Se estações concorrentes também estiverem cobrindo o evento, você obteve direitos exclusivos para as posições de suas câmeras? Onde quer que as câmeras ISO (câmeras que gravam em paralelo) fiquem posicionadas? Você precisa de guarda-chuva para proteger visores do sol?
Câmeras (móveis)	É preciso mover certas câmeras? Qual é o tipo de piso? A câmera pode ser movida em um dolly de campo ou vai ser preciso dollies de externa (geralmente com grandes pneus de borracha inflável)? Será que o dolly com a câmera vai passar em corredores e portas estreitos? É possível usar câmeras de ENG/EFP em vez de grandes câmeras de estúdio/campo? Qual é seu raio de ação? É possível conectá-las à unidade móvel por cabo (menos chance de interferência ou perda de sinal) ou o sinal precisa ser enviado à unidade móvel via micro-ondas? Se houver câmeras robóticas, onde elas estão localizadas? E os controles remotos funcionam?
Iluminação	Será preciso utilizar iluminação adicional? Onde e de que tipo? Os instrumentos podem ser pendurados convenientemente ou será necessário usar pedestais de iluminação? É preciso providenciar contraluzes? As luzes ficarão suficientemente altas de modo a não estarem no alcance da câmera? É preciso gravar contra janelas? Se for, é possível cobri-las ou filtrá-las para bloquear a indesejável luz do dia? É possível usar rebatedores?
Áudio	Que tipo de captação de áudio é necessário? Onde você precisa colocar os microfones? Qual é o raio de ação exato no que se refere ao áudio? Qual deve ser o comprimento dos cabos de microfone? Quais são os microfones fixos e quais serão manuseados pelo artista? Serão necessários microfones de longa distância, como microfones unidirecionais ou parabólicos? Será preciso usar microfones sem fio? O sinal deles será captado pelos receptores sem fio? Será preciso providenciar coisas como retorno de áudio ou um sistema de alto-falantes que transporte o áudio do programa até a locação? É possível se conectar ao sistema de comunicação do local? Será necessário usar microfones de longa distância para captação de som?
Intercomunicações	Que tipo de sistema de intercomunicação será necessário? Será preciso conectar as linhas de intercomunicação? Quantos canais e/ou estações de IFB serão necessários e aonde eles vão? Existe a necessidade de um sistema de resposta PA? Se telefones celulares não funcionarem nessa área, estarão disponíveis linhas telefônicas suficientes?
Itens diversos de produção	Você precisa de um relógio? Onde? Serão necessários monitores da linha, em especial para o locutor? Quantos? Onde devem ficar localizados? Será que o locutor vai precisar de um monitor de preview para acompanhar a reprodução dos iso? Estará disponível uma placa (claquete) de câmera caso o CG não possa ser usado?

17.6 Pesquisa de externa: produção
Essas são as perguntas-chave que você deve fazer durante a pesquisa de produção ou evento especial.

342 Manual de produção de televisão

ITEM DE PESQUISA	PERGUNTAS-CHAVE
Licenças e permissões	Você (ou o produtor) já obteve as permissões de transmissão com a polícia e os bombeiros? Você possui as permissões por escrito dos organizadores do evento? Você possui a autorização de estacionamento e assistência do pessoal de segurança para a unidade remota móvel e outros veículos de produção? Estão disponíveis os passes e estacionamento para todos os técnicos e pessoal de produção, em especial quando o evento exige pagamento de entrada ou tem algum tipo de restrição à entrada?
Outros	Todos dispõem de uma lista de sequências com a ordem aproximada de eventos? Essas listas são essenciais para o diretor, assistente de direção e locutor, e extremamente úteis para operadores de câmera, engenheiro de áudio e pessoal adicional de estúdio. O diretor dispõe de um observador que pode identificar a ação principal e as pessoas envolvidas? Em externas esportivas, os observadores são essenciais.

© Cengage Learning

17.6 Pesquisa de externa: produção *(continuação)*

ITEM DE PESQUISA	PERGUNTAS-CHAVE
Energia	Supondo que você não trabalhe com alimentação de bateria ou de gerador, há eletricidade suficiente disponível no local? Onde? A pessoa de contato tem acesso às tomadas de alimentação? Se não, quem possui? Certifique-se de que o contato esteja disponível durante a instalação da externa e a produção. Serão necessárias extensões para os cabos de energia? Se usar um gerador, possui outro de reserva?
Localização da unidade de externa móvel e do equipamento	Onde a unidade móvel deve ficar? Sua proximidade da fonte de energia disponível pode ser crítica caso você não disponha de gerador de energia. Você está suficientemente próximo do local do evento? Tenha em mente que há um comprimento máximo para cabos de câmera além do qual haverá perda de vídeo. Preste atenção a possíveis fontes de interferência no sinal de áudio e vídeo, como máquinas de raios X próximas, radar ou qualquer outro equipamento eletrônico de alta frequência. A unidade móvel vai bloquear o trânsito normal? Ele vai interferir no evento? Reserve estacionamento para o caminhão. Foi solicitada ajuda da polícia?
Dispositivos de gravação	Se o programa for gravado, vão estar disponíveis no caminhão os gravadores de vídeo necessários? Será necessário usar VR (video recorders) adicionais para replays instantâneos? Se for preciso alimentar os sinais de áudio e vídeo de volta à estação separadamente, as linhas telefônicas necessárias estarão liberadas para a alimentação de áudio? Há mídias suficientes para cobrir o evento completo? Foram tomadas providências para trocar de mídias sem perder parte do evento? As câmeras ISO estão devidamente conectadas à mesa de corte e aos VR separados?
Transmissão de sinal	Se o evento é transmitido de volta à estação para a gravação em vídeo ou diretamente ao transmissor para transmissão ao vivo, há disponível um local razoável para micro-ondas ou uplink com satélite? Há minilinks de micro-ondas à disposição? Confirme os requisitos para alimentação do uplink de satélite.
Roteamento de cabo	Quantos cabos de câmera serão necessários? Qual será o destino deles? Quantos cabos de áudio serão necessários? Qual será a finalidade deles? Quantas linhas de intercomunicação serão necessárias? Qual será a finalidade delas? Quantas linhas de alimentação (AC) serão necessárias? Qual será o destino delas? Encaminhe os cabos na menor distância possível da unidade remota móvel até o ponto de captação, mas não bloqueie corredores, portas, passagens, e assim por diante, que tenham movimentação intensa. Os cabos devem cobrir uma grande distância? Em caso afirmativo, estenda uma corda e amarre o cabo nela para aliviar a tensão.
Iluminação	Existem suficientes tomadas de AC para todos os instrumentos de iluminação? As tomadas possuem fusível para as lâmpadas? Não sobrecarregue os circuitos domésticos normais (geralmente de 15 amperes). Há cabos de extensão e filtros de linha suficientes (ou simples benjamins) para acomodar todos os instrumentos de iluminação e fonte de alimentação para os monitores e relógios elétricos?
Sistemas de comunicação	Quais são os requisitos de comunicação específicos? PL? Canais de IFB? Linhas telefônicas? Telefones celulares? Sistemas PA? Walkie-talkies de longo alcance? Rádios bidirecionais?

© Cengage Learning

17.7 Pesquisa de externa: técnica
A pesquisa técnica lista apenas os itens que influenciam diretamente os procedimentos de produção.

Produção em campo e grandes produções externas   343

- Enquanto a equipe técnica estiver fazendo a instalação, realize uma reunião de produção com a pessoa de contato, o produtor, o assistente de direção, o assistente de estúdio, o assistente de produção, o artista e, se não estiverem diretamente envolvidos na instalação, o diretor de imagens ou supervisor técnico. Peça ao contato que descreva como está previsto o decorrer do evento. Explique como você pretende fazer a cobertura dele. Embora seja trabalho do produtor alertar o artista sobre características destacadas do evento, como alguém que recebeu um prêmio e terá destaque no desfile, esteja preparado para assumir esse papel caso o produtor seja distraído por algum outro problema. Delegue a supervisão sobre a instalação ao assistente de direção, ao assistente de estúdio e ao diretor de imagens. Não tente fazer tudo sozinho.

- Preste atenção a todos os sistemas de comunicação, especialmente ao radiotransmissor. Durante a transmissão, você não terá chance de correr para dentro e para fora da unidade remota móvel até a locação real; todas as suas instruções virão por comunicação de voz a partir da unidade móvel. Discuta a cobertura do evento em detalhes com o assistente de estúdio, que detém uma das posições mais críticas de produção durante uma externa.

- Em geral, você como diretor não possui controle sobre o próprio evento, simplesmente tenta observá-lo do modo mais fiel possível. Novamente, verifique com a pessoa de contato e o locutor a precisão da lista de sequências e das informações específicas relativas ao evento. Peça ao artista que cheque novamente a pronúncia dos nomes dos participantes e dos lugares.

- Caminhe pela locação novamente e visualize o evento a partir da perspectiva das câmeras. Elas estão nas posições ideais de gravação? Todas elas estão em um lado da principal linha vetorial para não reverter a ação na tela ao cortar de uma para outra?[3] Se for gravar ao ar livre, será que alguma das câmeras ficará "cega" pelo sol? Será que o sol vai ficar exatamente atrás das câmeras (o que, na verdade, vai deixar indefinidas as imagens no visor)? Operadores de câmera mais experientes usam uma sombrinha ou bandeiras acopladas à câmera para impedir que o sol deixe o visor indefinido.

- Tenha em mente que você é um convidado ao cobrir um evento em externa. A menos que a televisão seja parte integrante do evento, como na maioria dos esportes, tente trabalhar da forma mais rápida e discreta possível. Não torne sua produção um grande espetáculo. Lembre-se de que você é basicamente um intruso no evento e que as pessoas envolvidas geralmente estão sob tensão.

Direção de transmissão no ar   Depois de ir ao ar, tente se manter atento ao evento, na medida do possível. Se houver um bom observador (pessoa de contato, especialista no evento ou assistente de direção), vai ser possível prever certos acontecimentos e se preparar com as câmeras. A seguir, apresentamos alguns procedimentos que devem ser lembrados.

- Fale alto e com clareza. Normalmente, o local é barulhento e os operadores de câmera e a equipe de estúdio talvez não o ouçam muito bem. Coloque o microfone do seu fone de ouvido próximo à boca. Grite se for preciso, mas não fique histérico. Diga à equipe que desligue o transmissor dos seus fones para evitar que o som ambiente entre no sistema de intercomunicação.

- Escute o assistente de estúdio e os operadores de câmera. Eles podem ajudar a notar detalhes do evento e relatá-los a você assim que ocorrerem.

- Preste bastante atenção aos monitores. Muitas vezes, as câmeras fora do ar captam tomadas especialmente interessantes, mas não se sinta tentado por imagens bonitas, no entanto sem sentido ou que distorçam o evento. Se, por exemplo, a grande maioria de um público ouve com atenção a orquestra, não focalize a única pessoa que está conduzindo ou adormecido na fileira de trás, mesmo que essa tomada seja interessante.

- Escute o áudio. O bom locutor vai dar pistas quanto ao desenvolvimento do evento e, às vezes, direcionar sua atenção para um detalhe significativo.

- Se algo der errado, fique calmo. Por exemplo, se um espectador bloqueia a câmera principal ou se o operador de câmera faz uma panorâmica rápida[4] para outra cena porque considera que sua câmera está fora do ar, não grite para o operador de câmera que ele ainda está ativo ou para o assistente de estúdio para "tirar esse idiota do caminho". Basta cortar para outra câmera.

- Demonstre decoro e bom gosto no que mostra ao público. Evite se concentrar em acidentes (em especial durante eventos esportivos) ou situações potencialmente embaraçosas para a pessoa na câmera, mesmo que essas situações no momento pareçam divertidas para você e para a equipe.

Replay instantâneo   No *replay instantâneo*, uma parte importante ou um segmento do evento é repetido para o espectador. As operações de replay instantâneo normalmente utilizam *câmeras ISO (gravação em paralelo)*, que enviam sinal para a mesa de corte e para seus próprios gravadores de vídeo separados. Algumas grandes operações esportivas remotas empregam uma segunda mesa de corte distinta, dedicada exclusivamente à inserção de replays instantâneos.

---

[3] O eixo vetorial é a linha que separa a ação da inversão de eixo. Por exemplo, se forem colocadas câmeras nos dois lados do campo em uma partida de futebol, quando cortarmos de uma câmera de um lado para outra do outro lado, o jogador que estiver correndo para a direita do vídeo, no corte, passará a correr para a esquerda do vídeo. A isso damos o nome de "inversão de eixo". (NRT)

[4] Essas derivadas de câmeras são chamadas chicotes de câmera. (NRT)

Durante o replay, usam-se, muitas vezes, efeitos de vídeo digital (digital video effects – DVE) para explicar determinada cena. A tela pode ser dividida em várias caixas espremidas ou ter efeitos de revelar/desaparecer a partir das extremidades, cada uma exibindo um aspecto diferente da cena, ou pode funcionar como lousa eletrônica que mostra desenhos de linhas simples sobre o quadro congelado de um replay instantâneo, muito semelhante a esboços em um quadro-negro tradicional. Estatísticas do jogo e dos jogadores são exibidas por meio do GC. Algumas informações são pré-programadas e armazenadas em disco, mas estatísticas atualizadas são introduzidas continuamente pelo operador de GC. Toda a operação de replay instantâneo e GC geralmente é guiada pelo produtor ou assistente de direção. Em geral, o diretor está ocupado demais com a cobertura em tempo real para se preocupar com replays instantâneos e efeitos especiais.

Ao assistir a um replay instantâneo de uma ação-chave, talvez perceba que ele duplica exatamente a sequência que acabou de ser vista ou, mais frequentemente, que mostra a ação de uma perspectiva ligeiramente diferente. No primeiro caso, a sequência de imagens da cobertura regular do jogo – isto é, a saída de linha – foi gravada e reproduzida; no segundo, é a imagem captada por uma câmera ISO que foi gravada e reproduzida.

Nos esportes, a função principal das câmeras ISO é seguir jogadas ou jogadores principais para possibilitar o replay instantâneo. As câmeras ISO também são usadas em produções remotas, como concertos de rock ou apresentações de orquestras com configuração multicâmera. Ao fazer a cobertura de uma orquestra, é bom ter uma câmera ISO o tempo todo focada no maestro, o que fornece um plano de corte conveniente na pós-produção.

Quando uma produção remota é realizada para pós-produção em vez de ao vivo, todas as câmeras podem ser utilizadas em posições ISO, com a saída de cada câmera gravada por um VR separado. A saída de todas as câmeras ISO é então utilizada como material-fonte para extensa edição de pós-produção.

Atividades depois do programa   A externa não vai terminar até que todo o equipamento seja desmontado, e a locação, restaurada ao seu estado original. Como diretor de grandes produções externas, dê atenção especial aos seguintes procedimentos depois do programa.

- Se algo deu errado, não saia como louco da unidade remota móvel, acusando todos, exceto a si mesmo, pelos erros cometidos. Primeiro, refresque a cabeça, depois descubra como o erro ocorreu para que você possa evitá-lo no futuro.

- Agradeça à equipe e ao artista o esforço. Ninguém quer que uma produção externa saia ruim. Agradeça especialmente a pessoa de contato e outros responsáveis, que contribuíram para a realização do evento e da transmissão externa. Deixe a melhor impressão pos-

sível de si e de sua equipe. Lembre-se de que, quando está em uma locação externa, você está representando sua empresa e, de certa forma, toda a "mídia".

- Agradeça à polícia a cooperação em reservar vagas de estacionamento para os veículos de externa, o trabalho de controlar os espectadores e assim por diante. Você pode precisar deles novamente para a próxima transmissão externa. Confirme se o assistente de estúdio devolveu todos os equipamentos de produção para a estação.

Procedimentos do assistente de estúdio e dos artistas

Como assistente de estúdio, você desempenha um papel fundamental em grandes produções externas. As atividades de "estúdio" que você precisa gerenciar aumentaram consideravelmente em tamanho e complexidade.

Procedimentos do assistente de estúdio   Como assistente de estúdio (também chamado diretor de palco em grandes produções externas), você tem, ao lado do diretor e do diretor de imagens, a responsabilidade principal pelo sucesso da transmissão remota. Como você fica perto da cena, muitas vezes tem uma visão geral melhor do evento que o diretor, que está isolado na unidade móvel. Os seguintes pontos vão ajudá-lo a tornar um sucesso a grande produção externa.

- Familiarize-se antecipadamente com o evento. Descubra onde acontecerá, como se desenvolverá e onde as câmeras e os microfones estão posicionados em relação à unidade móvel. Faça um esboço das principais etapas do evento e da instalação dos equipamentos (ver seção 17.2).

- Verifique mais de uma vez todos os sistemas de intercomunicação. Cheque se consegue ouvir as instruções da unidade móvel e se é ouvido por quem está nela. Veja se o intercomunicador está funcionando corretamente com o restante do pessoal. Verifique todos os fones de ouvido sem fio, canais de IFB, walkie-talkies, conexões de celular e quaisquer outros dispositivos de comunicação em campo.

- Preste atenção ao tráfego na área de produção. Tente manter os curiosos longe do equipamento e das áreas de ação. Seja educado, mas firme. Contorne as equipes de outras estações. Esteja especialmente atento a jornalistas de outros meios de comunicação. Não seria a primeira vez que um fotógrafo jornalístico tirando fotos coincide em parar bem na frente da sua câmera principal. Apele para o senso de responsabilidade do fotógrafo: diga que você também tem um trabalho a fazer na tentativa de informar o público.

- Se a transmissão for gravada em vídeo, tenha uma placa pronta, a menos que o GC seja usado para esse fim.

- Verifique se todos os cabos estão devidamente presos para minimizar os riscos potenciais relacionados a pessoas na área de produção. Caso isso não tenha sido

Produção em campo e grandes produções externas   345

feito pela equipe técnica, prenda com fita os cabos ao piso ou à calçada e coloque um tapete sobre eles nas principais zonas de circulação de pedestres.

- Apresente-se para os policiais designados à externa e explique a eles os principais detalhes do evento. Apresente-os ao artista. A polícia é, em geral, mais prestativa quando conhece as pessoas e sente que faz parte da operação externa.

- Ajude os operadores de câmera a notar os principais detalhes do evento. Converse com os cabomen (equipe de estúdio) sobre o raio de ação das câmeras portáteis. Essas pessoas frequentemente são a chave para obter bons planos com uma câmera de EFP portátil ou camcorder que também esteja ligada a um RCU.

- Transmita todas as deixas do diretor de forma imediata e precisa. Posicione-se de modo que o artista veja as deixas sem ter de olhar para você. (Na maioria das vezes, o artista vai estar ligado ao IFB por meio de pequenos fones de ouvido para que o diretor possa enviar as deixas diretamente para ele, sem que o assistente de estúdio precise servir como intermediário.)

- Tenha à mão vários cartazes de 3 × 5 para poder escrever as deixas e passá-las para o artista no caso de o canal IFB falhar.

- Quando o artista estiver temporariamente fora do ar, mantenha-o informado sobre o que está acontecendo. Ajude a manter intacta sua aparência para a próxima vez que aparecer no ar e ofereça incentivo e sugestões positivas.

- Depois da transmissão, recolha todos os equipamentos de produção que estão sob sua responsabilidade – cavaletes, plataformas, sacos de areia, placas e fones de ouvido. Verifique duas vezes se você esqueceu algo antes de sair da locação externa. Utilize a lista de verificação de equipamentos do diretor ou do diretor de imagens.

Procedimentos de artistas   Os procedimentos gerais dos artistas (conforme analisados no Capítulo 15) também se aplicam às operações externas, mas existem alguns pontos que são especialmente relevantes para você como artista.

- Familiarize-se completamente com o evento e sua designação específica. Conheça a mensagem do processo e faça sua parte para alcançá-la. Repasse o evento com o produtor, o diretor e a pessoa de contato.

- Teste seu microfone e seu sistema de intercomunicação. Se trabalhar com sistema IFB, verifique-o com o diretor ou produtor.

- Verifique se seu monitor está funcionando. Peça ao assistente de estúdio para que o diretor de imagens insira a imagem de PGM assim que as câmeras forem "abertas". Peça que, pelo menos, barras de cores (color bars) sejam colocadas on-line.

- Se você tiver a ajuda de uma pessoa de contato ou de um observador para identificar os participantes de

determinado evento, conversem novamente sobre os principais aspectos do evento e do sistema de comunicação quando estiverem no ar. Por exemplo, como é que o observador lhe dirá o que está acontecendo enquanto o microfone estiver ativo?

- Verifique a pronúncia de nomes e lugares. Poucas coisas são mais embaraçosas para todos os envolvidos do que quando os nomes de pessoas conhecidas são pronunciados de forma errada pelos comentaristas de televisão.

- Quando estiver no ar, diga ao público o que eles não podem ver por si mesmos. Não fale o óbvio. Por exemplo, se você vir uma celebridade sair do avião e apertar as mãos das pessoas na pista, não diga: "A celebridade está apertando as mãos de algumas pessoas"; diga quem está apertando as mãos de quem. Se um jogador de futebol está caído no campo e não consegue se levantar, não diga ao público que o jogador aparentemente se machucou – eles estão vendo isso; informe quem é o jogador e o que pode ter causado o ferimento. Depois dessas informações, acrescente outras mais detalhadas sobre a lesão e o estado do jogador.

- Não fique tão envolvido no evento a ponto de perder sua objetividade. Entretanto, não permaneça tão distante a ponto de parecer desinteressado ou de não ter sentimentos.

- Se você errar ao identificar alguém ou algo, admita isso e corrija-o mais rapidamente possível.

- Não identifique os detalhes do evento exclusivamente pela cor, visto que as cores muitas vezes ficam distorcidas em receptores domésticos. Por exemplo, refira-se ao corredor não apenas como aquele de calção vermelho, mas também como o que aparece à esquerda da tela.

- Na medida do possível, deixe o evento falar por si mesmo. Fique quieto em momentos extremamente tensos. Por exemplo, não fale durante a pausa intensa entre o comando de partida "Nas suas marcas" e o tiro da pistola de início na final dos 100 metros rasos.[5]

PONTOS PRINCIPAIS

▷ Os três tipos de eventos remotos são: ENG (captação eletrônica de notícias), EFP (produção eletrônica em campo) e grandes produções externas.

▷ A ENG é a operação externa mais flexível. Oferece velocidade em resposta a um evento, mobilidade máxima no local e flexibilidade na transmissão do evento ao vivo ou em gravações ao vivo com câmeras para transmissão imediata por parte da estação ou para a edição de pós-produção.

▷ Ao contrário da ENG, que tem pouco ou nenhum tempo de preparação para a cobertura de um furo de reportagem, a EFP deve ser

---

[5] Para obter uma descrição mais detalhada de como ser locutor em uma produção externa, ver: Stuart W. Hyde. *Television and radio announcing.* 11. ed. Boston: Allyn and Bacon, 2004.

- cuidadosamente planejada e, por isso, é semelhante às grandes produções externas.

- A EFP é normalmente feita com um evento que pode ser interrompido e repetido para gravação em vídeo de vários segmentos. O mais frequente é que esse tipo de produção seja realizado com uma única câmera ou às vezes com várias câmeras ISO (isoladas), que filmam o evento simultaneamente.

- Uma grande produção externa televisiona ao vivo, ou grava ao vivo, um grande evento programado que não foi preparado especialmente para a televisão, como jogo, desfile, manifestação política ou audiência no Congresso.

- Todas as grandes produções externas usam câmeras de alta qualidade em posições-chave e câmeras de ENG/EFP para uma cobertura com mais mobilidade. Essas produções normalmente exigem extensas instalações de áudio.

- Grandes produções externas são coordenadas a partir da unidade móvel, que contém controles de programa, de áudio, de gravação em vídeo e replay instantâneo, e controle técnico com CCU (unidades de controle de câmera) e equipamentos de transmissão.

- Grandes produções externas exigem extensa produção e pesquisas técnicas como parte das atividades de produção.

- Em externas esportivas, o replay instantâneo é um dos procedimentos de produção mais complicados. Normalmente, cabe a um produtor de replay instantâneo ou a um AD (assistente de direção) a responsabilidade por esse mecanismo.

seção 17.2

Cobertura de grandes eventos

Como você já sabe, a EFP e especialmente as grandes produções externas exigem planejamento meticuloso. Essa preparação cuidadosa é especialmente importante para eventos únicos, como os eventos esportivos que não são televisionados com frequência, um show de rock ou uma convenção policial. Não existem duas externas exatamente iguais, e sempre há circunstâncias únicas que requerem ajustes e concessões. Esta seção inclui algumas instalações simples para esportes em externa, como ler esboços de locação, e alguns exemplos mais comuns de instalações externas em interiores e exteriores, além de uma visão geral dos sistemas de comunicação em campo e do transporte de sinal.

▶ **Externas esportivas**
Requisitos de captação para beisebol, futebol norte-americano, futebol, basquete, hóquei no gelo, tênis, boxe ou luta e natação.

▶ **Esboço de locação e instalações externas**
Leitura de esboços de locação e exigências de produção para audição pública (remota interna) e desfile (remota eterna).

▶ **Sistemas de comunicação**
Sistemas de comunicação para ENG, EFP e grandes produções externas.

▶ **Transporte de sinal**
Transmissão de micro-ondas, distribuição por cabo, transmissão por nuvem e comunicação por satélite.

Externas esportivas

Muitas grandes produções externas são dedicadas à cobertura de eventos esportivos. O número de câmeras utilizadas e suas funções dependem quase exclusivamente de quem está fazendo a externa.

As redes usam uma grande quantidade de equipamentos e pessoal para externas esportivas médias. Para jogos especialmente importantes, como o Super Bowl ou a Copa do Mundo de futebol, uma equipe de cem pessoas ou mais instala e opera trinta câmeras de campo ou mais, câmeras

robóticas adicionais, algumas nas quais passam cabos por todo o campo, incontáveis microfones, vários monitores e sistemas de intercomunicação e distribuição de sinal. Há vários trailers grandes que abrigam a sala de controle e os equipamentos de produção e dois ou três pontos remotos de uplink por satélite.

Para a cobertura de um jogo de escola de ensino médio local, no entanto, você pode utilizar bem menos equipamento. Talvez apenas duas câmeras e três microfones façam a captação. Em geral, as estações locais ou produtoras menores fornecem apenas o principal pessoal de produção e técnico (produtor, diretor, assistente de direção, assistente de produção, assistente de estúdio, diretor de imagens, supervisor de engenharia e técnico de áudio) e contratam um serviço de externa que inclui a unidade móvel, todos os equipamentos e, sob solicitação, o pessoal técnico extra.

As figuras apresentadas a seguir ilustram os requisitos mínimos de captação de áudio e vídeo para beisebol, futebol norte-americano, futebol, basquete, hóquei no gelo, tênis, boxe ou luta e natação. **Figuras 17.8 a 17.15** Às vezes, câmeras pequenas de ENG/EFP são utilizadas no lugar de câmeras maiores, de estúdio, de alta qualidade/campo ou adicionadas às instalações mínimas descritas aqui.[6]

Esboço de locação e instalações externas

Para simplificar a pré-produção, você, como diretor, ou seu assistente de direção, deve preparar um esboço da locação. Como no caso da planta baixa do estúdio, o esboço da locação mostra as principais características do ambiente onde o evento ocorre (o estádio e o campo de jogo, as ruas e os edifícios principais, ou corredores e salas). Esse esboço da locação vai ajudá-lo a decidir a colocação das câmeras, vai auxiliar o técnico de áudio na decisão do tipo e da localização possível de microfones e dará ao diretor de imagens uma ideia sobre a localização da unidade móvel e a passagem dos cabos. Por fim, no caso de uma externa em locação interna, vai ajudar o DI (diretor de iluminação) a determinar o tipo e a colocação dos instrumentos de iluminação.

Leitura de esboços de locação

O esboço de locação para eventos internos deve mostrar as dimensões gerais da sala ou do corredor e a localização de janelas, portas e móveis. O ideal é que também indique a ação principal (onde as pessoas vão se sentar ou onde vão caminhar) e detalhes como: tomadas; largura real de corredores, portas e escadas especialmente estreitos; direção de abertura das portas; grandes soleiras, tapetes e outros itens que podem representar problema para a circulação de câmeras instaladas em dollies com tripé. Os dois exemplos a seguir mostram um esboço de locação para uma sala de audiência pública e um de locação ao ar livre para um desfile.

---

[6] Para mais detalhes sobre configurações de microfones para diversos eventos esportivos, ver: Alten (2008, p. 213-224).

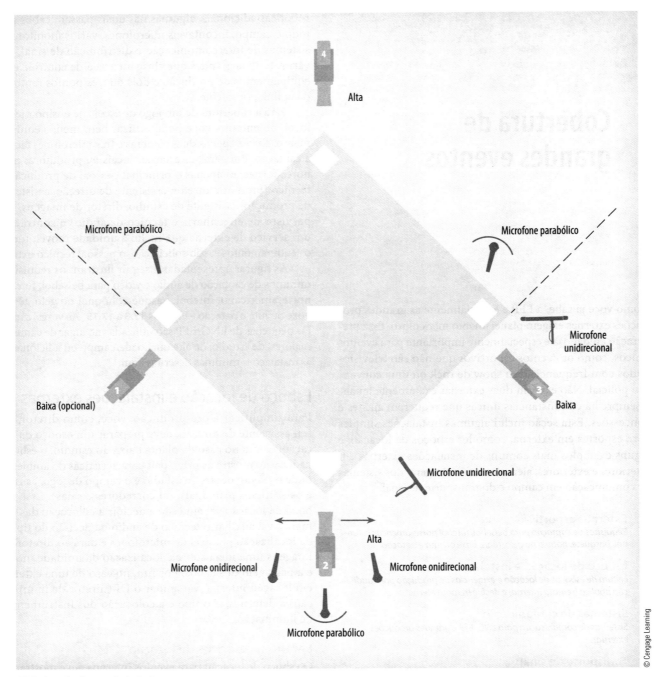

17.8 Instalação para beisebol

Número de câmeras: 3 ou 4
C1: Perto da terceira base; baixa, opcional.
C2: Atrás da home plate; alta.
C3: Perto da primeira base; baixa; cuidado com a inversão da ação ao entrecortar com C1.
C4: Oposta à C2 no campo central; alta; cuidado com a inversão de eixo.

Número de microfones: 6 ou 7
2 microfones onidirecionais altos em pedestais para o público.
2 microfones unidirecionais ou um parabólico (móvel) atrás da home plate para sons do jogo.
2 ou 3 microfones parabólicos para sons do campo e do público.

Produção em campo e grandes produções externas 349

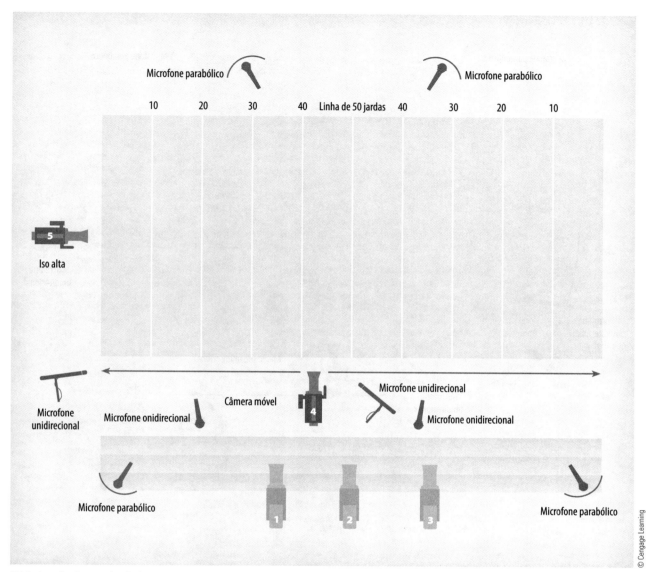

17.9 Instalação para futebol americano

Número de câmeras: 4 ou 5
C1, C2, C3: Altas em pedestais, perto das linhas de 35, 50 e 35 jardas (sala de imprensa, lado da sombra).
C4: Portátil ou em dolly no campo.
C5: Câmera ISO opcional atrás do gol (câmera portátil de ENG/EFP ou grande).

Número de microfones: 8
2 microfones onidirecionais em pedestais para o público.
2 microfones unidirecionais ou parabólicos em campo.
2 microfones refletores parabólicos em pedestais e 2 no lado oposto do campo.

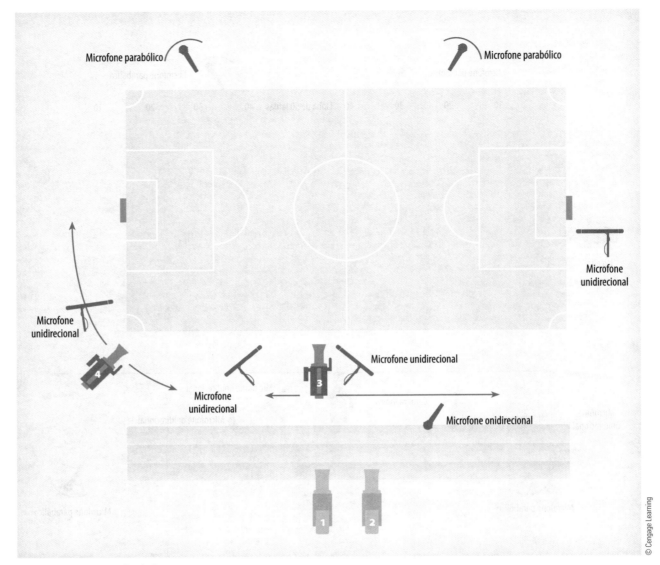

17.10 Instalação para futebol

Número de câmeras: 3 ou 4
C1: À esquerda da linha central (alta).
C2: À direita da linha central (alta).
C3: Móvel em campo.
C4: Opcional, no canto esquerdo; pode ser usada como câmera ISO e câmera móvel no campo.
Todas as quatro câmeras no lado sombreado do campo.

Número de microfones: 7
1 microfone onidirecional em pedestal para o público.
4 microfones unidirecionais no campo.
2 microfones parabólicos no lado oposto do campo.

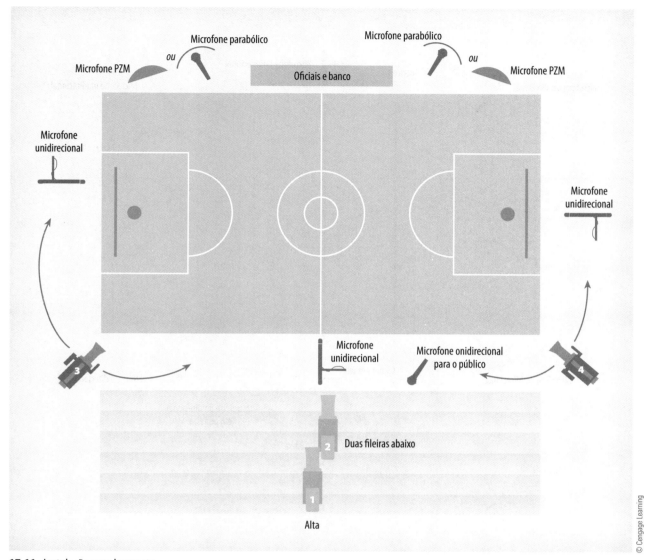

17.11 Instalação para basquete

Número de câmeras: 4
C1: Alta em pedestal, à esquerda da linha central – acompanha o jogo.
C2: Baixa (duas fileiras abaixo) em pedestal, à direita da linha central (bem perto de C1) – faz os close-ups.
C3: No canto esquerdo (móvel).
C4: No canto direito (móvel).

Número de microfones: 6
1 microfone onidirecional em pedestal para o público.
2 microfones PZM ou parabólicos em pedestais para o público.
2 microfones unidirecionais atrás de cada cesta para sons do jogo.
1 microfone unidirecional no centro da quadra.

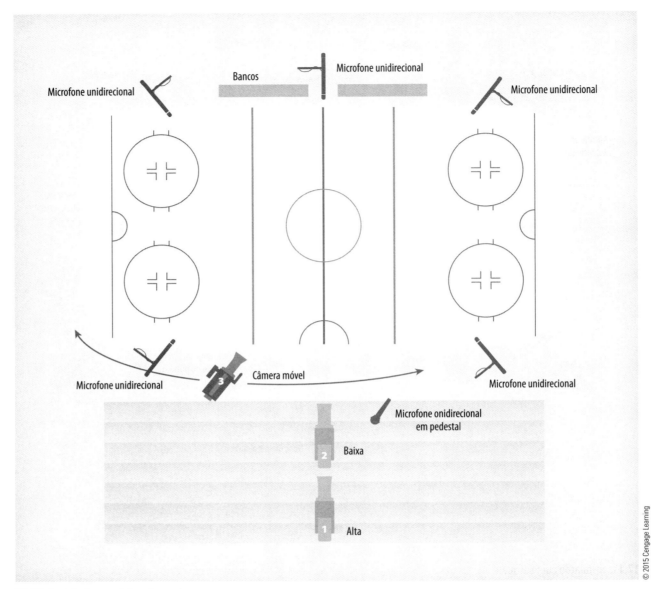

17.12 Instalação para hóquei no gelo

Número de câmeras: 3
C1: Alta no pedestal na linha central (vermelho). Filma a maior parte do jogo em tomadas longas ou médias.
C2: Baixa em pedestal abaixo da C1 na linha central para closes do jogo e bancos dos jogadores.
C3: Câmera portátil que pode olhar sobre os quadros e o vidro para diversas tomadas em ação.

Número de microfones: 6
1 microfone onidirecional em pedestal para o público.
4 microfones unidirecionais em cada canto, apontados para dentro.
1 microfone unidirecional no centro da quadra entre os bancos.

Produção em campo e grandes produções externas 353

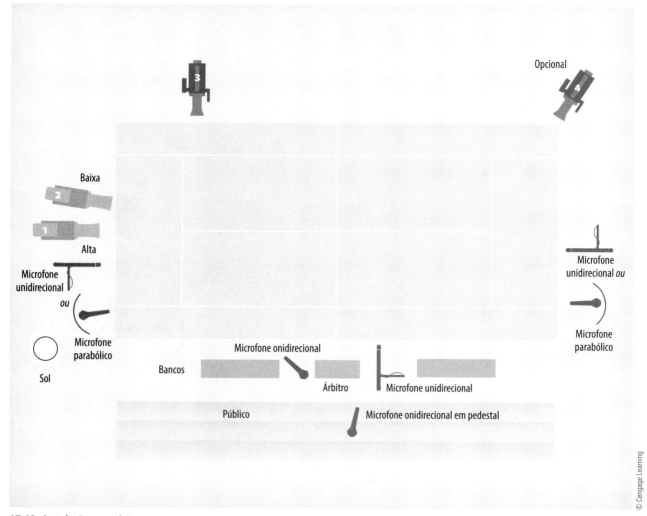

17.13 Instalação para tênis

Número de câmeras: 3 ou 4

- C1: No final da quadra, alta o suficiente para cobrir toda a quadra, filmando com o sol.
- C2: Ao lado de C1, porém mais baixa.
- C3: Ao lado da quadra, em frente aos oficiais ou onde os jogadores descansam entre os sets (móvel); também grava close-ups dos jogadores.
- C4: Se forem utilizadas quatro câmeras, a C3 vai gravar close-ups dos jogadores à esquerda, e a C4, dos jogadores à direita.

Número de microfones: 5

- 1 microfone onidirecional em pedestal para o público.
- 1 microfone onidirecional para as chamadas do árbitro.
- 3 microfones unidirecionais no centro da quadra e em cada extremidade dela para os sons do jogo ou 2 microfones parabólicos nas extremidades da quadra.

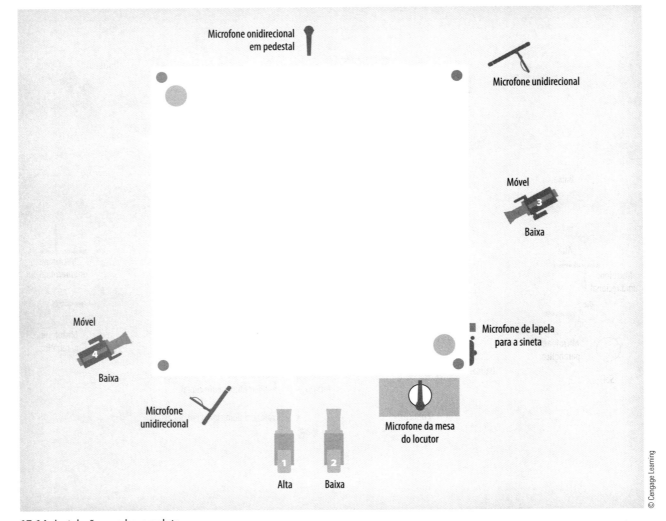

17.14 Instalação para boxe ou luta

Número de câmeras: 3 ou 4
C1: Alta o suficiente para ver todo o ringue.
C2: Cerca de 10 metros ao lado de C1; mais baixa, mas ainda ligeiramente acima das cordas; usada para replays.
C3: Câmera móvel de ENG/EFP no chão, olhando através das cordas.
C4: Câmera móvel de ENG/EFP no chão, olhando através das cordas.
Todas as câmeras móveis possuem seus próprios microfones unidirecionais.

Número de microfones: 5
1 microfone onidirecional para o público.
2 microfones unidirecionais para sons de boxe e do árbitro.
1 microfone de lapela para a sineta.
1 microfone de mesa para o locutor.

Produção em campo e grandes produções externas 355

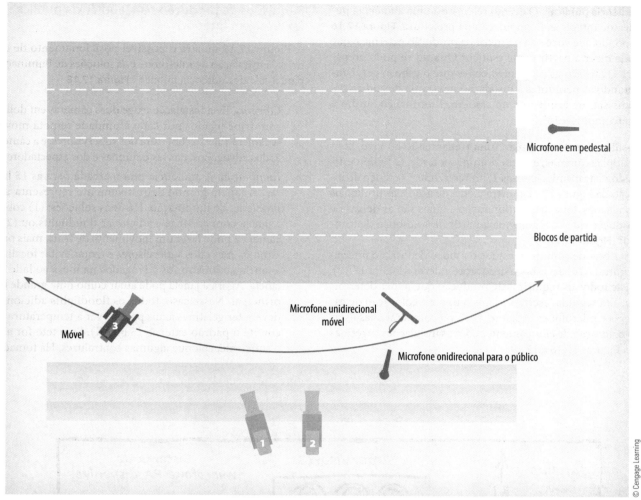

17.15 Instalação para natação

Número de câmeras: 2 ou 3
C1: Alta em pedestal, perto do centro da piscina – acompanha os nadadores.
C2: Ao lado da C1 – filma close-ups.
C3: Câmera móvel de ENG/EFP opcional ao lado e nas extremidades da piscina.

Número de microfones: 3
1 microfone onidirecional em pedestal para o público.
1 microfone unidirecional no nível da piscina para nadadores.
1 microfone onidirecional em pedestal.

Audiência pública O evento refere-se a uma audiência pública de interesse da população na prefeitura. **Figura 17.16** Supondo que você seja o diretor da produção externa, o que pode dizer a partir desse esboço? Quanto se pode preparar? Quais são as perguntas-chave que o esboço gera? Limitando as perguntas à instalação nessa sala de audiência, quais são os requisitos de câmera, iluminação, áudio e intercomunicação?

Desfile A externa é para uma transmissão ao vivo, com múltiplas câmeras, em um domingo à tarde. O tempo estimado da transmissão é das 15h30 às 17h30. O esboço de locação da Figura 17.17 mostra a área de ação e as principais instalações. Qual é a configuração e quais são as deixas de produção que você imagina a partir desse esboço de locação? **Figura 17.17**

Antes de continuar, estude o esboço de locação interno (Figura 17.16) e o esboço de locação externo (Figura 17.17), e liste todos os requisitos de produção que puder determinar. Em seguida, escreva a lápis o tipo e a colocação de câmeras e microfones. Adiante, você vai comparar suas listas e a colocação de equipamentos com as instalações sugeridas nas Figuras 17.18 e 17.19.

Requisitos de produção para audiência pública (externa em interior)

A Figura 17.18 mostra o possível posicionamento de câmera, a instalação de microfone e as soluções de iluminação para a sala de audiência pública. **Figura 17.18**

- *Câmeras*. Essa instalação exige duas câmeras em dollies com tripé ligados por cabo à unidade remota móvel. A câmera 1 fará a cobertura dos supervisores, e a câmera 2, dos advogados, das testemunhas e dos espectadores.

- *Iluminação*. A audiência está marcada para as 15 horas. A janela grande definitivamente representa um problema de iluminação. Há duas soluções: (1) cobrir a janela com cortinas e adicionar floodlights ou (2) a câmera 2 pode fazer um movimento de truck mais próximo da mesa dos supervisores e tentar evitar focalizar a janela ao mostrar os advogados na mesa ao lado da janela. Agora a janela pode atuar como uma grande luz principal. Nesse caso, todos os floodlights adicionais devem ter gelatinas azuis para elevar a temperatura de cor até o padrão externo (5.600 K). Se o teto for alto o suficiente, coloque algumas contraluzes. Há tomadas

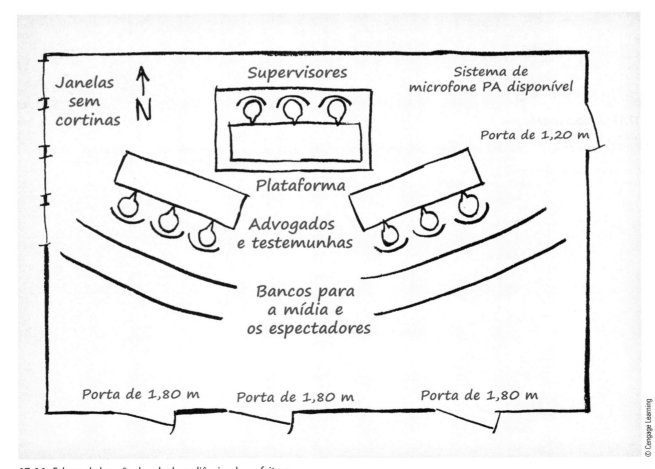

17.16 Esboço de locação da sala de audiências da prefeitura

Produção em campo e grandes produções externas 357

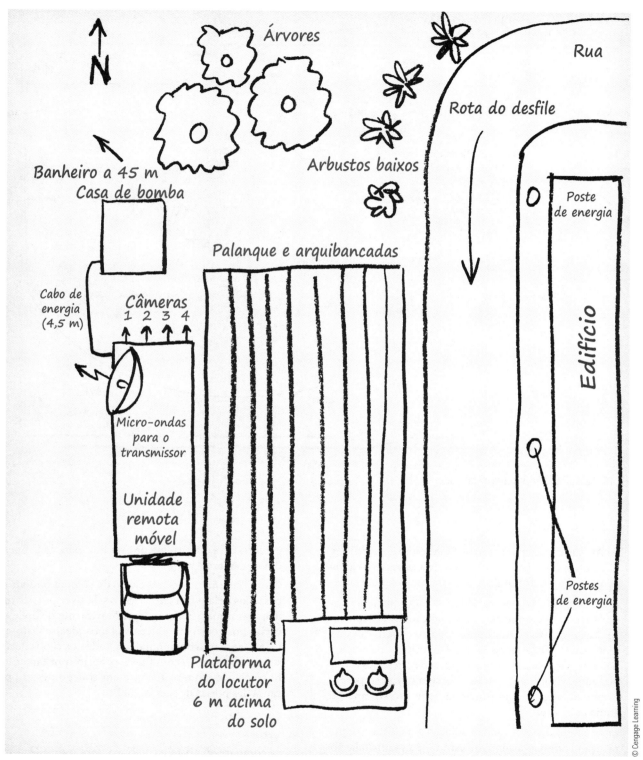

17.17 Esboço de locação de desfile

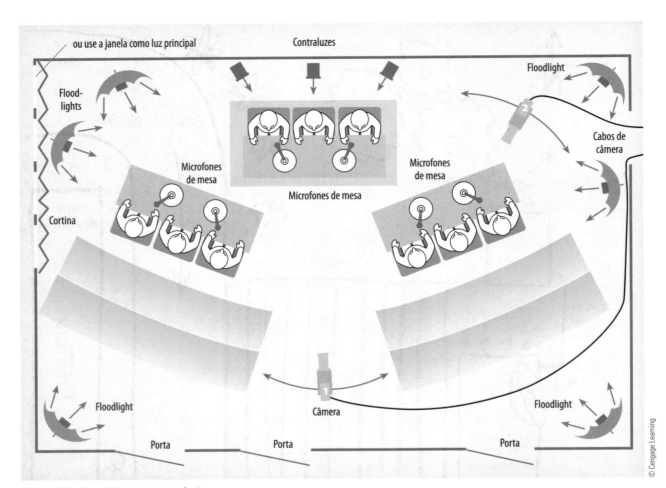

17.18 Sala de audiências com instalações

de AC suficientes para as luzes? Elas estão em circuitos diferentes? Pode haver problemas de acesso se os cabos do microfone e da iluminação passarem pelas portas.

- *Áudio.* Como a sala de audiência já está equipada com um sistema PA, conecte-o aos microfones existentes. Se o sistema não estiver operacional, os microfones de mesa são a solução mais lógica. Um microfone adicional deve ser colocado em cada uma das três mesas (na dos supervisores e nas duas de testemunha) só para a eventualidade de mau funcionamento do sistema de áudio existente.

- *Intercomunicações.* A melhor solução para a intercomunicação com o assistente de estúdio é uma instalação sem fio. Se isso não for possível, o assistente de estúdio pode conectar os fones de ouvido a uma das câmeras, especialmente porque ele não tem que se mover para longe da câmera para as poucas sugestões que ele tem que dar. Se forem usadas câmeras de ENG/EFP, talvez seja necessário utilizar cabos de intercomunicação se-parados para o assistente de estúdio e para cada operador de câmera.

- *Outras considerações.* Os cabos de câmera podem ser passados pela porta lateral. Se a sala tiver piso de madeira, as câmeras podem fazer movimento de dolly em várias posições para obter os planos ideais. Visto que há bastante movimento na sala, todos os cabos devem ser presos ao chão com fitas e cobertos por tapetes de borracha. A câmera 1 estará em tráfego pesado por causa das portas de acesso público.

Requisitos de produção para desfile (externa em exterior)

Agora compare sua lista e o esboço para o desfile com a configuração mostrada na **Figura 17.19**.

- *Localização da unidade móvel.* O caminhão está em um local adequado. Está razoavelmente próximo de uma fonte de alimentação (casa de bomba) e das posições de câmera, minimizando o tamanho dos cabos.

Produção em campo e grandes produções externas 359

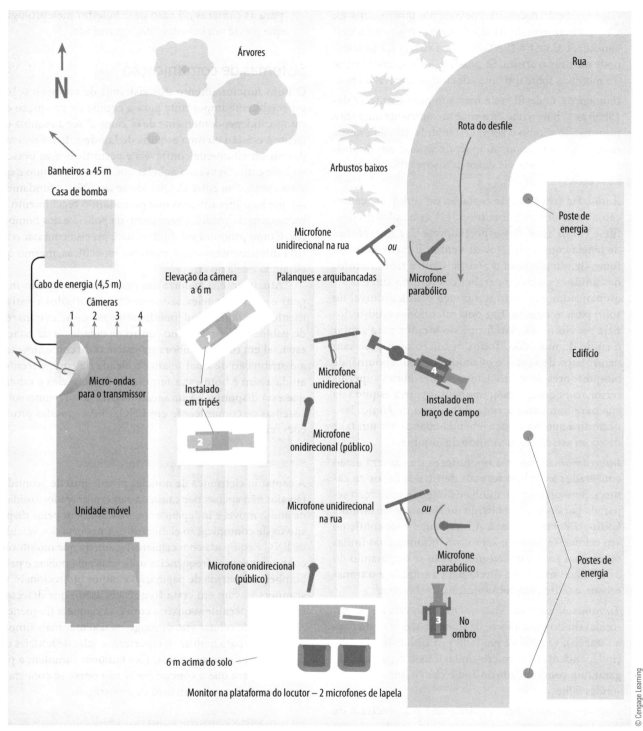

17.19 Instalação na locação de desfile

- *Câmeras.* Serão necessárias pelo menos quatro câmeras: C1 e C2 (câmeras de estúdio/campo) no alto da arquibancada, e C3 e C4 (ENG/EFP) na rua. A C2 também pode mostrar o artista. Se possível, a C4 também pode ser montada sobre um braço de campo no nível da rua.

- *Iluminação.* O desfile está marcado para acontecer das 15h30 às 17h30, o que dá a você luz suficiente durante a transmissão. Como o sol vai estar atrás das câmeras na maior parte do tempo, pode ser necessário um dispositivo para evitar que ele deixe os visores das câmeras 1 e 2 "cegos".

- *Áudio.* Há três tipos de captação de áudio: (1) captação da voz dos dois locutores, (2) as bandas no desfile e (3) os sons dos espectadores. Use microfones de lapela com o protetor de vento ou microfones de fones de ouvido para o artista. Utilize três microfones unidirecionais ou parabólicos (um no alto das arquibancadas e o outro um pouco acima do nível do solo) para as bandas. Use dois microfones onidirecionais próximos da plataforma do locutor para captar o ruído da multidão. Todos os microfones precisam de protetor de vento, e os unidirecionais (boom), de bloqueadores de vento. Um dos microfones superdirecionais poderiam estar apontados para a esquina da rua para aumentar a zona de captura de áudio. Isso permitirá que você ouça a banda quando vir um take de zoom estreito dela virando da esquina.

- *Intercomunicações.* Os operadores de câmera estão conectados às linhas normais de PL dos cabos da câmera. Será preciso uma linha de intercomunicação separada para o fone de ouvido do assistente de estúdio. Utilize IFB para o artista. A menos que você confie no seu celular, serão necessárias, no mínimo, duas linhas telefônicas para a intercomunicação se originando do caminhão: uma linha direta para a estação e o transmissor, e outra para comunicação geral de voz.

- *Transmissão de sinal.* Você vai usar um link de micro-ondas direto para a torre de transmissão (e desta para a estação). O áudio é enviado por linhas telefônicas (independentes das micro-ondas). Essa separação vai garantir a continuidade do áudio caso o link de micro-ondas falhe.

- *Outras considerações.* As câmeras 1 e 2 precisam de uma lente de campo para captar close-ups da ação em torno da curva (40×). Serão necessários um monitor grande para o artista e um segundo monitor de reserva. Proteja os monitores contra o sol. Passe os cabos por baixo da plataforma para reduzir o perigo potencial de alguém tropeçar neles. As câmeras de ENG/EFP (C3 e C4) precisam de cabomen e de operadores de câmera. As instalações sanitárias ficam bem próximas da casa de bomba. Capas impermeáveis e guarda-chuvas podem ser necessários para a equipe, para os artistas e

para as câmeras no caso de o boletim meteorológico que previa um belo dia estar equivocado.

Sistemas de comunicação

O bom funcionamento dos sistemas de comunicação é especialmente importante para a equipe de produção em campo, independentemente de o "campo" ser a esquina em frente à estação ou uma esquina de Londres. Esses sistemas devem ser altamente confiáveis e permitir que as pessoas na base conversem com aquelas que estão em campo e que estas conversem entre si. Quando se faz ENG, é fundamental que haja mecanismos que permitam o recebimento de mensagens da redação, bem como da polícia e dos bombeiros. Como produtor ou diretor, você precisa contatar o artista diretamente com informações específicas, mesmo que ele ainda esteja no ar.

Atualmente, a maioria das pessoas espera que as imagens e o som de televisão sejam transportados relativamente sem falhas, independentemente de se originarem do gabinete do prefeito no centro da cidade ou da estação espacial em órbita. Embora os sistemas de comunicação e a distribuição de sinal sejam da alçada da equipe técnica, ainda assim é bom estar familiarizado com eles e saber o que está disponível. Esta seção fornece um resumo sobre sistemas de comunicação em ENG, EFP e grandes produções remotas.

Sistemas de comunicação para ENG

A captação eletrônica de notícias possui grau de prontidão tão alto não apenas por causa da câmera/gravador/unidade de áudio móvel e independente, mas também pelos dispositivos de comunicação elaborados. A maioria dos veículos de ENG é equipada com celulares, scanners que monitoram continuamente as frequências utilizadas pela polícia e pelos bombeiros, sistema de paginação e rádios bidirecionais. Os scanners travam em certa frequência assim que detectam um sinal e permitem ouvir a conversa naquela frequência. Aparelhos de celular são, de longe, os sistemas mais simples e confiáveis para manter os repórteres e salas de notícias conectados uns com os outros. Eles também garantem a privacidade para que a concorrência não possa se conectar à sua conversa e roube um furo de reportagem.

Sistemas de comunicação para EFP

A EFP com câmera única necessita de um sistema de comunicação menos sofisticado. Visto que o diretor está em contato direto com a equipe e o artista na locação de gravação, não é preciso sistema de intercomunicação. Em geral, os membros da equipe, quando muito dispersos, ficam em contato uns com os outros por meio de radiotransmissor ou celulares. Como já mencionado, um megafone de baixa potência pode poupar sua voz ao dar instruções coletivas ao artista e à equipe.

A van de EFP normalmente é equipada com conectores para conexões normais de fones, mas no geral basta usar telefones celulares. Se a EFP utilizar câmeras múltiplas coordenadas a partir de um local central, deve-se preparar um sistema de intercomunicação com fone de ouvido para comunicação entre diretor, diretor de imagens e equipe. Ao fazer uma transmissão ao vivo em campo, acrescente um sistema IFB.

Sistemas de comunicação para grandes produções externas

Grandes produções externas precisam de sistemas de comunicação entre a unidade móvel (ou qualquer sala de controle externa) e a equipe de produção, e entre o caminhão e o artista. O caminhão e a equipe de produção se comunicam por sistema de PL, que utiliza os canais PL no cabo da câmera, linhas PL com fios separados ou PL sem fio. Durante uma instalação complicada na qual a equipe esteja muito espalhada (como ao cobrir uma competição de esqui em descida livre), também são usados walkie-talkies. Em alguns casos, a comunicação PL pode ser feita por linhas telefônicas do caminhão para a estação. Para detalhes da instalação e transmissão de sinal, os engenheiros usam suas próprias linhas telefônicas.

O sistema IFB é uma das mais importantes linhas de comunicação entre o produtor ou diretor e o artista durante uma grande produção externa. Se houver diversos repórteres ou comentaristas envolvidos no mesmo evento, alterne entre vários canais IFB, de modo que, se necessário, você possa falar individualmente com os repórteres e comentaristas em campo. Em casos urgentes, suas instruções de IFB para o artista podem ser transmitidas via satélite por grandes distâncias. Lembre-se, porém, de que há inevitavelmente um ligeiro atraso até o artista receber suas instruções. Em externas esportivas, vez por outra o artista usa fones de ouvido pelos quais recebe as instruções do caminhão.

Na unidade móvel, há sempre várias linhas telefônicas fixas, rádios bidirecionais, celulares, paging e walkie-talkies.

Transporte de sinal

O transporte de sinal se refere a sistemas disponíveis ao transmitir os sinais de áudio e vídeo da sua origem (microfone e câmera) para o dispositivo de gravação ou transmissor, e do ponto de origem para vários pontos de recepção. Esse transporte inclui transmissão de micro-ondas, distribuição por cabo, transmissão por nuvem e comunicação por satélite.

Transmissão de micro-ondas

Se precisar manter a mobilidade ideal de câmera durante uma captação ao vivo, como ao gravar entrevistas em uma sala de convenções, não será possível usar um cabo de câmera; você deverá enviar o sinal para a unidade móvel via micro-ondas.

Da câmera à unidade móvel Há transmissores portáteis e alimentados por bateria que podem ser instalados na câmera. Se a distância da câmera até a estação no caminhão for muito grande, use esse sistema para transmitir, sem grande dificuldade, os sinais de áudio e vídeo para a unidade remota móvel. Para minimizar as interferências por parte de outras estações que cubram o mesmo evento, é possível transmitir em várias frequências, uma prática chamada agilidade de frequência.

Caso precise de um transmissor de micro-ondas mais potente, poderá instalar a pequena parabólica de micro-ondas em um tripé e colocá-la perto do raio de ação da câmera. Desse modo, será possível trabalhar a uma distância considerável da unidade remota móvel enquanto usa apenas um cabo relativamente curto da câmera até a parabólica. Esse tipo de link será especialmente útil se houver a possibilidade de o cabo criar perigos potenciais, como quando é estendido a partir de um prédio por fios de alta-tensão ou em ruas movimentadas. **Figura 17.20**

O problema, que está sempre presente, com os links de micro-ondas entre a câmera e a unidade móvel é a interferência, em especial se várias equipes de televisão cobrirem o mesmo evento. Mesmo que você use um sistema com agi-

17.20 Transmissor de micro-ondas instalado em tripé
Esse pequeno transmissor de micro-ondas instalado em tripé pode transmitir sinais de câmera por distâncias consideráveis.

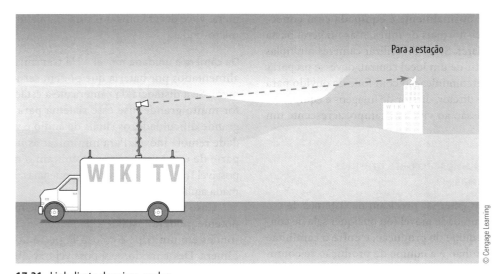

17.21 Link direto de micro-ondas
É possível transmitir o sinal via micro-ondas do carro de externa para a estação somente se houver uma linha de visão clara e desobstruída.

lidade de frequência relativamente grande, a concorrência pode ser também ágil e superá-lo por meio de um sinal mais potente.

Do carro de externa à estação ou transmissor O link de sinal mais distante, e geralmente mais complexo, é o do carro de externa para a estação de televisão. (Embora, às vezes, o sinal seja enviado diretamente para o transmissor, chamaremos o ponto final desse último link antes da transmissão de "estação".) Será possível enviar sinais do carro de externa diretamente para a estação somente se houver uma linha de visão clara e desobstruída. **Figura 17.21**

Como os sinais de micro-ondas viajam em linha reta, prédios altos, pontes ou montanhas na linha de visão entre o carro de externa e a estação podem bloquear a transmissão do sinal. Nesses casos, é preciso estabelecer vários links de micro-ondas, denominados *minilinks*, para transportar o sinal ao redor desses obstáculos. **Figura 17.22**

As estações de televisão localizadas em áreas metropolitanas possuem *transmissores de micro-ondas* permanentes instalados em locais estratégicos para que os carros de externa possam enviar seus sinais de volta a partir de praticamente qualquer ponto na área de cobertura. Se essas instalações permanentes não forem suficientes, serão usados helicópteros como estações de transmissores de micro-ondas (ver Figura 17.22). Esses transmissores também são utilizados para transmitir o vídeo de câmeras instaladas permanentemente que monitoram o clima ou o trânsito.

Há várias outras maneiras de transmitir sinais da locação externa para a estação. Embora essa não seja sua responsabilidade, a menos que você seja o engenheiro de transmissão, mesmo assim é bom ter uma ideia do que está disponível.

Distribuição por cabos

As empresas de telefonia podem fornecer serviço de cabo digital (coaxial ou fibra óptica) de banda larga e alta definição que transporta todos os sinais de áudio e vídeo, incluindo os sinais HDTV 1.080i. A *banda larga* é um padrão de grande largura de banda para envio simultâneo de informações (voz, dados, vídeo e áudio) por meio de cabos.

Transmissão por nuvem

As diversas definições de serviços de dados de "nuvem" permanecem, de alguma maneira, nebulosas, mas elas basicamente significam o compartilhamento de instalações de transmissão – geralmente a internet – para conseguir imensas quantidades de dados, incluindo conteúdo de transmissão digital, do ponto A ao ponto B. É parecido com um contêiner de carregamento de carga de várias empresas de remessa, todas no mesmo frete, e, então, ter diferentes caminhões entregando contêineres para diversos destinatários. Isso é obviamente mais barato e mais eficiente que usar seus próprios pequenos ships para transportar seus dados para destinos específicos.

Satélites de comunicação

Os satélites de comunicação usados para transmissão ficam posicionados em uma órbita geossíncrona a cerca de 36 mil quilômetros acima da Terra. Nessa órbita, o satélite se move em sincronia com a Terra e, assim, permanece na mesma posição em relação a ela.

Os satélites de comunicação operam em duas faixas de frequência: a banda C, de frequência mais baixa, e a *banda Ku*, de frequência mais alta. Alguns satélites têm transponders para banda C e para transmissão em banda Ku, e podem convertê-las internamente.

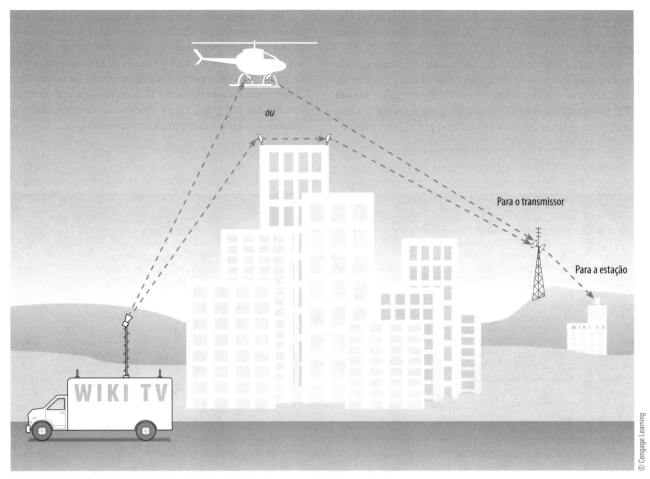

17.22 Minilink da van remota para a estação
Se não houver linha de visão livre entre a externa e a estação, o sinal de micro-ondas deve ser transportado por minilinks.

Um satélite de transmissão direta (DBS) tem um transponder (transmissor/receptor) com potência relativamente alta que transmite do satélite para pequenas parabólicas individuais de downlink (que você mesmo pode comprar em grandes lojas de produtos eletrônicos e instalar). O DBS opera na banda Ku.

A banda C é um sistema altamente confiável e relativamente imune à interferência atmosférica. Como a banda C trabalha com frequências de micro-ondas, ela pode interferir em transmissão por micro-ondas em solo. Para evitar essa interferência, a banda C opera com potência relativamente baixa. Por causa dessa baixa potência, as estações em terra precisam de parabólicas grandes, entre 4,5 e 9 m. É claro que essas parabólicas grandes não são adequadas a unidades móveis de uplink. Para usar a banda C, os sinais de televisão devem ser transportados para estações permanentes em solo e a partir delas.

A banda Ku, por sua vez, opera com mais potência e com parabólicas menores (90 cm ou menos) que podem ser instaladas e facilmente operadas em unidades móveis ou no teto. A banda Ku também é menos congestionada do que a C e permite acesso imediato e praticamente sem necessidade de agendamento a uplinks. Um dos principais problemas da banda Ku é que ela é suscetível a mudanças climáticas; por causa do seu comprimento de onda ultracurto, a chuva e a neve podem interferir gravemente na transmissão.

Uplinks e downlinks Os sinais de televisão são enviados ao satélite por meio de um *uplink* (transmissor da estação na Terra), recebidos, amplificados pelo satélite e enviados de volta em outra frequência (na verdade, retransmitidos) pelo próprio transmissor do satélite para uma de várias estações de recepção na Terra, chamadas *downlinks*. A unidade de receptor-transmissor do satélite é chamada transponder, uma combinação de *transmitter* (transmissor) e *responder* (receptor). Muitos satélites usados nas transmissões internacionais de televisão possuem conversores embutidos que fazem a conversão automática de um padrão de sinal eletrônico, como o sistema NTSC, para outro, como o sistema europeu PAL.

Visto que a transmissão de satélite abrange uma grande área, estações simples de recepção (downlinks) podem ser instaladas em várias partes ao redor do mundo. **Figura 17.23** Esses satélites estrategicamente posicionados podem espalhar sua pegada (área de cobertura) pelo globo inteiro.

Vans especializadas podem fornecer uplinks móveis para o transporte de sinais de televisão. Essas unidades de uplink operam pelo mesmo princípio da van de micro-ondas, exceto que enviam os sinais de televisão para o satélite e não para uma parabólica de recepção de micro-ondas. Como mencionado na seção 17.1, as vans de uplink de satélite contêm, em geral, equipamentos adicionais, como gravadores de vídeo e computadores de edição.

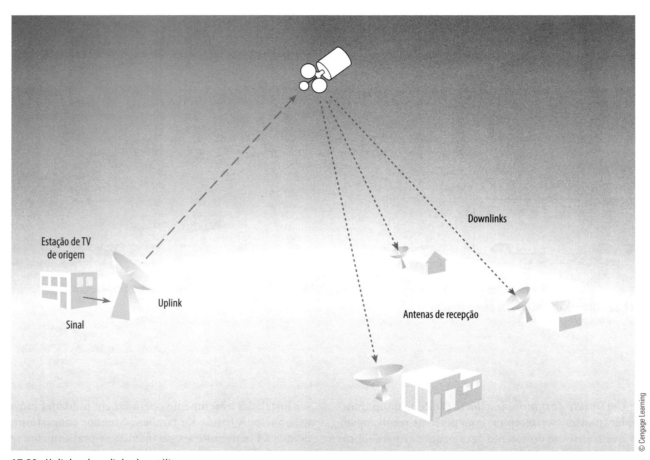

17.23 Uplink e downlinks de satélite
O uplink envia os sinais de televisão para o satélite. Os downlinks recebem os sinais de televisão do satélite.

PONTOS PRINCIPAIS

▶ Muitas grandes produções externas são dedicadas à cobertura de eventos esportivos. As redes em geral usam uma grande quantidade de equipamentos e pessoas para produções externas esportivas, mas também é possível obter boa cobertura com menos equipamento.

▶ Há instalações padrão para a maioria dos eventos esportivos que podem ser acrescidas de mais câmeras e equipamentos de áudio.

▶ Os esboços de locação são uma valiosa ajuda na pré-produção e em grandes produções externas. Para uma externa em interior, eles podem mostrar as dimensões gerais de uma sala ou corredor; a localização de janelas, portas e móveis; e as principais áreas de ação. Os esboços de locação externa podem incluir prédios, localização da unidade móvel, fonte de alimentação, declives íngremes ou degraus, o caminho percorrido pelo Sol e a localização e/ou direção do evento principal.

▶ Um esboço de locação pode ajudar o diretor e o supervisor técnico a decidir sobre a localização da câmera, o comprimento focal das lentes zoom, instalações de iluminação e áudio e sistemas de intercomunicação.

▶ As operações remotas dependem muito de sistemas de intercomunicação confiáveis, incluindo sistemas PL (linha parcial, linha privada ou linha telefônica), sistema de PA (public address), walkie-talkies, pagers, celulares e sistema IFB (sistema de foldback e feedbak) multicanal. As informações IFB podem ser transmitidas via linha telefônica e satélite para artistas espalhados em locações externas.

▶ Os sinais de externa costumam ser transportados via micro-ondas, distribuição a cabo, transmissão por nuvem, ou satélites de comunicação.

▶ Os satélites de comunicação usados para transmissão operam na banda C, de frequência mais baixa, ou na Ku, de frequência mais alta.

capítulo 18

Edição de pós-produção:
como funciona

Quase todos os programas que vemos na televisão foram editados de alguma forma durante ou após a produção em si. Quando a edição é feita após é conhecida como edição de pós-produção. Seus processos diferem consideravelmente da comutação, a edição instantânea feita durante a produção. Na pós-produção, você tem mais tempo para deliberar exatamente que tomada incluir em sua obra-prima e qual descartar, mas também possui a responsabilidade de selecionar aquela que conta a história da forma mais eficaz.

Hoje em dia, praticamente todas as edições de pós-produção são feitas com computador e software de edição. O computador permite que você selecione e reproduza cada tomada – na verdade, cada quadro – independentemente de onde ela estava localizada na gravação original. Esse processo é chamado de edição não linear, em contraste com a antiga edição linear da fita de vídeo e do filme óptico, que requeria que você passasse por todas as tomadas anteriores da gravação original para chegar à tomada desejada. A edição não linear permite o acesso aleatório, enquanto a edição linear, não.

Independentemente do sistema usado, suas escolhas estéticas são o aspecto mais importante da fase de pós-produção. Agora é preciso aplicar tudo o que você aprendeu sobre produção de televisão para identificar as tomadas mais impressionantes e sequenciá-las de modo que elas contenham sua história com clareza e impacto.

A seção 18.1, Como funciona a edição não linear, examina os componentes e procedimentos básicos do sistema de edição não linear e descreve algumas tarefas de pré-edição. A seção 18.2, Conexão áudio/vídeo, trata dos principais aspectos da edição não linear.

PALAVRAS-CHAVE

Edição AB roll; Substituição automática de diálogo (automated dialog replacement – ADR); Batch capture; Capturar; Clipe; Lista de instruções para edição (edit decision list – EDL); Gravação máster para edição; Edição não linear (nonlinear editing – NLE); Edição off-line; Edição on-line; Filmagem bruta; Shot; Slate; Time code SMPTE/EBU; Source mídia; Edição dividida (split Edit); Take; Time code; Vetor; Gravador de vídeo (VR); Log do VR; Time code aparente.

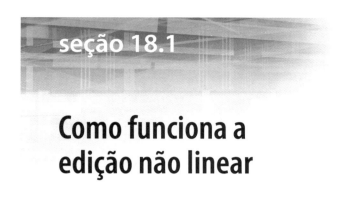

seção 18.1

Como funciona a edição não linear

O princípio operacional da *edição não linear* (NLE) é selecionar arquivos de dados de áudio e vídeo e fazer o computador reproduzi-los em uma sequência específica. Toda a edição não linear é feita pela seleção e pelo sequenciamento de tomadas que foram transferidas de uma câmera ou outro equipamento de gravação de vídeo para o disco rígido do computador de um sistema de edição. Depois de usar o software de edição para transferir o material original para o disco rígido do computador, você passa a trabalhar em edição não linear.

Esta seção explica o sistema de edição não linear e seu uso na edição de pós-produção.

▶ **Sistema de edição não linear**
Hardware e software de computador, mídia original, captura e codec de áudio/vídeo e exportação da edição final.

▶ **Fase de pré-edição**
Pensar na continuidade de tomadas e registros, repassar e ordenar o material original.

▶ **Fase de preparação para edição**
Time code, logging (registro), captura e transcrição de áudio.

▶ **Fase de edição**
Edição com papel e lápis e edição real.

Sistema de edição não linear

A grande vantagem da edição não linear é que ela permite que você tente, compare e mantenha quantas versões de edição desejar, sem precisar se comprometer com nenhuma delas. Tudo o que você faz é criar *listas de instruções para edição* (EDL), que o computador lembra e aplica ao buscar os cortes – as tomadas ou uma série de tomadas conforme capturadas no disco rígido e identificadas por um nome de arquivo. Depois que você decidir determinada disposição, é possível exportar essa versão para o gravador máster de edição, que pode ser um gravador de DVD, um servidor ou alguma outra mídia de armazenamento digital.

Visto que existem tantos sistemas não lineares no mercado, vamos nos concentrar em como funciona um sistema não linear básico, em vez de entrar em detalhes sobre determinado programa de software. Se quiser aprender um sistema de NLE específico, é preciso estudar as muitas instruções volumosas e tutoriais e, o mais importante, fazer edições reais com o sistema.

Em um sistema de edição não linear, há uma unidade de reprodução do material original; um computador de alta velocidade e software para captura, armazenamento e manipulação de cortes de áudio e vídeo; e um *gravador de vídeo (VR)* que produz a *gravação máster para edição* final para a transmissão ou distribuição. **Figura 18.1**

A seguir, apresentaremos cada elemento e os principais processos do sistema de NLE: hardware e software de computador, mídia original, captura e codec de áudio/vídeo e exportação da edição final.

Hardware e software de computador

Todos os sistemas de edição não linear são basicamente computadores que armazenam informação de áudio e vídeo digital em discos rígidos de alta capacidade e software compatível que permite a seleção e o sequenciamento de cortes de áudio e vídeo. Um fator importante na escolha de um computador de edição é que possua grande capacidade de armazenamento e um processador rápido o suficiente para garantir a reprodução suave mesmo que os arquivos de áudio e vídeo estejam apenas ligeiramente comprimidos. Alguns sistemas de NLE têm sua própria configuração do computador, e alguns dispõem de teclado cujas teclas estão marcadas com vários comandos de edição, mas a maioria dos softwares de edição fornece adesivos com símbolos que podem ser colados em um teclado padrão.

Embora você talvez tenha um monitor de tela plana relativamente grande que pode ser dividido em duas telas, verá que um segundo monitor separado facilita bastante a edição. É possível utilizar o maior para edição e o segundo como um monitor de reprodução dos segmentos editados. Às vezes, queremos fazer mixagem de som antes de importá-lo para o computador. Nesse caso, vai ser preciso um mixer de áudio que envie informações para o computador. **Figura 18.2**

Graças a softwares de edição prontamente disponíveis e sofisticados, até um laptop pode ser um poderoso sistema de edição não linear. Na verdade, alguns dos softwares de edição mais simples, como o iMovie da Apple, oferecem mais do que o necessário para trabalhos médios de edição. Ao assistir à edição final, ninguém vai saber afirmar se você usou o software iMovie ou a última versão do Avid's Media Composer para o corte de uma tomada para outra. As principais desvantagens de softwares de edição simples são a falta de uma correção de cor e seus recursos relativamente limitados de mixagem de áudio e efeitos especiais.

Seria inútil descrever um programa específico de edição não linear. Embora a maioria dos programas de edição tenha características semelhantes, eles diferem o bastante para exigir estudo e, principalmente, prática. Até os mais

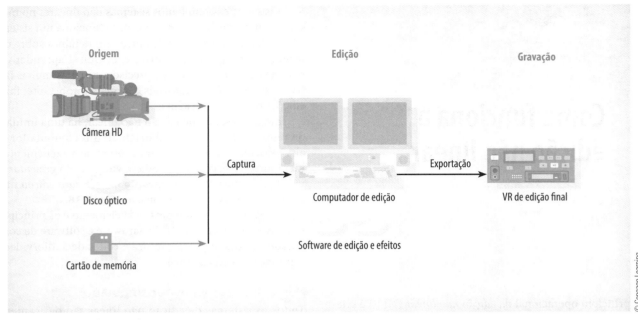

18.1 Sistema de edição não linear
Os componentes de um sistema de edição não linear são: equipamento de reprodução para o material original, computador com software e gravador de vídeo que produza a edição final da gravação máster.

18.2 Configuração básica de edição não linear
A instalação não linear normalmente inclui um computador de alta velocidade e capacidade, teclado, um monitor para a interface de edição e outro para a visualização das sequências editadas, um pequeno mixer de áudio e alto-falantes para som estéreo.

simples programas de edição oferecem tantos recursos que, sem dúvida, será preciso consultar o manual e os tutoriais. No entanto, existem características que são comuns à maioria dos softwares de edição. **Figura 18.3** Como se vê, a terminologia e as funções diferem de um sistema para outro. No entanto, depois de se familiarizar com um programa de NLE, você vai ter mais facilidade para aprender os outros.

Caso pretenda fazer extensa correção de cores ou uma grande variedade de transições e efeitos em uma produção para televisão de alta definição (HDTV), será essencial dispor de um software de edição e efeitos especiais de primeira linha. A edição não linear permite manipular cortes de áudio e criar uma grande variedade de transições e efeitos de vídeo digital (DVE) – tudo com relativa facilidade. Por

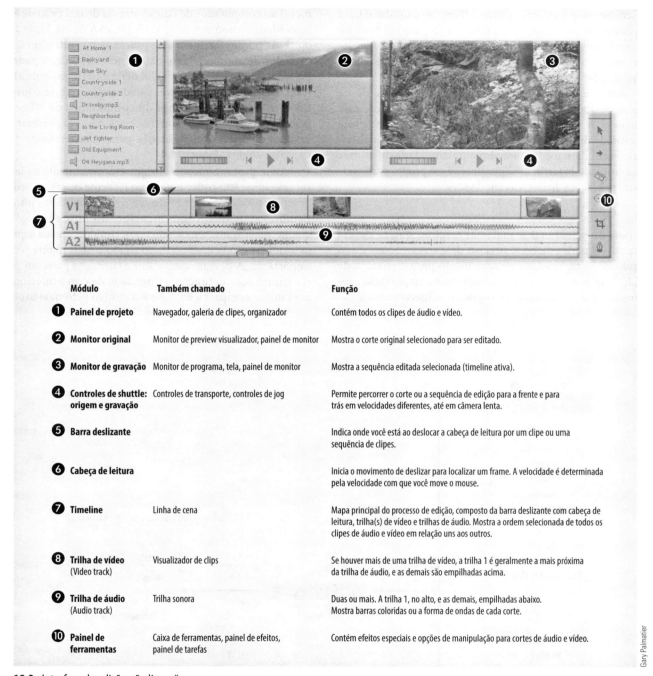

18.3 Interface de edição não linear*
Essa interface genérica de edição não linear mostra os principais componentes de um sistema de NLE. Note que não mostra nem lista os vários itens acessíveis por meio de menus.

exemplo, com o After Effects da Adobe é possível criar até mesmo complexos efeitos de animação em um tempo curto de renderização.

Uma advertência final: a facilidade com a qual se pode criar DVE (Digital Video Effects) pode levá-lo a prestar mais atenção nos efeitos especiais que na história. Utilize esses efeitos incríveis somente se forem adequados ao conteúdo da história e acrescentar estímulo à mensagem.

Mídia original

Todo o material registrado com a câmera ou recebido de uma equipe de câmera constitui o material original, independentemente da mídia de gravação específica que esteja na câmera. Como mencionado anteriormente, as *mídias originais* diferem consideravelmente umas das outras, cada uma podendo requerer um dispositivo de "leitura" específico, como um leitor de cartões ou um DVD player específico. Se você usar uma câmera como sua unidade para reprodução, você também pode usá-la para captura no computador. Alguns sistemas permitem que você conecte cartões de memória diretamente no computador de edição para facilitar a captura.

Ainda é possível usar antigas fitas analógicas, desde que as digitalize antes da fase de captura ou durante esse processo. A maioria dos computadores possui uma placa interna de digitalização que permite converter sinais analógicos em digitais. Há também a possibilidade de utilizar uma unidade externa de digitalização ou ponte, para converter gravações analógicas em digitais.

Captura e codec de áudio/vídeo

Depois de selecionar o material original que se deseja disponível para edição, é preciso descarregá-lo no disco rígido do computador que será usado para o sistema de NLE. Esse processo, chamado *captura* ou importação, geralmente é feito conectando o gravador (geralmente a câmera) ao computador de edição através de um cabo de alta velocidade (como um cabo USB 3.0, eSATA ou Thunderbolt). As pontes facilitam esse processo, permitindo várias entradas de áudio e vídeo, o que inclui definição padrão (standard definition – SD) e alta definição (high-definition – HD), e permitindo até que vídeo analógico seja convertido em padrões de captura do computador de NLE. Se utilizar uma ponte, obviamente você não vai precisar da unidade externa de digitalização para a conversão da gravação analógica. **Figura 18.4**

Ao importar o material original, normalmente é possível selecionar um codec específico (sistema de compressão/descompressão) que comprimirá o vídeo até certo ponto. Lembre-se de que, como mencionado no Capítulo 12, quanto mais as imagens forem comprimidas, menos espaço os arquivos vão ocupar no disco rígido e mais rápida será a importação. A desvantagem é que as imagens parecem piores (ficam com definição e fidelidade de cores inferiores) com maior compactação. Esse é o motivo pelo qual muitos

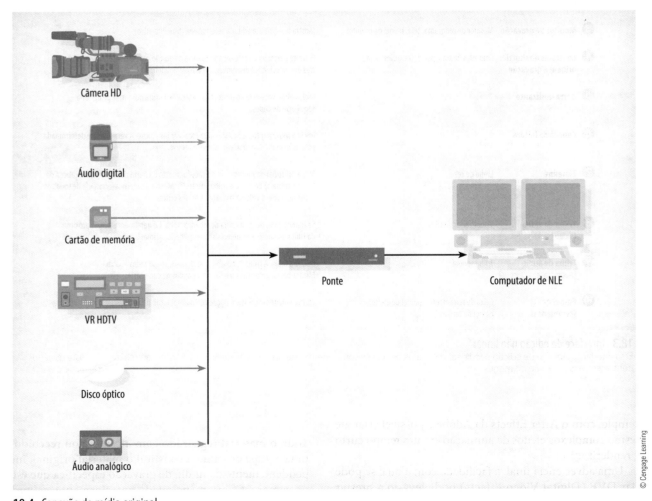

18.4 Conexão da mídia original
O material original normalmente é descarregado no sistema de NLE por um cabo de alta velocidade (uma interface periférica, como USB 3.0, FireWire 800, eSATA ou Thunderbolt). A ponte conecta uma variedade de entradas de áudio e vídeo ao computador, permitindo que os sinais sejam convertidos para padrões de captura do sistema de NLE.

diretores de cinema preferem capturar a *filmagem bruta*, mesmo que isso faça com que todo o processo de edição fique mais lento.

Sua edição final, no entanto, sempre será compactada através de algum codec, como MPEG-2, MPEG-4 ou uma das muitas variantes desse codec. A menos que você esteja trabalhando com uma câmera de cinema digital 4 K de alta qualidade, a filmagem bruta já estará compactada pelo codec da câmera. Portanto, é extremamente importante certificar-se de que o software de edição possa decodificar o codec usado no sistema de gravação da câmera. Se uma qualidade superior for importante e você tiver um armazenamento de alta capacidade para sua captura, você pode importar a filmagem descompactada – bruta – e então manipulá-la com o software de edição para sua edição específica.

A menos que o material de origem já tenha sido registrado, será possível fazer isso durante a fase de captura. Adiante, neste capítulo, vamos abordar outros aspectos dos registros.

Exportação da edição final

Ao concluir a edição, será preciso exportar a versão da edição final e gravá-la em um DVD, um servidor ou outra mídia de armazenamento.

Fase de pré-edição

A edição se inicia quando a câmera é ligada para a filmagem. Embora isso possa parecer estranho, significa que cinegrafistas experientes já estão pensando na edição de pós-produção quando gravam em vídeo a fase de produção. A edição real também vai ser bastante facilitada se você passar algum tempo verificando o material gravado e ordenando as mídias originais de acordo com a sequência de eventos pretendida. Especificamente, a fase de pré-edição inclui pensar na continuidade das tomadas, manter registros precisos e revisar e ordenar o material original.

Pense na continuidade das tomadas

Grande parte da edição é predeterminada pela forma como o material foi gravado. Alguns diretores ou operadores de câmera novatos param uma tomada ou cena e iniciam a próxima sem nenhuma margem de segurança para edição (ação sobreposta) ou consideração com a continuidade. Outros têm capacidade e visão para visualizar as transições entre as tomadas e cenas e fornecem imagens que podem ser cortadas de forma adequada na pós-produção. A chave é visualizar não apenas tomadas individuais, mas sequências de tomadas. Imaginar uma sequência de tomadas vai ajudá-lo a compor tomadas que se juntam bem para formar transições integradas. A seguir, vamos apresentar algumas sugestões.

- Ao gravar um evento, como uma reportagem em campo, grave alguns segundos antes da deixa e depois de o repórter ter terminado de falar. Essas pausas vão dar uma margem de segurança de vídeo para cortar para a próxima tomada exatamente no momento certo.

Uma mudança no ângulo e no campo de visão (movimentação da câmera mais para perto ou para longe do evento) entre as tomadas também vai ajudar a tornar os cortes naturais e suaves.

- Sempre obtenha algumas tomadas de planos de corte. Um *plano de corte* é uma tomada curta que estabelece a continuidade entre duas tomadas, fornece o preenchimento de vídeo necessário durante a edição de acordo com trechos de som (parte de entrevista gravada em vídeo na qual vemos e ouvimos a pessoa falando) e, em produções mais ambiciosas, ajuda a conectar saltos no tempo e/ou na locação. O plano de corte pode ou não ser parte da ação principal, mas deve ser relacionado tematicamente ao evento real. Bons planos de cortes são relativamente estáticos e neutros quanto à direção da tela. Exemplos são tomadas diretas de curiosos, repórteres com câmeras fotográficas ou câmeras, edifícios que mostram a localização, números de casa ou objetos que fazem parte da história (como o livro que o convidado escreveu). Certifique-se de que o plano de corte seja longo o suficiente – nada é mais frustrante para um editor que um bom plano de corte que seja muito curto. Quando você achar que o plano de corte está longo o suficiente, deixe a câmera rodar mais alguns segundos.

- Em uma gravação com ENG, tente obter algumas tomadas de plano de corte que identifiquem o local do evento. Por exemplo, depois de cobrir o incêndio no centro da cidade, consiga uma tomada das placas de rua do cruzamento mais próximo, o tráfego de apoio e alguns close-ups de curiosos e dos bombeiros exaustos. Obtenha também vários planos amplos do local do evento. Você terá então planos de corte que não apenas vão facilitar as transições, mas ainda mostrarão exatamente onde o incêndio ocorreu.

- Grave sempre o som ambiente (de fundo) com os planos de corte. O som é muitas vezes tão importante quanto as imagens para obter transições suaves. A continuidade do som ambiente também pode ajudar muito na preservação da continuidade das tomadas, mesmo que as imagens não tenham um corte tão bom.

- Grave um ou dois minutos do "tom da sala" ou qualquer outro tipo de som ambiente, mesmo que a câmera não tenha nada interessante para gravar.

- Sempre que possível, durante a captação eletrônica de notícias (ENG) e a produção eletrônica em campo (EFP), *marque* (identifique) verbalmente cada tomada ou pelo menos a série de tomadas. Para isso, basta dizer o nome do evento e o número da tomada, como: "Delegacia de polícia da Rua do Mercado, tomada 2". Faça a marcação no microfone da câmera ou do repórter (portátil). Depois de dizer o número da tomada, faça uma contagem regressiva de cinco ou três até um. Essa contagem é semelhante ao sinal sonoro após a placa (claquete) aparecer em produções de estúdio. Embora não seja essencial, ela ajuda a localizar a tomada e marcá-la durante a edição, especialmente se não for usado time code.

Registros

Inserir dados em um registro de campo ou etiquetar as mídias de gravação parece uma interrupção desnecessária do seu fervor criativo no meio de uma produção, e isso é verdadeiro para a maioria das produções ENG. No entanto, em produções que são filmadas para pós-produção extensiva, um registro de campo facilitará muito a edição. Durante a sessão de gravação, você pode acessar prontamente certas cenas, especialmente quando elas não ficam boas, mas você pode ter dificuldade de lembrar os planos de corte e o local exato em que cenas específicas estão na mídia original. Registros precisos mantidos durante a produção serão um auxílio inestimável à memória durante a pós-produção.

Registro de campo Como visto no Capítulo 12, é preciso marcar em slate e registrar todas as tomadas, a não ser que você esteja envolvido em ENG. Devem-se escrever no registro de campo: o número da mídia de gravação, a cena e o número da tomada, e os números de time code de entrada e saída de todas as tomadas. Se os números do time code não estiverem disponíveis, mesmo assim escreva o título e o número da cena, os números das tomadas e se as tomadas estão de acordo ou não.

É possível fazer uma marcação de áudio de cada tomada muito rapidamente. Se estiver operando a câmera, diga rapidamente "Cena 3, tomada 5" e grave na trilha do microfone da câmera. O registro de campo vai poupar bastante tempo na edição de cenas curtas diretamente do material original ou na construção do registro de VR na pós-produção.

Etiquetar a mídia de gravação Mesmo que pareça um desperdício de tempo e esforço ao gravar em vídeo algumas cenas especialmente difíceis para um documentário, reserve um tempo para etiquetar cada mídia de gravação assim que a retirar da câmera. Não deixe de etiquetar a caixa e a mídia. Faça referência cruzada às informações na entrada do seu registro de campo. Um bom sistema é numerar consecutivamente (a partir de 1) as caixas e as mídias que elas contêm e anotar o título da produção. Você pode inventar seu próprio sistema simplificado para etiquetar os pequenos cartões de memória SD (Secure Digital) se houver uma lista de correspondências que permita que qualquer um decodifique-o quando necessário.

Repassar e ordenar o material original

Basicamente, isso significa visualizar o que você gravou e organizar a mídia original de forma que você consiga encontrá-la novamente quando a edição real começar. Se você esteve ativamente envolvido na gravação em campo ou na produção em estúdio, comece com a mídia original 1 até passar por todas as gravações realizadas. Isso serve para verificar se todas as tomadas foram devidamente registradas, independentemente da qualidade de cada uma delas. Esse processo é muito parecido com o de olhar uma série de fotos tiradas nas férias para ter uma ideia de quais delas você quer guardar.

Se derem a você uma pilha de mídia original de um cinegrafista de notícias ou produtor de documentário ou série dramática, sua revisão da primeira impressão será ainda mais importante do que se você fizesse parte da equipe de produção. Não apenas você terá uma impressão geral da qualidade das tomadas, mas também de como a linha da história ou a mensagem de processo é visualizada.

Familiarizar-se com a história Se estiver editando um programa total ou parcialmente roteirizado, o script será seu principal guia de edição. Caso não, a primeira revisão rápida normalmente vai dar alguma ideia de qual é a história ou mensagem de processo.

Ao trabalhar em vídeo corporativo, no qual muitas das produções têm objetivos específicos de instrução, a mensagem de processo definida talvez não se revele nem mesmo depois de assistir várias vezes ao material original. Nesse caso, pergunte a alguém que saiba. Afinal, a história e o objetivo de comunicação vão influenciar muito sua seleção de tomadas ou cenas e a sequência delas. Leia o script e discuta os objetivos de comunicação com o roteirista ou produtor/diretor. Discussões sobre a história geral, o clima e o estilo são especialmente importantes ao editar documentários e peças. Ao rever o material original, verifique o conteúdo, mas também a continuidade do eixo de câmera. Será que as tomadas, ao serem cortadas, vão formar um conjunto relativamente razoável ou vai ser preciso inserir planos de corte?

Ao editar gravações de ENG, raramente há a chance de aprender o suficiente sobre o evento total. Pior ainda, é preciso manter uma duração rígida ("Não deixe essa história passar de 15 segundos!") e há imagens limitadas ("Desculpe, não deu para eu me aproximar o bastante para obter boas imagens" ou "O microfone estava funcionando quando verifiquei"). Além disso, você tem poucos minutos preciosos para concluir o trabalho ("Não terminou ainda? Vamos ao ar em 45 minutos!"). Como um cinegrafista de ENG ou um médico na sala de emergência, o editor de ENG tem de trabalhar de forma rápida, precisa e com pouca preparação de pré-produção. Embora a continuidade da tomada ainda seja importante, evidentemente fica em segundo lugar em relação à história que deve ser contada.

A menos que seja o videorrepórter que fez a gravação e agora está realizando a edição, obtenha o máximo de informações possível sobre a história antes de começar a editar. Peça ao repórter, operador de câmera ou produtor que passe as informações. Depois de alguma prática, você vai ser capaz de sentir a história e editá-la de acordo.

Em toda a edição, você também vai perceber que muitas vezes é o som, em vez das imagens, que dá as pistas mais rápidas sobre a história.

Ordenar a mídia de gravação Depois de ter terminado essa análise superficial do material original, consulte os registros de campo enquanto empilha a mídia na ordem em que vai relatar a história. Essa ordem pode ser diferente dos números que as mídias receberam durante a produção. Isso é mesmo necessário, já que o sistema de NLE dá acesso aleatório? Sim. A principal razão é conveniência ao começar a registrar as imagens. Você não só vai economizar tempo com essa ordenação básica das tomadas, mas esse procedimento também vai ajudar na procura por determinada tomada e no acompanhamento da continuidade da história como um todo.

Fase de preparação para a edição

Antes de poder começar a edição propriamente dita, é preciso cuidar de alguns itens e procedimentos operacionais: time code, registro, captura e transcrição do áudio.

Time code

O *time code* marca cada quadro de uma gravação em vídeo com um endereço numérico específico, que representa o tempo de gravação decorrido: horas, minutos, segundos e frames. Por exemplo, se você vir um time code de 00:45:16:29, isso significa que a gravação contém 45 minutos, 16 segundos e 29 frames de imagens. Se tivesse gravado mais um frame, você teria uma leitura de time code de 00:45:17:00. Visto que há cerca de 30 quadros por segundo no sistema NTSC, o contador de time code passa para o próximo segundo depois de 29 frames, para o próximo minuto após 59 segundos e para a próxima hora após 59 minutos.[1] Figura 18.5

Entretanto, como todas as coisas na produção televisiva, até mesmo o time code torna-se um pouco mais complicado. Um dos time codes mais amplamente utilizados, chamado *time code SMPTE/EBU* (que significa Sociedade de Engenheiros do Cinema e da Televisão/Sindicato de Radiodifusão Europeu), permite selecionar entre dois modos: de non-drop frame e drop frame.

Modo non-drop frame   Nesse modo, o time code mostra devidamente 30 quadros a cada segundo, embora o sistema NTSC possa mostrar apenas 29,97 quadros por segundo. Isso significa que o time code non-drop frame lê um número inflacionado de quadros em relação ao que você realmente vê na tela em 1 segundo. Isso tem poucas consequências se o programa for relativamente curto. Mas para um programa longo, digamos 30 minutos, a diferença entre o time code mostrado e o tempo real decorrido é bastante notável. Quando o time code diz que marcou cada quadro completando 30 minutos, 0 segundos e 0 quadros de programa, você verá que ele é na verdade 54 quadros (ou 1 segundo e 24 quadros) mais curto que o tempo real decorrido (cronometrado) do programa.

Modo drop frame   Para sincronizar de forma exata a leitura do time code com o tempo real, é preciso mudar a câmera

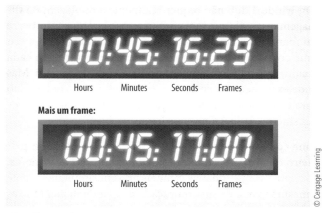

18.5 Time code
O time code dá a cada quadro de vídeo ou um "quadro" de áudio um endereço específico – um número que mostra as horas, os minutos, os segundos e os frames de áudio e vídeo decorridos.

para o modo de drop frame. Isso faz o contador saltar alguns frames em intervalos regulares, de modo que a janela de time code mostre o mesmo tempo que seu cronômetro. Observe que o modo de drop frame, na realidade, não salta nenhum frame, mas simplesmente ignora alguns deles durante a contagem.

Tudo isso significa que, a menos que você precise identificar cada frame único, é melhor o modo de drop frame. Dessa forma, será possível saber quanto tempo os cortes realmente possuem, não importa quanto tempo eles levem para ser executados.[2]

Uso do time code   O time code é rotineiramente gravado com cada tomada. Ele ajuda a marcar os pontos precisos onde o corte começa e termina. Isso é importante para registrar os cortes e também para localizá-los. O time code é especialmente útil para combinar áudio com vídeo. Visto que a parte de áudio do material original aparece como cortes na tela de edição, assim como a parte de vídeo, os time codes de áudio e vídeo podem ser sincronizados para um casamento perfeito.

Window dub   Embora a câmera forneça um time code para cada quadro durante a gravação de vídeo, os time codes raramente se correspondem quando se cobre uma cena com várias câmeras. Por exemplo, se você usar três câmeras simultaneamente para gravar uma pequena banda de rock, elas talvez não produzam um tempo idêntico para a filmagem gravada, mesmo que você tenha tentado iniciar as câmeras ao mesmo tempo. Então, como você consegue encontrar o close exato do guitarrista gravado pela câmera 1 para cortar para a filmagem distante da câmera 2? Para facilitar tais inserções e especialmente a sincronização das faixas de vídeo e de áudio, você precisa de um *window dub*.

---

[1] Em países que utilizam o sistema PAL de 25 quadros por segundo, a virada ocorre, naturalmente, após o 24º quadro em vez do 29º, como no sistema NTSC (National Television System Committee), de 30 frames.

[2] Como a taxa de atualização em PAL é de exatamente 25 quadros por segundo (qps), não há necessidade de usar o modo drop frame ou non--drop frame.

Manual de produção de televisão

Um window dub não requer realmente a dublagem da filmagem original (que toma muito tempo) porque o software vai marcar cada quadro da filmagem selecionada com seu time code exclusivo. Essa marcação é uma janela em cada quadro mostrando o número do time code do quadro. Mas onde exatamente você deve iniciar o processo window dub para cada câmera de forma que elas tenham seus time codes sincronizados? Continue lendo.

Time code sincronizado Para marcar exatamente o primeiro quadro da primeira tomada para todas as câmeras, você precisa que todas as câmeras gravem simultaneamente a mesma marca de sincronização, independentemente se as câmeras iniciaram a gravação exatamente ao mesmo tempo. Há várias formas de conseguir tal marca de sincronização simultânea. Uma maneira é ter todos os focos das câmeras em uma claquete, em alguém batendo palmas com braços esticados ou em uma câmera disparando um flash. O primeiro quadro que mostra a claquete ou mãos fechadas ou o flash servirá como ponto de sincronização para o time code do window dub mesmo se as câmeras não forem iniciadas exatamente no mesmo instante. Como o flash ilumina apenas um único quadro, ele certamente é o mais preciso dos métodos de sincronização mencionados. Tal window dub é essencial para sincronizar imagem e som na pós-produção.

Existem geradores portáteis de time code que fornecem o time code simultaneamente a múltiplas câmeras em campo, contanto que todas tenham receivers e não estejam muito afastadas do transmissor de time code.

Logging

Já não fizemos um log (registro/decupagem)? Sim. Será que não podemos usar o log de campo para edição? Não. O log de campo é apenas um guia básico de onde as tomadas estão na mídia original específica, mas normalmente não é preciso o suficiente para a edição. O log do VR (antes log do VTR) usa o log de campo como guia básico, mas lista todas as tomadas – boas (OK) e ruins (no good – NG) – em ordem consecutiva pelo número de cena e endereço de time code. **Figura 18.6**

Como se pode ver na Figura 18.6, esse log é semelhante ao log de campo, exceto que contém os números de cena e os números de time code de entrada e saída de cada tomada como realmente gravadas na mídia original. Contém também informações adicionais especialmente úteis na edição.

Vamos dar uma olhada mais de perto em cada uma das colunas de log do VR.

■ *Números da mídia original.* Esses números se referem ao que você ou alguém escreveu em cada mídia e

18.6 Registro do VR

O log do VR contém todas as informações necessárias sobre o áudio e vídeo gravados na mídia original. Observe as anotações na coluna de vetores: *g, i* e *m* referem-se aos vetores gráfico, de índice e de movimento, respectivamente. As setas indicam a direção principal dos vetores de índice e de movimento. Os vetores de índice Z e de movimento são marcados com ⊙ (em direção à câmera) ou ● (para longe da câmera).

caixa original, como S1 (*source* 1 – origem 1), S2 (origem 2) etc.

- *Cena/tomada e números de tomadas.* Se você tiver marcado corretamente as cenas, tomadas e takes, copie os números das slates. Caso contrário, basta listar todas as tomadas à medida que aparecerem na mídia original em ordem crescente. Uma *tomada* refere-se à menor unidade operacional prática em vídeo e filme; normalmente, o intervalo entre duas transições. No cinema, pode se referir a uma configuração específica da câmera. Um *take* é qualquer tomada parecida feita repetidas vezes durante uma gravação de vídeo ou filmagem, normalmente identificada com um número. Um bom take é a conclusão bem-sucedida de uma tomada. Um take ruim é a gravação malsucedida de uma tomada e requer outro take.

- *Time code.* Digite o número do time code do primeiro frame da tomada na coluna Entrada e o último frame na coluna de Saída, independentemente de a tomada estar OK ou ruim. Se você tiver um window dub, use seu time code para o registro de VR. Se você não tiver um, use o time code da mídia original.

- *OK ou ruim.* Marque as tomadas aceitáveis, circulando o número delas e/ou escrevendo "OK" ou "NG" (ruim) na coluna adequada. A menos que já tenha eliminado todas as tomadas marcadas como "NG" no log de campo, agora será possível ver se você concorda com as avaliações anteriores de que a tomada estava OK.

  Ao avaliar as tomadas, procure erros óbvios – mas também se a tomada é adequada no contexto da mensagem de processo definida e da história como um todo. Uma tomada fora de foco pode ser inútil em um contexto, mas bastante adequada se você tentar demonstrar visão prejudicada. Veja atrás da ação principal: o fundo é adequado? Está ocupado ou confuso demais? Muitas vezes é o fundo e não o primeiro plano que fornece a necessária continuidade visual. Será que os fundos vão facilitar a continuidade quando as tomadas forem editadas juntas?

- *Som.* Aqui são anotadas deixas de entrada e saída para o diálogo e efeitos sonoros que precisam de atenção durante a edição. Ouça com cuidado não apenas os sons em primeiro plano, mas também os de fundo. Há ambiência demais? Ela está em falta? Observe quaisquer problemas óbvios de áudio, como caminhões passando, alguém batendo no microfone ou chutando a mesa, conversas da equipe nos intercomunicadores ou gafes dos artistas em uma tomada que, de outra forma, seria boa. Anote a natureza do problema de som e seu endereço de time code.

- *Comentários.* Utilize essa coluna para indicar sobre o que é a tomada, como "close-up do relógio", e para gravar as deixas de áudio (a menos que haja uma coluna designada para o áudio).

- *Vetores.* Os *vetores* indicam as direções principais das linhas ou dos movimentos dentro de uma tomada.

Anotar esses vetores direcionais vai ajudá-lo a localizar imagens específicas que continuam ou que se opõem de propósito em relação à direção principal.

Existem três tipos de vetor: gráfico, de índice e de movimento. Um vetor gráfico é criado por elementos fixos que guiam nossos olhos em uma direção específica, como uma linha formada pela moldura da janela ou à borda de um livro. Um vetor de índice é criado por algo que, sem dúvida, aponta em determinada direção, como uma flecha ou o olhar de uma pessoa. Um vetor de movimento é provocado por algo em movimento. Verifique novamente a coluna de vetores da Figura 18.6. As letras *g, i* e *m* se referem ao tipo de vetor (gráfico, de índice ou de movimento), e as setas indicam a direção principal. O símbolo de ponto circulado indica movimento ou indicação em direção à câmera, e o ponto único indica que o movimento ou a indicação é para longe da câmera.

Método de registro Pode-se fazer o registro de VR à mão ou com o software de edição.

Ao fazer o registro à mão, reveja cada mídia original conforme ordenada pelo número de cena e preencha as informações pertinentes. Se seu computador não tem um leitor de cartões, você pode usar um leitor de cartões externo para os cartões de memória. Se você usa cartões de memória para gravação, você certamente precisa de um leitor que possa aceitar esses cartões e traduzir seus sinais armazenados em material com vídeo e áudio. Se você ainda usa fita de vídeo, não use a câmera para esse processo de registro. Os mecanismos das câmeras não foram desenvolvidos para esse constante pare-e-siga. Transfira toda filmagem original para o NLE ou servidor antes de fazer qualquer registro ou edição.

Então, é possível reproduzir cada tomada pelo monitor que você usa normalmente para sua exibição de vídeo e inserir à mão no registro do VR o número da mídia, o número da cena, os números de time code de entrada e saída, e os comentários adicionais para cada corte desejado (ver Figura 18.6). Uma forma melhor é inserir as informações em uma planilha básica (sem usar nenhum software de edição), que pode ser então salva e usada depois como guia para a fase de captura – transferindo os cortes selecionados para o disco rígido do sistema de edição.

A maioria dos softwares de edição de primeira linha permite fazer o registro do material original antes da captura em si. Ao usar a função de registro, é possível importar o material da mídia de origem e registrá-lo por mídia e número de cena, números de time code de entrada e saída, e comentários. A única categoria que falta é a informação de vetor, mas é possível inventar símbolos personalizados para os três tipos de vetores e inseri-los na seção de anotações de registro. Você tem que se preocupar com a entrada do vetor? Na verdade não, se você tiver todo o tempo que precisa para a edição ou uma boa memória visual que permita que você se lembre da direção exata na tela para a qual as pessoas olham, apontam ou se movem em cada tomada.

Captura

Depois de ter registrado o material original, podemos prosseguir com a captura de áudio e vídeo durante a qual você importa os clipes selecionados para o arquivo de edição real no disco rígido do seu sistema de NLE. Novamente, existem maneiras diferentes de executar a captura. Uma delas é utilizar o registro do VR e importar um clipe após o outro a partir da mídia original ou da cópia do material usada para o registro. Outra maneira é utilizar sua informação de registro (nomes e números de time code do corte por planilha ou log de computador) e deixar o computador executar uma *batch capture,* fazendo o trabalho para você: lendo seu log e importando os clipes, conforme especificado pelo nome e time code. Isso exige que você disponha de tudo configurado corretamente para a operação. Em projetos menores, você vai notar que importar cada corte muitas vezes é mais rápido do que iniciar uma batch capture.

Captura off-line e on-line Alguns editores envolvidos em grandes projetos de edição preferem realizar a captura original em baixa resolução para economizar espaço em disco, fazer a edição em baixa resolução e então recapturar os clipes em alta resolução para o corte final. A importação em baixa resolução é o resultado da *edição off-line*; a importação em alta resolução, por outro lado, é resultado da *edição on-line*. Essas denominações são resquício da edição linear, na qual a edição off-line era feita com equipamentos mais baratos, e, quando todos estavam satisfeitos com a versão off-line, a edição era repetida em equipamentos top de linha, um processo chamado on-line. Na edição não linear, a edição off-line geralmente resulta na EDL (edit decision list), que especifica quais cortes precisam ser importados novamente em resolução mais alta.

Transcrição de áudio

Há mais uma tarefa a fazer antes de começar a classificar sons e imagens. A menos que esteja fazendo a edição de esportes, programas totalmente roteirizados ou notícias diárias de rotina, é preciso transcrever o áudio. A transcrição é uma ajuda essencial ao editar entrevistas e documentários. A transcrição de áudio envolve digitar cada palavra gravada nos cortes. Mas isso não é um esforço inútil considerando que você tem todas as palavras na gravação? Não, porque você vai notar que ler as palavras permitirá repassar o conteúdo muito mais rapidamente do que ouvi-las. A página impressa não é linear, como uma gravação de áudio, e permite pular seções sem ter de ouvir toda a gravação novamente. Como um benefício extra, a transcrição do áudio previne a fadiga de escuta.

Se, por exemplo, for preciso cortar uma entrevista de 64 minutos para 30 segundos, você vai levar horas para ir e voltar na gravação a fim de encontrar os momentos mais significativos, mesmo que tenha boa memória. Ao verificar a página, é possível captar as citações importantes de forma mais rápida e simplesmente realçá-las com um marcador de texto.

Fase de edição

Você agora está pronto para fazer edição real. Como preparar sua linha do tempo depende inteiramente do software. Se você tiver que lidar com um software de edição novo, você precisa consultar o manual e, principalmente, praticar. Exatamente como aprender a tocar piano, ler sobre isso irá facilitar, mas não será suficiente para você se tornar um grande pianista. Mais um conselho: não há necessidade de usar o sistema de edição mais recente e complexo se tudo o que você faz é ordenar alguns clipes e juntá-los geralmente com cortes e algumas poucas dissolvências. Se, no entanto, for preciso incluir um grande número de efeitos especiais, realizar grandes correções de cor e executar mixagens elaboradas de áudio e sincronização de áudio/vídeo, será necessário um sistema de edição de primeira linha que forneça ferramentas para ir além da abordagem de cortar e colar.

Edição com papel e lápis

É possível poupar bastante tempo de edição real simplesmente observando as janelas de time code dos clipes e ao fazer uma lista dos pontos de entrada e saída de edição para cada tomada selecionada. Essa lista será sua EDL preliminar. Visto que essa lista geralmente é escrita à mão, essa atividade de tomada de decisão é chamada edição com papel e lápis (edição anotada) ou, para abreviar, edição em papel. **Figura 18.7**

Edição real

Agora você pode começar a edição real selecionando e ordenando as tomadas conforme listadas na sua EDL preliminar e vendo se elas têm a continuidade visual e narrativa desejada e se elas estão apropriadamente sincronizadas com a faixa de áudio. Se você não precisa de uma edição off-line de baixa resolução, você pode usar sua edição, conforme orientada pela EDL com papel e lápis, como sua edição final on-line. Se você não conseguir seguir em frente, consulte o manual de seu programa de edição específico. Seja paciente! Editar, assim como escrever, é uma maratona, não uma corrida de 100 metros rasos.

Transições e efeitos Somente o que falta fazer é selecionar as transições entre as tomadas e os efeitos especiais, se houver. Os softwares NLE oferecem um número generoso de transições e efeitos, e é sempre possível aumentar o arsenal de efeitos utilizando adicionais, mas lembre-se do aviso do Capítulo 14: qualquer efeito que não intensificar a cena ou que estiver no lugar errado certamente vai piorar sua tomada, ou todo seu esforço.

O corte ainda é a transição menos intrusiva, se precedida e seguida por tomadas com boa continuidade. Todas as outras transições ocupam tempo na tela e, portanto, retardam a sequência editada. Muitas vezes, elas também introduzem um novo elemento que, se não estiver em conformidade com a ideia do programa, vai parecer deslocado ou, pior ainda, ridículo e amador.

Entretanto, a facilidade de gerar transições e efeitos na edição não linear também é uma bênção: você pode tentar

Edição de pós-produção: como funciona 377

| TÍTULO DA PRODUÇÃO: Segurança no Trânsito | | | | | PRODUÇÃO Nº: 114 | DATA: 15/7 | |
| PRODUTOR: Hamid Khani | | | | | DIRETOR: Elan Frank | | |
MÍDIA Nº	CENA/ TOMADA	TOMADA Nº	ENTRADA	SAÍDA	TRANSIÇÃO	SOM	COMENTÁRIOS
1	2	2	01 46 13 14	01 46 15 02	corte	carro	
		3	01 51 10 29	01 51 11 21	corte	carro	
	3	4	02 05 55 17	02 05 56 02	corte	freios rangendo	
		5	02 07 43 17	02 08 46 01	corte	freios	
		6	02 51 40 02	02 51 41 07	corte	freios rangendo	

© Cengage Learning

18.7 Lista de instruções de edição escrita à mão
A edição off-line com papel e lápis normalmente produz uma EDL manuscrita que contém informações semelhantes às geradas por um sistema computadorizado.

qualquer número deles e sua velocidade relativa sem afetar sua edição como um todo. Basta clicar no menu de transição ou efeitos e visualizar as opções. Se não gostar do que vir, tente de outra forma ou volte ao que tinha no início. Nos velhos tempos da edição de filme, essa experimentação não era possível. Cada transição ou efeito especial tinha de ser renderizada no laboratório de processamento, o que aumentava consideravelmente o tempo e o custo de produção. Se o efeito não fosse bom, não se podia fazer nada, a não ser mantê-lo. (O Capítulo 19 discute como escolher os clipes que fornecerão uma sequência eficiente e sem cortes – as funções e princípios estéticos.)

Qualquer que seja o sistema que você esteja usando, não negligencie o áudio em seus esforços de edição. Por alguma razão, o áudio parece ficar em segundo plano tanto na filmagem quanto no processo de edição. (A seção 18.2 dá ênfase especial na importância da relação áudio/vídeo na edição.)

Por fim, você logo perceberá que a habilidade em edição não necessariamente está em dominar um programa específico de NLE, mas em tomar as decisões corretas na escolha e ordenação das tomadas mais eficientes.

PONTOS PRINCIPAIS

▶ O princípio operacional da edição não linear é selecionar clipes de vídeo e de áudio e fazer o computador reproduzi-los em uma sequência específica.

▶ No sistema de edição não linear (NLE), há um equipamento de reprodução da filmagem original e um computador de alta velocidade para a captura, armazenamento e manipulação de clipes de áudio e vídeo.

▶ Embora existam muitos softwares de NLE diferentes disponíveis, todos têm características operacionais similares. Softwares de edição de alta qualidade oferecem correção de cores e efeitos de vídeo digital (DVE) e recursos de edição de áudio bastante expandidos.

▶ Ao importar a filmagem original para um computador, um processo chamado de captura, você precisa se certificar de que o computador pode ler o codec (sistema de compactação/descompactação) do material original.

▶ Você vai economizar muito tempo de edição e algumas dores de cabeça se visualizar como as tomadas serão editadas enquanto as enquadra durante a fase de produção. Sempre grave planos de corte longos o suficiente para facilitar a continuidade das tomadas.

▶ A menos que esteja cobrindo um evento jornalístico, você precisa manter um registro de campo dos clipes. Esse registro deve mostrar os time codes de entrada e de saída conforme gerados pela câmera para cada tomada gravada.

▶ Rever os clipes originais ajudará você a se familiarizar com a história e ter algumas ideias sobre a ordenação.

▶ Um time code contínuo, que mostre horas, minutos, segundos e quadros, pode ser posicionado em janelas na pós-produção. Essa janela de time code facilita a listagem de todos os clipes no registro do VR.

▶ Captura off-line significa captura da filmagem selecionada em baixa resolução para economizar espaço de gravação. Ela precisa ser recapturada em maior resolução para a edição on-line final.

▶ Todo áudio deve ser transcrito, especialmente se envolver falas.

▶ Se você usar filmagem em alta resolução (bruta ou pouco compactada) para sua edição e após você ter adicionado transições especiais, essa edição pode ser usada como a versão final.

seção 18.2

Conexão áudio/vídeo

A menos que esteja produzindo um filme mudo, você precisa se preocupar tanto com a edição de áudio quanto com a edição de vídeo. Você verá que, de uma forma ou de outra, estará editando vídeo para áudio ou áudio para vídeo. Isso significa que, no primeiro método, as faixas de áudio comandam e lhe mostram onde e como fazer os cortes no vídeo. No segundo, o vídeo dita onde colocar um som específico.

Esta seção aborda as funções comuns de edição de som e conexões áudio/vídeo.

▶ **Edição não linear de áudio**
Condensação, correção, mixagem e controle de qualidade.

▶ **Edição de vídeo para áudio**
Edição dividida e edição de rolo AB.

▶ **Edição de áudio para vídeo**
Voz em off e substituição automática de diálogo.

Edição não linear de áudio

Em um sistema não linear de edição de vídeo, todos os arquivos de áudio – de forma semelhante aos arquivos de vídeo – são armazenados no disco rígido do computador. Como acontece na edição de vídeo, a de áudio assemelha-se a cortar e colar palavras e frases com um programa de processamento de texto. A grande vantagem da edição não linear de áudio é que você pode não apenas ouvir os sons, mas também vê-los, na tela, como um gráfico em forma de ondas. Essa representação visual do som permite o corte dele exatamente no frame certo. Outra vantagem é ser possível sincronizar sons específicos com o vídeo selecionado ou movê-los de um lugar para outro com relativa facilidade.[3] **Figura 18.8**

Uma edição de som mais complicada é feita com uma estação de trabalho digital, como o Avid's Pro Tools, cujo software permite integração com muitos outros equipamentos de áudio e vídeo digitais. Tais estações de trabalho são especialmente desenvolvidas para auxiliar a edição de vídeo multifaixas. Independentemente do sistema de áudio não linear que você use, todas as tarefas de produção de áudio envolvem condensação, correção, mixagem e controle da qualidade do som.

Condensação

Você vai perceber que a tarefa de pós-produção de áudio mais comum é tentar fazer aquilo que alguém diz que faça sentido, mesmo que os comentários da pessoa sejam drasticamente cortados. Ao fazer edição dividida, talvez vejamos no noticiário uma candidata política falando atrás de uma bancada, mas não ouvimos suas palavras reais. Em vez disso, o âncora do telejornal resume o que foi dito até o momento antes de ouvi-la falar sobre redução de impostos e melhorias na educação e na saúde (áudio e vídeo sincronizados da sua declaração). Ou começamos com o trecho de som e, em seguida, enquanto a câmera ainda mostra a candidata atrás da bancada, o áudio muda para o resumo feito pelo âncora, de inúmeras outras promessas da candidata (ver Figura 18.9).

Para dramatizar o perigo de crianças ao brincarem com fósforos, você pode captar o som de um carro do corpo de bombeiros enquanto as crianças, brincando no sótão, riem e riscam o primeiro fósforo e, em seguida, cortar para o próprio carro do corpo de bombeiros correndo para o incêndio resultante. Também é possível mostrar o carro dos bombeiros correndo para o incêndio enquanto ainda ouvimos as crianças falando sobre como é divertido riscar um fósforo após o outro. Ambos os exemplos são versões de uma edição dividida (split edit). A edição dividida mais comum é quando o áudio de uma tomada precede suas imagens ou se mistura às próximas. Isso significa que os espectadores ouvem o áudio da próxima tomada sem vê-la ou ainda ouvem o áudio da tomada anterior enquanto a próxima se inicia.

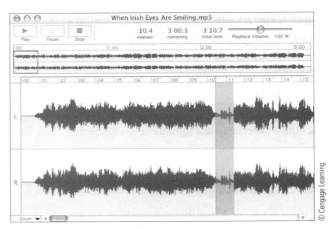

18.8 Forma de ondas de áudio*
Todos os sistemas de edição não linear mostram uma representação visual – uma forma de ondas – das trilhas de som.

---
[3] Para uma análise detalhada da edição digital de áudio, ver: Stanley R. Alten, *Audio in media*, 10. ed. Boston: Wadsworth, 2014. p. 452-481.

Embora isso pareça simples quando assistimos à televisão, essas tarefas de edição de áudio podem ficar complicadas e exigir prática. Sempre que for preciso condensar um discurso em alguns trechos de som, você será grato pela transcrição de áudio.

Correção

Corrigir um erro aparentemente simples, como o de um artista ao pronunciar uma palavra ou dar o endereço errado, pode se tornar uma tarefa formidável, ou impossível, de pós-produção. Quando um político diz "Eu não sou correto" em vez de "corrupto" no meio de uma gravação em vídeo da sua defesa, corrigir isso na pós-produção pode ser muito trabalhoso. É muito mais fácil corrigir o problema imediatamente e pedir que o político repita seus comentários algumas frases antes do ponto onde ele cometeu o erro. Esses problemas tornam-se quase impossíveis de corrigir caso seja preciso tentar fazer a sincronia labial de nova(s) palavra(s) na pós-produção.

Filtrar o zumbido baixo do vento durante uma gravação ao ar livre ou de um instrumento de iluminação em estúdio é possível com equipamentos sofisticados, mas é difícil e demorado. Mesmo o pessoal de produção de áudio com experiência necessita de horas de trabalho árduo para corrigir o que pode parecer um problema relativamente simples. Quanto mais você tomar cuidado durante a captação de áudio, mais tempo vai poupar na fase de pós-produção.

Mixagem

A mixagem de pós-produção não é muito diferente da mixagem ao vivo, exceto que você remixa trilhas de som gravadas separadamente em vez de entradas ao vivo. Visto que a mixagem é feita em trilhas de som gravadas, é possível ser muito mais exigente na forma de combinar os vários sons para obter a qualidade ideal. No cinema digital, designers e engenheiros de som podem passar semanas ou mesmo meses na pós-produção de áudio e mixagem e remixagem de 50 ou mais faixas de áudio. Mas não se preocupe – ninguém vai solicitar uma complicada pós-produção de áudio para vídeo logo de saída. No entanto, se o áudio é seu principal interesse na produção de televisão, tente participar o máximo possível de sessões de mixagem, mesmo que só possa assistir e ouvir.

Controle de qualidade

O gerenciamento da qualidade do som é provavelmente o aspecto mais difícil do controle de áudio. É preciso estar completamente familiarizado com equipamento de processamento de sinal (como equalizadores, controle de reverberação e filtros) e, mais importante, ter o ouvido treinado. Tal como acontece com o controle de volume na mixagem ao vivo, é preciso ter cuidado ao usar esses controles de qualidade. Se houver um zumbido ou chiado óbvio que você pode filtrar, faça isso, mas não tente ajustar a qualidade de cada entrada antes de ter feito pelo menos uma mixagem preliminar.

Por exemplo, você talvez decida que o efeito sonoro de uma sirene de polícia está fraco demais, mas, quando mixado com sons do trânsito, a sirene fina e aguda pode ser perfeita para comunicar a crescente tensão. Antes de fazer qualquer juízo da qualidade final, ouça a trilha de áudio em relação ao vídeo. Uma mixagem de áudio que parece suave e interessante individualmente pode perder essas qualidades quando justaposta com uma cena de vídeo de alto impacto. Como em todos os outros aspectos da produção televisiva, o que deve determinar seu controle de qualidade é seu objetivo de comunicação e sua sensibilidade estética, e não a disponibilidade e a capacidade de produção do equipamento. Nenhum medidor de volume ou equalizador do mundo pode substituir o juízo estético.

Edição de vídeo para áudio

Toda vez que trabalhar com fala, será preciso compatibilizar o vídeo com o áudio. É aí que uma transcrição de áudio pode economizar horas de escuta tediosa. O áudio transcrito permite localizar rapidamente uma parte específica de uma entrevista sem ter de tocar novamente toda a trilha de áudio. Se você forneceu clipes de áudio com time code, é possível localizá-los tão facilmente como cortes de vídeo.

Edição dividida

O áudio (o texto falado) é seu principal guia de edição. Embora você normalmente faça cortes no final de uma frase, não importa quem fala, em uma *edição dividida* é possível cortar no meio da frase para o entrevistador que escuta ou para o entrevistado que escuta as perguntas a fim de capturar as tomadas de reação tão importantes.

Se alguém faz um discurso, pode-se poupar tempo substituindo o áudio do orador por uma narração com voz em off (fora da câmera) do âncora do noticiário, enquanto o orador é mostrado durante um tempo. **Figura 18.9**

Som na origem:
"Deixem-me contar o que aconteceu..."

Narração do âncora do noticiário:
Ela disse que a tarefa foi difícil no começo...

18.9 Narração com voz em off
A narração com voz em off substitui de vez em quando os comentários do orador e os resume.

18.10 Imagens editadas com voz em off a partir dos rolos A e B*
Nessa sequência, a trilha de áudio representa o rolo A (voz em off editada), e a trilha de vídeo, o rolo B (sequência de corte de vídeo guiada pelo rolo de áudio A). A edição de vídeo é guiada pela trilha de voz em off.

Caso faça uma reportagem avançada principalmente pela narração de voz em off, ou até mesmo notícias breves, o melhor é primeiro colocar a trilha de áudio da narração e combiná-la com o vídeo adequado (veja a seção a seguir). Na verdade, o áudio passa a ser o rolo A, e o vídeo, o rolo B. Desse modo, você determina uma guia para a duração dos clipes de vídeo e o ritmo da sequência com muito mais facilidade do que quando tenta combinar a narração à sequência de vídeo. **Figura 18.10**

Obviamente, ao editar vídeo em música, a trilha sonora torna-se a guia de edição principal, independentemente de você estar combinando o vídeo com uma música clássica ou com um hino do hard rock. Embora normalmente o corte seja feito em uma batida, você também pode decidir colocar as edições de vídeo um pouco antes ou depois da batida. Tal troca é facilmente feita se tanto o vídeo quanto o áudio tenham identificação por time code. Se não forem exagerados, esses "cortes ao redor da batida" podem intensificar muito a cena.[4]

Edição de rolo AB
Nesse modo de edição, você normalmente tem uma sequência de tomadas médias e longas feitas por uma câmera, chamada de rolo A e closes da mesma sequência feitas por uma segunda câmera, chamada de rolo B. Na *edição de rolo AB*, você então adiciona cortes dos closes na sequência longa. Aqui vai um exemplo de trabalho de edição que se presta bem ao uso da edição de rolo AB: suponhamos que a câmera 1 gravou principalmente planos gerais e médios de uma banda de rock para o rolo A. A câmera 2 foi designada para fazer vários close-ups dos membros da banda para o rolo B. Supondo que os rolos A e B de vídeo e a faixa de áudio tenham um time code em comum, é possível colocar os close-ups do rolo B em determinados pontos de edição. Como você pode ver na faixa de áudio da Figura 18.11, os close-ups estão combinados com as seções de som mais alto (alta amplitude) da faixa de áudio. **Figura 18.11**

Edição de áudio para vídeo
Quando o vídeo puxa a narrativa, como na edição das suas aventuras de férias, ele passa a ser o rolo A, e o áudio, o rolo B. Isso significa que a edição dos clipes das férias é guiada pelo que aconteceu na viagem, não pela música ou narração que você tem a intenção de adicionar mais tarde. A edição de uma dramatização totalmente roteirizada é guiada principalmente por sua evolução dramática, o conflito inerente da história e a visualização do diretor, e não pelo diálogo ou pela música de fundo. A música é *adicionada* à produção editada, em vez de ser utilizada como guia principal para a edição de vídeo.

---
[4] Para uma análise mais clara da edição de vídeo para áudio, ver: Nancy Graham Holm. *Fascination: viewer friendly TV journalism* London: Elsevier, 2012), p. 43-46. Ver também Herbert Zettl, *Sight sound motion: applied media aesthetics*, 7. ed. Boston: Wadsworth, 2014. p. 355-360.

18.11 Edição de rolo AB com trilha sonora em comum*
Nesse exemplo de edição de rolo AB, o rolo A possui planos gerais e médios da banda, o B contém close-ups dos membros individuais. A janela de time code dos rolos A e B e a faixa de áudio em comum fazem com que a edição fique precisa em relação aos quadros.

Voz em off

Muito frequentemente será pedido a você que use narração em off em vez dos sons reais em uma notícia ou documentário. Faça com que o quem fez as entrevistas ou comentários em campo com a aquisição de vídeo, olhe para um bom monitor e narre em off o script. O aspecto mais importante em tais pós-produções com voz em off é que o microfone de campo e o microfone da narração em off não tenham um som drasticamente diferente. Em uma edição dividida desleixada com voz em off, você pode ouvir uma voz muito fina e muito vento no áudio de campo e depois ouvir a voz do narrador mudar de repente para uma voz forte e sonora e sem vento ao fundo. Podemos tolerar tal discrepância em um noticiário, mas não em um documentário. Quando houver tempo, você deve tentar combinar o som do microfone usado em campo com o usado para voz em off. Se vídeo/áudio for crítico, você deve recorrer à substituição automática de diálogo.

Substituição automática de diálogo

Algumas grandes empresas de pós-produção têm uma sala especificamente para *substituição automática de diálogo* (ADR – Automated dialogue replacement). Tecnicamente, a ADR refere-se à pós-dublagem do diálogo, mas algumas vezes também está relacionada à sincronização de efeitos de som. Esse processo de dublagem de áudio é tomado emprestado diretamente dos filmes. Muitos sons, incluindo o diálogo, que são gravados simultaneamente com imagens nem sempre têm a qualidade de som esperada, de modo que são substituídos por trabalhosas recriações e mixagens de diálogo, efeitos sonoros e sons ambientes.

Na ADR elaborada, atores precisam repetir suas falas enquanto veem imagens de si mesmos em uma projeção em tela grande. A gravação de efeitos de som geralmente é feita por meio da *sonoplastia*, que consiste em uma variedade de adereços e equipamentos que são instalados em um estúdio de gravação para produzir efeitos sonoros comuns, como passos, abertura e fechamento de portas, e assim por diante. A sonoplastia utiliza equipamentos de efeitos sonoros muito semelhantes aos de produções tradicionais de rádio e cinema. A sonoplastia oferece esses equipamentos em caixas bem embaladas para que possam ser transportadas por caminhão – incluindo os artistas de efeitos sonoros.

Isso é onde a janela de time code brilha. Em vez de acreditar somente nas imagens da tela para combinar efeitos sonoros específicos com a imagem, você pode agora ver o time code e fazer uma contagem regressiva até o segundo preciso para sincronizar o som com a imagem. Mesmo se estiver distante alguns quadros, você sempre pode movê-los na sua estação de trabalho de pós-produção para uma combinação perfeita.

PONTOS PRINCIPAIS

▶ A maioria dos trabalhos de edição requer que você preste atenção especial à conexão áudio/vídeo. Isso significa que você deve considerar o áudio quando assiste ao vídeo e vice-versa.

▶ Edição não linear de áudio inclui condensação, correção, mixagem e controle de qualidade.

▶ Quando editar vídeo para áudio, o áudio é o guia principal para cortar e combinar o vídeo.

▶ Em uma edição dividida, o áudio sincronizado é temporariamente independente do vídeo. Em uma fala, o orador ainda é visto falando, mas uma narração em off resume o que ele está falando.

▶ Em uma edição de rolo AB, uma sequência de tomadas (como tomadas médias de uma banda) é editada como o rolo A, e outra sequência (como close-ups dos músicos) como o rolo B. Os close-ups do rolo B são posicionados na filmagem do rolo A.

▶ Quando se edita áudio para vídeo, o vídeo define a narrativa e o áudio deve ser cortado para a faixa de vídeo. Adição de música e efeitos sonoros, narração em off e substituição automática de diálogo são exemplos de edição de áudio para vídeo.

capítulo 19

Funções e princípios de edição

Você já praticou o bastante com o novo software de edição para ajudar seu amigo a editar um documentário curto sobre conservação da água. Ele gostou do seu trabalho de pós-produção e ficou especialmente impressionado com os efeitos especiais que você utilizou para "animar um pouco as coisas". No entanto, quando você mostra sua obra-prima a uma amiga da família, que é editora profissional de vídeo, ela demonstra muito menos entusiasmo. Tudo o que ela diz inicialmente é: "Bem, legal, mas...". Quando você a pressiona para que faça uma avaliação sincera, ela diz que gosta do seu corte sem emendas na primeira parte, mas não dos ocasionais cortes em saltos. Acha que você deveria se livrar dos muitos efeitos de dissolvências que aniquilam o ritmo da montagem que, de outra forma, foi muito boa na segunda parte. Em seguida, acrescenta que há um problema geral com a continuidade do vetor de índice que dificulta a formação de um mapa mental. Por fim, alerta sobre o uso de muitos efeitos de transição de forma que se tornem óbvios demais e desviam a atenção da história. Além disso, eles fazem que a edição em sua totalidade pareça amadora.

Afinal, do que ela está falando? Você vai descobrir neste último capítulo. Na verdade, logo vai perceber que a parte mais difícil da edição não é aprender um programa de edição complexo, mas tomar as decisões estéticas corretas – que tomada incluir e quais excluir para contar a história de forma eficaz. Isso é o que a editora quis dizer quando afirmou que a edição, como a maioria das outras atividades de produção de televisão, exige uma mistura de habilidades técnicas e estética criativa.

A seção 19.1, Montagem contínua, aborda as principais funções de edição e os princípios básicos da montagem contínua – como fazer a edição parecer sem emendas. A seção 19.2, Montagem complexa, explora como usar a edição para intensificar uma história.

PALAVRAS-CHAVE

Montagem complexa; Montagem contínua; Cutaway; Vetor gráfico; Vetor de índice (índex); Corte em salto; Mapa mental; Montagem; Vetor de movimento; Vetor; Linha vetorial.

seção 19.1

Montagem contínua

Como editor, você tem de trabalhar com as imagens que gravou ou, mais frequentemente, com as que lhe entregaram. Em alguns casos raros, como na produção de cinema digital, pode ser possível recolher algum material faltante, mesmo na fase de pós-produção, mas geralmente é preciso trabalhar com o material disponível. Como indicado na introdução deste capítulo, as tomadas que você escolher devem não somente dar continuidade à história, mas também à sequência. Esta seção é destinada a ajudá-lo nessa tarefa.

▶ **Funções de edição**
Combinar, reduzir, corrigir e criar.

▶ **Edição para continuidade**
Continuidade da história e continuidade do assunto.

▶ **Vetores e mapa mental**
Vetores, mapa mental, linha vetorial, continuidade do movimento, continuidade de luz e cor e continuidade de som.

Funções de edição

A edição é realizada por diferentes razões. Às vezes, é necessário organizar as tomadas para que relatem uma história. Outras, é preciso eliminar material estranho para que uma história se encaixe em determinado intervalo de tempo, ou você talvez queira cortar a tomada na qual o artista tropeçou em uma palavra ou usar um close-up (CU) em vez de um plano médio desinteressante. Essas diferentes razões são exemplos das quatro funções básicas de edição: combinar, reduzir, corrigir e criar.

Combinar

A edição mais simples envolve combinar partes do programa ligando trechos de gravação de vídeo na sequência escolhida. Quanto maior cuidado tiver sido tomado durante a produção, menos trabalho você vai ter na pós-produção. Por exemplo, a maioria das novelas e algumas sitcoms é gravada em cenas longas e completas ou até em sequências mais longas, com uma configuração de estúdio multicâmera; as sequências são então combinadas na pós-produção. Ou você talvez selecione várias tomadas do casamento de um amigo e simplesmente as combine na ordem em que ocorreram.

Reduzir

Muitos trabalhos de edição envolvem cortar o material disponível para que a edição final se encaixe em determinado intervalo de tempo ou para eliminar material estranho. Como editor de ENG (captação eletrônica de notícias), você vai notar que, muitas vezes, tem de contar uma história completa em um espaço de tempo excessivamente curto e que precisa aparar o material disponível ao mínimo imaginável. Por exemplo, o produtor talvez dê a você apenas vinte segundos para contar a história de uma cena de resgate de um carro preso em uma ponte inundada, embora a equipe de ENG tivesse orgulhosamente voltado com trinta minutos de gravações emocionantes.

Paradoxalmente, ao editar material de ENG, vai perceber que, embora haja uma abundância de material similar, podem faltar certas tomadas para relatar a história de forma coerente. Por exemplo, ao pesquisar o material da inundação, você talvez encontre muitas imagens lindas das águas da enchente subindo cada vez mais até o nível da janela, mas nenhuma imagem da criança que foi içada em segurança para o lado oposto.

Corrigir

Muito tempo de edição é gasto na correção de erros – eliminando partes inaceitáveis de uma cena ou substituindo-as por outras melhores. Esse tipo de edição pode ser simples – apenas cortar a parte em que o artista tossiu e substituí-la por uma nova tomada. Mas também pode ser um desafio, em especial se a nova tomada não combinar com o restante da gravação. Você talvez note, por exemplo, que algumas das cenas corrigidas diferem sensivelmente das outras na temperatura de cor, na qualidade de som ou no campo de visão (tomadas perto ou longe demais em relação ao restante das gravações). Nesses casos, o trabalho de edição relativamente simples se torna um desafio formidável de pós-produção e, em alguns casos, um pesadelo.

Embora a maioria dos softwares de edição não linear (NLE) inclua recursos notavelmente poderosos de correção de cores, aplicá-los muitas vezes é uma tarefa tediosa e demorada. Essa é uma razão pelas quais se deve prestar atenção especial à correspondência de cores (equilíbrio de brancos) durante a fase de produção. Mesmo que seja possível corrigir muitos erros na pós-produção, a edição nunca deve ser considerada uma fórmula mágica e conveniente para compensar práticas de produção descuidadas.

Criar

Os trabalhos de edição mais difíceis, no entanto ainda os mais satisfatórios, são aqueles em que é possível criar um programa a partir de grande número de tomadas. A pós-produção deixa de ser auxiliar da produção e passa a constituir uma etapa crucial do processo de produção. Quando se produz, por exemplo, uma peça dramática ou um documentário em estilo cinematográfico, é preciso selecionar as tomadas que revelam não só a mensagem de processo definida, mas também a ação principal.

O estilo cinematográfico refere-se à técnica estabelecida pela qual você repete uma cena breve várias vezes e a grava a partir de uma variedade de ângulos e campos de visão, independentemente da sequência de eventos roteirizada. Ao editar essas tomadas, não é possível simplesmente selecionar algumas delas e combiná-las na sequência em que foram gravadas; em vez disso, é preciso voltar ao script e reorganizar as tomadas para que se ajustem ao roteiro. A história é literalmente criada tomada a tomada.

Edição para continuidade

A *edição para continuidade* refere-se à obtenção da continuidade da história, apesar de grandes trechos estarem faltando. Nessa edição, devem-se montar as tomadas de tal forma que os espectadores não percebam as edições. Dois principais aspectos da continuidade a se considerar são: continuidade da história e continuidade do assunto.[1]

Continuidade da história

O fator primordial na tomada de decisões de edição é contar uma história. Na maioria das vezes, sua edição provavelmente não vai envolver um grande filme, mas sim comerciais, documentários, notícias ou gravações pessoais. Você vai notar, então, que alguns dos trabalhos mais difíceis não são os projetos mais longos, mas aqueles em que precisa contar sua história em trinta segundos ou menos.

Por exemplo, se a história dos cinco clipes fora de ordem na Figura 19.1 fosse de uma jovem que entrasse no carro a fim de ir para casa depois do trabalho, em que sequência você colocaria as tomadas? **Figura 19.1** Sem olhar a resposta, renumere as tomadas na ordem em que você as colocaria em sequência para contar a história. Agora observe as três versões editadas. **Figuras 19.2 a 19.4** Identifique aquela que, em sua opinião, é a melhor combinação de tomadas.

Se você selecionou a sequência 2, fez a escolha certa. Esta é a razão: obviamente, a motorista precisa caminhar até o carro (tomada 3) e destrancar a porta (tomada 2) antes de apertar o cinto de segurança (tomada 5). A próxima ação é dar a marcha a ré (tomada 4). Por fim, vemos o carro partindo (tomada 1).

Agora, é preciso reduzir a edição a três clipes. Quais deles você escolheria? Sem dúvida, é possível cortar a motorista caminhando até o carro (tomada 3). Então, você poderia usar a tomada 2 (chave) ou 5 (cinto de segurança) para qualificar o requisito da história de "entrar no carro". A melhor sequência provavelmente tiraria a tomada 4, mantendo esta sequência: tomada 2 (chave), tomada 5 (cinto de segurança) e tomada 1 (plano geral do carro partindo). **Figura 19.5**

---

[1] Para uma discussão mais detalhada de edição para continuidade, veja Herbert Zettl, *Sight sound motion: applied media aesthetics*, 7. ed. Boston: Wadsworth, 2014. p. 372-395.

19.1 Sequência de tomadas na gravação original
A história é sobre uma mulher que entra no carro e dirige para casa depois do trabalho. Essa é a sequência na qual o evento foi encenado e gravado.

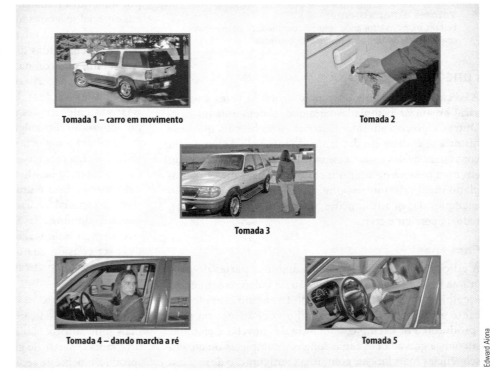

Funções e princípios de edição 385

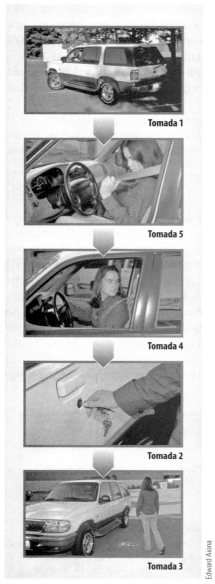

19.2 Sequência de edição 1
Avalie essa sequência para determinar se as tomadas estão ordenadas a fim de dar continuidade à história.

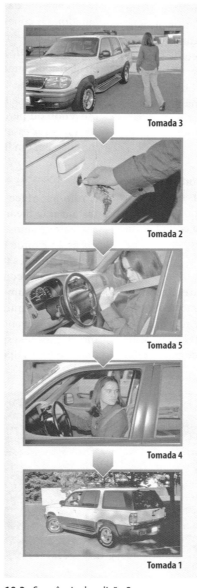

19.3 Sequência de edição 2
Avalie essa sequência para determinar se as tomadas estão ordenadas a fim de dar continuidade à história.

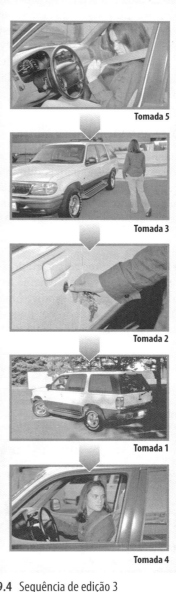

19.4 Sequência de edição 3
Avalie essa sequência para determinar se as tomadas estão ordenadas a fim de dar continuidade à história.

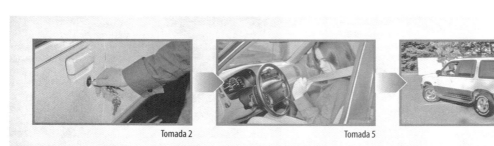

19.5 Sequência de edição 4
Existem várias possibilidades, uma das quais é a seguinte sequência: tomada 2 (abrindo o carro), tomada 5 (preparando-se para dirigir) e tomada 1 (partindo).

Continuidade do assunto

O espectador deve ser capaz de reconhecer um assunto ou objetivo de uma tomada para a próxima. Portanto, evite editar entre tomadas muito distantes, a menos que seja para efeito dramático no qual você simplesmente corta da vista de uma cidade por um helicóptero para um CU de um carro. **Figura 19.6** Se estiver disponível, é possível incluir um plano médio (MS) de um ângulo diferente ou utilizar um zoom-in lento.

Vetores e mapa mental

Aprender sobre vetores e mapa mental vai ajudá-lo muito não somente na edição para continuidade, mas também na fase de produção de pré-edição, ao visualizar o enquadramento adequado das tomadas ou como serão editadas em conjunto, bem como a marcação dos artistas.

Vetores

Pense em *vetores* como forças gráficas com direção e magnitude (força). Em vídeo e cinema, trabalhamos com três tipos de vetores: gráfico, de índice (índex) e de movimento.

O *vetor gráfico* é criado por linhas ou por elementos fixos que estão posicionados de tal forma que sugerem uma linha. Observe ao seu redor e vai ver muitos vetores gráficos: o batente da porta, as linhas da mesa, a tela do computador. Os cones vermelhos alinhados em um canteiro de obras também formam um vetor gráfico. **Figura 19.7**

Um *vetor de índice* é formado por alguém observando ou algo apontando, sem dúvida, em uma direção específica. **Figura 19.8**

Um *vetor de movimento* é gerado por algo realmente se movendo ou percebido como se movendo na tela. É possível ilustrar esse tipo de vetor com uma câmera de vídeo, mas não em um livro.

Mapa mental

Como acontece quando dirigimos de casa para nosso restaurante favorito, ao assistirmos à televisão automaticamente criamos um *mapa mental* que mostra onde as coisas estão e onde elas deveriam estar na tela. Visto que até mesmo grandes televisores de tela plana são relativamente pequenos em comparação a uma tela de cinema, normalmente vemos um pouco da cena total no espaço da tela. Ao contrário, os muitos close-ups sugerem, ou deveriam sugerir, que o evento continua no espaço fora da tela. O que mostramos no espaço da tela define também o espaço fora dela. Todos os tipos de vetores desempenham um papel sig-

19.6 Mudanças extremas de distância
Ao cortar de um grande plano geral (ELS) para um close-up muito próximo, os espectadores talvez não reconheçam exatamente de quem é o close-up.

19.7 Vetores gráficos
As linhas das luzes de teto, a borda curva e as linhas inclinadas da esteira de bagagens, as linhas verticais dos pilares, as linhas da esteira de bagagens vertical e as linhas no chão – todos esses são fortes vetores gráficos.

19.8 Vetor de índice (index)
Um vetor de índice aponta para determinada direção. A lente e o microfone da câmera, sem dúvida, apontam para a direita da tela.

nificativo em obter e preservar a continuidade das tomadas e em manter intacto o mapa mental do espectador dentro e fora do espaço da tela.

Continuidade de vetor gráfico   Se você mostrar uma linha do horizonte em tomadas subsequentes em vez de fazer um movimento de panorâmica, o forte vetor gráfico do horizonte deve continuar aproximadamente na mesma altura da tela. **Figura 19.9** Se o horizonte saltar de uma tomada à outra, o vetor gráfico não será mais visto como contínuo, mas vai sugerir uma nova cena.

Continuidade de vetor de índice[2]   O manuseio adequado dos vetores de índice (índex) durante a edição desempenha um papel importante na preservação do mapa mental. Se, por exemplo, a tela mostrar a pessoa A olhando para a direita da tela em close-up durante uma conversa, ele obviamente está falando com uma pessoa fora da tela (B), o espectador pode esperar que a pessoa B olhe para a esquerda da tela em um close-up seguinte. **Figuras 19.10 e 19.11**

---
[2] Em português, chamamos eixo. (NRT)

Tomada 1   **Tomada 2**

19.9 Continuidade de vetor gráfico
Os vetores gráficos importantes de uma linha do horizonte devem corresponder de uma tomada para outra.

19.10 Mapa mental da tomada 1
Nessa figura, o olhar da pessoa A para a direita da tela (seu vetor de índice) sugere que a pessoa B deve estar localizada no espaço fora da tela, à direita.

19.11 Mapa mental da tomada 2
Agora que vemos a pessoa B em um close-up olhando para a esquerda da tela, presumimos que a pessoa A esteja à esquerda, fora do espaço da tela.

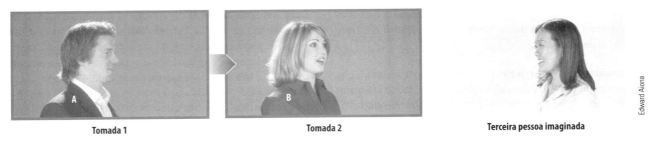

19.12 Mapa mental da tomada 3
Quando A e B olham para a direita da tela em tomadas sucessivas, concluímos que ambos estão olhando para alguém à direita, no espaço fora da tela.

19.13 Manutenção das posições de tela em gravação com ângulo reverso
Nesse plano sobre o ombro em ângulo reverso, a entrevistadora e o entrevistado mantêm suas posições básicas na tela.

Se você inverter o vetor de índice da pessoa B fazendo com que ele aponte para o lado direito da tela em vez do esquerdo, nosso mapa mental é tão forte que pensaríamos que ambas as pessoas, A e B, estão conversando com uma terceira pessoa. **Figura 19.12**

Como se pode observar, os vetores de índice na tela têm uma influência considerável sobre como percebemos os vetores fora da tela.

Posição da tela Manter as posições de tela é especialmente importante em planos sobre o ombro. Se, por exemplo, você mostra um repórter entrevistando alguém em uma tomada dupla sobre o ombro, o espectador espera que as duas pessoas permaneçam em suas posições de tela relativas e não troquem de lugar durante uma tomada em ângulo reverso. **Figura 19.13**

Linha vetorial

Uma ajuda importante na manutenção do mapa mental do espectador e dos indivíduos em seus locais esperados de tela ao gravar em ângulo reverso é a linha vetorial. A *linha vetorial* (também chamada linha, linha de diálogo e ação, e cento e oitenta) é uma extensão de vetores de índice convergentes ou de um vetor de movimento na direção de deslocamento do objeto. **Figura 19.14**

Quando se faz comutação em ângulo reverso da câmera 1 para a 2, é necessário posicionar as câmeras do mesmo lado da linha vetorial. **Figura 19.15** Cruzar a linha com uma das duas câmeras vai mudar as posições dos indivíduos na tela, e o espectador vai ter a sensação de que eles brincam de dança das cadeiras perturbando o mapa mental. **Figura 19.16**

Como você pode ver, tal alternância não faz com que as pessoas A e B fiquem irreconhecíveis, mas ela certamente desfaz o mapa mental do telespectador e, com isso, inibe a comunicação em vez de facilitar.

Corte em salto Uma pequena mudança de posição de um objeto de uma tomada para outra pode causar problema ainda maior – o *corte em salto*. Se o diretor interrompe uma apresentação de dança por causa de um problema de iluminação e, em seguida, tenta fazer que a dançarina continue exatamente de onde parou, suas posições nas duas tomadas

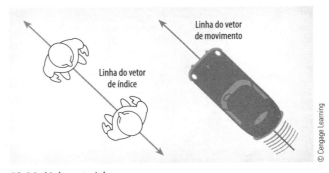

19.14 Linha vetorial
A linha vetorial é formada estendendo vetores de índice convergentes ou um vetor de movimento.

Funções e princípios de edição   389

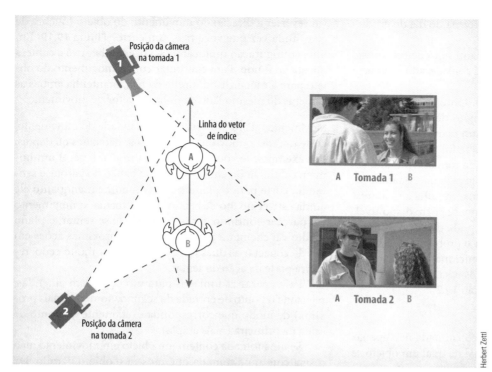

19.15 Linha vetorial e posições adequadas de câmera
Para manter as posições de tela das pessoas A e B na gravação sobre o ombro, as câmeras devem estar do mesmo lado da linha vetorial.

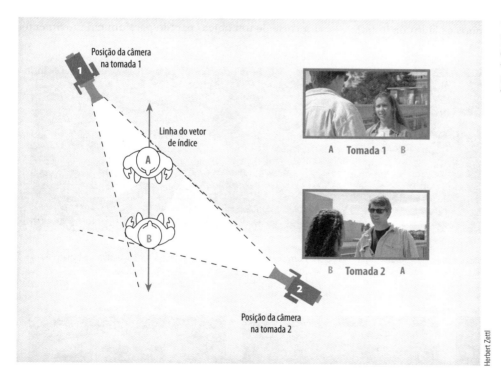

19.16 Cruzamento da linha vetorial
Quando uma das câmeras cruza a linha vetorial, as pessoas A e B alternam posições toda vez que você corta entre as duas câmeras.

sucessivas raramente serão iguais. **Figura 19.17** Ao cortar as duas tomadas juntas, você vai ver o braço e a mão dela de repente saltar como se tivessem sido puxados por alguma força invisível. Mesmo que a mudança de posição seja relativamente pequena, o corte produz um evidente salto de posição – de onde vem seu nome.

Também vai ocorrer um indesejável corte em salto se gravar em um set ou locação em que os adereços são transportados entre os dias de gravação. Se, por exemplo, o vaso sobre a cômoda no fundo foi movido para os lados, mesmo que poucos centímetros, talvez você o veja saltar para a esquerda ou para a direita, mesmo que a pessoa em primeiro plano esteja enquadrada da mesma forma do dia de produção anterior.

Em geral, todo corte que causa um salto de uma posição da tela para outra sem motivo é considerado um corte em salto.

Para evitar um corte em salto, tente encontrar uma tomada sucessiva que mostre o objeto de um ângulo ou campo de visão diferente ou insira um plano de corte (cutway). **Figura 19.18** Lembre-se do que foi mencionado no Capítulo 18: um *plano de corte* é uma tomada que está tematicamente relacionada ao evento geral e que, quando inserida entre tomadas que criam saltos, camufla a mudança de posição. Se não houver um plano de corte disponível, você não terá muita escolha. Você pode deixar o salto ou usar uma dissolvência para disfarçar o problema.

Às vezes, o corte em salto é intencional para chamar a atenção do espectador. Abordaremos essa técnica no contexto da montagem complexa na seção 19.2.

Continuidade do movimento

A continuidade do movimento é determinada não apenas pela manutenção da direção principal na qual um objeto se move, mas também pelo próprio movimento.

Direção Cruzar a linha do vetor de movimento com as câmeras (filmando o objeto em movimento de ambos os lados ou colocando câmeras em ambos os lados da linha) vai reverter a direção do movimento do objeto (quebra de eixo) toda vez que você fizer um corte. **Figura 19.19** Em uma configuração multicâmera, você também vê a câmera oposta ao fundo. Para continuar com o movimento do objeto para a esquerda ou direita da tela, mantenha ambas as câmeras do mesmo lado da linha do vetor de movimento.

Movimento Para preservar a continuidade do movimento, corte durante o movimento da pessoa, não antes ou depois. Por exemplo, se você observa em um plano geral um homem caminhando em direção a um banco no parque e sentando, corte para o plano médio do homem enquanto ele ainda estiver no ato de sentar. Dessa forma, o movimento vai parecer contínuo. Se esperar até ele se sentar, o plano médio vai chamar a atenção para suas próximas ações em vez de conectar as duas tomadas. Se cortar muito cedo, repetirá parte da ação de sentar.

Para aparar as tomadas para um corte sem emendas, selecione o ponto de entrada da segunda tomada (mais próxima) de modo que corresponda exatamente ao ponto de saída da primeira (mais ampla).

Se uma tomada contém um objeto em movimento, não o siga com uma tomada que mostra o objeto parado. Da mesma forma, se seguir um objeto em movimento em uma tomada com uma panorâmica de câmera, não corte para uma câmera fixa na próxima tomada. Igualmente chocante é um corte de um objeto parado para um em movimento.

19.17 Corte em salto
Se o tamanho, a posição na tela ou o ângulo de gravação de um objeto for apenas um pouco diferente em duas tomadas sucessivas, o objeto vai parecer saltar dentro da tela.

19.18 Plano de corte
Pode-se evitar um corte em salto alterando o tamanho da imagem e/ou ângulo de visão ou separando as duas tomadas com um plano de corte (insert), como mostrado aqui.

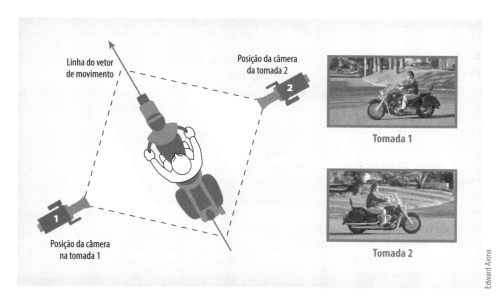

19.19 Cruzamento da linha do vetor de movimento
Ao cruzar a linha do vetor de movimento com as câmeras, o movimento do objeto será revertido em cada tomada.

É preciso que o assunto ou a câmera se mova tanto na tomada anterior como na subsequente, a menos que você queira chocar o telespectador como em um corte em salto.

Ao trabalhar com material em que a ação foi gravada de ambos os lados da linha do vetor de movimento (resultando em uma inversão da direção na tela), é preciso separar as duas tomadas com um plano de corte ou uma tomada à frente para que a inversão da direção na tela possa ser percebida como contínua. **Figura 19.20**

Continuidade de luz e cor

Ao editar eventos em ambientes fechados, obviamente é preciso observar para que o dia não mude para a noite e vice-versa nas próximas tomadas, especialmente quando a ação não mostra nada além de uma breve conversa na sala. Uma mudança mais sutil pode ocorrer durante uma produção de campo ao ar livre. O diretor pode ter gravado tanto a cena de saudação como a de despedida na entrada da frente de uma casa durante a manhã e o restante do programa em diferentes locações sob uma cobertura de nuvens cada vez mais densa. Se a mudança gradual de iluminação de luz solar para céu nublado coincidir com o tempo da progressão da história, não será nenhum problema para a edição. No entanto, quando o adeus final à porta da casa acontece sob intensa luz solar novamente, você tem nas mãos um grande problema de continuidade. Se for óbvio demais, a cena de despedida vai precisar ser refeita.

Apesar do cuidadoso equilíbrio de brancos, você vai notar que as cores nem sempre coincidem de uma tomada para outra. Embora os espectadores em geral sejam tolerantes a pequenas mudanças de cor, ver o vestido branco da noiva ficar azul sob a luz do sol enquanto ela sai da igreja é simplesmente inaceitável, e vai ser preciso recorrer à correção de cor usando software de edição de primeira linha. Tenha em mente, porém, que a correção de cores requer habilidades que vão além da edição rotineira descrita neste texto.

Continuidade de som

Ao editar o diálogo ou comentário, tome cuidado extra para preservar o ritmo geral da fala. As pausas entre as tomadas de uma conversa contínua não devem ser curtas demais nem muito mais longas que as da versão não editada. Em uma entrevista, o corte (de edição ou da mesa de corte) ocorre geralmente no fim de uma pergunta ou resposta. Entretanto, tomadas com reações costumam ser mais suaves quando ocorrem durante, e não no fim de frases ou sentenças. Note, porém, que uma ação geralmente é motivação mais forte para um corte do que um diálogo. Se alguém se

19.20 Plano de corte para inversão do vetor de movimento
Se quiser sugerir um vetor de movimento contínuo de duas tomadas divergentes (o jipe indo em direções opostas), vai ser preciso inserir um plano de corte (insert) que tenha alguma ligação com o evento (neste caso, o espelho retrovisor do jipe).

move durante a conversa, corte no movimento, mesmo que a outra pessoa ainda esteja no meio da declaração.

Conforme abordado no Capítulo 9, os sons ambientes (de fundo) são muito importantes para manter a continuidade de edição. Se um ruído de fundo age como som ambiente que oferece pistas de onde o evento acontece, mantenha esses sons durante toda a cena, mesmo que ela seja construída a partir de tomadas realmente captadas de ângulos diferentes e em momentos diversos. Talvez seja necessário fornecer essa continuidade pela mixagem de sons adicionais nas sessões de suavização na pós-produção.

Ao editar vídeo para música, tente cortar com a batida. Os cortes determinam a batida da sequência visual e mantêm a ação ritmicamente coesa, como as divisões de barras na música. Se o ritmo geral da música for casual ou fluir, efeitos de dissolvência geralmente serão mais adequados que cortes duros, mas não se torne escravo dessa regra. Cortar "em volta da batida" (um pouco antes ou depois da batida) às vezes torna o ritmo de corte menos mecânico e intensifica a cena.

PONTOS PRINCIPAIS

▶ As quatro funções básicas de edição são: combinar – ligar vários pedaços de gravação de vídeo juntos praticamente na sequência em que foram gravados; reduzir – fazer o programa se encaixar em determinado intervalo de tempo e eliminar material estranho; corrigir – cortar partes ruins de uma cena e substituí-las por boas; e criar – selecionar e sequenciar as tomadas que contribuirão para o avanço de uma história específica.

▶ A edição para continuidade envolve ter em mente os aspectos da continuidade da história, do assunto, vetores e mapa mental, continuidade de posição na tela, continuidade do movimento, continuidade de luz e cor e continuidade de som.

▶ Os vetores gráfico, de índice e de movimento são forças representativas que desempenham um papel importante em estabelecer e manter a continuidade de uma tomada para outra.

▶ Prestar atenção à continuidade do vetor facilita o mapa mental do espectador de onde as coisas estão ou para onde se movem no espaço dentro e fora da tela.

▶ Uma pequena mudança de posição de um objeto de uma tomada para outra é conhecida como corte em salto.

▶ Cruzar a linha vetorial com câmeras vai inverter as posições dos objetos e a direção do movimento do objeto cada vez que você fizer um corte; é preciso manter as duas câmeras do mesmo lado da linha do vetor de movimento.

▶ Para preservar a continuidade do movimento, corte durante o movimento da pessoa, não antes ou depois disso.

▶ Preste atenção na continuidade da luz, da cor e do som de uma cena que foi filmada por partes em vários momentos do dia, mas que deve representar uma progressão contínua da história.

seção 19.2

Montagem complexa

A *montagem complexa* vai além da sequência perfeita de tomadas e está mais enpenhada com a intensificação do evento na tela. A seleção e o sequenciamento das tomadas já não são mais guiados pela necessidade de manter a continuidade visual e auditiva, mas por formas de obter e manter a atenção dos espectadores e intensificar seu envolvimento emocional. Para aumentar a complexidade e a intensidade de uma cena, essa edição frequentemente faz uma ruptura deliberada das convenções tratadas na seção 19.1. Essa análise, embora de forma alguma esgote o assunto, deve dar uma ideia do que envolve a montagem complexa.[3]

- ▶ Transições na montagem complexa
  Corte, dissolvência, fade, wipe e transições animadas.
- ▶ Cruzamento da linha vetorial
  Mudança de fundo, mudança de posição e inversão do vetor de movimento.
- ▶ Efeitos especiais de complexidade
  Flashback e flashforward, replays instantâneos e telas múltiplas.
- ▶ Montagem
  Taquigrafia filmográfica, complexidade, significado e estrutura.
- ▶ Ética
  Objetividade e honestidade na edição.

Transições na montagem complexa

A grande variedade de transições facilmente disponíveis pode ser tão confusa como tentadora. A escolha de transições será menos arbitrária se você conhecer suas funções e a importância do contexto na montagem complexa. Primeiro, vamos observar corte, dissolvência, wipe e fade, então; depois nos concentraremos em como as transições animadas são percebidas em vários contextos.

Lembre-se do que foi tratado no Capítulo 14 sobre os efeitos de vídeo digital (DVE) mais comuns. Vamos rever alguns desses DVE para saber como podem ser percebidos pelos espectadores quando utilizados como transições.

Corte

A transição mais comum, o corte, é invisível. Ele não ocupa o tempo de tela porque na realidade não existe. Recebeu esse nome dos editores de filmes, que literalmente cortam o filme em determinados quadros, classificam os pedaços e os colam juntos novamente em uma ordem específica. Quanto um corte será visível, ou seja, quanto estaremos cientes da mudança de uma tomada para outra, depende inteiramente de imagens, sons e estruturas gerais de vetor das tomadas anteriores e seguintes. Exatamente como as barras em música, o corte é o principal responsável pelo ritmo básico de uma sequência de tomadas.

Dissolvência

O efeito de dissolvência ou lap dissolve é uma transição gradual de uma tomada para outra, com as duas imagens sobrepostas temporariamente. Embora o corte em si não possa ser visto na tela, a dissolvência é uma transição bem visível. Dissolvências são utilizadas frequentemente para fornecer uma ponte suave para a ação ou indicar a passagem do tempo. Dependendo do ritmo geral do evento, é possível usar dissolvências lentas ou rápidas. Uma muito rápida funciona quase como um corte, mas torna a transição um pouco mais suave. Por isso, é chamada corte suave. Para uma transição suave e interessante de um plano aberto de uma dançarina para um close-up, por exemplo, basta fazer uma dissolvência de uma câmera para outra. Quando você mantém a dissolvência no meio, cria-se uma superposição, ou super.

Visto que as dissolvências estão tão facilmente disponíveis no software de NLE, você talvez se sinta tentado a usá-las com mais frequência do que necessário ou mesmo desejável. Uma dissolvência inevitavelmente retarda a transição e, com isso, a cena. Se as dissolvências forem usadas em demasia, vão faltar precisão e destaque à apresentação, a qual se torna cansativa para o espectador.

Fade

Em um fade, a imagem vai gradualmente para o preto (fade out) ou aparece gradualmente na tela a partir do preto (fade in). Usa-se o fade para sinalizar um início (fade in) ou final (fade out) definido de uma cena. É como a cortina de um teatro, que define o início ou fim de uma parte de um evento na tela. Como tal, o fade não é tecnicamente uma verdadeira transição, embora alguns diretores e editores usem o termo *fade cruzado*, ou *mergulho em preto*, para um fade rápido para preto seguido imediatamente por um fade in para a próxima imagem a fim de separar uma história da próxima. Aqui o fade age como dispositivo de transição, distinguindo de forma decisiva as imagens anteriores das posteriores. Mas não vá para o preto com muita frequência

---

[3] A sintaxe visual da montagem complexa é explicada em: Zettl, *Sight sound motion*, p. 397-408.

– a continuidade do programa será interrompida muitas vezes por fades que sugerem conclusões.

Wipe

Há uma grande variedade de efeitos de wipe disponíveis, dos quais o mais simples é quando a imagem-base é substituída por outra que se move de forma bem visível de uma borda da tela para outra. O efeito de wipe é um dispositivo de transição tão ousado que normalmente é classificado como efeito especial. Efeitos de wipe são agressivos e se mostram de forma especialmente visível na tela grande de 16 × 9 da HDTV.

Wipe vertical   Tanto os efeitos de wipe horizontais quanto verticais nos levam a entrar em uma nova cena. Isso é quase como se alguém mudasse de canal por nós enquanto assistimos à televisão. O efeito de wipe sinaliza um novo tema. Se acontece dentro de uma história, ele perturba a continuidade em vez de estabelecê-la.

Wipe em círculo   Por algum motivo, esses efeitos são engraçados. Não os use em um documentário sério. Quando usamos um fade in com um efeito de wipe em círculo abrindo, certamente não esperamos ver uma cena de um acidente. Um efeito desse tipo que encolhe e se fecha sinaliza "Fim" mesmo que você nunca o tenha visto sendo utilizado em filmes mudos.

Efeito de wipe em serra   Todo tipo de efeito de wipe em serra possui efeito de corte. Ele não tem lugar no contexto de cenas sutis e íntimas. Não é boa ideia usá-lo para animar uma série de tomadas de mamãe e bebê juntos; os dentes do efeito de wipe parecem cortar a cena tranquila.

Transições animadas

Cuidado com transições animadas; use-as apenas no contexto certo. Por exemplo, a representação computadorizada de um álbum de fotos, no qual vários clipes aparecem, pode ser adequada em vídeos de família, mas certamente é inadequada para a exibição de uma série de caixões cobertos com bandeiras.

Peels   Em uma transição em peel, a primeira imagem se enrola como se fosse arrancada de um bloco de imagens em papel, revelando uma nova por baixo. Essa transição pode acentuar os diferentes locais que você visitou ao mostrar como as crianças jogam futebol em todo o mundo, mas é certamente fora de contexto mostrá-las em diversas favelas de cidades grandes.

Flips   São efeitos de peel estendidos que imitam uma pilha de fotos ou clipes que escorregam para fora da pilha e, em seguida, giram e se movimentam no espaço. Talvez você os tenha visto sendo usados para introduzir as próximas notícias. A menos que o noticiário seja composto inteiramente de reportagens irreverentes, não utilize essas transições animadas. Esses efeitos podem captar nossa atenção, mas também sugerem, embora subconscientemente, que até os acontecimentos mais graves apresentados não passam de imagens. Visto que as imagens giram no ar como se fossem descartáveis, o efeito tende a nos afastar psicologicamente dos eventos mostrados; vamos observá-los, mas não teremos nenhuma empatia com eles.

Mesmo um programa simples de edição não linear oferece ampla gama de efeitos de transição. Antes de utilizar qualquer um deles, pergunte-se se a transição é adequada ao contexto de seu programa. A vantagem da edição não linear é que você pode experimentar uma variedade de efeitos antes de perceber, talvez, que o corte "inexistente" é, afinal de contas, o mais apropriado.

Cruzamento da linha vetorial

Na seção 19.1 você aprendeu a usar a linha vetorial na montagem contínua; agora vamos induzi-lo a quebrar as regras da linha para a intensificação do evento. A ideia é cruzar a linha de vetor de propósito para criar uma quebra na continuidade de fundo, provocar uma mudança de posição e interromper a continuidade do vetor de movimento.

Mudança de fundo

Alguns diretores gostam de indicar o estado de confusão mental de uma pessoa gravando-a de ambos os lados da linha vetorial e inclinando a câmera. Cruzar a linha causa uma mudança notável de fundo que é perturbadora. Inclinar a linha do horizonte torna o evento menos estável. Quando editadas em uma sequência de tomadas breves, as mudanças de pontos de vista e a inclinação da linha do horizonte enfatizam a instabilidade mental da pessoa. **Figura 19.21**

19.21 Instabilidade por meio da montagem complexa
Nessa sequência, a gravação de ambos os lados da linha vetorial gera uma alternância perturbadora de vetores de índice e fundos, transmitindo a confusão mental da pessoa.

Mudança de posição

Embora não seja o resultado do cruzamento da linha, a mudança de posição mais gritante – o corte em salto – foi exonerada da acusação de ser um erro imperdoável de edição e tornou-se um dispositivo popular de intensificação. Você provavelmente já assistiu a comerciais nos quais o produto apresentado ou o ator em ação é, de repente, deslocado um pouco para a esquerda ou para a direita. Será que o editor, diretor e cliente não notaram que esse foi um corte em salto? Claro que sim. Na verdade, eles o colocaram lá para chamar a atenção para o produto ou pessoa e para sacudir os espectadores de sua apatia.

Embora raramente sejam necessárias, produções de dance music e rock usam a mudança de posição gritante e a descontinuidade de tomadas para intensificar a alta energia da música e de seus intérpretes. Embora essa, muitas vezes, seja uma técnica eficaz para intensificação em vídeos musicais, não a usaria para o vídeo do discurso mensal do reitor da faculdade no campus. Nesse contexto, o corte em salto seria certamente percebido como um erro de edição.

Inversão do vetor de movimento

Como você sabe, gravar um objeto em movimento de um lado da linha vetorial e, em seguida, do lado oposto fará o objeto inverter sua direção, mas essa inversão vetorial, às vezes, é utilizada para demonstrar a força do objeto em movimento. Se você tivesse de ampliar a força bruta de um caminhão, por exemplo, poderia gravá-lo em movimento de ambos os lados da linha vetorial e depois mostrar a sequência com vetores de movimento convergentes – o caminhão em movimento para a direita da tela na tomada 1 e para a esquerda na tomada 2. Usar um plano de corte de uma tomada direta do caminhão entre os vetores de movimento convergentes vai tornar mais fácil perceber as direções de tela invertidas (vetores de movimento convergentes) como contínuas sem prejudicar o fator de intensificação. **Figura 19.22**

Efeitos especiais de complexidade

Ao assistir à programação de apenas uma noite da televisão, é possível deparar com uma grande seleção de efeitos de complexidade. Entre os mais populares, estão o flashback e o flashforward, os replays instantâneos e as telas múltiplas.

Flashback e flashforward

Sem dúvida, você já assistiu a produções policiais em que a vítima recorda partes de uma experiência dramática por meio de flashbacks. A tela pisca e vemos uma recriação da cena que a vítima está descrevendo para as autoridades. Os flashes são geralmente acompanhados por sons de *whooosh* somente para termos a certeza de que isso é o que a vítima se lembra. Uma técnica semelhante é utilizada em cenas de flashforward, em que um personagem prevê um evento futuro. Esses efeitos de complexidade geralmente têm cores distorcidas para distingui-los do evento "real" em andamento.

Replays instantâneos

Em esportes, os replays instantâneos visam, em geral, mostrar novamente um momento muito emocionante na cobertura ao vivo de um jogo ou para verificar se um jogador violou uma regra. Na montagem complexa, o replay instantâneo é semelhante ao flashback, exceto que a lembrança ocorre quase imediatamente após o evento real. Por exemplo, pode mostrar como duas pessoas percebem a mesma declaração ou situação de maneiras diferentes.

Telas múltiplas

É possível usar telas múltiplas para mostrar a complexidade de um momento. Uma técnica conhecida é mostrar em telas múltiplas eventos relacionados que ocorrem em diferentes locais simultaneamente. Também é possível usar telas múltiplas para mostrar um acontecimento de diferentes pontos de vista ou como percebemos o evento idêntico ao longo do tempo. Entenda, porém, que, ao mostrar um quadro secundário na tela da televisão real, a imagem no espaço de segunda ordem será mais provavelmente percebida como uma imagem do que como um evento principal que acontece no espaço de primeira ordem da tela da televisão.[4]

Montagem

A palavra *montagem* vem do francês, com o mesmo sentido do português. Pode referir-se à montagem das peças de um automóvel, mas, em contexto de mídia, geralmente signi-

---
[4] Para uma análise mais aprofundada sobre telas múltiplas e espaços de primeira e de segunda ordem, ver: Zettl, *Sight sound motion*, p. 201–203.

19.22 Intensificação pelo cruzamento da linha vetorial
Vetores de movimento convergentes de um objeto grande em movimento intensificam sua força. As tomadas diretas servem de plano de corte para conexão.

fica a montagem deliberada de tomadas. Na verdade, *montagem* – a justaposição de dois ou mais detalhes de evento separados que se combinam em um todo maior e mais intenso – é o bloco de criação básico da montagem complexa.

A montagem era essencial para expressar ideias específicas na época do cinema mudo, mas agora se tornou uma taquigrafia filmográfica para guiar até um evento ou descrever a complexidade de um momento, de forma semelhante às telas múltiplas. A montagem também pode ser utilizada como dispositivo estrutural para dar a uma série de tomadas uma unidade rítmica. Muitos comerciais são criados sobre o princípio da montagem.

Taquigrafia filmográfica

Se, por exemplo, for preciso editar o material de certo anúncio de serviço público no qual um motorista bêbado atinge um ciclista, podemos usar uma montagem para contar a história em um tempo mínimo: homem sentado no bar toma mais uma bebida, ele apresenta dificuldades em inserir a chave na ignição, não enxerga direito a estrada na chuva, ciclista molhado esforçando-se em uma curva na subida, cortes muito rápidos de close-ups do motorista e do ciclista, várias vezes, polícia e ambulância ao lado de uma bicicleta retorcida. O que aconteceu com o acidente?

Nesse tipo de montagem, o principal evento muitas vezes é deixado por conta da imaginação do espectador.

Complexidade

Com a finalidade de descrever a complexidade e a tensão do momento em que o juiz lê a decisão do júri, pode-se utilizar o princípio da montagem para olhar ao redor da sala, com cortes rápidos de close-ups dos principais envolvidos. Pode-se intensificar a tensão tornando as tomadas progressivamente mais curtas até o veredicto de culpado.

Significado

Também é possível criar novo significado pela justaposição de duas tomadas diferentes. Por exemplo, intensifique a angústia de um veterano em uma cadeira de rodas mostrando uma menina passando alegremente por ele, aos pulos. Essas montagens de colisão eram muito populares e eficazes no cinema mudo, mas hoje elas costumam ser tão bruscas que tendemos a nos sentir alienados, em vez de tocados por elas. Também cuidado com justaposições não intencionais. Inserir um anúncio de papel higiênico depois de um sobre laxantes não é uma boa ideia.

Estrutura

A montagem muitas vezes é determinada não tanto pelo seu conteúdo, mas por sua duração e seu ritmo. Todas as montagens são relativamente breves, e as tomadas são cortadas em durações iguais ou, como nos exemplos do acidente e do tribunal, ficam mais curtas quanto mais se aproximam do clímax.

Deve ser possível bater palmas de forma rítmica nas edições em montagem.

Ética

Visto que, como editor, você possui ainda mais poder do que o operador de câmera/cameraman sobre o que mostrar e o que não mostrar e tem a capacidade de criar significados diferentes a partir do material dos eventos básicos, esta seção termina com uma breve análise da ética, ou princípios de boa conduta.

A distorção deliberada de um evento pela edição não é um caso de julgamento estético ruim, mas uma questão de ética. O princípio mais importante para o editor, como para todo o pessoal de produção que trabalha com a apresentação de eventos não fictícios (notícias e documentários, em vez de dramatizações), deve manter-se o mais fiel ao evento real.

Por exemplo, se adicionasse aplausos simplesmente porque seu candidato político favorito disse algo que você apoia, embora na realidade houvesse um silêncio sepulcral, você com certeza estaria agindo de forma antiética. Seria igualmente errado editar todas as declarações que vão contra suas convicções e deixar apenas aquelas com as quais você concorda. Se alguém dá argumentos a favor e contra, certifique-se de apresentar os mais relevantes de cada categoria. Não edite todos de uma categoria ou de outra somente para estar dentro do prazo prescrito para o segmento.

Tenha cuidado especialmente ao justapor duas tomadas que podem gerar, por implicação, uma terceira ideia não contida em nenhuma das duas tomadas. Acompanhar o pedido de um político por mais armamentos com a explosão de uma bomba atômica pode indicar de forma enganosa que esse político favorece a guerra nuclear. Esses tipos de tomadas de montagem são tão poderosos quanto perigosos.

Os efeitos de montagem entre as informações de áudio e vídeo podem ser mais sutis que as montagens apenas de vídeo, mas não são menos convincentes. Por exemplo, adicionar o penetrante e irritante som de sirenes da polícia a imagens gravadas de placas de "vende-se" em várias casas em um bairro de classe alta, esse aspecto poderia sugerir que o bairro está mudando para pior. A mensagem implícita é a de não comprar nenhuma casa nesse bairro "dominado pela criminalidade".

Não encene eventos apenas para obter imagens emocionantes. Por exemplo, se um bombeiro realizou um resgate bem-sucedido, mas o único material de que você dispõe é a pessoa salva em uma maca, não peça ao bombeiro para subir a escada novamente e simular a façanha ousada. Embora reconstituições desse tipo tenham se tornado rotina para algumas equipes de ENG, fuja delas. Há dramaticidade suficiente em todos os eventos se você olhar com proximidade e gravar imagens eficazes. Não é preciso encenar nada.

Por fim, você é o responsável final perante os telespectadores por suas escolhas como editor. Não viole a confiança que eles depositam em você. Como se pode ver, existe uma linha tênue entre intensificar um evento por meio de práticas cuidadosas de edição e distorcê-lo por práticas descuidadas ou antiéticas. A única proteção que os espectadores têm contra persuasão e manipulação irresponsáveis é sua responsabilidade como comunicador profissional e seu respeito básico pelo seu público.

PONTOS PRINCIPAIS

▶ A montagem complexa é uma ruptura deliberada com as convenções de edição para revelar a estratificação de uma cena e aumentar sua intensidade.

▶ Qualquer uma das muitas transições disponíveis – corte, dissolvência, fade, wipe e animadas – pode aprimorar uma montagem complexa, desde que a transição se encaixe no conteúdo da história e no contexto.

▶ Na montagem complexa, a linha vetorial é, às vezes, deliberadamente cruzada. As resultantes mudanças de fundo e de posição, bem como a inversão do vetor de movimento, podem intensificar a cena.

▶ Efeitos especiais de complexidade, como flashback e flashforward, replays instantâneos e telas múltiplas, tornaram-se técnicas de montagem complexa amplamente utilizadas.

▶ A montagem é uma taquigrafia filmográfica que utiliza uma série de cortes rítmicos para avançar a história, mostrar vários pontos de vista, criar novo significado por meio de justaposições e ajudar a estabelecer um ritmo.

▶ Visto que, como editor, você tem poder sobre o que o público verá na edição final, tome suas decisões não apenas no contexto estético, mas também no ético.

Epílogo

Você tem nas mãos um dos meios mais poderosos de comunicação e persuasão. Utilize-o com responsabilidade e sabedoria.

Trate o público com respeito e simpatia. Seja qual for sua função no processo de produção – assistente de produção ou diretor de um programa em rede nacional de TV –, sua influência atinge muita gente. Considerando que o público nem sempre pode interagir com você de imediato, eles terão de – e devem – confiar em suas habilidades profissionais e no bom senso.

Não traia essa confiança.

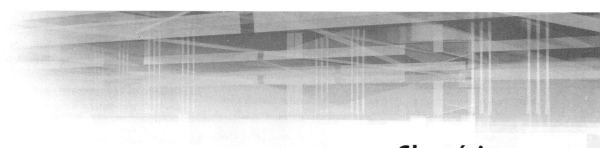

Glossário

1.080i Sistema de varredura entrelaçada para televisão de alta definição. O i corresponde a interlaced (entrelaçado), ou seja, um quadro completo é formado a partir de dois campos, cada um contendo metade das informações da imagem. Cada campo é formado por 540 linhas visíveis ou ativas (de um total de 1.125 linhas de varredura). À semelhança do sistema de televisão NTSC padrão, o sistema digital HDTV 1.080i produz 60 campos, ou 30 quadros completos, por segundo.

1.080p Um sistema de escaneamento progressivo. Todas as linhas visíveis (1.080 de 1.125) são escaneadas para cada quadro. Apesar de a taxa de aquisição para o cinema digital poder ser de 24 quadros por segundo, para evitar oscilação durante o playback, a taxa de atualização é geralmente aumentada para 60 fps.

480i O sistema de varredura para televisores padrão analógicos. Cada tela de televisão completa consiste de 525 linhas, das quais 480 são visíveis na tela. O i significa interlaced.

480p Sistema de televisão digital com a mais baixa resolução de varredura. O p equivale a progressive (progressivo), ou seja, cada quadro completo do televisor é formado por 480 linhas visíveis ou ativas decompostas uma após a outra (de um total de 525 linhas de varredura). Usado para transmissão de televisão digital padrão.

720p Sistema de varredura progressiva para televisão de alta definição. Cada quadro e formado por 720 linhas visíveis ou ativas (de um total de 750 linhas de varredura).

AC – corrente alternada Refere-se à energia fornecida por tomadas elétricas comuns.

AD – diretor associado ou assistente de direção Auxilia o diretor em todas as fases da produção.

adereços de mão (hand props) Objetos, chamados acessórios, que o artista carrega nas mãos.

ad-lib Fala ou ação que não faz parte do roteiro ou que não foi particularmente ensaiada.

ADR Ver **substituição automática de diálogo**.

AFTRA Ver **SAG-AFTA**.

AGC Ver **controle automático de ganho**.

alcance de zoom Grau máximo em que o comprimento focal pode ser alterado, de um plano aberto para um fechado, durante a aplicação de zoom. A faixa de zoom é geralmente representada por uma relação; a relação de zoom 20:1 indica que a lente pode ampliar seu menor comprimento focal 20 vezes.

alimentação phantom power Potência de pré-amplificação em um microfone condensador fornecida pela mesa de som, e não pela bateria.

alto-falante de PGM Alto-falante instalado na sala de controle que reproduz o áudio do programa. Seu volume pode ser controlado sem afetar o áudio do programa distribuído pela saída de áudio. Também chamado monitor de áudio.

alto-Z Alta impedância. Ver também **impedância**.

ambientação Sons do ambiente de fundo.

ambiente Ambientação geral de um set de gravações.

amplitude Um refletor com um refletor amplo e de panklike.

analógico Sinal que oscila exatamente como o estímulo original.

AP Assistente de produção.

arco Mover a câmera em uma dolly ou truck levemente curvada.

área de segurança para legendas sampling Processo de utilização de um sinal eletrônico analógico para leitura (seleção e gravação) de grande quantidade de pequenas porções (valores) uniformemente dispostas e convertidas em código digital.

área de segurança Ver **área essencial**.

área de título de segurança Ver **área essencial**.

área de varredura Área da imagem decomposta pelo dispositivo de captura de imagens da câmera; de modo geral, a área da imagem normalmente vista no visor da câmera e no monitor de visualização.

área essencial Porção da imagem televisiva, centralizada à área de varredura, que é vista pelo telespectador, independentemente de máscaras de quadro ou ligeiro desalinhamento do receptor. Também chamada área segura para legendas e área de segurança (safe area).

arrastar (crawl) Movimento horizontal do letreiro gerado eletronicamente (o movimento vertical é chamado rolar). Pode referir-se também ao programa que ativa esse tipo de movimento.

artista (talent) Refere-se a todos aqueles que se exibem periodicamente na televisão.

atenuação Variedade de ajustes de qualidade do som gravado na pós-produção.

atenuador com controle deslizante Ver **fader**.

ator Pessoa, homem ou mulher, em frente da câmera, que atua em papéis dramáticos. O ator sempre representa outra pessoa.

ATSC Significa Comitê de Sistemas de Televisão Avançada. Determina os padrões para televisão digital, que substitui amplamente o padrão NTSC analógico nos Estados Unidos.

audiência Porcentagem de domicílios com televisão sintonizados em uma estação específica em relação ao número total de domicílios com televisão. Ver também **share**.

áudio Parte sonora da televisão e sua produção. Em termos técnicos, a reprodução eletrônica do som audível.

auto-cue Ver **teleprompter**.

back-timing O processo de pensar em horários subtraindo os tempos de execução do horário em que o programa termina.

baixo-Z Baixa impedância. Ver também **impedância**.

balanceamento de branco (white balance) Ajustes dos circuitos de cor da câmera para produzir uma cor branca na iluminação com várias temperaturas de cor (intensidade relativa de vermelho ou azul da luz branca).

banda C Banda de frequência de determinados satélites. A banda C é relativamente imune à interferência climática. Ver também **banda Ku**.

banda Ku Banda de alta frequência utilizada por determinados satélites para transporte e distribuição de sinais. Os sinais da banda Ku podem ser afetados por chuvas ou nevascas fortes. Ver também **banda C**.

banda larga Padrão de alta largura de banda para envio simultâneo de informações (voz, dados, vídeo e áudio) por meio de cabos.

barn doors Abas de metal montadas na parte frontal de um instrumento de iluminação para controlar a difusão do feixe de luz.

barra deslizante Guia para a cabeça de leitura quando esta desliza por um clipe ou sequência de clipes a fim de localizar um quadro.

barra de atenuadores (fader bar) Controle deslizante na mesa de corte que ativa transições predefinidas, como dissolvência, relevar/desaparecer e surgir/dissolver em diferentes velocidades. Também utilizada para criar superposições. Ver também **barra-T**.

barrador de M/E Abreviatura de barrador de mixagem/efeitos. Fila de botões na mesa de corte que pode ser utilizada para as funções de mixagem e criação de efeitos.

barrador de mixagem (1) *Áudio*: canal de mixagem para sinais de áudio. O canal de mixagem combina sons de diversas fontes para produzir um sinal de áudio mixado. (2) *Vídeo*: filas de botões na mesa de corte que permitem a mixagem de fontes de vídeo, como em uma dissolvência ou sobreposição.

barrador de mixagem/efeitos Ver **barrador de M/E**.

barramento (1) Fila de botões na mesa de corte. (2) Circuito central comum que alimenta diversos destinos comuns ou distintos com sinais elétricos recebidos de diversas fontes.

barramento de efeitos Barramentos de programas e visualização na mesa de corte, atribuídos para execução de transições de efeitos.

barramento de key Uma série de botões na mesa de corte, utilizados para selecionar a fonte de vídeo a ser inserida na imagem de fundo.

barramento de programa Barramento em uma mesa de corte cujas entradas são diretamente direcionadas à saída. Permite alternar entre as tomadas sem criar transições. Também chamado barramento direto e barramento de programa/fundo.

barramento de programa/fundo Ver **barramento de programa**.

barramento direto Ver **barramento de programa**.

barra-T Ver **barra de atenuadores**.

base Base de maquiagem sobre a qual são aplicados outros tipos de maquiagem, como blush e sombra de olhos. Para HDTV, a base é geralmente pulverizada.

base Ver **luz-base**.

base de quick release Placa utilizada para conectar camcorders e câmeras de ENG/EFP ao suporte.

batch capture Programação em que o computador utiliza as informações de logon para capturar todos os clipes selecionados para edição.

batente de contrapeso Tubo de metal horizontal para prender instrumentos de iluminação em estúdios.

binário Sistema numérico de base 2.

bit Significa dígito binário – a menor quantidade de informações que um computador pode armazenar e processar. Uma carga é presente, representada por 1, ou ausente, representada por 0. Um bit pode descrever dois níveis, tais como ligado/desligado ou preto/branco.

bloco de prisma Ver **divisor óptico**.

bloqueio de eixo Z Organização do evento (pessoas e coisas) junto com o eixo Z ou em proximidade a ele.

BNC Conector de cabo coaxial padrão para equipamento profissional de vídeo.

boom ou lança (1) *Áudio*: suporte para microfone. (2) *Vídeo*: parte da grua da câmera. (3) Mover a câmera por meio da vara da grua; também chamado grua.

boom ou lança grande Ver **boom ou lança móvel**

boom ou lança móvel Suporte para microfone de estúdio que é montado em um dolly, chamado carrinho, que permite uma reposição rápida e silenciosa em qualquer parte do estúdio. Também chamado boom ou lança grande.

braço Semelhante à grua da câmera. Permite ao operador erguer, baixar e arrastar (mover para os lados) o braço enquanto a câmera é identificada ou realiza panorâmicas.

branco de referência Elemento mais claro no set, utilizado como referência para o ajuste do nível de branco (feixe) da imagem da câmera.

brilho Atributo da cor que determina sua intensidade de escuridão ou claridade quando exibida na tela de televisores monocromáticos ou a quantidade de luz por ela refletida. Também chamado luminosidade e luminância.

bump-down Duplicação (cópia) de imagens e sons gravados em um formato de gravação de qualidade superior para um formato de vídeo de qualidade inferior.

bump-up Duplicação (cópia) de imagens e sons gravados em um formato de vídeo de qualidade inferior para um formato de gravação de qualidade superior.

burn-in ou imagem fantasma Rastro permanente de imagem deixado na tela de vídeo.

byte Oito bits. Pode definir 256 níveis distintos (28 bits), como tonalidades de cinza entre preto e branco. Ver também **bit**.

cabeça da câmera Câmera de televisão, propriamente dita, localizada na estrutura dos equipamentos eletrônicos essenciais. Compreende o dispositivo de imagens, as lentes e o visor. Em câmeras de ENG/EFP, a cabeça contém todos os elementos da estrutura da câmera.

cabeça de leitura (playhead) Cursor vermelho que, na edição linear, pode ser movimentado com o mouse para diversos pontos na barra deslizante. Ajuda a localizar um quadro em um clipe ou sequência.

cabine de controle de áudio Abriga a mesa de som ou de mixagem, as máquinas de reprodução analógica e digital, um toca-discos, uma régua de patch (patchbay), um monitor de computador, alto-falantes, sistemas de intercomunicação, um relógio e um monitor de linha.

cabo de fibra óptica Fibras finas e transparentes de vidro ou plástico utilizadas para transferir luz de um ponto a outro. Quando utilizado na transmissão de sinais de difusão, os sinais elétricos de vídeo e áudio utilizam frequências ópticas (luz) como a onda portadora a ser modulada.

cabo triaxial Cabo fino para câmera em que um fio central é recoberto por blindagens concêntricas.

cadência O número de frames de vídeo completos que o sistema de vídeo produz por segundo. Também expresso como fps. O padrão NTSC da televisão norte-americana tradicional é de 30 fps. Os sistemas de varredura 480p e 720p geralmente possuem uma cadência de 60 fps. Algumas câmeras digitais de alta definição para cinema possuem uma cadência de 24 fps e/ou cadências variáveis. O sistema HDTV 1.080i padrão apresenta uma cadência de 30 fps.

cake Maquiagem normalmente solúvel em água e aplicada utilizando-se uma pequena esponja. Também chamada pancake.

calibrar (1) *Áudio*: Ajustar todos os medidores de VU (normalmente, a mesa de som e o gravador de vídeo) para que respondam da mesma forma a um sinal de áudio específico. (2) *Vídeo*: pré-ajustar uma lente zoom para se manter em foco durante a aplicação de zoom.

calúnia Difamação escrita ou televisada. Difamação verbal.

cameo lighting Imagens do primeiro plano são destacadas com luz altamente direcional enquanto o segundo plano permanece escuro.

câmera Nome genérico dado à cabeça da câmera, que é composta por lente (ou lentes), pela câmera principal contendo o dispositivo de imagens e o sistema óptico interno, pelos acessórios eletrônicos e pelo visor.

câmera camcorder Câmera portátil acoplada ao gravador de fita de vídeo ou algum outro dispositivo de gravação montado na forma de uma única unidade.

câmera camcorder 3D estéreo Duas câmeras camcorder idênticas que contêm um único encaixe.

câmera camcorder ENG/EFP Câmera portátil de alta qualidade para produção em campo com o dispositivo de gravação instalado internamente.

câmera de cinema digital Câmera de televisão de alta definição com sensores que podem produzir figuras de resolução extremamente alta excedendo 4.000 pixels (4 K) por linha. Ele registra em cartões de memória, com uma taxa de quadro variável para a captura de movimento normal, devagar e acelerado.

câmera de EFP Câmera de ombro portátil de alta qualidade para produção em campo que deve ser conectada a um gravador de vídeo externo.

câmera de estúdio Câmera de alta qualidade equipada com uma grande lente de zoom que não pode ser manipulada adequadamente sem a ajuda de um pedestal de estúdio ou outro tipo de suporte.

câmera DSRL Câmera pequena manual cujo espelho interno reflete a imagem das lentes em um visor. Ao fazer a filmagem, o espelho move para cima para deixar a imagem alcançar o grande sensor CMOS por trás dela.

câmera HDTV Câmera de vídeo que entrega vídeo de alta definição de resolução superior (720p, 1080i e 1080p), fidelidade de cor e contraste de luz e escuridão; usa sensores e lentes de imagem de alta qualidade.

câmera ISO Significa câmera isolada. Conecta-se à mesa de corte e ao seu próprio gravador de vídeo individual.

campo (field) (1) Locação fora do estúdio. (2) Metade de um ciclo completo de varredura, com dois campos necessários para criar um quadro de imagem de TV. Há 60 campos, ou 30 quadros, por segundo, em televisores NTSC padrão.

campo de visão Parte da cena visível por meio de uma lente em particular; seu panorama. Expresso em símbolos, como CU ou PP para close-up ou primeiro plano.

canhão de elétrons Produz o feixe de elétrons (varredura) no receptor de televisão.

canhão seguidor Potente refletor de efeitos especiais usado principalmente para simular os efeitos do palco de um teatro. É normalmente usado para acompanhar a ação de dançarinos, patinadores no gelo ou artistas que se movimentam individualmente em frente à cortina do palco.

captação (captura) (1) Recepção do áudio pelo microfone. (2) Gravação de partes de uma cena para edição de pós-produção.

captação eletrônica de notícias Ver **ENG**.

captação em estilo cinematográfico Ver **direção com uma única câmera**.

captura Transferência de informações de áudio e vídeo para o disco rígido de um computador para edição não linear. Também chamada importação.

caranguejo (crab) Movimentos laterais com a câmera a partir da base do dolly da grua.

cardioide Padrão de captação de microfones onidirecionais no formato de um coração.

carrinho Plataforma equipada com rodízios que pode se locomover pelo estúdio.

cartão de memória Um dispositivo de armazenamento de estado sólido lido/escrito para grandes quantidades de vídeo original e dados de áudio. Ver também **flash drive**.

cartaz de prompt (dália ou cue card) Grande cartaz escrito à mão contendo texto e normalmente fixado nas lentes da câmera pela equipe de palco.

CCD Ver **dispositivo de carga acoplada**.

CCU Ver **unidade de controle de câmera**.

cena Detalhes do evento formando uma unidade orgânica, geralmente em um único local e em uma única vez. Série de tomadas organicamente relacionadas que descreve os detalhes do evento.

cenário Peças planas de fundo e demais peças (janelas, portas, pilares) criadas para simular um ambiente específico.

cenas não editadas Uma fonte de material não comprimida que é capturada de maneira "bruta" pelo sistema de edição e, então, manipulada de alguma maneira durante a edição. A maioria das cenas 4 K e 8 K é importada de maneira não editada.

chip Nome comum dado ao dispositivo de imagens da câmera.

chroma-key Efeito que utiliza cor (geralmente azul ou verde) como pano de fundo, sendo posteriormente substituído pela imagem de fundo durante a aplicação de um key.

CIC (CYC) Ver **ciclorama**.

ciclorama Peça única de lona ou musselina em formato de U para compor o fundo do cenário e da ação. Também chamada CIC.

clip light Pequeno holofote refletor interno preso a partes do cenário ou da mobília por meio de uma garra. Também chamada lâmpada PAR (refletor aluminizado parabólico).

clipper Ver **controle de nível de key**.

close-up (CU) Objeto ou qualquer parte do objeto visto a curta distância e enquadrado com extrema proximidade. O close-up pode ser extremo (close-up grande ou extremo – ECU, também chamado primeiríssimo plano ou plano extremo) ou relativamente mais livre (close-up médio – MCU, também chamado plano médio ou plano americano).

close-up extremo (ECU) Exibe os objetos com enquadramento extremamente compacto.

CMOS Significa semicondutor de óxido-mental complementar. Sensor de captura de imagens em câmera semelhante ao CCD, porém utilizando tecnologia de funcionamento diferente. O sensor converte a luz em carga de vídeo eletrônica e, por fim, no sinal de vídeo.

codec Abreviatura de compression/decompression (compactação/descompactação). Método específico de compressão e descompressão de dados digitais.

codificação Processo de alteração dos valores quantificados em um código binário representado por 0s e 1s. Também chamado encodização.

código de endereço Sinal eletrônico que identifica cada quadro utilizando um endereço específico. Ver **time code SMPTE/EBU**.

color bars (barras de cores) Padrão de cores utilizado pela indústria televisiva para alinhar câmeras e gravações em videoteipe. As barras de cores podem ser geradas pela maioria das câmeras portáteis profissionais.

compactação (compressão) (1) *Dados*: redução da quantidade de dados a ser armazenada ou transmitida por meio de esquemas de codificação (codecs) que comprimem todos os dados originais em menos espaço (compressão sem perdas) ou eliminam alguns desses (compressão com perdas). (2) *Óptica*: efeito de congestionamento obtido por uma lente com ângulo estreito (telefoto), na qual as proporções dos objetos e as distâncias relativas aparentam ser mais superficiais.

compactação com perdas Eliminação de pixels redundantes durante a compressão. A maioria dos métodos de compressão é do tipo com perdas. Ver também **compactação**.

compactação intraframes Método de compactação que localiza e elimina pixels redundantes em cada quadro.

compactação sem perdas Reorganização sem a eliminação de pixels durante o armazenamento ou transporte. Ver também **compactação**.

compatibilidade de cor Normalmente, esses sinais são utilizados para indicar que o esquema de cor possui contraste de brilho (escala de cinza) suficiente para reprodução monocromática e, em especial, para definir o brilho da cor.

comprimento focal Distância do centro óptico das lentes à superfície frontal do dispositivo de captura de imagens da câmera que focaliza a imagem exibida com a lente configurada ao infinito. Os comprimentos focais são medidos em milímetros ou polegadas. As lentes de comprimento focal curto possuem um ângulo de visão aberto (vista ampla), e de comprimento focal longo (telefoto), um ângulo de visão fechado (close-up). Nas lentes de comprimento focal variável (zoom), o comprimento focal pode ser modificado continuamente de ângulo aberto (zoom-out) para ângulo fechado (zoom-in) e vice-versa. Nas lentes de comprimento focal fixo (prime), o comprimento focal designado é único.

comutação Mudança de uma fonte de vídeo para outra durante o programa ou segmento dele, com a ajuda da mesa de corte. Também chamada edição instantânea.

conector (1) Soquete ou tomada para conexão de fones. (2) Prendedor para o cenário.

conector RCA Conector de áudio e vídeo para equipamentos do consumidor.

conector XLR (Cannon) Conector de áudio triplo utilizado em todos os cabos de áudio balanceados.

conexões Meios de conectar diversas entradas com saídas específicas, tais como um microfone para uma entrada de console, ou instrumento de iluminação para um dimmer específico.

congelamento de imagens Reprodução contínua de um único frame cuja exibição se assemelha a uma foto estática.

continuidade Controle e estruturação de uma série de tomadas durante a edição.

contraluz (back light) Iluminação de trás do sujeito e oposta à câmera.

controle automático de ganho (AGC) Pode regular o volume do áudio ou o brilho do vídeo e os níveis de contraste.

controle de corte Ver **controle de nível de key**.

controle de nível de key Controle na mesa de corte para ajuste do sinal do efeito de key, de modo que a exibição do título no qual

Glossário **403**

o efeito será aplicado seja nítida e clara. Também chamado controle de corte e clipper.

controle de servo zoom Controle de zoom que ativa mecanismos motorizados.

controle máster Centro nervoso de todas as transmissões televisivas. Controla as informações, o armazenamento e a localização de programas para colocação destes no ar. Supervisiona, também, a qualidade de todo o material do programa.

controles de delegação Botões na mesa de corte que atribuem funções específicas a determinado barramento.

controles de efeitos especiais Botões na mesa de corte que regulam os efeitos especiais. Incluem botões para padrões relevar/desaparecer específicos, posicionadores de joystick, DVE, cor e controles de chroma-key.

cookie Popularização do termo original cucoloris. Qualquer padrão extraído de metal por corte que, quando colocado dentro ou em frente a um refletor elipsoidal (projetor de padrão), produz um padrão de sombra. Também chamado gobo.

cores primárias aditivas Vermelho, verde e azul. A luz branca comum (luz do sol) pode ser decomposta nas três cores primárias da luz. A combinação dessas três luzes coloridas em diferentes proporções permite a reprodução de todas as demais cores. Esse processo é chamado mistura aditiva de cores.

cores primárias subtrativas Magenta (vermelho-azulado), ciano (verde-azulado) e amarelo. Quando misturadas, essas cores atuam como filtros, subtraindo certas cores. Misturando-se as três cores, elas se filtram e produzem o preto.

corretivo Maquiagem com base cremosa utilizada para cobrir a sombra da barba ou manchas na pele.

corretor de base de tempo (TBC) Acessório eletrônico para gravadores de vídeo que ajuda a fazer transferência de vídeo eletronicamente estável. Ver também **sincronizador de enquadramento**.

cortar/clipe (1) Comprimir as informações de imagens em preto e/ou branco ou impedir que o sinal de vídeo interfira nos sinais de sincronização. (2) Tomada ou sequência rápida de tomadas de vídeo conforme capturadas no disco rígido e identificadas por um nome de arquivo.

corte (1) Mudança instantânea de um plano (imagem) para outro. (2) Sinal do diretor para interromper a ação.

corte em salto Corte entre tomadas idênticas em assunto, porém ligeiramente diferentes na localização na tela ou em qualquer transição brusca entre tomadas quebrando a continuidade definida.

cross-fade (1) *Áudio*: método de transição pelo qual o volume do som anterior é reduzido enquanto o volume do som seguinte é aumentado simultaneamente; os sons se sobrepõem por alguns instantes. (2) *Vídeo*: método de transição pelo qual a imagem anterior desaparece e a imagem seguinte aparece gradualmente.

cross-keying Cruzamento das luzes principais sobre duas pessoas, uma de frente para a outra.

cross-shot (plano cruzado – X/S) Semelhante ao plano sobre o ombro, exceto pelo fato de que a pessoa próxima à câmera está totalmente fora do plano.

CU Ver **close-up**

cucoloris Ver **cookie**.

cunha Placa em formato de calço acoplada à parte inferior das câmeras de estúdio; utilizado para prender câmeras mais pesadas ao suporte.

DBS Ver **satélite de transmissão direta**.

DC Corrente contínua.

decodificação Reconstrução de um sinal de vídeo ou de áudio a partir de um código digital.

definição Nitidez com que uma imagem é exibida. Em televisão, o número e o tamanho de pixels que compõem a imagem na tela. Ver também **resolução**.

DF Diretor de fotografia. Em uma grande produção cinematográfica, o DF é responsável pela iluminação (semelhante ao diretor de iluminação na televisão). Em produções cinematográficas menores e em EFP, o DF opera a câmera. Em televisão, o termo refere-se ao operador de câmera.

DI Diretor de iluminação.

diafragma (1) *Áudio*: elemento vibratório dentro do microfone que se move à pressão do ar provocada pelo som. (2) *Vídeo*: Ver **íris**.

diafragma Abertura da íris de uma lente, normalmente medida em f-stops.

diafragma da lente Ver **íris**.

digital Normalmente se refere ao sistema binário – a representação dos dados na forma de dígitos binários (pulsos ativados/desativados).

digitalizar Converter sinais analógicos em formato digital (binário) ou transferir informações em código digital.

dimmer (regulador de luminosidade) Dispositivo que controla a intensidade da luz regulando o fluxo de corrente elétrica enviado à lâmpada.

direção com uma única câmera Método de direção para uma única câmera. No cinema digital, pode indicar a mudança de planos gerais definidos para planos médios e em seguida para closes da mesma ação. Também chamada gravação em estilo de cinema.

direção com múltiplas câmeras Coordenação simultânea de duas ou mais câmeras para edição instantânea (comutação). Também chamada direcionamento via sala de controle mesmo que a sala de controle seja em um truck remoto.

direção via sala de controle Ver **direção com múltiplas câmeras**.

diretor de fotografia Ver **DF**.

diretor de imagens Técnico da equipe que faz a troca de imagens do vídeo (geralmente o diretor de TV ou imagens).

disco óptico Dispositivo de armazenamento digital cujas informações são gravadas e lidas por raio laser.

dispositivo de captura de imagens Elemento de captura de imagens em uma câmera de televisão. Seu sensor (CCD ou CMOS) converte a luz em energia elétrica e, por fim, em sinal de vídeo. Também chamado chip e sensor.

dispositivo de carga acoplada (charge-coupled device – CCD) Sensor de imagens na câmera de televisão. Consiste em linhas horizontais e verticais compostas por minúsculos elementos de detecção de imagens chamados pixels, que tra-

404 Manual de produção de televisão

duzem a imagem óptica (luz) em carga elétrica e, por fim, em sinal de vídeo.

dispositivo downstream para aplicação de key (DSK) Controle que permite sobrepor (introduzir por meio de corte) um título em uma imagem (sinal de saída) assim que ela deixa a mesa de corte.

dissolvência Substituição gradual de uma imagem por outra por meio de exposição dupla temporária. Também chamada sobreposição gradual.

distância interocular A distância entre nossos olhos (aproximadamente 2,5 polegadas ou 6,35 cm). No 3D estéreo, ela se refere à distância entre lentes variáveis.

distância mínima de um objeto (MOD) Distância mínima que a câmera pode se aproximar de um objeto e ainda focalizá-lo.

distorção causada por sobrecarga do sinal de entrada Distorção causada pelo microfone quando sujeito a volume de som excepcionalmente alto. Os microfones condensadores são especialmente mais propensos a causar distorção por sobrecarga do sinal de entrada.

divisor óptico Sistema óptico interno e compacto de prismas em uma câmera de televisão que divide a luz nas três cores primárias: vermelho, verde e azul (RGB). Também chamado bloco de prisma.

divisória dupla Duas superfícies planas dobradas. Também chamada livro.

divisória tripla Três superfícies planas dobradas.

dolly (1) Suporte que permite mover a câmera em todas as direções horizontais. (2) Aproximar (dolly in) ou afastar (dolly out ou back) a câmera do objeto.

dolly de ângulo baixo Dolly utilizado com um high hat (chapéu alto) para criar uma base utilizada particularmente em tomadas baixas.

downlink Antena (parabólica) e o equipamento receptor dos sinais enviados pelo satélite.

download Transferência de arquivos enviados em pacotes de dados. Como esses pacotes são geralmente transferidos fora da ordem, o arquivo de áudio ou o arquivo de vídeo não podem ser reproduzidos até o processo de download ser totalmente concluído. Ver também **streaming (transmissão contínua)**.

drag (trava) Grau de fricção necessário no suporte da câmera para realizar facilmente panorâmicas e movimentos verticais.

dramaturgia A técnica da composição dramática.

dramaturgia clássica Técnica de composição dramática.

drop (pano) Pedaço de lona grande e pintada utilizado para criar o fundo do cenário.

drop frame Modo de gravação em vídeo no qual quadros individuais são, vez ou outra, ignorados (descartados) pelo time code SMPTE para corresponder com o tempo decorrido de fato.

DSK Ver **dispositivo downstream para aplicação de key**.

dub Duplicação de uma gravação eletrônica. A duplicação é sempre uma geração à parte da gravação utilizada para a geração das cópias. Em sistemas analógicos, cada duplicação acusa um aumento na perda de qualidade. A duplicação digital produz cópias praticamente idênticas ao original em termos de qualidade.

DVD Discos versáteis digitais.

DVE Ver **efeitos digitais de vídeo**.

eco Som refletido a partir de uma superfície e captado pelos sentidos como sucessivo, de duração curta e repetitivo. Ver também **reverberação**.

ECU Ver **close-up extremo**.

edição Seleção e montagem das tomadas em uma sequência lógica.

edição anotada Processo de exame de mídias de baixa qualidade usadas em processos off-line e de sonorização e criação de uma lista preliminar de instruções para edição com a anotação dos pontos de entrada e de saída de edição relacionados a cada tomada selecionada. Também chamada edição em papel.

edição de pós-produção A seleção e montagem dos clipes (filmagens) em uma sequência lógica.

edição de rolo AB Criação de uma fita máster de gravação a partir da combinação do tape A, que contém um conjunto de tomadas (como tomadas longas e médias), e do tape B, com tomadas diferentes, mas relacionadas (como cortes ou closes da mesma tomada).

edição dividida Tecnicamente, o áudio de uma tomada é substituído por sons relacionados ou narração. Na prática comum, o áudio precede a tomada ou funde-se com a próxima. Os espectadores ouvem o áudio da próxima tomada sem vê-la ou ainda ouvem o áudio da tomada anterior enquanto a próxima se inicia.

edição instantânea Ver **comutação**.

edição não linear (NLE) Permite o acesso aleatório instantâneo a tomadas e sequências, bem como sua fácil reorganização. As informações de áudio e vídeo são armazenadas em formato digital nas unidades de disco rígido do computador ou em discos ópticos de leitura/gravação.

edição off-line Em edição não linear, as tomadas selecionadas são capturadas em baixa resolução para economizar espaço de armazenamento no computador.

edição on-line Em edição não linear, pode indicar a recaptura de tomadas selecionadas em maior resolução para gravação de edição máster.

EDL Ver **lista de instruções para edição**.

efeito de quadro secundário Efeito visual em que a tela exibe diversas imagens, cada uma claramente ajustada em seu próprio quadro.

efeito de rack focus Utilizado para mudar o foco de um objeto ou pessoa mais próximos da câmera para alguma coisa ou alguém mais distante e vice-versa.

efeito moiré Vibrações de cor que ocorrem quando faixas estreitas contrastantes de um desenho interferem nas linhas de varredura do sistema de televisão.

efeitos digitais de vídeo (DVE) Efeitos visuais gerados por computador ou equipamento de efeitos digitais na mesa de corte.

EFP Significa produção eletrônica em campo. Produção para televisão fora do estúdio, normalmente gravada para pós-produção (não ao vivo). Parte da produção em campo.

eixo Z Linha imaginária que representa uma extensão da lente, da câmera ao horizonte – a dimensão de profundidade. 3D estéreo tem um duplo eixo Z: um que alarga da lente ou tela para o horizonte (Z_h-eixo) e outro que alarga da tela para o visor (Z_v-eixo).

Eixo Z$_h$ A linha (espaço) da janela (tela) para o horizonte.

Eixo Z$_v$ A linha (espaço) da janela (tela) para o espectador.

elemento de imagem Ver **pixel**.

elemento gerador Parte principal do microfone. Converte as ondas de som em energia elétrica.

elementos psicográficos Fatores de pesquisa junto ao público voltados a dados como hábitos de compra, valores e estilos de vida dos consumidores.

ELS Ver **grande plano geral**.

encodização Ver **codificação**.

ENG Significa captação eletrônica de notícias. O uso de câmeras portáteis ou câmeras de vídeo portáteis separadas, luzes e equipamentos de som para a produção de reportagens diárias. Normalmente, a captação eletrônica de informações não é planejada antecipadamente, e sua transmissão acontece, em geral, ao vivo ou logo em seguida à pós-produção.

enlatado Termo adaptado do cinema que se referia à etapa em que o filme concluído era literalmente acomodado na lata. Hoje, refere-se à gravação concluída para a televisão; o programa é guardado, podendo ser transmitido a qualquer momento.

ensaio com câmera Ensaio completo que utiliza câmeras e demais equipamentos de produção. Em geral, é idêntico ao ensaio com figurino.

ensaio com figurino Ensaio completo com todos os equipamentos e os artistas em seus trajes completos. Normalmente, o ensaio com figurino é gravado em vídeo. Em geral, chamado ensaio com câmera, exceto pelo fato de que, no ensaio com câmera, os artistas não precisam vestir seus trajes.

ensaio de marcação Ver **passagem de falas**.

ensaio geral Sessão de coordenação com a equipe de produção (ensaio técnico) e o artista (ensaio com o artista) em que o diretor percorre o set de gravações e explica as principais ações.

entrada direta Ver **inserção direta**.

equalização Controle da qualidade do som com ênfase em determinadas frequências e menos ênfase em outras.

equipe de produção de jornalismo Pessoal designado exclusivamente para a produção de reportagens, documentários e eventos especiais.

equipe não técnica de produção Pessoal dedicado principalmente a assuntos não técnicos relacionados à produção, que abrangem desde a ideia básica à imagem final na tela.

equipe técnica Pessoal que opera e mantém os equipamentos técnicos.

eSATA Interface de alta agilidade (cabo) para transportar informações digitais.

esboço de locação Mapa resumido do local de uma filmagem remota. Para produção externa em interiores, o esboço mostra as dimensões do espaço e os utensílios e a localização das janelas. Para produção em externa, indica a localização dos prédios, da unidade móvel, das fontes de alimentação e do Sol durante a transmissão.

escala de cinza Escala indicando as fases intermediárias da TV em branco para a TV em preto. Normalmente medida por uma escala em nove fases na televisão padrão. As câmeras de HDTV e digitais entregam muito mais passos.

escopo vetorial Instrumento de teste para ajuste de cor nas câmeras de TV.

espelho dicroico Ver **filtro dicroico**.

estrutura da câmera Câmera de TV (cabeça) e o conjunto de equipamentos eletrônicos a ela acoplado, incluindo a unidade de controle, o gerador de sincronização e a fonte de alimentação.

extensor Base triangular que proporciona estabilidade e prende as pontas do tripé, impedindo a abertura das pernas. Ver também **extensor de alcance**.

extensor de alcance Acessório óptico para a lente de zoom que amplia seu comprimento focal. Também chamado extensor.

fade Exibição gradual de uma imagem a partir do preto (fade in) ou sua dissipação total em preto (fade out).

fader Controle de volume de som executado por meio de um botão deslizante que segue uma graduação específica. Funciona de modo idêntico a um potenciômetro. Também chamado de atenuador deslizante.

fatores demográficos Fatores de pesquisa junto ao público voltados a interesses como idade, sexo, estado civil e renda.

fc Ver **foot-candle**.

fechamento Versão reduzida para fechamento psicológico. Ato de preencher mentalmente lacunas em um quadro incompleto. Ver também **mapa mental**.

fechamento psicológico Ver **fechamento**

feed (alimentação) Transmissão de sinais de uma fonte de programa para outra, como sinal de externa ou via rede.

feedback (realimentação) (1) *Áudio*: microfonia – Som forte e estridente emitido pelo alto-falante causado pela reentrada acidental de som no microfone e consequente superamplificação do som. (2) *Comunicações*: retorno de uma comunicação captada pelo receptor de volta à fonte. (3) *Vídeo*: aparecimento súbito de clarões ou faixas na tela do monitor causados pela reentrada do sinal de vídeo na mesa de corte e consequente superamplificação.

figura/fundo (1) *Áudio*: Ênfase na fonte de som mais importante em relação aos sons gerais de fundo. (2) *Vídeo*: objetos vistos em segundo plano; o fundo parece ser mais estável que a figura.

figurino (1) O que as pessoas vestem em frente à câmera. (2) Decoração do cenário com seus adornos. (3) Ensaio com figurino.

filtro de densidade neutra (ND) Filtro que reduz a entrada de luz sem distorcer a cor da cena.

filtro de difusão Filtro encaixado na frente das lentes, produzindo na cena um efeito ligeiramente fora de foco.

filtro dicroico Filtro de cor semelhante a um espelho que separa a luz branca da vermelha (filtro dicroico vermelho) e da azul (filtro dicroico azul), deixando de lado a cor verde. Também chamado espelho dicroico.

filtro ND Ver **filtro de densidade neutra**.

filtro para microfone Acessório em formato de bulbo (fixo ou removível) na frente do microfone que filtra sopros de respiração

inesperados, como consoantes explosivas (p, t e k), emitidos diretamente no microfone.

filtro riscado Faixas verticais de vermelho, verde e azul extremamente estreitas, presas à superfície frontal do dispositivo único de captura de imagens (chip único). Dividem a luz de entrada branca nas três luzes primárias sem a ajuda de um divisor de feixes. Os filtros mais eficientes utilizam padrão semelhante a um mosaico, no lugar das faixas para gerar as luzes primárias.

filtro star Filtro acoplado à frente das lentes; transforma as principais fontes de luz em feixes de luz semelhantes a estrelas.

fita máster de edição Fita de vídeo em que são editadas as partes selecionadas das fitas originais. Utilizada com o gravador de fita de vídeo para gravação.

flag Folha retangular fina de metal, plástico ou tecido, utilizada para impedir que a luz incida sobre áreas específicas. Também chamada gobo.

flash drive Ver **cartão de memória**.

fluorescente Lâmpada que gera luz pela ativação de um tubo preenchido com gás para produzir radiação ultravioleta, acendendo o revestimento de fósforo dentro do tubo.

foco A imagem está em foco quando aparece clara e nítida na tela (tecnicamente, o ponto de convergência dos raios de luz refratados pelas lentes).

foco automático Recurso automático por meio do qual a câmera focaliza o que ela detecta como o objeto-alvo.

foco seletivo Uso do foco para enfatizar um objeto com profundidade de campo superficial, mantendo, ao mesmo tempo, o primeiro plano e/ou o fundo fora de foco.

foldback (retorno) Retorno total ou parcial da mixagem de áudio para o artista por meio de fones de ouvido ou dos canais de IFB. Também chamado ponto.

foley stage Variedade de artefatos e equipamentos montados no estúdio de gravação para produzir efeitos de som comuns, como sons de passos ou de portas abrindo ou fechando ou vidros se quebrando.

folha de fatos Lista dos itens a serem exibidos na câmera e suas principais características. Pode conter sugestões do que dizer sobre o produto. Também chamada folha detalhada.

folha de tomadas Lista das tomadas a serem realizadas por uma câmera em particular. Afixada na câmera para ajudar o operador a se lembrar da sequência das tomadas. Também chamada lista de tomadas.

folha detalhada Ver **folha de fatos**.

fone de ouvido duplo Fone de ouvido com microfone que transmite o áudio do programa em um dos fones e as informações da linha privada no outro. Também chamado de interfone duplo.

foot-candle (fc) Quantidade de luz que incide sobre um objeto. Um foot-candle refere-se à quantidade de luz de uma única vela refletida sobre uma área de 0,09 metro quadrado à distância de 0,31 metro da fonte de luz. Ver também **lux**.

formato Tipo de roteiro de televisão indicando as principais etapas da programação; normalmente, contém o roteiro completo da abertura e encerramento do programa.

formato A/V Outro nome para o roteiro A/V de duas colunas.

formato de documentário Ver **roteiro A/V de duas colunas**.

formato do programa Lista os segmentos do programa na ordem em que deverão aparecer. Utilizado em programas de rotina, como jogos diários ou programas de entrevista.

fps Significa quadros por segundo. Ver **frame**.

FR Ver **radiofrequência**.

frame (1) A menor unidade de imagem em um filme, uma imagem única. (2) Varredura completa, de alto a baixo, de todas as linhas de varredura pela exposição e carga elétrica subsequente ou de um único frame de uma série de movimento. Também chamado quadro. Ver também **varredura entrelaçada** e **720p**.

frequência Ciclos por segundo, medidos em hertz (Hz).

front-timing Processo para cálculo de horas em que se adicionam determinados tempos de duração ao horário quando o programa se inicia.

ƒ-stop Calibragem na lente indicando a abertura do diafragma ou da íris (e consequentemente da quantidade de luz transmitida através das lentes). Quanto maior o número de ƒ-stops, menor a abertura do diafragma; quanto menor o número de ƒ-stops, maior a abertura do diafragma.

fundo de chroma-key Pano de fundo em lona azul ou verde supersaturado que pode ser estendido do alto da grade de iluminação até o chão como fundo para aplicação de chroma-key.

ganho (1) *Áudio*: nível de amplificação dos sinais de áudio. "Controlar o ganho" significa manter o volume de som no nível adequado. (2) *Vídeo*: amplificação eletrônica do sinal de vídeo, intensificando o brilho original da imagem.

GC Ver **gerador de caracteres**.

gel (gelatina) Termo genérico para filtros de cor colocados na frente de refletores ou holofotes criando um matiz específico no feixe de luz. Gel deriva de gelatina, o material de filtragem utilizado antes da invenção de plásticos mais duráveis. Também chamado mídia colorida.

genlock Sincronização de duas ou mais fontes de vídeo para evitar a fragmentação da imagem durante a transição. A sincronização interna executará a varredura de uma diversidade de vídeos.

geração Número de duplicações a partir da gravação original. A primeira geração de duplicatas é extraída diretamente da fita original.

gerador de caracteres (GC) Sistema de computador dedicado que produz eletronicamente uma série de letras, números e imagens gráficas simples para exibição em vídeo. Qualquer computador desktop pode funcionar como GC utilizando o software adequado.

gerador de efeitos especiais (SEG) Gerador de imagens incorporado à mesa de corte, que produz padrões de efeitos especiais revelar/desaparecer e keys.

gerador de sincronização (sync generator) Parte da estrutura da câmera; produz um sinal de sincronização eletrônico, que mantém todas as varreduras ao mesmo tempo.

gigabyte 1.073.741.824 bytes (2^{30} bytes); normalmente representado por cerca de 1 bilhão de bytes.

gobo Em televisão, é uma peça cênica de fundo por meio da qual a câmera pode gravar, integrando o primeiro plano decorativo à ação de fundo. Em cinema, o gobo é uma proteção opaca utilizada para bloquear parcialmente a luz ou o recorte de metais

que projetam padrões em uma superfície plana. Ver também cookie e flag.

grande plano geral (ELS) Exibe os objetos à grande distância. Também chamado de plano estabelecido.

grande produção em externa Produção fora do estúdio para transmissão e/ou gravação ao vivo de um evento importante dentro da programação, mas que não foi criado especificamente para a televisão. Exemplos incluem eventos esportivos, desfiles, encontros políticos e programas levados para fora do estúdio. Também chamada externa.

gravação ao vivo Gravação ininterrupta de um espetáculo ao vivo para reprodução posterior sem edição. Anteriormente chamadas live-on-tape (ao vivo sem edição), as gravações ao vivo requerem o uso de todos os dispositivos de gravação.

gravação máster para edição Gravação da edição final em fita de vídeo. Utilizada para transmissão ou duplicação.

gravador de bolso (portátil) Gravador de áudio manual com microfones estéreos de alta qualidade e uma variedade de modos de gravação para estéreo ou gravação de quatro faixas. Gravações em cartões de memória.

gravador de vídeo (VR) Dispositivo de gravação que armazena e exibe sinais de vídeo e áudio em diversas mídias de gravação, tais como discos rígidos e cartões de memória de alta capacidade.

grid Canos de aço pesados montados acima do piso do estúdio para sustentar os instrumentos de iluminação.

grua (crane) (1) Suporte para câmera de cinema que se assemelha a uma grua real tanto na aparência quanto na operação. A grua pode erguer a câmera da posição bem rente ao piso do estúdio para mais de 3 metros acima dele. (2) Mover o boom da grua da câmera para cima ou para baixo. Também chamada boom ou lança.

guia de vídeo Material visual e toque de controle gravado antes do material do programa. Funciona como guia técnico para reprodução.

haste deslizante Tubo de metal capaz de suportar um instrumento de iluminação, podendo se mover para diversas posições verticais. Preso ao batente de iluminação por meio de um C-clamp modificado.

HDMI Sigla para high-definition multimedia interface (interface multimídia de alta definição). Cabo de alta velocidade e extensa largura de banda capaz de transmitir grande quantidade de sinais de áudio e vídeo e conectar-se à ampla variedade de equipamentos de áudio/vídeo.

HDTV Ver **televisão de alta definição.**

headroom (1) *Áudio*: a quantidade de permissão de amplificações superiores antes que o som se torne distorcido. (2) *Vídeo*: espaço disponível entre o alto da cabeça e a margem superior da tela.

high-key Fundo iluminado e ampla luminosidade sobre a cena. Não tem nenhuma relação com o posicionamento vertical da luz principal.

horário programado Horário em que um programa começa e termina.

hot ou ativo (1) Cabo condutor de tensão ou de sinais. (2) Equipamento em funcionamento, como a câmera ativa ou o microfone ativo.

house number (número da emissora) Sistema interno para identificação de cada parte do material gravado para o programa. É chamado número da emissora porque os números do código diferem de estação para estação (emissora para emissora).

hut Significa domicílios que utilizam televisão. Utilizado no cálculo do share (participação), o valor de hut representa 100% de todos os domicílios que utilizam televisão. Ver também **share.**

Hz (Hertz) Medida utilizada para ciclos por segundo.

IATSE Significa Aliança Internacional de Trabalhadores no Teatro, Técnicos de Cinema e Artistas e Artífices Associados dos Estados Unidos, seus territórios e Canadá. Sindicato operário.

IBEW International Brotherhood of Electrical Workers (Fraternidade Internacional de Trabalhadores em Eletricidade). Sindicato operário de engenheiros de estúdio e controle mestre; pode incluir o pessoal de apoio.

IFB Ver **retorno interrompível ou feedback interrompível.**

iluminação Manipulação da luz e das sombras cujo objetivo é: proporcionar à câmera a iluminação adequada para a geração de imagens tecnicamente aceitáveis, mostrar-nos a aparência real dos objetos na tela e estabelecer o clima geral do evento.

iluminação de silhueta Objetos ou pessoas sem iluminação, em frente a um fundo altamente iluminado.

iluminação para ação contínua Sobreposição da iluminação triangular em todas as principais áreas de atuação. Também chamada iluminação por zona.

iluminação por zona Ver **iluminação para ação contínua.**

iluminação triangular Ver **princípio de iluminação fotográfica.**

impedância Tipo de resistência à corrente elétrica. Quanto menor a impedância, melhor é o fluxo de sinal.

importação Ver **captura.**

incandescente Luz produzida pelo filamento de tungstênio aquecido do globo de vidro comum ou dos bulbos das lâmpadas de quartzo-iodo (em contraste com a luz fluorescente).

inclinação (cant) Inclinar a câmera de ombro ou de mão para os lados.

informação dirigida por objetivo Conteúdo de programa com a intenção de ser conhecido pelo espectador.

inky-dinky Ver **luz de câmera.**

inserção direta Técnica de gravação pela qual os sinais sonoros dos instrumentos elétricos são alimentados em uma caixa de combinação de impedância e, de lá, na mesa de som sem o uso de alto-falantes e microfones. Também chamada entrada direta.

intercom Abreviatura de sistema de intercomunicação. Utilizado por todo o pessoal técnico e da produção. O sistema de maior utilização possui fones de ouvido telefônicos para facilitar a comunicação por voz em diversos canais com ou sem fio. Inclui outros sistemas, como IFB e celulares.

intercom duplo Ver **fone de ouvido duplo.**

interface digital para instrumentos musicais (MIDI) Protocolo padronizado que permite a concentração e interação de diversos computadores e equipamentos de áudio digital.

inversão de polaridade Inversão da escala de cinza; as áreas claras da imagem tornam-se escuras, e as escuras, claras. A inversão de polaridade da cor produz a cor complementar.

íris Abertura ajustável da lente para controlar a quantidade de luz que passa pelas lentes. Também chamada diafragma e diafragma da lente.

íris automática Controle automático do diafragma da lente.

janela Em produção 3D estéreo, a tela da TV e do cinema.

jogging Avanço frame a frame da fita de cena de vídeo em velocidades variadas.

JPEG Método de compressão de vídeo utilizado principalmente para imagens estáticas, desenvolvido pelo Joint Photographic Experts Group.

Kelvin (K) Refere-se à escala de temperatura Kelvin. Em iluminação, é a medida específica da temperatura da cor – a intensidade relativa de vermelho ou azul da luz branca. Quanto maior o valor K, maior a intensidade de azul da luz branca. Quanto menor o valor K, maior a intensidade de vermelho da luz branca.

key Efeito eletrônico. Keying ou aplicar key significa recortar uma imagem (normalmente com letreiros) por meio de um sinal eletrônico e inseri-la em outra imagem de fundo.

key externo A porção recortada da imagem básica é preenchida por um sinal enviado por fonte externa, como uma segunda câmera.

kilobyte 1.024 bytes (2^{10} bytes); normalmente representado por cerca de 1.000 bytes.

kilowatt (kW) 1.000 watts.

kW Ver **kilowatt**.

lag Mancha que acompanha um objeto em movimento ou o movimento da câmera através de um objeto imóvel sob baixos níveis de luz.

lâmpada PAR (refletor aluminizado parabólico) Ver **clip light**.

lâmpada TH (tungstênio-halogênio) Ver **quartzo**.

lav Ver **microfone de lapela**.

layering Combinação de dois ou mais efeitos principais para obter um efeito mais complexo.

LCD Significa tela de cristal líquido. Tela plana de TV que utiliza uma carga elétrica para ativar cristais líquidos. Estes, por sua vez, filtram cores da luz branca para cada pixel.

leadroom Espaço livre em frente a uma pessoa ou um objeto movendo-se em direção à borda da tela. Ver também **noseroom**.

lei do inverso do quadrado Intensidade de luz emitida como $1/d^2$ da fonte, onde d é a distância da fonte. Significa que a intensidade da luz diminui conforme a distância da fonte aumenta. Válida apenas para fontes de luz que irradiam luz isotropicamente (uniformemente em todas as direções), mas não para a luz cujo feixe é parcialmente colimado (focado), como de um refletor Fresnel ou elipsoidal.

lente Lente óptica, essencial para a projeção de imagens ópticas (luz) de uma cena no filme ou a superfície frontal do dispositivo de captura de imagens da câmera. As lentes são produzidas em diversos comprimentos focais fixos ou variáveis (lentes de zoom) e com várias aberturas de diafragma máximas (aberturas da íris).

lente de ângulo aberto Lente de comprimento focal curto que proporciona ampla visão da cena.

lente de zoom Lente de comprimento focal variável. Capaz de mudar gradualmente de um plano aberto para um plano fechado, e vice-versa, em um movimento contínuo.

lente I-F Ver **lentes de foco interno (I-F)**.

lente prime Ver **lentes de comprimento fixo**.

lente telefoto Ver **lentes de ângulo estreito**.

lentes de ângulo estreito Proporcionam visão em close de um evento relativamente distante da câmera. Também chamadas de lentes de comprimento focal longo e lentes telefoto.

lentes de comprimento focal variável Ver **zoom**.

lentes de foco interno (I-F) Mecanismo das lentes ENG/EFP que permite focalizar sem a necessidade de estender e girar a parte frontal do barril da lente.

lentes focais de comprimento fixo Lentes cujo comprimento focal não pode ser alterado (diferentemente das lentes com zoom que apresentam comprimentos focais variáveis). Também chamadas lentes prime.

lentes normais Posição da lente ou da lente de zoom cujo comprimento focal se aproxima das relações de espaço da visão normal.

lentes rápidas Lentes que permitem a passagem de uma quantidade relativamente grande de luz por sua abertura de diafragma máxima (número de f-stops relativamente baixo na configuração mínima). Podem ser utilizadas em condições de pouca luz.

letterbox Relação de aspecto que resulta do ajuste da largura total de uma imagem de 16 × 9 à tela de 4 × 3, bloqueando-se as partes superior e inferior das margens da tela com faixas. Ver também **pillarbox**.

levantamento de locação Avaliação por escrito, geralmente na forma de lista de verificação, dos requisitos de produção para um evento remoto.

limbo Qualquer área do cenário com um fundo claro e iluminado.

line-out Linha que transmite a saída de vídeo ou áudio final para transmissão.

linha Ver **linha vetorial**.

linha de ação ou cento e oitenta Ver **linha vetorial**.

linha de conversação e ação Ver **linha vetorial**.

linha do tempo (1) Em edição não linear, exibe todas as trilhas de vídeo e áudio de determinada sequência e os clipes que elas contenham. Cada trilha possui controles individuais para exibição e manipulação dos clipes. (2) Em produção, uma divisão em blocos de tempo para diversas atividades no dia de produção atual, como convocação da equipe, montagem e ensaio com câmera.

linha privativa – PL (linha telefônica) Principal sistema de intercomunicação na produção televisiva.

linha vetorial Linha imaginária criada para estender o vetor de movimento ou vetores de índice convergentes. Também chamada linha, linha de diálogo e ação e cento e oitenta.

lista de instruções para edição (EDL) Consiste nos pontos de entrada e de saída de edição, expressos em números de código de tempo, e na natureza das transições entre tomadas.

lista de tomadas Ver **folha de tomadas**.

livro Duas superfícies planas dobradas. Também chamado plano dobrado.

locking-in Imagem mental particularmente vívida – visual ou auricular – durante a análise do roteiro que determina as visualizações e sequências posteriores.

log (registro) Principal documento operacional: uma lista segundo a segundo de cada programa colocado no ar em um dia específico. Contém informações como fonte ou origem do programa, horário programado para transmissão, duração do programa, informações sobre vídeo e áudio, identificação de código (número da emissora, por exemplo), título do programa, tipo de programa e informações relevantes adicionais.

low-key Fundo escuro e iluminação de áreas selecionadas. Não tem nenhuma relação com o posicionamento vertical da luz principal.

LS Ver **plano geral**.

lúmen Potência medida pela intensidade de luz emitida por uma vela (fonte de luz irradiando isotropicamente, isto é, em todas as direções).

luminância Informação sobre a intensidade do brilho (preto e branco) de um sinal de vídeo (produz a escala de cinza). Também chamada sinal Y.

luminant Lâmpada que produz a luz; a fonte de luz.

luminária Termo técnico para um instrumento de iluminação.

luminosidade Ver **brilho**.

lux Unidade padrão europeia para medir a intensidade da luz: 1 lux representa o valor de 1 lúmen (potência de uma vela de luz) incidindo sobre uma superfície de 1 metro quadrado localizada a 1 metro de distância da fonte de luz; 10,75 lux = 1 fc; traduzida geralmente como 10 lux = 1 fc.

luz-base Luz uniforme não direcional (difusa) necessária para a câmera operar em condições ideais. Os níveis de luz-base normais variam de 150 a 200 pés-velas (1.500 a 2.000 lux) em *f*/8 a *f*/16. Também conhecida como base.

luz de câmera Pequeno refletor montado na frente da câmera e utilizado como luz de preenchimento adicional. (Frequentemente confundida com luz de tally, ou luz vermelha ou luz de sinalização). Também chamada de inky-dinky.

luz de cenário Ver **luz de fundo**.

luz de ciclorama Ver **luz em faixas**.

luz de fundo Iluminação do cenário, das peças e da cortina de fundo. Também chamada luz de cenário.

luz de LED Significa luz de diodo que emite luz. Sua fonte de luz é um conjunto de semicondutores envidraçados (um dispositivo eletrônico de estado sólido) que emite luz quando a eletricidade passa por ele. Pode produzir luzes coloridas diferentes.

luz de preenchimento (fill light) Luz adicional no lado oposto da câmera em relação à luz principal para iluminar áreas escuras e, consequentemente, reduzir a perda de luminosidade. Efeito geralmente criado com holofotes.

luz de sinalização (tally) Luz vermelha na câmera e/ou dentro do visor indicando quando a câmera está no ar.

luz difusa Luz que ilumina uma área relativamente grande por meio de um feixe de luz indistinto. A luz difusa, criada por floodlights, produz sombras suaves.

luz em faixas Diversas luzes independentes dispostas em faixa; utilizada principalmente para iluminação da área de chroma-key ou ciclorama. Também chamada luz de ciclorama.

luz HMI Significa iodeto de mercúrio de arco médio. Utiliza uma lâmpada de alta intensidade que produz luz pela passagem de eletricidade através de um tipo específico de gás. Necessita de um reator/transformador próprio.

luz incidente Luz que atinge o objeto diretamente da fonte. A leitura da luz incidente é a medida de luz em foot-candles (ou lux) do objeto à fonte da luz. O medidor de luz é apontado diretamente para a fonte de luz ou em direção à câmera.

luz lateral Luz geralmente direcional vinda da lateral de um objeto. Funciona como luz de preenchimento adicional ou luz principal secundária proporcionando contorno.

luz posterior ou de retrocesso (kicker light) Luz normalmente direcional posicionada em um plano baixo, perpendicular e atrás do alvo.

luz principal (key light) Principal fonte de iluminação.

luz refletida Luz que emana do objeto iluminado. A leitura da luz refletida é feita com um medidor de luz colocado próximo ao objeto iluminado.

manter o foco Manter o foco da lente em uma profundidade de campo superficial de forma que a imagem do objeto permaneça constantemente nítida e clara mesmo quando a câmera ou os objetos se moverem.

mapa mental Indica ao espectador onde as coisas estão ou deveriam estar no espaço dentro e fora da tela. Ver também **fechamento**.

maquiagem Cosméticos utilizados para melhorar, corrigir ou modificar a aparência.

marca Geralmente estabelece uma identidade de estação para atrair ou reter espectadores leais. Especificamente, mostra o logo da estação de televisão na tela ao longo do programa.

marcação Movimentos e ações cuidadosamente executados pelo artista em sincronia com todos os equipamentos móveis de TV.

marcações de roteiro Símbolos escritos pelo diretor no roteiro indicando as principais deixas.

máscara de key Aplicação de key a um título (eletronicamente recortado), cujas letras são preenchidas com tonalidades de cinza ou de uma cor específica.

matiz (hue) Um dos três atributos básicos da cor; matiz é a cor propriamente dita – vermelho, verde, amarelo e assim por diante.

MCU Close-up médio ou plano médio fechado.

MD Ver **minidisc**.

medidor de pico (PPM) Indicador em mesas de som que mede o volume do som. Particularmente sensível a picos de volume, o dispositivo registra supermodulação.

medidor de volume-unidade (VU) Mede unidades de volume, a altura relativa do som amplificado.

medidor de VU Ver **medidor de volume-unidade**.

megabyte 1.048.576 bytes (2^{20} bytes); normalmente representado por cerca de um milhão de bytes.

megapixel Imagem CCD ou digital que contém cerca de um milhão de pixels. Quanto maior o número de pixels, maior a resolução da imagem. Normalmente utilizado para indicar a qualidade relativa das câmeras fotográficas digitais.

mensagens do processo Mensagens recebidas de fato pelo espectador ao assistir ao programa de televisão. O objetivo do programa é a mensagem do processo definida.

mesa de corte Painel com fileiras de botões que permite selecionar e juntar as diversas fontes de vídeo por meio de uma variedade de dispositivos de transição e a criação de efeitos especiais eletrônicos.

mesa de corte de produção Mesa de corte localizada na sala de controle do estúdio ou na unidade remota móvel, criada para edição instantânea.

mic Significa microfone.

microfone com fones de ouvido (headset) Microfone com fone de ouvido oni ou unidirecional pequeno, de excelente qualidade, acoplado a conjuntos de fones de ouvido; semelhante aos fones de ouvido para telefone, porém com um microfone de melhor qualidade. Também se refere a microfones usados na cabeça sem fones de ouvido.

microfone com refletor parabólico Pequeno prato parabólico cujo centro focal contém um microfone. Utilizado para a captação de sons distantes.

microfone de bobina móvel Ver **microfone dinâmico**.

microfone de capacitor Ver **microfone de condensador**.

microfone de condensador Microfone cujo diafragma consiste em uma placa de condensador que vibra à pressão do som contra outra placa de condensador fixa, chamada contraplaca. Também chamado microfone eletreto ou de capacitor.

microfone de fita Microfone cujo dispositivo de captação consiste em uma fita que vibra à pressão do som no campo magnético. Também chamado microfone de velocidade.

microfone de lapela Pequeno microfone que pode ser preso à roupa.

microfone de limite Microfone montado ou colocado sobre uma superfície reflexiva para provocar uma zona de pressão, na qual todas as ondas sonoras possam atingir o microfone ao mesmo tempo. Ideal para discussões em grupos e para gravar a reação da plateia. Também chamado microfone de zona de pressão (PZM).

microfone de rádio Ver **microfone sem fio**.

microfone de sistema Microfone que consiste em uma base sobre a qual é possível encaixar diversas cápsulas que alteram suas características de captação do som.

microfone de velocidade Ver **microfone de fita**.

microfone dinâmico Microfone cujo dispositivo de captação consiste em um diafragma conectado a uma bobina móvel. Conforme o diafragma se move sob a pressão do ar provocada pelo som, a bobina também se move em um campo magnético, gerando uma corrente elétrica. Também chamado microfone de bobina móvel.

microfone-lápis Pequeno microfone condensador unidirecional normalmente utilizado preso em uma vara ou um boom. Possui cabeças permutáveis para os padrões de captação onidirecional e cardioide.

microfone (ou linha) balanceado(a) Fiação de áudio profissional com conectores e cabos de três vias: dois transmitem substancialmente o mesmo sinal de áudio fora de fase, e o outro é a blindagem terra. Praticamente imune à interferência sonora ou a outros tipos de interferência eletrônica.

microfone ou linha não balanceado(a) Microfone ou outra fonte geradora de áudio que tem como saída cabos de duas vias: um transmite o sinal de áudio, e o outro age como terra. Suscetível à interferência sonora e eletrônica.

microfone sem fio Sistema que transmite sinais de áudio pelo ar sem a utilização de cabos. O microfone é conectado a um transmissor, e os sinais são recebidos pelo receptor conectado à mesa de som ou ao dispositivo de gravação. Também chamado microfone de RF (radiofrequência) ou microfone de rádio.

microfone unidirecional Microfone altamente direcional para captação de sons a uma distância relativamente grande.

mídia de cores Ver **gel (gelatina)**.

mídia original A mídia (disco rígido, disco óptico ou cartão de memória) que armazena a imagem gravada pela câmera.

mil ciclos (1 khz) – (áudio para teste) Toque gerado pela mesa de som para indicar um nível de volume 0 no VU. O toque de teste 0 no VU é gravado juntamente com as barras de cores para estabelecer um padrão quanto ao nível de gravação.

minidisc (MD) Disco óptico de 2½ polegadas capaz de armazenar uma hora de áudio com qualidade de CD.

minilink Diversos pontos de micro-ondas conectados entre si para fazer que os sinais de vídeo e áudio transponham obstáculos até o seu destino (geralmente, a estação de TV e/ou transmissor).

mixagem (1) *Áudio* Combinação de dois ou mais sons em proporções específicas (variações de volume), conforme determinado pelo contexto do evento (programa). (2) *Vídeo*: criação de um efeito de dissolvência ou sobreposição por meio da mesa de corte.

mixdown Combinação final das trilhas de áudio de um indivíduo em uma trilha única ou estéreo de uma gravação de áudio ou vídeo.

mm Milímetro, milésima parte do metro: 25,4 mm = 1 pol.

MOD Ver **distância mínima de um objeto**.

modelo de efeito para causa Colocar em prática a ideia de um efeito desejado sobre o telespectador e verificação dos requisitos de mídia específicos para a produção do efeito em questão.

modelo de planta baixa Planta da disposição do estúdio, indicando as paredes, as portas principais, a localização da sala de controle e as grades ou os batentes de iluminação. Ver também **planta baixa**.

modo de organização de quadros sem correção Modo de gravação em vídeo no qual ligeiras diferenças entre a contagem real de quadros e o horário decorrido são ignoradas pelo código de tempo SMPTE.

módulo de set Série de peças planas e peças de cenário tridimensionais cujas dimensões correspondem, sejam elas utilizadas verticalmente, horizontalmente ou em várias combinações.

monitor (1) *Áudio*: alto-falante que reproduz o áudio do programa, independentemente da saída de áudio. (2) *Vídeo*: aparelho de televisão de alta qualidade utilizado em estúdios de TV e salas de controle. Não recebe sinais de transmissões.

monitor de áudio Ver **alto-falante de PGM**.

monitor de estúdio Monitor de vídeo instalado no estúdio que contém fontes de vídeo específicas, normalmente o vídeo principal de saída.

monitor de forma de ondas Dispositivo eletrônico de medição que exibe o gráfico de um sinal elétrico em uma pequena tela CRT (cathoderay tube – tubo de raio catódico). Também chamado osciloscópio.

monitor de linha ou PGM Monitor que exibe apenas as imagens enviadas para entrar no ar ou em mídia de gravação. Também chamado monitor máster e monitor-guia.

monitor de preview (P/V) (1) Qualquer monitor que exiba a fonte do vídeo, exceto os monitores de linha (máster) e os monitores fora do ar. (2) Monitor colorido que exibe ao diretor a imagem a ser utilizada na tomada seguinte.

monitor de programa Ver **monitor de linha**.

monitor máster Ver **monitor de linha ou PGM**.

monitor predefinido (PST) Permite visualizar uma tomada ou um efeito antes de colocá-los no ar. Sua entrada pode ser ativada pelo botão de CORTE. Semelhante ou idêntico ao monitor de preview.

monocromia Uma cor. Em televisão, refere-se à câmera ou ao monitor que interpreta apenas os graus de brilho e produz uma imagem em preto e branco.

monopé Haste de metal para montagem da câmera.

montagem Justaposição de dois ou mais detalhes distintos de um evento que se combinam em um todo mais intenso – uma nova Gestalt.

montagem complexa Justaposição de tomadas que, a princípio, embora não exclusivamente, ajudam a intensificar o evento na tela. As convenções de montagem, conforme defendidas na montagem contínua, são, na maioria das vezes, violadas propositalmente.

montagem contínua Estabelecimento de fluxo visual de tomada a tomada para criar a impressão de uma série contínua.

MP3 Sistema de compactação com perdas de áudio digital amplamente usado. A maioria do áudio distribuído pela internet é compactada no formato MP3.

MPEG-2 Padrão de compactação para vídeo animado.

MPEG-4 Padrão de compactação para transmissão contínua via internet.

MS Ver **plano médio**.

NAB Significa National Association of Broadcasters. Associação Comercial.

NABET Significa National Association of Broadcast Employees and Technicians (Associação Nacional de Empregados e Técnicos da Radiodifusão). Sindicato operário de engenheiros de estúdio e controle mestre; pode incluir o pessoal de apoio.

neve Interferência eletrônica na imagem; tem a aparência de neve na tela de TV.

nível (1) *Áudio*: volume do som. (2) *Vídeo*: intensidade do sinal (amplitude).

nível de luz Intensidade da luz medida em lux ou pés-velas. Ver também **foot-candle (fc)** e **lux**.

nível de luz-base Ver **nível de luz operacional**.

nível de luz operacional Quantidade de luz necessária para que a câmera produza um sinal de vídeo. A maioria das câmeras de alta definição necessita de 100 a 250 foot-candles de iluminação para obter desempenho ideal em determinado número de f-stops, como $f/8$. Também chamado nível de luz-base.

NLE Ver **edição não linear**.

noseroom Espaço que sobra na frente de uma pessoa que olha ou aponta para a borda da tela. Ver também **leadroom**.

NTSC Sigla para National Television System Committee (Comitê Nacional de Sistemas de Televisão). Normalmente, designa o sinal de televisão composto, que consiste nas informações de croma combinadas (sinais vermelhos, verdes e azuis) e as informações de luminância (sinal preto e branco). Ver também **sistema composto**.

onidirecional Modelo de captação de áudio no qual o microfone é capaz de captar com qualidade e de maneira uniforme em todas as direções.

operador de vídeo (VO) Responsável pelo ajuste inicial da câmera (balanceamento de branco e manutenção do contraste de brilho dentro dos limites toleráveis) e pelo controle de imagens durante a produção. Também chamado shader (controlador de brilho) ou VO.

operador shooter das câmeras ENG/EFP Algumas vezes chamado DF (diretor de fotografia) em EFP.

ordem dos eventos Forma como os detalhes de um evento são dispostos em sequência.

osciloscópio Ver **monitor de forma de ondas**.

P/O Ver **plano sobre o ombro**.

P/V Ver **monitor de preview**.

PA – Public address (endereço público) Sistema de alto-falantes. Também chamado sistema talkback ou de endereço de estúdio.

padrão de captação Região ao redor do microfone em que este pode "captar sons com qualidade e de maneira uniforme", ou seja, sua capacidade de captação máxima.

padrão polar Representação bidirecional do padrão de captação de um microfone.

painel de projeto Pasta na edição não linear contendo todos os clipes originais de áudio e vídeo. Também chamado navegador ou lixeira de clipes.

pancake Ver **base**.

panorâmica Girar a câmera horizontalmente.

panorâmica vertical Focalizar a câmera para cima e para baixo.

pantógrafo Dispositivo de sustentação articulável para instrumentos de iluminação.

passada rápida Ensaio.

passagem de falas Ensaio sem equipamentos para praticar e definir as ações básicas dos artistas. Também chamada ensaio de marcação.

patchbay – régua de patch (painel de conexões) Ver **patchboard**.

patchboard (painel de conexões) Dispositivo que conecta diversas entradas a saídas específicas. Também chamado patchbay e painel de conexões.

pedestal (1) Dolly de câmera pesado que permite erguer e baixar a câmera suspensa no ar. (2) Mover a câmera para cima e para baixo por meio de um pedestal de estúdio. (3) Nível escuro da imagem na televisão; pode ser ajustado de acordo com um padrão no monitor de forma de ondas.

pedestal robótico Pedestal de estúdio com controle remoto e suporte de montagem. Conduzido por sistema computadorizado que pode armazenar e executar grande número de movimentos de câmera. Também chamado robótico.

perda de luminosidade (1) Velocidade em que ocorre a perda de intensidade de luz. (2) Velocidade (grau) em que a porção clara da imagem se transforma em área escura. Perda rápida de luminosidade indica que as áreas claras se tornam repentinamente escuras gerando uma grande diferença entre as áreas claras e as escuras. Perda lenta de luminosidade indica que as áreas claras alternam com as escuras, havendo uma diferença mínima entre as áreas claras e as escuras.

periacto Peça triangular do cenário que pode ser convertida em uma base giratória.

perspectiva de som Sons distantes devem ser acompanhados de um plano geral, e sons próximos, de um close.

pesquisa de ambiente Ver **pesquisa de externa**.

pesquisa de externa Investigação pré-produção da área da locação e das circunstâncias do evento. Também chamada pesquisa de ambiente.

pilar Peça triangular; parecem colunas finas.

pillarbox Relação de aspecto resultante da filtragem de uma imagem 4 × 3 em uma tela 16 × 9, bloqueando-se as laterais com faixas. Ver também **letterbox**.

pixel Abreviatura de picture element (elemento de imagem). (1) Elemento de imagem único (como o ponto isolado em uma imagem do jornal) que pode ser identificado pelo computador. Quanto maior o número de pixels por região da imagem, maior a qualidade da imagem. (2) Elementos sensíveis à luz em um CCD contendo uma carga.

plana (flat) (1) Iluminação: iluminação constante com sombras mínimas (perda lenta de luminosidade). (2) Cenário: peça de cenário vertical utilizada como fundo ou simulação das paredes de uma sala.

planejamento de produção Calendário que apresenta as datas de pré-produção, produção e pós-produção, e quem fará o quê, quando e onde.

plano americano Enquadramento da pessoa aproximadamente da cabeça aos joelhos.

plano de cintura Ver **plano médio**.

plano de corte (insert) Tomada tematicamente relacionada ao evento geral. Quando inserido entre dois planos com "pulo de câmera", o plano de insert criará uma camuflagem da mudança de posição. Utilizado para facilitar a continuidade.

plano estabelecido Ver **grande plano geral (ELS)** e **plano geral (LS)**.

plano geral (long shot) Objeto visto de longa distância ou enquadrado livremente. Também chamado plano aberto.

plano médio (MS) Objeto visto à distância média. Abrange qualquer enquadramento entre o plano geral e o primeiro plano. Também chamado tomada da cintura.

plano sobre o ombro (P/O) A câmera capta a imagem de uma pessoa sobre o ombro de outra pessoa (o ombro e a parte de trás da cabeça são incluídos na tomada).

planta baixa Diagrama do cenário e dos itens de cenografia esboçados em um modelo quadriculado. Pode também ser chamado de modelo de planta baixa. Ver também **modelo de planta baixa**.

planta de iluminação Planta, semelhante à planta baixa, indicando o tipo, o tamanho (voltagem) e a localização dos instrumentos de iluminação em relação à cena a ser iluminada e à direção geral dos feixes.

plugue P10 Plugue de ¼ de polegada mais comumente usado nas duas extremidades de cabos de conexão de áudio. Esse plugue é também utilizado para transmitir sinais de áudio a distâncias relativamente curtas de instrumentos musicais, como guitarras elétricas ou teclados.

ponto de convergência (POC) O ponto onde os vetores de índice (linhas visuais) das lentes de uma câmera 3D intersectam-se. É variável.

ponto de vista (POV) Como visto da perspectiva de uma personagem específica. Fornece ao diretor uma dica para a posição da câmera.

portas (1) Encaixes no microfone que ajudam a alcançar um padrão de captação específico e uma resposta de frequência. (2) Entradas no computador para conexão de hardware periférico.

posição macro Ajuste de lentes que permite focalizar a distância bem próxima do objeto. Utilizada para closes de objetos pequenos.

pós-produção Qualquer atividade relacionada à produção que ocorre após a produção. Normalmente se refere à edição de vídeo ou à atenuação de áudio (uma variedade de ajustes de qualidade no áudio gravado).

posterização Efeito visual que reduz os diversos valores de brilho em apenas alguns (normalmente, três ou quatro), conferindo à imagem um visual opaco com aspecto de pôster.

potenciômetro Controle do volume de som.

PPM Ver **medidor de pico**.

pré-amplificador Reforça os sinais elétricos fracos produzidos por um microfone ou dispositivo de captura de imagens da câmera antes que seja possível processar (manipular) e amplificar esses sinais até atingirem potência normal.

pré-produção Preparação de todos os detalhes da produção.

preto (black) Porção mais escura da escala de cinza, com refletância de aproximadamente 3%; chamado preto TV. "Escurecer" significa alterar a cor da imagem do televisor até ficar totalmente preta.

preto de referência Elemento mais escuro no set, utilizado como referência para o ajuste do nível de preto (feixe) da imagem da câmera.

primeiro corte Primeira disposição experimental das tomadas e sequências de tomadas na ordem e duração aproximadas. Executado na edição off-line.

princípio de iluminação fotográfica Organização triangular da luz principal, da contraluz e da luz de preenchimento, com a contraluz oposta à câmera e posicionada diretamente atrás do objeto, e as luzes principal e de preenchimento nas laterais opostas à câmera e de frente e ao lado do objeto. Também chamado iluminação triangular.

processamento de sinal Vários ajustes ou correções eletrônicos do sinal de vídeo para garantir uma imagem estável e/ou com melhor nível de cores. Geralmente realizado com equipamento digital.

produção Atividades efetivas pelas quais o evento é gravado e/ou televisado.

produção eletrônica em campo Ver **EFP**.

produção remota Ver **grande produção em externa**.

produtor Criador e organizador dos programas de televisão.

produtor de linha (line producer) Supervisiona as atividades diárias de produção no set de gravações.

profundidade de campo Área em que todos os objetos localizados em diferentes distâncias da câmera são exibidos em foco. A profundidade de campo depende do comprimento focal das lentes, do fator f-stop e da distância entre o objeto e a câmera.

programa (1) Programa específico de televisão. (2) Sequência de instruções, codificadas em linguagem específica de computador para executar tarefas predeterminadas.

projetor de padrão Refletor elipsoidal com um cookie (cucoloris) inserido que projeta o padrão do cookie como o contorno de uma sombra.

proporção ruído-sinal (S/N) A relação da potência do sinal desejado comparada à interferência eletrônica correspondente (o ruído). É recomendável uma proporção S/N alta (sinal de vídeo ou áudio forte e ruído baixo).

proposta do programa Documento escrito que descreve o objetivo do programa e os principais aspectos de uma apresentação televisiva.

props Abreviatura de properties. Mobília e demais objetos utilizados para decoração do set e pelos atores ou apresentadores.

protetor de vento Material (geralmente espuma de borracha) que reveste a cápsula do microfone ou todo o microfone para reduzir o ruído do vento.

PSA Anúncio do serviço público.

PST Ver **monitor predefinido**.

público-alvo (target) O público selecionado ou desejado para receber uma mensagem específica.

pulso de sincronização Pulsos eletrônicos que sincronizam a varredura nas diversas fontes de origem do vídeo (câmeras de estúdio e/ou remotas) e das várias fontes de gravação, processamento e reprodução (monitores e receptores de televisão).

PZM – Pressure zone microphone (microfone de zona de pressão) Ver **microfone de limite**.

quad-split Mecanismo da mesa de corte que possibilita dividir a cena em quatro quadrantes e preencher cada um deles com uma imagem diferente.

quartzo Luz incandescente de alta intensidade cuja lâmpada consiste em um alojamento de quartzo ou sílica (em vez do habitual vidro) contendo gás halogênio e um filamento de tungstênio. Produz uma luz extremamente brilhante com temperatura de cor estável (3.200 K). Também chamada lâmpada

TH (tungstênio-halogênio). Ver também **tungstênio-halogênio (TH)**.

radiofrequência (RF) Frequência de transmissão dividida em diversos canais. Na distribuição de RF, os sinais de vídeo e áudio são sobrepostos na onda portadora da frequência de rádio. Normalmente chamada RF.

raster O padrão de varredura de uma imagem de vídeo.

RCU Ver **unidade de controle remoto**.

recepção de diversidade Configuração de microfones sem fio individuais em que é montada mais de uma estação receptora, de modo que uma entra em ação quando o sinal da outra perde intensidade.

redundância dupla Utilização de dois microfones idênticos para captação da fonte de som em que apenas um deles é ativado em determinado momento. Dispositivo de segurança que permite alternar para o segundo microfone caso o microfone ativo deixe de funcionar.

refletor elipsoidal Refletor que produz um feixe altamente definido, que pode ser ajustado posteriormente por obturadores de metal.

refletor Fresnel Um dos refletores mais comuns; seu nome deriva do inventor de suas lentes. As lentes desse refletor têm anéis concêntricos no formato de ajustes.

registro de campo (field log) Registro de cada tomada feita durante a gravação em vídeo. Ver também **registro do VR**.

registro do VR (log) Lista de todas as tomadas – boas (aceitáveis) e ruins (não aceitáveis) – em ordem consecutiva por número de cena e localização de código de tempo. Geralmente elaborado com programas de registro computadorizados. Uma coluna vetorial facilita a seleção de tomadas. Ver também **registro de campo**.

regra dos terços Uma variação na seção dourada, onde a tela é dividida em três campos horizontais e três campos verticais. Uma composição de segurança coloca um sujeito onde a linha horizontal e a vertical cruzam.

relação de aspecto (aspect ratio) Proporções entre largura e altura da tela de TV padrão e, consequentemente, de todas as imagens de TV padrão: 4 unidades de largura por 3 unidades de altura. Em HDTV, a relação de aspecto é de 16:9. As telas pequenas das mídias portáteis (celulares) apresentam diversas relações de aspecto.

relação de contraste Diferença entre as frações mais claras e escuras da imagem (normalmente medida pela luz refletida em foot-candles). A relação de contraste para câmeras e camcorders de baixa definição é normalmente de 50:1, isto é, a intensidade do ponto mais claro na imagem não pode ser 50 vezes maior que a fração mais escura sem provocar perda de detalhes nas áreas escura ou clara. As câmeras de alta definição podem exceder essa proporção e tolerar uma relação de contraste de 1.000:1 ou mais.

relação de luz Intensidades da luz principal, da contraluz e da luz de preenchimento. Uma relação de 1:1 entre a luz principal e a contraluz indica que ambas as fontes iluminam em intensidades iguais. Uma relação de 1:½ entre as luzes principal e de preenchimento indica que a luz de preenchimento ilumina com metade da intensidade da luz principal. Como as relações de luz dependem de inúmeras variáveis de produção, não

414 Manual de produção de televisão

é possível fixá-las. Uma relação de 1:1:½ entre os três tipos é geralmente utilizada para obtenção da iluminação triangular normal.

replay instantâneo Repetição feita ao espectador pela reprodução de uma apresentação principal ou um evento importante logo após seu acontecimento ao vivo. Nas artes dramáticas, essa repetição é utilizada como recordação visual de um evento anterior.

requisitos médios Todos os elementos de conteúdo, elementos de produção e pessoal necessário para gerar a mensagem do processo definida.

resolução Medida dos detalhes da imagem, expressa no número de pixels por linha de varredura e no número de linhas de varredura visíveis. A resolução é influenciada pelo dispositivo de captura de imagens, pela lente e pelo aparelho de televisão que exibe a imagem da câmera. Termo frequentemente usado como sinônimo para definição.

resposta em frequência Medida da faixa de frequências que um microfone é capaz de captar e reproduzir.

resposta plana Medida da capacidade de um microfone captar uniformemente em toda a sua faixa de frequência. Também utilizada como medida para dispositivos que gravam e reproduzem uma faixa de frequência específica.

retorno interrompível ou feedback interrompível (IFB) – ponto eletrônico Sistema de comunicação que permite conversar com o artista enquanto o programa está no ar. Refere-se a um pequeno dispositivo para o ouvido utilizado pelo artista no ar que transmite o áudio do programa ou instruções do produtor ou diretor.

retroprojeção (RP) Tela translúcida em que as imagens são projetadas da parte de trás e fotografadas da frente.

revelar suavemente Transição em que a linha de demarcação entre duas imagens é suavizada para que as imagens se fundam uma na outra.

reverberação Reflexos do som originários de várias superfícies após a fonte do som ter parado de vibrar. Normalmente utilizada para dar mais brilho a sons gravados em estúdios com acústica "fechada".

RGB Red, green and blue (vermelho, verde e azul) – as cores básicas da televisão.

robótico Ver **pedestal robótico**.

roll Elementos gráficos (normalmente créditos) que sobem lentamente pela tela; ver também **arrastar**.

roteiro A/V de duas colunas Formato de roteiro tradicional com informações do vídeo na parte esquerda da página e informações do áudio na parte direita; criado para programas, como documentários e comerciais. Também chamado formato A/V e formato de documentário.

roteiro dramático de única coluna Formato de roteiro tradicional para atuações na televisão e no cinema. Todo o diálogo e as deixas de ação são escritos em uma única coluna.

roteiro A/V na versão completa Roteiro completo contendo todos os diálogos ou falas e principais deixas de visualização.

roteiro A/V parcial de duas colunas Descreve um programa cujo diálogo está indicado, porém ainda incompleto. Ver também **roteiro A/V de duas colunas**.

rotunda (1) Iluminação: filtro difusor material acrílico colocado em frente a um instrumento de iluminação para servir como redutor de intensidade ou difusor de luz adicional. (2) Cenário: cortina de tecido frouxo pendurada em frente ao ciclorama para difundir a luz, produzindo um fundo suave e uniforme.

ruído (1) *Áudio*: sons indesejados que interferem nos sons intencionais, sinais de alta frequência ou zumbidos elétricos indesejados inevitavelmente gerados pelos componentes eletrônicos dos equipamentos de áudio. (2) *Vídeo*: interferência eletrônica exibida na tela como se fosse "neve".

S/N Ver **proporção ruído-sinal**.

SAG-AFTRA Sindicato combinado da Corporação de Atores de Tela e a Federação Americana de Artistas de Televisão e Rádio.

sala de controle Sala contígua ao estúdio onde o diretor, o diretor de imagens, o engenheiro de áudio e, às vezes, o diretor de iluminação executam as diversas funções de produção.

sala de pós-produção de áudio para realização de atividades de pós-produção, como atenuação; composição de trilhas musicais; adição de música, efeitos sonoros ou trilhas com risadas; e montagem de vinhetas musicais e comerciais.

satélite de transmissão direta (DBS) Satélite com transponder (receptor-transmissor) de potência relativamente alta, que transmite via satélite por downlink para antenas parabólicas individuais pequenas; opera na banda Ku.

saturação Atributo da cor que descreve sua riqueza ou força.

scoop Refletor de televisão no formato de concha.

script ou roteiro Documento escrito indicando a natureza do programa, o que cada um deve falar, o que deverá acontecer e o que e como o público deve assistir.

SDTV Televisão digital padrão.

SEG (1) Screen Extras Guild (Associação de Figurantes em Filmagens e Gravações). Sindicato operário. (2) Ver **gerador de efeitos especiais**.

sensor Dispositivo de captura de imagens CCD ou CMOS em uma câmera de vídeo.

set Organização do cenário e dos itens cenográficos para indicar a localização e/ou o aspecto do programa ou espetáculo.

set virtual Ambiente gerado por computador, normalmente um set de estúdio, que fornece o fundo para uma ação em chroma-key, tal como noticiários.

shader (controlador de brilho) Ver **operador de vídeo (VO)**.

share Porcentagem de domicílios com televisão sintonizados em uma estação específica em relação ao número total de domicílios com televisão (HUT), isto é, todos os domicílios com os aparelhos de TV ligados.

shuttle Movimentos de avanço e retrocesso da fita simulados para localizar um endereço em particular (tomada) na fita.

sinais de ATSC Sinais de vídeo transportados como pacotes, cada pacote contendo apenas uma parte da imagem da televisão e acompanhando o som mais as instruções para o receptor sobre como reagrupar as partes em figuras e sons completos de vídeo.

sinal C Ver **sinal de crominância**.

sinal de continuidade Gravação de alguns segundos sem cor alguma ao final de cada gravação em videoteipe para manter a tela escura e executar a mudança ou edição de vídeo.

sinal de crominância (sinal de cor) Consiste nos três sinais de cores (croma) em um sistema de vídeo. O canal de crominância é responsável pelos sinais básicos de cor: vermelho, verde e azul (RGB). Também chamado sinal C.

sinal de luminância (sinal de brilho) Canal distinto nas câmeras coloridas responsável pelo gerenciamento das variações de brilho, permitindo que estas produzam um sinal receptível em televisores preto e branco. Normalmente, o sinal de luminância é eletronicamente emitido por sinais de crominância. Também chamado sinal Y.

sinal NTSC Ver **sistema composto**.

sinal Y Ver **sinal de luminância**.

sinalizações de tempo Dicas para o artista sobre o tempo restante do programa.

sincronismo de rolagem Rolagem vertical da imagem causada pela transição entre fontes de vídeo cuja varredura está fora de sincronia. Perceptível também em edições de má qualidade, em que não há correspondência entre as trilhas de controle das tomadas editadas.

sincronização labial – lip sync Sincronização do som e dos movimentos labiais.

sincronizador de enquadramento Sistema de sincronização e estabilização de imagens que armazena e reproduz um frame de vídeo completo por vez. Utilizado para sincronizar sinais de uma variedade de fontes de vídeo sem suporte a genlock.

sistema cart digital Sistema de áudio digital que utiliza discos rígidos internos ou discos ópticos de gravação/leitura para armazenar e acessar informações de áudio quase instantaneamente. Em geral, é utilizado para reproduzir anúncios curtos ou vinhetas.

sistema componente de diferença Y/cor Sistema de gravação de vídeo em que três sinais – de brilho ou luminância (Y), vermelho menos o próprio sinal de luminância (R-Y) e azul menos o próprio sinal de luminância (B-Y) – são o processo de transporte e gravação. Ver também **sistema de componente**.

sistema composto Processo pelo qual o sinal de luminância (Y ou preto e branco) e o sinal de crominância (C ou colorido), bem como as informações de sincronização, são codificados em um único sinal de vídeo e transportados por meio de um cabo simples. Também chamado sinal NTSC.

sistema de câmera única O uso de uma única câmera de vídeo ou câmera camcorder para a captura, gravação ou transmissão de cena de vídeo.

sistema de componente Processo pelo qual o brilho ou sinais de iluminação (Y) e os sinais de cor (C) são mantidos distintos um do outro durante todo o processo de gravação e armazenamento. Ver também **sistema componente de diferença Y/cor**.

sistema de componente RGB Sistema de gravação de vídeo analógico e digital no qual os sinais vermelho, verde e azul (RGB) são mantidos separados durante todo o processo de gravação e armazenamento e transportados por meio de três cabos distintos.

sistema de estabilização da câmera Suporte para câmera cujo mecanismo mantém a câmera firme enquanto o operador se locomove.

sistema de televisão Os equipamentos e as pessoas que os operam para a produção de programas específicos. O sistema básico de televisão consiste na câmera de televisão e em um microfone, que convertem as imagens e o som em sinais elétricos, e no aparelho de TV e em um alto-falante, que convertem os sinais novamente em imagens e som.

sistemas de gravação digital Obtêm amostras dos sinais de áudio e vídeo e as convertem em pulsos ativados/desativados distintos. Esses dígitos são gravados como 0s e 1s.

sistema de várias câmeras O uso de duas ou mais câmeras de vídeo ou câmeras camcorders para a captura, seleção, gravação ou transmissão de uma cena de vídeo.

sistema SA – studio address (endereço do estúdio) Sistema de alto-falantes. Ver também **talkback de estúdio**.

slate (histórico ou lousa) (1) Identificação visual e/ou verbal de cada segmento de gravação de vídeo. (2) Pequeno quadro branco ou negro no qual são inseridas informações essenciais à produção por escrito. Estas são gravadas ao início de cada tomada.

soft light Refletor para televisão que produz luz extremamente difusa.

solarização Efeito especial produzido por uma inversão de polaridade parcial da imagem. Em imagens monocromáticas, formam-se, às vezes, finas linhas pretas onde as áreas positiva e negativa da imagem se convergem. Em imagens coloridas, a inversão resulta em uma combinação de matizes complementares.

solicitação de recursos Lista contendo todos os recursos técnicos necessários a uma produção específica.

som binaural A gravação do som por meio de dois microfones, parecidos com nossas orelhas, presos à cabeça de um fantoche. Para conseguir um efeito estéreo, o playback deve ser usado por meio dos fones de ouvido.

sombreamento Ajuste da imagem na sua faixa de contraste ideal; controle da cor e dos níveis de preto e branco.

som espacial Ajuda-nos a definir espaço de tela.

som estéreo Define o campo de áudio horizontal.

som surround Áudio que produz um campo sonoro na frente, em ambos os lados e atrás do ouvinte por meio de alto-falantes colocados nessas posições.

SOS É a sigla em inglês para sound on source (áudio na fonte). O vídeo é reproduzido com imagens e áudio. Anteriormente chamado SOT (som na fita).

SOT É a sigla em inglês para sound on tape. Ainda frequentemente usado para significar som na fonte. Ver também **SOS**.

sound bite Breve parcela da declaração de alguém na câmera.

spiking Marcar no chão do estúdio, com giz ou fita isolante, as posições principais dos atores, das câmeras ou dos itens de cenografia.

spotlight-refletor Instrumento de iluminação que produz luz direcional relativamente difusa com o limite dos feixes relativamente bem-definido.

stand by Dica de advertência para qualquer tipo de ação na produção televisiva.

416 Manual de produção de televisão

steadicam Suporte para câmera cujas molas internas prendem a câmera firmemente enquanto o operador se move.

stock shot – cenas de arquivo Imagem de ocorrência comum – nuvens, tempestade, tráfego, multidões – que pode ser repetida em uma variedade de contextos pela característica comum de sua qualidade. Há bibliotecas de cenas de arquivo onde é possível encontrar um número ilimitado de tomadas desse tipo.

stop-motion Efeito de câmera lenta em que um quadro salta para o seguinte, exibindo o objeto em posições diferentes.

storyboard Série de esboços dos principais pontos de visualização de um evento, juntamente com as correspondentes informações de áudio.

streaming (transmissão contínua) Método de envio e recepção de áudio e/ou vídeo digital na forma de um fluxo contínuo de dados que podem ser ouvidos ou vistos enquanto o processo de envio se desenvolve. Ver também **download**.

strike Remover certos objetos; desmontar o cenário e remover os equipamentos do estúdio após o programa.

STV Ver **televisão padrão**.

substituição automática de diálogo (ADR) Sincronização da pós-produção com os movimentos labiais do interlocutor.

super Abreviatura de superposição. Exposição dupla de duas imagens, em que a superior permite a exibição total da inferior.

suporte de estúdio para inclinações e panorâmicas Suporte para câmeras pesadas que permite a realização de movimentos verticais e panorâmicos sem nenhuma dificuldade.

suporte de inclinação e panorâmica Ver **suporte para câmera**.

suporte para câmera Dispositivo que conecta a câmera ao tripé ou pedestal do estúdio para facilitar a realização de movimentos verticais e panorâmicos sem dificuldades. Também chamado suporte de inclinação e panorâmica.

S-vídeo Também chamado sistema de componente Y/C.

sweep Peça curva do cenário, semelhante a um grande pilar cortado pela metade.

take (1) Sinal para cortar de uma fonte de vídeo para outra. (2) Qualquer tomada parecida feita repetidas vezes durante uma gravação de vídeo ou filmagem. Normalmente identificada com um número. Um bom take é a gravação bem-sucedida de uma cena ou trecho de programa. Um take ruim é a gravação malsucedida de uma cena ou trecho de programa e requer outro take.

talkback de estúdio Sistema de alto-falantes para comunicação entre a sala de controle e o estúdio. Também chamado sistema SA (Studio Address) ou PA (Public Address). (Comunicação com o estúdio ou com o público.)

taxa de atualização Número de ciclos de uma varredura digital completa (quadros) por segundo. Ver também **frame**.

TBC Ver **corretor de base de tempo**.

tela de plasma Tela plana de televisão cujos pixels RGB são ativados por gases específicos.

tela dividida (split screen) Efeito com várias imagens causado pela interrupção de um efeito revelar/desaparecer direcional antes de sua conclusão, com cada parte da tela exibindo, assim, uma imagem diferente em seu próprio quadro.

teleprompter Dispositivo de exibição de mensagens que projeta o texto em movimento (normalmente gerado por computador) sobre a lente, de modo que o artista possa lê-lo sem perder o contato do olho com o espectador. Também chamado teleponto.

televisão de alta definição (HDTV) Possui, pelo menos, duas vezes mais detalhes que a televisão padrão (NTSC). O sistema 720p usa 720 linhas visíveis ou ativas normalmente decompostas de maneira progressiva a cada 1/60 segundo. O padrão 1.080i utiliza 60 campos por segundo, e cada campo consiste em 540 linhas visíveis ou ativas. No padrão 1.080p, todas as 1.080 linhas são escaneadas para cada quadro. A taxa de atualização (ciclo de varredura completo) para sistemas de HDTV é geralmente 60 fps, mas pode variar.

televisão padrão (STV) Sistema baseado no sistema de varredura NTSC, com 525 linhas entrelaçadas (480 visíveis).

tema (1) Assunto da trama; a ideia essencial. (2) Música de abertura e encerramento em um programa.

temperatura da cor Padrão pelo qual medimos a intensidade relativa de vermelho ou azul da luz branca. Para medi-la adotamos a escala de Kelvin (K). A temperatura de cor padrão para luz interna é de 3.200 K; para luz externa, o valor é de 5.600 K. Tecnicamente, os números expressam graus Kelvin.

tempo de execução Duração de um programa ou de segmentos dele. Parte de tempo subjetivo.

time code Atribui a cada frame de televisão um endereço específico (número que exibe horas, minutos, segundos e frames do tempo decorrido da fita). Ver também **time code SMPTE/EBU**.

time code SMPTE/EBU Significa time code para Sociedade de Engenheiros do Cinema e da Televisão/Sindicato de Radiodifusão Europeu. Sinal eletrônico gravado na trilha de coordenação ou de endereço em um videoteipe ou uma das várias trilhas de uma fita de áudio, de modo a atribuir a cada frame um endereço específico. O leitor do time code traduz o sinal em um número específico (horas, minutos, segundos e quadros) para cada quadro.

tomada Menor unidade operacional prática de vídeo e filme; normalmente, o intervalo entre duas transições. Em cinema, pode se referir a uma configuração específica da câmera.

tomada de busto Enquadramento de uma pessoa do tronco superior ao alto da cabeça.

tomada dupla Enquadramento de duas pessoas.

tomada tripla Enquadramento de três pessoas.

tongue ou movimento de língua Mover o boom ou o braço da lança com a câmera da esquerda para a direita ou da direita para a esquerda.

torre Suporte pesado montado sobre um dolly de três rodas, criado especificamente para sustentar instrumentos de iluminação de vários tipos. Um cano de alongamento permite ajustar a posição vertical do instrumento de iluminação para determinado grau.

track Outro nome para truck (movimento lateral da câmera).

tracking (1) Ajuste eletrônico das cabeças de vídeo para que, na fase de reprodução, elas acompanhem exatamente a fase de gravação da fita. Evita fragmentação ou desalinhamento das imagens, principalmente em fitas gravadas em máquinas que não sejam as utilizadas para reprodução. (2) Outro nome para truck (movimento lateral da câmera).

trama (plot) Forma como o enredo se desenvolve de um evento para o próximo.

transformador de impedância Dispositivo que permite a um microfone de alta impedância alimentar um gravador de baixa impedância e vice-versa.

transição automática Dispositivo eletrônico que funciona como a barra de um atenuador.

transmissor de micro-ondas Método de transmissão a partir de uma localização remota para a estação e/ou transmissor abrangendo a utilização de diversas unidades de micro-ondas.

transponder Receptor e transmissor próprio do satélite.

tratamento Breve descrição narrativa de um programa de televisão.

triângulo de iluminação ou iluminação de três pontos Disposição triangular das luzes principal, de preenchimento e contraluz. Também chamado iluminação triangular. Ver também **princípio de iluminação fotográfica**.

trilha de áudio (audio track) A área do videoteipe usada para gravar as informações do som.

trim (1) *Áudio*: ajustar a potência do sinal do microfone ou das entradas. (2) *Vídeo*: aumentar ou diminuir uma tomada em alguns quadros durante a edição; refere-se também a diminuir uma história gravada em vídeo.

tripé Suporte para câmera com três pernas. Pode se conectar a um dolly para fácil maneabilidade. Também chamado de sticks.

truck Mover a câmera lateralmente por meio de um suporte móvel. Também chamado track.

tungstênio-halogênio (TH) Tipo de filamento utilizado em lâmpadas de quartzo. O tungstênio é o filamento propriamente dito; o halogênio é uma substância gasosa que envolve o filamento embutido em um recipiente de quartzo. Ver também **quartzo**.

unidade de controle de câmera (CCU) Equipamento distinto da cabeça da câmera que contém diversos controles de vídeo, incluindo fidelidade de cores, balanço de cores, contraste e brilho. A CCU permite que o operador de vídeo ajuste a imagem da câmera durante o programa.

unidade de controle remoto (RCU) (1) Controle CCU distinto da CCU propriamente dita. (2) Pequena CCU portátil transportada ao campo juntamente com a câmera de EFP. Ver também **unidade de controle da câmera**.

unidade de externa (móvel) Veículo que transporta o controle do programa, o controle de áudio, o controle de gravação de vídeo e reprodução instantânea, o controle técnico e os equipamentos de transmissão.

unidade móvel de uplink Veículo que carrega equipamentos para enviar sinais de áudio e vídeo a um satélite.

unidirecional Padrão de captação no qual o microfone capta o som melhor da frente do que das laterais ou de trás.

uplink Transmissor da estação terrestre utilizado para enviar sinais de áudio e vídeo a um satélite.

USB 3.0 Interface de alta velocidade (cabo) para transportar informações digitais.

V/O Ver **voz sobreposta**.

vara do boom Dispositivo suspenso para microfones; o microfone é preso a uma vara e suspenso sobre o cenário por períodos curtos.

varredura Movimento executado pelo feixe de elétrons da esquerda para a direita e de cima para baixo na tela do televisor.

varredura entrelaçada Esse sistema lê todas as linhas de varredura ímpares no seu primeiro rastreio e todas as linhas pares na segunda. A combinação das figuras incompletas, chamadas campos, cria uma única tela de vídeo. A televisão de padrão NTSC opera com 60 campos por segundo, que traduz em 30 telas por segundo.

varredura progressiva Todas as linhas de varredura são rastreadas por uma carga elétrica de maneira sequenciada de cima para baixo. Essa varredura completa do rastreamento cria um quadro de vídeo singular. Ver **dispositivo de captura de imagens**.

vetor Refere-se à força perceptível com direção e magnitude. Os tipos de vetor são: gráfico, de índice e de movimento. Ver também **vetor gráfico**, **vetor de índice** e **vetor de movimento**.

vetor de índice Vetor criado por uma pessoa fitando ou olhando indiscutivelmente para determinada direção.

vetor de movimento Vetor criado por um objeto se movimentando de fato na tela ou aparentemente em movimento.

vetor do eixo Z_h Um índice ou vetor de movimento que aponta ou move em direção ou fora da câmera.

vetor gráfico Vetor criado por linhas ou elementos estáticos de forma a sugerir uma linha.

vídeo Porção visual de um programa de televisão.

videojornalista (VJ) Repórter de TV que grava, edita e escreve suas próprias reportagens.

visor Normalmente, indica o visor eletrônico (para distinguir do visor óptico em um filme ou câmera fotográfica); pequeno aparelho de TV que exibe a imagem como gerada pela câmera.

visualização Conversão mental de uma cena em diversas imagens de TV principais, não necessariamente em sequência. A imagem mental de uma tomada.

VO Ver **operador de vídeo**.

volume A intensidade relativa do som; sua altura relativa.

voz sobreposta Narração fora da câmera sobreposta ao evento ao vivo ou vídeo gravado.

VR Ver **gravador de vídeo**.

W Watt.

windowbox Uma figura menor que é centralizada em uma tela de display atual, com o espaço restante do quadro 16×9 ao redor disso.

window dub (time code aparente) Fonte de mídia com time code digitado em uma caixa de janela sobre cada quadro. Isso dá a cada quadro seu próprio endereço.

wipe (revelar/desaparecer) Transição em que uma segunda imagem, enquadrada em determinada forma geográfica, substitui gradualmente a primeira imagem no todo ou em parte.

X/S Ver **cross-shot**.

zoom Mudar a lente gradualmente para uma posição de ângulo estreito (zoom-in) ou para uma posição de ângulo aberto (zoom-out) enquanto a câmera permanece imóvel.

zoom digital Simulação do efeito de zoom recortando-se a parte central da imagem e ampliando-a eletronicamente. No zoom digital, a imagem perde qualidade de resolução.

APÊNDICE

Caderno colorido

CAPÍTULO 1   Processo de produção de televisão

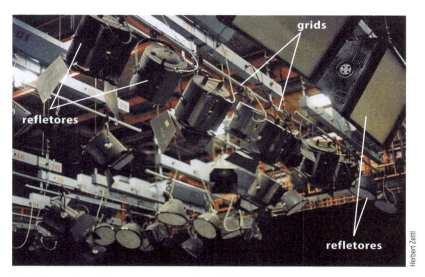

1.18 Luzes de estúdio suspensas em grids móveis
A iluminação típica de estúdio utiliza refletores. Todos os instrumentos são suspensos em grids, que podem ser baixados rente ao piso do estúdio e erguidos bem acima do cenário.

1.20 Interface de computador para edição não linear
A interface da maioria dos sistemas de edição não linear exibe uma lista dos clipes disponíveis, um monitor de preview da próxima tomada a ser editada e que aparecerá no monitor de programa, uma trilha de vídeo (trilha azul com imagens em miniatura), duas ou mais trilhas de áudio e outras informações, como transições disponíveis.

CAPÍTULO 5 A câmera de televisão

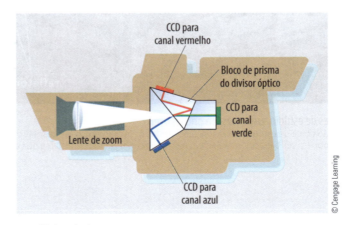

5.5 Divisor óptico
O divisor óptico ou bloco de prisma divide a luz recebida (representando a imagem como captada pela lente) nos feixes de luzes RGB e os direciona aos seus respectivos sensores (CCD ou CMOS).

Apêndice – Caderno colorido   421

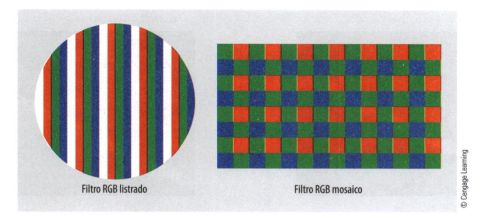

5.6 Filtros listrados e em forma de mosaico
As câmeras equipadas com um único sensor de imagens utilizam um filtro listrado ou em forma de mosaico no lugar do bloco de prisma para dividir a luz branca em feixes de cores RGB. Cada feixe colorido é transformado pelo sensor em cargas elétricas, e estas, por fim, são convertidas nos sinais RGB.

5.19 Ajuda ao foco (focus-assist)
O recurso de ajuda ao foco amplia o centro da imagem para facilitar a determinação do foco. Os segmentos ampliados da imagem permitem determinar mais rapidamente se toda a cena exibida no visor está dentro do foco correto.

5.20 Exibição das funções no monitor dobrável
A tela plana das câmeras funciona como um centro de comunicação. Ela exibe um menu com as principais funções da câmera. Durante a operação da câmera, a imagem do visor apresenta informações específicas sobrepostas.

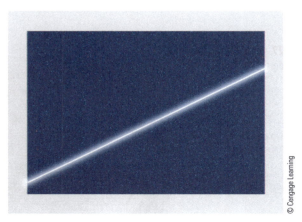

5.21 Sinal analógico
O sinal analógico pode ser representado por uma rampa (subida) contínua até determinada altura.

5.22 Sinal digital
O sinal digital pode ser representado por uma escada dividida em degraus distintos até determinada altura.

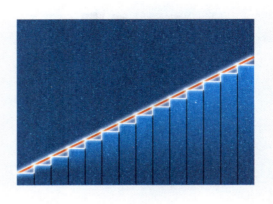

5.23 Taxa de amostragem alta
A amostragem (sampling) seleciona pontos do sinal analógico original. Uma taxa de amostragem alta seleciona um número maior de pontos do sinal original. O sinal digital será formado por uma quantidade maior de degraus menores tornando-se cada vez mais semelhante à rampa original. Quanto maior for a taxa de amostragem, maior será a qualidade do sinal.

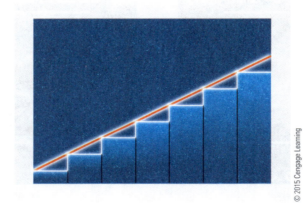

5.24 Taxa de amostragem baixa
A taxa de amostragem baixa seleciona um número menor de pontos do sinal analógico original. O sinal digital será composto por menos degraus, porém maiores. Grande parte do sinal original se perde.

5.27 Varredura progressiva
Em uma varredura progressiva, cada linha de raster horizontal é lida do topo para a parte de baixo para completar um quadro de vídeo.

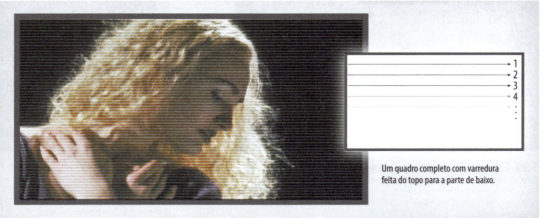

Um quadro completo com varredura feita do topo para a parte de baixo.

Apêndice – Caderno colorido 423

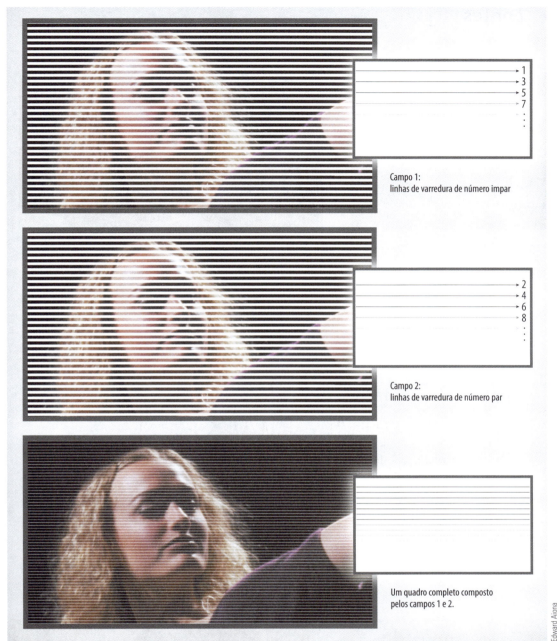

5.28 Varredura entrelaçada
Em uma varredura entrelaçada, as linhas de raster horizontais de número ímpar são lidas primeiramente, criando metade de um quadro, chamado de campo. A próxima varredura processa todas as linhas de número par, criando a outra metade do cuadro – o segundo campo. Os dois campos formam um único quadro.

Campo 1: linhas de varredura de número ímpar

Campo 2: linhas de varredura de número par

Um quadro completo composto pelos campos 1 e 2.

Edward Aiona

5.29 Cores primárias da TV
As três cores primárias aditivas da televisão, com as quais todas as outras cores são misturadas, são vermelho, verde e azul, normalmente identificadas por *RGB*.

© 2015 Cengage Learning

CAPÍTULO 6 Lentes

6.3 Posições de zoom máximo das lentes 10×
A lente 10× zoom é capaz de aumentar seu comprimento focal 10 vezes. Ela amplia parte da cena e cria a sensação de aproximá-la da câmera e, portanto, do observador.

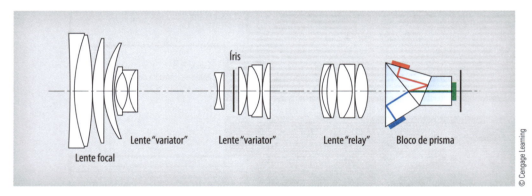

6.6 Componentes da lente de zoom
A lente de zoom consiste em vários componentes móveis e fixos que se interagem para manter o foco durante a mudança contínua do comprimento focal. Os componentes frontais controlam o foco, e os centrais, o zoom.

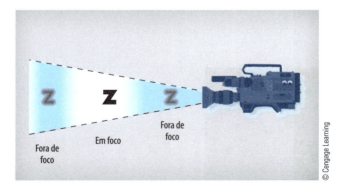 

6.11 Profundidade de campo
A profundidade de campo é a área em que todos os objetos, embora localizados em diferentes distâncias da câmera, aparecem em foco.

6.12 Profundidade de campo superficial (rasa)
Na profundidade de campo superficial, a área em que o objeto aparece em foco é limitada.

Apêndice – Caderno colorido 425

6.13 Profundidade de campo acentuada
Na profundidade de campo acentuada, quase tudo no campo de visão da câmera aparece em foco.

6.28 Foco seletivo: primeiro plano em foco
Nessa foto, a pessoa mais próxima da câmera está em foco, desviando a atenção das duas pessoas ao fundo.

6.29 Foco seletivo: plano de fundo em foco
Aqui, a atenção se desviou da pessoa mais próxima da câmera (primeiro plano) para as duas pessoas afastadas ao fundo.

CAPÍTULO 9 Áudio: controle de som

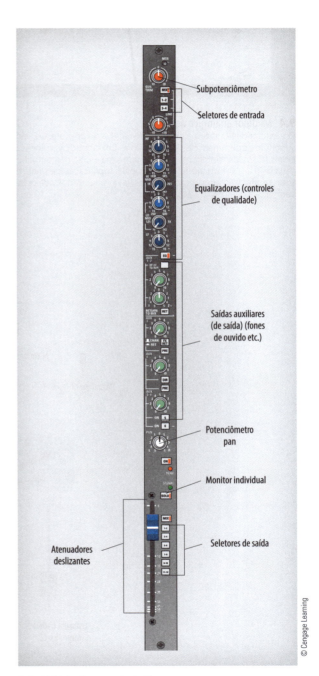

9.2 Módulo de mesa de áudio
Os principais controles desse módulo são: controle de volume por atenuador deslizante, monitor solo (desliga automaticamente todos os outros canais, exceto o que está nesse módulo), potenciômetro pan (move o som horizontalmente de um alto-falante estéreo para o próximo), controles de qualidade, como os equalizadores e vários seletores de entrada e saída.

9.4 Medidor analógico de VU
O medidor de VU indica a intensidade relativa de um som. Os valores superiores, que variam de -20 a +3, são as unidades de volume (decibéis). Os valores inferiores representam uma escala percentual que varia de 0 a 100% de modulação do sinal (amplificação de sinal). A sobremodulação (amplificação excessiva de sinal) é indicada pela linha vermelha à direita (0 a +3 VU).

9.5 Medidor digital com VU de LED
Os medidores de VU com diodo emissor de luz indicam sobrecarga acendendo uma cor diferente (geralmente vermelho). Quando a coluna medidora ficar vermelha, o sinal está sobrecarregado e sendo cortado.

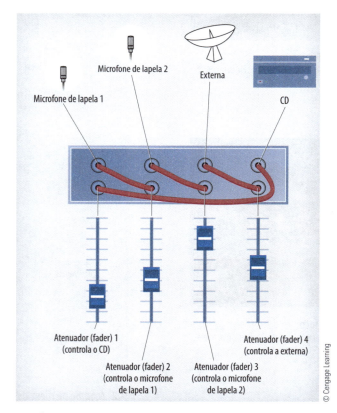

9.7 Conexão
Esta conexão mostra que as saídas de sinal (fontes de áudio) de dois microfones, uma chegada de sinal de externa e um CD estão agrupadas na seguinte ordem de entrada de atenuador: CD, microfone de lapela 1, microfone de lapela 2, sinal da externa.

Apêndice – Caderno colorido   427

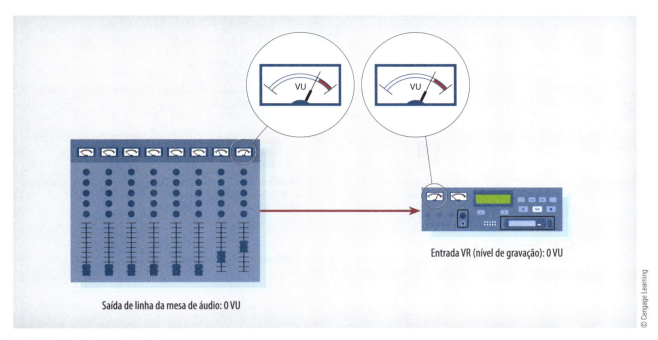

9.14 Ajuste do sistema de áudio
Um sistema de áudio está ajustado ou equalizado quando todos os medidores de VU respondem da mesma forma a um sinal de áudio específico – o tom de controle. Aqui, a saída de linha do mixer de áudio está calibrada ou equalizada com a entrada (nível de gravação) de VTR. Ambos os medidores de VU mostram o mesmo valor.

CAPÍTULO 10   Iluminação

10.1 Luz de LED
Essa luz de LED consiste em uma matriz de diodos de emissão de luzes vermelha, verde e azul, que agem como pequenas lâmpadas. Ela pode ser programada para produzir luz branca ou uma grande variedade de luzes coloridas.

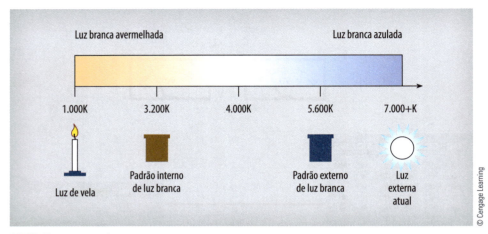

10.45 Temperatura de cor
A temperatura de cor, medida na escala de Kelvin, indica a vermelhidão ou o azulado relativos de luz branca. A norma para a luz interna é 3.200 K; para a luz ao ar livre é 5.600 K.

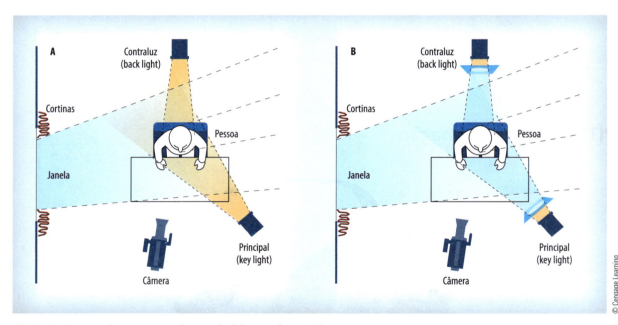

10.46 Combinação de temperatura de cores de diferentes fontes de luz
A Ao iluminar um objeto com a luz interna misturada com a luz externa que vem através de uma janela, você precisa igualar as temperaturas de cor de ambas as fontes de luz para garantir um balanceamento de brancos adequado.
B Para igualar as temperaturas de cor, você pode colocar géis azul-claros nos instrumentos de iluminação interna para aumentar a sua temperatura de cor de 3.200 K para a luz do dia mais proeminente 5.600 K vinda pela janela.

Apêndice – Caderno colorido 429

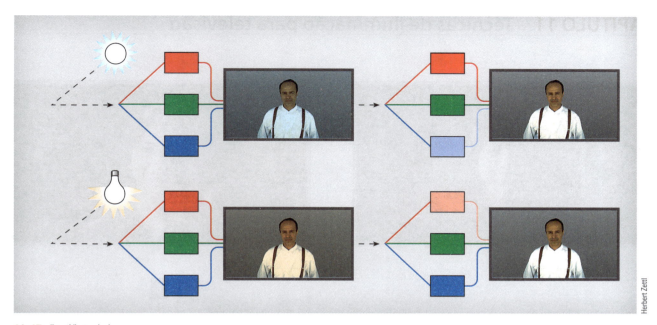

10.47 Equilíbrio de branco
O equilíbrio de branco ajusta canais de RGB na câmera para corrigir moldes de luz indesejada e fazer o branco parecer branco. Com vídeo "raw" descomprimido, o equilíbrio de branco também é feito na pós-produção.

10.48 Mídia de cor
As mídias de cor, ou géis, são filtros coloridos colocados na frente dos instrumentos de iluminação para produzir luz colorida.

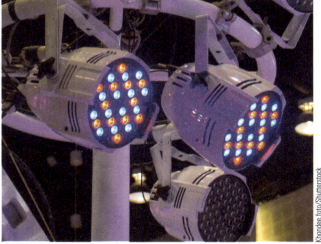

10.49 Conjunto de cor de LED
A maioria dos instrumentos de iluminação de LED opera com conjuntos de diodos vermelhos, verdes e azuis.

CAPÍTULO 11   Técnicas de iluminação para televisão

11.1 Luz principal
A luz principal representa a principal fonte de luz e revela a forma básica do objeto ou da pessoa.

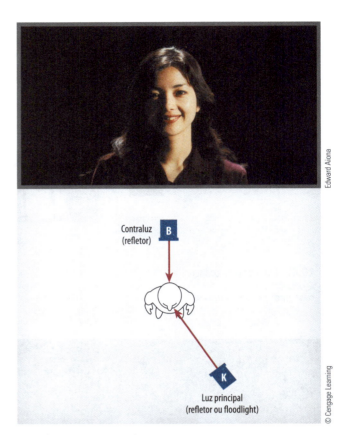

11.2 Luzes-guia e contraluz
A contraluz fornece mais definição para a própria forma do objeto (o cabelo da mulher à esquerda da câmera), separa-a do fundo e dá ao cabelo brilho e destaque.

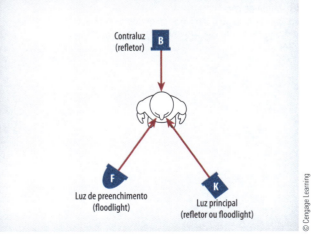

11.3 Luz principal, contraluz e luz de preenchimento
A luz de preenchimento desacelera a perda de luminosidade, tornando o lado da sombra (à esquerda da câmera) mais transparente e revelando detalhes sem eliminar completamente as sombras reveladoras da forma.

Apêndice – Caderno colorido 431

11.4 Luz de fundo
A luz de fundo ilumina a área de fundo. Deve estar do mesmo lado da câmera em que está a luz principal para manter as sombras de fundo (cortina) do mesmo lado, como as sombras de primeiro plano (mulher).

11.5 Determinação do clima com a iluminação de fundo
Nesse estúdio, a iluminação colorida de fundo sugere um ambiente moderno e um clima de alto-astral.

11.6 Determinação do local com a iluminação de fundo
A iluminação de fundo pode colocar um evento em um local ou ambiente específico. Aqui, a luz de fundo produz sombras como que de barras, sugerindo que a cena se passa em uma prisão.

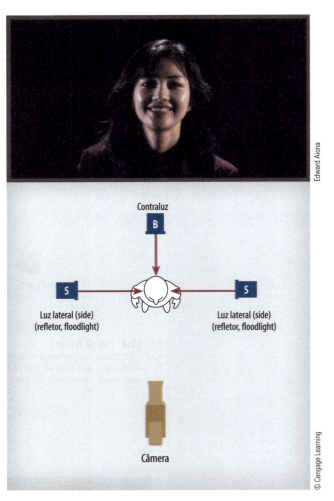

11.7 Luz lateral
A luz lateral incide sobre o lado do objeto. Pode atuar como luz principal e/ou de preenchimento. Neste caso, são usadas duas luzes laterais opostas como principal.

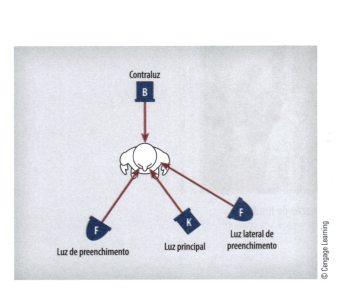

11.8 Disposição da luz lateral de preenchimento
A luz lateral de preenchimento fornece uma iluminação suave, na qual a principal (refletor) acrescenta brilho. Quando a principal é desligada, o preenchimento lateral assume a função de luz principal.

Apêndice – Caderno colorido 433

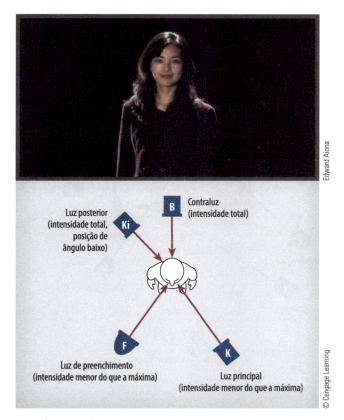

11.9 Luz posterior
A luz posterior cria uma borda no objeto oposto à luz principal enfatizando o contorno. Como a contraluz, a posterior ajuda a separar o objeto em primeiro plano do fundo.

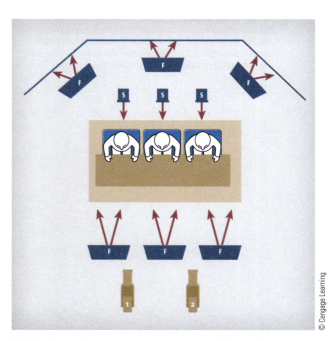

11.10 Disposição de iluminação plana para telejornais*
Essa disposição da iluminação plana consiste em três soft lights frontais que funcionam como luz principal e de preenchimento, três refletores ou refletores difusores direcionados para contraluzes e três holofotes de fundo.

11.11 Aplicação do triângulo múltiplo*

Nessa configuração de iluminação, um triângulo de iluminação separado com sua própria luz principal, contraluz e luz de preenchimento é usado para cada uma das duas pessoas (áreas de apresentação). Se forem usados holofotes como guias, provavelmente será possível dispensar as luzes de preenchimento.

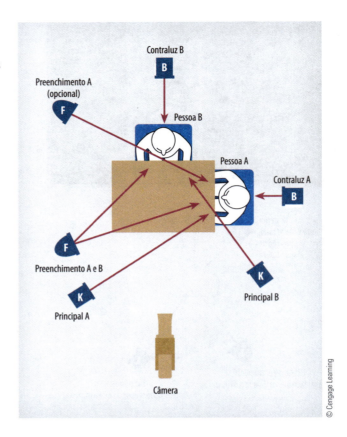

11.12 Cross-keying

Nessa configuração de iluminação, a luz principal para a pessoa A (pessoa próxima à câmera) também funciona como contraluz para a pessoa B (pessoa longe da câmera); e a contraluz da pessoa A é a principal para a pessoa B.

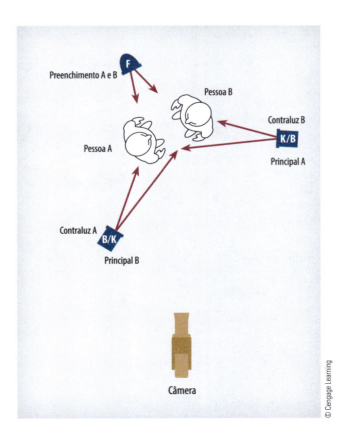

Apêndice – Caderno colorido 435

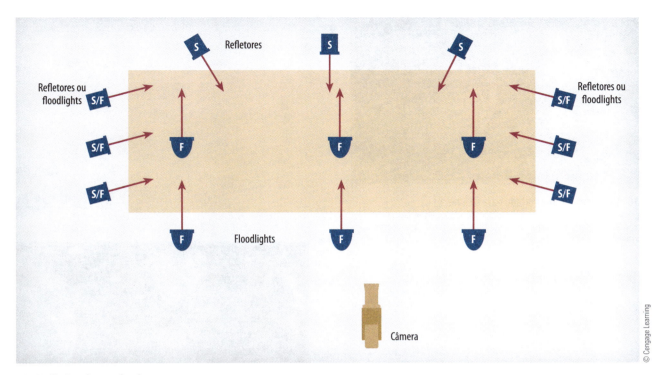

11.13 Keying de grandes áreas
Nessa configuração de iluminação, os refletores Fresnel à direita e à esquerda funcionam como luzes principais e de preenchimento direcionais. Os refletores Fresnel também são usados como contraluzes regulares atrás da área de ação principal. Se necessário, scoops fornecem luz de preenchimento adicional pela frente.

11.14 Iluminação com perda de luminosidade rápida sobre o rosto
A iluminação com perda de luminosidade rápida aumenta o impacto dramático desse close-up.

11.15 Iluminação com lado duro
A perda de luminosidade rápida e a iluminação lateral proeminente intensificam o clima misterioso da cena.

11.16 Lado com sombra voltado para a câmera
A pessoa longe da câmera é iluminada de modo que seu lado sombreado, e não o lado voltado para a luz principal, é visto pela câmera. Essa inversão da sombra possui impacto dramático.

11.17 Distorção de cor
Além da iluminação com perda de luminosidade rápida, a precariedade dessa cena é enfatizada ainda mais pelo tom verde.

11.18 Cameo lighting
Na cameo lighting, o fundo é mantido escuro, enquanto apenas a pessoa em primeiro plano é iluminada por refletores altamente direcionais.

11.19 Iluminação de silhueta
Na iluminação de silhueta, somente o fundo é iluminado, e a figura na frente permanece sem iluminação. Esse recurso enfatiza o contorno.

Apêndice – Caderno colorido 437

11.20 Efeito chroma-key: boletim meteorológico
A Nesse boletim meteorológico, o fundo azul é uniformemente iluminado com holofotes. A moça do tempo é iluminada com o arranjo triângulo padrão de luz principal, contraluz e luz de preenchimento.

B Durante o chroma-key, a moça do tempo parece estar na frente da imagem de satélite.

11.21 Sombra de óculos
O ângulo íngreme da luz principal faz a sombra dos óculos da mulher cair exatamente sobre seus olhos.

11.22 Luz principal mais baixa
Quando se baixa a luz principal, a sombra se move para cima e se oculta atrás dos óculos.

11.24 Listras de zebra em montanha com superexposição
Com o controle de zebra ajustado para 100%, as listras de zebra aparecem em todas as áreas com superexposição.

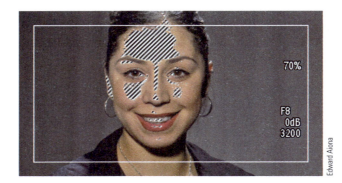

11.25 Listras de zebra para exposição correta no rosto
Com o controle de zebra ajustado para 70%, alcançamos a exposição correta (f-stop) na qual as listras de zebra aparecem nas áreas brilhantes do rosto.

CAPÍTULO 12 Sistemas de gravação e armazenamento de vídeo

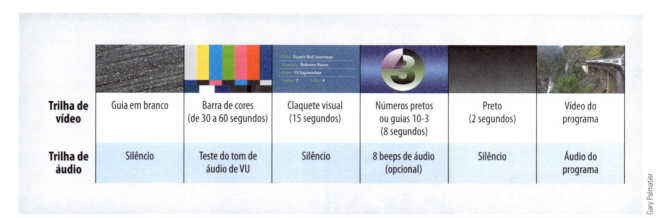

12.2 Guia de vídeo
O guia de vídeo ajuda a ajustar as máquinas de reprodução e gravação de acordo com os níveis padrão de áudio e vídeo.

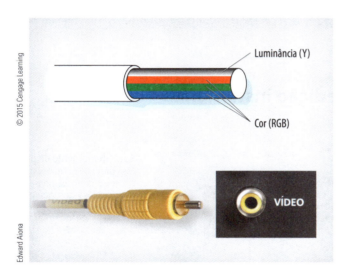

12.11 Sinal composto
O sistema composto usa um sinal de vídeo que combina as informações C (cor ou crominância) e Y (luminância ou brilho). Necessita de um único fio para ser transportado e gravado como sinal único. É o sistema NTSC padrão.

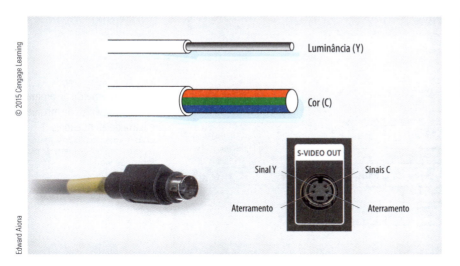

12.12 Sistema de componente S-vídeo
O sistema de componente Y/C, ou S-vídeo, separa as informações de Y (luminância) e C (cor) durante a codificação e o transporte do sinal, mas combina os dois sinais na mídia de gravação. Ele precisa de dois cabos para transportar os sinais separados.

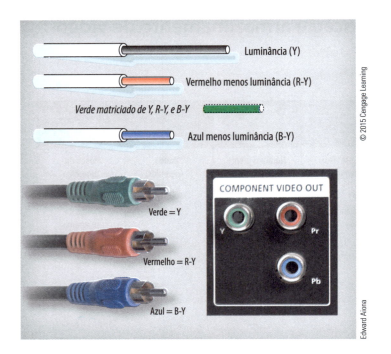

12.13 Sistema de componente de diferença Y/cor
O sistema de componente de diferença Y/cor separa os três sinais RGB durante todo o processo de gravação: os sinais Y (luminância), R-Y (vermelho menos luminância) e B-Y (azul menos luminância). O sinal verde é então matriciado (regenerado) a partir desses sinais. Como um sinal digital, ele precisa apenas de um fio porque a informação é enviada em pacotes sucessivos.

CAPÍTULO 13 Comutação ou edição instantânea

13.2 Barramento de programa
Essa mesa de corte possui seis entradas de vídeo: preto, câmera 1, câmera 2, gravador de vídeo, gerador de caracteres e alimentação de externa. Qualquer fonte selecionada no barramento de programa (câmera 1) vai diretamente para a saída de linha.

13.3 Barramento de programa com barramentos de mixagem e barra de atenuadores
Os barramentos de mixagem A e B permitem a mixagem de duas fontes de vídeo.

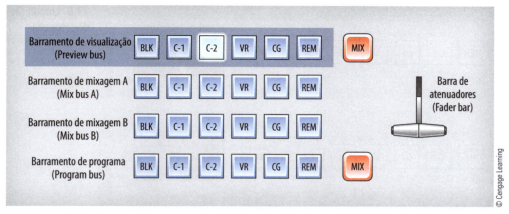

13.4 Layout básico da mesa de corte
Essa mesa de corte de produção básica tem um barramento de visualização, dois barramentos de mixagem e um barramento de programa. Note que o barramento de visualização é idêntico ao de programa, exceto pelo fato de sua saída ser roteada para o monitor de visualização e não para a saída de linha (PGM).

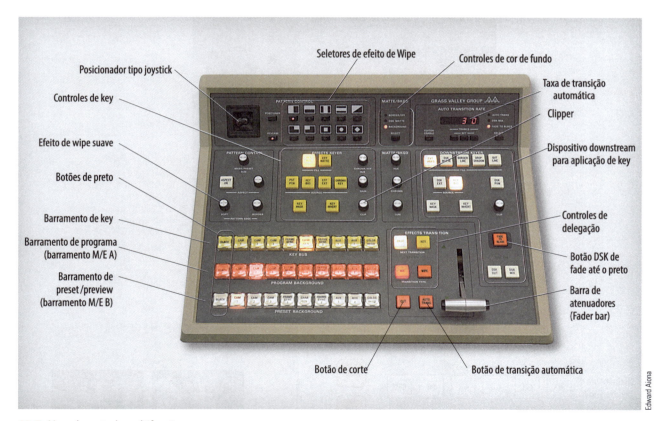

13.5 Mesa de corte de multifunções
Essa mesa de corte de multifunções (Grass Valley 100) tem apenas três barramentos: um barramento de preview/preset, um de programa e um de key. É possível delegar funções de M/E ao programa e aos barramentos de preview/preset.

13.6 Comutação no barramento de programa
Quando se liga o barramento de programa, as transições são somente de corte. Com a câmera 1 no ar, é possível cortar para a câmera 2 pressionando o botão C-2.

13.7 Controles de delegação
Os controles de delegação designam a função dos barramentos e o modo de transição específica.

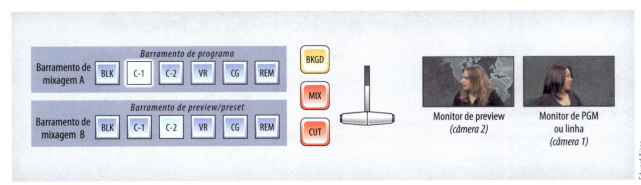

13.8 Função dupla de barramentos de programa e pré-configuração
Quando é delegada a função de background e mixagem, o barramento de programa torna-se o barramento M/E A, e o de preview/preset, o barramento M/E B. Aqui, a câmera 1 é escolhida no barramento A e vai para o ar. A câmera 2 está pré-configurada (preset) para substituir a câmera 1 assim que pressionarmos o botão *CUT*.

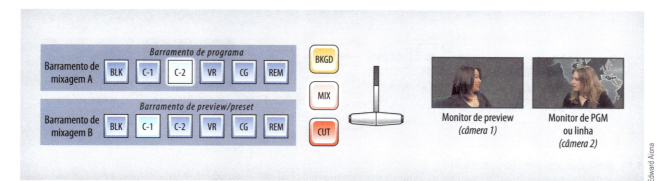

13.9 Troca de imagem após o corte
Quando o corte é concluído, o barramento de programa mostra a câmera 2 no ar, e o barramento de preview/preset alterna automaticamente para a câmera 1.

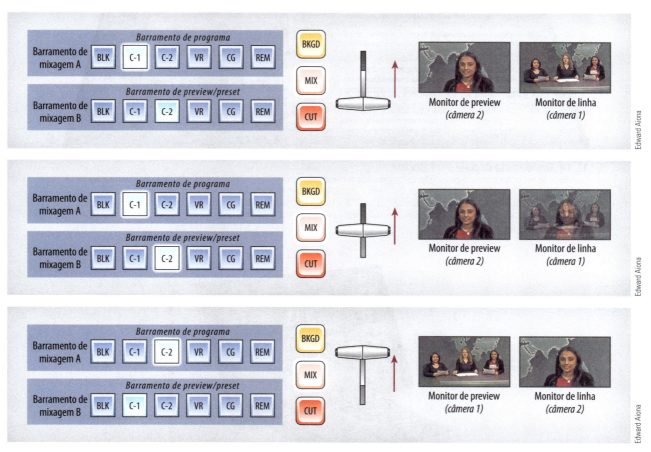

13.10 Dissolvência
Depois que se designa a função de mixagem por meio do controle de delegação de mixagem, é possível executar dissolvência da câmera 1 para a 2. Supondo que a câmera 1 esteja no ar no barramento A, é preciso pré-configurar (preset) a câmera 2 no barramento B. Movendo a barra de atenuadores (fader bar) em toda a sua extensão (nesse caso, para cima), ativamos o efeito de dissolvência da câmera 1 para a 2. Depois que a dissolvência é concluída, a câmera 2 vai substituir a 1 no barramento de programa. Observe que é possível mover a barra de atenuadores para cima ou para baixo para executar a dissolvência.

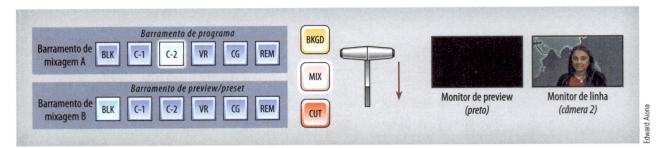

13.11 Atenuação para preto (fade to black)
Quando se executa a atenuação (fade) para preto da câmera 2, é preciso apertar o botão **BLK** no barramento B (preview/preset) e depois fazer uma dissolvência nele movendo a barra de atenuadores por toda a sua extensão (nesse caso, para baixo).

13.17 Grande mesa de corte de produção
Essa grande mesa de corte de produção possui muitos recursos. Ela pode manipular todos os sistemas de vídeo padrão e de alta definição e importar mais de 30 fontes de vídeo. É possível selecionar qualquer um dos 40 botões para efeito de wipe designados e efeitos de vídeo digital, e operar quatro DSK e uma série multinível de efeitos adicionais. Essa mesa de corte opera com base nos mesmos princípios de uma mesa equivalente muito mais simples.

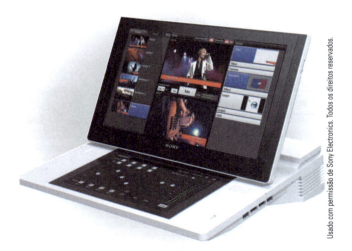

13.19 Mesa de corte portátil para produção ao vivo
Essa mesa de corte/gravador portátil permite que você visualize e comute entre seis câmeras ao vivo ou outras entradas de vídeo e faça a mixagem de cinco entradas de áudio tocando no monitor. Ele também pode criar efeitos, gravar até 10 horas de filmagem em HDTV e transmitir sua saída ao vivo via streaming na internet.

Apêndice – Caderno colorido 445

13.20 Mesa de corte portátil/estúdio virtual
Essa mesa de corte portátil expandida é na verdade um estúdio virtual para gravação e streaming ao vivo. Ele tem dois painéis externos para visualização e um comutador manual, que opera de forma semelhante a uma mesa de corte com monitores de visualização em uma sala de controle. Ele pode gravar cada uma das oito entradas de câmeras e de áudio separadamente além do programa de saída comutado. A saída de vídeo pode ser transmitida por streaming pela internet.

CAPÍTULO 14   Design

14.4 Letterbox
Fazer que todo o quadro de um filme wide-screen caiba em uma proporção de imagem de 4 × 3 da STV resulta em espaço vazio (preto) nas partes superior e inferior da tela. A proporção de imagem horizontal resultante é chamada letterbox.

14.5 Pillarbox
Quando se exibe um quadro de televisão padrão de 4 × 3 em uma tela de 16 × 9, há zonas mortas e vazias, ou barras laterais, em ambos os lados da tela. A proporção de imagem vertical resultante é chamada pillarbox.

14.6 Windowbox
Quando uma figura de 4 × 3 levemente reduzida é centralizada na tela de 16 × 9, ela é chamada de windowbox.

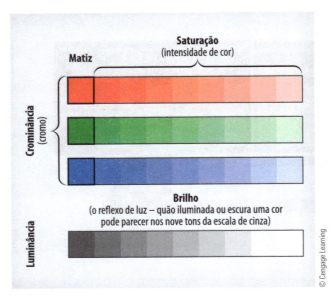

14.18 Atributos de cor
As sensações de cor básicas, chamadas atributos, são: matiz – a cor em si; saturação – seja ela profunda ou lavada; ou brilho – como a luz ou escuridão da cor aparecem.

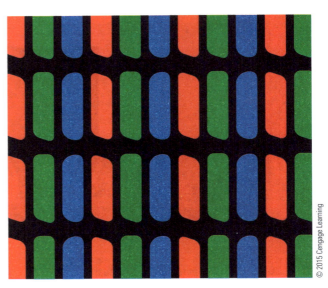

14.19 Grupos de RBG de tela plana
Todas as telas planas misturam todas as cores com grupos de pixels das três luzes primárias – vermelha, verde e azul.

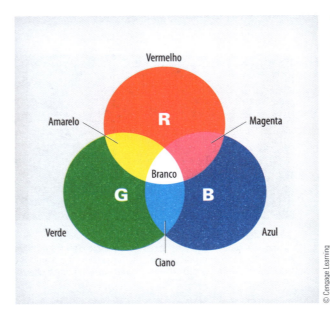

14.20 Mistura de cor aditiva
Em mistura aditiva, as primárias das luzes coloridas RGB (ou sinais eletrônicos correspondentes) são misturadas (superimpostas) em certas proporções. Quando usadas na sua força total, o vermelho e o verde produzem o amarelo, o vermelho e o azul produzem o magenta e o verde e o azul produzem o ciano.

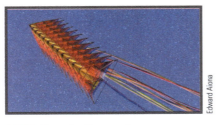  

14.21 Cores de alta energia
A energia de uma cor é determinada principalmente pela sua saturação. Cores de alta energia são tonalidades altamente saturadas, em geral na extremidade do espectro onde estão o vermelho e o amarelo. Elas são especialmente eficazes quando colocadas contra um fundo de baixa energia.

Apêndice – Caderno colorido 447

14.22 Cores de baixa energia
As cores de baixa energia são tonalidades com pouca saturação. A maioria dos tons pastel é de baixa energia.

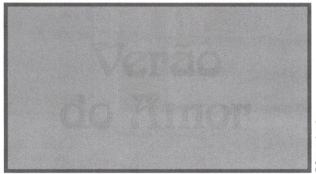

14.23 Título com cores incompatíveis
Embora essas cores apareçam com destaque em um monitor colorido, seu brilho é quase o mesmo. Elas são ilegíveis em um monitor em preto e branco.

14.25 Efeito chroma-key: previsão do tempo
A Nesse efeito chroma-key, o homem do tempo fica à frente de um pano de fundo verde.
B Durante a key, o pano de fundo verde é substituído pela foto de satélite aumentada no computador.
C O homem do tempo parece estar em pé, em frente à imagem do satélite.

14.26 Anel de luz de chroma-key
Esse anel de luz, colocado na frente da lente, emite luz suficiente para que o fundo cinza pontilhado reflita bastante luz azul (ou verde) para se obter um chroma-key funcional.

14.27 Efeito chroma-key: janela
A Nesse chroma-key, foi selecionada no sistema ESS uma vista dos arquivos digitais.
B A câmera do estúdio focaliza o escritório situado em frente a um fundo de chroma-key verde.
C Por meio do chroma-key, parece haver uma janela panorâmica atrás da diretora sentada à sua mesa.

14.28 Efeito chroma-key: locação simulada
A A fonte da imagem de fundo é um quadro de vídeo do exterior de um museu encontrado nos arquivos digitais.
B A câmera do estúdio focaliza o ator que interpreta um turista em frente a um fundo de chroma-key azul.
C Todas as áreas azuis são substituídas pela imagem de fundo; o ator parece ser um turista em frente ao museu.

CAPÍTULO 15   Artista de televisão

15.7 Efeito moiré
Roupas com padrões de listras finas e apertadas podem causar um efeito indesejável, denominado moiré, que geralmente vibra e às vezes produz cores do arco-íris, como nessa gravata cinza-brilhante.

Apêndice – Caderno colorido 449

CAPÍTULO 18 Edição de pós-produção: como funciona

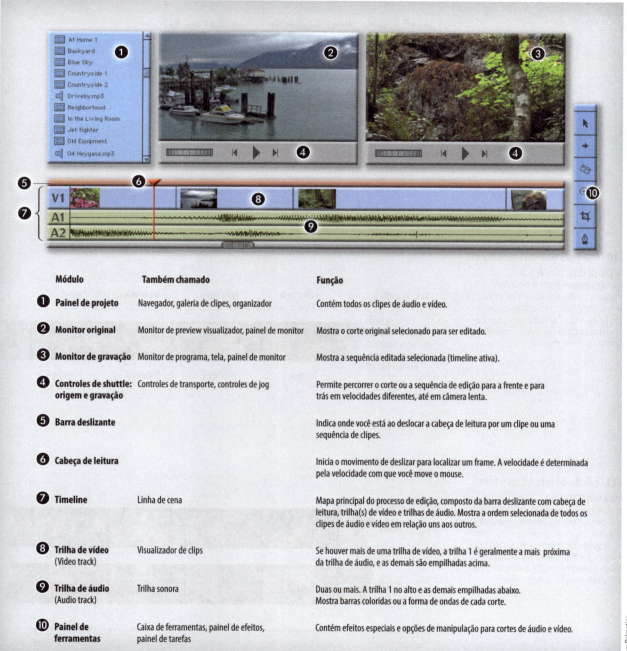

18.3 Interface de edição não linear
Essa interface genérica de edição não linear mostra os principais componentes de um sistema de NLE. Note que não mostra nem lista os vários itens acessíveis por meio de menus.

450　Manual de produção de televisão

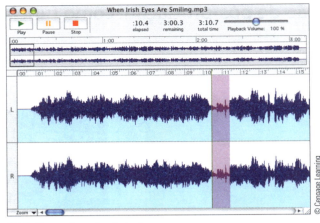

18.8 Forma de ondas de áudio
Todos os sistemas de edição não linear mostram uma representação visual – uma forma de ondas – das trilhas de som.

18.10 Imagens editadas com voz em off a partir dos rolos A e B
Nessa sequência, a trilha de áudio representa o rolo A (voz em off editada), e a trilha de vídeo, o rolo B (sequência de corte de vídeo guiada pelo rolo de áudio A). A edição de vídeo é guiada pela trilha de voz em off.

18.11 Edição de rolo AB com trilha sonora em comum
Nesse exemplo de edição de rolo AB, o rolo A possui planos gerais e médios da banda, o B contém close-ups dos membros individuais. A janela de time code dos rolos A e B e a faixa de áudio em comum fazem com que a edição fique precisa em relação aos quadros.